음악 원형을 통한 개인과 가족의 심성변화

가족음악치료학

음악 원형을 통한 개인과 가족의 심성변화

가족음악치료학

김종인 지음

Family Music Therapy
Self awareness &
transformation through music

머리말

가족은 인간에게 있어서 제2의 자기(自己)와도 같은 존재이다. 가족의 모습에서 자신을 발견할 수 있고, 가족의 변화를 통해 자신도 비로소 변화되기 때문이다. 가족 안에서 우리는 성장하고 배우며 성격을 형성해 가게 된다. 이렇게 가족은 인간 자아의 모태인 동시에 자기실현을 위한 궁극적인 종착지일 것이다.

이번 집필 작업은 그동안 음악치료 영역에서는 체계적으로 다뤄지지 않았던 분야인 '가족'이라는 주제에 초점을 맞추고 있다. 이것은 개인의 변화를 위해서는 우선적으로 그를 둘러싸고 있는 가족의 변화가 선행되어야 한다는 본 모델의 기본철학에 근거를 둔 것이다. 과거의 음악심리치료모델이 주로 한 개인의 변화에 중점을 둔 양자(兩者)모델이었던 반면, 이 가족음악치료모델은 가족구성원 전체를 치료의 대상으로 삼는 다자(多者)모델이라는 점에 그 특징이 있다. 즉 가족 간의 불화-불균형적 관계 패턴을 균형 있게 조정함으로써 궁극적으로 내담자 개인의 내적 평화와 자기실현을 달성하도록 하는 데 치료 목적이 있다. 이를 위해 기존에는 없었던 새로운 이론과 철학들이 고안되고 적용되었으며, 심도 깊으면서도 실용적인 치료기법들이 다수 개발되었다.

이 모델의 개발에 있어서 그 철학과 이론정립 및 치료전략 개발과정에 크고 작은 영향을 미친 영역은 사티어(Virginia Satir)의 경험적 가족치료(Experimental Family Therapy)와 융(Carl Gustav Jung)의 분석심리학(Analytical Psychology), 로이너(Hanscarl Leuner)의 심상치료(Image Psychotherapy), 인수버그(Insoo Berg)의 해결중심치

료 등이었다. 이상 저명한 학자들의 인간심성과 문제감정에 대한 탁월한 혜안(慧眼)과 통찰은 본 모델의 철학과 기본전제, 접근전략의 형성과 개진에 있어 적지 않은 영향을 미쳤다. 여기에 인간변화과정과 심성론에 대한 저자 개인의 통찰과 영감을 더하여 본 모델을 새롭게 구안하고 정립하게 되었다.

이를 토대로 마음의 구조를 6단계로 층화시켜서 심성지층모형(心性地層模型)이론이 개발되었고, 인간의 심층적 변화를 위한 음악의 원형적 작용을 밝혀 이론화시킨 음악원형(音樂原型)이론과 음악에너지론 등이 정립되었다. 또한 감상과 몰입과정을 통해 생성된 '변형된 의식 상태'에서 내담자 자신의 과거를 회상하도록 하고, 현재를 느끼며, 미래를 직면할 수 있도록 하는 시간선(time-line) 음악치료기법 유형들을 구체화시켰으며, 이 모델만의 독특한 언어적 명료화, 대화 패턴 및 질문형식 등을 발전시켰다.

이 모델은 전형적인 치료구조와 절차를 갖고 있다. 총 다섯 단계로서, 자기인식(自己認識), 긍정탐색(肯定探索), 자원변형(資源變形), 목표각인(目標刻印), 변화유지(變化維持)로 구성되어 있다. 먼저, 1단계인 '자기인식'은 치료 초기 단계에서 내담자가 갖고 있는 문제의 원인을 탐색하고 이를 통해 자기정화를 이루기 위한 구체적인 접근법을 담고 있으며, 2단계인 '긍정탐색'은 내담자의 과거 긍정적인 경험과 자원을 회상하게 하여 자아성장의 기초와 토대를 마련하도록 해 주며, 3단계인 '자원변형' 단계는 심성지층모형의 여섯 개 차원의 심적 요소들 - 자기, 욕구, 신념, 지각, 정서, 행동을 구체적으로 변형시키는 치료 중기 접근법이다. 그리고 4단계인 '목표각인'은 대상자에게 필요한 핵심적인 해결방안을 탐색하고 구축하여 무의식의 저층에 깊이 새기는 작업을 의미한다. 마지막 단계로서 '변화유지' 단계는 치료과정에서 드러난 해결방안을 일상생활 장면에 일반화하고 진정한 내적 자유와 자기실현을 성취하기 위한 치료 후기 접근법이다.

책의 행간 하나하나에는 음악치료만의 독특한 이론과 철학 정립이라는 필자의 소박한 바람이 깃들어 있다. 본서는 어디를 보나 허점투성이일 테지만 그것에 초점을 두지 말고 이 책이 전하고자 하는 본질에 마음을 둔다면 여러 가지 득이 있으리라 믿는다. 모쪼록 이번 집필이 인간의 심성변화를 위한 음악적 접근에 있어 새로운 패러다임과 치료적 영감을 치료사나 교사는 물론 인간의 심성을 연구하는 여러 학문영역의 수도자들에게도 전해 줄 수 있기를 기대해 본다.

이 책이 나오기까지 항상 변함없는 믿음으로 지켜봐 주신 한국학술정보(주) 채종준 대표이사님과 원고를 다듬고 마칠 때까지 좋은 재능과 꼼꼼한 손길을 얹어 주신 편집팀, 그리고 무엇보다 필자의 성격과 자아형성에 영향을 미쳐 온 사랑하는 나의 아버지, 어머니께 진심 어린 감사의 마음을 전한다.

2010년 4월
김종인

CONTENTS

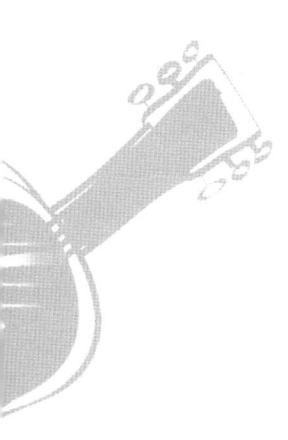

제14장 평가체계와 도구

제1장
가족음악치료의 의미

가족과 복지

가. 가족의 정의와 역할

가정(家庭)은 누구나 있는 그대로의 '자기(自己, Self)'를 표현할 수 있는 유일한 장소이다.[1] 자기의 표현이란 거짓된 모습을 벗고 진실한 모습을 발견하며 외부에 자신을 표출시킨다는 의미이며, 이를 발현하는 곳이 바로 '가정'이라는 설명이다. 이 세상의 어떤 사람이라도 가족 앞에서는 솔직해지고 겸허해지게 마련인데, 그것은 가정이 인간 자아가 태어난 곳인 동시에 성장과 발전의 터전이기 때문일 것이다. 우리는 가정 안에서 자신을 표현하고, 안정감을 느끼며, 서로 사랑을 나누고, 보호와 지지를 경험한다. 부모의 신념과 가치관을 자신의 것으로 내재화함으로써 사회에 적응하고, 가족구성원들 간의 대립과 갈등이 생길 때마다 적절히 의견을 조율해 가면서 변화한다. 때때로 영적, 종교적인 교감을 통해 깊은 내면적 만남과 소통을 이루기도 한다. 어떤 의미에서 가족은 인간 자아의 모태인 동시에 자기실현을 위한 궁극적인 종착지이며 제2의 자기(自己)이다.

가족(家族, family)이란 "기본적으로 남편과 아내라는 부부관계를 기초로 형성 되며, 결혼, 출산, 입양 등으로 인해 관계되어 살아가는 사람들의 집단공동체"를 말한다. 즉 서로 사랑하는 한 남자와 한 여자가 만나 아이를 낳고 살아가는 보편적인 형태의 혈연공동체를 의미한다. 세계인권선언[2]에 따르면, "가정은 사회의 자연적이고 기초적

---

1) Andre Mairois(1885~1967), 프랑스의 소설가.

인 단위이며, 사회와 국가의 보호를 받을 권리가 있다."[3]라고 표현되어 있다. 반면 비교적 구체적으로 가족의 범위를 명시하고 있는 우리나라 민법[4]에 따르면, "배우자, 직계혈족과 형제자매, 장인, 장모, 시아버지, 시어머니, 처남, 처제, 시동생 등 배우자의 직계혈족 및 형제자매" 등으로 명시되어 있다. 즉 혈연관계가 아닌 남자와 여자가 만나 부부관계를 형성하여 각자의 부모나 형제자매가 자동적으로 하나의 공동체로 얽히게 되는 구조이다. 다분히 법률적인 해석이다. 그러나 가족에 대한 현대사회의 보편적인 관념은 이러한 법률적 해석과는 다를 수밖에 없다.

과거의 가족은 부부와 자녀로 이루어진 기본적인 구도, 즉 부부, 부모, 형제자매 등 혈연에 의해 맺어지며 일상생활을 함께하는 공동체 또는 그 성원이라 할 수 있었지만, 최근에는 가족의 개념이나 범위도 많이 달라졌다. 이혼, 재혼, 입양 등이 가족범위에 대한 전통적인 신념과 인식을 변화시켰다. 이혼율의 증가로 인해 부모 중 한 사람이 없는 이른바 '한부모가족'이나 혈연관계가 아닌 사람을 자신의 부모나 가족으로 삼아야 하는 '재혼가족'이 많아지고 있다. 특히 최근 들어 국제결혼의 빈도가 늘어나면서 '다문화가족'의 형태도 급증했다. 이제 더 이상 부부 또는 그들이 낳은 자녀로만 구성된 전통적인 혈연공동체로서의 가족형태만을 기대할 수 없게 된 것이다. 반드시 피를 나누지 않더라도 부자지간이 되고 모녀 지간이 되며, 형제가 되고 자매가 된다. 또 피부색이나 국적이 다른 어머니와 아버지를 갖게 된 것이다. 현대에는 한부모가족이나 다문화가족을 비롯한 동거가족, 미혼모가족, 노인단독가족, 동성애가족, 무자녀가족, 공동체가족 등이 출현하고 있다. 따라서 보편적인 가족의 정의에서 벗어나 다양성에 입각한 좀 더 포괄적인 가족에 대한 정의가 필요할 것이다.

---

2) 세계인권선언 16조 3항.
3) 가정(home)은 공간적 의미를 강조한 반면, 가족(family)은 단순한 공간적 개념과 함께 심리적 개념까지 포함하는 개념이다. 따라서 '가정'이란 한 개인이나 가족이 생활하는 장소 또는 거주지를 일컫는 경우가 많고, '가족'이란 조상이나 결혼에 의해 관계를 맺게 된 사람들의 집단 또는 친족들을 말한다.
4) 민법 제779조.

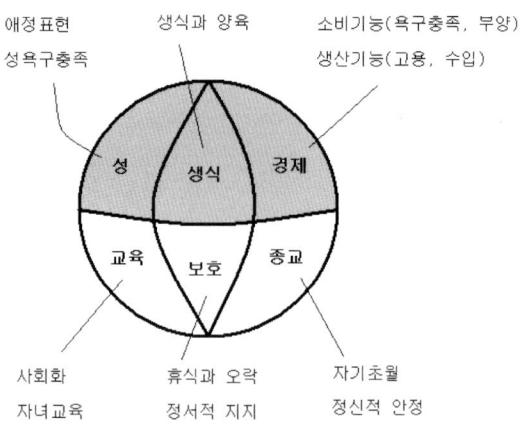

애정표현   생식과 양육   소비기능(욕구충족, 부양)

성욕구충족   생산기능(고용, 수입)

사회화   휴식과 오락   자기초월

자녀교육   정서적 지지   정신적 안정

가족의 여섯 가지 기능

    가족은 사회와의 지속적인 상호작용을 통해 만들어진 실체이면서, 개인과 집단 삶의 누적된 경험을 반영한다. 인간은 태어나서 죽을 때까지 가족 안에서 친밀하고 지속적인 상호작용을 하며 사회에 적응할 수 있도록 훈련되고 교육받는다. 특히 부모로부터 전수받는 신념과 규칙, 도덕적 원리, 가치관 등은 한 개인의 인생 전반에 걸쳐 영향력을 미치게 된다. 이와 같은 '개인의 사회화(社會化)'는 가족의 핵심적인 기능 중 하나이며, 한 개인과 사회를 연결하는 고리와 같은 역할을 한다. 그런 의미에서 가족은 개인과 사회의 공통분모요 교집합이다.

    이 외에도 가족은 본능적으로 종족을 보존하고자 하는 '생식적 기능'과 함께 '성적 욕구 충족기능'을 가지고 있다. 다시 말해, 개인적 측면에서는 애정을 표현하고 성적인 욕구를 합법적으로 충족시키는 기능을 가지며, 사회적 측면에서는 무분별한 성적 남용을 막는 통제의 수단이기도 하다. 가족이라는 안전한 체계 안에서 개인의 성적인 욕구를 충족할 수 있도록 사회적 장치를 마련한 것이다. 개인과 사회의 요구를 '가족'이라는 틀 안에서 서로 통합시킴으로써 이를 충족시키고 해결한다는 것을 알 수 있다. 이러한 성(性)과 애정욕구의 충족기능뿐만 아니라 자녀의 양육, 의식주 제공, 휴식과 오락을 통한 정서적 지지 등 여러 가지 기능을 수행한다. 이것은 가족이 단순한 혈연관계 이상의 의미를 갖고 있다는 것을 보여 준다.

1) 성적 기능

인간은 누구나 사랑과 성적 욕구를 갖고 있으며, 가족 안에서 이를 표현하고 충족시킨다. 그런 의미에서 '가족'은 개인에게 사회적으로 안전한 틀을 제공한다. 이 틀 안에서 자유롭게 사랑을 표현하고 성적인 욕구를 충족시킨다. 따라서 가족은 성적 욕구 충족기능과 애정 교환기능을 가지고 있다. 성적 욕구 충족기능이란 안전한 체계 안에서 개인의 성적인 욕구를 충족시키는 가족의 역할을 일컫는다. 이러한 가족의 성적 기능은 사회적 측면에서는 무분별한 성적 남용을 막는 통제기능을 발휘하게 된다. 다음으로 애정 교환기능은 가족의 친밀한 관계 형성 기초가 되는 기능으로서 사랑과 정을 서로 표현하고자 하는 인간의 근원적 본능과 욕구를 가족이라는 장치 안에서 자유롭게 교환할 수 있도록 기회를 제공하는 기능을 말한다.

2) 생식적 기능

가족은 기본적으로 세대를 확장하고 종족을 번성해 가고자 하는 본능을 가지고 있다. 이를 생식적 기능이라고 한다. 이것은 인간이 지니는 지극히 근원적인 본능에 속한다. 따라서 앞서 언급한 성적 기능과 함께 이 생식적 기능은 가족의 가장 기본적인 두 가지 핵심기능이다. 생식적 기능은 개인적 측면에서는 자녀출산과 자녀양육이라는 형태로 발현되지만, 사회적 측면에서 보면 종족보존을 위한 본능적 행위라고 할 수 있다. 이는 자손의 재생산과 사회구성원의 충족이라는 측면에서 이해할 수 있다.

3) 경제적 기능

결혼관계는 개인 간의 결합뿐만 아니라 법적으로나 사회적인 측면에서나 경제적인 협력을 요구한다. 부부는 결혼하고 나면 그들이 과거에 갖고 있던 자원을 공유하고 노동력을 분담하게 된다. 또한 일을 통해 수입을 창출하거나 가족을 부양함으로써 돈을 지출하기도 한다. 따라서 가족의 경제적 기능은 생산기능과 소비기능으로 나누어질 수 있다. 생산기능이란 앞서 언급했듯이 무엇인가를 만들어 내고 창조하고 확대하는 것으로서, 일을 함으로써 직업고용에 대한 욕구를 충족시키고 수입을 획득하는 가족의 기능을 말한다. 반대로 소비기능이란 가족을 부양하고, 기본적이고 문화적인 욕구를 충족시키기 위해 비용을 지출하고 소비하는 기능을 의미한다. 반면, 가장의 실직이나 사업의 실패 등으로 인한 경제적 공백은 다른 가족구성원들에게 그대로 떠넘겨져서 고통을 주게 된다. 소년소녀가장과 맞벌이 부부 등은 가족의 경제적 기능이 만들어 낸 다양한 예들이다.

4) 교육적 기능

인간이 갖고 있는 대부분의 행동과 사고방식은 인생 초기에 부모로부터 전수된 것이다. 부모는 자녀들의 발달과 성장에 대한 책임을 지고 있다. 자녀는 부모가 가지고 있는 가치관과 사고방식을 가정 안에서 자연스럽게 은연중 학습하고, 사회와 문화에 잘 적응할 수 있도록 다양한 적응 기술을 익히게 된다. 나아가서 부모는 자신의 자녀가 성숙한 사회의 성원이 될 수 있도록 기반을 형성해 주는 훈련과 교육을 책임지게 되는데, 자녀의 사회화(社會化)에 핵심적인 조력자 역할을 한다. 그러나 부모의 이혼, 사망, 질병, 사고, 가출, 사업 실패 등으로 인해 가족이 해체될 경우 이와 같은 교육적 기능은 약화되거나 상실된다. 자녀들은 마땅히 받아야 할 훈련과 교육기회를 갖지 못하게 되어 도덕관념의 결여, 가치관의 혼란, 적응 이상을 호소하게 된다.

5) 보호 지지기능

우리는 가족과 함께 있을 때 편안함과 안전함을 느낀다. 가족은 그 가족의 구성원들에게 보호, 안전, 휴식을 제공한다. 이를 가족의 보호 지지기능이라고 한다. 이것은 가족구성원의 생명이나 재산을 안전하게 보호하거나 노인이나 아이, 환자 등을 보호하는 기능을 말한다. 이렇게 물질적이고 신체적인 안전과 보호뿐만 아니라 정서적인 지지와 유대감 형성 또한 가족의 보호 지지기능에 속한다. 오락과 여가생활을 즐기는 것도 가족의 울타리 안에서 경험할 수 있는 중요한 요소라고 할 수 있다. 만약 개인이 가족 안에서 보호받지 못하고 휴식을 취하지 못하면 불안과 불편을 느끼게 되어 그러한 보호와 지지를 외부에서 찾으려 노력한다. 청소년들의 탈선과 가출은 가족 안에서 충분한 보호 지지기능을 경험하지 못했기 때문에 발생한다고도 볼 수 있다.

6) 종교적 기능

종교적 기능이란 가족체계의 여러 가지 기능 중 파생적이고 부차적인 기능이다. 가족의 종교적 기능을 통해 가족의 각 구성원들은 문화적이고 정신적인 안정감을 느낀다. 또 이 기능을 통해 자신을 초월한 세계에 대해 경험하고 보편적이고 도덕적인 신념과 원리에 대한 깊이 있는 통찰이 가능해진다. 궁극적으로는 사회적인 안정을 위해 가족의 종교적 기능이 활용된다.

나. 가족구조의 유형과 변화

홀어머니와 외아들, 조부모와 손자들, 아이를 원하지 않는 부부들, 재혼하여 새롭게 형성된 가족들 모두가 가족이라는 데에는 이견이 없다. 이와 같은 다양한 가족구조들 간의 공통된 요소들만을 추출하여 보면 하나의 상이 나타난다. 바로 부성적 요소, 모성적 요소, 자녀 요소가 그것이다. 아버지와 어머니 그리고 그들의 자녀로 이루어진 집단은 가족구조의 원형적 모습을 보여 준다. 이것을 '원가족 삼인군(原家族 三因群)'이라고 한다. 할아버지나 할머니, 고모, 삼촌, 사촌동생 등의 개념은 이러한 원형적 가족 속에서 파생된다. 반대로 혹자는 가족을 단순히 두 사람만의 만남과 결합이라고 규정하기도 하지만 인류가 유지되고 생존하기 위한 기본적 조건이라는 면에서 단지 두 사람만의 결합이라고 개념 짓기는 부족함이 있다. 즉 '자녀'라는 요소가 결핍하다.

가족의 구조는 한부모가족 - 편부편모가족이나 재혼가족이 급증함에 따라 더욱 단순화되고 다양화되고 있다. 이런 현상은 이혼율의 증가라는 시대적 현상과 맞물려 있다. 특히 최근에는 외국인과의 국제결혼이 증가하면서 다문화가족이 많아진 것도 또다른 중요한 변화이다. 우리나라에 뿌리 깊게 박혀 있던 단일민족에 대한 신화도 퇴색되고 있는 것이다. 다양한 가치관과 삶의 방식이 등장함에 따라 가족에 대한 개념 또한 획일적인 형태에서 벗어나 다양한 형태의 가족구조를 인정해야 한다는 주장이 높아지고 있다. 전 세계적으로도 이와 같은 가족구조와 그 유형의 변화는 일반화되고 있는 추세이다. 한 가정 안에 아버지와 어머니, 자녀들이 모여 살아가는 것이 바로 가족이라는 신화적 믿음이 사라지고 있다. 그 결과 가족의 규모는 점점 축소되고 구성은 단순화되고 있다. '한부모가족'과 '1인 가족'이 그 예이다. 이렇게 가족의 구조와 유형이 급격하게 변화하고 있는 데는 결혼하고 이혼하는 등의 가족 구성에 대한 개인의 자발적인 선택권이 훨씬 커진 것에도 원인이 있다. 과거에 비해 부모의 간섭이나 사회적인 압력이 덜 작용하고 있는 것이다. 아무튼 가족의 형태는 일생 동안 고정되어 있지 않을 뿐만 아니라 한 번 결혼한 사람과 죽을 때까지 함께하는 고정된 인식에서 벗어나고 있다. 다음은 현대사회의 다양한 가족 구조와 유형을 설명한 것이다.

한부모가족

한부모가족은 이혼, 사망, 별거 등으로 부모 중 한쪽이 부재한 경우를 말하며, '편부모가족'이라고도 한다. 최근 한부모가족은 지속적으로 증가추세에 있으며, 결혼하지 않은 상태에서 자녀만 입양하거나 아버지 없이 출산하여 혼자 양육하는 경우도 이에 속한다. 아직까지도 한부모가족에 대한 사회적 오해와 편견이 여전히 남아 있으며, 일반적으로 한부모가족은 경제적인 상황이 좋지 않고, 부모가 모두 있는 가족에 비해 관계가 불안정하고 덜 기능적이라는 견해가 있다. 또 자녀양육에 대한 책임이나 중대한 결정을 혼자 내려야 하는 부담감이 큰 편이다.

혼합가족 또는 재혼가족

혼합가족은 '재혼가족' 또는 '재구성가족'이라고도 불린다. 혼합가족의 구성은 이전의 결혼관계에서 얻은 한 명 이상의 자녀와 함께 새로운 부부가 결합된 경우를 의미한다. 재혼한 부부의 경우에는 이전 결혼관계에서 얻은 자녀 외에 새로운 자녀를 가질 수도 있을 것이다. 이 경우 이전 자녀와 새로 얻은 자녀 및 새 어머니나 아버지와의 관계에서 갈등이 생길 수 있다. 재혼을 통해 가족관계가 더욱 복잡해짐에 따라 재혼가족의 관계나 갈등구조는 전통적인 가족의 그것보다 더욱 복잡하고 다양해졌다.

1인 가족 또는 독신가구

1인 가족은 '독신가구' 또는 '독신가족'이라고도 한다. 결혼의 유무에 따라 미혼독신가족, 기혼독신가족, 사별독신가족으로 나누어지며, 독신기간과 자발성에 따라 네 가지 형태 – 자립적 및 일시적 독신가족, 자발적 및 안정적 독신가족, 비자발적 및 일시적 독신가족, 비자발적 및 안정적 독신가족으로 나눌 수 있다. '일시적'이란 용어는 나중에 결혼을 하겠지만 당분간은 학업연장, 취업준비, 직장생활, 자신만의 생활영위를 위해 미루는 경우를 말한다. 독신으로서 살아가는 주된 이유는 대체로 개인주의 또는 자아실현에 대한 강한 열망 때문인 경우가 많다. 1인 가구의 또 다른 유형은 '노인단독가구'이다. 최근 들어 배우자가 사망한 후 혼자 살아가는 노인비율이 점점 높아지고 있는 추세여서 공적 서비스에 대한 복지서비스의 필요성이 높음을 시사해 준다.

위탁가족

위탁가족이란 일정한 기간 동안 다른 사람의 자녀를 위탁해서 양육하는 가정을 말한다. 아동이 부모의 사망, 실직, 질병, 학대, 방임, 알코올중독, 수감 등으로 인해서 친가정에서 정상적으로 양육될 수 없을 때 일정 기간 동안 다른 가정에서 아동을 보호하고 양육하며, 친가정이 정상적인 가족기능을 회복할 수 있도록 지원하게 된다.[5] 부모의 역할상실 비율이 증가함에 따라 위탁가족 또한 증가하는 추세에 있다. 위탁가족의 유형으로는 크게 세 가지 유형 – 친인척 대리양육가정, 친인척 위탁가정, 일반인 위탁가정이 있다. 친인척 대리양육가정은 부모를 제외한 부양의무자가 대리해서 위탁아동을 보호하고 양육하는 가정을 말한다. 예를 들어 위탁아동의 부모가 정상적인 역할을 수행할 수 있을 때까지 조부모가 대신해서 양육하는 경우이다. 친인척 위탁가정이란 삼촌이나 이모처럼 법적인 부양의무자는 아니지만 위탁아동을 양육하는 경우를 말하고, 일반인 위탁가정은 친인척이 아닌 제삼자에 의해 보호되고 양육되는 형태의 가정을 의미한다.

다문화가족

다문화가족이란 흔히 '국제결혼가족'이라고도 부르지만, 단순히 국제결혼이나 서로

---

5) 가정위탁지원센터 어린이재단. http://www.foster.or.kr/contents_foster/foster01.htm의 『가정위탁의 정의』에서 발췌함.

다른 인종 간의 결혼만을 의미하지는 않는다. 북한이탈주민이나 이주노동자와 같이 다른 문화권에서 생활했던 사람과 결합된 가족형태 또한 다문화가족의 범주에 넣고 있다. 따라서 다문화가족의 유형은 크게 세 가지로서, 한국인 남성과 결혼한 이주여성이 결합한 가족, 한국인 여성과 이주남성이 결합한 가족, 이주노동자, 유학생, 북한이탈주민 등과 결합한 가족형태인 이주민가족 등이 있다. 이렇게 다문화가족이 크게 증가하고 있는 것은 저출산과 고령화로 인한 경제활동인구 감소, 외국인 노동력에 대한 수요 증가, 국제결혼의 지속적 증가로 인해 외국인의 국내체류가 급증하고 있기 때문이다.

국제결혼을 통한 결혼이민가정에서 출생한 자녀는 2008년 58,007명이고 그중 학교 재학생은 7천 명에 달한다.6) 이에 따른 다문화가족의 구성원들은 언어나 문화적 차이, 경제적 어려움, 외국인에 대한 사회적 편견 등으로 가족 간의 갈등과 사회적으로 소외되는 경험을 하고 있다. 특히 다문화가족 자녀의 경우는 언어 발달지체와 이로 인한 학교생활 적응곤란 등 문제가 있었다.

동성애가족

동성애가족이란 같은 성(性)을 가진 두 사람이 혼인관계를 맺고 한 가족을 이루는 것을 말한다. 즉 동성으로 이루어진 혼인관계를 일컫는다. 우리나라의 경우 동성가족을 아직까지는 법적으로 인정하지 않고 있다. 동성애 관계를 맺고 있는 사람들의 결합을 과연 가족으로 받아들여야 하는지에 대한 논쟁이 여전히 진행 중이다. 아직까지 동성애가족은 부부도 가족도 아니라는 입장이지만, 현대사회에서는 동성배우자나 가족을 전통가족에 대한 하나의 '대안가족' 형태로서 받아들이기 시작했다. 동성배우자 가족의 비율은 명확히 밝혀져 있지는 않지만 점차 늘어나고 있다. 가족형태는 일반적인 이성의 부부와 마찬가지로 가족기능을 수행하지만 해부학상 아동출산의 기능은 수행하지 않는다. 동성애가족은 법적으로나 사회적으로 인정받지 못하기 때문에 평범한 일반가족보다 국가의 지원이 부족하다. 또 타인으로부터 편견과 오해를 받기 쉽고 고립되기도 한다.

---

6) 통계청, 『2008년 출산통계결과』.

다. 현대사회의 가족문제

가족은 인간이 태어나서 가장 먼저 접하는 사회로서 개인의 성장과 발달에 매우 중요한 역할을 한다. 가족 간의 다양한 관계는 성격형성의 기초가 되며, 다른 가족구성원과의 상호작용과 접촉은 원시적인 형태의 사회화과정이 된다. 가족은 애정, 보호, 휴식, 경제적 부양, 교육과 사회화, 종족보존 등의 기능을 담당한다. 현대사회에서는 가족기능도 많이 퇴색되고 축소되면서 여러 가지 문제들이 제기되고 있다. 말하자면 가족이 제 기능을 하고 있지 못하기 때문에 문제가 발생한다고 할 수 있다. 이것은 가족구조의 변화속도가 매우 빠르고 다양화된 데 이유가 있으며, 사회구조의 발달과 급격한 변화로 인해 전반적인 가치관이 변화된 것도 한 원인이다. 한마디로 사회구조의 빠른 변화속도를 가족의 변화속도가 따라가지 못해 생기는 괴리현상으로서 가족문제가 발생하고 있다.

가족구성원은 각자 고유의 역할과 기능을 담당하고 있다. 이것은 수많은 세대를 거쳐 오면서 축적된 경험의 산물이자 교육의 결과라고 할 수 있으며 특정한 사회가 지향하는 도덕과 윤리를 넘어선다. 아버지는 아버지로서, 어머니는 어머니로서, 자녀는 자녀로서 당연히 그래 왔고 앞으로도 그러할 어떤 일을 뜻한다. 과거에도 그렇고 현재와 미래에도 그러할 일들, 아프리카든 중국이든 똑같이 느끼고 경험하는 가족의 근원적이고 원형적인 기능의 총칭이다.

그런데 만약 가족구성원에 사망이나 질병, 이혼 등으로 결원이 발생하게 되면 남아 있는 다른 구성원들은 마땅히 받아야 할 영향을 받지 못하게 된다. 아버지가 일찍 사망한 가정에서는 남편의 빈자리를 그 아내가 느끼며, 아버지의 공백을 남은 자녀들이 경험하게 된다. 아내는 생계를 위해 일을 하고 자녀들을 훈계하는 등 그동안 남편과 분담했던 일들을 홀로 수행해 간다. 자녀들은 두 분의 부모님에게서 느꼈던 정서적 균형감과 사회적 책임을 한 분의 부모에게서만 받게 된다. 이러한 가족구성원 일부의 결원, 불균형, 공백, 상실은 팽팽하고 균형 있게 유지되던 가족의 항상성(恒常性, homeostasis)[7]을 무너뜨리게 된다. 이전과는 다른, 좀 더 많은 노력과 에너지를 기울

---

7) 항상성(homeostasis)은 생명체가 여러 가지 환경에 맞서 변화에 대응하고 최적의 생존 조건을 맞추면서 안정성을 유지하려는 자율적인 조정과정을 일컫는 용어이다. 여기서 가족의 항상성이란 가족을 하나의 생명체로 간주하고 가족이 최적의 기능을 수행할 수 있고 문제 환경에 대처할 수 있도록 하는 가족 내부의 근원적 자율조정기능을 의미한다. 이

여야 과거의 균형을 유지할 수 있기 때문에 필연적으로 정서적 탈진현상을 경험하게 되는 것이다. 이와 같은 정신적 에너지의 소진이 내면에 심리적인 상흔(傷痕, scar)을 남긴다. 편부모가정 아이들의 가출비율이나 범죄율이 그렇지 않은 가정에 비해 현저히 높다는 것은 한쪽 부모의 부재가 가져온 엄청난 파괴력이다. 이혼이나 별거로 인한 결손가정의 증가현상도 고유한 가족의 역할수행에 심각한 영향을 미치고 있다. 또 실직 등으로 경제적인 부양에 어려움이 있는 경우도 점차 증가하고 있는데, 이러한 경제적인 불안정성은 교육기회를 박탈하거나 구성원들 간의 갈등을 조장하게 만들며, 심지어는 가족성원의 증감을 결정할 때에도 판단기준이 되고 있다.

이렇게 부모의 사망 또는 이혼 등으로 인한 역할상실, 역할수행의 기피, 사회적 또는 경제적 무능력, 역할갈등 등으로 제대로 기능을 발휘하지 못할 때 자녀는 역할의 혼란, 성격의 불균형, 애정의 결핍 등을 경험하게 된다. 여성의 사회참여로 인한 어머니의 역할변화는 아동의 성장발달과 가족관계에 많은 영향을 끼친 것이 사실이며, 아버지의 고유한 역할이었던 경제적 부양이나 가부장으로서의 성역할 등에서 현대사회는 많은 변화를 가져왔다. 이렇게 가족구조가 단순화되고 핵가족화되면서 부모만이 가족에게서 유일한 모델이 되기 때문에 부모들이 적절한 역할을 하지 못할 때 가족 전체의 균형성에 심각한 영향을 끼치게 된다. 또한 다문화가족이나 독신가족 등 다양한 가족형태의 출현과 증가현상은 이러한 혼란을 가중시키고 있다.

현대사회의 가족문제 원인은 여기저기 산재해 있는데, 우리는 그 원인을 가족이라는 경계 안과 밖 - 가족의 외부문제와 내부문제 - 에서 찾을 수 있다. 먼저 가족문제의 외부적 요인으로는 사회경제적인 문제를 들 수가 있다. 경제적 문제는 가족 전체에 영향을 미친다. 예컨대, 경제적 불안정, 실업, 무주택, 교육기회의 박탈, 의료화의 박탈, 이사 등이다. 가족의 문제를 내부에서 찾아본다면, 가족구성원 간 상호작용의 문제가 가장 크다. 이 또한 가족구조의 불균형을 초래하고 전체성을 파괴하게 된다. 예컨대, 가족역할의 불이행, 갈등, 가족성원의 증감, 별거, 이혼, 가치관의 변화, 낮은 적응능력, 의사소통 및 상호작용, 행동의 장애 등이다.

를 통해 가족구성원들은 가족 내에서 일어나는 갖가지 문제들과 지나치게 편향적인 부분을 균형 있게 조율해 나가게 된다.

02 가족음악치료(家族音樂治療)의 정의

　가족음악치료는 가족(家族)과 음악(音樂)과 치료(治療) 세 단어 합성어이므로 조합에 따라 다양한 해석과 정의가 가능하지만, 크게 두 가지 측면에서 그 의미를 찾아볼 수 있다. 즉 '가족을 중심으로 한 음악치료'와 '음악을 활용한 가족치료'이다. 전자는 '가족중심음악치료(family－centered music therapy)'라고도 하며, 가족을 중심으로 한 음악심리치료모델을 의미한다. 즉 치료의 초점을 가족에 맞추어 기존의 음악치료기법과 모델을 적용시킨 모델을 의미한다. 후자는 '음악활용가족치료(family therapy through music)'라고 하며, 음악을 적극적으로 활용한 가족심리치료모델이다. 이것은 치료의 기반을 가족치료에 두고 음악을 보조수단으로서 차용하는 치료모델을 의미한다. 그러나 이러한 모델들은 음악이나 가족 중에 한 가지를 강조함으로써 다분히 의미－편향적이라고 할 수 있다.

　이 책을 통해 소개하고자 하는 '가족음악치료모델(Family Music Therapy Model, FMT)'은 '가족'이라는 새로운 사고의 틀을 가지고 접근한 음악치료의 신모델이다. 과거에도 간간히 가족을 중심으로 한 음악치료가 시행되었지만 그것은 어디까지나 가족이 하나의 집단을 이루어 진행한 집단 세션의 의미가 강했다. 이 책을 통해 소개하고자 하는 가족음악치료모델은 내담자 한 사람의 변화뿐만 아니라 그를 둘러싼 주변인, 특히 가족구성원들까지도 변화시킴으로써 통합적이면서 근원적인 치유를 지향하고 있다. 이를 위해 본 모델만의 독특한 철학과 심성론, 음악치료이론 및 접근전략들이 정립되어 왔으며, 이것들은 치료사들에게 새로운 치료의 방향성과 변화에 대한 가치정립을 도울 것이다. 가족음악치료모델에서는 한 개인의 심성구조 속의 다양한 정서적 응어리와 부조화를 인식하고 표출하도록 돕고 필요한 경우 이를 적극적으로 조정하기도 한다. 또 가족 간의 불균형적 관계 패턴이나 의사소통구조, 비합리적인 가족규칙이나 신념 등을 합리적으로 변형시켜 각 구성원들이 진정한 자기실현과 내적 평화를 성취하도록 돕는다. 특히 균형과 해결 및 긍정적 성장을 지향하는 해결 지향적 성장모델이다. 따라서 가족음악치료를 간단히 정의하면 다음과 같다.

> '가족음악치료'란 치료적 음악활동을 통하여 개인을 포함한 가족 간의 불균형적 관계 패턴을 균형 있게 조정하고 궁극적으로 내적 평화와 자기실현을 달성하도록 하는 균형 및 해결 지향적 가족중심음악치료모델이다.

위의 음악치료 정의 중 '치료적 음악활동(therapeutic music activity)'이란 기본적으로 가창, 감상, 연주 등 음악의 다양한 분야와 영역을 포괄하며, 음악이 가지는 근원적 기능과 작용을 목적을 가지고 치료적으로 활용하는 것을 의미한다. 또, '개인을 포함한 가족 간'이란 표현은 가족음악치료모델의 대상영역을 설명해 주는 내용으로서, 개인의 심리적·신체적·정서적 변형뿐만 아니라 가족구성원 전체의 변형에도 똑같은 관심과 초점을 맞추고 있음을 의미한다. 이 모델의 주된 대상은 가족이라는 전체 속에서 개인의 독특성이라고 할 수 있다.

'가족 간의 불균형적 관계 패턴'이란 말은 한 개인의 행동과 정서에 영향을 미치는 가족구성원들 간의 비합리적이고 불균형적인 관계방식 ─ 과도한 친밀감, 대립, 무관심, 과보호, 서로에 대한 지나친 기대 등을 의미한다. 이를 위해 치료사는 가족의 상호관계 패턴을 유심히 관찰하여 그 속에서 불일치와 부조화, 불균형을 파악하여 합리적이고 건전하게 변형시키는 노력을 기울이게 된다.

'내적 평화와 자기실현'이란 이 모델이 지향하는 치료목적과 방향성을 보여 준다. 먼저 '내적 평화(內的平和)'란 개인이 진정으로 희구하는 바가 성취되어 온전히 충족된 상태를 의미하며, 자신의 행동이 근원적인 소망과 자연법칙, 도덕적 원리와 일치할 때 비로소 얻게 된다. '자기실현(自己實現)'이란 개인이 진정한 자신의 본 모습, 태어날 때부터의 자기, 무의식 심층에 자리 잡은 본연의 목적성을 최대한 발휘하는 상태를 말한다. 사회적인 성공이나 극한의 능력개발과는 다른 개념이다. 늘 자신이 진정으로 원하는 것이 무엇인지를 알고 이에 따라 행동하려고 노력하며, 전체성을 존중하지만 그 속에서 개인의 독특성을 최대한 발휘한다. 이것은 융의 분석심리학에서는

'개성화(個性化, individuation)'라고 설명한 바 있으며, 진정한 개성을 실현하거나 그 사람 자신의 전부가 되는 것이라고 정의한 바 있다.8)

　가족음악치료모델의 철학적 방향성과 이론의 지향점은 균형, 긍정, 성장, 변화, 통찰로 대변될 수 있다. 이 모델을 시행하는 전문치료사라면 음악의 작용에 대한 깊은 이해와 더불어 가족 간의 불균형요소를 주의 깊게 관찰하고 발견하는 데 있어 매우 숙련될 필요가 있다. 내적·외적인 측면에서의 균형(均衡)이란 인간의 심리적 평화와 자유, 안정감에 매우 결정적인 역할을 하며, 정확한 불균형요소에 대한 진단과 조정은 치료와 변형을 위한 핵심과정이다. 특히 이 모델에서는 개인과 그 개인이 속해 있는 가족 내에 이미 존재하지만 기억하지 못하고 잠재해 있는 긍정(肯定)적인 자원들을 찾고 재인식하도록 도움으로써 가족 간의 관계 패턴과 불균형요소를 조정하도록 한다. 이를 위해 치료사는 긍정자원, 즉 성공적인 경험이나 존경하는 인물, 자신이 확신하고 있는 장점이나 강점, 자신의 간절한 소망과 비전 등을 새롭게 발견하여 재인식시키며 심층심리에 각인하는 데에 많은 노력을 기울이게 된다. 긍정자원의 인식과 각인은 그의 대상(代償)영역인 부정자원의 감소와 소멸에 영향을 미친다.

---

8) 이부영, 『분석심리학』, 서울: 일조각, 2004, p.119.

가족음악치료의 기원과 발달

음악치료모델은 다양한 심리치료이론과 밀접한 관련성을 지니면서 발전해 왔다. '치료모델'이란 특정한 집단의 필요를 충족시키기 위해 설계된 구체적인 임상적 세팅을 의미하는 용어이다.9) 그만큼 각각의 대상자에 따라 서로 다른 임상 세팅, 즉 치료모델이 적용될 수 있다는 의미이다. 현대 심리치료이론의 대표적인 흐름은 크게 네 가지로 구분되는데, Freud, Jung 등이 주창한 제1심리학인 정신역동이론과 Skinner, Bandura 등이 주창한 제2심리학인 행동주의심리학이 있다. 제3심리학에는 Maslow와 Rogers 등에 의해 발전되어 온 인본주의심리학과 Frankl 등에 의해 확립된 실존주의심리학이 포함된다. 마지막으로 초월심리학 또는 초개인 심리학이라고 부르는 제4심리학이 James 등에 의해 주창되었다.

그동안 음악치료를 포함한 대부분의 치료기법과 상담모델들은 주된 관심 대상을 치료대상자 한 사람 - '내담자 개인(個人)'에게 국한된 면이 없지 않았다. 어려움을 겪고 있는 한 사람을 치료적 이해를 갖춘 전문가가 집중적으로 돕는 형식이었다. 이른바 양자치료(兩者治療)모델이다. 치료하는 사람과 치료받는 사람의 양자 간 관계성 회복과 증진이 주된 치료의 목표가 되어 왔으며, 이를 통해 한 개인이 충분히 기능하는 인간으로서 변형될 수 있다고 믿어 왔다. 즉 치료실 속에서의 상호간의 신뢰회복이 곧 가족이나 타인에 대한 신뢰회복으로 이어진다는 믿음이다. 인간은 관계 속에서 상처를 받기 때문에 관계를 통해 문제를 해결하려고 했던 것이다. 이것은 부분적으로 옳다. 그러나 내담자의 문제행동 원인이 한 개인만의 문제라기보다는 타인(他人), 특

---

9) Bruscia, K. E., *Improvisational models of music therapy*, IL: Charles C. Thomas, 1987.

히 가족에서 비롯되는 경우가 많다. 현재의 '나'는 가족들과 함께 한 수많은 경험과 상호작용의 결과로 형성되어 왔기 때문이다. 성격형성의 결정적 시기인 인생 초기를 대부분 가족들과 함께 생활한다는 면에서 이러한 탐구는 중요한 의미가 있다. 가족사에 대한 전반적 이해는 물론이고 가족을 통해 강요받아 온 규칙과 기대, 부모로부터 세습되어 온 가치관과 신념들을 충분히 이해할 필요가 있다.

치료대상자 한 사람의 심층적인 내면변화를 위해서는 그 개인의 변화뿐만 아니라 가족의 변화까지도 동반되어야 가능하다. 비록 치료를 통해 내담자의 행동과 정서가 변화되더라도 가족들의 충실하고 유기적인 도움 없이는 지속적인 내담자의 변화란 있을 수 없으며 재발하는 경우도 흔하다. 임상에서 인간의 변화과정을 살펴보면, 내담자보다는 오히려 그 주변 가족들에게서 더 큰 문제점을 발견하는 경우도 있어서 필요하다면 가족들의 행동과 정서구조를 변형시켜야 할 때가 많다. 즉 내담자와 그 가족들과의 전반적인 상호관계 및 협조가 무엇보다 치료의 핵심을 이루게 되므로 이와 같은 견지에서 가족 중심의 음악심리치료접근을 제시하기에 이르렀다. 필요한 경우만 적용하는 보조치료철학으로서가 아닌 치료의 전 과정에서 적용되어야 하는 중심치료철학으로서 받아들여질 만하다.

가족음악치료모델은 '인간이 현재 보이는 모든 문제는 과거에 발생한 가족 간의 불일치한 관계성에서 기인하며, 가족관계의 회복은 곧 개인적 회복을 가져온다.'는 전제를 기본으로 한다. 따라서 가족음악치료모델의 궁극적인 목적은 개인의 자아성찰과 가족에 대한 재인식 및 의사소통 유형의 근원적인 변화를 통하여 가족체계 내 상호작용의 개선과 각 구성원들의 참다운 자기실현을 가져오도록 하는 데 있다. 필자의 이론과 치료전략 개발과정에 크고 작게 영향을 미친 영역은 사티어 (Virginia Satir)[10]의 경험적 가족치료(Experimental Family Therapy)와 융(Carl Gustav Jung)의 분석심리학(Analytical Psychology), 로이너(Hanscarl Leuner)의 심상치료 (Image Psychotherapy), 인수버그(Insoo Berg)의 해결중심치료 등이었다. 이러한 이론 수렴과정을 근거로 저자의 개인적 통찰과 영감을 더하여 본 모델을 새롭게 구안하게 되었다. 다음은 가족음악치료모델의 근간이 된 심리학과 치료철학을 제시한 것이며, 그에 따른 참고내용들이다.

---

10) 버지니아 사티어(Viginia Satir, 1916~1988)는 경험적 가족치료의 창시자로서 가족상담학과 의사소통방법론의 발전에 지대한 공헌을 한 학자이다. 인간이 긴장상황에 대처하는 방식을 유형별로 구분하여 제시하였고, 가족규칙과 명상 등을 치료에 도입하였다.

가. Jung의 분석심리학: 마음의 구조, 원형, 균형, 대극성, 자기원형, 외적 인격

나. Leuner의 심상치료이론: 새마음 각인, 심상화

다. Satir의 경험적 가족치료: 빙산이론, 자아개념 요소, 원가족도표, 가족조각

라. Insoo Berg의 해결중심치료: 긍정자원, 기적체험, 질문법, 해결중심

마. Maslow의 인간욕구단계설: 욕구의 분류와 단계

융의 분석심리학은 심성구조론(心性構造論)에 있어서 매우 정교한 체계를 갖고 있으며, 대극합일(對極合一)과 균형, 중용과 관련된 인간의 심리적 항상성(恒常性)에 대한 그의 견해는 상담과 치료를 담당하는 이들에게는 치료대상자들의 이상적 행동과 증상을 이해하는 것은 물론 치료사 자신의 내면성찰과 자기실현에도 중요한 깨달음을 갖게 한다. 필자는 이러한 인간심성의 구조에 대한 분석심리학적 측면을 보다 세분화하여 프로이트와 융을 중심으로 한 정신분석학자들의 '빙산이론(氷山理論)'에서 한 단계 더 나아간 '심리지층이론(心理地層理論) 또는 심성지층론(心性地層論)'을 이 책을 통해 처음 소개하고자 한다. 이것은 인간의 심리가 의식과 무의식의 층으로 구분되어 있다는 기본원리에 입각하되, 각각의 층들을 다시 행동, 정서, 지각, 신념, 욕구, 자기 여섯 개 지층의 개념으로 나누어 설명하였다. 이 이론은 경험적 접근을 통한 심층적 통찰을 통해 밝혀낸 것으로서 하나하나의 단계들은 인간의 전반적인 행동과 동기를 이해하고 변화시키는 데 보다 근원적인 접근을 가능하도록 해 줄 것이다. 이와 더불어 융이 강조한 '균형(均衡)'과 '중용(中庸)'의 개념은 인간의 자기실현을 위해 매우 효과적이면서도 현실적인 제안이다. 이상행동은 내면의 불균형에서 비롯되는데, 이런 불균형의 요소를 찾아내어 그 부분을 채워 주고 강화시켜 주면 인간은 만족과 행복감을 느끼게 된다. 융은 인간 내면에 이러한 불균형의 요소를 자동적으로 균형 있고 조화롭게 만드는 심리적 작용이 있다고 설명하는데, 이를 '무의식의 보상작용(補償作用)'이라고 하였다. 하지만 이러한 개념은 어떤 면에서는 이해가 힘들고 모호한 면이 없지 않았다. 필자는 인간의 심리 및 일상생활 속에서 균형을 유지해야 할 영역을 명확히 구분할 필요성과 함께 자동적인 과정으로서의 심리적 보상작용을 가능케 하는 음악의 영향력에 대해 이론으로 정립할 필요성을 느끼게 되었다. 따라서 본 모델에서는 '균형'을 위한 구체적인 영역을 구분하고 음악이 갖고 있는 심리적 보상작용을 '심리적 항상성'이라는 개념 속에서 소개하였다.

치료대상자 선정과 치료접근 및 중재전략 수립에 있어 사티어의 경험적 가족치료이론은 주요한 철학적 배경을 제공해 주었다. 그의 이론은 그동안 치료의 주 대상을 '개인(個人)'에게 국한시켜 왔던 음악치료연구가들과 치료사들의 치료적 패러다임[11]을 '가족(家族)'의 개념으로 확장시켜 좀 더 근원적이고 핵심적인 문제 인식과 해결을 도모하는 데 공헌할 것이다. 인간은 사회적인 존재이기 때문에 한 개인이 변화하여 행복해진다고 해도 다시 '가족'이라는 최소 사회로 복귀하게 될 때 과거의 문제행동과 나쁜 감정 등이 반복되는 결과를 얻게 된다. 과거에서 현재까지 가족구성원들과 가졌던 수많은 경험과 학습내용들이 한 개인의 현재 행동과 생각, 감정, 소망, 가치관에까지도 영향을 미치고 있는 것이다.[12] 즉 부모가 의도적으로건 무의도적으로건 전수했던 많은 규칙과 신념, 불완전한 지각들이 그 자녀의 현재 삶에 작용하여 끊임없이 과거에 집착하도록 하고 주도적으로 자신의 삶을 결정하지 못하도록 한다. 이러한 철학에 기반을 둔 음악치료활동을 시행함에 있어 치료사는 대상자가 과거의 부모가 가졌던 자신에 대한 기대와 소망에서 벗어나 진정한 자신만의 소망을 찾도록 도울 수 있다. 또한 대상자가 높은 자아존중감을 가질 수 있도록 돕기 위해 부모를 비롯한 가족구성원들과의 과거 해결되지 못한 사건과 과제들을 수면 위로 의식화하고 새롭게 재경험하도록 할 필요가 있다. 이것은 과거의 미해결 사건들의 의미를 수용하고 변형시킴으로써 현재의 삶을 더 자유롭고 만족스럽게 살아갈 수 있기 때문이다. 사티어는 '자아존중감(自我尊重感)'의 의미와 구성요소를 분명하게 제시함으로써 인간의 만족과 행복에 대한 보다 명확한 이해를 가능하게 했는데, 필자는 그가 주장한 '자아존중감'의 구성요소[13]에 '도덕적 원리'를 포함시킴으로써 인간의 영적 차원과 종교적 신

---

11) 패러다임은 영어로 paradigm이라고 하며, 어떤 한 시대 사람들의 견해나 사고를 지배하고 있는 이론적 틀이나 개념의 집합체를 의미한다.

12) "인간은 사고, 감정, 기대, 그리고 부모를 비롯한 타인과의 관계와 학습결과로 현재의 모습을 갖게 된다. 특히 아동의 경우 부모와의 관계를 통해 생존을 위한 대처방식을 학습하게 된다. 인간의 대처행동상 문제는 부모와 자녀 간에 잘 화해되지 않은 경험과 관련되어 있다. 과거의 학습이 인간으로 하여금 전인적으로 되는 것을 방해할 수 있는데 그 이유는 인간이 과거에 집착하며 아동기에 가졌던 불완전한 지각을 현재에도 갖고 있기 때문이다." 정문자, 『사티어 경험적 가족치료』, 서울: 학지사, 2003.

13) 인간의 자아존중감은 자신, 타인, 규칙(상황) 세 가지 요소로 구성되어 있어서 그중 어느 한 가지를 지나치게 강조할 때 불균형이 발생하여 다양한 문제상황을 일으킨다. 자아존중감의 구성요소 중 '자신'만을 강조하고 다른 요소들을 무시할 경우 '비난형'으로 발전하게 된다. 반대로 '타인'만을 강조하고 나머지 요소를 무시할 경우에는 '회유형', '규칙과 상황'만을 강조할 경우는 '초이성형'으로 발전하게 된다. 여기에 필자는 '도덕적 원리'를 첨가함으로써 종교적 특성, 영적 속성, 초개인적 측면 등을 보완함으로써 인간의 근본적인 정체성과 자긍심에 영향을 미치는 요소들을 확립하였다. 이때 '도덕적 원리'만을 지나치게 강조할 경우 '비현실형'으로 흐를 수 있다. 즉 과도한 종교적 성향이나 양심의 강조, 생각의 배제 또는 영감의 지나친 의존성 등이 그 예이다.

념이 자아존중감에 미치는 영향력을 강조하였다. 이는 인간의 진정한 만족과 행복, 자유, 자기실현은 '자신'만 행복하다고 달성되거나, 오로지 '타인'만을 위한 삶을 산다고 해서 얻어지는 것도 아니기 때문이다. 또 '자연법칙 또는 도리, 법도, 상황'에 맞게 살아가면서 '법 없이도 살 사람'이라는 평을 받는다고 하여 높은 자존감을 갖게되는 것은 더더욱 아닐 것이다. 인간의 가장 만족스러운 상태는 한 가지 다른 요소가더 있어야 한다. 그것은 자신의 행동과 믿음이 '도덕적 원리'와 일치할 때 비로소 이루어진다는 사실이다.

'원가족 도표'나 '생애주기표' 등의 강력한 진단도구를 활용하여 사티어는 가족구성원들의 성격과 스트레스 대처방식, 자존감 정도, 가족 내 상호간 관계 패턴 등을 효과적으로 파악하였다. 이러한 도구들은 장기간의 상담과정을 통해 얻을 수 있는 내담자에 대한 핵심적인 정보를 단기간 내에 파악할 수 있다는 장점이 있었기 때문에, 필자는 이러한 도구들의 강력한 진단기능을 음악치료모델에 흡수할 수 있는 방안을 연구하게 되었다. 일반적으로 음악치료사는 내담자가 보이는 음악적 행동을 통해서 비교적 정확하게 현재의 기능 정도와 상태를 파악해 낼 수 있다. 그러나 음악을 통한이와 같은 내면표출과정은 지극히 개인적이고 비언어적(非言語的)인 과정이라는 점에서 한계가 있어 왔다. 이러한 측면은 음악치료영역에서의 과감한 언어적 진단과 명료화 과정 및 암시각인전략 확립에 지대한 영향을 끼쳤다.

인간은 혼자서 살아갈 수 없으며 끊임없이 다른 사람과 교류하며 살아가는 사회적동물이기 때문에 필연적으로 의사소통을 해 나가야 한다. 타인과의 의사소통의 실패는 여러 가지 신체·정신·사회적으로 불균형을 가져오므로 다양한 문제점을 야기하게 된다. 따라서 내면적인 치유과정을 통해 자아존중감이 커지고 증세의 감소를 이룬다 하더라도 그 개인은 다시 세상으로 나아가야 하며 그 세상 속에서 의사소통을 하며 살아가야만 하는 것이다. 불일치하고 효과적이지 못한 의사소통 유형을 소유한 채마냥 행복한 마음만으로는 살아갈 수 없다. 그런 의미에서 일관성 있고 효과적인 의사소통 유형을 갖도록 돕는 것은, 실질적이고 근원적인 대처 방법이 될 수 있다. 사티어의 모델은 의사소통 모델(Communication Model)이라고도 할 만큼 내담자가 사용하는 의사소통 유형의 성격 특성에 대해 대단히 강조점을 두고 있는 모델로, 상담에 있어서 매우 유용한 모델이다. 이 모델은 사람들이 사용하고 있는 주된 의사소통 유형을 파악하여 그 사람의 강점과 약점, 발전시켜야 할 부분을 분석적으로 파악할 수 있도록 해 준다. 이것은 단순히 처세술과 같은 수사학적 의미라기보다는 좀 더 근원적이고 실질적인 측면에서의 변화를 꾀하고자 개발된 치료전략이라고 할 수 있다. 이러한 과정에서 음악은 무의식을 싸고 있는 가면(persona)을 벗겨 치료에 집중할 수 있도록 하는 윤활유 역할을 하고, 진단과정에서는 다양하고 실용적인 내면 탐구의 도구가 되며, 치료 시행과정에서는 새 마음의 각인을 위한 매개체가 된다.

로이너가 창시하고 발전시킨 독일의 심상치료이론(The Guided Mental Imagery Psychotherapy: GMIP)은 가족음악치료모델에서의 음악적 암시와 각인, 음악심상체험 작업, 음악회상 및 명상, 음악자유연상과정 개발에 영향을 미쳤고 이론적 토대가 되었다. 심상(心象)이란 마음으로부터 자연스럽게 떠올린 상(image)을 의미하는 것으로 인간의 무의식 속에 해결되지 않고 응어리진 정서적 상흔들이 심상이라는 형태로 불러일으켜지게 된다. 이것은 문득 떠오르는 생각에서, 꿈을 통해, 이완된 심리 상태에서, 명상과정에서 시각적 형상이나 청각 및 촉각적 감각으로 발현된다. 심상은 무의식을 이해하는 중요한 도구가 된다. 음악은 이러한 심상들을 불러일으키는 데 효과적인 수단이 되며, 무의식과 의식을 연결하는 매개체의 역할을 하게 된다. 음악을 통해 심상을 이끌어 내기도 하지만, 일단 깊은 내면으로부터 유도된 심상을 연주를 통해서 청각적으로 형상화하기도 한다. 음악이 갖고 있는 다양한 요소들 ― 리듬, 화성, 가락, 음색, 구조, 역동성 등은 인간 내면의 다양한 문제들을 고르게 자극하게 되는 것이다. 심상치료이론은 가족음악치료과정 이후 일상생활에서의 적응 방식 및 일반화 과정에 대한 새로운 조명과 함께, 치료를 통해 형성된 문제 인식과 자기통찰, 새로운 각오, 해결책 등을 마음에 새기는 '봉인과 각인 작업' 이론 형성에 영향을 미쳤다.

인수버그의 해결중심치료(solution focused therapy)에서는 긍정자원, 기적체험, 질문법, 해결중심철학의 일부 개념을 가족음악치료모델에 수용하였다. 문제의 원인보다는 해결책에 초점을 두고 인간의 강점과 긍정자원 및 성공적인 경험을 발견하고 각인시켜 문제해결에 활용하게 된다. 가족중심음악치료사는 집요하고 끈질기게 내담자 내부에서 해답을 찾고자 노력하며, 이들이 이미 갖고 있는 긍정적인 자원을 발견하도록 돕는다. 그런 의미에서 이것은 긍정(肯定)지향적이고 해결(解決)지향적이다. 내담자의 내부세계에서 긍정적인 경험과 신념, 가치관, 존경하는 인물 및 모델 등을 도저히 찾을 수 없을 때는 기적적인 가상의 현실을 그들에게 제공하여 긍정적인 자원과 해결을 가정하기도 한다. 해결중심상담이론의 질문법은 가족음악치료모델의 독특하고 전형적인 질문기법 - 척도질문, 기적질문, 대처질문, 예외질문 등으로 발전하였다. 이러한 해결 중심의 시각은 문제상황에 대한 고찰이나 문제 원인의 제거라고 하는 기존 상담과 치료분야의 문제원인 해결식 접근방법을 지양하고, 반대로 문제상황이 일어나지 않는 때를 탐색하고 개인이 이미 갖고 있는 긍정자원과 성공경험 등을 회상하도록 하여 문제해결능력과 변화에 대한 욕구를 강화하도록 하는 데 지대한 영향을 미쳤다. 따라서 가족음악치료모델에서는 문제 자체를 자기정화와 통찰을 위해서만 사용하며, 문제행동 자체를 밝혀내는 데만 집착하지는 않는다. 문제를 넘어 그 이면에 존재하는 긍정에 도달할 수 있도록 돕게 된다.

이상 저명한 학자들의 인간심성과 문제감정에 대한 탁월한 혜안(慧眼)과 통찰은 본 모델의 철학과 기본전제, 접근전략의 형성과 개진에 있어 적지 않은 영향을 미쳤다. 여기서 음악은 매우 중요한 역할과 가능성을 갖고 적용되었다. 음악은 본 모델에 있어 주된 치료수단으로서 적극적인 치료과정을 위한 동료 치료사로서(co - therapist)의 역할을 하였다. 즉 인간의 내면을 감싸고 있는 외적 인격인 가면(假面, persona)을 벗겨내고 저항감 없이 활동에 참여하도록 돕는 이완유도매체로서, 과거의 성공경험을 연상하고 회상하도록 하는 연상유도매체로서, 긍정적이고 의도적인 변화노력을 비언어적으로 표현하도록 하는 자기표현매체로서, 치료과정에서 새롭게 형성된 신념과 목표, 해결책을 봉인하는, 즉 마음속에 새기는 작업을 돕는 신념각인매체로서 역할을 하게 된다. 이를 위해 새롭게 고안되고 차용된 치료적 중재로는 음악긴장이완기법, 주제에 따른 음악회상기법, 음악체계적감감법, 가족즉흥연주, 노래심리치료기법, 음악자유연상기법, 음악암시각인기법, 음악심상체험작업, 가족음악심리극, 가족음악조각, 언어명료화, 미래직면기법 등이 포함되었다.

가족음악치료의 철학적 배경

가. 해결(解決)지향적 관점

　가족음악치료모델은 해결(解決)을 중심으로 한 긍정모델이며, 기본적으로 성장(成長)을 지향한다. 이른바 문제 중심(problem focused) 상담치료와는 대상개념이다. 따라서 가족을 중심으로 치료를 시행하는 전문음악치료사들은 끊임없이 개인과 가족들이 그들이 이미 갖고 있는 긍정적인 자원과 내적 요소들에 초점을 둘 수 있도록 돕는다. 그들의 부정적인 측면, 문제행동, 과거의 실수와 과오에 대한 분석에 지나치게 많은 시간을 사용하는 대신, 그 사람의 능력, 재능, 긍정적인 성공경험, 존경하는 인물, 좋아하는 음악 등에 주의를 돌리도록 돕는다. 긍정에 대한 몰입은 부정에 대한 거리감을 넓히며 부정적 자원의 감소와 소멸에 영향을 미친다. 그렇다고 가족구성원들 사이에 존재하는 현재의 문제행동과 과거의 미해결된 과제들에 대해 소홀하게 다루는 것은 결코 아니다. 오히려 치료 초기에 치료사는 내담자의 자기인식과정과 성찰을 돕기 위해 그들의 과거와 현재 문제행동과 감정들, 경험들을 재인식하도록 돕는다. 심지어 음악을 활용하여 그들의 내면세계에 문제목록(problem list)을 각인하도록 한다. 다분히 문제지향적이라는 인상을 받게 된다. 그러나 이렇게 하는 이유는 자신의 문제를 확실히 인지하지 못하고 어렴풋이 알고 있으면 새로운 행동 패턴을 온전하게 습득하기가 어렵기 때문이다. 진정한 자기인식의 기본은 문제의 인식에서 시작되는 것이다. 그러나 이런 문제점 각인작업은 본격적인 변형과 성장을 위한 기초 토대를 마련하는 작업일 뿐이다.

나. 관계(關係)지향적 관점

　인간은 '관계' 속에서 상처를 입고, '관계' 속에서 치유될 수 있다. 이 말은 인간이 겪는 수많은 상처와 고통들이 다름 아닌 관계 속에서 얻어지게 되고, 이러한 정서적 아픔들을 정화시키고 맑히는 것도 바로 관계라는 것을 말해 준다. 인간은 저마다 갖고 있는 자신만의 독특한 가치관, 신념, 행동방식, 소망, 자존감 등이 스스로의 훈련과 노력을 통해 형성된 것으로 생각하기 쉽지만 사실 그렇지 않다. 타인과의 셀 수 없는 자극과 반응, 사건과 사고, 충격, 감동, 사랑, 성공, 실패 등의 상호작용 - 관계(關係)를 통해 변화하고 성장한다. 그중에서도 인생 초기의 가족이라는 구성원 내에서의 경험은 이후 삶에서의 수많은 결정 순간에 의식적 또는 무의식적으로 관여하게 된다. 어린 시절의 경험과 훈련이 선택의 순간마다 우리를 조종하는 것이다. 거꾸로 생각해 보면, 우리가 현재 내리고 있는 선택과 행동은 과거 경험의 산물이며, 가족 내에서의 무수한 규칙과 규율, 훈육, 간섭, 잔소리, 억압, 회피, 보호에 대한 결과물인 것이다. 가족 중심 음악치료 환경에서는 모든 문제행동의 원인을 '개인'에게서 찾는 것이 아니라 '가족' 속에서 찾고자 한다. 가족은 제2의 자기(自己, Self)이기 때문이다. 여기서 말하는 '가족'이란 '가족 간의 관계 패턴'을 일컫는다.

　대부분의 상담을 원하는 내담자들은 치료실을 찾아와 자신을 변화시켜 달라고 요청한다. 그러나 이들을 만나 살펴보면 문제의 원인이 개인에게 있는 것이 아니라, 그들의 부모와 연관되어 있다는 것을 금방 알 수 있다. 부모의 지나친 기대와 소망, 가정 내에서의 극단적인 규칙과 규율, 가족구성원들 간의 불일치한 의사소통방식들이 한 개인을 병들게 만든다. 따라서 진정한 변화를 위해서는 '개인'만 변화시키는 것이 아니라, 그 개인을 둘러싸고 있는 '가족구성원의 전반적인 관계 패턴'을 변화시켜야만 한다. 그렇기 때문에 무엇보다 대상자 가족구성원들의 관계 패턴을 정확하게 이해해 내는 것이 중요하다. 즉 가족 각자가 갖고 있는 성격과 자존감 정도, 의사소통 패턴, 가족규칙, 서로에 대한 기대와 소망 등을 밝혀내는 것이다. 잘못된 부분을 변화시키고,

불균형적인 요소를 개선하고, 부모의 잘못된 기대로부터 자신을 분리시키고, 새로운 의사소통방식을 습득하도록 돕는 등 가족관계성이 개선되면 궁극적으로 개인의 변화와 성장이 가능해진다. 곧 가족 전체의 변화가 개인의 변화와 성장으로 이어지게 된다.

이러한 가족관계 패턴은 개인의 선택, 생각, 행동은 물론 자아정체성 형성에도 지대한 영향을 준다. 특히 부모의 소망이 대상자 자신의 소망으로 굳어진 경우가 많다. 물론 이것은 자연스러운 현상일 수 있다. 그러나 자녀 자신만의 생각과 의지를 부인한 채 일방적으로 강요당하는 것이 문제가 된다. 부모의 신앙이 자녀의 의지와는 상관없이 대물림되어 결국 종교에 대한 혐오감으로 무신론자가 되기도 하고, 부모가 원하는 대학에 들어갔다가 결국은 자신이 원하는 곳으로 진로를 바꾸기도 한다. 또 부모가 원하는 배우자와 사랑 없이 결혼한 다음 이혼의 파경을 맞이하는 경우도 있다. 이러한 부모의 기대와 소망은 잔소리로, 엄격한 규율로, 비난으로, 강요로 나타나며, 자녀의 인생 전반에 걸쳐 수많은 내적 자아의 역할을 하면서 그들을 괴롭히게 된다. 치료적 중재는 이러한 부모의 불합리한 기대로부터 자녀를 분리시켜 그 자신만의 소망을 탐색하고 발견하도록 돕는 데 있다.

가족관계 패턴은 개인마다 각각 다르게 형성되어 있다. 개인이 자신의 가족에 대해 느끼는 감정은 자기 자신의 정체감으로 형성된다. 이것은 개인의 자아정체성 형성에 좋게도 혹은 나쁘게도 영향을 미친다. 예컨대 어려운 환경에서 자란 여자가 혼기가 되어 훌륭한 신랑감들을 만나지만 모두 거절하는 이유가 여기 있다. 즉 가족에 대한 낮은 존중감이 곧 자신의 자존감을 떨어뜨린 것이다. 이들은 "난 부모님이 창피해." "다른 가족에게서 태어났더라면 좋았을걸." "우리 가족은 변화될 수 없을 거야."라고 말한다.

가족음악치료에서는 이렇게 개인의 결함, 병리, 심리의 분석뿐만 아니라 가족 내 구성원들 간에 존재하는 특수한 행동 패턴에 관심을 갖는다. 또 이와 같은 가족환경 내에서의 복잡한 역학관계가 현재 대상자의 행동과 감정에 어떻게 영향을 미치는지를 깊이 있게 탐색한다. 즉 '관계'의 분석이 곧 '개인'에 대한 통찰이 되는 것이다. 이를 위해 치료사는 대상자들이 자신의 가족을 철저하게 객관적으로 인식할 수 있도록 돕는다. 이를테면, 그들이 어떤 성격을 갖고 있는지, 서로 얼마나 친근한지, 대하는 방식은 합리적인지 등을 이해하도록 돕고 가족들의 인생에서 일어났던 중대 사건, 사고, 질병, 비밀스러운 일들을 인식하도록 함으로써 그동안 가족에 대해 갖고 있었던 신념에서 벗어나 새로운 패러다임을 형성하게 된다. 관계 속에서 얽혀 버린 정서적 상처를 다시 관계 속에서 풀게 되는 것이다.

다. 균형(均衡)지향적 관점

가족음악치료모델은 인간 유기체의 총체적인 균형(均衡)을 지향한다. 지나침, 편중, 불균형, 부조화, 집착, 편애 등은 균형과는 대상개념에 있다. 지나치게 내향적이라든지, 과도하게 성공지향적인 것에는 이유가 있게 마련이다. 반대로 과도한 외향형이나 가정지상주의, 이기주의에도 나름의 이유가 있다. 균형은 지나침이 없는 상태를 일컫는 용어로서, 한쪽에 집중하게 되면 다른 한쪽은 반드시 소외되는 원리를 갖는다. 한 부분에 집착하거나 예민해진다는 것은 그만큼 내면을 반영하고 있다는 반증이다. 우리가 어떤 부분에 지나치게 매달리게 되거나 이유 없이 관심을 갖게 될 때 무의식의 동요를 느낄 수 있다.

인간은 개인 내, 가족 내, 개인 간, 개인과 환경 사이에서 온전한 균형을 이룰 때 만족감을 느낄 수 있다. 마치 저울과 같이 한쪽이 내려가면 다른 한쪽은 올라가는 구조, 즉 한 부분만을 발전시키고 강조하다 보면 정반대편은 그만큼 원시적이고 덜 발전하게 되는 미분화 상태가 되고 마는 것이다. 이러한 예를 지나치게 직장에 헌신하는 남편에게서 본다. 이들은 상대적으로 가정에 소홀하게 되어 원하던 성공가도를 달리지만, 처와 자녀들은 마땅히 받아야 할 남편과 아버지의 영향력의 부재로 인해 이상행동과 불균형적 문제행동을 나타내게 되는 것이다. 이때는 남편이 직장에 대한 헌신의 양을 줄이고, 가정으로 관심을 돌리는 균형지향적 치료를 해 나가야 한다.

이 외에도 개인 내면세계에서의 불균형 문제를 들 수 있다. 지나친 의식성은 무의식을 외면하는 결과를 초래하게 되지만, 과도하게 치우쳐진 무의식에 대한 경외심은 비현실적인 이상행동을 불러일으키기도 한다. 심리 내적으로 지나치게 내향적인 특성을 지니는 경우도 있다. 이들의 특징은 신중한 사고와 감성, 끊임없는 내면의 통찰, 영감의 수용과 같은 긍정적인 면을 보이기도 하지만 상대적으로 그의 외향적 특성은 원시적이고 미분화된 상태로 남아 있게 된다. 이렇게 되면 뜻하지 않은 과격한 행동이나 공격성, 짜증, 광분 등을 나타내는 경우가 있다. 이때 미분화된 외향적 특성을 살려 내향성과 균형을 이루도록 도울 필요가 있다. 따라서 가족 중심 음악치료사는 개인 및 가족 내에 존재하는 이와 같은 불균형요소를 정확히 파악하여 질서 있고 균형 있게 조정하는 역할을 담당한다.

타인을 대하는 대처유형에 있어서도 균형을 유지해야만 한다. 대처유형(對處有形)이란 '의사소통방식' 또는 '생존방식'이란 용어로도 대체할 수 있는 개념이다. 다른 사람을 대함에 있어서 지나치게 자기 위주로 의사소통을 하거나, 반대로 과도하게 타인 위주의 의사소통을 하는 사람이 있다. 전자는 비난형(非難形) 또는 이기주의(利己主義)이라고 할 수 있고, 후자는 회유형(懷柔形) 또는 이타주의(利他主義)이라고 할 수 있다. 그 외에도 지나치게 원칙 중심인 사람이 있는가 하면, 현실감 없이 환상과 허황된 신화를 좇는 사람이 있다. 전자는 초이성형 또는 원칙주의라고 하고, 후자는 비현실형 또는 환상주의라고 할 수 있다. 이 모두는 '지나친', '~위주', '과도한'이라는 용어로서 설명할 수 있는 지극히 불균형적 성향을 대변하는 것들이다. 어떤 사람은 자신이 이 세상의 중심이라고 굳게 믿는 반면, 또 다른 사람은 자신의 존재를 철저히 부인하고 타인만을 위한 인생을 살기도 한다. 이들에 대한 처방은 이렇다. 자기, 타인, 원칙, 도덕적 신념, 영(靈)에 대한 정도 이상으로 집중된 경향성을 줄이거나 조정하는 것만으로도 꼬여 있던 수많은 문제들을 조정할 수 있고, 반대편에 무시되고 외면된 부분을 의도적으로 조명하고 부각시킴으로써 가능하다.

이기주의형인 사람에게는 자신과 원칙은 이미 존중하고 있기 때문에 타인에게 시선과 관심을 돌릴 수 있도록 도와야 하며, 이타주의형에게는 타인에 대한 무조건적 존중심이 너무 크기 때문에 자아를 강화하고 타인에 대한 지나친 관심과 예민함을 줄이도록 돕게 된다. 이처럼 대처유형의 불균형요소를 파악하여 균형 있고 질서 있게 조정하는 일은 자존감 형성과 자기실현에 매우 중요하다.

가족음악치료모델에서는 이와 같이 성격, 능력, 취미, 감정, 취향 등에서의 인간 내적 심리의 편식(偏食)현상을 균형 있게 조정하도록 도우며, 가족 내에 존재하는 편향적 측면들 - 편애, 편견, 과도한 기대, 비합리적인 가족규칙 등을 합리적으로 변형시키기 위해 적극적으로 개입한다. 균형지향적 관점은 이 모델에 있어서 기본적인 치료철학인 동시에 구체적인 치료적 접근을 위한 방안과 전략을 제공해 준다.

라. 변화(變化)지향적 관점

가족음악치료모델은 변화(變化)와 변형(變形)[14]을 지향한다. 구체적으로는 인간의 행동과 신념, 감정의 변화를 지향한다. 이것은 인간의 행동을 유발시키는 원인이 되는 신념과 믿음체계를 변화시키는 데 초점을 맞추는 것을 의미하며, 대인간 의사소통 패턴의 변화, 개인 및 가족규칙의 변화를 의미한다. 즉 인간의 내면세계를 채우고 있는 무수한 심리 내적 요소들의 전면적인 변화를 일컫는다. 본 모델에서는 인간의 심리를 지각의 여러 층으로 빗대어 설명한다.[15] 행동, 정서, 지각, 신념, 욕구, 자기라는 전체 여섯 개 영역으로 이루어져 있는 이러한 심리지층(心理地層)들은 이해와 통찰의 대상인 동시에 치료와 변형의 대상이기도 하다.

인간은 한 번도 생각해 보지 않은 행동을 할 수 없다는 말이 있듯이 어떠한 행동이든지 그 원인이 되는 생각, 즉 신념체계가 존재한다. '내 자식들을 위해 이 한 몸 희생하리라'라는 신념체계를 가지고 있는 부모라면 자식을 위해 자신의 삶은 중요하지 않게 되어 결과적으로는 자녀와의 대립 혹은 배신, 좌절감 등을 맛보게 되는 것이다. 또 다른 예로서, '아이들은 때려서라도 가르쳐야 해'라는 신념체계를 갖고 있는 경우, 아이들을 사랑하고 결코 때리고 싶지 않지만 훈육을 위해 눈을 딱 감고 회초리를 들게 되는 것이다. 여기에는 몇 가지 오류가 존재하는데, 우선 부모라는 훈육하는 사람과 자식이라는 훈육받는 자가 모두 희생되는 구조를 갖고 있으며 융통성 없는 원리와 원칙, 규칙만이 존재하게 되는 것이다. 이럴 경우 개인 또는 가족구성원 모두에게 상처를 남기게 되며, 오직 규칙만이 남게 된다.

한 개인이 갖고 있는 생각, 즉 신념체계가 과연 옳은 것인지 아닌지를 판단하는 기준은 그 생각의 결과를 살펴보면 알 수 있다. 하나의 신념체계를 토대로 행동한 결과가 나를 만족시키고, 상대방을 만족시키며, 원리와 규칙까지 만족시킨다면 그 신념체계는 옳은 것이 되지만, 이들 중 한 가지 이상을 불만족시킬 경우에는 그 신념체계가

---

14) 변형(變形)은 변화를 강조하기 위해 사용된 용어로서 근원적이고 역동적인 변화를 일컫는 용어이다.

15) 심리지층모형(心理地層模型)이라고 명명한다. 지층이란 원래 지질학에서 암석이나 토양의 층으로서 이웃하고 있는 다른 지층들과 구분되는 특성을 가지고 있다. 알갱이의 크기나 색깔, 성분 등이 서로 비슷한 것들끼리 무리 지어 하나의 층을 이루게 된다. 인간의 내면심리도 이와 같이 비슷한 성향과 특성들끼리 무리를 지어 늘어서게 되고 상호간의 인과관계에 따라 상하로 구분 지어진다. 내림차순으로 행동(行動)의 층, 정서(情緖)의 층, 지각(知覺)의 층, 신념(信念)의 층, 욕구(慾求)의 층, 자기(自己)의 층으로 나누어 배열되어 있다.

잘못된 것임을 깨달을 수 있다. 즉 신념체계를 변화시킴으로써 자동적으로 행동을 변화시킬 수 있게 되는 것이다.

신념의 기저에는 보다 근원적인 욕구(慾求)들이 존재한다. 다른 사람에게 사랑받고자 하는 욕구 때문에 더욱 능력 있는 사람이 되어야겠다는 신념을 갖게 되는 것이다. 이처럼 인간은 욕구를 충족시키기 위해 신념을 만들어 낸다. 욕구란 한 개인이 자신에 대해 또는 타인에 대해 진정으로 원하고 바라는 무엇이다. 이것은 소망, 소원, 기대, 바람의 형태로 발현된다. 다시 말해 신념은 욕구로부터 나와 최종적으로는 감정과 행동을 만들어 내며, 행동과 결과가 무의식 저층부에 존재하는 이와 같은 욕구들을 충분히 만족시킬 때 비로소 안정감과 마음의 평화를 갖게 된다. 이들 심리지층에 존재하는 인간 무의식의 여러 요소와 경험의 흔적들은 서로 밀접하게 연결되어 있는 유기체와 같아서 한쪽이 꿈틀거리면 전체가 영향을 받는 도미노(domino)와도 같다. 따라서 최저층에 존재하는 욕구와 소망을 변형시킴으로써 신념과 감정, 행동을 바꿀 수 있는 것이다. 가족음악치료모델에서는 인간의 심리지층 속의 여러 요소들을 순차적으로 탐색해 가면서 진정한 자기이해와 통찰을 돕게 되며, 특히 각 요소들 속의 부조화, 불균형과 같은 문제들을 바로잡고 새로운 해결책을 그 안에 각인시키게 된다.

마. 통찰(洞察)지향적 관점

변화는 통찰에서 온다. 통찰은 진정한 깨달음과 인식, 앎 그 자체를 말한다. 즉 모든 종류의 변화는 인식, 즉 깨달음에서 나오는 현상이요 결과인 것이다. 찰스 디킨스의 고전 『크리스마스 캐럴(A Christmas Carol)』에서 스크루지의 전향적 변화는 다름아닌 자기 자신에 대한 진정한 인식에서 비롯된 것이었다. 큰 깨달음과 있는 그대로의 자기직면은 그에게 충격을 가져왔고, 이러한 심리적 충격과 놀라움은 깊은 내면의 변화로 이어졌다. 이른바 병식(病識)이 생긴 것이다. 자신에게 병이 있다는 사실을 스스로 인정하는 것이다. 대부분의 환자들은 자신이 어떤 잘못된 행동이 있는지, 자신의 감정이 얼마나 예민하고 위험한 수준인지 정확히 알지 못한다. 자신이 갖고 있는 병에 대한 정확한 이해 없이 변화한다는 것은 어려운 일이다.

인식은 충격을, 충격은 변화를 가져온다. 어떤 사람이 얼마만큼 인식하고 깨달았는 가의 여부는 그 사람의 변화 정도를 살펴보면 알 수 있다. 반대로 어떤 사람의 행동 이 변화되었다면, 그 사람의 신념체계나 소망, 기대, 열망에 변화가 있었다는 반증이 된다. 특히 자신의 문제가 무엇이고, 어떤 것을 원하는지를 정확히 이해하는 것이 진 정한 마음의 평화와 행동의 변화를 위해 무엇보다 필요하다. 문제(問題)와 소망(所 望)의 인식이 변화의 핵심동력인 셈이다. 문제와 소망의 인식과 실현과정은 가족음악 치료모델의 기본적인 치료목적이자 전략이다.

현재 일상에 지대한 영향을 미치고 있는 핵심적인 정서문제와 한 개인이 마음 깊이 진정으로 바라는 소망과 기대에 대한 통찰은 그 사람의 변화와 성장에 큰 영향을 미 친다. 또한 자신의 행동 기저에 있는 숨어 있는 다양한 원인신념(原因信念)들을 이 해하는 것은 그 행동의 근원적인 변화에 도움을 준다. 원인신념이란 하나의 행동과 연결되어 있는 원인이 되는 가치관이나 신념을 의미한다. 어떠한 행동이든 원인이 되 는 신념이나 믿음이 존재하기 때문에 이를 조정하면 그에 따르는 행동 또한 변형이 가능해진다.

자신이 마음 깊이 진정으로 원하는 것이 무엇인지 인식하는 사람은 많지 않으며, 그 소망에 따라 행동하거나 생활하는 사람은 더더구나 희박하다. 대부분의 스트레스 와 문제행동들은 자신의 소망과 현실과의 차이에 비례하여 발생한다. 가족음악치료모 델은 인간이 개인적으로 갖고 있는 저마다의 독특한 소망과 열망을 인식하도록 돕는 데 모든 치료기법과 중재의 초점을 맞추고 있으며, 이러한 소망과 열망을 방해하는 방해물을 찾아내어 조절하도록 돕는다. 이를 위해 내담자의 과거 성공적인 경험이나 행복했던 순간, 현재 자신의 장점과 능력, 개성 등에 대해 음악을 포함한 다양한 중 재를 통해 시각화·청각화·촉각화시킴으로써 자신의 문제행동과 열망, 소망에 대한 보다 분명한 통찰과 인식을 하도록 돕는다. 이처럼 가족음악치료는 음악을 통한 이완 과 몰입의 과정을 통해 진정한 자기(Self)를 인식하고 대면할 수 있도록 도우며, 내담 자로 하여금 자신의 가치관 또는 신념체계가 행동에 미치는 영향을 보다 구체적으로 인식하도록 돕는 심층심리치료모델이다.

바. 실용(實用)지향적 관점

　가족음악치료모델은 실용적 관점을 지향하며, 자신의 문제를 인식하고 마음의 평화를 찾는 것만으로는 부족하다고 주장한다. 대상자가 치료실 내에서 깊은 내면 통찰과 인식과정을 거치면서 자기를 괴롭히던 문제로부터 자유로워진다 하더라도 또다시 세상으로 나아가야 하기 때문이다. 세상과 주변 환경은 여전히 그대로이고, 그가 과거에 갖고 있던 태도와 방식으로는 다시금 상처받기 쉽다. 내면의 변화로 인해서 행동의 변화가 자동적으로 따라오는 것도 부분적으로 사실이지만 한계가 있다는 얘기다. 따라서 세상을 대하는 좀 더 구체적인 방법과 기술을 훈련하고 전수할 필요가 있다. 이것은 마치 자기인식과 내면통찰과정을 통해 컵 속의 더러운 물을 밖으로 비워 버린 다음, 깨끗하고 신선한 물을 그 컵 속에 가득 붓는 것과 같은 것이다. 컵은 우리의 마음을 의미하며 더러운 물은 충격적 경험과 사건으로 인해 상처받은 부정적 자원들을 뜻한다.

　마음속에 새롭고 신선한 물을 붓는다는 것은 새로운 신념과 긍정적인 경험들을 투입하는 과정이다. 또 합리적인 내면규칙을 마음속에 나무를 심듯 넣어 주어야 하며, 일치적인 의사소통 유형, 적절한 행동방식과 태도, 소망과 기대 등을 새롭게 형성시켜야 한다. 대상자가 갖고 있는 진정한 소망을 살펴보고 그에 따라 살아갈 수 있도록 돕는다. 필요하다면 자신의 가치관과 신념을 정리하고 이를 마음에 각인하기 위해 음악으로 만들거나 암송하기도 한다.[16]

　이를 위해서 숙련된 가족 중심 음악치료사는 내담자와 함께 그 사람 또는 가족의 의사소통 유형을 점검하고 일치된 의사소통기술 및 대화법을 직접 훈련한다. 치료 종료 이후에도 개인적인 생활에서 자기를 찾는 노력을 계속 경주할 수 있도록 독려하고, 음악을 통한 명상과 자기관리의 시간, 이른바 '기적의 시간'을 갖도록 한다. 이러한 작업과 중재는 대개 치료 종료를 얼마 남기지 않은 시기에 실시한다.

　개인의 행동과 감정의 원인이 되는 신념이나 믿음체계를 찾는 연습도 치료 후기에

---

16) 이때 자기 신념과 가치관, 삶의 원칙들을 정리한 문서를 자기선언서(自己宣言書, Self Proclamation)라고 한다. 물론 가족구성원 모두의 새로운 소망, 규칙, 가치관, 신념 등을 치료 후기에 정리하여 하나의 문서로 만드는 작업도 매우 의미 깊은데, 이를 가족선언서(家族宣言書, Family Proclamation)라고 한다. 개인과 가족의 새로운 신념의 정리와 각인이라는 점에서 중요성을 가진다.

는 지속적으로 훈련하는 중요한 부분이다. 현재의 행동을 조종하고 있는 신념을 찾는 작업이다. 어떤 행동이든 그 행동을 일으킨 가치관과 신념이 존재하기 마련이다. 자신의 행동과 감정이 보다 깊은 근원에서 불러일으켜진 결과라는 사실을 인식할 때 변화와 성장은 가속화된다. 이런 훈련은 자신의 행동을 탐색할 때만 활용되지 않고 타인의 행동을 관찰하면서도 얼마든지 시행될 수 있다. 행동과 신념의 역학을 잘 이해하는 사람은 어떤 사람의 예민한 행동에도 그 나름의 이유가 분명히 존재한다는 사실을 잘 알고 있다. 또한 그런 행동을 만들어 낸 가치관과 원인신념을 찾고자 노력하며 문제의 표면보다는 본질을 꿰뚫는 혜안을 갖게 된다. 같은 맥락에서 치료사는 대상자가 미래에 닥치게 될 여러 가지 상황들을 미리 상상하거나 직면할 수 있도록 돕기도 한다. 이것은 미래직면기법(future face)으로 명명되었다. 대상자가 미래에 겪게 될 문제상황을 치료사는 미리 예측하여 다양한 잉여현실(剩餘現實), 즉 가상적 연습상황을 제공하는 것이다. 보통 음악을 통한 몰입과 심상체험과정에서 미래의 어느 시점을 연상하도록 하기도 하지만, 노래를 통해 질문하고 답하는 형식의 의식적 상상을 활용하기도 한다.

이처럼 본 모델에서 구체적인 행동을 훈련하고, 대화법을 배우며, 미래를 가상세계에서 직면해 보고, 자신의 가치관을 정리하는 등의 구체적이고 실용적인 훈련과정을 특별히 강조하는 이유는 치료대상자가 치료사의 도움 없이도 현재 자신의 행동을 끊임없이 조망하고 문제의 근원을 찾을 수 있는 힘을 기르기 위해서이다. 이 모델에서 심층심리의 이해, 분석, 통찰, 변형에 머무르지 않고, 심층심리로 인해 발현되는 외부적 조건의 변형에도 동일한 관심을 가진다. 대상자는 치료와 도움을 받는 수동적 입장이 아니라 자기 자신을 객관적으로 인식하고 불균형적 요소를 균형 있게 만들며, 그를 둘러싼 생활 장면에 과감하게 뛰어드는 적극적 입장에 서 있다. 어찌 보면 치료가 종료될 때의 치료대상자는 자기 마음에 대해서는 숙련된 심성관련 전문가가 되어야 할 것이다.

제2장
가족음악치료의 기본전제

01

인간에 대한 관점

인간은 기본적으로 변화와 성장에 대한 욕구를 갖고 있으며, 자신의 문제를 해결할 수 있는 능력을 이미 갖고 있는 심리치료 전문가이다. 따라서 이 모델에서는 인간의 잠재적인 자원, 문제해결능력, 과거의 성공적인 경험, 변화욕구 등을 중요시하며, 내담자의 강점과 건강한 특성들을 조명하고 도출함으로써 현재의 문제를 해결한다. 이같은 원리를 바탕으로 가족 중심 음악치료사는 내담자가 이미 가지고 있는 자원, 기술, 믿음, 동기, 행동, 증상, 사회관계망, 환경, 개인적 특성을 치료과정에 최대한 활용하게 된다. 가족음악치료의 핵심전제 중 하나인 인간(人間)에 대한 관점과 철학을 소개하면 다음과 같다.

가. 인간은 기본적으로 선한 속성과 악한 속성을 동시에 가진다

성악설(性惡說)[17]이나 성선설(性善說), 백지설(白紙說) 등 고전적 인간이해의 틀을 거론하지 않더라도, 누구나 이해하는 인간의 두 가지 보편적 심성체계, 즉 '선(善)

---

17) 성악설(性惡說)은 순자(荀子)의 인성론을 대변하는 용어이다. 그는 다음과 같이 주장하였다. "사람의 타고난 본성은 누구나 이익을 좋아하고 손해를 싫어하며, 좋은 목소리와 예쁜 용모를 탐하는 성향이 있기 때문에 만일 사람이 있는 그대로의 본성에 따르고 그의 욕구에 따라간다면, 반드시 다툼이 일어나고 사회 질서가 어지러워져 혼란을 초래하게 될 것이다. 그러므로 반드시 스승이 있어 법으로 교화하고 예의로 인도한 뒤에야 사양하는 데로 나가고 예(禮)의 세세한 조리에 합당하게 되어 천하는 질서 있게 된다."고 하였다. 또한 순자는 "인간의 인성이 비록 악하지만, 사람의 후천적 노력에 의하여 선한 방향으로 바꿀 수 있다."고 보았다.

하고 긍정적인 특성'과 '악(惡)하고 잔인하며 부정적인 특성'이 하나의 유기체 내부에서 함께 존재하면서 역동적으로 작용하고 있다. 어느 때는 선한 천사의 모습을 하기도 하지만, 또 다른 때에는 극악무도한 사신의 모습을 하기도 한다. 하루에도 여러 번 수많은 모습과 감정을 경험하는데, 마음속의 두 가지 근원적 속성들이 서로 다투며 자신을 주장한 결과이다. 우리가 어떤 현상을 대할 때 마음속에 여러 가지 생각과 감정들이 오가며 혼란스럽게 만드는 것도 이 때문이다.

선과 악의 양가적 심성은 인간의 가장 근원적인 속성에 속한다. 날 때부터 이미 갖고 태어나는 생득적 속성들인 것이다. 이것은 세상 모든 종류의 도덕성과 윤리를 만들어 내는 근원적 영향력이며, 자신을 포함한 세상을 밝게도 혹은 어둡게도 만드는 힘이다. 어떤 의미에서는 양심(良心)이라고 부를 수도 있을 것이다. 인간은 어떤 식으로든 어느 한쪽을 자유롭게 선택할 수 있다. 선을 택할 수도, 악을 택할 수도 있는 것이다. 선택에서 있어서 인간은 완전히 자유롭다. 그러나 선택은 필연적으로 결과를 낳게 되며 책임이 따르게 마련이다. 선과 긍정을 선택할 때 충만감과 행복감, 안정감을 느끼며 성장과 변화를 경험한다. 인간은 그렇게 만들어졌다. 하지만 반대로 악과 부정을 선택하면 불안과 불만족, 불행감을 느끼게 되어 결국 성장이 아닌 퇴보를 반복한다.

긍정과 부정의 속성은 마음의 여러 층 가운데 가장 저층에 자리하고 있다. 그러나 이 두 가지 속성은 동시적으로 작용하지는 않으며 한 번에 한 가지 속성만을 선택하고 결정한다. 이렇게 결정된 속성은 인간의 행동이나 인지, 감정, 신념, 소망 등에 직접적 혹은 간접적인 영향력을 행사하게 된다. 따라서 이러한 두 가지 속성은 인간의 모든 판단과 결정에 영향을 미치며, 여기서 내린 선택과 결정은 그 사람의 인간됨, 정체성, 독특성, 개성, 성격 등을 보여 주는 근거요 결과가 된다.

나. 인간은 순간순간 변화하는 존재이며, 선택(選擇)을 통해 그 사람의 정체성(正體性)이 결정된다

인간은 순간순간 변화한다. 인간은 기본적으로 새로운 것과 독특성을 추구하며, 과거나 현재에 머무르는 것을 본능적으로 거부한다. 또 인간은 정체되는 것에 대한 반감을 가지며, 인간의 모든 행동은 기본적으로 '변화'와 '성장'을 전제로 한다. 인간은 선천적으로 성장과 변화에 대한 욕구를 갖고 태어나며, 실제로 순간순간 변화하는 존재이다. 그러므로 지금 현재의 모습이 자신이 원하는 모습이 아니라고 해서 실망할 필요는 없다. 현재는 곧 과거가 되기 때문이다. 또한 이미 지나가 버린 과거의 모습에 안타까워할 필요도 없다. 왜냐하면 과거가 현재를 대체하지 않으며, 현재의 선택이 그 사람의 정체성, 즉 그 사람 자체를 말해 주기 때문이다.

인간이 머무르지 않고 지금 현재도 변화하고 있다는 이러한 전제는 과거에 얽매여 있고, 더 이상 희망을 갖지 못하며, 자신을 한계 짓는 많은 사람들에게 긍정적인 빛과 함께 치료의 전환점으로서 작용될 수 있다. 인간의 본질과 정체성은 그 사람이 갖고 있는 생각, 행동, 감정, 소망 등에 의해 결정된다. 즉 처음부터 나쁜 사람이나 좋은 사람이 있는 것이 아니라, 지금 현재 내리는 선택의 결과에 따라 그 사람의 정체성과 가치가 결정된다. 인간이 하는 모든 선택은 그 결과가 자신의 욕구를 충족시킬 때 확고해지며 강화되고 습관화된다. 또한 습관은 선택의 반복을 통해 그 사람의 정체성으로 발전해 간다. 따라서 인간은 과거 어느 한 시점에서 발전하지 않고 머물러 있는 것이 아니라 지금 현재도 변화하고 있으며, 이러한 변화는 선택을 통해서만 일어난다. 마치 아픈 상처에서 새살이 돋아나듯 현재의 선택에 따라 새로운 정체성과 인생이 열릴 수 있다.

따라서 치료사는 인간이란 지금 이 순간에도 변화하는 존재라는 사실을 분명히 이해하고 있어야 하며, 치료대상자가 이를 잘 이해할 수 있도록 일깨워 줄 필요가 있다. 더 이상 그들이 과거에 얽매이지 말고 바로 지금 현명한 선택을 할 수 있도록 돕는 것이다. 인간은 일신(日新), 즉 매일 매순간 변화하는 존재이기 때문에 지금 이 순간의 올바른 선택으로 인해 새로운 자아로 다시 태어나는 것임을 알리는 것이다. 또한 치료사는 대상자가 올바른 선택을 하도록 도움으로써 그들이 마음의 평안감을 갖도록 도울 필요가 있다. 이는 자신의 선택이 옳은지 아닌지를 알 수 있는 유일한 방법이 영혼의 평온과 안정감을 통해서이기 때문이다. 옳은 선택은 행복한 마음을 만들어 낸다. 행복한 마음은 자신과 세상에 대한 새로운 신념을 형성한다. 또 이 새로운 신념은 새로운 자아를 만들어 내는 열쇠가 되며, 이러한 과정이 반복되고 굳어지게 되면 비로소 자아를 존중하는 마음이 생겨나게 되는 것이다.

다. 인간은 가족(家族) 안에서 자신의 정체성을 형성하고 발전시킨다

한 사람의 정체성과 자아존중감은 가장 기본적이고 강력한 영향력을 지닌 조직인 '가족'의 테두리 안에서 생성되고 발전한다. 특히 어머니를 비롯한 주 양육자와의 관계 패턴과 그들의 양육방식은 인간의 초기 성격형성과 자기신뢰에 매우 강한 영향을 미친다. 부모를 비롯한 주 양육자들과의 적절한 관계는 개인의 심리, 또래집단, 사회생활 및 이후의 가정생활에서도 지속적으로 좋은 영향을 미치게 되지만, 부모와의 부적절한 밀착이나 분리는 비합리적인 감정과 관계를 양산한다. 과보호나 자유방임, 거부 등이 그 예가 될 수 있을 것이다.

인간은 가족 안에서 개인성(individuality)과 전체성(togetherness)을 동시에 추구하려는 속성을 가지고 있으며 그 사이에서 아슬아슬한 균형을 유지하고 있다. 이것은 가족이라는 집단사회를 존중하지만 그 속에서 자신만의 개인영역을 보호하고자 노력한다는 의미이다. 하지만 자기 자신과 가족 간에 올바른 관계가 성립되지 못하면 개인은 혼란을 경험한다. 가족 내에서의 이 같은 가치관의 혼란은 성격형성과 사회생활을 영위함에 있어 심각한 문제를 야기할 수 있다. 우리는 가족 안에서 너무 개인적인 구성원을 본다. 반대로 지나치게 가족 전체와 다수를 위해서만 살아가는 경우도 보게 된다. 이것은 균형감각을 깨뜨리게 된다. 대화의 단절이나 무조건적인 희생은 한 예가 될 것이다. 이와 같은 균형감의 상실은 개인의 내면심리와 일상생활에 부정적인 영향을 미치게 된다. 예컨대, 중요한 가족모임과 개인적인 약속 사이에서 고민하는 경우도 있을 수 있고, 동생들의 학업을 위해 자신을 희생하는 경우도 있다. 부모의 기대와 소망에 따라 자신의 대학이나 미래의 진로를 결정하기도 하고, 자녀들을 위해 자신의 인생, 자신의 정체성마저 저버린 어머니의 얘기는 어디서든 찾을 수 있는 흔한 예화이다.

개인성과 전체성은 조화를 이루어야만 한다. 자신만의 독특한 영역구분을 의미하는 개인자아(personal ego, 個人自我)는 가족의 영향력 범위를 의미하는 가족자아(family ego, 家族自我)와 원활한 상호작용을 이루며 공존해야 한다. 가부장적 권위주의는 이런 개념과는 거리가 멀다. 가장 이상적인 것은 가족이라는 전체성을 인정하되 그 속에서 자유롭게 개인성을 발휘하는 일일 것이다. 치료사는 대상자의 가족 내에 존재하는 개별성과 전체성 사이의 불균형요소를 파악하여 이를 조정하는 역할을 하게 된다.

라. 인간은 모든 문제를 해결할 수 있는 능력과 자원을 이미 가지고 태어난다

　인간은 누구나 자신의 문제에 대한 해답을 가지고 있으며, 그 문제를 해결할 수 있는 잠재적인 능력을 가지고 있다. 따라서 문제가 발생하면 외부에서 그 해결책을 찾는 것이 아니라, 자신의 내적 자원들을 면밀히 탐색하여 가장 적절한 방안과 해결책을 강구할 수 있다. 이것은 문제의 원인이 한 개인의 내적인 영역에서 시작되기 때문이다. 특정한 문제나 충격적 경험, 스트레스 등은 인간 내면에 깊은 상처를 입히며 정서적 흔적을 남긴다. 이러한 상흔(傷痕)들은 충격이나 스트레스에 대한 수용능력의 초과나 미흡한 대응방식에서 비롯되기 때문에 해결책 또한 수용능력의 확장과 부적절한 대응방식의 조정을 통해 가능하다. 이것은 인간의 내면에 상처나 충격적 경험들도 산재해 있지만, 자신에게 긍정적 영향력을 미치는 행복한 경험과 기억, 교훈, 교시(敎示), 모형들도 수없이 존재한다. 따라서 문제의 원인과 해결책에 대한 통찰을 인간 내면의 긍정자원(肯定資源, positive resource)들을 탐색하면서 찾을 수 있다. 이 모델에서는 대상자의 내면에 존재하는 무수한 긍정적 흔적들을 회상할 수 있도록 음악을 통한 자유연상기법, 주제에 따른 음악회상기법 등을 활용한다.

　이와 더불어 가족음악치료모델에서는 음악을 통한 깊은 내면 성찰과정을 중요시한다. 특히 숙련된 가족 중심 음악치료사라면 타인은 물론 자신의 내면을 탐색하는 데 있어서 매우 익숙해야 한다. 그들은 명상과 몰입을 통해 자유롭게 정신의 이완을 이끌어 낼 수 있어야 하며, 전환되고 변형된 새로운 의식세계에 도달할 수 있어야 한다. 변형된 의식세계란 모든 걱정과 근심, 잡념에서 벗어난 의식 속의 창조 공간을 의미한다. 이것은 마치 비오는 날 비행기가 이륙하여 하늘을 향해 날아갈 때, 기체(機體)가 폭풍과 먹구름을 뚫고 올라서면 아무것도 없는 공(公)의 상태, 즉 구름 한 점 없는 깨끗한 하늘을 만나게 되는 것과 같은 이치이다. 우리가 음악과 긴장이완, 깊은 몰입과정을 거치면서 이전과는 다른 의식의 세계를 만나게 되는데, 이 상태에서는 끝없는 창조적 생각과 아이디어가 생겨나며, 깊은 내적 성찰과 내관(insight) 형성이 가능하고, 수많은 인생에 대한 질문에 완전히 집중할 수 있게 된다.

마. 인간은 근본적으로 행복(幸福)과 만족(滿足)을 추구하며 그에 따라 행동하고자 노력한다

인간은 기쁨을 위해 존재한다. 인간은 행복과 만족을 얻기 위해 행동하며 이것이 충족되지 않을 때 불행감과 불만족을 느낀다. 음식을 먹고, 직장을 다니고, 사랑을 하고, 음악을 듣고, 공부를 하는 등의 모든 행동은 욕구를 충족하고 만족감을 얻기 위한 수단일 수 있으며, 심지어 화를 내거나, 폭행을 하고, 잔인한 행동을 하는 것도 나름대로의 이유와 의미가 있으며 자신의 결핍된 부분, 즉 불만족스러운 상태를 채우려는 시도인 것이다. 이러한 과정은 의식적일 수도, 무의식적일 수도 있다. 어떤 가장은 가족의 행복을 위해 의도적으로 많은 행사를 준비하여 가족 간의 단합을 꾀한다. 이러한 가장의 노력은 표면적으로는 다분히 의도적인 것처럼 보이지만 그 속에는 '가족이 행복해야 한다'는 개인의 무의도적 또는 무의식적 욕구와 열망이 잠재해 있는 것이다. 이와 같은 '행복추구'를 위한 무의식적인 과정은 인간의 내면에서 자동적으로 일어나는 하나의 인간본능의 발현이다.

우리가 새로운 무언가를 추구하고 배우며 익히는 것은 '성장과 행복에 대한 본능적 지향' 때문이다. 또 우리가 여행을 하고, 사람들을 만나고, 책을 읽고, 일을 하고, 먹는 것도 다 마찬가지이다. 우리는 행복과 만족을 위해 지금도 움직이고 있는 것이다. 바꾸어 말하면, 우리의 모든 행동에는 반드시 '의미(意味)'를 담고 있고, 이 '의미'가 행동의 원인이 된다는 것을 알 수 있다. 바로 '행복'과 '만족'이다.

심지어 잘못된 행동조차도 그 나름의 의미와 목적을 가지고 있다. 행동의 일차적 원동력은 '성장'과 '변화'이지만, 궁극적이고 근원적인 목적은 '만족' 때문이다. 예컨대, 여자아이들이 인형을 잔인하게 갈기갈기 찢는 경우가 종종 있다. 아이의 심리에 전혀 관심이 없는 부모라면 그 아이의 이상행동을 꾸짖었겠지만, 의도를 중시하는 부모라면 아이의 '만족'을 방해하는 부분이 뭔지를 이해하려 들 것이다. 즉 어떠한 행동도 그 나름대로의 긍정적인 의도가 있다는 것을 이해하게 되면 행동의 본질을 더 쉽게 찾을 수 있게 된다.

바. 인간의 모든 행동은 자신이 믿고 있는 신념체계(信念體系)에 기초하여 발생한다

인간은 자신이 옳다고 믿는 것을 행동으로 옮기게 된다. 자신이 옳다고 믿고 있는 신념체계, 즉 핵심 가치관에 의해 행동이 나타난다는 말이다. 즉 생각한 대로 행동하는 것이다. 신념체계(信念體系, belief system)란 자신이 옳다고 믿는 모든 것들이 모여 있는 하나의 장소 또는 마음속의 얼개로서, 다른 용어로는 믿음, 가치관, 주관(主觀), 생각, 가치체계 등으로 대체할 수 있다. 마치 우리가 안경을 끼고 세상을 바라보듯 저마다의 신념체계라는 안경을 끼고 살아간다. 이 안경을 통해 우리는 세상을 바라본다. 안경의 색깔에 따라 현상을 해석하고 안경에 적힌 대로 행동한다. 바로 신념의 안경인 것이다.

어떤 사람의 신념 안경에 '노인을 공경해야 한다'는 믿음이 쓰여 있다면, 이 사람은 노인의 짐을 들어드리거나, 버스 안에서 자리를 양보하게 되는 것이다. 반대로 또 다른 어떤 사람의 신념의 안경에 '자신이 가장 소중하다'라는 믿음이 쓰여 있다면, 이 사람은 노인을 위해 자리를 양보하지는 않을 것이다. 이처럼 신념체계는 사람마다 다를 수 있고 그 안에 쓰인 내용들도 천차만별이다.

'생각은 행동을 낳는다'는 말과 같이 생각과 가치관은 행동에 선행하는 변수이다. 예컨대 '부모에게 안부전화를 드린다'고 했을 때, 그 사람의 신념체계 속에는 '부모를 공경해야 한다'는 가치가 담겨 있는 것이다. 록(Rock)음악을 듣지 않는 사람의 경우, 그 사람의 신념체계 속에는 '록음악은 수준이 낮다'든지 '록음악은 사탄의 것이다'라는 생각들이 들어 있다. 이렇듯 인간의 모든 행동에는 그 행동의 원인이 되는 신념체계가 존재하게 되며, 그 신념에 따라 선택하고 결정하게 된다.

그러나 한 개인이 갖고 있는 생각 또는 신념체계가 항상 옳은 것은 아니다. 이것은 지극히 개인적이고 상대적인 개념인데, 똑같은 현상에 대해서도 서로 다른 견해를 가질 수 있기 때문이다. 단적인 예로, 지동설(地動說)이 받아들여지기까지 천동설(天動說)은 엄연한 진리로서 사람들에게 여겨졌다. 즉 '지구는 둥글고 스스로 움직이며 태양 주변을 돌고 있다'는 현재의 우리들에게 있어 지극히 당연한 신념과 진리는 그 시대의 대다수 사람들에게는 있을 수 없는 거짓신념이었던 것이다. 신념은 시대와 장소에 따라 달라질 수 있으며, 소수가 맞고 다수가 틀릴 수도 있다.

신념은 옳고 그름의 논(論) 외에 있다. 따라서 개개인마다 다를 수 있고, 신념 간에 언제든지 충돌이 있게 마련이다. 가족이나 연인, 친구들끼리 서로 말다툼이 생기는 이유는 이른바, 의견 또는 성격 차이로 대변되는 신념의 충돌이 기저에 내재되어 있는 것이다. 대인간 관계 속에서 의견 차이가 생기는 것처럼 한 사람의 내면에서도 두 개 이상의 신념들이 서로 부딪히는 현상이 자주 벌어진다. '담배를 피우면 해롭다'는 신념과 '담배를 피워도 죽지는 않는다'는 신념이 팽팽히 맞서고 있는 것이다. '담배'가 해롭다는 것을 알지만 계속 피우게 되는 이유는 '담배를 피워도 죽지는 않는다'는 신념이 '담배가 해롭다'는 신념을 우선했기 때문이다.

가족음악치료모델에서는 대상자의 신념을 변화시킴으로써 행동과 감정을 변화시키고자 한다. 한 개인의 문제행동과 감정을 발생시키는 원인이 되는 신념 또는 가치관을 발견하는 작업은 근원적 문제해결에 있어 매우 현실적이고 실용적인 전략이 된다. 치료사는 이를 대상자가 분명히 인식할 수 있도록 돕고, 비합리적인 신념체계를 기꺼이 수정하거나 제거할 수 있도록 격려한다. 아울러, 수많은 신념들 간의 충돌현상을 사전에 조절하기 위해 합리적인 우선순위를 만드는 작업도 중요한 작업 중 하나이다. 우선순위는 두 신념이 모두 옳은 생각일 때 특히 주요하게 적용된다.

사. 인간은 모든 측면에서 적절한 균형(均衡)을 이룰 때 행복하다

균형과 조화는 마음의 평화와 자유로움을 제공하지만, 불균형은 마음의 질서를 깨뜨리고 불만족을 가져온다. 우리가 완전히 행복하고 평화롭지 못한 이유는 바로 불균형에 있다. 우리 자신 또는 주변 환경에 불균형적 요소가 자리하고 있는 것이다. 지나치게 가정적인 사람, 과도하게 내향적인 사람, 사회적인 성공만을 위해 일하는 사람, 애인보다는 친구가 더 중요한 사람, 자녀 중 한 아이만 유독 편애하는 부모 등 개인의 내면세계, 가족 간의 상호작용, 사회생활 전반에서 균형이 깨져 버리면 심각한 문제를 야기할 수 있다.

균형(均衡)이란 좌나 우 어느 한쪽으로 기울거나 치우치지 않고 고른 상태를 의미한다. 인간은 어떤 한 부분이 중요하다고 판단하면 자신의 모든 노력과 심혈을 기울이지만 주의할 점은 그 반대편이다. 노력을 집중시키는 부분은 발전하고 성장해 가겠지만, 그렇지 못한 부분은 원시적이고 분화되지 못한 상태로 남아 있게 된다. 개인 내적인 심리 상태에서도 이와 같은 불균형의 예들을 찾아볼 수 있다. 우리가 흔히 말하는 '내성적', '내향적'이라는 말은 한 개인의 관심 방향성이 외부세계에 비해서 내면으로 더 치우쳐 있다는 것을 의미한다. 그러나 내면에 대한 관심이 지나쳐 과도하게 내향적인 경우는 문제가 될 수 있다. 비현실적으로 흐를 수 있기 때문이다. 이들은 타인이나 외부세계에 대한 관심이 적어서 원활한 사회생활이나 대인관계를 맺지 못하는 경우가 많다. 이와는 반대로 과도하게 외향적인 성격을 가지고 있는 경우, 관심의 방향성이 외부세계와 타인에게 맞춰져 있기 때문에 자기 내면세계나 주변 가족들은 소외되는 경우가 많다.

이러한 개인생활에서의 불균형은 가족이나 사회생활 전반으로 파생되어 확대된다. 그 예로서 오직 자신이 좋아하는 사람들과만 편중된 인간관계를 맺는 사람, 자녀를 위해 자신의 삶이 없어진 어머니, 도리와 원칙, 신념에 얽매여 자신의 삶과 가치판단을 잃어버린 사람, 자신의 능력개발에만 모든 노력을 다하는 사람, 도덕성 함양 없이 지식 축적에만 몰두하는 학생들이 있다. 불균형은 인간에게 불행한 감정과 불만족을 가져와 왠지 모를 우울과 온전히 기능하지 못한다는 느낌을 갖게 한다. 치료사는 내담자가 갖고 있는 내적·외적 불균형요소를 정확히 파악해 내야 한다. 이런 부조화를 해결하지 않고서는 이들에게 마음의 안정과 평화감정을 줄 수 없기 때문이다.

02

치료의 초점과 중재

가. 치료의 초점은 과거를 포함한 현재와 미래에 둔다

가족음악치료모델은 시대초월(時代超越)적 관점을 지닌다고 할 수 있다. 인간에 대한 본질적인 이해는 개인의 과거 경험과 현재의 상태, 미래에 대한 열망과 기대를 통합적으로 분석할 때만 가능하다. 과거를 통해 개인의 긍정적인 자원과 부정적인 경험들을 탐색하고, 현재를 통해 개인의 행동과 감정, 기능 상태를 파악하며, 미래를 통해 새로운 소망과 기대를 설정하고 미래를 예측하도록 한다. 과거의 경험은 현재의 행동과 감정에 영향을 미치는 동시에 미래를 예측할 수 있는 근간이 된다. 따라서 과거와 현재, 미래는 시간이라는 거대한 일직선(line) 위에 존재하며 따로 떨어져 있지 않다. 바꾸어 말하면 지금 현재 긍정적인 행동을 선택하고 감정을 변화시키게 되면, 과거의 미해결된 과제와 불만족이 치유되고 해결될 수 있다. 이 말은 과거와 현재가 서로 연결되어 있어서 영향력을 미칠 수 있다는 것이다.

이를 위해 치료사는 과거에 해결되지 않고 묻어 두었던 감정이나 사건들을 다시 탐색하고 이를 외부로 표현하도록 돕는다. 대상자가 안전한 환경 속에서 자신의 과거 미해결 감정들을 재경험하게 되면 현재의 행동이 변화되는 '시대를 초월한 치료적 연계성(治療的 連繫性)'을 띠게 되는 것이다. 따라서 가족음악치료모델의 치료적 중재는 치료대상자와 그 가족들의 과거와 현재를 포괄적으로 조망하면서 미래행동을 예측하도록 돕게 된다. 과거에 대한 새로운 인식과 해석은 현재의 행동과 감정을 변화시키고, 반대로 현재나 미래에 대한 보다 긍정적인 정의와 예측은 과거의 상처와 고통을 치유한다.

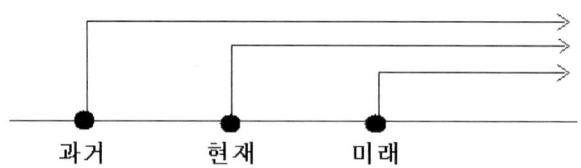

1. 과거: 현재 대상자 자신을 괴롭게 만드는 문제행동이 과거와 연결되어 일어나고 있음을 상기시킨다. 또한 과거는 현재와 미래에 고스란히 전달되어 강력한 영향을 미치게 된다는 사실을 알려 준다. 따라서 치료사는 대상자가 과거에 일어났던 문제와 사건에 대해 재인식하도록 도우며, 그 충격적 사건, 사고들에 대해 새로운 패러다임을 갖도록 한다.
2. 현재: 대상자가 현재 일상생활 장면의 수많은 선택상황에서 부정보다는 긍정을 선택하도록 격려한다. 이를 통해 자신에 대한 자부심을 느끼고 새로운 정체성을 확립할 수 있도록 한다. 선택은 정체성을 생성해 내기 때문이다. 또 의사소통방식을 훈련하고 습득하도록 도울 수 있다. 즉 일치적인 대화기술을 교육함으로써 대상관계에 있어 합리적으로 대처할 수 있도록 한다.
3. 미래: 치료사는 대상자가 현재의 결정과 선택이 미래에 어떤 영향을 미칠지를 연상해 보도록 격려한다. 미래에 직면하게 될 다양한 문제와 사건들을 대상자에게 제시하여 그 상황에서 어떻게 대처하게 될지를 미리 예측해 보도록 한다.

나. 치료의 초점을 병리적인 면에 두지 않고, 건강하고 긍정적인 면에 둔다

치료의 초점을 긍정적인 측면에 맞춘다는 의미는 마치 컵에 담긴 더러운 물을 깨끗하게 하기 위해서 그 물을 휘젓거나 밖으로 버리는 것이 아니라, 깨끗하고 맑은 물을 끊임없이 컵에다 넘치도록 쏟아붓는 것과 같다. 즉 내담자의 내면에 있는 긍정적인

경험과 기억들, 훌륭한 신념과 가치
관들, 존경하고 좋아하는 친구나 가
족 등을 지속적으로 탐색함으로써
변화를 이끌어 낸다. 내담자가 설령
성공적인 경험들이 없거나 잘 회상
해 내지 못할 때는 예외적인 성공경
험과 상황을 탐색하면 문제의 해결
책을 쉽게 발견하게 된다. 마음속 어

딘가에 숨어 있어서 쉽게 발견하지 못하는 내담자의 강점, 자원, 건강한 특성을 발견
하여 치료과정과 개입에 활용하게 되는 것이다. 아무리 작은 경우라도 내담자 자신이
직접 해결했던 예외적인 성공경험과 상황을 탐색하고 상기하게 되면, 다른 문제상황
에 대해서도 해결의지와 동기를 가질 수 있을 뿐만 아니라 더 큰 성공으로 옮겨져 갈
수 있다.

다. 치료의 대상은 '개인'을 포함한 '가족 전체 구성원'으로 한다

　본 모델의 치료대상은 개인을 포함한 가족이다. 궁극적인 치료대상은 한 개인이겠
지만, 이들이 갖고 있는 문제의 원인을 파악하고 해결하기 위해서는 반드시 가족 전
체를 살펴보아야 한다. 그동안 정신치료와 심리상담의 주된 대상이 되어 왔던 내담자
한 사람의 변화, 즉 개인(個人)변화 지향적 치료에서 그 내담자를 둘러싼 핵심적인
타자인 가족(家族)들로 그 치료의 대상을 확장시키는 '다자(多者)'변화 지향적 치료
모델의 관점을 지닌다는 점이 이 가족음악치료모델의 핵심적 특징이다.
　자녀의 문제로 상담을 원하는 대부분의 경우, 그들의 부모에게서 더 큰 문제 근원과
핵심을 보게 된다. 부모 자신은 인식하지 못할지라도 자신들의 자녀에 대한 양육방식
과 반응태도 및 일상적인 생활방식 모두가 자녀에게 그대로 세대 간 전수(傳受)되고
있다. 우리가 예측하는 것보다 이 영향력은 훨씬 더 크다. 때로 부모의 가치관과 신념
은 자녀의 전 생애를 두고 그들의 행동과 감정을 조종한다. 예컨대 부모에게 일찍 버

림받고 홀로 어렵게 세상을 살아온 두 남녀가 서로 결혼하여 가정을 꾸린 경우가 있다. 두 사람 모두 최선을 다해 가장 행복한 가정을 꾸리고자 노력한다. 그러나 좋은 부모상을 어릴 때부터 접할 기회가 없었던 이들은 역할모델(role model)의 부재로 인해 부부간의 부조화와 가정의 파탄을 경험한다. 이것은 젊은 부부가 그 이전세대로부터 마땅히 받았어야 할 세대 간 학습기회를 상실했기 때문에 발생하는 것이다.

인간은 가족 안에서 형성된 생존방식과 정체감을 변화시킬 수 있다. 가족은 자신의 현재 정서, 신념, 행동을 낳게 한 모태이다. 자신의 가치관, 신념, 종교, 생활방식, 우선순위, 취향, 직업, 생각하고 말하는 것, 심지어 감정 상태까지도 완전히 독립된 자신만의 것이 아니다. 이 모든 것은 가족이라는 모태와 탯줄로 연결된 태아로서의 자신이 서로 상호작용을 통해 만들어 낸 결정체인 것이다. 바꿔 말하면 현재의 개인은 과거 가족 간의 다양한 상호작용의 결과로서 존재한다. 따라서 개인과 가족은 서로 상호 보완적인 관계를 맺고 있으며 결코 분리될 수 없다.

그런 의미에서 개인과 가족은 필요충분조건에 있다. 다시 말해 개인의 변화를 위해서라면 가족의 변화가 선행되어야 하고, 반대로 가족의 변화를 위해서는 개인의 변화가 선행되어야 한다. 이렇게 한 개인을 낳거나 기르고 함께 생활하며 가장 큰 영향력을 주어 왔던 원가족[18])의 성격특성과 스트레스상황에서의 의사소통방식, 가족 모두에게 있어서 중대한 사건이나 사고, 원가족 간의 관계양상 등을 파악하고 이를 총체적으로 변형시켜 나갈 때 비로소 개인의 변화가 일어나고 견고해지게 된다. 가족음악치료모델에서는 치료대상인 개인을 포함한 가족구성원 전체의 행동 및 심층심리에 자리잡은 감정, 지각, 신념, 욕구의 내용들을 면밀히 탐색하고 변형시키는 작업이 무엇보다 중요하다. 이렇게 될 때 진정한 의미에서의 한 개인의 변화가 이루어진다.

---

18) 원가족(元家族, the origin of family)은 아버지, 어머니, 자녀로 이루어진 고유한 가족구성체를 의미한다. 여러 명의 자녀 혹은 조부모가 있을 수도 있지만 그것은 어디까지나 유동적이다. 필연적으로 두 명의 부모와 자녀라는 삼각구조를 갖게 되므로 이와 같은 삼각상호작용체계를 일컬어 '원가족 삼인군(原家族 三因群, primary triad)'이라고 부른다. 가족음악치료모델에서는 치료대상자의 원가족의 다양한 측면들 – 성격, 소망과 기대, 규칙, 자존감, 의사소통 유형 등을 탐색하며, 이것들 중 비합리적이거나 편향적인 면이 있으면 적극적으로 개입하여 조정하게 된다.

라. 치료의 기본 중재는 '개인의 심층심리'와 '가족 간의 상호작용', '일상생활의 모든 면'에서 균형(均衡)을 이루도록 돕는 데 있다

균형(均衡)19)이란 기본적으로 '질서'를 의미하며 좌나 우로 치우침이 없는 중용(中庸)의 정신을 말하는 동시에 어떤 면에서건 결핍됨 없이 충만한 상태를 일컫는다. 따라서 치료란 부조화, 불균형, 불쾌, 무질서에서 조화, 균형, 행복, 질서로 나아가는 과정 혹은 상태라고 할 수 있다. 더 나아가 기본적인 치료중재란 개인의 심층심리와 가족 간의 상호작용, 일상생활 모든 면에서 균형을 이루도록 돕는 데 있다.

인간은 특정한 대상을 선호하게 되고 끌리게 마련이다. 이것은 하나의 본성이자 무의식의 작용이다. 어떤 것에 이유 없이 관심이 가고 신경이 쓰이는 것에는 다 이유가 있다. 반대로 어떤 대상이 아무런 이유 없이 싫어지고 거부감이 느껴지는 것에도 모두 이유가 있다. 이러한 관심과 거부감은 무의식의 심층부와 외부세계의 어떤 현상이 서로 작용할 때 일어난다. 지극히 자연스러운 현상이다. 그러나 지나치게 편향적으로 대상에 대해 관심을 갖거나 혐오반응을 갖게 되는 것은 심층심리 속에 그만큼의 거대한 감정의 덩어리가 자리하고 있다는 반증이다. 크고 작은 감정의 덩어리가 무의식 속에 분산되어 있어서 부모의 잔소리나 타인으로부터의 멸시, 질타, 구박 등 외부자극이 침투하게 되면 이 감정의 덩어리들을 자극한다. 작은 덩어리를 자극하는 것은 개인을 크게 자극하지는 않지만, 이런 자극이 쌓여 굳어지거나 무의식 속의 커다란 감정의 흔적들을 건드리게 되면 난데없는 폭군의 모습을 하게 된다.

개인은 여러 가지 측면에서 불균형적인 요소를 보이는데, 일종의 '심리적 편식' 같은 것이다. 자신이 좋아하는 음식만을 골라서 먹다 보면 당분간은 좋을지 모르나 장기간 지속될 경우 영양결핍을 비롯한 건강문제를 호소하게 될 것이다. 곧 불균형적인 식습관은 건강을 해치게 된다. 이와 관련하여 우리는 심리적 측면에서 지나친 내향형 인간 혹은 외향형 인간을 보게 된다. '내향형'이란 개인의 관심과 성향, 내적 에너지의 방향이 내부로 향해 있는 것을 의미한다. 반대로 '외향형'은 이러한 관심과 에너지가 외부세계로 향해 있는 것을 말한다. 인생 초기에는 학교나 가정에서의 규율과 기대에 부응하는 데 초점을 두는 반면, 인생 후기에는 내면세계에 관심을 돌려 자신을

---

19) 균형(均衡, balance)이란 어느 한쪽으로 기울거나 치우치지 아니하고 고른 상태를 의미한다.

성찰하고 정리하는 기회를 갖게 된다. 그러나 개인의 심리적 지향성이 정도를 지나쳐 한쪽으로 치우치게 되면 불균형이 발생하게 된다. 지나치게 이타적이거나 이기적인 사람에게서 이런 불균형을 볼 수 있다. 또한 비현실적인 종교적 신념을 가지고 있거나, 사회적 성공을 위해 자기 주변의 모든 것을 희생한 사람, 고정관념에 휩싸여 어떠한 타협과 조정도 불가능한 사람들에게서 이러한 불균형의 대극(對極)을 본다. 이러한 불균형을 해소하는 길은 자신이 지나치게 집중하고 있는 측면의 정반대편 요소를 인식하고 확장시킴으로써 가능하다. 과도한 사고형 인간은 이를 보상해 주는 정서적 경험을 강화해야 하며, 극단적으로 감상적인 사람은 이성과 객관적 현실감각을 길러 줄 필요가 있다. 간혹 뜻 맞는 의사들이 모여 연주회를 계획하는 것을 보게 되는데, 대극적 성향을 보상해 주는 자연스러운 장면이다.

가족 간의 상호작용 측면도 이와 같아서 한쪽으로 편향된 관심과 성향은 다른 쪽의 원시화와 미분화를 가져오게 된다. '편애'가 예가 될 수 있다. 자녀들이 모두 나름대로 소중하고 의미가 있지만 유독 한 아이에게만 친근감, 믿음, 신뢰, 애착, 동정이 더 향하는 경우가 있다. 부모의 심리는 차후 설명할 기회가 있을 테니 여기서는 편애의 영향을 받는 자녀들의 심리만을 설명하도록 한다. 일단 한 자녀를 편애하게 되면 편향된 애정을 독차지하는 아이는 정상적인 감정의 수용과 상호작용이 이루어지지 못하게 되어 알 수 없는 부담감이나 이른바 '공주병', '왕자병'과 같은 과도한 자기중심적 경향, 이른바 자기팽창(自己膨脹)이 일어날 수 있다. 이와는 반대로 편애의 영향에서 제외된 자녀의 경우에는 소외감이나 낮은 자존감을 갖게 되는데 인생 초기에 가족 내에서 경험한 이와 같은 소외경험은 인생 전반을 걸쳐 대인간 대처방식, 상호작용 및 감정처리과정 등에 심각한 악영향을 끼칠 수 있다. 똑같은 사건이나 대상에 대해서도 남들보다 지나치게 민감한 반응을 보이는 경우가 그 예이다. 가족중심음악치료의 핵심적인 치료중재기조는 대상자 개인의 심리적인 부분은 물론이고 그를 둘러싼 가족들과의 관계에서도 심리적·정서적·사회적 균형을 유지하도록 도울 필요가 있다.

마. 치료는 개인이 자신과 자신을 둘러싼 환경, 특히 가족 상호작용과 역동성을 인식할 때 진정한 개성화(個性化, individuation)를 이룰 수 있다

현재 개인의 행동은 개인만의 것이 아니다. 행동이란 수많은 타인과의 내적·외적 상호작용을 통해 얻은 최종적인 산출물, 곧 대처방식(對處方式)[20]인 것이다. 그 가운데 가장 핵심적인 영향을 미치는 타인 혹은 집단은 바로 '가족'이다. 인간은 태어나면서 부모와의 복잡한 관계들을 통해 개인의 자아존중감과 정체성, 가치관을 형성하게 된다. 우리가 현재 갖고 있는 신념과 가치관, 생각, 감정, 행동들이 모두 자신이 스스로 선택하고 결정하는 것 같지만 사실은 그렇지 않다. 우리의 생각과 행동은 대부분 부모로부터 물려받은 것들이다. 부인하고 싶을지 모르지만 사실이다.

사랑이 많고 자애로운 부모에게서 자란 사람은 타인에게 사랑을 받고 주는 것에 대해 자연스럽다. 반대로 억압적이고 자애심이 없는 부모에게서 자란 사람은 타인에게서 사랑이나 칭찬을 받는 것을 무척 어색해할 뿐만 아니라 그들의 부모로부터 습득된 억압적이고 난폭한 행동을 그 자녀들에게 그대로 전수하게 된다. 또 강한 종교적인 신념이나 도덕적 원칙과 도리를 가진 부모에게서 자란 아이는 부모의 도덕원칙과 신앙의 유산을 그대로 물려받는 경우도 많다. 이렇듯 부모의 양육방식에서 기인한 가치관, 태도, 신념, 원칙 등은 자녀의 전 생애를 걸쳐 그를 조종하고 지배하는 핵심적인 대처방식을 만들어 낸다. 이런 개인은 결코 자유롭지 못하며, 가족을 이해할 때 자신을 변화시킬 수 있다.

개인의 심층심리뿐만 아니라 그 개인을 둘러싸고 있는 가족 전체의 가치관, 신념, 가족규칙, 지배구조 및 영향력, 의사소통방식 등을 이해할 때 진정한 의미에서의 내적 자유와 진정한 변화를 가져올 수 있다. 이를 위해 무엇보다 필요한 것은 '가족으로부터 분리(分離)'이다. 진정한 홀로서기 - '자립(自立)'이다. 예컨대, 부모의 기대대로만 살던 사람이 자신이 진정으로 원하는 삶을 발견하고 진로를 뒤늦게 변경하려는 경우가 적지 않다. 부모의 기대와 가치관으로부터 분리되고 독립될 때 진정한 의미에서의 자립이 이루어진다. 가족이 옳다고 생각하는 신념이 곧 나의 신념이 될 수는 없음

---

20) '대처방식'이란 스트레스상황에서 한 개인이 보이는 대응행동방식을 의미한다. 본 모델에서는 '의사소통유형(意思疏通類型)' 또는 '대응방식(對應方式)'이라고도 부른다.

을 인정해야만 한다. 어릴 때부터 가족에게 받았던 수많은 훈계나 가르침으로부터 분리되고 진정한 자신의 목소리와 정체성을 찾게 될 때 내면으로부터의 자유로움을 느끼게 된다. 이때 비로소 '개성화(個性化, individuation)'를 이룰 수 있다. 원래 '개성화'란 완전한 균형을 이룬 상태, 의식과 무의식의 합일, 자기실현, 소망과 욕구에 따른 삶, 도덕적 원리와 신념에 따른 삶 등을 통틀어 일컫는 용어이지만, 이 모델 - 가족중심음악치료와 관련해서는 과거 가족의 부정적 영향력으로부터 벗어나 온전한 자기(Self)를 실현한 상태를 의미한다고 할 수 있다.

바. 치료의 핵심중재는 개인의 진정한 소망(所望)과 욕구(欲求)를 발견하고 그것에 따라 생활하도록 돕는 것이다

인간은 누구나 자신만의 독특한 소망과 소원, 바람, 희망, 염원이 있다. 이것은 개인마다 서로 다르며 정답이 없다. 저마다의 소망(hope)과 욕구(desire)를 가지고는 있지만 이것을 항상 마음속에 인식하면서 살아가는 사람은 드물며, 그러한 소망이나 욕구를 이루면서 그에 따르는 생활을 영위하는 사람은 극히 희박할 것이다. 인간은 자신의 진정한 근원적 소망에 따라 생활할 때 만족감을 느낀다. 대부분의 사람들은 가족이나 타인의 소망이 자신의 소망이라고 착각하면서 살고, 자신의 소망을 알고 있더라도 현실에 얽매여 잊어버리고 사는 것이 보통이다. 하지만 이렇게 진정으로 갈망하는 소망이나 기대와는 거리가 먼 생활을 하다가 완전히 단절되게 되면 자신도 모르는 불만과 불행으로 고통받게 되는 것이다. 따라서 지금 현재 우리가 느끼고 있는 수많은 충족되지 않는 감정들은 자신의 근원적인 소망과 현실이 서로 단절됨으로 인해 온 것이라고 이해할 수 있다.

가족음악치료모델의 핵심적인 치료중재는 대상자의 피상적 소망이 아닌 근원적인 소망과 열망, 기대를 발견하도록 도와 그에 따라 살도록 돕는 일이며, 현실과 소망 간의 괴리감을 줄이고 연결시키는 역할을 한다. 인간의 소망과 열망의 발견에 치료의 열쇠가 있으며, 행동변화의 실마리가 있다. 치료사는 대상자의 소망을 피상적인 부분에서 심층적이고 근원적인 부분까지 탐색하고 발견하도록 돕는 책무가 있다.

사. 치료는 개인이 자신의 소망과 욕구를 실현하는 데 있어 방해물(妨害物)이 무엇인지 인식하고 조절하도록 돕는 것이다

치료는 기본적으로 개인으로 하여금 자신이 진정으로 원하는 것이 무엇인지 깨닫도록 돕고 그에 따라 살아가도록 하는 데 있지만, 반대로 그러한 진정한 소망과 욕구를 실현하는 데 있어 방해가 되는 문제들을 인식하도록 돕는 것도 매우 중요한 치료의 방향이 된다. 즉 소망과 이에 대한 방해물의 인식이 치료의 핵심이다. 예컨대, 좋은 대학을 가고 싶은데 의지력이 없어서 공부를 지속적으로 못 하는 경우가 있다. 이것은 더 좋은 대학을 가고 싶은 소망과 의지력의 부재가 서로 대치되는 상황이다. 소망만 가지고는 좋은 대학을 가기가 불충분하다는 것을 알 수 있다. 소망을 실현하는 데 방해되는 요소인 '약한 의지력'을 마음 깊이 충분히 깨닫고 이것을 강화시키는 데 초점을 맞추어야 할 것이다. 그러나 대부분의 사람들은 자신의 소망과 욕구에만 모든 노력을 다하는 경향이 있다. 주변상황이나 개선해야 할 부분, 즉 소망의 장애물들에 대해서는 관심도 없고 보이지도 않는다. 욕구가 충족되지 못하면 여러 가지 부작용 — 불만, 분노, 우울, 슬픔 등 문제행동으로 나타나기 때문에 적극적으로 소망으로 가는 길 위에 놓여 있는 장애물들을 제거할 필요가 있다.

소망이나 욕구를 성취하지 못하고 실패하게 되면 불만족이 발생하는 일련의 과정을 반대로 뒤집어 생각해 보면, 불만족에는 성취되지 못한 소망이 숨어 있다는 것을 알 수 있다. 문제 뒤에는 그 문제를 일으킨 원인이 되는 소망이 항상 숨어 있다는 것이다. 즉 현재 보이는 방해물과 불만족, 슬픔, 분노 이면에는 진정한 욕구와 소망이 숨어 있다는 것을 알 수 있다. 어떤 면에서 우리들은 항상 결과만을 보며 살아가고 있는 것이다.

심하게 화를 내는 사람이 있다고 가정할 때, 이 사람은 진정으로 원하는 어떤 소망이 이루어지지 못한 데 대한 반응을 보이고 있는 것이다. 한마디로 문제행동은 불만족의 표현일 수 있다. 대상자가 갖고 있는 잘못된 신념과 원칙, 과거의 미해결된 사건, 과도하게 민감한 반응행동과 감정 등이 소망을 방해하는 요소가 된다. 어떤 경우 소망의 방해물은 자신의 심리 내적 문제가 아니라 외부 환경요소가 될 수도 있다. 앞서 예를 든 바와 같이, 좋은 대학을 가서 성공하려는 소망을 가로막는 방해요소가 게

으름이나 자신 없는 태도 등 내면의 문제일 수도 있지만, 부모의 이혼이나 사망과 같은 외부적 요소일 수도 있다. 여기에는 조절할 수 있고 관리가능한 것도 있지만, 조절이 불가능한 경우도 있다. 장애물을 관리할 수 없을 때에는 이를 단념하거나 소망을 변경하는 것도 중요한 치료중재이다.

인간의 모든 불만족스러운 행동의 이면에는 그 사람이 진정으로 원하는 소망과 욕구가 숨어 있다. 치료사는 대상자의 문제행동을 넘어 그 이면을 볼 수 있어야 하며 충족되지 못한 소망과 신념, 욕구가 존재한다는 사실을 인지해야 한다.

아. 치료의 범위는 개인의 심리적 평화를 이루는 것뿐만 아니라 과거에는 없었던 새로운 신념체계를 습득하는 것이 포함된다

가족음악치료모델의 치료범위는 개인의 심리적 평화와 자유를 포함하여 새로운 신념체계와 일치된 대처방식을 습득하는 것을 포함한다. 다시 말해 자기 마음만 행복하다고 해서 모든 문제가 다 해결되는 것은 아니라는 말이다. 불안했던 마음이 편안해졌더라도 문제는 여전히 그대로 남아 있기 때문에 그 문제를 대하는 태도나 방식이 변형되어야 한다. 앞서 예를 들었던 것처럼, 더러운 물을 깨끗하게 만드는 방법 중 하나는 더러운 물을 비워 버리고 깨끗한 물을 붓는 것이다. 여기서 '더러운 물'을 버린다는 의미는 심리적 평화를 위한 고백(告白) 작업이라고 볼 수 있으며, 사전에 체계적으로 준비된 음악활동이나 언어적 중재를 통해 대상자의 내면세계에 남아 있는 미해결된 감정과 과제들을 외부로 분출해 버리는 과정을 의미한다. 오랜 시간 동안 숨겨 왔거나 자신조차도 잊고 지냈던 치부와 금기를 안전하고 수용적인 환경 속에서 표현하고 재경험하게 되면 그 금기사건에 대한 새로운 시각과 관념을 갖게 된다. 사건 자체는 완전히 잊히지 않을지라도 그 사건에 대한 고통은 더 이상 받지 않게 된다.

또한 더러운 물을 비우고 '새로운 물'을 붓는다는 것은 이전에 형성되지 않았던 새로운 태도와 신념을 마음속에 구축하는 것을 의미한다. 과거를 밝히고 표현하고 재경험하여 더러운 물을 비워 버린다 해도 어려운 환경을 직면하게 되면 또다시 과거의 악습을 반복하게 된다. 보다 실질적인 태도와 행동의 훈련이 필요하다. 더러운 물을 비워서 텅 비어 있는 마음의 공간에 새로운 물을 쏟아붓는 작업이 후행되어야 한다. 즉 대상자가 여러 치료중재를 통해 더 이상 과거의 사건으로부터 영향을 받지 않게 되면 이와 같이 준비된 마음의 공간에 일치적인 대처방식의 훈련, 효과적인 의사소통 방법[21]의 습득, 바람직한 신념체계의 구축 등 일상생활의 전반적인 실용기술과 태도, 관념들을 심어야 한다. 이렇게 할 때 온전한 의미에서의 변화의 확장 - 치료적 일반화(一般化)를 이루게 된다.

자. 치료의 궁극적인 목표는 개인이 하나의 문제나 사건, 인물에 집착하지 않고 자유롭게 선택하고 행동할 수 있도록 하는 데 있다

본 모델에서 목적하는 인간상은 '자유로운 인간', '균형 있는 인간', '충분히 기능하는 인간', '객관적으로 자성할 수 있는 인간'이다. 자유(自由)란 개인 및 가족의 불합리한 관념과 영향력으로부터의 자유를 의미하고, 균형(均衡)이란 일상생활 전반에 걸쳐 치우침이 없는 상태를 유지하는 것을 말한다. 또 충분히 기능(機能)한다는 것은 자신의 독특성을 살리고 개성화를 이루는 것을 말하며, 자성(自省)할 수 있다는 것은 항상 변화를 수용하고 유연한 자세를 유지하기 위해 자신을 살피는 일을 의미한다. 이러한 가치들 중 특히 자유롭게 행동하고 마음의 평화와 균형을 유지하는 것은 무엇보다 중요한 가족음악치료모델의 핵심적인 가치이자 중재전략이다.

'자유로운 인간'이란 사물에 대한 집착에서 벗어난 상태를 말하며, 여기서 '집착(執着)'한다는 것은 어떤 대상에 얽매여 자유롭지 못한 상태를 일컫는 말이다. 특히 한 개인은 영아기와 유아기에 가졌던 부모와의 의사소통과 상호작용으로 인해 그 이후의 집착 정도나 반응민감도가 결정되는데, 부모가 가르쳤던 가정에서의 원칙과 행동규약, 가훈, 사물을 보는 방식과 태도는 자녀의 심층심리 속에 강력하게 각인된다. 이렇게 부모로부터 전수되고 각인된 관념과 태도는 한 개인의 자유로운 결정과 선택을 제한

---

21) 의사소통(意思疏通)이 효과적이라는 의미는 타인의 의도를 충분히 이해하고, 자신의 주장과 생각을 자유롭게 표출할 수 있는 상태를 말한다. 그러나 자신의 생각을 잘 표출하더라도 타인의 의견을 무시한다든지, 타인의 의견을 존중하더라도 자신의 주장을 충분히 전달하지 못하는 것은 효과적인 의사소통이 아니다. 또 타인을 존중하면서 의사소통하더라도 그의 의도를 파악하지 못하거나 주장을 펴더라도 진정한 자신만의 것이 아닐 경우 효과적인 의사소통은 될 수 없다.

한다. 어떤 일을 하든지 어떤 결정을 하든지 자유롭지 못하다. 한마디로 부모로부터 조종을 당하는 셈이다. 이러한 과거로부터의 불합리한 조종은 자신조차도 이해할 수 없는 '사물에 대한 집착'을 낳게 된다.

집착은 종종 '민감성(敏感性)' 또는 '반사행동(反射行動)'으로도 표현된다. 즉 특정한 사건에 대해 타인보다 과도하게 민감한 반응을 보이는 경우다. 이럴 때 주위사람들은 "요즘 너무 예민해졌어!"라고 말한다. 자신의 입장에서는 '모든 사람이 나를 보고 있는 것 같아.' '누가 어떤 말을 해도 신경이 쓰여.'라고 생각한다. 이러한 대상에 대한 민감성은 축소되고 그 대상으로부터 분리될 필요가 있다. '자유'란 강제와 상반되는 용어로서, 외부로부터 구속이나 지배를 받지 않고 그것이 있는 그대로의 상태를 의미한다. 즉 과거 부모가 자신에게 가르쳤던 신념으로부터의 자유, 가족규칙으로부터의 자유, 타인 시선으로부터의 자유, 외부적 압력으로부터의 자유, 무의식의 일방성으로부터의 자유가 요구되는 것이다. 본 모델은 대상자가 사물에 대한 여러 가지 집착으로부터 벗어나 자유롭게 선택하고, 균형 있는 삶을 살고, 끊임없이 자신을 자성할 수 있는 인간이 되도록 돕는 데 궁극적인 목표가 있다.

03 변화에 대한 관점: 심리변화의 수준 및 단계

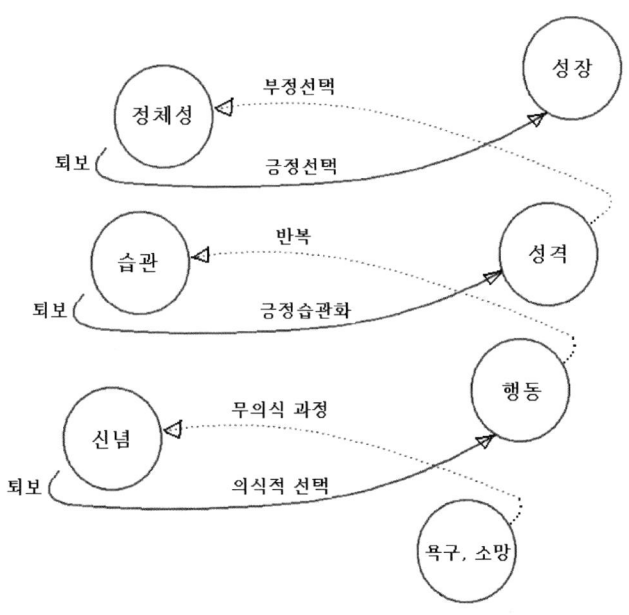

개인의 성장변화곡선: 나선형 성장이론

가. 인간은 자신의 신념체계를 변화시킴으로써 감정과 행동을 조절할 수 있다

인간은 마음속에 자신에게 이롭다고 판단이 서지 않는 한 절대로 행동을 바꾸지 않는다. 따라서 '행동과 감정의 변화'란 신념과 가치체계를 변화시킬 때 비로소 이루어진다. 마음속 기저에 존재하는 신념체계가 변하지 않고 행동만 바뀐다든지, 반대로 행동은 변하지 않고 생각만 가지고 있는 것은 미완의 변화이다. '감정'도 마찬가지로 어떤 생각과 마음가짐을 가지느냐에 따라 달라질 수 있다. 수많은 수도자(修道者)들이 올바른 원리를 배움으로써 평상심을 유지하고자 노력하는 것처럼 바른 원리를 배워 깨닫게 되면 신념의 변화가 이루어지고, 그 이후 감정까지도 통제하게 된다. 예컨대, '부모님은 항상 나에게는 관심이 없고, 인정해 주지 않았어.'라고 생각하는 사람은 부모님에 대한 원망과 섭섭한 감정을 가지고 있다. 하지만 자신에게 관심이 없었던 당시에 부모님이 처했던 어려웠던 상황을 이해하고 충분히 깨닫게 되면 이내 원망과 섭섭함은 눈 녹듯이 사라져 버린다. 오해가 풀려 악한 감정이 사라져 버린 것이다. 이처럼 생각과 믿음의 변화가 한 개인이 장기간 동안 갖고 있던 감정과 정서에도 영향을 미친다는 사실을 알 수 있다.

담배가 해롭다는 것을 알면서도 알코올이 나쁘다는 것을 알면서도 계속 하게 되는 이유는 이것들이 자신에게 미치는 폐해를 잘 알고는 있지만, 설마 내게 그런 일이 닥칠 것인가 하는 또 다른 신념이 개인 속에서 동시에 작용하기 때문이다. 두 개의 신념이 마음속에서 서로 다투고 있는 것이다. 신념의 충돌이다. 이때 어떤 것이 더 중요한지를 결정하는 개인만의 우선순위가 작용하게 된다. 하나의 가치가 다른 가치보다 비교할 수 없을 정도로 중요하고 우선시될 때 신념의 변화가 일어난다. 따라서 알코올을 끊지 못하는 것과 같이 자신의 문제점을 고치지 못하는 것은 아직까지 자신이 갖고 있는 문제행동이 얼마만큼 자신에게 피해를 주고 있는지 완전히 이해하지 못하고 있는 것이다. 치료사는 대상자가 문제행동을 계속할 경우 어떤 결과를 가져오게 될지 인식시킬 필요가 있다. 즉 현재 자신의 문제행동이 자신의 욕구를 완전히 충족시키지 못한다는 것을 인식시킬 때 생각을 바꿀 수 있고, 가치관과 신념체계가 변화될 수 있는 것이다.

나. 인간은 자신의 문제를 인식하고 자기고백을 통해 정화될 수 있다

인간은 자기 자신의 문제점을 분명히 인식할 때 비로소 자신의 장점을 볼 수 있다. 문제점을 인식하는 것은 자기(Self)에 대한 진정한 이해와 통찰을 위한 결정적인 기초 선행 작업이 된다. 정신과 질환의 대부분은 자신의 병에 대한 인정이나 인식의 결여에서 그 심각성이 있다. 그들은 "나에겐 아무런 문제가 없어요." "모두 남편 때문이에요." "전 최선을 다했어요."라고 말한다. 문제의 원인을 외부에서 찾고 있는 것이다. 문제의 원인에 대한 귀인(歸因)은 병의 치료에 있어 결정적이며, 특히 마음의 병 치료에 있어 더욱 그러하다. 모든 치료과정의 시작은 병식(病識), 즉 자신에게 문제가 있다는 것을 인식하고 도움이 필요하다는 사실을 인정하는 바로 그때이다.

이러한 자신의 문제점을 인식하는 데 그치지 않고 외부에 드러내어 고백하는 것은 큰 용기를 필요로 한다. '고백(告白)'한다는 것은 간직하고 있던 비밀을 누군가에게 표현하는 것을 말하며, 여기서 '비밀'이란 다른 사람에게 보이고 싶지 않거나 혹은 소중히 간직하고 싶은 지극히 개인적인 심리적 내용들이다. 그러나 이것이 일단 타인에게 알려지게 되면 이제는 더 이상 비밀이 아닌 것이다. 치료과정에서 사례 깊고 유능한 치료사의 도움을 받아 자신의 문제점을 진술하게 고백하게 되면 자신의 문제로 인해 느꼈던 고통과 괴로움을 더 이상 느끼지 않게 된다. 때때로 치료는 이 고백단계에서 종료되는 경우가 많이 있다. 자기고백이 곧 '정화'요 '치유'인 것이다.

고백이란 문제점 인식을 전제로 하고 있으며, '문제점을 인식한다는 것'은 치료를 향해 마음의 문을 열고 있다는 증거가 된다는 점에서 중요하다. 이를 위해 치료사는 대상자의 문제점을 언어적으로 명료화해야 할 뿐만 아니라, 감상적 음악활동을 통한 이완된 의식 상태에서 그의 문제점을 깊이 각인(刻印)시킨다. 일단 문제점을 목록으로 만들어 분명히 기억하는 것이 중요하다. 대부분 문제점은 빠르게 잊어버려야 하고 다루어져서는 안 될 대상으로 생각하지만 사실은 정반대이다. 문제점을 조목조목 정확하게 인식하지 않고서는 새로운 마음 – 새로운 신념체계, 가치관, 결심, 이미 갖고 있던 긍정적 자원 등도 생길 수 없기 때문이다.

다. 인간은 타인의 가치를 인정하고 존중함으로써 갈등을 해소하고 마음의 평화를 누릴 수 있다

인간은 타인을 인정하고 존중함으로써 만족감을 얻는다. 대부분의 문제와 갈등은 '관계(關係)' 속에서 생겨나기 때문에 '관계(關係)'를 통해 풀어야 한다. 사람과 사람 간의 수많은 교류 속에서 상처를 받고 상처를 입힌다. 관계 속에서 상처를 입게 되면 타인을 못 믿게 되고 거부하게 된다. 상처에 대한 충격이나 아픔이 크면 클수록 불신과 거부감도 커진다. 사람과의 관계 속에서 상처를 입은 만큼 타인과의 관계를 회복함으로써 상처를 치유받을 수 있다. 상대방에게 상처를 입힐 때 자신도 상처받게 되며, 타인을 존중할 때 비로소 자신도 만족감을 얻게 된다.

마음의 평화를 얻는 궁극적인 방법 가운데 하나는 '타인을 인정하고 존중'하는 데 있다. 얼핏 생각하면, 남을 위해 어떤 일을 하기보다는 자신이 타인으로부터 존중받고 사랑받을 때 더욱 행복할 것 같다. 하지만 그것이 전부는 아니며 완전한 의미에서의 행복과 만족을 줄 수 없다. '독야청청(獨也靑靑)'이란 말이 있다. 높은 산 위에 홀로 푸르른 소나무와 같이, 자신만이 홀로 존재하며 오로지 자기를 위해서만 일하는 사람들이 있다. 이들은 외부환경이나 타인에게 관심이 없으며, 끊임없이 자신의 성공과 입신양명, 부귀영화만을 위해 전신의 노력을 다한다. 엄밀한 의미에서 이것은 자신을 위한 일이 아닐 수 있다. 자기를 위해 일하는 것 같지만 그렇지 않다. 무엇인가에 홀린 듯 자기를 잃은 채 외부의 지배를 받고 있는 경우가 허다하다. 물론 지금 설명하고 있는 것은 진정한 '개성화의 과정'과는 거리가 먼 설명이다. 아무튼 진정한 마음의 평화를 얻는 일은 타인을 존중하고 사랑할 때 온다. 인간은 선천적으로 그렇게 만들어졌고, 그렇게 존재하기 때문이다.

대부분 마음의 상처, 고통, 문제행동, 이상행동 등은 대개 타인으로부터 존중받지 못했을 때 오게 된다. 이러한 '마음의 흉터', 즉 '심적 상흔(傷痕)'은 필연적으로 고통을 수반하며 결국 문제행동으로 발현된다. 타인과의 갈등관계에서 생긴 상처와 괴로움은 처리되지 않는 한 절대 저절로 사라지지는 않는다. 물리적 에너지가 보존되듯이 정서적 에너지 또한 형태와 특성이 달라질 뿐 소멸되지 않는다. 더욱이 서로 적대감을 갖고 있는 상태라면 마음의 상처는 오히려 지속적으로 깊어지고 팽창하는 특성을 갖는다. 생각과 감정이 꼬리를 물고 더해져 가면서 눈밭에 구르는 눈덩이처럼 더 큰 적대감으로 커져 가는 것이다. '부정적 감정의 악순환'이다.

타인에게 상처를 입고 그 일을 잊어버리지 못하는 경우가 있다. 이것은 그를 완전히 용서하지 못하고 있기 때문이다. 자신에게 상처를 입힌 사람을 만나는 일을 꺼리게 되고, 일이 손에 잡히지 않게 된다. 가끔씩 분노의 감정이 치밀어 오르고, 앙갚음을 위한 계획을 모색한다. 설사 그 계획이 성공한다 해도 원했던 행복과 평화로운 감정은 결코 얻을 수 없게 된다. 이런 상태는 '자유롭지 못한 상태', 즉 '영혼이 사로잡힌 상태'인 것이다. 인간은 타인을 위해 일하고 봉사할 때 행복해지는 존재이며, 타인을 인정하고 존중할 때 만족감을 얻도록 조직되었다. 따라서 이전과는 다른 방식으로 그들을 포용하고 수용할 때 문제해결의 열쇠를 얻게 된다. 임상에서 치료사는 대상자들이 과도하게 자기중심적 성향을 가지고 있지는 않은지 혹은 그들이 특정한 과거의 사건에 얽매여 있지는 않은지를 신중히 살펴야 한다. 이렇게 해서 자기 자신에게 집중되어 있는 에너지를 외부로 돌리도록 하고, 타인과 관련되어 얽매어 있는 부정적 감정이 있는지 살펴 여기서 벗어날 수 있도록 도움을 줄 필요가 있다.

라. 인간은 무의식적 내용을 의식 위로 표면화시키는 재경험의 과정을 통해 카타르시스를 경험한다

인간의 마음 심층에 잠재한 내용들은 결코 소멸되지 않는다. 정서적 에너지 보존의 법칙이라고 부를 만하다. 이 마음의 기저에는 잊어버리고 싶은 억압된 기억들, 타인으로부터 받은 충격과 상처들, 성적인 혹은 공격적인 충동들도 존재하지만, 반대로 잊을 수 없는 환희의 순간이나 깊은 감동을 주는 인상과 기억들이 혼합되어 자리하고 있다. 이러한 감정의 덩어리들을 분석심리학의 창시자 융(Jung)은 '콤플렉스(complex)'라고 명명한 바 있다. 무의식 속의 수많은 '콤플렉스'들은 에너지의 형태로 존재한다. 따라서 사라져 소멸하지 않는다. 다른 사람의 잘못을 모두 용서한 것 같은데도 자꾸 머릿속에 떠오르는 것은 이 때문이다. 또 평범하게 잘 생활하다가도 문득문득 되살아나는 과거에 대한 안 좋은 추억들도 그러하다. 이처럼 무의식의 내용들은 잊히지 않고 어딘가에 숨어 있다가 특정한 순간에 우리를 뜻하지 않게 방문한다. 이것들은 결코 사라지지 않는다.

그렇다면 슬픈 감정이나 충격적인 기억들은 영원히 우리 안에 남아 있어야 할까? 감정의 덩어리 - 콤플렉스는 소멸되지 않고 보존되지만, 이동할 수 있으며, 축소되거나, 확장될 수 있다. 여기에 치유의 실마리가 있다. 비슷한 동종의 콤플렉스들은 서로 끌어당기는 인력(引力)이 서로 작용하게 되는데 이를 통해 더 큰 감정의 덩어리로 확장되어 간다. 생각이 꼬리를 물고 더해져 가는 이유가 여기에 있다. 반대로 감정의 덩어리가 축소되기도 한다. 이것은 감정을 응어리지게 했던 옛 기억을 다시 재경험함으로써 가능하다. 즉 과거에 대한 재인식의 기회를 제공하는 것이다. 대부분의 사람들은 과거 자신에게 일어난 충격적 사건이나 괴로운 기억들을 감추고 싶어 한다. 이 때문에 의식적으로나 무의식적으로 이것들을 자신의 내면에 강제로 구겨 넣어 억압하게 된다. 이렇게 억압된 기억과 감정들은 숨겨져 있을 뿐 사라져 버린 것이 아니다. 오히려 강하게 억제하고 억압한 만큼 그 세력과 반발력이 강해진다. 과거에 잘 해결되지 못하고 엉겨 버린 콤플렉스들은 다시 의식의 수면 위로 끌어올려 재인식되어야만 한다. 무의식이 의식화되는 순간이다. 이렇게 할 때 과거 사건에 대한 신념과 인지구조가 변화하게 되고, 결국 콤플렉스는 축소된다. 이는 아마도 콤플렉스가 과거의 재인식 과정을 통해 절정경험 - 카타르시스를 만들어 내며, 이것이 외부로 발산됨으로써 일어나는 에너지의 이동과정으로서 이해될 수 있을 것이다.

마. 인간은 긍정(肯定)을 선택할 때 만족감을 느끼고 성장(成長)한다

인간은 근본적으로 긍정지향적이다. 어떤 행동을 하건 그 속에는 긍정적 의도가 숨어 있다. 아무리 부정적인 행동을 하는 사람일지라도 반드시 긍정적인 의도를 가지고 행동을 하게 된다. 예컨대 어린아이가 우는 것도 그 나름대로의 의도가 숨어 있는데, 그것은 자기표현과 관심의 촉구이다. 술을 먹거나 담배를 피우는 사람들도 긍정적 의도, 즉 술을 먹음으로써 타인과 원활하게 관계를 맺거나 담배를 피움으로써 자신의 내면적 초조와 불안을 달래려는 의도가 있다. 자신이나 타인의 신체를 학대하는 사람들은 결핍과 불만족에 대한 보상작용이라는 긍정적 의도가 있다.

다른 사람에게 화를 내는 사람은 얼핏 보기에는 나쁘게만 보이지만, 사실은 자기 자신을 변호하며 보호하고 있는 것이다. 즉 자신에 대한 존중을 유지하기 위해 그런 행동을 하고 있다. 물론 결과는 긍정적이지 못하다. 왜냐하면 다른 측면에서의 중요한 원리를 간과하고 있기 때문인데, 그것은 '타인에 대한 존중'이다. 타인, 특히 가족을 존중하지 못한 채 자신은 온전한 의미에서의 행복과 만족감을 가질 수 없다. 가족은 또 하나의 자기(Self) – 가족자아(家族自我, Family Self)로서 작용하기 때문이다.

인간의 행동 이면에 내재되어 있는 긍정적 의도를 발견하는 일은 치료과정에서 매우 중요하면서도 어려운 작업이다. 이것이 치료의 핵심대상이 되기 때문이다. 한 개인이 애초에는 긍정적인 의도를 갖고 했던 일이지만 결과는 부정적일 수 있다. 처음에 가졌던 긍정적인 의도를 만족시키기 위해 이 사람들은 잘못되고 비합리적인 수단과 방법을 사용한 것이다. 이들에게는 좀 더 합리적인 대체수단과 방법이 필요하다. 예컨대, 초조감을 달래기 위해 담배가 아닌 다른 무엇이 필요하며, 자기표현과 관심의 촉구를 위해 다른 대체방법이 필요하다. 또 타인과의 원활한 인간관계 형성을 위해 반드시 술을 사용할 필요는 없다. 이 때문에 좀 더 긍정적인 결과를 낳고, 자신과 타인을 동시에 만족시킬 수 있는 대체수단을 찾도록 돕는 것은 매우 중요하다. 자신과 타인을 동시에 만족시켜야 한다는 것이 핵심이다.

인간은 '긍정'을 선택할 때 행복하며 성장할 수 있다. 긍정적 선택이 곧 성장을 가져오는데, 여기서 '성장'이란 용어는 더 나은 방향으로 변화하는 것을 의미한다. 반대로 인간은 부정적이고 상식적이지 못한 것을 선택할 때는 성장하지 못하고 퇴보하게 된다. 우리가 잘못된 결과를 얻게 되고 이상행동을 하게 되는 것은 보편적인 상식이나 원칙에 위배되는 것을 택했기 때문이다. 혹자는 어떤 것이 긍정이고 어떤 것이 부정이냐고 질문할 수 있다. 긍정과 부정의 경계는 '보편적 상식' 위에 서 있다. 누구나 인정하고 누구나 알고 있고 동의하는 내용, 어제도 그랬고 앞으로도 그러할 것들이다. 세계 어디에서나 볼 수 있는 진리와 원리, 법칙들이다. 이러한 보편적 상식에 비추어 타당할 때 그것은 '긍정'이 되며, 그렇지 못할 때 '부정'이 된다. 긍정과 부정은 좋고 나쁨과는 구별되는 개념이다.

변화는 누구에게나 항상 일어나기 때문에 치료사는 가능한 범위 안에서 내담자가 원하는 긍정적인 방향을 찾고 선택할 수 있도록 돕는 안내자와 강점발견자의 역할을 하게 된다. 해결 중심 상담이론에서 내담자에게 기능적이고, 효과적인 것은 더욱 강화하여 하는데, 즉 내담자에게 익숙한 것, 내담자가 아는 것, 가지고 있는 자원을 충분히 활용하는 것이 내담자에게 없는 것, 모르는 것, 새로운 것을 시도하는 것보다 훨씬 효율적이라고 설명한다. 이처럼 세션 중 치료사는 대상자가 최대한 긍정을 선택하여 행동할 수 있도록 돕고, 그들 자신의 내면에 이미 존재하는 긍정적인 기억과 자원들을 인식할 수 있도록 돕는 역할을 한다.

바. 인간은 자신의 행동이 도덕적 진리 및 신념체계와 일치할 때 진정한 의미에서 내적 평화를 경험한다

인간은 자신의 행동과 신념체계(信念體系)[22]가 일치할 때 만족감을 느낀다. 지행일치(知行一致)란 이를 두고 하는 말이다. '네가 느끼는 대로 행동해', '너의 판단을 믿어 봐', '진정으로 네가 원하는 것이 뭐니?'라는 말들은 자신의 행동과 신념을 일치시키라는 심도 깊은 조언들이다. 우리는 우리가 알고 느끼는 대로 행동하고 있다고 느끼지만 사실은 그렇지 못하다. 타인에 대한 지나친 의식과 체면, 예의 때문에 자신의 생각이나 감정을 감추는 경우가 흔하다. 물론 신념과 가치를 지키기 위해 손해를 감수하거나 어려움을 겪는 경우도 있다. 그러나 인간은 자신이 진정으로 원하고 옳다고 생각하는 그 일을 할 때에만 그 일에 대한 자부심을 갖게 되며, 자신에 대한 존중감을 얻을 수 있다.

'신념'이란 확고하게 굳어진 생각이나 가치관을 일컫는 말이다. 덜 굳어지고 설익은 생각과 신념들은 한 개인의 심리 속에서 그 주인을 괴롭게 한다. 우리가 겪는 혼란과 주저함은 내면의 여러 신념들이 충돌하기 때문이다. 예컨대, '여성들도 자아실현을 위해 일을 해야 한다'는 신념이 있는가 하면, '좋은 엄마는 항상 집에 있어야 한다'는 신념이 있다. 두 가지 신념은 서로 대치하고 있다. 전자가 옳은지, 후자가 옳은지 단정할 수 없으며, 어떤 신념이 더 나은 것인지 결정하기란 쉽지 않다. 왜냐하면 두 신념이 모두 옳을 수 있기 때문이다. 이처럼 신념은 지극히 개인적인 것이며, 다

---

22) 신념체계는 가치관(價値觀) 또는 가치체계(價値體系)와도 바꿔 쓸 수 있다.

른 사람들과 항상 공유되지 못할 수도 있어 다툼과 분란을 일으키기도 한다.

또 다른 예로서, '클래식 음악은 지루하다'는 신념과 '클래식 음악은 마음을 편안하게 해 준다'는 신념도 대치한다. 어떤 것이 옳은지는 본인이 판단하게 된다. 즉 자신이 옳다고 판단되는 것들이 자신의 마음속에 신념으로 자리 잡게 된다. 그래서 신념은 항상 옳거나 항상 그르지 않다. 다시 말해서 신념은 고정되어 있지 않고 변화되는 것이다.

인간은 자신이 갖고 있는 신념과 위배되는 행동을 하는 타인을 보거나 그러한 행동을 자신이 하고 있을 때 불만족을 경험한다. 우리의 생각과 다른 생각을 가진 사람들을 좀처럼 인정하지 못하고, 화내며, 적대시하기도 한다. 일상에서의 사소한 다툼에서부터 이데올로기적 대결과 전쟁에 이르기까지 다양한 측면에서 신념 간의 충돌을 본다. 예컨대, 갓 결혼한 부부들이 겪는 의견대립은 이런 신념 간의 충돌을 잘 보여 준다. 수십 년을 다른 환경에서 성장하면서 자연스럽게 굳어져 온 그들만의 신념체계가 이제 결혼이라는 양식을 통해 서로 만나게 된 것이다. 당연히 이 둘은 자신의 신념체계에 비추어 배우자를 바라보기 때문에 상대방의 그것은 잘못된 것이라고 판정한 채 끊임없이 변경하려 애쓰게 된다. 신념의 변화란 좀처럼 쉬운 일이 아니며 개중에는 영원히 불가능한 것들도 존재할 수 있다. 따라서 이들 부부는 갈등과 대립, 분노, 회유, 비난이 반복되면서 결국 파행으로 치닫게 되는 것이다.

대부분의 사람들은 원하지 않는 일을 하면서 살아간다. 만족스럽지 못한 직장생활, 원하지 않는 학과에 진학한 대학생활, 예상하지 못했던 갈등과 대립이 도사리고 있는 시집살이 등 자신의 진정으로 원하는 삶과는 거리가 먼 생활을 한다. 이처럼 자신의 가치관이나 신념체계, 소망, 이상과 위배된 삶을 어쩔 수 없이 타의에 의해 – 특히 부모의 기대 때문에 살아가게 되면 불만족과 불행감을 느끼게 된다. 여기서 인간은 '현실'과 '이상'과의 괴리를 경험하게 된다.

진정한 의미에서의 내적인 평화는 자신이 갖고 있는 신념과 소망에 따라 행동할 때 얻게 된다. 예컨대 '인생에서 가장 소중한 것은 가족'이라는 신념을 굳게 믿으며 살아온 가장은 새벽부터 늦은 밤까지 지속되는 고된 직장생활에서 이런 신념과 현실 간의 괴리감을 가슴 깊이 느낀다. 현실이 신념이나 이상과 거리가 멀어지면 멀어질수록 더 큰 불행감을 경험하게 된다. 이때 인간은 '내가 지금 뭘 하고 있는 거지', '이건 내가 원하던 삶이 아니야'라는 내면의 속삭임을 듣게 된다. 이것은 자신의 믿음과 현실과의 거리를 좁힐 수 있는 중요한 단서가 주어지는 순간이다. 이에 따라 행동할 때 새로운 세계가 열리며 새로운 시작이 가능해진다.

하지만 신념에 따라 행동하는 것이 항상 만족과 내적 평화를 주는 것은 아니다. 개인의 신념들 중에는 현실원칙(現實原則)23)에 맞지 않지 않거나 상식적이지 않은 경우도 있기 때문이다. 예컨대 '술과 담배는 스트레스를 줄여 준다'는 신념은 부분적으로 진리이지만, '술과 담배는 건강에 해롭다'는 지극히 일반적인 현실원칙에 어긋나기 때문에 조정이 필요하다. '게으른 사람은 가치가 없다'는 신념은 '모든 사람은 있는 그대로 가치가 있다'는 현실원칙에 어긋난다. '가장은 권위가 있어야 한다'는 신념을 가진 아버지로 인해 많은 자녀들이 따뜻한 사랑이 아닌 매서운 질책을 감내해야 한다.

이처럼 불완전한 신념과 믿음에 따라 행동하게 되면 많은 오류를 범할 수가 있다. 따라서 자신이 갖고 있는 신념이 항상 옳은 것은 아니기 때문에 유연한 태도를 갖는 것은 무척 중요하다. '반드시 이래야만 한다'는 사고방식보다는 '이럴 수도 있다'는 유연한 사고가 필요하다. 가족음악치료에서 인간의 변화를 바라보는 기본적이면서 핵심적인 전제는 바로 내담자가 자신의 신념과 소망을 발견하도록 돕고 이에 따라 살아가도록 돕는 데 있다. 이때 대상자가 갖고 있는 신념과 가치관, 규칙들이 현실원칙과 상식에 부합하는 것인지를 검토하는 작업 또한 진정한 변화를 위한 핵심중재가 된다.

사. 인간은 극도의 감동을 통해 내면적 정화감을 경험하게 된다

부정적인 경험이 마음속에 상처를 남기듯이, 우리가 긍정적인 경험을 하거나 극도의 감동과 환희를 경험하게 되면 내면적인 정화감을 가져오게 된다. 마음속의 저층에 존재하는 무수한 감정의 덩어리 – 정서흔적들은 부정적이고 충격적인 사건으로도 생겨나지만, 긍정적이고 행복한 경험으로도 만들어진다. 이렇게 덩이지어진 감정의 흔적들은 다양한 실제 대상들을 일상에서 접하면서 자극되고 불러일으켜진다. 인간의 이유를 알 수 없는 감정들은 무의식 속의 정서흔적이 자극되어 나타난 현상들이다. 부

---

23) 현실원칙은 이 모델에서 자연법칙 또는 상식과도 동일한 의미로 사용된다. 이 세상과 우주의 보편적인 원리를 의미하며, 과거나 현재, 미래에도 불변하는 보편적 진리를 말한다. 상식에 맞는 행동, 보편적인 자연원리에 순응하는 행동은 개인에게 만족과 평화를 준다.

정적인 정서흔적이 긍정적인 것보다 많으면 많을수록 감정이 예민하고 불안해하며 부정적일 수 있다. 치료사는 의도를 갖고 내담자에게 감동과 감격의 경험을 제공함으로써 그들의 내면에 긍정자원과 흔적을 심어 줄 필요가 있다.

극도의 감동(感動)[24]은 복잡하게 얽혀 있는 감정체계를 재정렬하는 역할을 한다. 깊은 감동, 환희, 충격, 슬픔 등 절정경험(peak experience)[25]은 인간의 내면적 카타르시스, 즉 정화감정을 불러일으킨다. 감동이 곧 치료인 것이다. 문제에만 집착하던 인간의 주의를 환기시키고, 그 문제에 대한 보다 정확한 성찰을 하게 하며, 새로운 마음을 갖도록 동기를 부여하는 가장 강력한 힘은 내면으로부터의 감동, 심적 변화, 환희 혹은 깊은 공감, 충격 등을 통해 주어진다. 이러한 기적의 순간을 통해 상처받은 인간은 비로소 진정한 자유와 변화를 위한 깨달음을 얻게 된다.

---

24) '감동적'이라는 용어는 영어로는 'impressive', 'touching', 'moving'으로 표현될 수 있다. '영화가 감동적이다', '감동의 눈물을 흘리다', '어떤 사람의 선행을 보고 감동하여 기부하게 되었다' 등 문장은 크게 깨달아 마음이 움직이는 '감동'의 전형적인 예를 보여 준다. 감동은 일반적으로 외부의 자극을 받아 일어나게 되지만 인간 내면의 여러 가지 요소들과 상호작용함으로써 비로소 발현된다. 감동은 눈물, 웃음과 같은 정서적 행동으로 나타나며, 궁극적으로는 외현적 행동으로 표출된다. 이것은 감동과 행동의 변화가 연관성을 가진다는 것을 알려 준다. 따라서 어떤 치료적 활동이건 주의를 끌어모을 만한 흥미가 반드시 존재해야 하며, 이와 더불어 재미, 감동, 충격, 환희, 깊은 슬픔, 놀라움 등이 내적 정화와 행동의 변화에 필수요소로 작용하게 된다.

25) 절정의 경험이란 예술이나 운동 경기 등 영역에서 높은 목표를 이룬 순간에 일어나는 최고의 충족과 행복의 경험을 일컫는 말로서, 치료과정에서는 개인의 핵심감정을 고백하고 표현하면서 갖게 되는 통찰과정에서 얻게 되는 극도의 감동과 충격, 행복, 만족감 등 경험을 통칭하는 용어로 활용되며 개인의 변화와 성장에 큰 영향을 미치게 된다.

문제행동에 대한 관점

　가족음악치료모델은 문제(問題)보다는 해결(解決)을 중시하는 입장이다. 즉 문제의 형태와 기능보다는 과정(過程)과 피드백(feedback) 고리에 초점을 둔다. 또한 내담자가 과거에 이미 시도해 성공했던 경험에서 문제의 해결책을 찾게 되며, 이 해결책에 치료적 초점을 두게 된다. 문제란 치료대상자가 스트레스 상황이나 어려움을 반복적으로 잘못 다룬 결과로 규정하며, 그들이 자신의 생각과 행동에 대해 어떤 방식으로 반응하는지를 나타내는 자기보상체계 및 자기강화방식에 초점을 두고 있다.

　가족 내에서 일어나는 많은 문제들은 이혼, 사망, 실직, 질병 등 예상하지 못했던 가족 내의 환경변화로 인해 발생할 수 있다. 낯선 곳으로 이사를 간다거나, 가족 중 한 사람이 질병으로 고통받거나 그로 인해 사망한 경우, 아버지의 장기출장이나 잦은 외박 등도 가족 내에 존재하는 균형유지기능이나 문제회복기능, 체제복원기능 등을 손상시킬 수 있다. 이를 가족항상성(家族恒常性) 또는 가족기능의 자율적 보상작용(補償作用)이라고 명명한다. 여기서 '자율적'이란 용어를 보상작용 앞에 놓은 것은 그만큼 무의도적이고 무의식적인 과정 속에서 이러한 가족회복기능이 작용한다는 것을 강조하기 위함이다.

　가족의 구성원들은 기본적으로 과거부터 유지되어 왔던 가족이라는 체계가 깨지지 않기를 기대한다. 여러 가지 문제로 인해 이러한 체계에 금이 가거나 균형감을 잃게 되면 자신들도 모르게 과거 가족체계로의 회귀본능 같은 것이 작용하는 것이다. 사망이나 질병, 장기출장 등으로 생긴 일부 가족의 공백을 채우고 보상하기 위한 무의식적 또는 의식적인 작용이 시작된다. 예컨대, 교통사고로 부모를 잃은 아이들은 그 부모의 빈자리를 메우기 위해 난데없이 강인한 정신력을 발휘한다. 이혼으로 생긴 아버지의 빈자리를 어머니가 대신하기 위해 더욱 이를 악물고 생활한다. 또 질병을 앓고 있는 아내의 역할공백을 남편이 채우기 위해 더없는 자상함으로 가족을 보살피기도 한다.

결국, 문제행동과 가족체계는 서로 연동된 개념이라 할 수 있다. 가족구성원들은 가족의 체계가 변하지 않기를 기대하고 변하지 않는 것이라고 믿고 있는데, 갑작스럽고 예상치 못한 변화가 이러한 기대를 깨 버린다. 가족이 갖고 있는 고유의 자율적 보상작용으로 인해 깨져 버린 틈이나 간격을 메우게 되지만 문제나 변화에 대해 당황하거나 저항하고 거부하는 경우도 적지 않다. 결혼하여 새로운 살림을 꾸리거나, 며느리가 새로 들어오거나, 아기가 태어난다든지, 시댁이라는 미지의 공간에 던져지는 경우가 대표적인데 이때가 가족이 갖고 있는 민감한 균형 잡기 기능이 잘 드러나는 순간이다. 가족에게 찾아온 갑작스러운 변화를 자연스럽고 긍정적으로 대처하고 보상하면 좋겠지만, 저항이나 거부와 같이 비효율적으로 보상하게 되면 다양한 문제행동이 발생하게 되는 것이다.[26]

가. 인간은 자신의 진정한 소망과 욕구에 따라 행동할 수 없을 때 문제를 일으킨다

인간의 문제행동은 개인의 잘못된 소망(所望)이나 충족되지 못한 욕구(慾求)로 인해 발생한다. 예를 들어 아기가 울고 있을 때, 여러 가지 이유가 있을 것이다. 배가 고파서일 수도 있고, 심심해서 놀아 달라고 울 수도 있다. 또 무서워서일 수도 있고, 아파서일 수도 있다. 그 외에도 다양한 이유가 있겠지만 이러한 모든 이유들의 공통점은 아기가 무엇인가를 바라고 있다는 것이다. 이렇게 소망과 욕구가 충족되지 않자 아기는 곧 울게 되었다. 인간이 보이는 무수한 문제행동과 이상반응들은 무엇인가 바라고 있으며 충족되지 않고 있음을 보여 준다.

인간은 자신의 욕구와 소망에 따라 항상 생활할 수는 없다. 따라서 항상 부족과 불

---

26) "모든 가족의 변화는 가족체계의 불변성을 유지하고자 하는 노력으로 생각되며 모든 가족 내의 불변성은 변화를 통해서 유지된다." Bateson, G. *Mind and nature*: A necessary unity. New York: E. P. Dutton, 1979.

만족, 불충분을 느끼게 되며 이를 어떻게 조절하고 관리하느냐에 따라 성장하거나 퇴보할 수 있다. 감정의 노폐물과 같은 것이다. 이것들이 쌓이고 쌓여 과도하게 축적되고 딱딱해질 때 문제행동이 발생한다. 거꾸로 되짚어 보면, 문제행동의 원인은 바로 욕구 불만족에서 온다는 것을 알 수 있다. 치료사는 대상자 개인의 진정한 소망과 욕구를 밝혀내어 그것을 스스로 인식할 수 있도록 돕게 된다. 대부분의 경우 사람들은 자신이 무엇을 진정으로 원하고 있는지 알지 못한다. 그들 대다수는 부모의 바람과 소망을 자신의 것으로 착각하며 실제로 그렇게 믿으며 생활한다. 이것은 자신의 진정한 소망과는 전혀 상관없는 삶을 살도록 강요받고 조종됨으로써 개인의 전 인생에 걸쳐 해(害)를 입힌다. 치료사가 할 수 있는 효과적인 중재 가운데 하나는 대상자가 심도 깊게 그 자신의 욕구와 소망을 조망하고 통찰하도록 돕고, 그에 근거하여 행동하고 선택하도록 돕는 것이다.

나. 인간의 문제행동은 비합리적인 신념체계로 인해 발생한다

본 모델의 치료초점은 개인의 문제 자체보다는 그 문제를 대하는 잘못된 대처방식(對處方式)을 변화시키는 데에 있다. 인간은 자신의 비합리적인 신념과 대처방식을 합리적으로 변화시키고 조절할 때 성장한다. '신념(信念)'이란 앞서도 언급했던 것처럼 어떤 사실이나 사람을 믿는 마음을 의미하며 자신이 옳다고 생각하는 것들이 신념으로 굳어지게 된다. 믿음, 가치관(價値觀) 또는 가치체계(價値體系)와도 어느 정도 일치하는 용어이다. '신념을 가지고 있다'는 말은 어떠한 가치관, 종교, 사람, 사실 등에 대해 다른 사람의 동의와 관계없이 확고한 진리로서 받아들이는 개인적인 심리 상태를 가지고 있는 것을 말한다.

인간은 자신이 옳다고 믿고 있는 수많은 신념체계에 따라 행동하고 생각하고 결정한다. 즉 신념이 행동을 낳고 있는 것이다. 예컨대, 여성들이 다이어트를 하는 것은 예쁜 사람이 더 대접을 받는다는 신념 때문이며, 학생들이 공부를 열심히 하는 것은 공부를 잘하면 부모님이 기뻐하시거나 더 좋은 미래가 보장된다는 신념 때문일 것이다. 신념은 어떤 형태로건 행동의 선행조건이 된다.

인간이 나름대로 갖고 있는 독특한 자신만의 신념은 항상 정당하거나 합리적인 것은 아니다. 잘못된 신념과 비합리적인 믿음을 가지고 타인을 괴롭게 만드는 사람들이 많이 있다. 자신의 실패를 술로 보상할 수 있다고 믿는 알코올중독자, 반항하는 아들을 혼내거나 때려서 바로잡을 수 있다고 믿는 아버지, 돈을 벌 수만 있다면 방법은 어떻든 상관없다고 믿는 사람, 좋은 점수를 받기 위해 남의 시험지를 훔쳐보아도 된다고 믿는 아이들이 그 예이다. 이처럼 잘못된 신념은 잘못된 행동을 낳고, 비합리적인 믿음은 비합리적인 결과를 낳게 된다. 따라서 비합리적인 신념체계를 합리적으로 변화시킬 수 있다면 문제행동 또한 변화시킬 수 있게 된다.

과거의 문제를 통해 배우지 못하면 그 문제는 다시 반복된다. 치료사는 대상자와 함께 과거에 문제를 일으켰던 행동들을 면밀히 검토하면서 그 행동의 원인이 되는 신념체계가 무엇인지 밝혀내는 작업을 하게 된다. 문제 인식과 원인신념 탐색인 것이다. 신념의 변화는 필연적으로 행동의 변화를 가져오기 때문에, 잘못된 행동을 유발시킨 잘못된 신념을 바로잡게 되면 행동 또한 변화된 신념에 따라 조정된다. 이 같은 검토와 탐색 및 조정단계에서 음악은 직접적으로 혹은 간접적으로 관여하게 된다.

다. 인간은 내적인 균형감각을 잃을 때 문제행동을 일으킨다

인간은 내적인 균형을 이룰 때 행복과 만족감을 느끼지만, 균형감각을 잃게 되면 불만족과 문제행동을 일으킨다. 내적인 균형이란 개인 내적 균형, 가족 내적 균형, 사회적 균형으로 나누어진다. 개인적인 측면에서 지나치게 외향적이거나 내향적인 것은 균형감이 깨져서 행복감을 느끼지 못할 뿐만 아니라 일상생활에 있어서도 취향, 흥미, 능력, 관계에서 불균형을 초래한다. 편견이 예가 될 수 있다. 가족 내에서도 불균형적 요소를 많이 발견할 수 있는데, 가족구성원의 결손, 권력의 집중, 지나친 가족규칙, 과도한 애착관계 또는 대립과 방임 등이 예가 될 수 있다. 그중에서도 편애(偏愛)가 대표적인 예일 것이다. 여러 자식 중 유독 한 아이에게 더 큰 관심을 가지는 경우 다른 아이는 소외되게 된다. 또 자식에게만 관심이 치우치게 되어 배우자를 소홀히 하는 경우도 있다. 지나치고 과도하게 편향된 측면의 반대쪽에는 원시적으로 미분화된 부분이 반드시 존재한다. 사회적 불균형적 요소는 가정이나 자신의 내적 세계보다는 성공이나 부, 명성을 얻고자 하는 과도한 성공지향성을 가진 사람들에게서 찾을 수 있다. 어떤 이들은 자신의 직함과 사회적 역할과 동일시되어 자신을 잃어버린 채 살아간다. 자신을 잃어버린다는 말은 자신의 의지가 아닌 타의에 의해 조종된 삶을 일컫는다. 이들은 직장에서 많은 시간을 보내며 자신을 증명하기 위해 애쓴다. 이것이 계속되면 필연적으로 무의식과의 단절현상이 일어나 인생의 어느 시점에 자신의 의지와는 상관없이 조종되어 온 자신을 발견하게 된다. 균형철학에 입각한 치료의 의미란 개인, 가족, 사회 속에서의 미분화되고 왜소한 내적 측면을 강화시키고 부각시켜 서로 균형을 이루도록 하는 중재 작업이라고 할 수 있다.

균형과 중용의 정신은 인간의 자아존중감 형성에 도움을 준다. 인간은 수많은 성공 경험을 거듭하면서 자기 자신에 대한 믿음과 존중하는 감정이 커지게 된다. 이것이 쌓여 굳어진 형태, 즉 최종적으로 발현되고 완성된 형태가 바로 자아존중감(自我尊重感)이다. 자신에 대한 확고한 믿음을 나타내는 이 자아존중감을 갖기 위해서는 네 가지 요소 – 자신, 타인, 자연법칙,[27] 도덕원리[28]가 충족되어야 한다. 이러한 주요 구성요소 중에서 어느 한 가지 측면이라도 소외되거나 과도하게 치우칠 때 문제행동을 일으킨다. 자존감 4요소 간의 균형이 필요한 것이다. '자신(自身)'의 의견만 지나치게 주장하는 사람은 '타인'을 존중하지 못한다. '타인(他人)'만을 존중하고 자신의 모든 것을 희생하는 사람도 완전히 행복할 수 없다. 상식에 입각한 '자연법칙(自然法則)'과 '원리', '규칙'에 어긋나게 행동하거나 반대로 지나치게 강조하게 되면 '자신'이나 '타인'이 소외되기도 한다. 이 역시 행복감과는 거리가 멀어진다. 또 '도덕적 원리(道德的 原理)'를 비롯한 '신앙' 또는 '종교적인 신념'을 지나치게 강조하면서 살게 되면 맹종과 비합리, 비현실로 흐를 수가 있는 반면, 이러한 신념들에 반하여 생활하게 되면 죄책감과 무상감을 느끼게 된다.

---

27) H. W. Smith, *The 10th Natural Laws of Successful time and Life management*, 1994.

28) '도덕원리'란 지극히 개인적인 요소인데, 주로 '종교적인 신념', '신앙', '내면의 소리', '개인적인 신념' 등으로 바꿔 부를 수 있다. 이것은 자연법칙이나 상식과 같이 정해진 하나의 정의나 원리가 정해져 있지 않다. 다만, 자기 자신이 느끼고 개념을 터득하고 정의 내릴 수 있다. 어떤 면에서 도덕적 원리는 영적인 측면과도 맞닿아 있다.

라. 인간은 가족 내에서의 상호간 비합리적인 기대(期待)에 의해 부정적인 영향을 받는다

　가족 내에서의 기대와 규칙은 한 개인의 정체성 형성에 지대한 영향을 미친다. 부모의 신념과 가치관은 '규칙(規則)'과 '기대(期待)'라는 통로를 통해 고스란히 자녀에게 전달되는데, 이것은 인생 전반에 걸쳐 한 개인의 정체성을 제한한다. 훈계나 가르침, 잔소리 등은 얼핏 단순해 보이지만, 부모의 확고한 신념과 가치관, 열망, 기대를 잘 반영하고 있다. — '항상 겸손해라', '예의를 지켜라', '거짓말하지 마라', '절대 포기하지 마라', '최선을 다해라' 신념체계는 필연적으로 행동에 선행하기 때문에 부모의 올바른 신념은 자녀들에게 선택의 순간에 주저함 없이 결정할 수 있도록 도움을 주기도 한다. 그러나 비합리적인 신념과 가치관은 비합리적인 행동을 낳게 된다. 그 예로서 '어떤 수단을 사용하든지 반드시 성공해라', '남자는 절대로 울어서는 안 된다', '무조건 네가 먼저 양보해라', '좋은 직장을 가지는 것이 곧 성공이다', '한 우물만 파라' 등이 있다.

　신념과 규칙의 저층에는 다시 기대와 열망, 욕구의 층이 자리 잡고 있다. 어떠한 신념이건 기대와 욕구를 반영하고 있다. '최선을 다해야 한다'는 신념의 기저에는 자녀가 성공하고 행복하기를 바라는 소망과 기대가 숨어 있다. 기대와 열망은 신념을 만들어 내는 원동력이며, 신념보다 훨씬 강력하고 흡수력이 강하다. 대부분의 부모들이 자녀에 대해 갖고 있는 과도한 교육열망은 수많은 규칙과 신념들을 만들어 내고 있다. 교육열은 자녀를 통해 자신을 실현하기를 바라는 열망이 내포되어 있는 경우가 많다. 기대와 열망은 그 강한 영향력만큼이나 조정하거나 변경하기가 힘든데, 신념을 변화시키기보다 더욱 어렵다.

　가족 내에서의 신념과 규칙, 기대, 열망이 올바른 것이든 그릇된 것이든 상관없이 한 개인의 내면에 각인되어 일상생활의 선택과 결정의 순간에 어김없이 작용하게 된다. 신념과 기대의 전수과정이 강하게 각인되면 될수록 개인의 행동은 자유로울 수 없게 된다. 생활의 작은 단면에도 영향을 미치게 되지만, 인생의 중요한 결정에서도 그러하다. 자신의 인생을 스스로 살아왔다고 철저하게 믿어 왔던 사람이 인생 후반기에 와서야 진정한 삶을 찾아 떠나는 경우가 종종 있다. 그래도 이는 대단히 용기 있는 결정이겠지만, 대부분의 경우는 후회와 자책으로 일관한다. 가족 중심 음악치료모델에서 문제행동을 보는 기본적 시각은 인간의 행동이 가족, 특히 부모의 확고한 신념과 기대, 소망과 관련을 맺고 있음을 분명히 인지하고, 이러한 상관관계를 대상자로 하여금 깊이 있게 통찰하도록 하여 이에서 자유로울 수 있도록 돕고 진정한 자기규칙(自己規則)29)과 자기기대(自己期待)30)를 가질 수 있도록 돕는 데 있다.

마. 인간의 문제행동은 과거의 어느 한 시점에서 겪은 정서적 충격이 충분히 처리되고 해결되지 못했을 때 발생한다

인간의 현재 행동은 과거의 어느 한 시점과 연결되어 있다. 과거에 습득한 개념과 경험을 통해 현재를 바라보는 것이다. 커다란 개를 보고 무서워서 피하거나, 귤이나 식초를 보고 인상을 찡그리게 되며, 음식 냄새를 맡고 입에 저절로 침이 고이는 것은 자신이 과거에 이미 경험한 것을 다시 내적으로 경험하면서 저절로 드는 감정과 작용들이다. 좋거나 싫은 감정, 사랑하고 증오하는 감정, 즐겁고 성내는 감정과 같이 어떤 대상에 대해 특이하게 관심이 더 가거나 예민해진다면 그 이유는 과거에 겪었던 긍정적 혹은 부정적인 경험과 충격들로 인해서이다.

인간이 감당할 수 없을 정도의 큰 감동이나 충격적 사건은 내면에 깊은 심리적 흔적을 남긴다. 우리의 무의식 속에는 이와 같은 정서흔적(情緒痕迹)들이 흩어져 있다. 몸에 상처가 나면 흔적 없이 잘 낫기도 하지만, 깊은 상처의 경우에는 흉터를 남기기도 한다. 인간의 심리와 정서도 이와 같이 감동이나 충격의 정도에 따라 정서적 흉터의 크기 또한 달라진다. 이러한 정서적 충격은 인간의 마음에 상처와 흔적을 남기며 지속적으로 개인의 사고와 행동에 영향을 미친다. "자라 보고 놀란 가슴 솥뚜껑 보고도 놀란다."는 옛말이 있다. 몸에 난 상처에 약을 바르고 잘 치료하면 나을 수 있는

---

29) 자기규칙(自己規則)이란 가족규칙으로부터 벗어나 자기 자신의 신념과 가치관이 가족의 그것과 적절하게 조화되어 형성된 자신만의 독특한 규칙을 의미한다.

30) 자기기대(自己期待)란 타인이나 가족이 바라는 기대와 소망이 아닌 자신이 진정으로 원하는 소망과 열망을 의미한다. 인간은 타인의 기대나 소망에 조종되기 쉽기 때문에 이러한 영향력으로부터 과감하게 분리될 때 비로소 내면의 평화감정을 갖게 된다.

것처럼, 마음의 상처 또한 그때그때 잘 처리되고 해결되면 그만큼 행동과 감정에 미치는 영향력은 줄어들게 된다. 반대로 인간의 문제행동은 과거의 어느 한 시점에서 겪은 '정서적 충격'이 충분히 처리되고 해결되지 못했을 때 발생한다.

바. 인간의 문제행동은 의식과 무의식이 서로 소통하지 못하고 단절될 때 일어난다

인간은 깨어 있는 동안 다른 대상을 끊임없이 의식하며 살아간다. 반면, 잠들게 되면 미처 의식하지 못했던 무의식의 세계를 접하게 된다. 드넓은 우주에 먼지처럼 지구가 떠 있듯이, 무의식은 '우주'로 의식은 '지구'로 묘사될 수 있다. 무의식은 종종 '욕망의 저장고'나 '비밀스런 금기의 장소', 심지어 '정서적 휴지통'으로까지 묘사되지만 사실은 그렇지 않다. 의식 속에서 경험한 수많은 감정과 기억들이 이곳에 저장된다. 이런 감정과 기억들은 항상 수치스럽거나 감추고 싶은 내용들만 있는 것은 결코 아니다. 인상적인 장면, 감동, 충격, 환희의 경험들이 '감정'이라는 에너지의 형태로 덩이지어 저장되며, 우리가 간절히 원하는 소망, 기대, 신념 등이 무의식 속에 각인된다. 그러나 이러한 무의식의 내용들은 무의식이라는 특성상 의식되지 못하고 수면 아래에 잠재되어 있다. 아직 의식되지 못했을 뿐 분명히 존재하는 내용들이기 때문에 현실에서 그 모습을 드러내는 경우가 많다.[31] 우리는 이유 없이 어떤 사람이 미워지거나 특정한 대상에 대해 과도하게 분노의 감정을 가질 때 무의식의 단면을 본다. 진정한 자기통찰(自己洞察)과 자기실현(自己實現)을 위해 적극적으로 무의식의 내용을 들여다볼 필요가 있다. 무의식은 안전한 구조 속에서 표출되고 의식화되면 될수록 궁극적인 자기이해에 더욱 다가서게 된다.

무의식 속의 내용들을 무시하고 억압할 때 의식과의 단절이 심화된다. 햇빛 없는 고인 물이 썩어 가듯이 원시적인 형태로 변화되어 간다. 무의식에 대해 일생 동안 무관심으로 일관했던 사람들은 지나치게 의식적인 생활을 강조하며 살아온 나머지, '나 자신의 삶이 아닌 타인에 의한 삶'을 살아왔다고 말한다. 그들은 자신의 이름으로 살

---

31) 이부영은 아직까지 의식되지 않은 세계라는 의미로서, 무의식이 아닌 미의식(未意識)이라고 명명한 바 있다.

아가지 않고 '사장님', '누구의 엄마', '며느리'로 살아간다. 항상 타인의 시선을 의식하며, 과도하게 회유(懷柔)적이며 성공지향적이다. 내면의 성찰이나 자신이 원하는 삶과는 거리가 멀다.

반대로, 의식을 무시한 채 무의식에만 초점을 맞추며 살아온 사람들은 "뭔가에 홀린 듯 살아왔어."라고 말한다. 그들은 기본적으로 혼란스럽고 정리되어 있지 않으며 산만하다. 또 그들은 자신만의 삶을 살고자 하는 넘치는 욕망으로 인해 비현실적이고 이기적이 된다. 즉 '환상(幻想)'의 사람이다. 결국 이들을 위한 치료적 중재란 인간의 지나친 '무의식적 일방성'을 조정하고 의식화시켜 재경험하도록 함으로써 카타르시스를 느끼도록 하는 데 있다. 누구에게도 밝히지 않고 숨겨 왔던 과거의 상처와 아픔에 대한 폭로와 고백은 그 상흔의 원인이 되는 사건에 대한 새로운 시각과 관념을 갖도록 하여 이후의 삶에 대한 대처방식을 변화시키도록 돕는다.

사. 인간에게 일어나는 모든 문제와 사건에는 '변화와 성장을 위한 의미 있는 메시지'가 담겨 있다

인간에게 일어나는 모든 문제와 사건에는 '변화와 성장을 위한 의미 있는 메시지 (message)'가 담겨 있다. 인간은 유년기와 청년기를 지나면서 자신이 나름대로 세운 목표를 향해 정진해 간다. 그러나 이런 과정에서 자신의 의지와는 관계없이 다른 방향으로 가게 될 때 본인은 스스로에게 "이러면 안 되는데!"라고 말한다. 이러한 내면으로부터의 경고를 무시한 채 어느 시점까지 지속적으로 나아가게 되면 문제행동이 하나 둘씩 나타나면서 급기여는 이상행동으로, 신체의 질병으로, 정신질환으로, 이혼으로, 심지어 죽음 등의 형태로 나타난다. 중요한 사실은 이러한 인생에 있어서의 중대한 문제, 신체적 질병, 정신적 질환, 충격적 사건들은 한 개인에게 있어 변화와 성장을 위한 긍정적인 메시지를 내포하고 있다는 점이다. 어떤 문제이건 의미가 있다는 것이다. 여기서 긍정적인 메시지는 '당신은 지금 돌아올 수 없는 선을 넘고 있어요.'라고 속삭이며, 다시 돌아오라고 손짓한다. '당신은 지나치게 편향된 면이 있으니 균형을 맞추라'고 하며, '무시되고 소외된 측면을 찾아보라'고 한다. 따라서 인간의 어떠한 문제도 의미가 있으며, 그 문제가 주는 의미를 찾고 발견하게 되면 자신의 삶의 전반적인 불균형을 바로잡을 수 있는 중요한 전환점이 될 수 있다. 치료사는 대상자로 하여금 그가 겪고 있는 어려움의 진정한 의미를 통찰하도록 돕고, 그러한 긍정적인 메시지에 따라 자신의 인생을 조정하도록 도울 의무가 있다.

음악행동에 대한 관점

가. 음악은 인간행동(人間行動)의 일부이다

음악은 인간행동의 일부이다.[32] 음악은 세계 어느 곳에서나 발견되며, 남녀노소를 막론하고 누구나 좋아하고 즐기는 인간행동의 일부이다. 인간의 모든 행동이 그러하 듯 음악 또한 '뇌를 통해 만들어지는 하나의 행동'이라는 신경생리학적 측면에서 행 동의 한 영역으로서 이해할 수 있다. 북을 치고, 노래를 부르고, 좋아하는 음악을 듣 고, 멋진 곡을 만드는 것은 모두 뇌를 활용한 음악적 행동들이다. 따라서 뇌를 자극 하기 위해서는 음악을 활용할 수 있으며, 반대로 음악을 통해 인지능력에 영향을 줄 수 있다. 음악은 일종의 '다감각 자극매체'인 것이다. 예를 들어, 북을 연주하기 위해 서는 악보를 보고 읽을 수 있는 인지능력이 필요하고, 박자와 리듬에 대한 감각과 이 해가 있어야 한다. 또한 북채를 손으로 들어 내리치는 신체능력이 필요하며, 악보를 보며 인지된 내용을 적절한 시점에서 칠 수 있으려면 눈과 손의 협응능력도 중요하 다. 이처럼 음악은 인간의 다양한 감각을 자극하고 통합시키는 역할을 한다.

음악적 행동은 '음악 외적 행동(音樂外的 行動)'으로 전이될 수 있다. 즉 음악환 경에서 학습한 내용을 일상생활 장면에 적용하고 사용하는 것을 말하며, 치료실에서 학습하고 훈련된 내용이 일상생활 장면으로 그 자리와 위치를 옮겨 갔다고 할 수 있

---

32) 노래, 악기, 연주, 즉흥, 작곡 또는 음악 청취가 되려면 모든 감각기관을 총동원해야 하고, 기본적인 지각 및 인지과정 을 거쳐야 한다. 또한 정서를 체험하고 나눠야 하고, 자신만의 생각과 느낌을 표현할 수 있어야 한다. 이 때문에, 음 악은 일종의 총체적인 체험이라 할 수 있다. 정현주, 『음악치료학의 이해와 적용』, 이대출판사, 2005, p.34.

을 것이다. 이것이 가능한 이유는 '음악행동이 곧 인간행동'이므로 음악이 인간의 행동과 감정의 변화에 직접적으로 영향을 미치기 때문이다.

음악적 행동이 지속적으로 반복되고 뇌를 자극하여 습관화되면, 이러한 행동과 유사한 장면을 생활 속에서 만나게 될 때 이전보다 친숙하고 능숙하게 반응하게 되는 것이다. 예컨대, 노래를 부르면 언어적으로 발음하고 적절한 시점에서 호흡할 수 있는 기능이 향상되어 대인간 의사소통능력 및 자기표현력 향상에 도움이 된다. 또 북을 치는 행동은 정확한 타점을 채로 치기 때문에 집중력은 물론 신체기능, 특히 대근육 운동기능을 향상시킨다. 피아노 레슨의 경우에도 손가락과 같은 소근육 운동기술을 발전시키는데, 피아노 악보에 맞추어 건반의 특정 부분을 눌러야 하기 때문에 눈과 손의 협응력 향상에 도움이 되는 것이다. 이처럼 음악활동에서 만들어 내는 모든 행동은 음악 이외의 환경에서도 반드시 필요한 기능들이다. 치료사는 대상자의 음악적 기능을 체계적으로 향상시킴으로써 이들의 일반적 기능 또한 간접적으로 향상시킬 수 있도록 중재하게 된다.

나. 음악은 의식과 무의식을 연결시킨다

음악은 무의식과 의식을 연결시키며, 다양한 음악활동은 인간의 무의식을 의식화하거나 반대로 의식적인 부분을 무의식화하기도 한다.[33] 앞서 언급하였지만, 다양한 문제행동은 무의식과 의식이 조화롭지 못하고 서로 다른 방향으로 치달을 때 발생한다. 이런 사람들은 지나치게 비현실적인 사람이 되거나, 명예나 환심을 사고자 자신의 모든 것을 희생한다. 또 의식적인 노력만 다할 뿐 영감에 의존하지 않으며, 마음의 소리를 듣지도 못한다. 반대로 몽환적인 환상을 좇아 현실을 외면하기도 하는데, 종교에 대한 극단적인 맹종이나 중독성이 강한 물질의 오용, 현실도피적인 은둔형 생활방식 등이 그 예이다.

음악은 이러한 의식 또는 무의식의 일방성을 조정하고 서로 연결하는 기능을 갖고

---

33) "정신분석적 관점에서 볼 때 표현된 음악은 연주자 자신들이 표출한 상징적인 투사라고도 한다. 다시 말해서 음악적 요소들이 즉흥 연주 안에서 펼쳐지고 상호작용하면서 보여 주는 것은 음악으로 표현된 자신의 무의식적 요소들의 상징적 재현이라고도 볼 수 있는 것이다." 정현주, 앞의 책, p.31.

있다. 이것을 음악의 '다중연결기능(多衆連結機能, multi connect)'이라고 한다. 무의식 속에 있는 내용들을 의식 위로 끌어올리고, 또 의식적인 내용을 무의식의 깊은 층 속에 달아 내리는 '심리적 두레박'과 같은 역할을 한다. 융심리학 분석가인 이보섭[34]은 음악의 의식과 무의식 간의 상호작용에 대해 다음과 같이 설명하고 있다.

> 무의식을 외면한 채 의식이 주도하는 삶을 살거나, 의식이 기능을 제대로 발휘하지 못하면서 무의식이 주도하는 삶을 살 때, 뉴로시스(neurosis, 신경증)나 사이코시스(psychosis, 정신증)가 발생하기 때문에 이 둘이 조화를 이루도록, 즉 전체적인 삶을 살도록 돕는 것이다. 이 무의식과 의식 사이의 매개 역할을 하는 것이 음악이다. 무의식의 특성은 휴식과 나태, 분산, 혼돈이다. 의식의 특성은 활동, 집중, 질서이다. 예를 들어 의식이 고도로 발달된 현대인에 비해 원시인들은 아직 무의식의 상태에 있다고 볼 수 있다. 이것은 어른에 비해 아이가 더 무의식의 상태에 있는 것과 마찬가지이다. 평상시에 나태한 원시인들이 어떤 목적을 달성해야 할 때, 사냥을 하거나 씨를 뿌릴 때, 에너지를 일깨우기 위해서 북을 치거나 노래를 부른다. 음악의 리듬이 무의식의 에너지, 리비도를 전율시키면서 활동, 집중 상태로 몰고 가면서 질서를 만들어 내는 것이다. 반대로 민담(民譚)이나 신화(神話)에서는 피리소리, 하프소리 등을 통해서 무의식의 세계로 넘어가는 예가 많이 있다.[35]

음악은 치료 중에 나타나는 내담자들의 다양한 저항과 전이현상을 거두어 내는 역할을 한다. 또한 음악은 무의식으로 가는 마음의 문을 열고 의식의 표면을 감싸고 있는 가면을 벗기는 역할을 하는 강력한 도구이다. 심리적 중재도구로서의 음악활동을 일반적으로 정의한다면, "인간의 내재된 무의식적 요소와 본능적 에너지를 음악을 통해 표현하고 승화시키려는 무의식적인 욕구의 표출"이라고 할 수 있을 것이다.

다. 음악은 인간의 본능적 욕구(本能的 慾求)이다

음악은 본능적 욕구이다. 즉 음악은 인간 내면에 생득적으로 존재하는 본능적 욕구이다. 누구나 음악을 깊이 향유하고자 하는 본능적 특성을 갖고 있으며, 선천적으로 주어지는 것이다. 인간의 욕구(desire)는 출생과 함께 이미 갖고 태어나게 되는데, 이런 욕구를 충족시키려는 의도 또한 갖고 태어나게 된다. 욕구가 채워지지 않을 때는

---

34) 국제분석심리학회 정회원(IAAP)이면서 한국융연구원 교육분석가.
35) 이보섭 융 연구소 사이트(http://www.jungfairytale.or.kr/)의 『음악과 적극적 명상』에서 발췌.

이것을 만족시키기 위해 인간은 의식적으로 혹은 무의식적으로 지각하고 사고하고 규칙을 조직하며 감정과 행동을 만들어 낸다. 이런 욕구에는 생명욕구, 사랑욕구, 존중욕구, 개성화욕구, 심미욕구, 초월욕구 등 여섯 가지[36]가 있다. 생명을 유지하고 안전을 추구하고자 하는 '생명(life)의 욕구'와 타인을 사랑하고 타인에게 사랑받고자 하는 '사랑(love)의 욕구', 타인으로부터 인정과 존중받고 싶은 '존중(esteem)의 욕구', 자신만의 독특성과 개별성을 추구하며 다양성을 경험하고자 하는 '개성화(individuation)의 욕구', 음악을 비롯한 예술영역에 대한 본능적 지향성인 '심미적(esthetic) 욕구', 진정으로 자신이 소중히 여기는 가치와 영적인 진리, 종교적 신념, 양심의 소리에 귀기울이려는 특성인 '초월적(transcendental) 욕구'로 대별될 수 있다. 그중에서 음악에 대한 향유 본능인 '심미적 욕구'는 끊임없이 음악을 찾고 듣고 싶은 충동을 느끼도록 만드는 원천이 된다. 이것은 개인의 근원적인 특성과 어우러짐으로써 비로소 특정 음악에 대한 선호도와 기호, 취향이 생겨난다.

음악은 원형의 형태로 존재할 때 인간에게 변화를 일으킨다. 여기서 '원형(原型, archetype)'이란 가장 근원적인 음악의 형태를 의미한다. 시대와 문화를 초월하여 언제, 어디에나 존재하는 공통분모로서의 음악을 말한다. 합집합으로서가 아닌 교집합으로서의 음악이다. 아프리카에도 있고, 한국에도 있고, 미국에도 있는 원형 그대로의 공간초월적 음악을 의미하며, 고대에도 있었고 현대에도 있고 미래에도 있을 음악 – 시대초월적 음악의 원형을 의미한다. 이렇게 음악에서 인위적이고 인공적인 부분을 하나씩 떼어내고, 시대와 문화적 요소를 덜어내게 되면 음악 본연의 모습, 있는 그대로의 음악이 남는다. 지구 저편에서 온 외국인과도 서로 공유할 수 있는 음악적 요소를 통틀어 음악원형(音樂原型)이라고 한다. 따라서 원형적 특성을 지닌 음악은 인간에게 감동을 주고, 타인과 교감하게 만들며, 때로는 강한 정서적 충격을 주기도 한다. 원형적 음악은 생득적으로 갖고 태어나며 사람을 변화시키는 힘을 가지고 있다. 이것은 인간이 갖고 있는 기본적 욕구 가운데 하나인 '아름다움과 조화에 대한 동경' – 심미적 욕구를 충족시키며 이때 인간의 변화가 일어나게 된다.

---

36) 인간의 보편적 욕구 여섯 가지는 가족음악치료모델을 통해 소개하는 독특한 이론으로서, Murray Bank와 Abraham Maslow의 인간욕구위계와 관련된 철학에 근거하지만, 이들이 주장했던 인간 욕구들 간의 위계적 조직을 일부 수정하여 각각의 욕구들 간에 개별성과 독자성을 강조하였다. 따라서 한 욕구와 다른 욕구가 종속관계 또는 인과관계에 있지 않고 서로 분리되어 있어서 모든 여섯 개의 욕구들이 똑같은 중요성과 의의를 가진다. 특히 예술적 욕구(미적욕구)와 초월적 욕구를 첨가함으로써 그동안 덜 중요시되어 왔던 예술과 영적 세계에 대해 새롭게 조명하고 인간의 근원적 이해와 통찰에 있어 이를 활용하도록 하였다.

본능적 욕구가 충족되면 인간은 내적인 평화감과 자유로움을 느끼게 되는데, 이러한 인간의 행복과 만족, 진정한 자유, 근원으로의 회귀를 위해 치료적 상황 속에서 원형적인 음악을 만날 수 있는 기회를 제공하는 것이 무엇보다 중요하다. 치료사들은 즉흥적인 음악활동이나 원형적 음악을 활용하여 대상자의 내면세계를 표출시키기도 하고, 내적 욕구나 필요를 채우도록 돕기도 한다. 또한 이와 같은 즉흥성과 원형음악을 체계적으로 사용하여 내적 균형과 치유뿐만 아니라 인간의 예술적인 창조본능까지도 충족시켜 줄 수 있다.

라. 음악은 에너지(energy)의 형태로 항상 존재한다

음악은 에너지이다. 음악은 에너지의 형태로 존재하며 이곳에서 저곳으로 이동할 뿐 소멸되지 않는다. '에너지(energy)'란 인간활동의 근원적인 힘이며, 일할 수 있는 능력, 작용하는 힘으로 정의하기도 한다. 음악은 어떤 대상에 대해 영향력을 미치는데 이것을 '음악의 영향력'이라고 한다. 음악은 인간의 정서나 감정과 혼합되어 일종의 '정서에너지'를 만들어 낸다. 이렇게 만들어진 에너지는 이동하기도 하고, 확장 또는 축소되기도 하면서 힘과 영향력을 가지게 된다. 울적할 때 노래를 부르고 나면 속이 후련해지는 것은 노래의 가사나 멜로디 등이 개인의 정서와 혼합되어 에너지의 형태로써 외부로 배출되기 때문이다. 이때 음악적 에너지는 외부로 배출되었을 뿐 소멸된 것은 아니다. 단지 안에서 밖으로 이동했을 뿐이다. '음악에너지의 전환현상'이 일어난 것이다. '전환(轉換)'이란 상태나 형태가 변화된 것일 뿐 원형의 소멸을 전제로 하지는 않는다. 마치 물리학에서 이야기하는 에너지의 전환 - 물체를 힘을 가하여 민다거나,[37) 높은 곳에서 떨어뜨릴 때[38) 생기는 힘의 형태변화를 예로 들 수 있는데, '롤러코스터'나 '풍차'가 대표적이다. 말하자면 운동에너지와 위치에너지가 서로 바뀔 뿐 없어지지는 않는 것과 같다. 음악은 에너지 전환과정을 통해 형태를 달리하며 이동한 것이다.

---

37) 운동(運動)에너지.
38) 위치(位置)에너지.

음악을 감상하거나 노래를 부를 때 기쁨이나 슬픔 등의 정서적 반응이 일어나게 되는데, 그중 강한 감동과 환희의 경험은 인간에게 정서적 덩어리를 형성하게 해 준다. 이와 같은 음악을 통한 정서적 덩어리는 '음악에너지' 혹은 '음악적 콤플렉스'라고 해도 무방할 것이다. 이때가 바로 음악과 혼합된 감정과 정서가 에너지의 형태로 외부세계에 전달되는 순간이며, 무의식 속의 미해결감정의 배출로 인해 정화감정을 느끼는 순간이다. 음악에너지는 신체적 반응을 일으키기도 한다. 열정적인 연주를 들을 때 자동적으로 몸을 움직이는 것은 음악이 가지는 정서에너지가 신체로 전달되어 운동적 에너지로 전환되었다고 할 수 있다. 또 음악에너지는 정서적 행동을 야기하기도 하는데, 음악을 듣고 감동되어 눈물을 흘리는 경우가 그 예이다. 감동적인 음악은 깊은 만족감과 환희의 경험을 준다. 이 경우 음악에너지는 인간으로 하여금 정서적 행동을 유발시킨 것이다.

음악에너지는 마음속에 특정 이미지나 기억을 만들어 내기도 한다. 이것을 '투사적 심상화' 또는 '상징화(象徵化, symbolization)'라고 한다. 음악 속 여러 요소들이 인간의 인지능력과 이전의 기억들을 자극하여 심상이나 추억을 상기시켰다고 할 수 있다. 특정한 노래가 옛사랑에 대한 기억을 떠올릴 수 있다는 것이다. 이것은 음악에너지의 작용 때문이다. 이러한 음악에너지는 인간 내면의 콤플렉스를 자극하여 자신의 모습으로, 무서운 괴물로, 낯선 인물로, 때때로 여성의 모습으로 심상화되어 무의식의 의식화가 이루어지게 된다.

마. 음악은 질서(秩序)와 구조(構造)를 형성한다

음악은 인간 신체와 내면세계에 질서와 구조를 형성한다. 음악은 생리적·인지적·정서적 측면에서 이완·몰입·집중을 통해 질서감을 제공해 준다. 이것을 가능하게 하는 음악의 강력한 특성요소 중 하나는 '리듬'이다. '리듬(rhythm)'은 인간으로 하여금 리듬 자체에 대한 감각(感覺)반응을 자동적으로 만들어 낸다. 이것을 보통 '리듬감'이라고 부른다. 리듬은 인간의 심리는 물론 신체적 특성에도 영향력을 미치는데, 무질서한 심리 상태와 둔감한 신체감각을 질서 있고 민감한 상태로 변화시키는 작용을 한다.

인간 정신에 존재하는 두 가지 측면, 즉 무의식적 특성과 의식적 특성을 서로 매개하는 역할을 하는 것이 음악이다. 무의식의 주요 특성은 나태함, 혼돈, 분산, 무질서이다. 의식의 특성은 집중, 질서, 몰입, 활동이다. 즉 음악적 에너지가 무의식적 특성들을 자극하여 집중과 몰입 상태로 이끌어 가게 되고, 고도의 의식 상태를 만들어 가는 것이다. 의식을 무시한 채 무의식이 주도하는 삶을 살거나, 반대로 무의식을 외면한 채 의식이 주도하는 삶을 살 때 문제가 일어난다고 했을 때, 이와 같은 의식 혹은 무의식의 일방적인 독주를 막고 서로간의 조화를 형성하는 것이 치료의 본질이라고 할 수 있다. 음악은 정교한 체계와 구조를 가진 시간적 예술이기 때문에 이와 같은 의식과 무의식 간에 연결다리 역할을 해 준다. 리듬이나 화성, 선법이 그 예이다.

이러한 음악의 정교한 구조는 구조적인 현실을 제공해 주며 대상자로 하여금 몰입과 집중을 유발시킨다. 이때 무의식의 나태하고 무질서한 특성들이 음악이 제공하는 구조적인 현실 속에서 인지적 환기(換氣), 규칙성, 질서감을 갖게 된다. 궁극적으로는 무의식과 의식의 만남, 무의식으로의 여행, 무의식과 의식 사이에 조화를 이루게 된다. 이것은 융심리학에서의 적극적 명상체험과도 흡사하다. 실제로 스위스의 융연구소에서는 '적극적 명상(active imagination)'[39]을 원활하게 하기 위해 음악을 사용하는데, 특히 모노코드(monochord)라는 기구를 사용하고 있다. 모노코드는 공명상자에 한 개의 현이 달려 있는 음향측정기를 말하는데, 피타고라스가 고안했다고 전해진다. 현재는 치료용으로 개발되어 사용되고 있다. 무의식의 탐색, 자아성찰, 적극적 명상에 어려움이 있을 때 사용되며 보다 깊은 심층심리로 몰입하도록 하는 기능을 한다.

바. 음악은 불균형요소를 보상(補償)하고 안정감(安定感)을 형성한다

음악은 내면의 균형을 형성하며 불균형요소를 보상한다. 이렇게 내면세계의 여러 측면들이 균형을 이루게 되면 만족감과 안정감을 느끼게 된다. 예컨대 우리가 음악을

---

39) 적극적 명상이란 무의식에서 일어나는 감정, 환상, 강박관념, 백일몽의 내용들을 전혀 경계하고 비판하는 의식 없이 적극적으로 의식계에 떠오르게 하고, 이러한 것들과 마치 그것들이 자기 밖에 있는 객체처럼 대화하는 것이다. 이부영, 『분석심리학』, 서울: 일조각, 1998, p.289.

감상하거나 노래를 부르면 마음이 안정되고 위로감을 얻는 이유는 이와 같은 음악의 보상작용 때문이다. 이러한 과정은 자동적이고 자율적이다. '난 매일 반드시 음악을 들어야 한다.'라고 생각해서 음악을 감상하는 사람은 없다. 절로 음악이 듣고 싶어지기 때문에 음악을 듣는 것이다. 이처럼 무의식의 자동적 과정을 통해 특정한 음악이 듣고 싶어지거나 선호하는 음악이 생겨나게 되는데, 이때 음악은 인간의 내적인 욕구나 필요사항을 충족시켜 주기 때문에 내적인 충만함과 균형감을 느끼게 되는 것이다. 반대로 생각해 보면, 음악을 듣거나 연주할 때 강한 인상과 행복감, 희열을 느끼게 되는 순간이 바로 내적인 균형이 이루어지는 순간이라고 해도 무방할 것이다. 이것을 '음악의 보상기능 또는 자율적 대상기능'이라고 부른다. 이 개념과 이론은 '음악 내적 개념과 이론'을 다룬 장에서 자세히 다루기로 한다.

인간은 자신의 내면세계와 비슷한 동질의 음악을 들을 때 특히 균형감과 환기의 경험을 느끼게 된다. 음악에는 그 음악만의 에너지 수준(energy level)을 포함하고 있다. 따라서 인간이라는 유기체의 정서적 에너지 수준이 외부자극, 즉 음악의 에너지 수준과 비슷하게 동일하면 비로소 내면의 변형이 가능해진다. 슬플 때 슬픈 음악을 들어야 마음의 안정을 찾는 원리이다.[40] 에너지가 넘치는 혈기왕성한 유아나 청소년들에게 상대적으로 에너지의 강도가 낮은 조용한 음악은 그들에게 환기의 경험을 줄 수 없다. '환기(換氣)'란 원래 탁한 공기를 밖으로 배출시키고 맑은 공기를 유입시키는 과정을 의미하지만, 여기서는 동기유발, 몰입, 관심, 집중의 의미에서 사용되었다. 대상에 대한 아무런 관심도 없던 사람이 고개를 돌려서 전에 없던 집중과 몰입을 하게 된다면 정신적 환기가 이루어졌다고 할 수 있을 것이다. 몰입과 집중의 경험은 치료에 있어서 시작점이자 핵심중재이기도 하다. 대부분의 내담자 경우 자신을 비롯한 타인과 사물에 대한 무시와 무관심으로 일관하는 경우가 많기 때문이다.

인간은 미적 즐거움을 향유하고자 하는 본성이 있으며 이것이 충족될 때 균형감과 충만감을 느낀다. 보편적 욕구 중 미적 욕구를 일컫는 것이다. 콘서트 장을 찾아가고, 좋아하는 음악을 듣고, 콧노래가 절로 흘러나오는 것은 자연스럽고 자동적인 과정으로서 자신의 내면적 결핍요소를 복원시키고 보충한다. 이것이 가능한 이유는 음악 속의 리듬, 멜로디, 화성, 볼륨, 구조, 선법 등의 요소들이 개인의 무의식 속의 열등한 기능을 보상해 주기 때문이다. 또한 인간은 음악활동에 몰입함으로써 자존감과 존재

---

40) 동질성 원리(iso-principle)라고 부른다.

의식을 강화하게 된다. 음악의 가장 큰 특징 중 하나인 시간예술로서의 '동시성'과 '즉각성'은 자신에 대한 실존적인 존재감을 형성시켜 주는 동시에 내면의 불균형적 요소들을 채우고 보상하는 작용을 한다. 어떤 음악이 내면의 어떤 결핍요소를 채워 주는지는 정확히 알 수 없다.

제3장
정신 내적 개념과 이론

마음의 계층적 구조: 심성지층모형(心性地層模型)

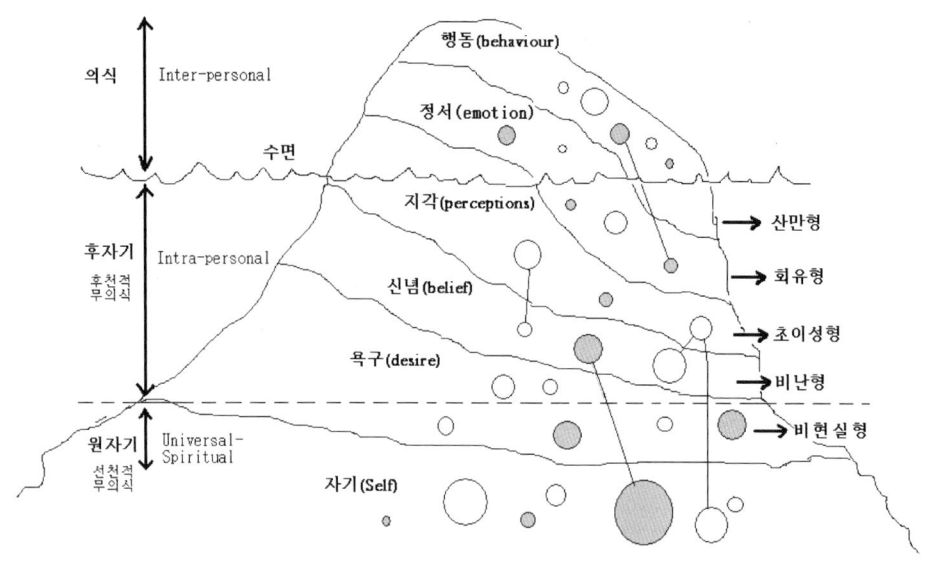

마음의 계층적 구조도: 심성지층모형

누구도 자신의 마음을 완전히 이해할 수는 없다. 다만 여러 가지 현상과 징후를 통해 추측할 뿐이다. 심성론은 그 깊이만큼이나 다양한 시각으로 설명되고 주장되어 왔다. 가족음악치료모델에서는 마음의 구조를 분석함에 있어서 지층의 개념을 도입하였다. 원래 지층(地層, stratum)이란 모래나 흙 등이 바다 속 또는 지표면에 쌓여 층을 이루고 있는 것을 말한다. 여러 가지 물질들이 퇴적되기 전에는 기초가 되는 바닥이 있었을 것이다. 원래부터 존재했던 근원적 기초이다. 그 위에 수많은 시간이 흐르면서

화산재, 자갈, 흙, 모래 등이 밀려와 쌓이게 되고 굳어진다. 그런 후 또 수많은 시간이 흐르면서 그 굳어진 층 위에 다시 물질들이 쌓이는 원리이다. 이때 비슷한 성질끼리 서로 모여 하나의 층을 형성하게 되는데, 같은 층에 있는 물질들은 색깔이나 강도, 알갱이의 종류와 크기까지도 비슷하다. 보통으로 아래층이 위층보다 먼저 생성되었다고 할 수 있다.

인간의 심성구조도 이와 마찬가지로, 원래부터 존재했던 영역이 있는 반면 수많은 경험과 작용을 통해 후천적으로 퇴적되고 쌓인 영역이 있다. 전자를 '원자기(原自己)'라고 하며 선천적으로 이미 존재했던 생득적 무의식영역을 일컫는다. 후자를 후자기(後自己) 또는 후천적 무의식(後天的 無意識)이라고 한다. 출생 이후의 수많은 충격적 사건과 경험, 타인과의 상호작용, 훈습과 교육 등으로 침전되고 축적되어 온 모든 것이 이 영역 속에 층리(層理)[41]를 이루어 형성된다. 원자기와 후자기는 쉽게 인식되기 어렵다. 왜냐하면 의식과 인식의 수면 아래에 존재하기 때문이다. 근원적이면서 최저층부에 자리하고 있는 원자기에 비해, 후자기가 상대적으로 쉽게 인식될 수 있다.

후자기 층 속에는 무수한 정서의 덩어리, 즉 '정서흔적들'이 존재한다. 이것은 인간이 일상에서 생활하면서 얻게 된 상처, 충격, 감동, 감격들이 정서의 에너지로 변환되어 덩이지어진 것이다. 정서의 흔적은 상처가 난 후 흉터가 남듯, 우리의 마음에 깊은 정서적 상흔(傷痕)을 남기게 된다. 정서흔적은 긍정적인 특성과 부정적인 특성을 갖고 있어서 행동과 정서, 감정, 인지 등에 결정적인 영향을 미친다. 생활 속에서의 상처와 충격이 크면 클수록 이러한 후자기 속에서의 정서흔적은 그만큼 거대하다. 이런 상처들로 인해 특정 대상에 대해 지나치게 민감하고 집착하는 특성을 보이기도 하며, 자기중심적이며 분열적 증상을 나타내기도 한다. 후자기층은 크게 지각, 신념, 욕구 세 가지 층으로 나누어진다. 이들은 각각 동질의 특성에 따라 서로 무리지어 형성되었는데, 보다 근원적이고 인식하기 어려운 정도에 따라 층리를 달리하게 되었다. 후자기의 저층에는 욕구의 층이, 그 위로는 신념의 층, 지각의 층 순으로 배열되어 있다.

원자기와 후자기는 우리의 행동과 감정을 만들어 내는 근원이 되지만 우리는 이것들을 완전히 인식할 수 없다. 그런 의미에서 이 두 영역은 무의식에 속한다. 우리는 다만 행동과 감정, 인지과정을 통해 간접적으로 그것의 실체를 볼 뿐이다. 그런가 하

---

41) 층리(層理)란 퇴적암에서 나타나는 광물의 조성, 입자의 모양과 크기에 따라 만들어지는 층 모양의 배열을 의미하며, 심리적 측면에서의 층리란 층(層) 구조로 형성된 심리적 배열을 말한다. 즉 행동, 정서, 지각, 신념, 욕구, 자기(Self) 여섯 가지 심리적 차원이 인간의 마음을 구성하는 층리라고 할 수 있다.

면 우리가 알고 인식하는 마음도 존재한다. 이를 '의식(意識, consciousness)'이라고 부른다. 의식과 무의식 사이에 존재하는 의식의 수면은 우리가 그것을 인식하는가 인식하지 못하는가에 따라 구분된다. 수면 위에는 인간이 인식하는 모든 것들이 존재하는 셈이다. 느끼고, 말하고, 배우고, 행동하는 모든 내용이 이 의식의 층에 속한다. 우리는 한 번에 한 가지만을 인식하게 되는데, 이것은 의식의 선택적 집중이라는 독특한 속성에 때문이다. 여러 가지를 동시에 생각하고 감정이 복잡할 때에도 우리는 한 순간에 한 가지씩만을 의식하고 있다. 따라서 인간이 어떤 것을 생각하고 행동한다는 것은 의식의 층 속에 있는 무수한 관념과 감정의 덩어리들을 이리저리 옮겨 다니며 선택적으로 집중하고 있는 과정인 것이다. 따라서 인간의 심성구조란 인간이 기본적으로 갖고 태어난 '원자기'와 이를 근간으로 해서 축적되고 여러 층으로 단계 지어진 '후자기'층 – 정서적 흔적과 신념의 집합장소 – 으로 구분되며, 이와 더불어 원자기와 후자기에 의해 최종적으로 만들어지는 결과물인 행동, 감정, 인지는 심성모델의 수면 위에 위치한 '의식'의 층에 자리하고 있다.

가. 1차원: 행동(行動, behavior)

인간의 모든 행동은 항상 내면을 반영한다. 어떤 사람의 언어, 행동, 얼굴표정, 목소리, 동작, 글, 음악, 글씨, 그림 등을 자세히 살펴보면, 그 사람의 심층심리 속에 숨겨져 있는 요소들을 발견할 수 있다. 신체의 움직임을 치료의 수단으로 활용하는 동작치료사들은 어떤 사람의 동작의 크기나 자유로움 등으로 그 사람 내면의 자유로움을 가늠할 수 있다. 반면, 음악을 주 치료수단으로 사용하는 음악치료사들은 어떤 사람의 목소리 크기, 음색, 변화 정도 등을 통해 그 사람의 심층심리를 어느 정도 진단할 수 있다. 이렇듯 인간의 내면적 심리요소는 행동이라는 결과물로서 외부세계에 발현된다.

반대로 생각해 보면, 행동을 통해 내면에 영향을 주기도 한다. 주의 깊게 구성된 긍정적이고 바람직한 행동의 반복적 학습과 교육을 통해 인간의 내면세계에 있는 심층적 정신요소들에 간접적으로 영향을 주고 의도적으로 조직할 수도 있다. 즉 딱딱한 목소리를 부드럽게 만드는 것도 그 한 예가 될 수 있다. 우울증이건 선택적 함묵증이건 자폐성 장애이건 간에 목소리가 작거나 혹은 딱딱하고 정이 없어 보인다는 것은 한 사람의 내면세계의 경직성을 보여 주기 때문에 이러한 목소리를 활기차면서도 부드럽고 자연스러운 억양과 음색으로 변화시킨다는 것은 내면의 자유로움을 이끌어 내고 자존감의 향상을 가져온다. 이 경우 목소리는 내면세계의 반영 또는 외현이다. 이와 마찬가지로 뻣뻣한 몸짓을 자연스럽게 조정하는 것, 과격하고 나쁜 행동을 정지시키고 조정하는 것, 엉망인 글씨체를 바른 글씨체로 변화시키는 것, 틀에 박히고 단조로운 리듬 패턴을 자유롭고 즉흥적인 내면의 리듬 패턴으로 변화시키는 것 등이 변화와 자유를 위한 주요 치료인자(治療因子)가 될 수 있다.

행동은 마음의 구조 - 심성지층모형의 제일 상층부에 위치한 영역으로서 저층부에 있는 모든 요소들에 의해 지배된다. 즉 정서, 지각, 신념, 욕구, 자기에 의해 행동은 발생하고 조절된다. 예컨대, 어머니를 그리는 사모곡(思母曲)을 듣고 눈물을 흘렸다면, 눈물을 흘리는 행동의 기저에는 어머니를 깊이 사랑하며 다시 보고 싶은 정서가 자리하고 있으며, 이러한 감정과 정서는 행동에 가장 직접적이고 실제적인 영향을 미친다. 정서의 그 아래층에는 평생을 고생하신 어머니를 가엾게 여기는 생각과 지각의 층이 존재한다. 그 아래에는 보다 근원적인 인간의 욕구와 자기의 영역이 자리하고 있다. 이처럼 하나의 행동이 나타나기 위해서는 다양한 심리적 요소들이 영향을 미치고 있으며 이러한 과정은 매우 정교하고 복잡하면서도 자동적으로 일어나는 순간적 과정이다.

인간의 행동 겉 표면에는 다양한 형태의 사회적 역할, 즉 가면(假面)을 쓰게 된다. 어머니, 아버지, 교사, 사장, 며느리, 선배, 후배, 한국인 등 여러 가지 역할을 이행하며 살아간다. 이때 한 개인이 하나의 역할만을 수행하는 것이 아니라 그 이상의 가면, 즉 다중역할을 수행하는 경우가 허다하다. 융(Jung)은 이 개념을 페르소나(persona)[42]라는 용어를 사용하여 설명하였는데, 우리나라 말 가운데 '사명', '역할', '본분', '도리' 등이 이에 해당된다. '페르소나'는 고대 그리스의 연극배우들이 쓰던 가면을 일컫는 말로 한 개인이 외부의 집단세계에 적응하는 데 필요한 여러 가지 행동양식 및 외적 태도를 의미한다. 즉 있는 그대로의 자기 자신으로서 살아가는 것이 아니라, 자신

---

42) "페르소나(persona)란 어떤 사회집단이 그 집단의 특수한 성원에게 한결같이 요구하는 일정한 행동상의 규범이며 제복과 같은 것이다." 이부영, 「분석심리학」, 일조각, 1998, p.89.

에게 맡겨진 역할과 직함을 자신과 동일시하며 살아가는 것이다. 행동 차원을 덮고 있는 걸 표면인 페르소나의 층이 두꺼우면 두꺼울수록 외부세계와는 물론 무의식과의 통로도 단절된다. 이렇게 되면 감동과 변화가 없는 삶을 살며, 행복하지도 않고 마음으로부터의 경고도 듣지 못한다.

행동은 '의식수준의 행동'과 '무의식수준의 행동'으로 구분할 수 있다. 전자는 의식의 수면 위에 위치하는데, 스스로의 의지를 갖고 움직이는 모든 행동들이 이 영역에 포함된다. 이러한 의식수준의 행동은 자신이 옳다고 믿는 신념체계 – 믿음, 핵심가치, 지배가치에 의해 비롯된다. 따라서 자신의 신념체계를 변형시키면 행동 또한 자동적으로 변화된다. 반대로 의식적으로 행동을 변화시켜 습관화하여 내면의 정서와 감정을 변화시킬 수도 있다. 행동과 그 기저에 있는 정서나 신념, 욕구는 분리되어 있지 않고 서로 밀접하게 연결되어 있다.

행동의 두 번째 차원에 속하는 '무의식수준의 행동'은 의식적 행동과는 달리 전혀 '의식'이 개입되지 않는다. 같은 행동이라도 이것은 의식의 수면 아래에 있기 때문에 의식되지 못한다. 따라서 이성적이거나 지적인 측면이 미치지 못한다. 여기에는 광기 어린 행동, 분노, 불안, 말과 행동의 실수 등 수많은 충동적 행동들이 포함된다. 그래서 자신의 실수에 대해 "내가 한 일이 아니었어!" "난 뭔가 씐 것 같았어." "나도 모르게 실수한 거야."라고 말한다.

행동은 필연적으로 결과를 낳게 마련이다. 행동이 반복적으로 진행될 때 습관으로 굳어지게 되며, 이것이 지속될 때 성격으로서 형성된다. 이때 행동은 항상 옳을 수 없다. 행동이 옳은 것인지 아닌지를 판단할 수 있는 근거 또는 기준은 바로 '욕구'에 대한 반영 정도이다. 욕구란 인간이 가지는 보편적이고 근원적인 욕구 – 생명을 유지하고자 하는 욕구, 사랑하고 사랑받고자 하는 욕구, 존중받고자 하는 욕구, 균형과 조화를 추구하고자 하는 심미적 욕구, 개성화와 독특성을 추구하고자 하는 욕구, 영감과 도덕적 원리를 추구하는 초월적 욕구를 의미한다.

행동의 결과가 이 욕구들 중 어느 하나를 충족시키지 못하거나 한 가지 욕구에만 집중되어 있을 때 바람직하지 못한 행동이 된다. 화가 나서 소리를 질렀다면 자신에 대한 존중욕구는 충족시켰지만 타인에 대한 사랑 또는 존중욕구는 무시하게 된다. 이렇게 되면 올바른 행동이 못 되기 때문에 문제를 발생시킨다. 즉 욕구충족 정도에 따라 옳은 행동인지 아닌지를 판단할 수 있다는 얘기다. 예컨대 자신이 선택한 대학의

학과가 진정으로 본인이 원하는 소망이나 욕구에 일치한다면 그 행동의 결과는 올바른 믿음을 근거로 한 행동임을 알 수 있다. 하지만 만일 부모가 원하는 대학을 지망하여 자신의 욕구나 소망에 반하는 결정을 내렸다면 만족감과 행복을 느낄 수 없게 된다. 왜냐하면 인간은 자신의 행동이 내면의 욕구나 신념체계와 완전히 일치할 때 진정한 만족과 행복을 느끼기 때문이다.

1차원적 정신영역인 '행동' 측면에서 흔히 발생하는 불균형적인 문제유형은 '산만형(散漫型)'이다. 산만형의 사람들은 자신의 감정이나 신념을 제대로 표현하지 못할 뿐만 아니라, 타인의 의견을 존중하지도 못한다. 현실감이 없고 지금-여기에 살지도 못하며 원리나 원칙도 없다. 특히 치료대상자가 '산만형'인 경우, 치료사는 이들에게 현실감과 정체성을 형성시키기 위해 행동 및 신체접촉 활동을 통해 치료적으로 접근을 시도한다. 행동 측면의 불균형과 미분화를 균형 있게 맞추기 위해서이다. 또 이들은 타인과 의사소통을 할 때에도 자기, 타인, 원칙에 대한 집중 없이 수많은 주제와 화제 위에서 맴도는 경우가 많다. 이때 자신의 생각과 감정을 말이나 글 또는 음악적으로 표현하도록 격려하는 것이 무엇보다 필요하며, 타인의 감정과 생각을 존중할 수 있도록 하는 집단적 음악활동이 유용하다. 결론적으로 이 차원의 문제를 조정하는 핵심중재는 언어나 행동에 있어서 전반적인 균형과 조화를 이루도록 하는 것이다.

나. 2차원: 정서(情緖, emotion)

'정서'는 '행동'에 선행한다. 다시 말해 정서의 다양한 작용을 통해 행동이 만들어지는 것이다. '열 받아서 한 대 때렸어!'라고 하는 사람은 화난 감정으로 인해 타인에게 해로운 행동을 가한 경우이며, '사랑하는 사람을 위해 무엇이든 할 수 있어!'라고 말하는 사람은 사랑하는 감정으로 인해 강한 동기를 갖게 된 경우이다. 행복한 감정은 행복한 행동을 만들어 내고, 슬픈 정서는 우울한 행동을 만들어 낸다. 감정과 정서는 행동에 영향을 미치고, 행동은 정서에 영향을 받는다.

물론 인간의 행동은 감정에 의해서만 생겨나는 것은 아니다. 감정과 정서 이외에도, 지각, 신념, 가치체계, 원칙, 욕구, 열망, 기대에 의해 생성되는 최종 결과물인 것이다.

그러나 행동하는 데 직접적이고 일차적으로 영향을 미치는 것은 바로 정서이다. "기분이 나빠서 남편과 하루 종일 말을 안 했어."라고 했을 때, '기분이 나쁘다'는 표현은 정서적 차원을 말하며, '말을 하지 않다'는 것은 행동적 차원을 의미한다. '기분 나쁘다는 정서'가 '말을 하지 않는 행동'을 만들어 낸 것이다. 이것은 정서로 인해 행동이 영향을 받은 예이다. 우발적 사고나 정당방위를 제외하면 뉴스나 신문지상에 오르내리는 수많은 사건·사고들은 대부분 감정의 대립, 무시, 분노, 소외감 때문에 일어나는 정서적 행동들이다. 감정이 행동의 촉발에 얼마만큼 지대한 영향을 미치고 있음을 알 수 있다. 심지어 폭행이나 살인까지도 말이다.

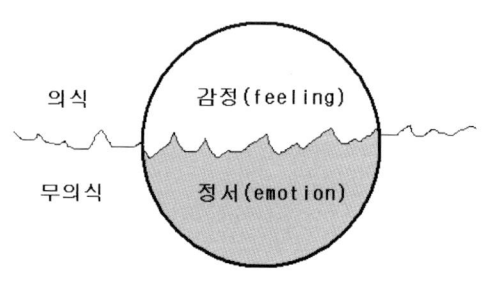

정서의 두 가지 차원

앞서 언급했던 마음구조의 1차원적 요소인 '행동'영역의 기저에는 그 행동을 불러일으키는 '정서'가 존재한다. 정서는 인간 내면의 두 번째 차원이다. 정서 차원은 다시 두 가지 층으로 구분되는데, 하나는 감정(感情, feeling)[43]층이고, 그 아래에 정서(情緒, emotion)[44]층이 존재한다. 전자는 의식적인 부분인 반면, 후자는 무의식적인 영역에 속한다.

'감정'이란 다른 용어로는 '느낌'으로 표현할 수 있는데, 오감이 아닌 다른 방식으로 느끼는 기분을 의미한다. 즉 마음으로 느끼는 것이다. 예로서 기쁨, 분노, 사랑, 즐거움, 슬픔, 행복, 소외감 등이 있다. 감정의 층은 마음의 구조에서 수면 위에 위치하는 의식적 부분에 속하기 때문에 비교적 인식하기 쉽다. 우리는 자신이 무엇을 느끼고 있는지 분명히 알고 있다. 그것이 감정이다. 무의식적 차원인 '정서'의 의식적인

---

43) 감정은 어떤 현상이나 일에 대하여 일어나는 마음이나 느끼는 기분을 의미한다.

44) 정서는 사람의 마음에 일어나는 여러 가지 감정 또는 감정을 불러일으키는 기분이나 분위기를 말하며 같은 말로 정동(情動)이 있다.

부분이 곧 '감정'이 된다. 이 둘은 서로 대상적 개념이다. '감정을 자제하라'는 충고는 감정이 의식적인 노력의 대상이 됨을 알려 주며, 또 이것은 의식적으로 체험되고 사고에 의해 평가된 정서의 일부분이라는 사실을 알 수 있다. 그렇기 때문에 감정은 변화가능하고 치료중재의 중요한 대상영역이 되는 것이다.

감정의 층 아래에는 정서의 층이 자리하고 있다. 의식의 수면 아래에 위치한 이 무의식적 차원으로서의 '정서'층은 다른 말로 '감정을 일으키는 기분'이라고 할 수 있다. 이것은 '감정에 대한 느낌' 또는 '감정에 대한 감정(feeling about feeling)'으로서 이해될 수 있다. 예컨대, "나는 이유 없이 그 사람이 싫어." 또는 "그 사람만 보면 괜히 마음이 설레."라고 할 때 어떤 사람이나 사물이 아무런 이유도 없이 싫어지거나 좋아지는 강렬한 무의식적 반응이 일어날 때가 있다. 이러한 반응은 하나의 정서적인 반응으로서 무의도적 또는 무의식적으로 일어나며 우리는 그 이유를 충분하게 설명할 수 없다. 왜냐하면 이들이 무의식적 차원에서 불러일으켜진 반응이기 때문이다.

정서는 음악과 같은 특정한 외부자극에 의해 자동적으로 불러일으켜지며 의식적인 노력으로 쉽게 통제되지 않는 특성을 지닌다. 이것은 마치 '흥분하지 말고 참아!'라는 의식적 수준에서의 권고가 무색해지는 무의식적 과정을 의미한다. 이 정서적 영역에서 부적절한 반응을 보이는 경우를 '정동장애(情動障礙, affective disorder)'라고 한다. '정동장애'는 다양한 현실상황에서 기분의 극적인 변화를 경험하는 것이 특징이며 울증, 조증, 조울증으로서 발현된다. 정동장애를 가진 환자들은 자신도 어쩔 수 없는 감정 상태로 인해 고통받는다. 자신감 넘치는 말, 들뜨고 과대망상적이며 흥분 상태를 유지하는가 하면, 반대로 감정이 불안하고 생활에 대해 무감각하며 한없는 죄책감과 무가치감을 경험한다. 이 모두가 갑작스럽고 무의식적으로 나타난다는 데에 문제가 있다.

이렇게 의식수준의 '감정'과 무의식수준의 '정서'가 결합되어 인간 내면의 두 번째 차원인 '정서'의 층을 이루고 있는 것이다. 격한 행동은 격한 감정에서 나오며, 격한 감정은 격한 정서에서 나온다. 따라서 정서가 감정을 낳고, 감정이 행동을 낳는다. 반대로 안정된 행동은 편안한 감정과 정서에서 발생한다는 것을 알 수 있다.

정서의 층에서 자신의 감정이나 정서가 무시된 상태를 '회유(懷柔)'라고 하며, 타인의 비위를 맞추기 위해 노력한다. 이런 의사소통 유형을 갖고 있는 사람들을 회유형 인간이라고 부른다. 이들의 관심에는 오직 타인만이 있으며, 자신에 대한 존중이나 원칙, 상황, 원리는 철저하게 배제시킨다. 타인의 감정과 의견을 지나치게 존중한 나머지 자신의 의견이나 현실원칙, 상황 등은 무시한다. 이 유형의 사람들은 어떤 문제의 원인에 대해 이성적인 판단을 할 수 없다. 특징적으로 이들은 "모두 나 때문이야." 라고 말한다. 치료적 측면에서 볼 때 회유형이 마음구조 중 정서층에서의 문제로 인해 생겨난 만큼, 치료사는 끊임없는 정서적 지지를 통해 내담자의 자아정체성과 자기효능감을 향상시키는 데 초점을 둔다. 이들은 대화에서건 문제의 귀인(歸因)에서건 간에 정서적 자립을 할 수 없기 때문에 자기 스스로 결정을 내린다든지 판단하기가 곤란하다. 이 경우 지속적인 자기결정과 자기표현, 자기감정주권 표출의 기회제공을 통해 정서적인 안정과 자립을 이끌어 낼 수 있다.

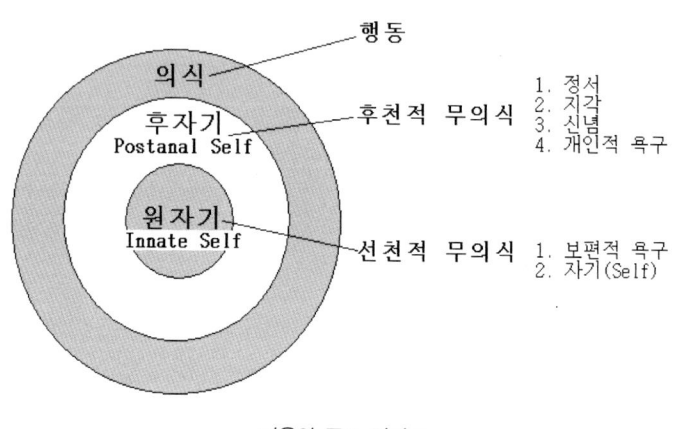

마음의 구조 단면도

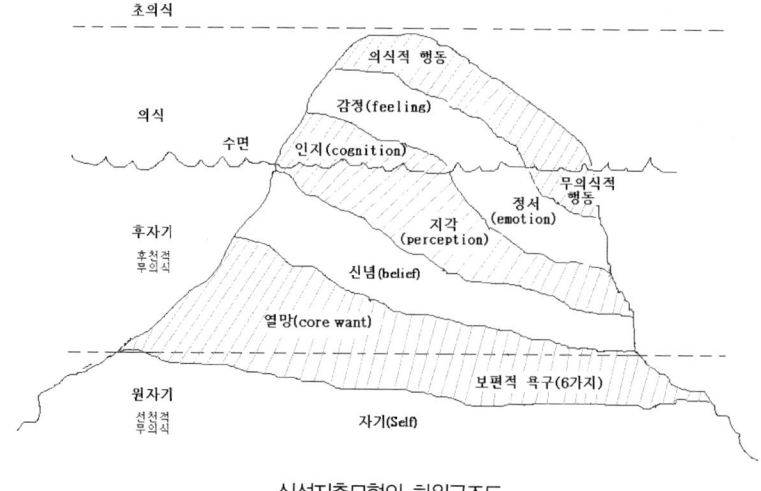

심성지층모형의 하위구조도

다. 3차원: 지각(知覺, perception)

인간 내면의 세 번째 차원은 '지각'이다. '지각(知覺, perception)'[45]은 '감정'에 앞선다. 이것은 인간의 감정과 정서가 '사건에 대한 지각'에서 기인한다는 의미이다. 예를 들어, '생각하면 생각할수록 더 화가 나네'라는 말은 하나의 문제를 반복해서 생각할 때 분노의 감정이 더욱 악화되어 간다는 의미이다. 생각해 보니 화가 나는 것이다. 여기서 '생각하다'는 지각의 차원을 말하며, '화가 난다'는 것은 정서의 차원을 말한다. 즉 문제에 대한 반복적인 회상이 분노라는 감정을 발생시킨 것이다. 생각은 특정 정서를 낳고, 정서는 감정을 낳고, 감정은 다시 행동을 낳게 되는 일련의 마음 고리인 셈이다.

그 외에도 '돈이 없어 불행해', '친구가 없어 우울해', '여자 친구가 예뻐서 사랑해', '조강지처를 어찌 버릴 수 있을까' 등의 표현은 대상에 대한 지각이 감정과 정서를 발생시키는 좋은 예이다. 즉 원인으로서의 '사건에 대한 지각'이 결과로서의 '감정과 정서의 발생'에 미치는 영향력을 잘 보여 준다.

지각의 층은 두 가지 측면으로 나누어지는데, 하나는 '인지' 영역이고, 다른 하나는 '지각' 영역이다. 전자는 마음의 구조상 의식과 무의식의 경계가 되는 수면 위쪽에 위치한 의식수준의 영역인 반면, 후자는 무의식의 층인 수면 아래 위치한다. 따라서 '인지'란 의식적이고 의도적인 인식과정을 말하는 반면, '지각'은 무의식적이고 무의도적인 인식과정이라고 할 수 있다.

외부자극에 대한 지각과 인지

---

45) 지각은 우리가 눈, 코, 입 귀 등을 통해서 외부세상을 알게 되는 가장 원초적인 메커니즘이다. 외부적 자극은 우리 인체에 있는 오관의 신경섬유를 통해서 뇌에 전달됨으로써 비로소 어떤 사실을 깨닫게 되는데 이 과정을 지각이라 한다. 즉 지각 메커니즘이란 외부의 사물, 사건, 사람이 오관을 통하여 뇌에 전달되고 분석 종합, 해석될 때까지를 통틀어 부르는 것이다. 아래 그림은 지각자에게 전해 오는 갖가지 자극과 정보 등을 통해 지금 있는 상황을 판단하는 것이다. 박운성, 『현대조직행동』, 학현사, 1998.

'인지(認知, cognition)'의 사전적 의미는 "집중력, 기억력, 통찰력, 계산능력, 일을 계획하고 잘할 수 있는 능력, 문제해결능력, 사람 – 장소 – 시간을 아는 능력" 또는 "어떤 대상을 느낌으로 알거나 이를 분별하고 판단하는 의식적 작용"으로 정의되어 있다. 본 모델에서 가정하는 '인지'는 사물과 현상에 대한 지식, 이해, 적용, 추리, 판단, 분석, 평가 등의 모든 의식적 인식과정을 의미한다. 따라서 인지의 층에는 내가 인식하고 알고 있는 생각과 지식, 이념들로 가득 차 있다.

> '인지(認知)'란 사물과 현상에 대한 지식, 이해, 적용, 분석, 종합, 평가능력을 포괄하는 의식의 영역으로서, 후천적인 학습과 경험을 통해 내재된 지식과 규칙을 의미한다. 반면 '지각(知覺)'이란 "어떤 대상에 대한 무의식적 인식과정, 즉 사물과 현상 및 개인의 본질과 가족 간의 상호작용에 대한 모든 무의식적 인식과정"이라고 가정한다.

'지각'의 사전적 의미는 "감각기관을 통해 환경을 인식하는 일"이라고 정의되어 있지만, 본 모델에서는 지각의 의미를 "어떤 대상에 대한 무의식적 인식과정, 즉 사물과 현상 및 개인의 본질과 가족 간의 상호작용에 대한 모든 무의식적 인식과정"이라고 가정한다. 지각이 무의식적 차원에 분포되어 있는 만큼 분명히 인식되기란 쉽지 않다.

지각은 세 가지 수준에서 구분될 수 있다. 즉 '자신에 대한 지각', '타인에 대한 지각', '타인의 자신에 대한 지각'이다. 먼저, '자신에 대한 지각'이란 자신에 대해 어떤 생각을 갖고 있는지에 대한 무의식적 인식과정을 의미한다. 자신에 대한 정의(별명), 자존감 정도, 인지능력 정도, 우울 정도가 예가 된다. 두 번째로 '타인에 대한 지각'이란 타인, 특히 가족구성원에 대한 무의식적 인식과정을 의미한다. 마지막으로 '타인의 자신에 대한 지각'이란 타인, 특히 가족구성원이 자신에 대해 어떤 생각을 갖고 있는지에 대한 무의식적 인식과정을 의미한다.

우리는 생각한 대로 행동한다. 사물이나 현상을 안으로 수용해서 지각하고 인지하는 일은 수많은 규칙과 원리를 만들어서 결과적으로는 행동의 씨앗이 된다. 생각은 거의 무의식적으로 규칙과 원리를 만들어 낸다. 우리는 무수히 분화된 규칙들에 의해 오늘, 지금 이 시간에도 보고, 듣고, 느끼고, 말하고 있는 것이다. 예컨대, 남들에게 인정받고 싶은 열망과 신념이 '어떤 수단을 사용하든 성공하기만 하면 된다.'는 생각 – 물론 신념에 따라 어떤 것을 선택하든 개인의 문제이다 – 을 갖도록 만든다. 이 생각은 다시 수많은 규칙을 만들어 내는데, '정직한 사람은 바보', '소중한 정보는 타인에게 주지 않는다', '내게 도움이 되는 사람만 만난다', '세금을 완전히 내는 사람은 없다' 등이다. 규칙은 대부분 '절대 ~해서는 안 된다(must not)' 또는 '~을 해야만 한다(have to)'의 형태를 가지고 있다. '절대 화내면 안 된다', '부모에게는 절대 말대꾸해서는 안 된다', '어른에게 먼저 양보해야 한다', '자기 자신을 내세워서는 안 된다' 등이다.

지각 및 규칙은 신념과 열망에 의해 무의식적이고 자동적으로 만들어지며, 궁극적으로는 감정과 행동을 낳는다.[46] 여기서 규칙은 개인의 주관적 현실로서 매우 구체적인 생활 장면 장면에서 활용되는데, 중요한 점은 무의식적이고 자동적으로 작동한다는 데 있다. 예를 들어, '어떤 생각이 든다'라고 했을 때, 특정한 신념에 의해 생각과 규칙이 자동적으로 마음속으로 들어오는 것을 의미한다. '어떤 사람이 너무 싫어서 그 자리를 피하는 행동'은 '곤란한 상황은 피하고 보자'는 규칙이 작용하고 있으며, 이런 규칙의 하층부에는 '다른 사람과 다투면 안 된다'는 신념과 '다른 사람과 조화롭게 지내야 한다'는 열망이 숨겨져 있다.

'생각'에 의해 무의식적으로 만들어지는 무수한 '규칙'은 합리적일 수도 있지만 비합리적인 경우도 많다. 합리적인 신념에서 반드시 합리적인 규칙이 만들어지는 것은 아니다. '어려운 사람들을 도와야 한다'는 지극히 합리적인 신념에서 '어려운 사람들을 돕기 위해 부자의 돈을 훔쳐도 된다.'는 비합리적인 규칙이 생겨날 수도 있기 때문이다. 과거 얼마나 많은 사람들이 종교나 이데올로기라는 미명 아래 사라져 갔는가! 신념은 옳았지만 이를 성취하기 위한 수단과 방법, 규칙, 원칙들이 정당하지 않은 결과이다.

비합리적인 규칙이 내면에 많으면 많을수록 다른 사람을 거부하게 되어 궁극적으로는 홀로 남게 된다. 자수성가(自手成家)하거나 독불장군(獨不將軍)인 사람들에게서 이러한 현상을 본다. 생각에서 규칙이 만들어지는 과정은 거의 자동적으로 이루어지지만 의식적인 개입을 통해 규칙을 변형시킬 수도 있다. 치료적 상황에서는 개인의 근원적인 열망이나 신념을 변화시켜 인지, 규칙, 행동, 감정을 변화시키고자 한다. '마음먹기 나름이다.'라는 격언은 신념의 변화가 주는 영향력을 잘 말해 준다.

개인의 신념, 기대, 열망은 필연적으로 무수한 개인규칙(personal rule)을 만들어 내며, 가족구성원들 간의 특유한 상호작용을 통해 자연스럽게 가족규칙(family rule)으

---

46) 신념은 지각을, 지각은 수많은 규칙들을, 규칙들은 정서를, 정서는 감정을, 감정은 행동을 만들어 낸다. 이 과정은 마음 구조 여섯 가지 차원의 배열과 일치한다.

로 발전한다. '가족규칙'은 일반적으로 자녀에게 주는 충고, 훈계, 규칙, 교훈들로 가득 차 있고 대부분이 긍정적인 의도를 가지고 있다. 어떤 '가족규칙'은 개인과 가족의 문제행동 원인이 되며 성장과 변화에 방해가 되기도 한다. 우리는 과거에 배웠던 가족규칙을 현재의 모든 생활 전반에서 사용하고 있다. 현재 어떠한 행동을 하건 마음속에서 과거로부터의 부모님 목소리를 듣게 되는 것이다. 즉 강한 신념으로서 굳어져 버린 과거 부모님의 가르침과 교훈 ― 가족규칙이 마음속에서 행동을 재촉하며 조종하고 있다. 그러나 문제는 이러한 가족규칙이 과거에는 적용이 되었지만 현재까지 적용되지는 않을 수 있다는 점이다. 가족규칙은 과거 어린 시절에 필요했던 충고와 교훈인 만큼, 그 의미와 뜻은 간직하더라도 현재에 맞게 조절되고 변형되어야 한다.

이처럼 '지각'의 층에는 헤아릴 수 없는 규칙, 개념, 기억들이 산재해 있는 만큼, 이 차원에서 역기능적으로 스트레스를 대처할 경우 초이성형(超理性形)으로 변하기 쉽다. 너무 규칙이 많다거나, 규칙이 비합리적인 경우이다. '초이성형'이란 극단적인 이성과 객관성을 지닌 채 상황이나 규칙만을 중시하는 성향을 말한다. 지각의 층에서 파생된 초이성형 인간은 매우 고집이 세고 냉담한 태도를 보이며 자기중심적인 행동을 한다. 이들은 자신이 정해 둔 규칙과 원칙에 따라 움직이는 극단적 원칙주의자이며 그 원칙을 위해 자신과 주변을 기꺼이 희생시킨다. 바리세인과 같이 성경시대의 율법주의자들에게서 그 원형을 본다. 초이성형 경우에는 그가 갖고 있는 규칙과 원칙의 수(數)를 적절히 조절하고, 비합리적이고 비인간적인 규칙을 합리적으로 조정하며, 자신이나 타인에 대한 배려를 증진시킴으로써 변화될 수 있다.

라. 4차원: 신념(信念, belief)

심성지층모델의 제4차원은 '신념'의 층이다. 이 차원은 우리가 생활하면서 축적해 온 모든 믿음과 신념, 가치관들이 모인 곳이다. 모든 결정과 선택, 판단, 의견, 사상, 철학이 여기서 기인한다. 그 예로서, '난 못생겼어', '남성은 여성보다 우월하다', '노력하면 무엇이든 이룰 수 있다', '어른이 아이들에 우선한다', '동성끼리 결혼할 수 있다', '지는 것이 이기는 것이다' 등이 있다. 그 외에도 수없이 많은 신념들이 우리의 행동에 영향을 미치고 있다. 신념과 규칙은 서로 유사하지만 차이가 있다. 신념은 보다 근원적이며 포괄적이지만, 규칙은 세밀하고 지엽적이다. 규칙은 신념으로부터 생겨나며, 그 수는 신념과는 비교가 될 수 없을 정도로 무수히 많다. 우리의 행동이나 감정에 직접적으로 영향을 미치는 것은 규칙이며, 보다 강력하고 근원적인 영향력을 가진 것은 바로 신념이다.

신념의 수는 나이와 경험에 비례한다. 나이가 많을수록 신념이나 믿음의 개수가 더욱 많아지지만, 나이가 어리더라도 어려움과 시련을 많이 겪은 사람일수록 더 많은 신념을 가지고 있는 경우도 있다. 신념이 많다는 것은 그만큼 규칙이나 원리가 많다는 반증이기 때문에 남들에게는 까다로운 사람 또는 대하기 힘든 사람으로 비춰지기 쉽다.

신념(信念, belief)이란 어떤 대상과 사실에 대한 확고한 믿음, 즉 특정 사실, 사람, 가치관, 종교 등에 대해 다른 사람의 의견과는 상관없이 확실하게 진실이라고 받아들이는 개인적인 심리 상태를 말한다. 다시 말해 자신이 옳다고 느끼는 것이 곧 신념이 된다. 따라서 신념은 옳을 수도 있고 틀릴 수도 있는 것이다. 안데르센의 『미운오리 새끼』에서는 자신을 못생긴 새끼 오리라고 철저하게 믿는 작은 백조의 이야기가 나온다. 어린 백조는 성장하면서 자신의 존재를 재인식하면서 신념의 변화가 일어난다. 굳은 믿음이라도 재인식의 과정을 통해 변화될 수 있다. 그러나 대부분 사람들은 자신의 신념을 절대 굽히지 않는다. 뿐만 아니라 그들의 신념이 진리이고 유일한 것이라고 굳게 믿기 때문에 아무런 변화도 일어나지 않는다. 자신이 가진 신념이 틀릴 수도 있다는 것을 인식하는 일은 자기실현으로의 첩경일 것이다.

신념의 옳고 그름을 판단하는 기준은 현실과 상식, 자연법칙에 얼마만큼 부합하는가에 달려 있다. 신념이 자연법칙에 부합될 때 비로소 올바른 신념과 믿음이 되는 것이다. 이것은 좋고 나쁨(good or bad)의 개념이 아니라 옳고 그름(right or wrong)의 개념이다. '부모에게 반항하는 아이는 마땅히 혼나야 한다'와 '아이들은 기(氣)를 살려 주고, 사랑으로 보살펴져야 한다'는 신념이 있다고 가정하자. 두 가지 신념은 아이 교육에 대한 서로 상반된 신념을 보여 주고 있다. 만약 어떤 부모가 반항하는 아이를 야단쳐서 말을 잘 듣게 한 경험을 갖고 있다면 아마도 첫 번째 신념을 가질 확률이 높아진다. 반면 부모가 아이를 야단쳐서 의기소침하고 학교생활에 부적응하게 되었을 경우 '역시 아이들은 사랑으로 길러야 해'라는 신념이 만들어질 것이다. 이렇듯 여러 신념들 가운데 경험을 통해 증거를 얻음으로써 스스로 옳다고 느끼게 된 신념을 우리는 의식적 혹은 무의식적으로 선택하여 마음속에 간직하게 되는 것이다. 이것을 '신념의 내재화(內在化)'라고 부른다. 이렇게 내재화된 신념들은 고스란히 우리들의 판단기준이 되어 행동의 근거가 된다. 앞서 언급했던 전자의 신념을 갖고 있는 사람이라면 자신의 아이가 반항할 때 회초리를 들어 혼낼 것이고, 후자의 신념을 갖고 있는 사람이라면 반항하더라도 아이의 기(氣)를 살려 주기 위해 참고 응석을 받아 줄 것이기 때문이다.

인간은 경험을 통해 자신의 신념과 믿음을 결정한다. 지금 우리의 마음속에는 경험을 통해 검증되고 스스로 옳다고 결론지어진, 이른바 '선택된 신념들'만이 존재하고 있는 것이다. 이와 같은 특정 대상에 대한 무의식적 신념결정과정에서 특이할 만한 점은 신념선택의 편향성이다. 인간은 좋든 싫든 한쪽만을 선택하게 되며, 어떤 사물이나 사실을 한번 믿게 되면 쉽게 변화되지 않는다. 조금 더 좋고, 조금 덜 좋은 중립적 영역이 존재하지 않고, 오직 맞든지 틀리든지 이원론적 선택을 하게 되는 것이다. 여기에서 갈등과 다툼이 발생한다. 이것은 마치 양면에 서로 다른 색깔이 칠해진 가면을 걸어 놓고 두 사람이 서로 자신이 주장하는 색깔이 옳다고 우기는 격이다. 중요한 점은 두 사람의 신념과 믿음이 모두 옳을 수 있다는 것이다. 바라보는 가면의 색깔이 모두 맞지만 제 눈의 안경, 즉 자신만의 패러다임으로 판단하기 때문에 오류와 실수를 반복하게 되는 것이다. 예컨대 우리가 다른 사람의 말과 행동에 상처를 받았을 때, 그 이유는 나의 생각과 판단기준에 비추어 그 사람의 말과 행동이 잘못되었다고 결론짓기 때문이다. 따라서 우리는 항상 더 나은 신념이 있음을 인정하고 배울 때 성장·발전·변화할 수 있다.

신념은 그 신념과 관련된 다양한 '규칙'을 만들어 내며, 궁극적으로는 '감정'과 '행동'을 만들어 낸다. 신념과 규칙, 감정, 행동은 서로 정교하게 얽혀 있는 미세혈관과도 같다. 어떤 행동은 수많은 감정들 가운데 어느 한 감정과 연결되어 있으며, 이 감정 또한 특정한 규칙과 신념과 연결되어 있다. 어떤 의미에서 이것들은 살아 움직이는 유기체이다. 예를 들어, 어떤 사람이 '난 어떤 일이든 해낼 수 있다'는 신념을 가지고 있다면 강한 자신감을 갖게 되며 그 일을 행동으로 옮기게 될 것이다. '자녀는 부모의 소유물이다'는 신념을 가진 사람은 '자식은 부모에게 순종해야만 한다'는 규칙을 갖게 되어, 자녀를 무시하는 감정과 행동을 하게 되는 것이다. 올바르고 합리적인 신념은 긍정적인 행동을 만들어 내며, 잘못되고 비합리적인 신념은 부정적인 결과를 만들어 낸다. 이처럼 인간의 수많은 감정, 지각, 행동은 그보다 하층부에 위치한 '신념'과 서로 연동되어 자동적으로 발생하고 있다. 이것을 지각과 신념의 연동(連動) 작용이라고 한다.

개인적 측면에서 옳은 신념도 있지만, 일반적으로 그른 신념도 존재한다. '지구는 둥글다'든지 '남자와 여자는 다르다' 등의 보편적 진리가 그런 것이다. 따라서 자신이 갖고 있는 믿음이나 신념이 올바른 것인지 아닌지를 판단하는 근거는 일반적인 진리나 자연법칙과 일치하는지를 살피면 된다. 즉 상식(常識)[47]에 근거해서 신념의 진위를 판단할 수 있다. 말하자면, 어떤 사람이 갖고 있는 믿음이나 신념이 일반적이고 보편적인 도리, 원리, 상황, 현실, 자연법칙에 위배되지 않고 부합될 때 그 신념은 옳은 신념이 된다. 예컨대, '딸자식은 저녁 9시까지 반드시 귀가해야 한다'는 신념을 가진 아버지가 있는데, 딸이 9시에서 조금이라도 늦게 들어오는 것을 용납할 수 없어서 서로 마찰이 생긴다. 아버지가 가진 신념이 옳은 것인지, 변화시켜야 할지를 결정하는 기준은 의외로 간단하다. 보편적 상식에 비추어 생각해 보면 된다. '특별한 경우라면 늦게 귀가할 수도 있다' 또는 '딸아이와의 관계가 제일 중요하다'가 여기서는 보편적 상식에 속한다. 이러한 지극히 상식적인 신념이 더해지면 다음과 같은 부차적 신념들이 나올 수 있다. '믿을 만한 어른과 함께 있다면 9시보다 늦을 수도 있다', '중요한 일이 있을 때는 9시보다 늦을 수도 있다', '차가 막히면 늦을 수도 있다', '10분 정도는 늦을 수도 있다', '학원에서 늦게 끝나면 늦을 수도 있다' 등이다.

어떤 경우에는 한 개인의 마음속 두 가지 이상의 신념들끼리 충돌하기도 한다. 이때 사전에 '우선순위'를 정해 두면 혼란과 갈등을 피할 수 있다. 예컨대, '직장상사가 지시하면 무조건 따라야 한다'는 신념을 가지고 있는 사람이 있다. 아내의 생일파티와 회사에 나오라는 상사의 지시 사이에서 결정해야만 한다면, 어느 신념이 옳은지 혹은 더 우선하는지를 보편적 진리 또는 상식에 빗대어 판단해 볼 수 있다. 두 가지의 상식이 존재한다. 하나는 '직장에서 성공해야 가족도 행복하다'이고, 다른 하나는 '아내를 깊이 사랑한다'이다. 두 신념이 모두 옳은 신념이기 때문에 이제 우선순위에 입각해서 결정해야 할 차례이다. 옳고 그름이 아니라, 더 중요하고 덜 중요한 차이인 것이다. 만약 이 사람이 '직장에서의 어떠한 성공도 가정에서의 실패를 보상할 수 없다'는 우선순위를 가지고 있었다면 결정에 있어 혼란을 피할 수 있을 것이다.

---

47) 상식(常識)은 이 장에서는 일반적인 진리나 원리, 법칙과 동일한 의미로 사용된다.

치료상황에서 대상자들이 겪는 대부분의 혼란 상태는 확고한 신념이나 우선순위의 부재가 원인인 경우가 많다. 치료사는 다각도의 내면인식과정을 통해 개인이 우선으로 생각하는 측면이 무엇인지 밝혀내고 이를 목록으로 만들어 명료화시키게 된다. 이런 우선순위 목록을 재인식하고 확고하게 마음에 새기기 위해 음악으로 구성하여 암시와 각인을 할 수도 있을 것이다. 이렇게 미리 정해 놓은 개인의 우선순위를 통해 '욕구'를 충족시키는 진정한 신념을 결정해야 한다. 두 신념이 대치될 때, 반드시 선택이 필요하며 그 선택에 따라 결과가 달라진다. 영구적인 행동의 변화를 위해서는 궁극적으로 치료대상자의 믿음 또는 신념체계가 재인식되고 변형되어야 한다.48)

마. 5차원: 욕구(慾求, desire)

1) 욕구의 의미와 구조

욕구는 모든 행동과 감정의 동력이자 에너지이며, 개인의 신념과 믿음의 생성원인이기도 하다. 우리가 아침에 일어나 세수를 하고, 밥을 먹고, 옷을 차려입고, 학교나 회사로 가고, 사람들과 소통하고, 음악이나 미술을 감상하고 창조하며, 아이디어를 만들어 내는 모든 원천이 인간 내면에 잠재되어 있는 '욕구'에서 비롯된 것이다. 어떤 일을 하고 싶어지고 해야 되겠다고 생각되는 이유가 바로 심층심리 속의 보편적 잠재욕구에서 시작된다. 아침마다 세수를 하는 이유는 타인들로부터 사랑을 받고 존중받고자 하는 욕구가 작용한 것이며, 밥을 먹는 이유는 생리적인 욕구를 충족시키기 위함이다. 또 학교에서 공부를 하는 이유는 진정한 자기를 찾고 실현하고자 하는 욕구 때문이고, 음악이나 미술을 감상하거나 창조하는 이유는 개인의 독특성을 추구하고자 하는 욕구 때문이다. 인간이 현재 보이는 모든 행동과 감정들은 '욕구'의 반영인 것이다.

---

48) "마음속에 자신에게 이롭다고 판단이 서지 않는 한 행동은 절대로 변하지 않는다."
   H. W. Smith, *The 10 Natural Laws of Successful time and Life Management*, 1994.

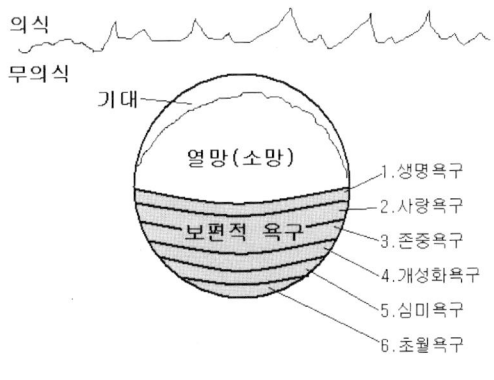

욕구의 두 가지 차원

욕구의 층은 다시 상층부의 '열망'과 하층부의 '보편적 욕구'로 나누어진다. '열망 (熱望, core want)'이란 지극히 개인적인 소망 또는 열망을 의미하며 후천적 무의식 의 영역으로서 출생 후에 생성되며 근원적이고 개인적인 바람과 소원이 포함된다.[49] 반면, 그 아래층에 위치하는 '보편적 욕구(普遍的 慾求, universal desire)'는 보편적 인 인간의 기본적 본능으로서 태어나면서 이미 갖게 되는데 어떤 부족함을 채우려고 하는 심리적 정신작용을 말한다. 따라서 '보편적 욕구'는 자동차로 말하자면 엔진 또 는 인체의 심장과도 같이 휘발유나 혈액을 순환시키는 불변하는 원동력을 말하는 반 면, '개인적 욕구'란 자동차 엔진에 들어가는 휘발유와 같아서 자체를 움직이는 핵심 원료가 된다. 전자가 부동(不動)의 원동력 – 엔진, 후자는 유동적(流動的) 원료 – 휘발유라고 할 수 있을 것이다. 따라서 불량인 휘발유가 차 내에 들어가 자동차의 성 능을 저하시키고 고장을 일으키듯이, 개인적 욕구와 소망이 비합리적이고 적절하지 못할 때 행동이나 감정, 생각 또한 비합리적으로 변질되기 쉽다.

예컨대, 성공하고 싶은 욕구를 충족시키기 위해 부정을 일삼고, 타인을 해치게 된 다면 그 결과는 비참할 것이다. 이것은 잘못된 신념으로 개인의 욕구를 충족시키고자 할 경우 발생하게 된다. 과도하고 지나친 욕구, 즉 과욕(過慾)은 잘못된 행동과 결과 를 만들어 낸다. 이렇듯 욕구와 열망의 차원을 탐색하고 통찰하는 작업은 영구적인 행동변화의 원천인 동시에 수많은 문제행동의 원인을 설명해 준다.

욕구를 충족시키면 비로소 '신념(信念)'이 생겨난다. 인간이 어떤 종류의 신념을

---

49) 이 책에서는 '열망'과 '소망'을 거의 동일한 용어로 사용한다.

갖기 위해서는 욕구가 충족되는 경험을 반드시 가져야 한다는 뜻이다. 예를 들어 평소 지나치게 소심한 사람이 용기를 내어 자신의 의견을 내세웠다면, 심리적 지지감과 더불어 자신에 대한 존중감을 충족시키게 된다. 그 이후 이 사람은 '자신의 생각을 말하는 것은 그 자체로서 훌륭한 것이다'라는 신념을 갖게 될 것이다. 우리가 지금 갖고 있는 수많은 신념들은 내면의 특정한 욕구들 - 생명, 존중, 사랑, 개성, 심미, 영적 욕구들이 충족됨으로 인해 가지게 된 것들이다. 신념의 형성에는 욕구충족이라는 일종의 증거가 필요한 것이다.

'신념'은 앞서 언급했듯이 심성지층모델의 제4차원 층으로서 한 단계 아래에 있는 이 '욕구'의 층으로부터 생성된다. 욕구는 '신념'의 층뿐만 아니라, '지각', '정서', '행동'의 층에까지 전반적으로 영향을 미치는 심리적 동력이다. 우리가 어떤 행동을 하든지 자신의 욕구에 비추어 정당하다고 판단이 설 때 실행에 옮기게 되는 것이다. 따라서 이 욕구는 개인의 모든 행동과 결과의 판단기준이 된다. 행동의 결과가 자신의 욕구를 충족시키면 올바른 신념으로 굳어지게 되지만, 만약 여러 가지 욕구 중 일부라도 만족시키지 못하면 잘못된 신념이 되고 만다. 즉 행동의 결과에 대한 욕구충족 여부가 인간의 신념형성에 중요한 역할을 미친다.

2) 기대와 소망

모든 행동과 감정은 욕구의 반영이다. 친구를 만나고, 직장을 다니고, 공부를 하고, 결혼을 하는 것은 개인의 특정한 욕구를 충족시키기 위한 것이며, 화를 내거나, 우울해지거나, 폭음을 하거나, 폭식을 하거나, 폭력을 휘두르거나 하는 것은 욕구가 채워지지 못한 데 대한 반응들이다. 인간의 모든 행동과 감정에는 욕구가 숨겨져 있다. 그러므로 임상현장에서 치료사는 대상자의 이상행동 이면에 있는 진정한 욕구를 발견하는 것이 최우선 개입되며, 이런 불만족스런 욕구들을 긍정적인 방법으로 충족시켜 주는 노력이 차선(次善)의 개입일 것이다.

우리가 가지는 '소망'과 '기대'는 강렬한 욕구가 낳은 부산물들이다. 욕구가 지속되고 더욱 강렬해지게 되면 '대상에 대한 기대'라는 형태로 구체화되는 것이다. 우리는 어떤 사람이 갖고 있는 기대를 통해 그 내면의 욕구를 인식할 수 있다. 대개 기대는 그것을 받는 대상에게 부담을 주기 마련이다. 이런 부담은 문제행동과 예민한 감정을 낳는 원인이 되기도 한다. 예컨대, 우리는 자식에 대한 사랑이 지나쳐 부담스러운 기대로 흐르는 경우를 주위에서 흔히 본다. '우리 아이는 다른 아이보다 더 나을 거야', '우리 아이는 꼭 변호사가 될 거야', '우리 아이가 집안을 일으킬 거야'라는 약간은 비합리적인 기대를 갖기도 한다. 이와 같이 기대는 여러 가지 형태지만 궁극적인 부모의 한 가지 소망과 욕구는 '우리 아이가 잘되기를 바란다'이다. 자녀에 대한 사랑이 이렇게도 혹은 저렇게도 변형되어 나타나는 것이다.

따라서 '소망'은 욕구의 구체적인 형태이며, '기대'는 욕구층의 마지막 결과물이다. 즉 기본적이고 보편적인 욕구가 강렬해지면서 열망 또는 소망을 만들어 내고, 이 열망과 소망은 수많은 '기대'로 구체화된다. '욕구'와 '소망'이 보편적이고 폭넓은 특징이 있다면, '기대'는 구체적이고 지엽적인 특징이 있다. 긍정적이고 적절한 수준의 기대는 성장과 발전을 가져오지만, 부정적이고 적절하지 못한 기대는 자연스러운 행동과 감정을 방해하며 지속적으로 일상생활 장면에서 작용한다. 부모가 자녀에 대해 가지는 기대는 가장 대표적인 형태일 것이다. 그러나 이렇듯 타인에 대해 기대를 갖기도 하지만, '자기 자신에 대해 기대'를 갖기도 한다. 그것은 자기 자신에게 바라는 상, 자신의 소망과 열망을 반영하고 있다. 이것은 주로 '~하고 싶어', '~했으면 좋겠어'라는 식으로 표현된다. '난 예쁘고 멋진 집을 갖고 싶어', '난 의사가 되고 싶어', '난 여러 나라를 여행하며 살고 싶어', '우리 부모님이 오래 사셨으면 좋겠어!' 등이다. 자신에 대한 기대는 실현불가능하거나 비합리적이고 비인간적일 때 갈등을 겪게 된다. 우리가 겪고 있는 수많은 고민과 갈등은 자신의 기대와 소망이 현재 성취되지 않기 때문이거나 타인의 지나친 기대에서 오는 경우가 많다. 기대와 소망은 심리적 평행선상에 놓여 있다. 둘은 함께 움직이고 함께 영향받는다.

그런가 하면 집단 전체가 함께 공유하는 기대와 소망도 있을 것이다. '우리의 소원은 통일', '잘 살아보세'란 구호는 우리나라 사람들의 소망과 염원을 담고 있다. 작게는 가족 전체의 소망이 있을 것이다. '행복한 가정', '즐거운 우리 집', '믿음, 소망, 사랑' 등 한 집안의 가훈(家訓)은 가족 전체의 간절한 바람이 잘 녹아 있다. 이처럼 가족들이 공유하는 공통된 소망과 기대를 가족소망(家族所望)이라고 한다. 개인의 소망은 물론이고 '가족소망' 및 '가족규칙'을 이해하고 통찰하는 것은 근원적인 행동변화와 진정한 마음의 평화를 위해 필수적이다. 진정으로 희구하고 갈망하는 바를 이해하고 그에 따라 행동하고 선택할 때 개인은 발전하고 변화하게 된다.

반대로 개인에게서 기대나 소망이 사라지면 어떤 대상에 대해 무관심하게 되고 불행감과 불만족을 경험하게 된다. '기대가 크면 실망도 큰 법'이란 격언이 있듯이 큰 기대가 사라지게 되면 큰 실망이 찾아오기 마련이다. 기대와 소망 없이 오랜 시간을 지내게 되면 궁극적으로는 우울한 반응을 일으키게 되며 드물게 이상행동으로 이어지기도 한다. 현대인들이 종종 느끼는 허탈감과 무력감은 자신의 진정한 소망과는 거리가 먼 생활을 하고 있는 것도 한 이유일 것이다. 그래서 어떤 사람은 용기를 내어 회사를 그만두고 귀농을 하기도 하고, 어떤 사람은 세계 일주를 떠난다. 내면 깊이 숨어 있던 소망을 발견하고 그대로 실행에 옮기는 것은 합당한 일이라 할 수 있지만 현실감 - 현실원칙에 위배되는 행동 또한 위험하기 그지없다.

3) 보편적 욕구(普遍的 慾求)

욕구는 크게 두 가지 차원으로 나누어지는데, 상층부에는 '열망(소망)'이 있고 하층부에는 '보편적 욕구'가 존재한다. '보편적 욕구(普遍的 慾求, universal desire)'란 시간과 공간, 인종 차이를 넘어서 인류가 공통적으로 갖고 태어나는 생득적 바람과 욕망을 의미한다. 과거의 사람들도 갖고 있었고, 미래의 사람들도 가지게 될 욕구를 말한다. 이러한 욕구들은 의식의 수면 아래 위치하는 무의식의 영역이며, 그중에서도 생득적으로 얻어진 선천적 무의식에 속한다. 이후에 언급할 심성지층모형의 제7차원인 '자기(自己, Self)' 또한 선천적 무의식의 영역이다. '보편적 욕구'와 '자기'는 무의식의 최저층에 위치하면서 인간의 열망, 소망, 기대, 신념, 지각, 감정, 행동에 폭넓게 영향을 미친다.

'보편적 욕구'는 다시 여섯 가지 영역 - 생명, 사랑, 존중, 개성화, 심미, 초월욕구로 분류된다. 즉 생명을 유지하고 안전을 추구하고자 하는 생명욕구(生命慾求), 사랑을 주고 사랑을 받고자 하는 사랑욕구, 타인이나 자신을 인정하고 그들에게 존중받고 싶어 하는 존중욕구(尊重慾求), 자신만의 독특성과 개성을 추구하고 자기를 실현하고자 하는 개성화욕구(個性化慾求), 아름다움과 균형, 조화를 추구하고자 하는 심미적 욕구(審美的 慾求), 자기의 경계를 초월하여 영적·철학적·도덕적 진리와 신념을 추구하고자 하는 자기초월욕구(自己超越慾求)를 말한다.

이러한 분류방법은 인본주의 성격이론가인 매슬로(A. Maslow)의 욕구계층이론(Hierarchy of Needs)과는 분명히 차이가 있다. 본 모델에서 설명하고 있는 욕구는 매슬로의 그것처럼 계단이나 그물처럼 서로 얽혀 위계화되어 있지 않으며 모두 똑같은 중요성을 가지고 함께 작용한다는 점이 특징이다. 각 영역들은 상하를 구분하는 계층적 조직이 없으며 인간의 진정한 행복을 위한 필수 요소들이라는 점에서 공통점이 있다. 하나의 욕구영역이 다른 하나와 연결되어 서로 작용하기도 하지만 대체적으로 독립되어 작용한다. 그러나 여섯 가지 영역이 모두 함께 존재하고 충족될 때 비로소 인간은 행복감, 충만감, 마음의 평화를 느낄 수 있다. 예컨대, 자동차의 바퀴가 하나라도 없으면 굴러갈 수 없듯이 하나하나의 욕구들은 제 나름대로의 역할을 하고 있다. 따라서 보편적 욕구 여섯 가지 중에서 어느 하나라도 부족하거나 결핍되면 욕구의 불충족 또는 불만족 현상 – '욕구불만(欲求不滿)'을 경험한다.

만일 어떤 사람의 행동이나 일의 결과가 원만하지 못하고 비정상적일 경우, 그 사람은 자신의 보편적 욕구 가운데 일부 또는 전체에 손상을 입은 경우이다. 이 경우 치료사는 이상행동과 연결되어 있는 손상된 욕구를 찾아내어 충족시키거나, 그동안 잘못된 방법 – 술, 담배, 폭력 등으로 이런 욕구를 충족시키고 있었다면 긍정적인 대체방법, 대안을 제시하는 것도 치료사의 중요한 역할이다. 여섯 가지 보편적 욕구를 설명하면 다음과 같다.

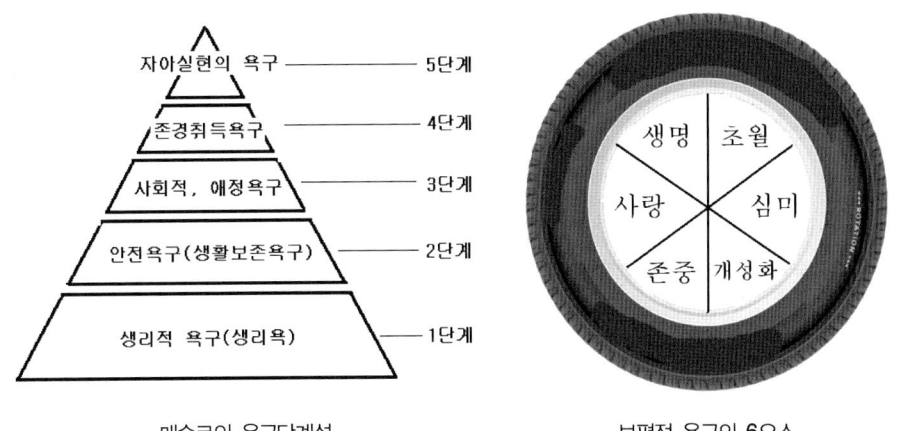

매슬로의 욕구단계설　　　　　　　　보편적 욕구의 6요소

(1) 생명욕구(Life desire)

생명과 안전을 유지하고자 하는 본능과 욕구이다. 숨을 쉬고, 먹고, 마시고, 잠을 자고 휴식을 취하는 것은 이에 속한다. 운동을 하며 건강한 신체를 만드는 것, 안정된 직업을 찾기 위해 노력하는 것, 더 나은 경제적인 여건을 위해 투자하는 것, 신체적이고 감정적인 위험상황으로부터 안전하기를 바라는 욕구도 '생명욕구'에 속한다. 이것은 매슬로의 가설 중 '생리적 욕구50)'와 '안전욕구51)'의 결합된 형태라고 할 수 있다. 이 생명욕구는 다른 욕구들에 비해 비교적 짧은 시간마다 수시로 충족시켜 주지 않으면 안 된다. 생명과 직결되어 있기 때문이다. 인간의 기본적이고 보편적인 욕구인 '생명욕구'가 결손되고 충족되지 않을 때 불행감과 불만족을 경험하게 된다.

(2) 사랑욕구(Love desire)

'사랑욕구'는 다른 사람을 사랑하고 타인에게 사랑받고 싶은 본능적 욕구를 의미한다. 여기에는 가정, 친구, 사회에 참여하여 그 속에서 '소속감'을 느끼고자 하는 욕구까지도 포함된다. 이 욕구는 매슬로의 가설에서는 '소속감과 사랑욕구(Belongingness and Love Needs)'로 불린다. 자식에 대한 부모의 사랑, 친구와의 우정, 연인 간의 사랑, 직장에서의 동료의식, 전우애(戰友愛) 등이 그 예이다. 우리가 고독감을 이기기 위해 어떤 단체에 가입하고, 또래집단에 소속되어 마음에 들지 않는 그 집단의 규율을 따르게 되는 것도 이 '사랑욕구'로 인함이다. 이 욕구의 가장 대표적인 예는 가족을 위해 자신을 희생하는 사람들에게서 찾을 수 있다. 위험한 사고현장에서 자녀를 구하기 위해 자신의 생명을 아끼지 않는 어머니, 병에 걸린 부모를 살리기 위해 자신의 신체 일부를 기증하는 자식들에게서 사랑욕구의 원형(元型)을 본다. 청소년들의 탈선과 반항은 부모의 관심을 간절히 바라는 사랑욕구의 일환으로 볼 수 있으며, 젊은 연인들의 잦은 의심과 다툼도 서로에 대한 사랑을 끊임없이 확인하고자 하는 미성숙한 사랑욕구의 표현이라고 이해할 수 있다. 이렇게 사랑욕구는 무한한 잠재력을 실현할 수 있도록 하는 강력한 힘을 갖고 있는 욕구인 반면, 충족되지 못하면 그만큼의

---

50) 생리적 욕구(Physiological Needs)란 음식, 물, 호흡, 잠, 배설, 휴식, 질병, 항상성에 대한 신체적 측면에서의 욕구를 말한다.

51) 안전욕구(Safety Needs)란 신체적·심리적 불안과 위협으로부터의 안전을 추구하는 욕구이다. 즉 가족, 건강, 재산, 고용의 안전추구욕구 등 심리적 측면에서의 욕구를 의미한다.

심리적 충격을 입게 된다.

(3) 자기존중욕구(Esteem desire)

'자기존중욕구(自己尊重慾求)'는 타인으로부터 인정과 존경을 받고 싶은 존중욕구(尊重慾求)와 더불어 자신이 중요하다는 느낌을 받고자 하는 자부심욕구(自負心慾求)가 통합된 개념이다. 따라서 자기존중욕구를 '존중욕구' 또는 '자존욕구'라고도 부른다. 인간이 명예, 권력, 지위를 얻고자 노력하는 것은 남에게 존경받고자 하는 욕구 때문이다. 또 원하지 않은 일이지만 어쩔 수 없이 체면, 위신, 도리에 따라 행동하는 것도 자신의 자존심을 지키고 타인으로부터 천대받지 않고 인정받기 위해서이다. 회사에서 성공하려고 노력하는 것도, 좋은 성적을 거두기 위해 노력하는 것도 어떤 것을 성취하고자 하는 자기승인욕구, 즉 자부심 욕구와 타인에게 인정받고자 하는 존중욕구가 동시에 작용한 경우이다.

타인과 자신에게 지속적이고 반복적으로 칭찬받고 인정받게 되면 '자신감'이 생기며, 이것이 확고하게 신념으로 굳어진 형태가 자아존중감(自我尊重感, Self-esteem)이다. 즉 남에게 존중받고자 하는 욕구가 충족되고 자기 스스로도 자신을 자랑스럽게 생각하는 상태가 변함없이 지속될 때 비로소 나타나는 감정이 '자아존중감'이다. 존경과 환대가 이 감정을 강화시키지만, 단순한 칭찬이나 인정도 다소간 자아를 강화시키는 역할을 한다. 이와 더불어, 인간은 타인에게 인정받고 존경받는 것뿐만 아니라 타인을 존중하고 그들을 위해 일할 때에도 행복감을 느낀다. 이는 인간은 생득적으로 남을 위해 일할 때 행복해지도록 만들어졌기 때문이다. 반대로 타인을 학대하거나 존중하지 못하고, 타인이나 자신에게 인정이나 공감받지 못하면 인간은 그만큼 불행감과 미완성감을 느끼게 된다.

(4) 개성화욕구(Individuation desire)

'개성화욕구(個性化 慾求)'란 창조와 성장, 다양성, 독특성을 추구하고자 하는 욕구이다. 그래서 개성화욕구는 '다양성욕구' 또는 '자기실현욕구'라고도 한다. 즉 자신의 잠재능력을 발휘하고, 창조와 성장을 추구하며, 자신의 개성과 독특성, 존재가치를 최대한 실현하고자 하는 욕구를 말한다. 이러한 '개성화욕구'로 인해 사람들은 남들과는 다른 자신만의 독특한 스타일을 추구하고자 한다. 옷, 머리, 생활방식, 행동방식 등에서 말이다. 또 새로운 아이디어를 창조하거나 자신의 재능과 잠재력을 최대한 발휘하고자 노력하는 이유도 '개성화욕구'의 발로이다. 무엇을 배우고 익히며 이해하고 싶은 '교육과 앎에 대한 열정과 호기심'도 모두 이 욕구 때문이다. 스포츠 경기를 관람하고, 맛있는 음식점을 찾고, 새로운 옷으로 매일 갈아입고, 위험을 무릅쓰고 번지점프를 하는 것은 모두 인생에 다양성을 공급하고자 하는 본능적 욕구 때문이다.

이와 같이 '창조와 성장의 욕구', '인지적 욕구', '능력개발 욕구', '독특성과 다양성에 대한 욕구'는 모두 '개성화욕구'에 속한다. 이 욕구는 다른 사람에게 인정받기 위해서라기보다는 자신만의 진정한 독특성과 개별성을 추구하고자 하는 본능 때문이라고 생각된다. 이것이 만족되지 못하면 삶의 무료함을 느끼게 되고 긴장함은 사라지게 된다. '개성화의 욕구'를 가장 잘 대변해 주는 유사용어는 융이 강조한 '자기실현(自己實現)' 욕구일 것이다. 진정으로 자신이 원하는 소망에 따라 행동하며, 자신이 옳다고 느끼는 바대로 소신을 지키고, 다른 사람들의 시선이나 인정, 칭찬을 의식하지 않는 힘이다. 사회의 도리, 원리, 원칙, 위신과는 상관없이 자신이 원하는 일을 하고, 원하지 않는 일은 자기성장과 자기실현을 위해 그만둘 수 있다. 개인만의 독특성과 창조성, 개성을 충분히 발휘하지 못하고 억압되면 인간은 이전에는 없었던 예민한 감정과 이상행동을 경험하게 된다.

(5) 심미적 욕구(Aesthetic desire)

'심미적 욕구'는 추하고 불균형한 것을 싫어하고 아름다움, 조화, 균형을 추구하고자 하는 생득적이고 근원적인 욕구를 의미한다. 인간이 음악, 미술, 문학 등을 통해 아름다움을 느끼고 표현하는 것도 모두 '심미적 욕구'에 기인한다. 심미적 욕구는 다른 보편적 욕구들과 마찬가지로 '선천적 무의식'에 속하기 때문에 태생적으로 갖고 태어나는 본능적 욕구이자 갈망이다. 다른 장에서 설명하게 될 '음악원형(音樂原型)'의 영역이다. 즉 인간의 음악에 대한 근원적 희구경향이다. 음악을 듣고, 콘서트를 관람하고, 노래를 하고, 머릿속에 맴도는 멜로디를 흥얼거리는 것은 모두 심미적 욕구층의 '음악원형'의 작용이다. 다른 사람이 시켜서라기보다는 내면으로부터의 무의식적 현상들인 것이다. 음악원형은 이처럼 무의식적 음악행동을 일으키는 원동력이기도 하지만 내면의 편형되거나 불균형적인 요소를 채워 주는 하나의 보상체계이다. 음악을 듣거나 연주할 때 깊은 만족감과 내면의 평화를 경험하게 되는 것도 이 때문이다.

그러나 질병, 사고, 장애로 인해 이러한 '음악원형'의 기능이 충분히 발휘되지 못하고 심미적 욕구가 충족되지 못하면 불완전한 성장을 하게 된다. 슬플 때 눈물이 나고 기쁠 때 웃는 것이 정상이듯이, 인간은 음악을 깊이 향유하고자 하는 본성을 갖고 있어서 이것이 제한받게 되면 불만족을 느끼게 되고 충분히 기능하지 못하게 된다. 치료사는 한 개인에게 충족되지 못한 음악적 희구성 – 음악을 포함한 모든 아름다움을 추구하는 성향, 즉 심미적 욕구 – 을 충족시켜 줌으로써 삶의 질을 향상시킬 수 있다.

(6) 자기초월욕구(종교, 영적, 도덕적 진리, 신, 양심, 성신, 영감): Transpersonal desire

'자기초월적 욕구(Transpersonal desire)'란 개인의 고유한 인격 경계를 넘어선 이타적 인도주의, 도덕적 진리, 사물에 대한 본질, 철학적 통찰, 영적 본성을 추구하고자 하는 본능적 욕구를 말한다. '자기초월욕구'가 충족되면 인간은 자기 자신을 순수한 객체로서 바라볼 수 있는 객관성과 보편성을 갖게 된다. 진정한 '자기객관화'가 이루어지는 것이다.

자기초월욕구는 보편적 욕구 여섯 가지 중 하나로서 본능적으로 갖고 태어난다. 따라서 이 욕구로 인해 사람들은 다른 사람이 알려 주지 않더라도 존재(存在)에 대한 깊은 고민과 통찰을 하게 되며, 종교와 철학, 진리, 본질, 영성에 대한 궁극적인 해답을 찾고자 노력한다. 그런 의미에서 이 자기초월욕구는 세상의 모든 종교와 영적 본질에 대한 깊은 사색을 만들어 내는 근원적 원동력이다. 이러한 영성과 본질에 대한 본능적 희구경향성은 인간으로 하여금 진정으로 자신이 소중히 여기는 가치와 신념을 충실히 따르도록 독려하며, 자기를 초월하여 자연법칙과 절대적 진리에 순응하려는 경향성을 만들어 낸다. 영적이며 종교적인 신념을 지키고자 하는 것도 '자기초월적 욕구'로 인해 오게 되며, 의식 상태를 초월한 '초의식(初意識, superconscious)' 상태에서 양심의 소리를 느끼고, 영감을 얻으며, 내면과의 접촉, 대화를 해 나가게 되는 것도 이 때문이다. 다양한 심리적인 장애는 '무의식'의 억압뿐만 아니라 이러한 '초의식'의 억압에서도 그 원인을 찾을 수 있다.

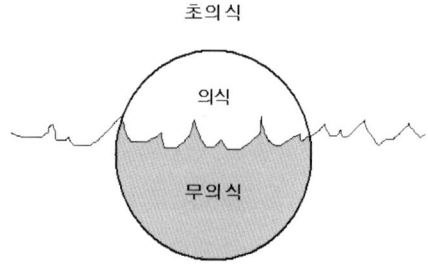

의식과 무의식과 초의식

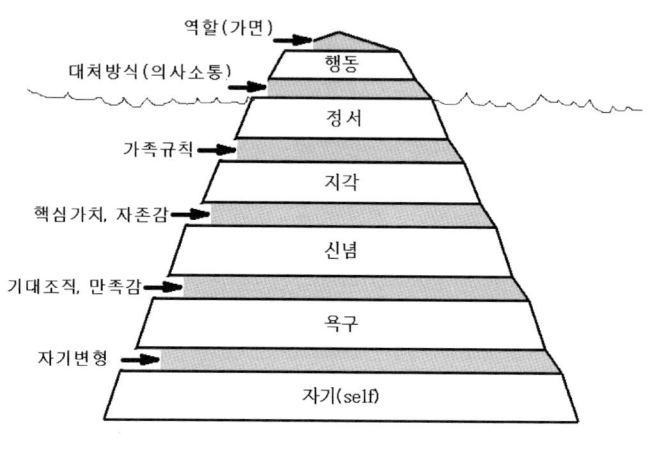

마음의 계층구조 간 변화조직도

바. 6차원: 자기(自己, Self)

무의식 속의 최하층에는 심성지층모델의 제6차원인 자기(自己, Self)가 존재한다. 이것은 의식 속의 자아(ego)와는 다른 개념이다. '자기'는 선천적 무의식, 즉 원자기 (原自己)의 최저층에 위치하지만 무의식의 중심을 의미하지는 않는다. 이것은 그 사람 전체 혹은 그 사람으로 하여금 그 사람 자신이 되게끔 하는 인간의 무의식에 존재하는 근원적인 가능성 또는 전체 성품(全體性品)[52]을 의미한다. 반면, 자아는 의식의

---

52) 이부영, 『분석심리학』, 서울: 일조각, 1998, p.113.

중심에 위치하면서 외적인 세계 - 사회적 현실과 관련을 맺고 있다. 이부영은 그의 저서 『분석심리학』에서 다음과 같이 설명하고 있다.

> '나(자아)'의 둘레에는 의식이 있다. 내가 의식하고 있는 모든 것, 나의 생각, 내 마음, 내 느낌, 나의 이념, 나의 과거, 내가 아는 이 세계, 무엇이든 자아를 통해서 연상되는 정신적 내용은 의식이다. '나'는 이 의식의 중심에 위치한다.[53]

'자기' 속에는 태어나면서부터 습득된 무수한 '원형'들이 존재한다. 원형(元型, archetype)이란 인간이면 누구나 가지고 있는 대상(對象)에 대한 선험적 지각구조 또는 정신적 조건을 말한다. 후천적으로 습득되는 개념과 원리와는 별개로, 생득적으로 갖고 태어나는 사물에 대한 사전인지구조라고 할 수 있다. 부모를 부모로서, 죽음을 죽음으로서, 남자를 남자로서 느끼도록 해 주는 생득적 지각의 틀이다. 부모원형, 죽음원형, 삶의 원형, 남성에 대한 또는 여성에 대한 원형, 음악을 음악으로서 느끼고 지각하도록 해 주는 음악원형 등이다.

수많은 원형들을 포함하고 있는 '자기'는 두 가지 측면 - '창조(創造)'와 '파괴(破壞)' 속성을 가진다. 자기의 '창조적 속성'은 기본적으로 양극적(+) 에너지, 생명에너지, 연결과 통합, 확장에너지를 대변한다. 반대로 자기의 '파괴적 속성'은 음극적(-) 에너지, 죽음에너지, 분리와 분화, 축소에너지를 대변한다. 그러나 맞고 틀리는 진위 개념이 아닌 에너지 방향성, 즉 빛과 그림자, 통합과 분리, 개별과 전체, 확대와 축소 등 가치중립적 개념이며, 고정되어 있지 않고 생성·변화·확장·소멸하기도 한다. 이 두 가지 속성은 인간의 모든 판단에 관여하며, 신념과 가치관의 방향성을 제시하기도 한다. 우리가 흔히 양심(良心)이라고 부르는 생득적인 가치판단기준도 이 두 가지 속성의 발로이다. 따라서 자기 속에 흩어져 있는 수많은 원형들은 한편으로는 창조와 통합의 상징인 양극적 속성을 가지는 반면, 다른 한편으로는 파괴와 분리의 상징인 음극적인 속성을 가진다. 이것은 옳고 그름을 판단하는 기준이 되며, 자신만의 독특성을 추구하거나 타인과의 소통을 지향하는 생득적이고 근원적인 동기이다.

창조속성은 기본적으로 양극(陽極)과 긍정(肯定)의 특성을 띠며, 분산되어 있는 것들을 통합·연결하고, 단합시키는 특성을 가지고 있다. 또한 기존의 상태를 확대하고 확장시키거나 존재하지 않았던 것을 창조하는 속성을 가진다. 우리가 생활 속에서 긍

---

53) 이부영, 앞의 책. p.58.

정적인 면을 바라보고, 삶의 의지를 가지며, 도덕관념을 가지고, 이타주의가 되고, 타인과 함께 단합하고 화합하는 근원적인 원인과 동력이 원형의 창조속성에서 비롯된다. 프로이트가 주장했던 '삶의 본능' 또는 초자아(superego)의 '통합적 정신작용'이라고 할 수 있을 것이다. 반면, 파괴적 속성은 음극과 부정적 특성을 가진다. 프로이트가 설명한 죽음의 본능이나 원초아(id)의 통합적인 정신작용이라고 할 수 있는데, 기본적으로 기존 상태의 분열과 분화를 지향한다. 전체성과는 상반되는 개별성과 개인성을 추구하고자 하는 본능적 성향이나 정상적인 상태의 분리, 축소, 파괴를 지향하는 근원적 정신작용이다.

이와 같은 자기(自己) 안의 창조와 파괴 속성은 인간의 모든 판단, 신념, 가치관, 행동, 감정을 불러일으키는 근원적인 힘이다. 어떤 대상이 좋아지거나 싫어지고, 어떤 일을 하고 싶거나 하기 싫어지도록 만드는 데 영향을 미친다. 일상에서의 여러 가지 결정에 있어 우리의 머릿속을 채우는 여러 가지 복잡한 생각과 고민들의 원인이 바로 이 두 가지 속성에서 비롯되며, 종교인들이 주장하는 정신 내적인 악마의 꼬임과 천사의 회유가 바로 여기에 기인한다.

〈표 1〉 심성지층모형의 분류 및 특성

차원	분류	하위분류		특성	방향성	의식구분		적응산출물
1	행동	행동, 감정, 결과, 체감각		대인간	what	의식		역할, 가면
2	정서	1. 감정, 느낌		심리 내적	how	후자기 (후천적 무의식)		대처방식
		2. 정서(감정에 대한 감정)						
3	지각	1. 인지(규칙)						가족규칙
		2. 지각	1. 나-나					
			2. 타인-나					
			3. 나-타인					
4	신념	믿음, 가치관			why	무의식		핵심가치
5	욕구	1. 열망(개인적 소망)		우주적 영적				기대조직
		2. 보편적 욕구	생명				원자기 (선천적 무의식)	자아존중
			사랑					
			존중					
			개성화					
			심미					
			자기초월					
6	자기	원형	1. 창조속성		who			자기변형
			2. 파괴속성					

따라서 자기를 인식하고 독특성과 개별성을 확장시켜 나갈 때 진정한 자기실현과 잠재력을 실현할 수 있다. 자기실현(自己實現)은 다른 말로 개성화(個性化, individuation)라고도 하는데, 진정한 자신과 개성을 실현하는 능동적인 행위를 일컫는다. 대부분의 개인들은 평생토록 '자기'의 발견은 고사하고라도 무의식의 여러 층과 영역에 존재하는 자신의 내적 요소들의 일부라도 인식하지 못하고 살아가는 경우가 흔하다. 가끔씩 뜻밖의 사고나 질병, 이혼, 사별 등으로 자신과 자신을 둘러싼 환경을 되돌아볼 수 있는 통찰과 반추(反芻)의 기회가 주어지기도 하지만 대부분 이마저도 무시하는 경우가 많다. 있는 그대로의 자기를 발견하고 이에 순응할 때, 진정한 의미에서의 완전한 자유와 평화가 깃든다. 자신이 진정으로 원하는 삶을 인식하고, 인생의 목표를 실현하며, 현실원칙과 도덕적 진리와 일치되는 삶을 살아갈 때 자기실현이 가능해진다.

정신 내적 요소의 의미와 작용

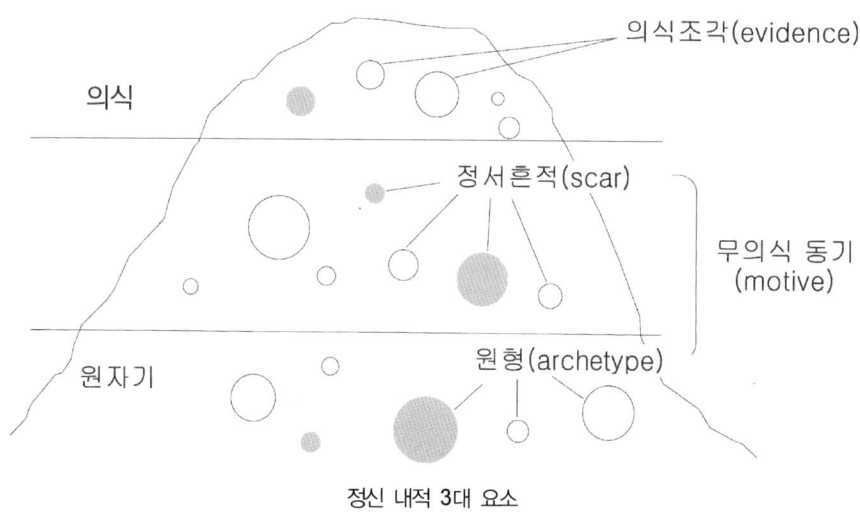

정신 내적 3대 요소

가. 의식조각(evidence)

　인간의 마음은 의식, 무의식, 초의식으로 나누어진다. 의식이란 내가 아는 마음, 즉 내가 인식하는 정신세계를 말하며, 무의식이란 아직까지 인식되지 않아서 모르고 있는 세계를 말한다. 초의식이란 자기 인식의 경계를 벗어난 영적·철학적·초자연적·이타적 정신세계를 의미한다. 우리는 앞서 무의식을 생득적으로 갖고 태어나는가 아닌가에 따라 원자기(原自己, 선천적 무의식)와 후자기(後自己, 후천적 무의식)로 구분한 바 있다.

　의식(consciousness)은 자아에 의해 인지되는 모든 것 - 느낌, 생각, 감각, 직관, 기억, 신념, 철학, 이념 등이다. 이렇게 자아에 의해 인지되고 느끼는 모든 내용들을 의식의 파편들 - '의식조각(evidence)'[54]이라고 한다. 우리가 만지고 느끼고 경험한 모든 내용들, 가정이나 학교, 사회로부터 배운 이론과 개념 및 원리들, 무의식이나 초의식의 작용으로 생겨난 여러 영감이나 생각, 감정, 기억들이다. 의식의 영역 안에는 이와 같은 의식의 조각들이 무수히 산재해 있다. 그러나 이것들은 다만 의식영역 속에서 존재할 뿐 인식되지는 않은 상태에 있다. 우리가 그것을 인식할 때 그러한 내용들은 비로소 의미를 가지게 된다. 이들 중 일부는 의식 속에 저장되어 필요할 때마다 재생되지만, 대부분은 무의식 속에 잊힌 채 존재한다.

　의식의 중요한 특성 중 하나는 한 번에 한 가지에만 집중할 수 있다는 것이다. 즉 한 순간에 하나의 의식조각에만 집중한다는 것이다. 예컨대, 캄캄한 무대 위에 특정한 대상을 향해 조명을 비추는 것과 같은 이치이다. 관객들은 조명이 비춰지는 대상만을 보고 인지할 뿐 그 외의 사물들은 보이지 않는다. 의식적 집중도 이와 마찬가지로, 의식하는 대상만을 인식할 뿐이다. 이것이 바로 한 번에 한 가지 생각밖에는 할 수 없는 이유이며 의식 속에서 매순간 일어나는 일이다.

　우리는 복잡한 생각이 들 때 여러 가지 생각을 동시에 하고 있다고 착각하지만 사실은 그렇지 않다. 많은 생각을 한 번에 한 가지씩 하면서 조각들을 이리저리 옮겨 다니고 있을 뿐, 동시에 두 가지 생각에 집중하고 있는 것은 아니다. 바로 잡념이 생긴 것이다. 워낙 순식간에 이런 현상이 일어나기 때문에 두 가지 이상의 생각들이 동시에 일어난다고 여기는 것이다. 이렇게 의식 속의 수많은 내용들 - 의식조각들 중에서 자동적으로 한 가지 내용에 집중하는 현상을 의식의 최소화라고 부르며 이것은 무의식적 과정이다.

　인간은 깨어 있으면서 눈, 귀, 코, 피부 등의 다양한 감각을 통해 외부세계를 지각한다. 한 번에 한 가지 현상만을 느끼고 인지한다. 현상을 수용하는 방법은 두 가지이다. 감각을 통해 들어오는 수많은 내용들을 자동적이고 무의도적으로 수용(受容)하

---

54) '의식조각'을 'pieces of consciousness'가 아닌 'evidence'란 용어로 표현한 이유는 의식이 무수한 무의식적 내용들의 결과적 산물이기 때문이다. 자기, 욕망, 욕구, 신념, 지각, 감정이 복합적으로 작용하여 하나의 의식 – 생각, 느낌, 감정, 직관, 이념들을 만들어 낸다. 의식이란 무의식의 결과물인 것이다. 무의식의 저편으로부터 떨어져 나온 파편들인 것이다.

는 방법과 의도적으로 특정 내용에 집중(集中)하는 방법이다. 전자는 이미 앞에서 '의식의 최소화'라고 명명하였고, 후자는 '의식의 선택적 집중'이라고 명명하고자 한다. 의식영역에 존재하는 수많은 의식조각들 중 한 가지 내용에 대해 선택적으로 집중하는 과정은 매우 순간적으로 일어나며, 조각들 간에 이동이 가능하다는 특징이 있다. 즉 인간은 스스로 자신의 생각을 선택할 수도 있고, 무의식에 이끌려 떠오르는 생각들의 노예로 조종될 수도 있는 것이다. 이러한 순간적인 선택적 집중과정을 통해 인간은 긍정 혹은 부정을 선택하여 인지하게 되며, 자신의 감정, 생각, 행동을 자의적으로 선택하게 되는 것이다. 이를 위해서는 굳은 의지력과 의식적인 노력이 요구된다. 이렇게 의도적으로 집중하기 위해 노력하다 보면 또 다른 현상을 경험하게 되는데, 바로 '몰입'이다. 몰입(沒入)이란 다른 생각의 간섭을 배제한 채 일정 시간 동안 한 가지 생각에만 집중할 때 잡념들 – 쓸모없는 생각과 관련 없는 생각들이 사라지게 되는 상태를 일컫는다. 이 몰입과정은 필연적으로 '변형된 의식 상태'를 만들어 내게 되는데 가족음악치료모델의 여러 진단 및 치료영역에서 고르게 활용되는 개념들 중 하나이다. 차후 치료기법을 다루는 다른 장에서 자세하게 언급하기로 한다.

어떤 의식조각은 동질의 다른 조각들을 끌어당기고 흡수하면서 그 세력을 확장하기도 한다. 마치 눈이 굴러 그 몸집이 더 커지는 것과 같다. 따라서 의식 속의 여러 내용들은 크기가 서로 다르며 자아에 미치는 영향력 또한 그에 비례해서 달라진다. 이것이 잡념이 생기고, 걱정이 꼬리에 꼬리를 물고 부풀려지는 이유이다. 한 가지 걱정을 하면 다른 더 큰 걱정이 떠오르는 것이다. 이와 같은 의식의 융합과 확장현상은 의식의 저층부에 위치한 무의식의 내용들에서도 확인된다. 충격적 사건을 통해 입은 정서적 상처들은 적절하게 관리되지 못하면 흉터가 되어 무의식 속 어딘가에 자리 잡게 되는데, 몸의 상처가 아물지 않고 덧나는 것처럼 정서적 상처와 흔적들 또한 주변의 비슷한 수준의 요소들을 끌어당겨 세력이 강화된다. 즉 비슷한 종류의 무의식적 내용들이 서로를 끌어당기는 일종의 '인력(引力)'현상이 작용하는 것이다. '걱정'은 자기 자신에 대한 '저주'라는 말도 있듯이, 부정적 생각들은 또 다른 부정적 에너지를 불러와 개인을 괴롭게 한다.

이와는 반대로 아름다운 기억이나 추억, 훌륭한 신념이나 철학 등과 같이 긍정적인 속성을 지닌 의식조각의 경우에는 주변의 긍정적 에너지를 모으기도 한다. 하나의 긍정적 속성의 의식조각에 지속적으로 집중하면 팽창과 융합 과정을 거치면서 확장된다. 우리가 좋은 생각을 의식적으로라도 계속하면 행복해지는 원리이다. 이렇듯 의식 속의 수많은 내용들 - 의식조각들은 긍정적 측면과 부정적 측면을 동시에 갖고 있다.

나. 무의식적 동기: 정서흔적과 원형(原型)

의식의 층에 '의식조각들'이 있다면, 무의식의 층에는 '정서흔적'과 '원형들'이 존재한다. 무의식은 다시 원자기와 후자기로 나누어진다고 전술한 바 있다. 원자기 - 선천적 무의식에는 무수한 원형들이 존재하며, 후자기 - 후천적 무의식에는 정서흔적들이 흩어져 있다. 이러한 무의식 내의 심적 요소들은 실핏줄처럼 얽혀서 서로 작용하며 인간의 의식적 생각과 감정, 행동을 만들어 낸다.

1) 정서흔적(scar)

후천적으로 형성된 무의식층인 '후자기(後自己)' 안에는 수많은 감정의 덩어리와 심리적 원소들이 존재한다. 우리 몸에 상처가 나면 작은 흉터들이 남는다. 상처가 크면 클수록 흉터도 커진다. 물론 경험 많은 의사에게 치료를 받는다면 흉터의 크기는 줄어들 수도 있을 것이다. 정서적인 상처도 이와 마찬가지다. 다른 사람으로부터 기분 나쁜 말을 듣게 되거나 충격적인 사건을 당하게 되면 크든 작든 후천적 무의식층에 정서적이고 심리적인 흉터, 즉 정서흔적(情緒痕迹, scar)이 생긴다. 이것은 감정의 덩어리, 심리적 상흔(傷痕), 콤플렉스(complex), 해결되지 않은 과거의 기억들, 무의식적 동기(motive)와 같은 용어로 대체될 수 있을 것이다.

'정서흔적'은 일반적인 몸에 나는 상처와 마찬가지로 크기가 다양하다. 상처를 입힌 사건이 심각하고 충격적인 정도에 따라 크기도 달라진다. 만약 어떤 사람이 성폭행을 당하거나 친부모의 사망 장면을 목격하는 끔찍한 경험을 했다면 감정의 덩어리인 '정서흔적' 또한 상상 이상으로 커진다. 마음속에 큰 상처가 남는 것이다. 대부분 이런 상처를 입게 되면 잊기 위해 노력하거나 거부하기 마련이다. 이것은 의식적 또는 무의식적으로 억제되고 억압되어 무의식 저층에 숨어 있다가 그 사건과 비슷한 상황이 발생하거나 타율적인 원인 제공으로 인해 외부로 폭발하게 된다. 비교적 작은 '정서흔적'을 건드리게 되면 참고 넘어갈 수도 있지만, 개인에게 있어 중대하고 심각한 '정서흔적'을 건드리게 되면 다툼, 논쟁을 넘어 살인에도 이를 수 있게 된다. '넌 키가 작아', '아버지도 없이 자란 자식', '네가 잘하는 게 뭐가 있니?', '당신이 나한테 해 준 게 뭐가 있어' 등의 말은 심리적 상흔을 불러일으키는 표현의 예들이다. 대부분 신문지상에 오르내리는 끔찍한 기사들은 타인의 '정서흔적'을 고려하지 않고 아무렇지도 않게 다룸으로써 발생한다고 할 수 있다.

'정서흔적'은 개인의 무의식적 동기를 만드는 역할을 한다. 나도 모르게 느끼고 생각하고 움직이도록 만드는 삶의 동력이다. 내면의 정서흔적들로 인해 우리는 거대한 성취를 이루기도 하고, 똑같은 현상을 왜곡시켜 바라보기도 한다. '정서흔적'은 어떻게 보면 숨기고 싶은 상처이고 비밀일 수도 있지만 어찌 보면 우리의 노력과 변화, 발전, 성장에 대한 끊임없는 희구를 만들어 낸다. 자신의 단점, 상처, 장애를 보상하기 위해 더욱 힘써 노력하는 것이다. 일찍 부모님을 여읜 안타까움을 주변 노인들을 돌보는 일에 쏟아붓는 사람이나, 자신의 과거 잘못을 속죄하고자 선행과 자선사업을 하는 사람에게서 그 예를 본다.

정서흔적은 무의식이고 무의도적인 동력으로서 우리의 신념·지각·기대·규칙·감정 등 후천적인 무의식을 만드는 재료이자 소재이다. 어떤 생각이 드는 것도, 화를 내는 것도, 어떤 기대감을 갖게 되는 것도 모두 정서적 흔적이 자의든 타의든 영향을 받았기 때문에 일어나는 작용이다. 외부의 어떤 현상이 자신의 내면 상처와 기억을 자극하는 것이라고 볼 수 있다. 예를 들어, 부모 없이 자수성가한 사람은 남들보다 많은 규칙과 신념을 갖고 있는 경우가 흔하다. 그 이유는 부모가 없다는 정서적 흔적이 세상에 더욱 철저하게 적응해 가야 한다는 예민감을 만들어 많은 규칙이나 강한 신념의 형태로 나타나게 되는 것이다.

'정서흔적'은 살아 움직이는 유기체와 같이 확장하고 팽창한다. 기본적으로 의식영역에서의 '의식조각'의 융합 및 확장현상과 동일하다. 무의식 속의 정서적 상처와 감정의 덩어리들은 처음 상처받은 그대로 존재하지 않는다. 끊임없이 또 다른 외부의 상처나 기존에 형성되어 있던 흔적들에 의해 변화된다. 특히 동질(同質)의 정서흔적들끼리는 자석과 같이 서로를 끌어당기는 인력(引力)을 갖고 있어서 서로 모이고 결합된다. 이를 통해 정서흔적들이 커진다. 감동, 공감, 동변상련, 감정이입은 이런 현상을 잘 표현해 주는 용어들이다. 개인의 무의식 속 감정적 상처 및 덩어리 - 정서흔적들은 그때그때마다 적절히 해소되지 않으면 경사면을 구르는 눈덩이처럼 커져만 간다. 주의 깊은 치료중재나 개인적 노력을 통해 '정서흔적'은 축소되거나 변화될 수 있다. 그동안 심리적 상처들과 감정의 덩어리들은 의식적이건 무의식적이건 의식의 수면 아래에 억눌려 있어 왔다. 남들에게 표출하지 못하는 개인적 비밀을 많이 갖고 있는 사람들에게서 정서흔적을 쉽게 발견할 수 있다. 비밀이 많고 개방하지 못하게 되면 그만큼 마음의 고통과 혼란 - '속앓이'를 하게 되는 것이다. 비밀이란 세상으로 밝혀지면 더 이상 비밀이 아닌 법이다. '정서흔적'은 사려 깊은 치료사의 중재를 통해 의식의 수면 위로 떠오르게 될 때 비로소 축소되기 시작한다. 얼음이 햇볕에 녹아내리는 이치이다. 물론 '정서흔적'의 심각성에 따라 그만큼의 시간과 노력, 주의가 소요될 것은 당연하다. 가족음악치료모델은 이와 같은 정서적 상처와 흔적들을 효과적으로 치료하는 풍부한 치료중재를 소개해 줄 것이다.

2) 원형(archetype)

원형(原型, archetype)은 무의식의 최저층부인 '선천적 무의식'의 층, 즉 '원자기(原自己)' 안에 위치하며 생득적으로 가지고 태어나는 동기이자 선험적 지각의 틀이다. archetype이란 용어는 1919년에 칼 융의 저서 『밤바다 모험 - 칼 융이 겪은 중년의 정신적 위기와 환상체험』에서 처음 소개되었다. 심성지층모형의 제6차원인 '자기'의 층 속에는 태어나면서부터 습득된 '원형'들이 수없이 존재한다. 죽음에 대한 원형, 부모에 대한 원형, 사랑에 대한 원형, 성(性)에 대한 원형, 삶에 대한 원형, 음악에 대한 원형 등 누가 가르쳐 주지 않아도 스스로 아는 지식, 죽음을 죽음으로서 인식하고, 삶을 삶으로서 인식하는 생득적 사전인지구조가 바로 원형이다. 지금까지 살았던 모든 인류가 공통적으로 느끼고 생각했던 행동과 생각, 감정들의 교집합 또는 온 인류가 태고부터 경험하여 침전되어 전해 내려오는 이미지, 심상, 상징의 집단적 저장고이다. 이것이 원형이다.

우리는 원형을 통해 사물을 사물로서 인지하게 되고, 어머니를 어머니로서 체험하게 된다. 원형은 대상을 대상으로서 인지하고 수용하기 위한 선험적 수용구조라고 할 수 있다. 따라서 '원형'이란 시대와 장소, 인종, 문화, 관습을 초월하여 인간이면 누구나 가지고 있는 보편적이고 근원적인 정신적 수용체이다. 태고부터 현재까지 반복되어 축적된 인류 전체 정신의 본질 또는 조건이다. 우리는 이를 통해 느끼고, 생각하고, 행동한다.

> 원형은 인간이면 누구의 정신에나 존재하는 인간 정신의 보편적이며 근원적인 핵이다. 그것은 태어날 때 이미 부여되어 있는 인간의 선험적 조건이다. 인간으로 하여금 인간답게 하는 가장 기본적인 조건이라 할 수 있다. 이러한 조건은 문화적인 전통과 관련된 인간관 또는 가치관의 차이를 넘어서는 것이다. 원형은 시간과 공간의 차이, 지리적 조건의 차이, 인종의 차이를 넘어선 보편적인 인간성의 조건이다. 태고 적부터 현대에 이르는 긴 시간에 수없이 반복되었음, 또한 반복되어 갈 인류의 근원적인 행동유형을 가능하게 하는 선험적 조건이다.[55]

원형은 심상과 상징을 통해 발현될 수 있다. 분석심리학자들은 원형의 존재를 이해하기 위해 인간의 꿈에 나타나는 내용과 상징을 탐구하며, 세계 전역에 널리 퍼져 있는 고대 신화와 민담을 탐구하기도 한다. 신화와 민담에는 인류 공통의 무의식적 정신 유산이 녹아 있다고 믿기 때문이다. 원형의 존재를 간접적으로 이해하기 위해 동서양의 종교사상을 비롯한 원시인의 사고내용이나 원시종교의 귀령관을 탐구해 가면서 인류 공통의 무의식, 이른바 집단적 무의식의 내용을 발견하기에 이르렀다. 이렇게 원형의 상징들은 꿈과 신화, 민담, 민간신앙, 원시종교의 귀령관, 종교교리와 의식, 원시종교의 현상, 문예작품을 통해 반영된다. 이러한 신화적이고 환상적인 요소들은 인간의 꿈에 나타나는 상징과 이미지, 정신질환자의 환각이나 망상에서도 그대로 발견되며 실제로 매우 흡사하다.

꿈에서의 상징과 정신병리현상들은 마치 무의식의 원형으로부터의 메시지(message)와 같이 목적과 기능을 가지고 있다. 치료사의 역할은 대상자들이 가지고 있는 정신적 체험현상 - 우울, 환각, 망상, 공포, 집착의 진정한 의미와 목적을 해석하여 그들에게 알림으로써 자신들의 병리현상에 대해 바르게 이해하고 통찰할 수 있도록 하는 일일 것이다.

---

55) 이부영, 앞의 책, pp.100～101.

다. 자기분화(自己分化)와 자기실현(自己實現)

인간은 본래 어떤 상태로 태어났을까? 그의 심성은 태어날 때 어떠했을까? 신생아의 자기(Self)는 원형과 본능(보편적 욕구)으로만 구성되어 있었다. 선천적으로 갖고 태어나는 무의식, 즉 원자기만이 존재했던 것이다. 이것이 자극, 경험, 교육, 훈련, 사건, 사고들을 거듭하면서 점차 분화되고 성장하여 후천적인 무의식인 신념과 기대, 규칙, 지각이 탄생하게 되었다. 이와 같은 자기분화 또는 자기분열의 과정은 인간이 나이가 들고 성장하면서 기능과 구조 측면에서 정교화되고 특수화된다. 즉 생각과 능력, 태도가 좀 더 세련되고 분화되는 것이다.

'자기분화(自己分化, Self-division)'[56]란 원래 보웬(Bowen)의 다세대 가족치료 모델에서 언급한 개념으로서 'differentiation of self'라는 용어를 사용하였다. 가족음악치료모델에서 분화를 differentiation이 아닌 division으로 소개한 이유는 생물학의 세포분열 개념을 정서적 측면의 분화, 성숙, 변화, 분열에 적용시켜 통합적으로 조명하기 위함이다. 정서적 분화와 분열에 대한 이해는 무의식적 동기의 생성원인, 사고와 감정의 분리수준, 부모와 자녀 간의 심리적 경계, 관계 속에서의 친밀감과 자율성 수준 등에 대한 통찰과 인식을 높여 줄 것이다.

기본적으로 분화(分化)는 성숙, 변화, 성장을 의미하며, '미분화(未分化)'는 융합, 정체, 퇴화, 원시적인 상태를 의미한다. 어떤 사람의 자아가 정교하게 분화되었다는 말은 그만큼 성숙되었다는 뜻이다. 내면의 분화수준이 낮은 사람, 즉 미분화된 내면세계를 가진 사람은 불안감이 높고 매사에 민감한 반응을 보인다. 또한 타인과 장기적인 관계를 유지하지 못하고 주변 환경에 영향을 많이 받는다. 반대로 분화수준이 높은 사람은 불안감이 낮고 내면이 안정되어 있으며, 인간관계 속에서 타인을 배척하지 않고 의사소통을 진행할 수 있다. 또한 분화가 완전하게 진행된 사람이라면 – 불가능하겠지만 – 모든 측면에서 균형(均衡)을 이룬 사람이라고 할 수 있다. 개인의 사고와 감정, 감각, 직관에 있어서 치우침 없이 균형을 유지할 수 있고, 타인과의 전체성과

---

56) "자기분화는 개인의 내면에서 자신과 타인과의 관계에 감정반사적으로 대응하지 않고 사고와 감정을 분리시킬 수 있는 능력을 말한다. 그리고 타인과의 관계에서 자신과 타인을 분리시켜 상대방의 영향에 좌우되지 않으면서 자신의 신념에 따라 자신의 입장을 취하여 친밀한 관계를 유지할 수 있는 능력을 말한다." 최선령, 이인수 역, 『가족치료임상에서 삼각관계활용 – 보웬의 체계적 가족치료 적용』, 서울: 시그마플러스, 2005.

개인의 독특성 및 개별성을 동시에 다룰 수 있다. 분화와 불안은 서로 반비례 관계에 있는 것이다.

한 개인은 어린 시절에는 부모와 함께 살아가지만, 성장하면서 가족을 떠나게 된다. 이 시점에서 원래 가족 - 원가족과 원만하게 분화가 잘 이루어진 사람은 자율적이고 건강한 사람으로 성장하게 된다. 여기서의 분화란 독립(獨立)을 의미하며, 결혼이나 분가(分家) 등이 예가 될 것이다. 물론 '가족으로부터의 원만한 분화'가 환경적·신체적인 분리만을 의미하지는 않는다. 원가족으로부터의 원만한 심리적 분리현상을 포함하는 개념이다.

따라서 가족들과의 전체성을 존중하면서도 개인의 개별성과 독특성 또한 존중하는 것이 균형 잡힌 성장을 위해 중요하다. 분화, 분리라는 관점에서 최상으로 발달한 가족은 가족구성원들 각자의 자아가 비교적 잘 분화되어 있고, 불안수준이 낮으며 부모가 자신들의 가족들과 정서적으로 좋은 관계를 맺고 있는 경우이다.[57] 자기분화의 수준이 낮은 사람은 원가족 부모와의 정서적 융합관계가 완전히 분리되지 못했기 때문에 발생한다. 성인이 돼서도 부모에게 전적으로 의지하는 사람들이 바로 이 경우에 속한다. 이른바 '마마보이'나 '파파걸'이라고 부르는 사람들이 한 예가 될 것이다. 부모와의 정서적 애착문제가 해결되지 않은 채 성장해 버린 경우이다. 이런 사람들은 외부 자극에 대해서 민감하고 불안을 느끼며 관계유지에 어려움을 겪게 된다. 따라서 결혼을 한 이후에도 미해결 정서애착문제는 해결되지 않으며, 부부관계를 힘들게 만들며 스트레스 상황이 발생했을 때 해결보다는 회피하려고 한다. 부모의 미숙하고 미분화된 정서 패턴은 자녀에게 그대로 투사되어 지나친 관심과 집착으로 이어진다. 심지어는 배우자를 소외시키는 잘못된 역기능적 관계를 형성한다. 이러한 정서 패턴은 자녀들에게 그대로 전수되어 세습된다.

자기분화가 잘 이루어지고, 자신만의 개별성과 타인과의 전체성이 균형을 이루며, 자율적인 사람으로 성장하게 되었을 때 비로소 자기실현(自己實現, Self-actualization), 즉 개성화(個性化)가 가능해진다. 융은 진정한 개성화를 집단정신과 나의 삶의 목표를 구별하는 데 있다고 하였다. 집단정신은 외적인격, 즉 페르소나(Persona, 가면)를 의미한다. 따라서 진정한 개성화란 집단정신, 역할, 사회규범 등을 부정하거나 완전히 동일시하는 것이 아니라 거기서 벗어나는 과정을 말하는 것이다. 예컨대, 세속을 떠나

---

57) 이영분, 『가족치료의 모델과 사례』, 서울: 학지사, 2008, p.137.

성직에 입문한 사람이 아직까지 속세에 대한 향수와 번민을 간직한 채 아무렇지도 않은 것처럼 행동하고 있다면 완전한 의미에서의 개성화를 이루지 못한 것이다. 물론 개성화나 자기실현의 과정이 완벽한 사랑과 동정심을 가진 성인을 만드는 과정은 아니다. 자신의 의지와는 다른 탈과 가면을 쓰고 흉내 내는 것이 문제일 뿐이다. 성직자, 교수, 영화배우라는 가면을 쓰고 경건한 척, 모든 것을 아는 척, 행복하고 멋진 척하는 것은 진정한 자기의 실현과는 거리가 멀다. 자신의 사명이나 진정한 삶의 목표와 전혀 상관없는 행동과 모습을 보일 때 자아성숙은 멀어져 간다. 융은 자기실현을 위해서는 첫째, 자아에 덮어씌운 '페르소나'를 벗기는 일이며, 둘째는 자아를 무의식 내용의 암시적인 힘에서 구출하는 일이라고 말한다.

> 자기실현은 자아가 사회적 역할과 맹목적으로 동일시하는 것만으로는 결코 이루어질 수 없다. 자아성숙의 궁극적인 목표가 페르소나가 아니라는 자각으로 나의 사명과 집단 저인을 구별하되 사회적 의무와 규범의 필요성을 자기의 전개성(全開成)에 합치되는 범위에서 인정하며, 때로는 능동적으로 사회에 참여하고, 때로는 여기서 물러나 안의 세계에 자신을 맞추는 것이다.[58]

---

58) 이부영, 앞의 책, pp.120~121.

정신 내적 요소 간 역동성

가. 무의식 동기의 생성과 소멸

무의식적 동기, 특히 마음의 상처, 기억, 감정의 덩어리 등을 의미하는 정서흔적들은 외부자극으로부터 생성된다. 칭찬, 환희, 극도의 감동, 행복한 기억 등은 개인의 후천적 무의식 속에 긍정적인 정서흔적을 만들어 낸다. 반대로 충격적 사건, 극도의 슬픔, 고통스런 경험, 멸시 등은 부정적인 정서흔적을 생성한다. 자극이란 어떠한 형태이든 무의식 속에 일종의 흔적 또는 감정의 덩어리를 남긴다. 이것을 '정서흔적(scar)'이라고 명명하였다.

정서적 흔적에는 신념, 기대, 규칙, 지각, 정서 등이 포함된다. 일상에서 많은 시행착오를 겪으며 얻게 되는 결과들을 통해 자신이 옳다고 판단되는 내용들이 '신념'으로 굳어진다. 즉 깊은 통찰과정을 통해 정신적 각성, 이른바 깨달음을 이루게 되면 '신념'이라는 정서흔적이 생겨나는 것이다. 또 반복적인 욕구충족과정을 통해서 구체적인 '기대'와 '규칙들'이 생겨난다. 괜한 우울함과 슬픔, 통제불가능한 자신감, 이유를 알 수 없는 특정 대상에 대한 집착 등의 '정서'도 외부자극으로부터 기인한 일종의 정서흔적들이 굳어진 결과물들이다. 하지만 무의미한 자극의 반복으로 정서흔적이 생성되지는 않는다. '소귀에 경 읽기'라는 말이 있듯이, 유기체의 정서적 환기(換氣)와 동기부여 없이 어떠한 신념의 형성이나 교육은 가능할 수 없다.

정서흔적은 상처를 받은 초기 단계에 잘 관리되고 처리되면 축소되거나 소멸될 수 있다. 고백과 위로, 종교와 예술로서의 승화, 전문가와의 상담치료 등을 통해 해소할 필요가 있다. 그러나 시기를 놓치게 되어 정서적 상처에 덧이 나거나 적절하게 치료되지 않으면 큰 흉터를 남기게 된다. 뜻하지 않은 이별, 이혼, 가족의 해체, 불의의 사고로 인한 사랑하는 사람의 사망, 성폭행과 같은 충격적인 사건 등을 경험하게 되면 그 충격의 정도가 큰 만큼 상처의 크기도 크다. 이렇게 충격적 사건을 경험하게 되면 대개 사람들은 무의식적으로 이런 경험을 회피하고자 노력한다. 물론 의식적으로도 그 기억을 다시 떠올리지 않기 위해 노력하겠지만 무의식적으로도 이 정서적 충격을 더 깊은 무의식의 저층으로 억압하게 된다. 자신의 성폭행 사실을 남들에게 밝히지 않고 일생 동안의 비밀로 간직한 채 살아가게 될 때, 이 사람은 일종의 정서적 폭탄을 안고 사는 것과 마찬가지이다. 비밀스런 사건과 사실들을 억압하고 억제하면 할수록 이런 정서적 흔적들은 무의식 속에서 그 세력을 확장해 나간다. 결국에는 무의식에 의해 의식이 점령당하게 되어 통제불가능 상태에 놓이게 되는 것이다. 더 이상 자신의 감정을 통제할 수 없다. 내가 왜 이런 행동을 하고 있는지 알 수 없다. 자제할 수 없는 분노감, 이해할 수 없는 우울감과 공포감, 끊임없이 밀려드는 조종망상들, 걱정들이 그것이다.

무의식 속의 정서흔적들은 의식의 수면 위로 떠오를 때 비로소 소멸될 수 있다. 이른바 무의식의 의식화이다. 무의식 속의 내용들은 미해결된 채로 내버려진 경우가 많다. 그대로 두면 녹이 슬거나 곰팡이가 생기고 만다. 이것들이 자아에 의해 의식되고 재인식될 때 비로소 새로운 의미를 지니게 된다. 과거의 숨기고 싶은 '비밀'은 더 이상 비밀이 아니라 '사실'로서 다가오게 되며, 그 사실에 대한 새로운 관점과 인식을 갖게 된다. 그런 의미에서 치료적 중재란 문제에 대한 재인식 과정이라고 할 수 있을 것이다.

이렇게 분화되고 성숙될 기회를 얻지 못하고 원시적인 형태로 무의식 속에 남아 있는 수많은 정서적 흔적들, 감정의 덩어리들을 다시 의식 위로 끌어올려 통찰하고 재인식하는 과정이 필요하다. 물론 이러한 과정은 안전하게 조율된 환경, 즉 치료적 환경 속에서 심성에 대한 깊은 이해를 갖춘 전문가에 의해 주의 깊게 중재되어야 할 것이다. 가족단위로 진행되는 즉흥적인 노래나 연주는 무의식 내면에 존재하는 미분화 상태의 미해결과제들을 무의식적이고 자연스럽게 외부로 표출하도록 해 주는 좋은 수단이 된다. 또한 가족관계의 특성을 한눈에 알아보기 쉽게 구성한 도표 - 원가족도표, 가족영향권분석표, 생애주기표 등은 치료대상자로 하여금 현재 자신의 문제들이 가족으로부터 세습되고 전수된 것이라는 사실을 알려 준다. 변형된 의식 상태로 인도하는 음악 감상을 통한 중재기법들은 의식의 경계를 넘어선 무의식과 초의식의 경험을 통해 자신과 가족의 문제에 대한 해답을 찾고 자신의 진정한 소망, 사명, 삶의 목표를 발견하도록 도움을 준다.

나. 반사작용의 생성과 해소

반사작용(反射作用)이란 어떤 대상과 자극에 대해 반응하는 작용이라고 정의할 수 있다. 원래 반사작용[59]이란 신생아들의 중추 신경이 아직 제 기능을 하지 못해 원시적이고 무의식적으로 외부자극에 반응하는 행동을 말하는데, 이는 생후 여섯 개월 무렵이 되면 저절로 없어진다. 그러나 본 모델에서는 신체적인 면이 아닌 심리적 반사작용에 초점을 맞춘다. 심리적인 측면에서의 반사작용이란 외부자극에 대해 의식적 또는 무의식적으로 반응하는 감정, 지각, 행동을 통틀어 일컫는 용어이다. 어떤 사람의 반사행동이나 반사감정을 살펴봄으로써 그 사람의 심리적 성숙도나 예민한 정도 등을 가늠해 볼 수 있다.

반사감정은 자존감과는 반비례관계에 있다. 자아존중감이 강한 사람은 반사감정이 낮은 반면, 자존감이 낮은 사람은 반사작용이 매우 민감하게 나타난다. 예컨대 외부의 어떤 자극에 대해서도 항상 자신과 연결 짓는 사람들이 있다. 우리는 이런 사람들에게 "쟤는 너무 예민해." "요즘 많이 민감해졌어."라고 말한다. 어떤 얘기를 해도 자신과 결부시켜 생각하고 느끼는 사람들은 그만큼 많은 열등의식이 존재할 가능성이 크다. 외부의 자극이 자신의 무의식 속에 있는 열등의식 − 부정적 감정의 덩어리 또는 부정적인 정서흔적을 건드리게 되는 것이다. 열등의식이 많은 사람들은 다른 사람에 비해 정서흔적의 수도 많겠지만, 상대적으로 정서흔적의 크기도 상당히 클 가능성이

---

59) 반사작용(反射作用) 가운데는 '루팅반사(rooting reflex)'라고 하여 신생아가 뺨이 닿는 방향으로 고개를 돌리는 행동을 하기도 하고, 손이나 손바닥을 건드리면 무엇이건 잡으려 하는 '잡기반사', 안고 있던 아기를 바닥에 내려놓으면 양팔을 위로 치켜드는 '모로반사(moro reflex)' 등이 있다. 이런 반사행동들은 생후 여섯 개월까지 나타나다가 아기들이 다른 환경에 적응해 가면서 자연스럽게 사라지게 된다. 그러나 눈앞에 밝은 빛을 비추거나, 갑자기 고함을 치면 눈을 깜빡이는 '눈깜박이반사'는 평생 동안 지속적으로 나타난다.

있다. 그래서 주변의 자극에 의해 쉽게 상처받게 되고, 상처의 깊이도 매우 깊다.

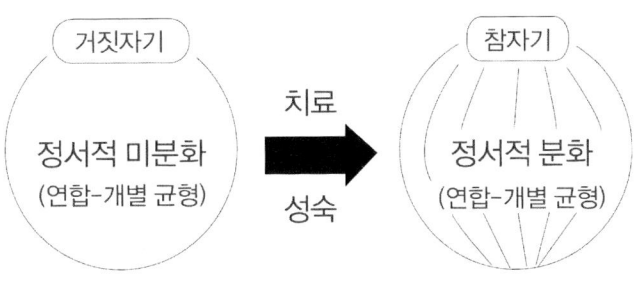

성숙과 분화수준의 상관성

　어떤 사람이 갖고 있는 수많은 정서흔적들 중에서 가장 크고 위험한 정서적 흉터를 핵심감정(核心感情, core feeling)이라고 부른다. 치료기간이 아무리 길어도 내담자의 핵심감정을 정확히 찾지 못하면 치료는 제자리에서 맴돌게 되며 근원적인 치료는 힘들어진다. 대상자의 전향적인 변화를 이끌어 낼 단서가 되는 핵심감정은 '반사작용'을 통해 간접적으로 파악할 수 있다. 지나치게 민감한 반응을 보이는 대상영역을 통해 대상자가 갖고 있는 문제의 실체를 규명할 수 있는 것이다. 어떤 사람이 과도하게 반응하는 측면에 바로 그 사람의 변화를 위한 핵심적인 실마리가 숨어 있는 것이다.

　반사작용에는 다음 세 가지 영역 - 반사행동, 반사감정, 반사지각 등이 존재한다. 먼저, 반사행동(反射行動)은 외부자극에 대해 의식적 또는 무의식적으로 반응하는 행동을 의미한다. 타인에 대한 무관심, 스트레스 상황에서 보이는 잦은 실수, 대상에 대한 과도한 집착 경향성 등이 그 예이다. 반사감정(反射感情)이란 외부자극에 대해 의식적 또는 무의식적으로 반응하는 감정을 말한다. 예를 들어 반사감정의 수준이 높은 사람들이라면 주로 특정 대상에 대해 지나치게 예민한 감정을 나타내 보이게 되는데, 대상에 대한 극도의 회피감정, 만성적인 불안과 우울감정 등이 예가 된다. 어떤 대상자는 남편에 대한 이야기가 나오면 과도하게 민감하게 반응하는 경우가 있는데, 이것으로 남편과 현재 문제행동 간의 관련성을 의심해 볼 수 있다. 마지막으로 반사지각(反射知覺)이란 외부자극에 대해 의식적 또는 무의식적으로 반응하는 자동적인 지각과정을 뜻한다. 무척 까다로운 사람에게서 예를 찾을 수 있다. 이들은 과도한 규칙과 기대를 가지고 있어서 주위 사람들을 힘들게 한다. 이들 앞에서는 행동과 말을 조심해야 하고 지극히 자기중심적이어서 타인의 의견이나 제안을 귀담아 듣지 않는 경향이 있다. 이러한 세 가지 반사작용을 통해 간접적으로 대상자의 무의식 속에 존재하는 정서의 흔적들, 감정의 덩어리, 열등의식들을 발견할 수 있으며 이것들은 치료를 위한 중요한 열쇠를 제공해 준다.

다. 의식과 무의식 간의 역동적 관계

의식은 무의식에 의해 생성한다. 인간의 모든 행동, 감정, 느낌, 이념, 철학들은 무의식적 동기들에 의해 발생하게 된다. '주는 것 없이 밉고, 받는 것 없이 좋은 사람'이란 말이 있다. 아무런 이유 없이 어떤 대상에 집착하게 될 때, 특히 사랑을 시작하는 연인들이 서로에 대해 느끼는 감정들은 말로 설명할 수 없다. 반대로 이유 없이 미운 사람이 있을 수도 있다. 그러나 엄밀하게 따져 보면 이유가 없는 미움이나 집착은 있을 수 없다. 설명할 수 없는 집착경향과 거부감정의 기저에는 분명한 원인을 제공하는 근원적 동기가 숨어 있다. 무의식 속에는 의식적 행동을 조정하는 무수한 원동력들이 있다. 원형, 본능적 욕구, 신념, 지각, 규칙, 기대가 그것이다. 이 같은 무의식적 차원들은 서로 밀접한 관계를 맺으며 상호작용하고 있다.

생각은 행동을 낳는다. 의식적 행동은 무의식 속의 신념과 욕구에 의해 발생한다. 따라서 긍정적인 생각은 긍정적인 결과를 이끌어 내고, 부정적인 생각은 부정적인 결과를 만든다. 비합리적인 신념은 잘못된 규칙들을 만들어 내고 결국에는 이상행동을 만들어 낸다. '사돈이 땅을 사니까 배가 아프다'는 말은 생각이 신체에도 영향을 미칠 수 있음을 보여 준다. 타인에 대한 미움이 신체화(身體化, somatization) 증상을 발생시킨 것이다. 예컨대 가족을 버리고 떠나 버린 아버지로 인해 많은 고생을 했던 사람은 일생을 통해 해소되지 않는 우울감과 타인에 대한 불신, 낮은 자존감으로 고통받게 된다. 그러던 사람이 아버지를 진정으로 용서한 뒤 마음의 평화를 다시 되찾고 사회생활을 시작하게 되었다. 변화된 것은 없다. 떠나간 아버지가 다시 돌아온 것도 아니고, 집안의 여건이 좋아진 것도 아니다. 다만 아버지에 대한 미움과 증오의 감정에서 자신을 분리시켜 자유로워진 것뿐이다. 일생 동안 자신의 무의식 속에 담고 살아온 미해결 과제를 내려놓음으로써 평화감정을 얻게 되었다. 신념의 변화는 감정과 행동, 심지어는 신체의 변화에도 영향을 미친다.

이와는 반대로 의식이 무의식에 영향을 미치는 경우도 있다. 의식적 노력을 통해 무의식 속의 내용들에 직접적으로 자극을 주는 것이다. 행동을 반복하면 습관화되어 궁극적으로는 성품으로 굳어지는 원리이다. 의도하지는 않았지만 긍정적인 행동을 실천하고 반복하다 보니 그 행동의 진정한 의미와 영향력을 깨닫게 되는 경우이다. 경한 범죄를 저지른 사람들에게 '사회봉사명령'을 판결하는 경우나 중고등학생들이 실시하는 '봉사활동' 등이 이에 해당된다. 이들은 "좋은 일을 하니까 기분이 좋아졌어요.", "봉사활동을 해 보니까 봉사를 해야겠다는 생각이 들었어요."라고 말한다. 아마도 처음부터 '봉사'에 대한 의미나 열망을 가지고 참여하는 사람들은 거의 없을 것이다. 봉사를 실행하다 보니 봉사의 의미를 알게 된 것이다. 행동이 신념을 형성시킨 경우이다.

의식과 무의식의 역동적 관계성은 치료 장면에서 구체적으로 활용된다. 우울증 환자의 경우, 의식적인 노력을 통해 내면을 변화시킬 수도 있지만, 무의식적 동기를 변화시킴으로써 행동과 감정을 변화시킬 수도 있다. 전자의 경우, 치료사는 우울증 환자와 함께 쇼핑을 하고, 영화를 함께 볼지도 모른다. 후자의 경우 치료사는 외부 행동에는 관심을 가지지 않고 오로지 무의식 속에 잠재되어 있는 미해결 과제에 초점을 맞춰 문제를 해결하기만 하면 긍정적인 행동이 따라올 것이라고 믿는다. 치료대상자의 행동을 통해 내면을 변화시킬지, 반대로 내면을 통해 행동을 변화시킬지는 치료사의 철학과 신념에 따라 다를 것이다. 아무튼 중요한 사실은 의식과 무의식은 서로 유기적으로 관계를 맺고 있어서 어느 한쪽의 변화가 자동적으로 다른 한쪽의 변화를 가져온다는 것이다.

라. 다면적 편향성과 내적 균형

인간에게는 다양한 성격과 행동 유형이 존재한다. 내성적인 사람과 외향적인 사람, 감정적인 사람과 이성적인 사람, 이기주의자와 이타주의자, 현실주의자와 이상주의자, 의식적인 사람과 무의식적인 사람 등이다. 이러한 인간유형은 가치중립적이어서 완전히 옳거나, 완전히 잘못된 경우는 있을 수 없다. 다만 지나친 편향성이 문제가 될 뿐이다. 편향성(偏向性)이란 저울의 한쪽이 기울어지듯 한 방향으로 치우친 상태를 일컫는다. 정서적인 편식이라고 할 수 있다. '가정적'이라는 것은 훌륭한 것이지만 '지나치게 가정적'일 때는 가족이기주의라는 문제를 부를 수 있다. '이타주의'는 바람직한 사상이지만, '정도를 벗어난 이타주의'는 혼란을 야기할 수도 있다. 예컨대 독거노인이나 노숙자들을 돕겠다고 집안 형편을 살피지 않고 가산을 탕진하는 경우가 종종 있기 때문이다. '외향적'인 것과 '과도하게 외향적'인 것과는 전혀 다른 개념이다. 한국사회의 체면문화는 과도한 외향성의 좋은 예이다. 다른 사람을 애써 배려하고 친절한 것은 좋지만, 자신의 감정이나 편의를 무시한 채 타인만을 의식하는 것은 위선적이다. 원래 외향(外向)이란 의식의 방향성이 외부세계로 향해 있는 경우를 의미한다. 그러나 의식이 과도하게 외부세계에만 관심을 갖게 되면 의식편중현상이 일어나게 되어 무의식과 의식이 단절된다.

이러한 무의식과 의식의 단절은 어느 한쪽의 일방성과 편향성에서 비롯된다. 시야가 외부에만 집중되어 있으면 내부를 볼 수 없고, 내부에만 초점을 맞추고 있으면 전체를 볼 수 없기 때문이다. 사람들은 자신의 내면세계에 대한 통찰과 반성 없이 끊임없이 외적인 성공만을 위해 경주할 때 무의식과 의식의 단절을 경험하게 된다. 의식은 일방적으로 확대되어 있기 때문에 무의식의 깊은 내면을 통찰할 여유를 가지지 못한다. 이런 사람들은 "내가 마치 무엇에 홀린 듯 살아왔다."고 말한다. 이처럼 의식이 일방적으로 확대되고 강화되면 될수록, 반대편에 존재하는 무의식은 축소되고 원시적이고 미분화된 상태에 놓이게 된다. 의식에 지나치게 편중되고 극단화될 때 무의식의 원시적이고 본능적인 충동이 드러나게 되고 의식을 완전히 지배하기에 이른다. 이렇게 되면 합리적인 판단이나 행동을 하지 못하고 의식이 마비되는데, 특히 자기중심적이고 유아적 경향성을 띠며 엉뚱한 행동을 하거나 심하면 노이로제나 건강염려증, 술중독, 약물남용, 우울, 자살을 일으키기도 한다.

의사소통방식에 있어서도 의식의 일방성과 편향적 태도를 발견한다. 자기 얘기만 하는 사람, 다른 사람 비유만 맞추는 사람, 상황과 현실만을 고려하는 사람, 도덕적 진리에 입각해서 행동하는 사람 등이다. '자기'만 강조하면서 이야기하는 사람을 '비난형(非難型)'이라고 하고, '타인'의 감정을 우선하는 사람을 '회유형(懷柔型)', '상황과 현실원칙'에 입각해 행동하는 사람을 '초이성형(初理性型)', '도덕적 진리'만을 최우선으로 삼는 사람을 '비현실형(非現實型)'이라고 한다. 예컨대 아이가 잘못을 저질러 경찰서에 잡혀 간 경우, 회유형인 아이의 엄마는 "내가 잘못 가르쳐서 네가 이렇게 되었구나."라고 하고, 초이성형인 아버지는 "잘못을 했으면 혼이 나야지."라고 말한다. 또 비난형인 경찰은 "너 같은 놈들 때문에 우리 사회가 이 모양이야."라며 타인의 감정은 무시한 채 자신의 생각과 감정을 퍼붓지만, 비현실형인 이들의 교회목사는 "우리 모두 이 아이를 위해 기도합시다."라고 말한다. 이처럼 비현실형들은 현실이나 상황을 배제한 해결방법을 내놓는다.

원활한 의사소통이 이루어지려면 자기, 타인, 상황, 진리가 동시에 고려되어야 가능하다. 어느 한쪽으로 편중되면 다른 쪽은 원시적이고 미분화되어 썩고 곪아 터지게 되는 것이다. 무의식과 의식에서 적절한 균형 감각이 중요하듯이 의사소통에 있어서도 무엇보다 치우침 없는 평형과 균형이 요구된다.

이러한 균형과 평형에 대한 철학은 비단 치료적 개입에서뿐만 아니라 개인의 내적세계에도 적용되지만 개인의 흥미영역에서도 적용되며, 가족관계 속에서의 편애현상을 해소하거나 사회, 가정, 개인생활에서 어떤 것을 우선으로 둘지 선택하는 데 있어서도 활용될 수 있다. 예컨대, 컴퓨터 게임에 빠져 있는 아동은 게임시간을 조절하여 다른 영역에 흥미를 가질 수 있도록 유도해야 하며, 자녀에게만 집중된 관심을 배우자에게 분배함으로써 가족관계에 있어서도 치우침 없는 균형을 이루어야 한다. 신앙생활을 위해 가정을 등한시하는 신자의 경우에는 신앙생활과 가정생활의 균형을 이룰 수 있는 시간의 안배와 함께 가족 안에서 승화될 수 있도록 신념을 변화시키는 노력이 필요하다.

제4장
음악 내적 개념과 이론

01

음악원형(music archetype)

'원형(原型, archetype)'이라는 말은 그리스어로 '최초의 유형'이라는 뜻의 archetypos에서 유래되었는데, 문학과 사상 전반에 보편적인 개념이나 상황으로 여겨질 만큼 자주 되풀이하여 나타나는 근본적인 상징, 성격, 유형을 가리키는 용어이다.[60] 인간의 다양한 경험은 어떤 식으로든 유전 암호가 되어 다음 세대로 전달되며, 논리 이전의 사고에 기원을 둔 이 원초적인 심상(心象) 유형과 상황은 독자와 저자에게 놀랄 만큼 비슷한 감정을 불러일으키게 된다. 특히 인간 무의식의 깊은 차원에는 생득적으로 음악을 수용하고 표현하며 깊이 향유하고자 하는 본연의 심성 - 본성(本性, human nature)이 존재한다. 인간이 가지는 이러한 음악에 대한 지향성, 본능적 수용력과 표현력, 선호성향을 '음악원형(音樂原型, music archetype)'이라고 한다.

'음악원형'은 음악 본연의 형태를 말한다. 그것은 음악 중의 음악, 원초적으로 음악인 것, 모든 시대와 종교를 대표하는 음악의 교집합을 의미하기도 한다. 가요에도 있고 클래식과 팝음악에도 있는 어떤 것 또는 과거의 음악에도 있었고 현재의 음악에도 있으며 미래에도 있을 어떤 것을 의미한다. 또 아프리카 음악에도 있고 미국에도 있으며 우리 음악에도 있는 공통된 특성들을 간추려 보다 보면 가장 원시적이고 미분화된 음악 고유의 형태가 추출될 것이다. 이것이 바로 원형적 음악의 입자들이다.

'음악원형'은 인간의 심리 어디에 위치하고 있을까? 마음의 계층적 구조에는 여러 층이 있음을 살펴본 바 있다. 그중 다섯 번째 차원에 '보편적 욕구'의 층이 존재하며 음악원형은 이곳에 존재한다. '보편적 욕구'[61]란 인간이 태어나면서 생득적으로 갖고

---

60) 브리태니커 사전에서 발췌함. http://www.britannica.co.kr/index_.asp

태어나는 어떤 대상에 대한 지향성 및 본성으로서 예술에 대한 심미적 욕구, 특히 음악에 대한 보편적 욕구와 지향성은 누구나 갖고 있다. 이를테면 우리가 이어폰을 끼고 음악을 듣거나 연주회장을 찾는 것은 타의에 의한 것이나 어떤 이득을 위해서라기보다는 음악을 향한 본능적 지향 때문일 것이다. 이러한 욕구는 궁극적으로 행동을 통해 발현되는데, 질병이나 장애, 사고, 사건, 외부의 압력 등으로 인해 충분히 발현되지 못하면 인간은 심리적 평화와 안정감을 갖지 못하게 된다. 때때로 치료사는 내담자에게 단순한 음악레슨을 하여 큰 변화를 이끌어 내는 경우가 종종 있는데, 그것은 대상자 내면의 음악에 대한 보편적 욕구를 충족시켜 줌으로써 신체와 심리의 변화를 이끌어 낸 경우 – 네 손가락의 피아니스트 '이희아', 시각장애인 가수 '안드레아 보첼리'와 '스티비 원더' 등 – 라고 할 수 있다.

원형적 특성을 지닌 음악은 인간으로 하여금 변형과 성장을 일으킬 수 있다. 또한 원형적 음악은 인간의 무의식에 직접 작용하여 깊은 영향을 미치게 된다. 여기서 '원형적 음악(原形的 音樂)'이란 음악원형을 충분히 표현한 음악 형태를 일컫는 말이다. 즉 음악원형을 최대한 발현한 음악이다. 그 예는 아프리카 소수민족의 원시음악에서 볼 수 있으며, 무아의 경지에서 음악가들이 만들어 내는 연주에서 찾아볼 수 있다. 혼이 담긴 연주는 감동을 주며, 감동은 변화와 성장을 가져온다. 그 이유는 원형적 음악은 인간의 마음속에 있는 그들만의 음악원형을 자극하고 보상하기 때문이다.

어떤 음악이 '음악원형'에 가까우면 가까울수록 더욱 인간 내면에 끼치는 영향력이 커지게 된다. 다시 말해 음악원형과의 합치 정도가 인간에 대한 영향력 수준을 결정한다는 의미이면서, 또 다른 측면에서는 음악의 영향력이 여러 수준으로 나뉠 수 있다는 뜻이 된다. 음악과 음악원형과의 근접성 정도 또는 음악 감상자의 특성과 선호도에 따라 음악적 감동이나 변화의 수준이 달라질 수 있다. 가장 낮은 단계의 음악적 감동이란 '인지(認知)수준'의 음악감동을 말한다. 어떤 사람이 머리로만 듣고, 인지적 수준에서만 감상했을 때 "이 음악은 다른 음악과 비슷하네."라고 하며, "바로크 풍이네.", "가사가 재미없네!", "구조가 정교하네!"라고 말한다. 이들은 음악 감상을 통해 감동이나 변화를 전혀 경험하지 못하며, 논리적인 감상을 하고 있을 뿐이다. 당연히 내적인 성장과는 거리가 멀다. 다음 단계로 '감정(感情)수준'의 음악감동을 경험한 감

---

61) '보편적 욕구'란 인간 내면의 심층구조 가운데 한 부분으로서 인간이 태어나면서부터 갖게 되는 기본적이고 보편적인 욕구들을 말한다. 이러한 욕구는 행동과 신념의 원천이 된다. 보편적 욕구는 모두 여섯 가지 욕구로 구성되어 있는데, 생명욕구, 사랑욕구, 존중욕구, 실현욕구, 개성화욕구, 심미적 욕구, 초월적 욕구가 있다.

상자라면 "이 음악 마음에 드는데." "빠져드는데." "중독성 있네!" "내 스타일이야!" 라고 말한다. 이 단계에서의 감상자는 논리적인 해석에서 벗어나 음악과의 감정적인 만남이 가능해진다. 아직까지는 음악을 통해 온전한 의미에서의 변화와 성장을 경험했다고 보기는 어려울 것이다.

극한의 음악감동은 필연적으로 '자기변화'와 '정화감'을 동반한다. 이것은 '원형(原型)수준의 음악감동'이라고도 할 수 있을 것이다. 대부분의 평범한 음악들은 인간 내면의 얕은 층이나 표면에만 그 영향이 국한되는 경우가 많으며 내적 변화를 위한 감동은 드물다. 순간적이고 자극적이다. 그러나 시대와 공간을 초월한 보편적인 특성을 지니는 '원형적 음악'을 감상하게 되면 인간 내면의 표층부는 물론이고 심층부까지 고르게 영향을 미치는 특징을 가지고 있다. 이것은 감동과 환희, 놀라움을 만들어 내며 인간의 내면적 변화와 안정감, 정화감정을 생성한다. 일종의 '음악적 보상작용(補償作用)'과 같은 것이다. 즉 음악은 인간 내면의 부족한 면을 보완하고 지나친 부분들을 조절하는 자동적 과정을 수행한다. 이를 통해 감상자는 내면의 충만함을 경험하게 되고 궁극적으로는 안정감과 정화감을 갖게 된다.

마음의 기저에 이미 존재하는 음악원형은 외부자극에 의해 불러일으켜지기도 한다. 우리가 음악을 들으며 저절로 발로 박자를 맞추거나, 노래를 따라 부르게 되고, 춤을 추는 것은 원형적인 음악 영향력의 일부이다. 음악원형은 인간 내부에 존재하며, 원형적 음악과 만났을 때 작용하게 되는 것이다. 무아지경에서 몸을 흔드는 사람들에게서 인간 내면의 음악원형의 한 단면을 발견하게 된다. 또 단선음악(單線音樂, monophony)으로 구성된 배경음악을 들으며 깊은 명상과 내면 성찰의 과정을 경험하는 사람들에게서도 음악의 원형적 모습을 본다. 이렇게 인간 각자에게 서로 다른 형태로 자리하고 있는 보편적 욕구로서의 음악원형은 인간을 흥분시키기도 하고, 안정시키기도 하면서 내면의 미묘한 균형과 항상성62)을 만들어 낸다.

---

62) '항상성(恒常性, homeostasis)'이란 유기체가 여러 환경변화에 대응하면서 최적의 생존조건을 맞추기 위해 안정성과 균형을 유지하려는 자동적인 조절과정을 말한다. '항상성'은 심리적 자기조절과정이라고 할 수도 있을 것이다. 환경과 유기체가 서로 상호작용하면서 자극을 주고받으며 서로 조절하고 자동적으로 균형을 유지하는 상태라고 할 수 있다. '대상(對象)항상성'이라고 했을 때, 자신이 외롭고 우울할 때 사랑하는 사람이나 힘이 되는 사람들을 떠올리며 자신을 위로하는 자동적 과정이라고 설명할 수 있을 것이다.

02

음악-정서 에너지론

음악은 하나의 에너지와 같다. 에너지(energy)란 원래 물체가 할 수 있는 양, 즉 물리적인 일을 할 수 있는 능력을 일컫는 말이다. 강한 바람은 풍차를 돌릴 수 있는 힘을 가지고 있고, 높은 곳에 있던 물은 아래로 떨어지면서 물레방아를 돌릴 수 있는 힘을 가진다. 또 이동하는 자동차는 충돌함으로써 다른 차를 밀어낼 수 있다. 이러한 에너지는 형태와 이동방향만 달라질 뿐 작용의 이전과 이후의 에너지 총량은 그대로 보존된다. 즉 에너지는 이동할 뿐 사라지지는 않는다. 이것이 이른바 '에너지보존의 법칙(law of energy conservation)'이다. 언뜻 높은 곳의 물은 아래로 떨어지면서 사라져 버리는 것 같지만 물레방아로 그 힘이 바뀌고 옮겨 가는 것뿐이다. 또 달리던 자동차의 속도는 충돌과 동시에 사라지는 것 같지만 다른 자동차로 그 속도의 힘이 전환된다고 할 수 있다.

이와 같은 물리적인 측면에서의 에너지보존법칙과 같이, 음악도 인간의 정서와 결합하여 하나의 에너지로서 존재하게 되며, 그 형태가 바뀌기도 하고 이동할 수도 있게 된다. 단순한 음악이 복잡한 무의식적 작용을 통해 생명체로서 살아나는 순간이다. 따라서 음악은 개인의 정서적 경험이나 인지적 사건 등의 외부자극들과 결합하여 에너지의 형태로 보존되고 확대되며 이동하기도 하고 축소되기도 한다. 이렇게 형성된 에너지를 '음악-정서 에너지(music-emotion energy)'라고 한다. 음악-정서 에너지는 우리가 음악을 감상하거나, 노래를 부르거나, 악기를 연주할 때 발생하는 일종의 정서변화를 의미한다. 감동과 감격, 희열, 각성, 환기이다.

치료사는 다양한 음악활동을 통해 내담자의 정서를 불러일으켜서 음악과 정서를 결합시키되, 이렇게 형성된 음악적 정서에너지가 긍정적인 것이면 확장시키기도 하고, 부정적인 것이면 배출시키거나 분해시키기도 한다. 이러한 음악과 정서가 통합된 에너지의 형태변화 네 가지 차원 - 보존과 융합, 이동과 배출, 확장과 분해, 조절과 합일 - 은 치료과정에서 유용하게 활용될 수 있다.

1) 보존(保存)과 융합(融合)

음악 - 정서 에너지가 '보존'된다는 것은 인간의 장기기억 속에 변하지 않고 간직되는 것을 의미한다. 어떤 음악을 기억하고 그것에 대해 어떤 특정한 느낌을 갖는 것이다. 이렇게 음악적 정서에너지가 마음과 기억 속에 보존되기 위해서는 '융합'의 과정이 선행되어야 한다. '융합'이란 음악과 정서적 경험이 결합하는 것을 일컫는다. 예컨대, 남자친구와 헤어질 때 들었던 음악을 시간이 지난 후에 다시 듣게 되어도 그 사람이 생각나는 경우이다. 남자친구와 헤어진 정서적 경험이 음악과 결합되어 기억 속에 내재화된 것이다. 그러나 단순히 음악을 듣는 것만으로 다양한 일상 경험들과 결합되고 융합되는 것은 아니다. 음악과 정서적 사건의 융합이 가능하기 위해서는 충격과 감동이 반드시 필요하다. 강한 정신적 충격이 음악과 함께 반응할 때 비로소 에너지의 형태로 변이를 일으키게 되는 것이다. 깊은 내면에 음악의 흔적을 남기는 것이다. 그런 의미에서 우리가 특별히 좋아하는 음악이나 가수에게서 그러한 흔적을 본다.

2) 이동(移動)과 배출(排出)

음악을 통해 정서가 함께 융합되고 보존되듯이, 한 곳에서 다른 곳으로 '이동'하는 것도 가능하다. 특히 외부로 이동하여 정서가 표출되는 경우가 많다. 노래를 부르면서 과거의 아픈 경험이 생각나 눈물이 나는 경우가 그 예가 될 수 있다. 다시 말해 음악은 정서배출의 통로이자 자기표현의 도구로서 사용될 수 있다.

이처럼 음악을 들으면 눈물이 나거나 속이 후련해지는 것은 음악과 융합된 정서가 에너지의 형태로 유기체 외부로 배출되기 때문이다. 어떤 관점에서 보면 '음악 - 정서 에너지'가 단순히 이동되었다고 볼 수도 있지만, 인간이라는 유기체 관점에서 보면

에너지가 밖으로 빠져나가기 때문에 제거되었다고 볼 수 있는 것이다. 엄밀히 말하자면 '음악 - 정서 에너지'는 소멸할 수 없다. 그러나 한 개인의 입장에서는 자신의 내면에 존재하던 나쁜 감정이 음악과 함께 동반하여 소멸된다고 생각할 수 있다. 이것은 필연적으로 '정화감정'과 연결된다. 따라서 가족 중심 음악치료사는 대상자에게 최대한 원형적인 형태의 음악을 들려주거나 즉흥적인 음악을 목소리나 악기, 동작으로 표현하도록 하여 정화감정의 경험은 물론, 과거 미해결 문제감정을 표현하고 배출할 수 있도록 돕게 된다.

3) 확장(擴張)과 분해(分解)

다양한 음악활동을 통해 한 사람 내면에서 불러일으켜진 '음악 - 정서 에너지'는 다른 사람의 그것과 서로 연결될 수도 있다. 이는 에너지의 다중연결기능, 즉 '확장'을 의미한다. 이는 음악을 통해 타인과의 의사소통 채널이 형성됨을 의미한다. 대학가의 집회에서 북을 치며 부르는 민중가요는 여러 사람들을 하나로 모으는 작용을 하게 되는데, 이른바 '집단적 음악 - 정서 에너지(collective music - emotion energy)'를 불러일으키는 한 예이다. 한 나라의 국가를 부르며 국민들이 애국에 대한 공통된 신념과 정서를 공유하는 것도 예가 된다. 합창이나 합주를 하면서 느껴지는 감정적 공유도 그러하다.

반면 이러한 '개인 간(個人間, interpersonal) 정서공유현상'인 '확장'현상과는 반대되는 개념으로서 에너지의 '분해'작용이 존재한다. 일단 개인 내면에 형성된 '음악 - 정서 에너지'는 다양한 외부 자극에 의해 이동하고 배출되고 확장되기도 하지만 여러 조각으로 분리되기도 한다. 음악활동을 통해 형성된 에너지가 흩어져 사라지는 것이다. 이를 음악적 정서에너지의 '분해' 또는 '융해(融解)'라고 부른다. 마치 고체 상태의 얼음이 열에 의해 액체 상태인 물로 녹아 버리듯이, 인간의 정서가 원형적 음악과 통합되어 기억이나 무의식 속에 보존되다가 긴장이완과 명상기법 등 자아통찰과정을 통해 자기의 문제와 소망을 인식함으로써 잘게 나누어져 흩어져 버리게 된다. 곧 자기를 통찰하는 바로 그 순간에 정서에너지의 분해현상이 일어나게 되는 것이다. 이를 '개인 내(個人內, intrapersonal) 정서분해현상'이라고 명명할 수 있을 것이다.

4) 조절(調節)과 합일(合一)

'음악 – 정서 에너지'는 치료대상자의 심리적인 불균형을 균형 있게 조절하는 기능을 갖는다. 음악은, 인간 내면의 보편적 욕구 가운데 충족되지 못한 부분은 채우고, 넘치는 부분은 덜어내는 균형과 조절기능 – '자율적 보상작용'을 갖고 있다. 가끔씩 음악이 듣고 싶어지거나 멜로디를 흥얼거리는 것은 이러한 음악이 내면의 필요를 충족시켜 주기 때문이다. 이것은 음악이 무의식적 과정으로서 심리적 요소들 간의 수위를 조절해 주는 역할을 한다는 것인데, 이러한 개념은 음악과 융합된 정서를 에너지의 관점에서 바라볼 때 이해될 수 있다. 이와 같은 음악의 심리적 자율조절기능은 조화로운 인간을 성취하는 데 중요하다. 융(Jung)은 이 조화로운 인간을 '대극의 합일', '전체성을 이룬 인간' 등으로 표현하고 있다. '대극(對極)의 합일(合一)'이란 양면성의 통합, 완전한 균형, 원시적인 부분과 과도하게 진행된 부분의 조절을 의미한다. 즉 어떠한 측면에서든 치우침이 없이 온전한 균형을 이룬 상태의 인간을 말한다. 이렇게 될 때 인간은 내적인 평화와 안정감을 갖게 되고, 자신의 독특성을 창조하게 되며, 전체성(全體性) 및 자기실현을 이룰 수 있게 된다. 음악의 심리조절기능은 인간의 진정한 자기 되기 – 개성화(個性化, individuation)와 합일에 매우 중요한 역할을 할 수 있다.

음악의 암시적 각인작용

우리는 훈련과 교육을 통해 새로운 개념과 원리를 배운다. 같은 내용을 배워도 개인의 집중도나 흥미, 동기, 성숙도에 따라 다른 이해를 하게 된다. 하지만 원하는 인지적 내용이나 신념, 가치관 등을 마음속에 필요한 만큼 심어 넣을 수 있다면 얼마나 좋겠는가. 치료사는 음악을 계획적으로 활용하여 대상자의 마음속에 새로운 신념을 심어 줄 수 있다. 바로 음악을 통해 암시하는 일이다. 음악적 암시는 마음의 구조 속에 새 마음과 신념, 목표 등을 의도적으로 형성하고 명료화하고 확장시킨다. 원래 '암시(暗示, suggestion)'란 어떤 내용을 넌지시 알리는 행위를 의미하지만, 심리학에서는 이성적인 설득과정 없이 신념, 감각, 의도, 행위를 언어적 자극 또는 기타 감각자극 등을 통해 다른 사람에게 전달하는 과정을 일컫는다. 나아가 '음악적 암시'란 의도적으로 계획된 음악활동과 언어적 자극을 통해 무의식 속에 새로운 감정과 신념을 생성시키는 작용을 의미한다. 이른바 '음악의 암시적 각인(暗示的 刻印)작용'이다.

'각인(刻印, imprinting)'한다는 것은 나무판에 정교한 문양을 새겨 넣듯이 마음속에 변화를 위해 필수적인 신념과 행위들을 심어 넣는 것을 말한다. 본 모델에서는 이 용어를 좀 더 확고한 마음과 신념의 변화를 강조하기 위해 사용하였다. 특히 음악은 신념을 마음속에 각인하는 작업에서 매우 중요한 역할을 하게 된다. 대개 치료중재 시 대상자의 핵심적인 문제행동이나 치료목표, 소망 등을 문장으로 정리해서 가사로 만들어 부르거나 음악을 감상하면서 낭독함으로써 각인하는 경우가 많다. 대부분 긍정적인 것(소망, 목표)만을 마음속에 심는 것이 바람직하다고 생각하지만 사실은 그렇지 않다. 소망이나 목표와 같은 긍정적인 측면뿐 아니라, 대상자 자신의 문제행동이나 잘못된 생각, 규칙들까지도 암시와 각인의 대상이 된다. '문제점'을 분명히 하면 할수록 변화는 가속화될 뿐만 아니라 '문제점'에 대한 확고한 통찰이나 인식 없이 '새로운 신념'이 마음속에 확립될 수 없기 때문이다. 그래서 치료사는 내담자의 문제점을 밝혀내고 이를 정리하여 음악과 결합시킴으로써 그의 마음에 분명하게 새겨 넣게 되고, 그런 다음에야 내담자가 새롭게 갖게 된 결심이나 목표, 소망, 신념, 가치관 등을 각인하게 된다.

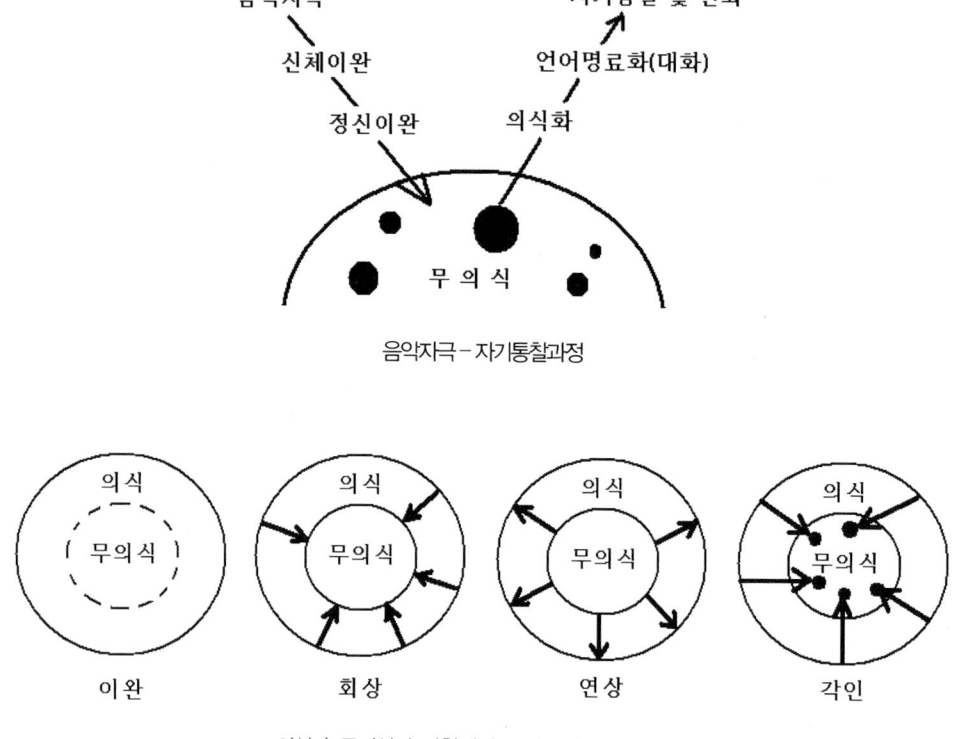

음악자극 - 자기통찰과정

의식과 무의식의 방향성에 미치는 음악의 기능들

각인과정에서 주의할 점은 치료 및 상담과정에서 음악과 언어는 반드시 함께 사용되어야 한다는 것이다. 음악은 보편적인 의사소통 수단은 될 수 있지만 특정한 개념과 의도를 정확하게 전달하기에는 한계가 있다. 음악 자체가 곧 언어는 아니라는 말이다. 따라서 치료상황에서 대상자의 문제점이나 새롭게 형성된 신념들은 '음악'뿐만 아니라 '언어'를 통해서 명료화되어야 한다. 명료화(明瞭化)[63]란 애매하고 불분명한 부분을 확실하고 명확히 하는 것을 의미한다. 이것은 주로 대상자의 무의식적 내용을 음악으로 표현한 이후에 이루어진다. 연주 후에 치료사와 함께 대화를 나누고 언어적으로 토론하는 이유는 의식 위로 떠오른 무의식의 부분들을 다시 수면 아래로 내려가기 전에 붙잡아 두기 위해서이다. 대화를 통해 언어적 명료화과정을 거치지 않으면 어렵게 불러일으켜진 무의식의 다양한 문제와 감정들은 다시 무의식 속으로 숨어 버린다. 이렇게 언어로 명료화시켜야 할 무의식의 내용에는 개인이 갖고 있는 핵심적인 문제점과 간절한 소망 등이 포함되어야만 한다. 그것이 변화의 핵심요소이기 때문이다.

암시각인을 위해 여러 가지 음악활동들이 활용될 수 있다. 음악과 긴장이완(music & relaxation)이 보편적으로 사용되는데, 치료사와 대상자 간의 자유로운 토의와 설득 및 논쟁의 과정을 통해 새롭게 형성된 신념, 각오, 목표, 소망을 음악 긴장이완기법을 이용해서 대상자의 마음속에 견고하게 구축하는 과정이다. 다시 말해 '무의식'이라는 나무에 '음악'이라는 조각도로 '새로운 해결책'이라는 내용을 새긴다고 할 수 있다. 이 과정에서 음악의 가장 큰 특징과 역할은 치료과정에서 어렵게 형성된 대상자 자신에 대한 통찰내용을 좀 더 확고하게 기억하고 지속적으로 보유할 수 있도록 한다는 데에 있을 것이다. 이를 위해 체계적 감상(systematic listening)이나 노래 만들기(songwriting) 기법 등과 같은 음악심리치료기법 등이 유용하게 사용된다.

---

63) "음악은 무의식을 자극하여 밖으로 표출되도록 도울 수 있기 때문에, 자신도 인식하고 있지 못했던 과거의 경험이나 상처가 일시적으로 무의식에서 올라와 음악으로 표현될 수도 있는데, 이때 음악적 표현은 원초아에게는 일시적 긴장해소와 해방감을 주지만, 자아에게는 충분치 못하다. 즉 연주 후에 대화를 통해 무의식의 문제들을 의식화하는 과정을 거쳐야 한다는 것이다. 이렇게 의식의 명료화과정을 거치지 않으면 문제는 다시 무의식 차원으로 돌아가 같은 문제가 되풀이될 수 있다." 김진아, 「정신분석적 음악치료」, 『음악치료 기법과 모델』, 서울: 학지사, 2006, p.381.

04 음악의 투사적 동화작용: 회상, 연상

음악은 자기 자신을 반영한다. '반영(反映)'이란 거울에 반사되어 비쳐지는 상을 의미한다. 거울을 보면서 외모를 고치는 것은 거울 속 비친 상이 바로 자신의 모습이라고 여기기 때문이다. 곧, '음악'을 통해 '자신'을 보는 것이다. 예컨대 자신이 좋아하는 음악에는 자기 자신의 모습과 부분들이 포함되어 있다. 반대로 자신이 싫어하는 음악에도 그만큼의 심리적인 의미가 숨어 있다. 이처럼 자신의 내부에 있는 욕망이나 감정 등을 외부의 대상에게 비추어 자아와는 다른 객체로서 지각하는 심리적인 작용을 '투사(投射, projection)'라고 한다. 밖에 있는 사람이나 사물에서 자기 마음의 일부를 보는 것이다. 이것은 의도적인 과정이 아니라 저절로 일어나는 무의식적인 과정이다. 무의식의 모든 내용은 이러한 자동적인 과정을 통해 외부로 투사되어 인식된다. 따라서 어떤 대상에 대해서 알 수 없는 강력한 감정을 가지게 되거나 집착하게 되는 것은 무의식 속의 어떤 부분이 그 대상에 투사되었기 때문이라고 이해할 수 있다.

'음악의 투사적 동화작용'이란, 무의식의 내용을 음악요소에 덧씌워 바라보며 그 안에서 정서적 동화와 감정이입을 경험하는 과정이라고 할 수 있다. 그러므로 선호하거나 지나치게 싫어하는 음악에는 그만큼의 심리적인 의미가 있는 것이다. 음악의 투사적 동화작용은 구체적으로 두 가지 형태 - 음악회상(音樂回想)과 음악연상(音樂聯想)으로 실현된다. 음악을 들으며 과거에 있었던 특정한 인물이나 사건을 회상하거나, 음악을 들으면서 자유롭게 상상의 세계 속으로 빠져들어 갈 수도 있다. 이러한 과정은 숙련된 치료사에 의해 의도적으로 중재될 수도 있지만 내담자에게 맡겨져 자유롭게 진행될 수도 있다.

먼저, '음악회상'은 과거에 초점을 둔다. 음악은 인간으로 하여금 과거의 의미 있는 경험이나 인물, 감정, 장소들을 회상하도록 하는 데 도움을 준다. 대개의 경우, 과거를 회상하는 데 도움이 되는 음악을 감상시킴으로써 저절로 떠올려지는 특정 대상을 회상하도록 만든다. 치료사는 대상자의 인생에서 가장 성공적인 경험을 회상시킴으로써 대상자의 내적인 긍정자원들을 재인식시킬 뿐만 아니라 확장시킬 수 있다. 또한 대상자 자신에게 의미 있는 인물을 음악 감상을 통해 불러일으킬 수도 있다. 특히 '가사'가 있는 음악은 특정한 시점이나 인물을 떠올리게 하는 데 매우 효과적이다. '노란샤스 입은 사나이'란 노래는 노인그룹에서 과거 배우자와의 첫 번째 만남을 회상하도록 한다.

　'음악연상'은 '음악자유연상(音樂自由聯想)'이라고도 하며 지금-현재 존재하지 않는 것 또는 상상의 영역, 가상의 것들에 초점을 두는 것이다. 원래 '연상(聯想)'이란 특정한 대상과 관련되어 다른 관념이 불러일으켜지는 정신적 작용을 의미하지만, '음악연상'이란 음악을 들으면서 자유롭게 연결되어 불러일으켜지는 생각과 관념들을 탐색해 가는 과정을 일컫는다. 이때 음악의 역할은 무의식의 여러 차원들을 동요시키고 영향을 주어 의식 위로 떠오르도록 하는 데 있다. 이 연상과정에서 무의식 속에 잠재해 있던 미해결된 과제들이 심상의 형태로 떠오르게 된다. 이를 통해 인간 무의식의 숨겨진 내용들을 간접적으로 살펴볼 수 있는 것이다.

음악의 자기정화작용

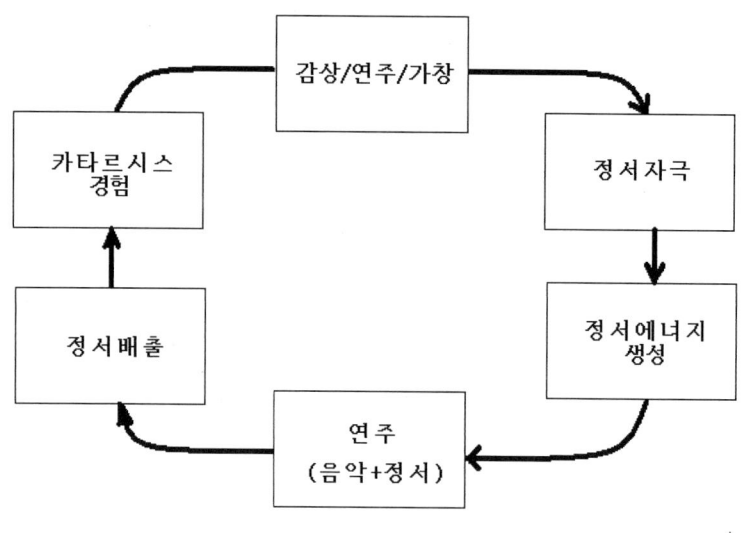

음악의 자기정화작용 절차도

음악은 인간의 감정을 표현하는 강력한 도구이다. 여기서 '표현'한다는 말은 내면에 있는 어떤 것이 밖으로 밝게 드러나는 것, 즉 '외현화(外現化)'라고 볼 수 있다. 다시 말해, 인간의 생각이나 느낌 등을 언어나 동작, 그림, 음악 등으로 형상화하여 나타내는 것이다. 이 과정에서 배출에 대한 희열감 같은 것을 느끼게 되는데, 이것이 곧 '정화감정'이다. 따라서 치료대상자가 과거 미해결된 정서적 문제들을 음악을 통해 표현하게 되면 그가 갖고 있던 정서적 에너지가 외부로 배출됨으로써 인간은 정화감정을 느끼게 된다. 왜냐하면 정화감(淨化感)이란 곧 마음이 깨끗하게 정리되고 치워진 상태라고 볼 수 있기 때문이다.

감상의 경험은 인간의 정서를 자극한다. 노래를 부르면 기분이 전환된다든지, 음악을 들으며 옛 추억을 떠올리는 것은 대표적인 예일 것이다. 이렇게 감상을 통해 자극된 정서는 역동적인 음악요소들 – 리듬, 멜로디, 화성, 구조, 음색 등과 결합되어 '정서적 에너지'를 발생시킨다. 이 '정서적 에너지'는 대상자의 과거 미해결된 정서적 경험을 회상하도록 할 뿐만 아니라 재경험하도록 만든다. 치료에 있어서 '과거사건의 재경험'이란 이제까지 결코 해결되지 않고 억압하기만 했던 문제사건을 다시 대면하는 새로운 도전을 의미한다. 그동안 금기처럼 여기면서 남에게 비밀로 지켜 왔고 어쩌면 자기 자신에게도 철저하게 숨겨 왔던 핵심적인 문제감정과 사건들을 재해석하고 재인식하는 기회는 그것만으로도 치료적이다. 세상에 밝혀진 비밀은 더 이상 비밀이 아니기 때문이다. 그런 의미에서 무의식적 내용을 의식의 수면 위로 끌어올리는 작업은 문제에 대한 새로운 패러다임을 갖도록 해 준다. 이와 같은 금기사건의 재인식 과정에서 인간은 카타르시스적 정화감정을 불러일으킨다.

이와 같은 정서적 에너지 배출현상은 수동적이면서 수용적인 음악영역인 '감상'과정에서도 일어날 수 있고, 적극적이고 능동적인 음악형태인 '가창'이나 '연주'를 통해서도 가능하다. 리듬, 멜로디, 강약, 역동성, 음악의 구조 등과 같은 음악적 요소들은 개인의 수많은 정서와 서로 통합되어 외부로 배출된다. 연주나 감상에서 느끼는 절정경험은 불안과 억압의 감정에서 자유롭게 벗어나도록 도움을 준다. 다시 말해 감상과 가창, 연주 등의 음악활동과 융합된 정서는 에너지의 형태로 유기체 외부로 배출됨으로써 노폐물로서의 정서흔적들을 제거하게 된다. 이때 사용되는 음악은 대상자의 핵심감정이나 경험과 얼마만큼 관련성을 가지느냐에 따라 무의식 속의 정서흔적을 제거하는 데 그만큼의 영향을 미치게 된다.

그러나 단순한 음악적 표현이 곧 정서의 배출로 이어지는 것은 물론 아니다. 아무런 감정도 없이 음악만을 연주하는 것은 내적인 변화와는 거리가 멀다. 치료대상자가 만들어 내는 음악이 정서적 에너지로 변환되기 위해서는 일종의 '심리적 시냅스(synapse) 연결현상' 같은 것이 필요하다. 즉 감동과 충격, 정서적 환기, 음악원형과의 만남이 이루어져야 가능하다는 것이다. 이 상태를 '음악에 감동되었다', '음악에 심취해 있다', '음악과 혼연일체가 되었다', '이 음악은 전율이 느껴진다'라고 표현한다. 이것을 음악과 정서의 유기적 결합, 지금까지 없었던 새로운 통합적 에너지의 출현이란 의미에서 음악정서의 연금술(錬金術)이라고 명명할 수 있을 것이다.

예컨대 '노래를 부르고 나니 스트레스가 해소되었다'는 말의 뜻은 스트레스 등의 정서흔적 또는 심리적 노폐물이 음악과 서로 융합되거나 분해되기를 반복하면서 정서적 에너지를 외부로 배출하였다는 의미이다. 궁극적인 치료의 지향점인 내적 평화나 안정감, 자유, 정화감정 등은 정서적 배출과정을 통해서 얻어지며, 정서배출은 좀 더 특별한 음악적 충격과 커다란 감동이 있을 때 비로소 가능하다. 이 모든 것은 무의식적인 과정에서 일어난다. 이때 불안이나 우울, 분노, 기쁨, 행복 등 정서적 에너지는 음악과 함께 동시적으로 배출되어 인간으로 하여금 정화감정을 경험하게 만드는 것이다. 다음은 음악적 표현을 네 가지 수준에서 분류한 것이다.

1) 인지수준의 음악표현

형식과 구조에 맞게 음악을 표현하는 단계로서, 가장 낮은 수준의 음악 내적 표현을 말한다. 다른 말로 '의식수준의 음악표현'이라고도 한다. 이것은 의식적인 차원에서 연주하고 노래 부르며, 감상하는 영역이기 때문이다. 예컨대, 악기를 연주할 경우 악보나 박자에 맞추기 위해서만 노력한다면 그것은 인지수준에 머문 음악적 표현이라고 볼 수 있다. 감정이 배제된 음악을 위한 형식적 음악인 셈이다. 이 수준의 감상자나 연주자들은 인지수준에 집착하기 때문에 충분히 곡에 심취할 수 없다. 음악을 감상하건 음악을 직접 표현하건 간에 인지수준에 머문다는 것은 필연적으로 감동이 적을 수밖에 없다. 치료 초기 내담자의 음악표현수준은 이 차원에 머무르는 경우가 대부분이다.

2) 감정수준의 음악표현

감정과 정서가 전달되도록 음악을 표현하는 수준을 일컫는다. 아직까지 다분히 형식적인 수준의 음악표현이다. 그러나 충분히 곡의 분위기와 감정을 살리는 연주와 음악을 말한다. 우리는 이런 종류의 음악을 일컬어 '이 음악은 감정을 잘 살렸네' 또는

'이 음악은 감각이 있다'라고 설명한다. 치료과정 내담자들이 음악에 대한 관심을 갖고, 공감하고, 심취해서 즐겁게 연주하는 것은 이 수준의 음악표현이라고 할 수 있다.

3) 신념수준의 음악표현

철학, 신념, 규칙, 경험을 그대로 음악으로 표현하는 수준을 의미한다. 한 개인이나 집단, 사회의 이념과 가치관, 신념 등을 음악을 통해 표현하는 경우를 일컫는다. 이런 종류의 음악이나 연주는 감정수준보다 좀 더 근원적으로 인간에게 영향을 미치며 그 영향력도 더욱 크다. 임상에서는 내담자의 생각과 감정, 문제점 등을 가사로 만들어 노래하거나 특정한 주제를 정해 즉흥적 음악으로 표현할 때 신념수준 음악표현의 예를 볼 수 있다.

4) 원형수준의 음악표현

인간 무의식의 최저층인 자기(Self)와 원형(archetype)을 실현한 음악수준을 말한다. 대개는 무아지경의 연주 또는 황홀경에서의 연주에서 음악원형을 본다. 이러한 원형수준의 음악은 필수적으로 감동과 몰입을 불러일으킨다. 우리는 콘서트장이나 음악회에서 이런 음악의 형태를 보고, '정신이 살아 있는 곡', '영혼을 깨우는 곡', '자기 자신을 그대로 표현한 곡' 등으로 설명한다. 치료 장면에서는 진정한 의미에서의 가족관계를 표현한 노래나 즉흥연주표현에서 원형수준의 음악표현을 볼 수 있다.

음악의 의식융합기능: 몰입

우리는 많은 생각을 하며 살아간다. 생각은 생각을 낳고, 걱정은 또 다른 걱정을 불러온다. 어떤 일을 선택함에 있어서 특별한 영감이 떠올라 쉽게 일을 처리하기도 하지만, 반대로 선택의 기로에서 여러 가지 경우의 수가 절로 떠올라 우리를 혼란스럽게 한다. '생각이 난다' 또는 '생각이 떠오르다'라는 말은 글자 그대로 수면 아래에 있던 물질이 수면 위로 부상하여 떠오른 상태를 뜻한다. 즉 인간의 무의식적 내용들을 떠올린 것이다. 이 현상을 '연상'이라고 부르며, 정신분석학자들은 이러한 인간의 연상을 자유롭게 떠오를 수 있도록 활성화시키는 방법으로 '자유연상법(自由聯想法, free association therapy)'을 활용하기도 한다.

인간은 의식 위로 떠오르고 연상되는 많은 내용들 속에서 한 가지만을 선택하여 인식한다. 일단 무의식적인 과정을 통해 마음속에 저절로 상(像)들이 떠올려지면, 각자가 가지고 있는 독특한 감각, 인지, 개성, 경험, 선호, 가치관 등을 활용하여 무의식과 의식 속의 내용 중 하나를 택하게 된다. 이렇게 끊임없이 떠오르는 생각과 영감들 속에서 한 가지만을 택하여 의식하게 되는 현상을 '선택적 집중(選擇的 集中, selective concentration)'이라고 명명한 바 있다. 마치 바다 위에 수많은 배들이 떠 있는 것과 같다. 즉 '의식'이라는 수면 위에 떠 있는 '생각'이라는 배를 이리저리 옮겨 타면서 살아가고 있는 것이다. 한 번에 배 한 척에만 탈 수 있다. 이것이 바로 우리가 한 번에 한 가지 생각밖에 할 수 없는 이유이다.

그러나 생각은 계속 지속되지 않으며 순간순간 새로운 생각으로 채워지고 변화한다. 그 이유는 한 생각이 다른 생각을 몰아내기 때문이다. 문제는 이런 과정이 자신의 의지와는 상관이 없다는 것이며 무의식이 조정하는 자동적 과정이라는 데 있다. 이러한 과정이 잘 조절되지 못하거나 과도하게 진행되면 인간은 자신에 대한 존재감을 잃게 된다. 이런 사람들은 '내 생각을 통제할 수가 없어', '정말 미치겠어', '난 어쩌면 좋지?'라고 외친다. 이른바 자기부재현상(自己不在懸象)인 것이다. 대부분의 신경증(neurosis)과 정신증(psychosis)에서 자신의 의식을 스스로 통제하지 못하는 자기(self)의 부재현상을 본다. 자신도 어찌할 수 없는 끊임없이 밀려오는 걱정과 잡념, 예민한 감정들로 고통받고 있는 것이다. 그러나 이러한 잡념, 괜한 걱정, 환청, 자기중심적 사고, 분열적 사고, 무의식에서의 소리와 같은 자동적 과정도 의식적으로 조절될 수 있다. 이 과정에서 음악은 분열된 의식과 사고, 감정을 하나로 융합시키는 매우 중요한 역할을 하게 된다.

음악은 흩어져 있는 의식을 융합하고 과제에 몰입하도록 하는 기능을 가진다. '융합(融合)'이란 둘 이상의 서로 다른 종류의 요소가 합쳐져 하나가 되는 현상을 일컫는다. 서로 구별할 수 없을 정도로 하나의 통일된 감각과 특성을 지니게 되는 것이다. 나아가서 '의식의 융합'이란 둘 이상의 의식조각들이 하나로 합쳐지는 것을 의미하며, 이는 곧 '집중(集中)' 또는 '몰입(沒入)'이라고 할 수 있다. '융합'은 앞서 설명했던 '선택적 집중'과는 다른 개념이다. 전자가 자신의 의지와는 상관없이 무의식적으로 일어나는 과정이라면, 후자는 의식적이고 적극적인 노력을 요하는 과정이다.

앞서 인간의 의식을 수면 위에 떠 있는 배에 비유했듯이, 밤하늘의 무수한 별에도 비유할 수 있다. 별들은 서로 부딪치기도 하며, 소멸하고 탄생하기도 하며, 확장하거나 축소하기도 하듯, 의식은 서로 충돌하며 혼란을 일으키기도 하고, 주변의 또 다른 의식조각들을 끌어들여 자신의 세력을 확장하기도 한다. 기도나 명상을 통해 생각을 집중하고, 자신을 통찰하며, 영감을 얻고, 새로운 세계를 경험하는 것들은 '의식의 집중적 몰입과정'을 통해 가능한 것이다. '몰입'은 변화를 위한 중요한 단서를 제공한다. 특정 대상과 과제에 대한 집중과 몰입은 필연적으로 '변화'와 '치유'로 이어진다. 쉬운 예로서, 교실에서 아이들이 교사의 설명에 집중하지 못하면 학업성취도가 떨어지는 것과 같다. '집중'이란 배움이고, 깨달음이고, 통찰이고, 변화이며, 치료의 시작인 것이다.

음악은 리듬, 가락, 화성을 기초로 한 질서의 집합체이다. 특히 '리듬(rhythm)'은 질서감을 형성시켜 주며, 주의를 환기시킬 뿐만 아니라 집중과 몰입을 유도하는 기능을 갖고 있다. 따라서 음악활동은 선택적 집중과정을 의도적으로 촉발하여 개인의 의식범위를 최소화시켜 하나로 모으는 역할을 한다. 이를 통해 어떤 과제에 대한 깊은 몰입을 경험하게 된다. 이러한 일련의 과정을 '의식융합(意識融合)'이라고 명명한다. 단순한 인식(認識)의 차원을 넘어선 개념이다.

연주활동은 의식을 융합시켜 질서감을 형성하는 집중적 과정이라고 볼 수 있을 것이다. 예컨대, 피아노를 연주하기 위해서는 악보를 읽고, 손가락을 움직이고, 페달을 밟는 등 여러 가지 행동이 결합될 때 가능하다. 이런 고도의 집중과정 – 의식융합은 필수적으로 '몰입'을 동반하며, 결과적으로는 '감동'과 '환기', '충격'을 만들어 낸다. 다시 '극도의 감동과 몰입'은 '변화'와 '변형된 의식세계'를 창조해 낸다는 것이다. 우리가 선호하는 음악을 감상하다 보면, 깊은 몰입감과 감동을 경험하는 경우가 종종 있다. 눈물을 흘리기도 하고, 음악의 내용이 나의 인생을 말하는 것 같아 동질감을 느끼기도 한다. 이 차원을 좀 더 넘어서서 정신과 신체의 이완과 집중을 반복하게 되면, 고도의 몰입단계로 들어가게 되고 마침내 '변형된 의식'세계를 경험하게 된다.

'변형된 의식세계(altered consciousness)'란 의식의 또 다른 차원이다. 음악을 감상하며 특정한 사물이나 대상을 마음속에 연상하고 집중하다 보면 새로운 차원의 의식세계를 발견하게 된다. 마치 비행기가 이륙한 다음 비와 바람을 뚫고 구름 위로 올라섰을 때 발견하는 깨끗한 하늘공간과도 같다. 그곳은 한 차원 높은 하늘이며, 걱정과 근심, 잡념 등의 폭풍우나 우레가 존재하지 않는다. 이것은 새로운 창조의 영역을 말하며, 진정한 자기와의 만남의 공간이며, 문제에 대한 치유적 힘을 얻는 공간이기도 하다. 주의 깊게 선별된 음악, 진지한 기도, 깊은 명상, 자신에 대한 깊은 통찰, 선(仙)명상 등은 이런 의미에서 변형된 의식세계로 인도하는 하나의 공통된 통로역할을 한다. 어려운 것처럼 들리지만 작은 노력을 지속적으로 기울이면 누구나 도달할 수 있는 의식의 영역이다.

이와 관련되어 우리는 다음과 같은 충고를 듣는다 – "생각할 수 없을 때는 느껴라." 선별된 음악과 명상과정을 통해 의식이 다른 차원으로 변형되면 과거에 해결되지 못했던 무의식의 내용을 만나게 된다. 그곳에서 우리는 자신에게 현재 필요한 것이 무엇인지에 대한 해답을 얻게 되며, 앞으로 자신이 겪게 될 많은 문제들을 현재에 가져와 미리 경험하고 극복하는 경험을 할 수 있다. 치료사는 대상자들이 변형된 의식세계를 경험하도록 함으로써, 그 안에서 자유로움, 문제에 대한 해답, 치료적 경험을 하도록 돕는 역할을 하게 된다.

07 음악의 자율적 대상기능: 보상과 균형

자신이 좋아하는 음악에는 심리적 의미가 담겨 있다. 문득 어떤 음악이 생각나는 경우도 있고, 왠지 모르게 듣고 싶어지는 음악이 생기기도 한다. 이와 같이 자동적으로 떠올려지는 멜로디, 음률, 가사에는 개인의 무의식적 내용들이 숨어 있는 경우가 많다. 이는 무의식이 '음악'을 불러온 것이며, 이때의 음악은 '무의식'을 대변해 준다. 따라서 즉흥적으로 연상된 음악을 주의 깊게 살펴보면 인간의 내면세계를 더욱 분명하게 이해할 수 있게 된다. 무의식 속의 내용은 좀처럼 겉으로 쉽게 나타나지 않는다. 그 이유는 철저히 의식적으로 통제하고 있기 때문이다. 무의식 속의 내용은 '문제의 근원(根源)'을 담고 있다는 점에서 충분히 이해되지 않는다면 문제의 해결이나 진정한 변화란 있을 수 없다.

무의식 속에는 기본적으로 과거에 너무 두렵고 창피해서 마음속 깊게 숨겨 놓은 것들이 많이 존재한다. 미해결된 상태로 남아 있는 과제들, 부끄럽고 창피했던 과거들, 슬픈 이별, 분노와 성적인 충동들이다. 다른 사람에게 노출되는 것을 회피하기 위해 무의식 속으로 억제하고 억압했던 것이다. 반면에 무의식 속에는 긍정의 흔적들 - 극도의 흥분과 환희, 감동이 무의식 속에 강제로 눌러 숨겨 왔던 내용들과 함께 자리한다. 가족과 함께했던 행복했던 기억들, 가정이나 사회에서의 성공적인 경험, 공연이나 영화, 양서를 통한 인상 깊은 감동이 무의식 속에 흔적을 남기게 된다. 음악은 이런 무의식 속의 내용들을 외부로 표출하도록 작용하기도 하지만, 무의식의 여러 가지 내용들이 음악을 불러일으키기도 한다. 프로이트는 우리가 무의식중에 흥얼거리고 있는 멜로디가 의식적으로 감춰진 우리의 충동과 의도들을 표현하고 있다고 보았다.[64] 융

은 우리에게 돌발적으로 떠오르는 멜로디들은 개인의 억압된 사고를 보여 주는 단면
이라고 해석하였다.65)

음악이 자동적으로 떠올려지는 이유는 근본적으로 '의식과 무의식의 불균형'에서
비롯된 것이다. 엄밀히 말하자면, 불균형을 균형 있게 만들려는 무의식의 자율적인 대
상기능 때문이다. '불균형'은 필연적으로 '균형'과 '조화'를 추구하며, '안정'을 지향
한다. 무의식은 이런 불균형을 보상하기 위해 자동적으로 작용하게 되는데 이것을
'심리적 항상성(恒常性)'이라고 한다. 무의식 속에는 부족한 부분을 채우려는 보상기
능이 있다. 이 기능으로 인해 인간은 균형을 유지하고 만족감을 얻을 수 있다.

지나치게 성공 위주의 삶을 사는 사람에게서 이러한 무의식의 불균형요소를 본다.
또 과도하게 내향적인 사람, 완벽한 금욕주의자, 철저한 이타주의자에게서도 발견된
다. 음악은 인간이 극도의 불균형으로 인해 파멸하지 않도록 자율적 대상기능을 통해
그를 보호하고 있다. 따라서 우리가 좋아하는 음악을 감상하는 것은 개인의 내적 열
등기능을 채워 줄 수 있다. 예컨대, 어떤 음악을 듣고 감동을 받았다는 것은 그 음악
속의 여러 요소들이 넓은 바다와 같은 무의식 속에 있는 수많은 내용들 중 일부를 자
극했기 때문이다. 이렇게 음악이 무의식을 자극하여 결핍된 부분을 보완하게 되면 만
족감과 안정감을 갖게 되는 것이다. 이것이 바로 음악이 무의식의 결핍된 부분 – '열
등기능'을 보충하고 보상하는 음악의 '자율적 대상기능(自律的 對象技能)'이다.

음악은 자율적 대상기능을 통해 인간의 감정(感情)을 균형 있게 조절한다. 기본적
으로 음악은 인간의 감정을 진작시키고 자극하기도 하지만, 안정시키고 침체시키기도
한다. 우리가 음악을 들으면서 흔히 느끼는 만족감이나 동질감, 감정이입 등은 이러한
음악의 보상기능과 감정조절기능을 설명해 준다고 할 수 있다. 더 나아가 음악은 감
정조절을 넘어 인간의 정서적 또는 영적인 불균형까지도 균형 있고 조화롭게 만들어
준다. 어떤 면에서 인간의 여러 가지 문제들은 '불균형'과 '무질서'에서 기인되므로
음악의 다양한 요소 – 리듬, 박자, 가락, 화성, 강약, 구조들은 이러한 인간의 내적인
결핍과 무의식의 열등기능을 자극하고 보완하며 충족시켜 준다. 또 인간의 내적인 욕
구나 필요의 정도에 따라 선호하는 음악의 형태가 달라지기도 한다. 이것은 음악의
'자율적 대상기능' 때문에 일어나게 되는 여러 가지 현상들 중 하나인데, 자신의 불균

---

64) 백상창 역, 『심리학으로서의 프로이드 정신분석학』, 서울: 수문사, 1957.
65) C. G. Jung, The structure and dynamics of the Pschy. C. W. 8, 1960.

형요소를 채우고 삶의 질을 추구하고자 하는 무의식의 자동적 반응체제인 것이다.

비교적 수동적 음악의 한 형태인 '음악 감상'과 능동적 음악형식인 '가창'과 '기악연주'를 활용하여 의도적으로 인간의 내적 욕구와 필요를 충족시켜 줄 수 있다. 먼저, 감상에 사용되는 음악은 감상자가 선호하는 음악을 사용하되, 그들의 정서적 에너지와 일치하는 동질의 음악을 선정할 필요가 있다. 대상자의 정서적 에너지와 일치하는 동질의 음악이란 내면감정수준과 일치하는 특성을 지닌 음악을 일컫는다. 즉 슬플 때는 우선 슬픈 음악을 들어야 한다. 그 이유는 슬픈 정서를 갖고 있는 사람에게는 슬픈 음악을 들려주는 것이 정서적 에너지 수준을 보상하고 회복하여 만족감을 줄 수 있기 때문이다.

반대로 활발하고 에너지 수준이 높은 유아나 청소년들의 경우에는 그들의 에너지 수준과 일치하는 밝고 경쾌한 비트의 곡을 들려주는 것이 좋다. 그래야만 그들의 내면정서수준을 자극하고 환기시킬 수 있기 때문이다. 적절한 자극은 적절한 반응을 일으킨다. 대상자는 자신의 감정과 동질의 음악을 들으면서 결핍에 대한 자동적 보완감정, 즉 만족감과 내면정화를 경험하게 되는 것이다. 이것이 가능한 이유는 인간이 자신의 결핍된 부분 또는 불균형적인 내적 요소들을 보상하려는 보편적인 특성을 갖고 있기 때문이다. 내적 결핍이 특정 멜로디나 리듬을 생각나게 하여 자동적으로 자기보상을 하고 있는 것이다. 이러한 과정은 음악이 인간의 무의식 속의 열등하고 원시적인 기능을 보완하고 발달시켜 통합적인 균형을 이루도록 하는 음악의 자율적이고 자동적인 대상기능을 잘 보여 준다.

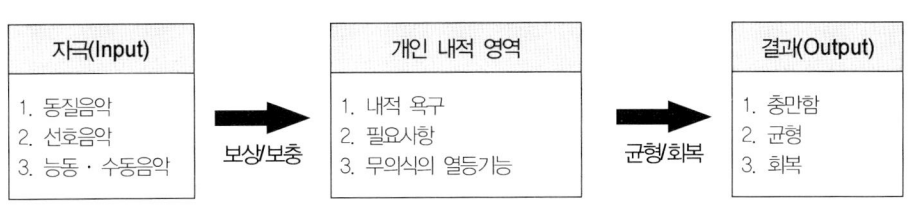

음악의 자율적 대상기능 절차도

음악의 긴장이완작용: 의식분해와 융해

부드러운 음악을 들으면 마음이 편안해지고 화가 가라앉으며, 조용하고 느린 음악을 듣다 보면 혼자 생각에 잠기거나 깊은 명상을 하는 데 도움이 된다. 여럿이 모이는 만남에서 노래를 함께 부르다 보면 금방 서로 친근감을 느끼게 된다. 대학가나 노동운동 현장에서 사용되는 음악들은 참가한 사람들을 하나로 결속시키고 단합하는 데 도움을 준다. 이처럼 음악은 의식 위로 떠오른 '무의식적 충동'을 가라앉히거나 잠재우기도 하고, 의식을 이완시켜 자신의 깊은 내면을 통찰하도록 결정적 배경을 제공해 주기도 한다. 또한 음악은 서로에 대한 '경계심'을 풀어 주어 결속하고 단합하도록 하는 역할을 하기도 한다. 이와 같이 음악은 외부 압력에 대한 긴장감을 완화하고 대상에 대한 의식적인 경계심을 풀어 주는 역할을 한다. 이것을 보통 음악의 긴장이완작용(緊張弛緩作用)이라고 하고, 무의식을 싸고 있는 두터운 의식층을 분해한다는 의미에서 음악의 의식이완작용(意識弛緩作用)이라고도 한다. 앞서 설명했던 음악의 '의식융합작용'의 대극개념이다.

누구나 자신만의 비밀과 금기(禁忌)를 가지고 살아간다. 인간은 자신의 무의식 속의 내용을 내보이지 않기 위해 의식적으로는 이를 억제[66]하고, 무의식으로는 억압[67]한다. 그 이유는 비밀이나 금기가 다른 사람에게 알려지는 것을 원하지 않기 때문이다. 이때 무의식적 내용들을 누르는 강도만큼 그 반발력도 강해져서 긴장과 불안이

---

66) 억제(suppression)는 방어기제의 일종으로서, 불안이나 성욕, 분노 등을 의식적으로 혹은 반의식적으로 잊으려고 노력하는 것이다. 억압이 무의식적인 과정인 반면, 억제는 의식적인 과정이란 점에서 차이가 있다.

67) 억압(reppression)은 무의식적인 과정으로서 자신도 모르게 불안이나 용납되지 않는 생각, 성욕, 공격성, 욕망 등을 무의식 속으로 누르는 것이다. 중요한 점은 자신이 억압하고 있다는 사실 자체도 의식하지 못한다는 점이다.

발생하는 것이다. 공을 물 위에 띄워 놓고 위에서 누르는 것과 같다. 음악은 이렇게 발생하는 긴장과 불안의식을 분해시키는 의식분해 또는 긴장이완의 기능을 가진다. 하지만 음악의 긴장이완작용은 의식의 긴장을 해제시키는 것일 뿐, 무의식의 내용을 융해(融解, fusion)시키는 것을 의미하지 않는다. 음악의 융해작용은 긴장이완작용과 하나의 연장선상에 있지만, 반드시 같지는 않다.

'융해'란 본래 '녹아서 풀어진다' 또는 '고체에 열을 가해 액체가 되는 현상'을 의미하지만, 여기서는 인간 무의식의 부정적 내용들을 감소시키거나 제거하는 것을 통틀어 일컫는다. 즉 감정이 융해된다는 것은 인간의 응어리진 감정에 화학적인 반응이 가하여져서 그 상태가 바뀌는 것이다. 이렇게 되면 과거의 부정적인 감정들이 사라져서 더 이상 자신을 괴롭히지 않는 상태가 된다. 잠시 부정적 감정이 덮여서 눈에 보이지 않는 것이 아니라, 축소되어 사라지고 변화되는 것이다. 억압과 억제를 통한 일시적인 사라짐이 아닌 '상태의 변환'을 의미한다. 이것은 명작 '크리스마스 캐럴'의 스크루지에게서도 볼 수 있는 표면적 눈속임이 아닌, 전면적이고 심층적인 내적 변화를 말한다. 인간의 감정과 기억은 쉽게 바뀌지 않는다. 감정의 상태가 변하기 위해서는 좀 더 특별한 과정과 절차가 필요하다. 이는 앞서 언급했던 '화학적 반응'과도 같은 자극 또는 치료적 중재를 뜻한다. 진정한 마음의 변화를 위해서는 충격(衝擊), 감동(感動), 환희(歡喜), 통찰(洞察), 재경험(再經驗), 절정경험(絶頂經驗)을 통한 몰입의 경험을 필요로 한다.

충격이 없이는 감정적인 환기가 일어나지 않으며, 감동이 없으면 마음이 움직이지 않아 행동의 변화도 일어나지 않는다. 또 환희를 통해 과제에 집중하게 되고 자신의 소망을 발견할 수 있으며, 통찰과 인식의 과정을 통해 사물과 사건에 대해 새로운 의미를 부여하게 된다. 이런 종류의 경험들은 음악적 환경 속에서 흔히 경험하는 것들이다. 이처럼 음악은 인간에게 충격과 감동을 주고, 때때로 환희와 극도의 절정경험을 안겨 준다. 음악은 인간을 변화시키기에 충분한 여러 가지 요소들을 고루 갖고 있는 셈이다.

임상에서 내담자들은 노래 부르고, 음악을 감상하고, 자신의 감정을 악기로 표현하면서 충족되지 못한 자신의 내면 상태를 채우게 되어 만족감을 얻게 된다. 이 과정에서 긴장이완과 경계심이 해체되는 것을 경험하게 되고 이를 통해 정화감을 갖게 된다. 이렇듯 음악은 '긴장이완작용'을 통해 대인간의 어색함과 경계를 없애는 역할을 하고 편안한 분위기에서 자기를 노출시킬 수 있도록 도움을 준다. 일단 내담자가 경계심이 사라지고 편안한 심리 상태를 갖게 되면 이제 치료사는 보다 강력한 정서적 충격이나 감동, 환희를 제공하기 위해 음악을 활용하게 된다. 이것은 무의식 속에 잠재되어 있는 응어리진 감정의 덩어리를 융해시키기 위해서다. 음악이 갖고 있는 '융해작용'이 문제가 되는 무의식 속의 감정과 기억들에 '정서적 화학반응(情緒的 化學反應)'을 일으켜 그것들을 녹이고 축소시키고 제거해 주는 것이다.

음악의 다중연결기능

음악은 연결과 소통을 가능하게 한다. 인간과 인간을 소통하도록 하고, 무의식과 의식을 연결해 주며, 전체성과 개별성을 연결해 준다. 바로 다리, 통로, 채널의 역할이다. 음악활동은 인간과 인간을 연결해 주지만 사실은 서로 감정적으로 연결된다고 할 수 있다. 콘서트장을 찾거나 친구들과 함께 노래하면서 느끼는 유대감은 참으로 대단하다. 이런 종류의 유대감을 우리는 타국에서 열리는 거대한 운동경기 시상식장에서 울려 퍼지는 애국가를 들으며 느낄 때가 있다. 각종 집회에서 활용되는 음악은 대부분 참가한 이들을 서로 단합하고 화합하도록 만든다. 가족을 중심으로 한 음악치료활동에서 치료사는 가족구성원들 간의 소통을 원활하게 하기 위해 음악을 사용한다. 임상에서 치료사와 대상자들 간의 소통(疏通, communication)의 문제는 관계의 증진은 물론 근원적 변화를 위해 무엇보다 중요하게 다루어져야 한다.

1) 인간과 인간의 연결

인간은 '소통'에서 상처를 입었기 때문에 '소통'을 통해 치유되어야 한다. 가족으로부터의 냉대, 무시, 학대, 방임, 회유, 과보호, 무관심, 잔소리, 과도한 규칙, 지나친 기대 등은 한 개인에게 깊은 상처 – 정신적 상흔(傷痕, scar)을 남긴다. 가족 간 소통의 문제가 상처를 낳은 것이다. 이런 상처의 흔적들로 인해 분노, 불안, 초조, 공황, 공격성, 자기중심성 등이 자신도 모르게 생겨나게 된다. 이 모두가 '관계' 속에서 얻은 결과들이다.

대상자는 타인에 대한 불신과 분노의 감정을 치료과정에서도 여과 없이 드러내게 되는데, 이때 치료사는 대상자에게 과거에 상처를 주었던 사람들과는 다른 모습으로 소통하게 된다. 따뜻함과 무조건적인 수용이 그것이다. 내담자는 치료사에게 심하게 화를 내고 공격을 하기도 한다. 그럼에도 불구하고 한결같은 반응으로 일관하는 치료사의 태도에 적지 않은 감동을 하게 되고, 이 과정에서 대상자는 타인에 대한 맹목적인 불신과 분노를 거두고 믿음과 신뢰가 생겨나기 시작한다. 이것이 관계회복의 출발점이다. 음악활동과정에서의 치료사는 한결같은 어머니의 모습 그대로이다. 원활한 소통을 위해 치료사는 즉흥연주(卽興演奏, Improvisation)를 사용하는 경우가 있다. '즉흥연주'는 특정한 형식 없이 즉흥적으로 음악을 만들어 가는 치료형태를 의미하는데, 이렇게 하다 보면 치료사와 내담자는 미묘한 음악적 일치감이나 합치를 느끼게 된다. 서로가 함께 느끼는 음악적 소통(inter‐musical)이다. 음악적으로 서로 하나가 되는 감정을 느끼게 되면, 이러한 감정은 서로에 대한 친밀감으로 변화하게 되는데, 이를 대인간 소통(inter‐personal)이라고 부른다. 정리하면, '음악적 만남'이 '인간적인 만남'으로 이어지는 것이며, 이를 통해 두 개체 간의 무의식이 서로 만나는 것이다. 즉 소통이다.

2) 무의식과 의식의 연결

음악은 무의식과 의식을 연결한다. 의식적인 생활 속에서 무의식의 내용들을 만나는 것이다. 그동안 무의식 속에 철저하게 숨겨 왔던 것들 ‐ 충격적 사건, 잊어버리고 싶은 기억을 수면 위로 끌어올려 세상의 빛을 보도록 하는 것이다. 이 가운데는 자신이 기억하는 부분도 있지만, 그렇지 못한 부분이 훨씬 많다. 자신도 모르게 잊힌 것이다. 그러나 이렇게 잊힌 기억과 상처는 결코 사라지지 않고 자신의 영향력을 끊임없이 의식에 전달하고 있다. 현재 자신의 문제가 어디에 원인이 있는지 충분히 짐작가는 경우가 있다. 하지만 무의식적으로 억압된 기억과 상처의 흔적들은 마음에 흉터를 남기게 되며 도무지 그 원인을 짐작할 수가 없다. 이유도 모른 채 현실을 괴로워만 하는 것이다. 모든 상처와 기억들을 그때그때마다 완전히 처리하고 해결해 나갈 수 있다면 그에 따른 이상행동과 감정들도 나타나지 않겠지만 이는 쉽지 않다. 대부분의 사람들은 이 보이지 않는 무의식에 대해 관심이 없으며 접근하는 방법조차 알지 못한다. 따라서 의식의 수면 아래에 존재하는 거대한 세력에 대해 관심을 가질 필요가 있다. 그들을 직접 대면해야 한다. 이것을 무의식과 의식의 만남, 즉 무의식의 의식화(意識化)라고 부른다.

여러 음악활동 중 심층적인 감상은 무의식과 의식의 만남을 가능하도록 해 준다. 일반적인 감상으로는 무의식에 접근할 수가 없다. 우리가 일상생활에서 음악을 감상하는 것은 표면적인 의식적 감상일 경우가 많다. '표면적이고 의식적인 감상'이란 가슴이 아닌 머리로 음악을 듣는 것이다. 즉 자기통찰의 수준이 낮고 지적인 해석이 많이 가미된 감상을 말한다. 말하자면 이 곡의 작곡자가 누구인지, 어떤 장르인지, 이 음악의 시대적 배경은 어떤지, 곡 속의 가사는 건전한지, 화성은 복잡한지 혹은 단순한지 등의 지극히 인지적인 측면에서의 해석을 추구한다. 반면, '심층적이고 무의식적인 감상'은 의식은 물론 무의식을 심도 깊게 통찰하는 과정을 포함한다. 감상을 통해 무의식의 깊은 수준까지 이르기 위해서는 '의식'을 배제해야 한다. 이 의식의 통제에서 벗어나기 위해서는 즉흥성과 자유로움이 무엇보다 요구된다. 심층감상을 통해 '의식'이라는 가면이 벗겨지게 되면 비로소 무의식의 내용들이 수면 위로 떠오른다. 무의식과 의식이 만나는 순간이다. 이것은 의식적으로 철저하게 억누르고 있던 잊힌 과거사건에 대한 기억과 감정들이 치료적으로 안전한 구조와 환경 속에서 재경험되는 순간이다. 과거 경험의 반복적인 경험은 그 경험에 대한 새로운 신념과 이해를 갖게 해 준다. 음악은 잊힌 과거와의 만남, 무의식의 억눌린 부분과의 만남, 미해결된 충격적 사건과의 만남, 잘못 설정된 관계와 신념과의 만남을 가능하게 한다.

3) 전체성과 개별성의 연결

음악은 '전체성'과 '개별성'을 연결해 준다. 즉 집단과 개인을 연결해 주는 기능을 가지고 있다. 더 정확하게 표현하면 집단의 무의식과 개인의 무의식이 서로 만난다고 할 수 있다. 우리는 합주나 합창을 할 때 이런 현상을 본다. 여러 사람이 함께 연주를 하고 노래를 부르는 것은 '전체성'을 추구하는 활동이지만, 개별적인 역할수행이 없으면 이루어질 수 없는 일이다. 예를 들어, 핸드벨(Handbell)의 8음 - 도(C), 레(D), 미(E), 파(F), 솔(G), 라(A), 시(B), 도(C)를 8명의 사람들이 나누어 연주할 경우, 한 사람이라도 자신의 역할을 잊고 소리 내지 않으면 하나의 음악은 이루어질 수가 없다. 즉 전체 음악은 개인음악의 통합적인 결과물이기 때문이다. 중요한 점은 이러한 각 연주자들의 음악적 역할은 고스란히 인간적 관계로 연결된다는 점이다.

임상에서 실행하는 수많은 음악적 연결은 인간적 연결로 변화한다. 겉으로 보기에는 음악을 만들어 내는 것 같지만, 자세히 들여다보면 그 속에서 가족들 간의 복잡한 인간적 상호작용과 관계의 회복이 이루어진다는 것을 알 수 있다. 가족 중심 음악치료전문가는 다양한 음악행동을 활용하여 가족구성원들의 음악적 역할을 강조함으로써 전체 가족이 통합될 수 있도록 유도해야 한다. 각자에게 한 가지씩 역할을 주지만, 결과적으로는 가족 전체가 단합되는 것이 목표가 된다. 전체 속에서 개별을 추구한다고 할 수 있는데, 가족구성원을 존중하면서도 개인의 독특성을 살릴 수 있는 기회를 음악적 환경 속에서 은유적으로 제공하는 것이다. 구체적인 예로서 가족단위로 합주 또는 합창을 하거나, 가족을 주제로 하여 음악심리극을 진행하는 것이 포함될 수 있다. 이러한 가족 전체의 음악 속에서 각각의 가족구성원들이 자신들만의 독특한 음악적 역할을 수행하도록 하여 전체성과 개별성이 동시에 만족될 수 있도록 한다.

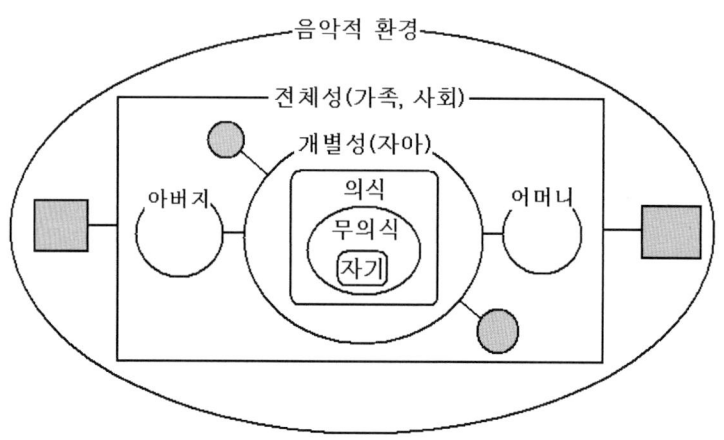

음악행동에서의 가족과 개인의 관계역학

제5장
가족 내적 개념과 이론

가족자아(family ego)

생명을 가진 유기체로서의 인간은 홀로 존재하지만, 홀로 존재할 수 없다. 이것은 인간이 사회적 존재임을 나타내는 말이다. 특히 가족 안에서 개인은 홀로 존재하는 것이 아니라 가족으로서 존재한다. 개인은 가족의 형성을 도우며, 가족은 개인의 형성을 돕는다. 인간은 가족 내에서 자신만의 독특한 자아상(自我像)을 형성하게 되는데, 부모의 인정과 거부, 사랑, 규칙, 관심, 무시, 절제, 방임 등 가족들과의 긴밀하고 복잡한 상호작용을 통해 나름대로의 대응방식을 습득하게 되는 것이다. 이것은 다시 반복을 통해 성격(性格) – 개인의 고유한 대처유형으로 굳어지게 되며, 비로소 '개인적 자아상'이 형성된다.

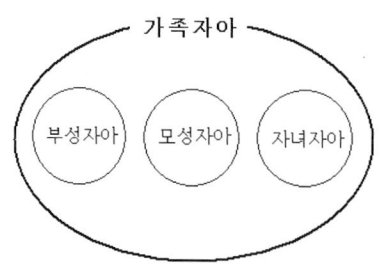

건강한 가족자아의 계구조도

가족 안에는 이러한 개인적 자아상들이 하나 이상 존재한다. 부성자아, 모성자아, 자녀자아가 그것이다. 이들은 가족이라는 커다란 울타리 안에서 자신만의 경계를 유지하며 상호작용한다. 따라서 건강한 가족이란 가족 각 구성원들 간의 경계가 분명하면서도 신축성이 있어서 상호작용이 원활하여 허용적이고 통합적인 특성을 지니는 구조를 의미한다.68) 가족과 자기 자신도 동시에 중요하고 존중되는 상태이다.

가족은 살아 움직이며 변화, 성장하는 하나의 유기체로 기능한다. 즉 개별적인 인간으로서가 아니라 전체로서의 가족공동체가 하나의 자아로서 기능할 때 이것을 가족자아(家族自我, family ego)라고 부른다. 가족자아 속에는 가족구성원들 간의 상호작용, 친밀도, 가족경계, 환경과의 접촉 정도 등이 녹아 있다. 이를 통해 가족의 단합과 그 속의 개인들의 독특성, 개별성을 가늠할 수 있다. 임상에서 치료사는 내담자의 가족자아를 탐색하여 불균형적 요소는 없는지, 가족들 간 경계구분의 모호성 혹은 경직성 등이 발견될 때 이를 조정하게 된다.

가족이란 제2의 자기(自己)와 같다고 전술한 바 있다. 가족에 대한 생각과 감정은 자신의 자아를 대변해 준다. 따라서 한 개인이 자신에 대한 정체감을 갖고 항상성을 가지듯, 가족 또한 그 가족만의 독특한 정체성을 형성하게 된다. 가족구성원들이 자신들의 가족을 바라보는 관점과 타인들이 자신 가족에 대해 느끼는 관점들을 통틀어 가족자아정체성(family ego identity)이라고 할 수 있다. 이 가족자아정체감은 가족구성원 모두가 항상 동일하지는 않다. 모든 구성원들이 자신들의 가족에 대해 동일한 생각과 느낌을 가지고 있지 않다는 의미이다. 오히려 그들 나름대로의 개별적인 가족자아감을 가진다. 가족에 대한 느낌, 정의, 자부심, 수치심, 소망, 기대 등은 가족 내의 구성원들 간에도 이견이 존재할 수 있다. 그러나 '우리 가족은 이렇다'라고 하는 일관되고 공유된 판단과 감정, 정체감이 존재한다는 것은 부정할 수 없다.

가족구성원들은 각각 자신들만의 자아경계를 형성하고 있다. 서로 보이지는 않지만 경계선을 사이에 두고 살아가는 것이다. 이런 가족자아의 경계 양상은 가족마다 물론 차이가 있다. 건강한 가족자아의 경계구조란 가족 전체 속에 살아가지만 각자의 자아경계가 분명한 구조를 일컫는다. 가족으로서의 '연합성'과 개인으로서의 '개별성'이 균형을 이룬 상태가 가장 합리적인 가족경계구조이다. 이렇게 되면 가족 간의 미해결된 정서적 애착문제가 해결되어 더 이상 주변 환경에 쉽게 영향을 받지 않고 자동적인 반사감정들도 사라지게 된다. 또한 개인에게 있어서는 사고와 감정체계가 분리되

---

68) "가족체계는 크게 두 형태로 나뉘는데, 하나는 개방체계이고 다른 하나는 폐쇄체계다. 개방체계는 그 경계가 가족원들 간의 통합이나 전체성을 잃지 않는 범위 내에서 외부체계와의 상호작용을 허용하는 반면, 폐쇄체계는 환경과의 상호작용이 없고 자신의 경계 내에서만 활동한다."
이영분 외, 『가족치료 모델과 사례』, 서울 : 학지사, 2008, p.70.

어 통제가 가능해지며 불안수준이 낮아지고 진정한 자기를 찾게 된다. 즉 전체 속에 살지만 개인으로서 존재하는 것이다.

하지만 가족자아의 경계가 비정상적이고 역기능적인 경우도 매우 흔하다. 어떤 가족을 보면, 서로에게 너무 간섭하거나 너무 방임하는 경우가 있다. 전자는 서로간의 경계가 허물어진 경우라고 할 수 있지만, 후자는 반대로 경계가 지나치게 두터운 경우이다. 예컨대 가족구성원 중 두 명이 짝이 되어 나머지 한 명을 위협하는 경우이다. 대개 아버지를 소외시키고 어머니와 자녀가 짝을 이루는 경우가 많다. '어머니자아(mother ego)'와 '자녀자아(child ego)' 사이의 경계가 허물어져 서로를 동일시하게 된 것이다. 개인의 감정이나 의견은 상관이 없다. 이렇게 모자(母子)경계가 통합된 이유는 부모가 서로 결혼관계에서 자신감이 부족하고 불만이 쌓이면서 두 사람 중 하나가 자녀와 짝이 되어 공생관계를 이루게 되는데, 이때 나머지 한 명의 부모를 상대로 대립관계를 무의식적으로 형성하기 때문이다. 이런 관계를 통해 배우자에 대한 불안을 해소하고 만족감을 느끼게 된다.

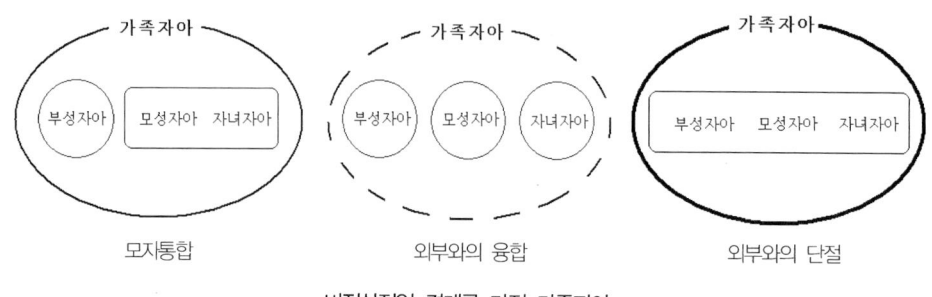

비정상적인 경계를 가진 가족자아

비정상적인 가족경계의 또 다른 예로는 가족자아와 외부세계와의 관계에서 볼 수 있다. 가족자아와 외부세계가 단절되어 있거나 융해되어 있는 경우이다. 가족과 외부와의 단절(斷絶)은 '가족이기주의'나 '가족 중심적 사고'로 대변될 수 있다. 이들에게 있어서 가족을 제외한 타인이나 주변 환경은 관심 밖의 일이다. 오직 자신의 가족만이 중요할 뿐이다. 이들의 가족자아 경계선은 매우 두텁고 견고하여 외부에서 뚫고 들어가기가 힘들다. 따라서 이런 경계구조를 가진 가족과는 친밀한 관계를 형성하기가 어려울 뿐 아니라 어떠한 조언도 어떠한 배려도 수용되지 않는다. 또 이들에게는 가족 전체의 결정만이 존재할 뿐, 각 개인의 신념이나 의견은 중요하게 여겨지지 않는다.

이와는 반대로 가족과 외부세계의 경계가 완전히 허물어져 융해(融解)된 경우도 있다. 이런 가족들의 주요한 특징은 가족 고유의 전통이나 신념이 매우 희박하다는 것인데 그만큼 타인의 간섭이나 충고에 취약한 경향이 있다. 자기 가족에 대한 자부심이나 자존심이 적고 타인에 대한 지나친 관심과 배려가 특징이다. 이런 가족의 구성원들은 자신의 가족들에게는 무관심하고 가혹하지만 타인에 대해서는 극도의 친절과 관심을 보인다. 이런 가족을 위한 기본적인 치료적 중재로는 구성원 각자의 두터운 자아경계는 완화시키는 반면, 전체적인 가족자아의 경계는 분명하고 명확하게 구분 지을 필요가 있다.

가족자아 속의 구성원들은 서로 분리되어 있는 것 같지만 서로 유기적 상관성을 가진다. 개인의 변화와 성장은 곧 가족의 변화와 성장을 의미한다. 반대로 가족의 변화와 성장은 곧 개인의 성장을 의미하기도 한다. 실패와 관련해서도 마찬가지다. 이 과정에서 자연스럽게 가족과 개인 간에 동일시 현상이 발생한다. 하지만 가족구성원과 개인이 지나치게 동일시될 경우에는 역기능적인 문제를 나타내기도 한다. "우리 형은 의사야." "아버지는 돈 많은 부자예요."라는 말은 자신과 가족이 완전히 동일시될 때 나올 수 있는 표현들이다. 지나친 동일시는 가족과 개인 사이의 경계를 무너뜨린다. 가족경계가 융해된 것이다. 가족구성원들이 서로 조화를 이루며 살아가는 것은 바람직하지만 서로 간의 경계가 허물어져 융합되면 각 개인의 개별성이나 독특성은 무시되고 만다. 각자의 개성이나 의견, 신념, 입장에 대한 고려 없이 오직 가족의 전체성과 연합성만이 부각된다. 이 경우 부모의 기대와 소망에 따라 자신의 진로를 결정하거나, 나이가 들어서도 부모가 결정을 내려 주기를 바란다. 동생들의 대학 등록금을 벌기 위해 자신을 희생하는 누이 또한 가족의 성공을 자신의 성공으로 받아들이는 신념이 있기 때문이다.

가장 바람직한 가족관계는 가족의 전체성을 존중하면서도 자신의 개별성과 독특성을 충분히 발휘하는 관계일 것이다. 전체 속에서 한 개인이 되는 것이다. 따라서 외형적으로는 가족이라는 통합체를 이루지만 책임과 역할에 있어서는 개별성을 추구하는 것이 좋다. 가족으로 함께 살지만 가족이라는 관념을 전혀 갖지 못하는 것은 역기능적이고 바람직하지 못하다. 즉 성숙한 가족 또는 분화된 가족이란 다른 사람을 강요하거나 책임을 전가하지 않고 자신의 역할을 다할 수 있으며, 자신과 타인을 분리시켜 상대방의 생각과 의견에 좌우되지 않으면서도 자신의 신념을 가질 수 있다. 이들은 친밀하고 서로 화합하지만 자율적으로 기능한다.

원가족 삼인군

삼인군(三因群, triad)이란 부부와 아동 한 명을 단위로 하는 '3인으로 구성된 상호작용 체계'를 의미한다. 개인의 자존감과 자기정체성, 존재감, 사람됨, 자아개념 등이 형성되는 근간이 되는 것이 이 '삼인군'이다. 반대로 생각해 보면, 어떤 한 개인의 자존감을 이해하는 도구와 수단으로서 그 사람의 개인 삼인군을 분석해 볼 수 있다. 이 삼인군은 아버지, 어머니, 아동이라는 세 가지 구성원으로 구조화되어 있으며, 각각의 구성원들은 자신만의 독특한 사고와 감정체계를 가지고 독립적으로 작용하는 존재이다. 이러한 구성원 개개인을 '단일군(monad)'이라고 명명한다. 하지만 이러한 개념들은 어디까지나 상징적인 개념일 뿐, 삼인군이라고 해서 반드시 세 명의 구성원 모두가 실재해야 하는 것은 아니다. 예컨대, 아버지가 일찍 사망하고 홀어머니 밑에서 자란 사람일 경우에도 삼인군의 차원에서 아버지의 부재 및 어머니와의 일방적 소통관계 등을 대상으로 가족의 전체성 속에서의 개인의 개별성을 분석해 낼 수 있다. 실제로 아버지가 생존해 있지 않더라도 아버지의 부재로 인해 겪게 된 남은 가족들의 여러 가지 가족메커니즘이 존재할 수 있다. '아버지도 없이 자란 버릇없는 녀석!'이란 말은 아버지의 존재 유무에 대한 남은 가족들의 피할 수 없는 영향력을 잘 나타내 준다. 이처럼 어머니와 아동 또는 아버지와 아동 등 삼인군을 구성하는 세 명의 구성원 중 두 명으로 구성된 단위체제를 '이인군(dyad)'이라고 한다.

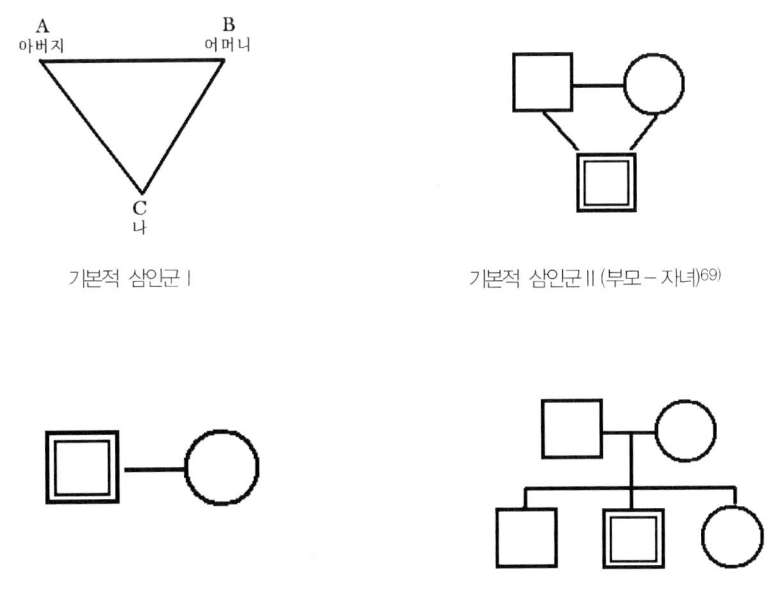

기본적 삼인군 I

기본적 삼인군 II (부모-자녀)[69]

기본적 이인군(부부)

다자녀 삼인군

　삼인군은 구성원들 간 상호작용의 방향성을 통해서 다양한 조합이 가능하다. A라는 남자와 B라는 여자가 만나 부부를 이루었을 경우, A라는 단일군, B라는 단일군, A-B라는 이인군이 존재함으로 총 세 개의 단위구조가 형성될 수 있다. 그러나 여기서 C라는 아이가 탄생하게 되면, 좀 더 복잡한 상호작용이 형성되는데 총 일곱 개의 단위구조체계가 형성될 수 있다. 즉 A, B, C, A-B, B-C, A-C, A-B-C로서 단일군 세 개와 이인군 세 개와 삼인군 한 개로 구성된다. 이와 같은 복잡한 단위구조 속에서 아동은 수용, 허용, 지지, 단절, 거부, 무시 등 다양한 상호작용을 경험하면서 자아정체성 및 자아개념을 형성해 가게 된다.[70]

　가장 근원적인 삼각상호작용체계를 의미하는 용어로서 원가족 삼인군(原家族 三因群, primary triad)이란 용어를 사용한다. 아버지, 어머니, 아동을 의미하는 이 원가족 삼인군의 개념은 가족이라는 테두리 안에서 한 개인이 태어나 처음으로 타인과 상호작용을 맺으며 타인에 대한 자신의 수용도와 신뢰수준을 결정하고, 자아정체성을 형

---

69) □는 남자를 의미하고, ○는 여자를 의미한다. ▣는 상담 및 치료의 주 대상자인 내담자 자신을 의미한다.

70) "삼인군 체계라는 인생초기경험을 통해서 유아는 의사소통의 방법과 유형을 배우게 되며, 스트레스를 받을 때 대처하는 방법, 자신의 감정을 다루고 통제하는 방법, 개인의 독특성과 동일성(sameness)을 경험하는 방법, 친밀감을 다루는 방법, 자신과 타인의 경계를 구분 짓는 방법 등을 배우게 된다." 정문자, 『사티어 경험적 가족치료』, 서울: 학지사, 2003, p.194.

성하는 장으로서 그 중요성을 가진다. 이 시기에 부모의 양육태도는 유아의 자아개념과 성격 및 자존감 형성에 지대한 영향을 미친다. 언어를 획득하기 이전 시기는 아동의 성격형성에 있어서는 결정적 시기로서 인생 전반에 걸쳐 쉽게 잊히거나 지워지지 않는다. 즉 아동은 부모와 다양한 측면에서 상호작용하게 되며, 그 속에서 자신이 얼마나 받아들여지고 있는지를 무의식적 또는 감각적으로 느끼게 된다. 이러한 '타인에 대한 자기수용지각'에 따라 자신의 '신뢰수준'을 결정하게 되고 이러한 감각적 인지는 '자아정체성' 형성으로 이어진다. 이때 부모의 성격특성, 양육태도, 의사소통 유형은 아동의 자아정체성 형성에 매우 큰 영향력을 미치게 되며, 여러 가지 차원에서 세대 간에 전수되기도 한다. 예컨대, 부모가 따뜻하고 허용적인 양육태도를 가지고 아동을 존중하고 적절히 대응해 주었을 때, 그 아동은 부모로부터 자신이 받아들여지고 있다고 느끼게 되고 안정감을 느끼고 적절한 자아정체성을 형성하게 된다. 이렇게 형성된 자아정체성은 성장과정을 통해 높은 자아존중감을 소유할 가능성이 커지게 된다.

반대로 여러 가지 현실적인 문제와 개인적인 성격특성으로 인해 부모가 짜증과 무시, 학대, 불안 등의 반응을 아동에게 보였을 경우, 아동은 자신이 거부당하고 사랑받을 수 없는 존재라고 느끼며 낮은 자아존중감을 형성하게 된다. 물론 부모의 성격이나 의지와는 상관없이 아동의 제한된 감각과 능력으로 인해 부모의 대화나 상호작용 속에 포함되지 못하는 상태를 자신이 거부당하고 있다고 잘못 인지하기도 하는데, 이러한 경우도 역시 그 과정의 적절성과는 상관없이 낮은 자아존중감이 형성되기도 한다. 중요한 점은 부모와의 상호작용과정은 갓 태어난 유아는 물론이고 아동기, 성인기에도 지속적으로 한 개인의 전반적인 심리 상태와 행동영역에 강력한 영향을 미치게 된다는 점에 있다.

원가족 삼인군의 분석을 통해 우리는 한 개인이 겪고 있는 핵심문제(core problem)[71]에 대한 원인진단과 치료중재를 동시에 진행해 갈 수 있다. 원가족 삼인군을 분석함으로써 가족구성원들의 성격특성과 의사소통 유형, 가족구성원 간의 관계양상, 세대 간 전수된 역기능적 상호작용 패턴, 가족 내의 영향권, 가족규칙, 자아존중감 정도를 파악할 수 있다. 따라서 원가족 삼인군을 활용한 심리치료의 궁극적인 목적은 내담자가 원가족 삼

---

71) 핵심문제(核心問題)는 한 개인의 병리증상을 유발시키는 근원적인 원인문제를 일컫는 용어로서 '핵심감정'이란 용어로 변경가능하다. 치료사는 치료대상자가 가지고 있는 수많은 문제들 가운데 가장 심각하고 핵심적인 문제 또는 감정을 찾아내어 치료함으로써 주변문제들을 치료하고 중재하는 데 소요되는 시간을 현저히 단축시킬 수 있다는 데 의의가 있다. 치료에 많은 시간이 주어지더라도 결국 근원적 치료의 주변만을 맴돌다가 종결하는 경우가 없지 않다.

인군에서 학습한 역기능적 의사소통 유형을 인식하고 변형하도록 돕고, 세대 간 전수되어 온 역기능적 가족규칙과 가족기대에서 벗어나도록 하며, 궁극적으로 가족의 전체성 속에서 독특한 자신만의 개별성을 갖도록 돕는 데 있다. 원가족 삼인군 치료는 기본적으로 '원가족 도표(family of origin map)'라는 양식을 사용하게 되는데, 우선 가족구성원들이 공동작업을 통해 원가족 도표를 작성한 후 완성된 원가족 도표 속의 가족관계, 성장과정, 의사소통 유형 등을 탐색하고 변형하여 재구조화한다. 이때 가족음악조각 또는 가족음악심리극 등을 병행하면서 치료과정을 진행한다.

03 가족내면규칙(family internal rule)

　누구나 자신만의 좌우명이나 삶의 방식을 가지고 살아간다. 이럴 땐 이런 식으로 행동하고, 저럴 땐 저런 식으로 행동하는 내면적 규칙과 원리인 셈이다. 개인에게 좌우명이나 삶의 원칙과 신념들이 존재하듯이, 가족이라는 집단체제도 그들만의 독특한 삶의 원칙들을 갖고 있다. 이를 '가족내면규칙' 또는 '가족규칙'이라고 한다.

　가족내면규칙(家族內面規則, family internal rules)은 가족 내의 행동규범이자 헌법이다. 가족내면규칙은 가족구성원 한 사람 한 사람의 역할과 의무를 규정해 주며, 생활방식이나 의사소통관계방식, 생각과 감정표현방식에 영향을 미치는 보이지 않는 힘을 갖고 있다. 이것은 가족의 가훈(家訓)에 집약되어 나타나 있다. '거짓 없이 참되게 살자', '가화만사성(家和萬事成)', '생각은 깊게 하고 모든 일에 최선을 다하자', '믿음, 소망, 사랑' 등이다. 그러나 이런 가훈은 엄밀하게 말하자면 규칙이라기보다는 신념에 가깝다. 규칙은 신념 속에서 생겨나기 때문에 규칙의 모태가 바로 신념이다. 따라서 위와 같은 가족의 신념으로부터 다음과 같은 가족내면규칙들이 생겨난다. '남자는 과묵하고 절대 울지 않는다', '여자는 목소리가 커서는 안 된다', '어른에게 말대꾸하지 않는다', '절대 실수해서는 안 된다', '모든 가족행사에 참석해야 한다', '자녀들은 10시까지는 귀가해야 한다' 등이다.

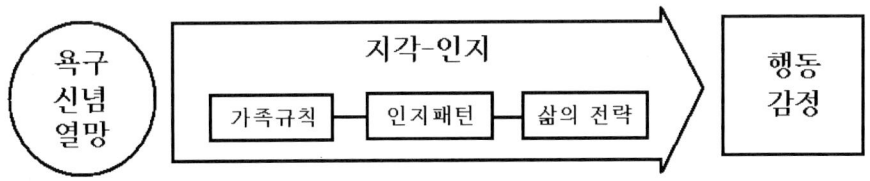

가족규칙의 생성과 발달

가족규칙은 어떻게 생성된 것일까? 가족내면규칙의 생성과 발달은 기본적으로 가족의 신념과 가장 깊은 관련이 있지만, 넓게는 가족 간의 기대, 열망, 소망, 신념체계, 가치관 등에 의해 형성된다. 의식적 혹은 무의식적 과정을 통해 가족들 간의 암묵적인 합의에 의해 만들어진다. 이혼이나 가족 중 일부 구성원의 사망 등은 서로 표면적으로 합의하지 않더라도 금기로 여겨지고 조심하게 된다. 이때 가족규칙은 가족구성원 개개인의 행동과 감정생성의 근거가 되기도 하며, 대부분 자동적 또는 무의식적으로 행동과 연결된다.

가족내면규칙은 일상생활을 살아가는 데 있어서 삶의 전략이 되기 때문에 신념이나 욕구, 열망에 비해 셀 수 없이 많다. 가족내면규칙은 감정규칙과 행동규칙으로 나누어진다. 그중에서도 가족의 감정규칙을 살펴보는 것이 보다 심층적이고 핵심적인 변화에 매우 중요하다. 가족에게 고통을 주는 규칙, 금지된 화제, 가족금기 등을 알아보는 것이 문제해결과 성장에 도움이 된다. '이 가족에서 누구 문제를 일으키는 사람이지?'가 아니라, '이 가족에게 문제를 일으키는 가족규칙이 뭐지?'라는 질문에 초점을 맞추는 것이다. 즉 문제의 원인을 비합리적인 사람에게서 찾는 것이 아니라 비합리적인 가족규칙에서 찾고자 한다. 가족구성원들 간에 어려움과 불화를 일으키는 원인은 융통성 없는 가족내면규칙에 기인하기 때문이다.

가족 전체의 신념이나 강한 열망, 기대에서 가족규칙이 발생하지만, 일단 가족규칙이 가족 내에 형성되면 구성원들에게는 암묵적인 구속력과 강제성을 갖게 된다. 이렇게 되면 신념에서 규칙들이 생겨나는 것이 아니라 그 반대현상이 일어난다. 즉 규칙이 신념을 낳게 된다. 강요된 가족 내의 규칙들이 건강한 개인의 성장과 성격 형성을 방해하여 비합리적인 신념과 인지구조를 만들어 내기 때문이다. 예를 들면, '어른에게 말대꾸해서는 안 된다'는 가족규칙은 개인에 대한 존중이나 다양성을 무시한 매우 경직되고 비합리적인 신념을 만들어 낸다. 자녀가 다른 의견이나 소망이 있어도 어른들에게 자신의 생각이나 감정을 제대로 전달하지 못하게 된다. 가족 내에 뿌리 깊게 형성된 '말대꾸해서는 안 된다'는 가족규칙 때문이다. 이렇게 융통성이나 합리성이 결여된 가족내면규칙은 가족구성원들에게 잘못된 신념과 인지 패턴의 왜곡을 불러오게 된다. 가족규칙의 특성상, 가족 - 특히 가장의 신념이 담겨 있기 때문에 쉽게 변경되지 않고 지속적으로 나머지 구성원들에게 강요된다. 물론 이런 가족규칙이나 신념은 그 가장의 윗세대로부터 전수되고 세습되어 왔다는 것을 알려 준다. 이렇게 여러 세대를 거쳐 전수된 가족의 신념과 규칙들은 개인의 인지발달과 성격형성과정에 부정적인 영향을 미치게 되는데 심한 경우 신경증 등의 병리현상을 일으키게 된다. 치료사는 가족규칙을 진단과 치료에 적극 활용한다. 치료를 요하는 대상자들의 비합리적인 신념체계와 가족규칙들을 찾아내 중재함으로써 문제의 근원적 해결과 함께 개인의 전인적 성장을 가져올 수 있다. '가족규칙은 누가 만들었는가', '가족규칙은 가족 안에서 어떤 영향력을 미치고 있나', '가족규칙을 어겼을 때 어떤 조치가 가해지는가' 등이다. 가족규칙은 가족 간의 의사소통방식을 관찰함으로써 찾아낼 수 있다.

사티어는 가족규칙을 진단하기 위해 다음 질문들을 사용하였다.[72] 1) 가족은 어떤 규칙들을 갖고 있는가? 2) 현재 가족규칙들의 장점과 영향은 무엇인가? 3) 현재 어떤 변화가 필요하다고 생각되는가? 4) 여러 규칙들 중에서 바람직한 것은 무엇인가? 5) 비합리적인 규칙은 어떤 것인가? 6) 새롭게 변형시켜 재구성해야 할 규칙들은 무엇인가? 이런 질문들을 통해 합리적이고 긍정적인 영향을 주는 가족규칙은 무엇이고, 비합리적이고 모호하며 부정적인 가족규칙은 무엇인지를 찾아낼 수 있다. 또한 이 규칙들 가운데 가족구성원들의 동의를 얻고 있는 규칙은 무엇이고 그렇지 못한 규칙은 무엇인지도 분명히 할 필요가 있다. 이때 가족들이 모두 말하기를 꺼려하거나 비밀스럽게 여기는 가족규칙 - 가족금기가 있을 경우 신중히 관리해야 한다.

실제 임상현장에서 치료사는 대상자 또는 그의 가족들에게 무작위로 규칙들을 열거하도록 하여 이 규칙들 가운데 긍정적인 것에는 ○ 표를, 부정적인 것에는 × 표를 하도록 한다. 그런 다음 긍정적인 규칙과 부정적인 규칙을 따로 분리시켜 그것들이 이 가족에게 미친 영향이나 결과를 회상해 보도록 한다. 이러한 가족규칙 탐색작업은 구성원들에게 자신의 가족에 대한 통찰과 재인식의 기회를 제공해 준다.

바람직한 가족내면규칙의 특징은 명확하고 융통성이 있으며 합리적이면서도 가족구

---

72) Satir, V., 『Peoplemaking』, Palo Alto, CA: Science and Behavior Books, 1972.

성원들의 다양성과 개별성을 존중한다는 데 있다. 가족들의 의견이 최대한 수용되고 행동의 선택권이 있으며 필요에 따라 좀 더 합리적인 규칙으로 변경될 여지가 있을 때 건강한 가족으로서 성장할 수 있다. 건강한 가족이란 가족의 신념이나 규칙이라는 전체성 안에서 구성원들의 개별성이 충분히 존중받을 때 이루어진다고 강조한 바 있다. 가족음악치료모델에서는 음악자유연상, 주제에 따른 음악과거회상기법을 활용하여 가족 기능손상의 원인이 되는 신념과 인지구조, 가족규칙 등을 탐색한다. 이때 음악 감상을 통해 과거를 회상하고 자유연상을 유도하게 되는데 핵심적인 감정과 규칙을 찾는 것이 근본적인 치료의 열쇠가 되기 때문에 심도 깊게 진행되어야 한다.

자아존중감

가. 자아존중감의 의미

자아존중감(Self-esteem)[73)]이란 자신의 가치나 중요성에 대한 주관적인 평가감정 또는 태도라고 할 수 있다. 즉 내가 나 자신을 얼마나 가치 있고 중요한 사람으로 여기는지, 또 능력이 있고 성공할 수 있는 존재로 느끼는지에 대한 주관적인 판단을 의미한다. 대개 긍정적 또는 부정적 감정이나 태도로 표현된다. 자아존중감이 높은 사람은 '난 해낼 수 있어', '난 소중한 사람이야'라고 느끼는 반면, 자아존중감이 낮은 사람은 '난 할 수 없을 거야', '난 가치도 없는 사람이야'라고 느낀다.[74)] 또 자아존중감이 높은 유아는 어떤 활동이건 적극적으로 참여하고 친구들과 잘 어울리며 성격이 밝고 명랑하다. 친구가 어려움을 겪고 있으면 잘 도와주며 인사를 잘하며 자기표현이 분명한 특징이 있다.

---

73) 자아존중감은 자아(自我, ego)에 대해 존중하는 마음이란 의미에서 사용되었지만, Self-esteem이라는 영어명에서도 알 수 있듯이 자기(自己, Self)에 대한 가치와 중요성의 평가감정이라는 점에서는 '자기존중감'이란 표현이 옳을 것이다.

74) 사티어는 자기존중감정이 결여된 사람의 특성을 다음과 같이 설명하고 있다.
"불안감과 자기 불확실감, 불신, 외로움과 소외감, 고립감을 가지고 있으며, '누가 좋은가 혹은 나쁜가?' '누가 화를 내는가?' '누가 이기고 지는가?' '누가 가장 사랑받고 있는가?' 등과 같은 몇 가지의 공식에 근거하여 의사소통을 한다. 이러한 경우 객관적인 정보를 탐구하고, 가장 적절한 것에 대한 객관적인 결정을 하지 못하고 감정적으로 판단하고 행동하는 경향이 있다. 자기존중감정이 낮을 때 의사전달상의 문제가 발생할 가능성이 높다. 빈약한 자기상과 낮은 자기존중감정은 가족 구조와 부모와의 관계를 중요시하는 초기관계형성과정에서 원인을 찾을 수 있다. 부모가 역기능적인 의사소통의 모델이 되고, 의사소통의 내용이 자녀에게 파괴적일 경우 좀 더 직접적으로 자녀의 자기존중감정은 손상받을 수 있다." Satir, 1983, p.9.

반대로 자아존중감이 낮은 유아는 매사에 불평과 불만이 많고 짜증이 심하며 부정적인 말을 많이 사용한다. 외부자극을 유독 자신과 연결 지어 생각하려는 자격지심(自激之心)이 있고 눈치를 보며 부모나 친구들과의 관계도 원만하지 못하고 의존적이다. 특히 작은 실수에도 매우 예민해지며 쉽게 실망을 한다. 요약해 보면 자존감이 높을수록 모든 측면에서 적응력이 높고 건전하게 성격이 형성되어 있다는 것을 알 수 있다.

일반적으로 자아개념이나 역량지각, 능력감과는 구분되는데, 이 중에서 자아개념(自我概念)의 일부분 또는 하위구조로서 자아존중감을 간주하는 것이 보통이다. 자아존중감은 개인의 사회적응, 성격발달, 자기실현에 있어서 중요한 요소로서, 행동과 감정, 성취, 사회적 관계에 이르기까지 영향을 미친다.

여러 학자들은 자아존중감이 8세를 전후로 형성되어 9, 10세경에 뚜렷하게 형성되다가 12세경에는 안정되는 경향을 보인다고 하지만, 반드시 그렇지는 않은 것 같다.[75] 경험의 정도나 성숙도에 따라 형성시기에 개인차가 있다. 어떤 사람은 어린 나이임에도 강한 자기 확신을 가지고 행동하는 반면, 어떤 사람은 나이가 들어서도 자신에 대한 정체성을 찾지 못하고 방황하는 경우가 적지 않기 때문이다. 자존감이 형성되는 요인 중 하나는 중요한 타인의 아동에 대한 평가와 태도이다. 특히 부모로부터 받는 존중, 수용, 친밀감, 애정, 관심 정도가 아동의 자아존중감 형성에 결정적인 영향을 준다. 유아가 출생 후 최초의 사회적 상호작용을 하게 되는 대상이 부모, 선생님, 또래친구들이란 점에서 의미가 있다. 다른 하나는 개인의 성공과 실패에 대한 경험으로서 개인이 지금까지 성취해 온 객관적인 지위와 사회적 위치가 포함된다. 다시 말해 자신에 대한 타인의 인정과 자신의 과거 경험이 자신에 대한 가치수준을 결정하여 자아존중감이라는 신념으로 굳어진다고 할 수 있다. 자아존중감이란 잠깐 생겼다가 사라지는 잡념과 같은 것이 아니다. 이것은 한 개인이 수많은 성공과 실패의 경험을 겪은 후에 생기는 자기평가가 또 끝없이 반복되어 생겨난 결과물이다. 즉 자기평가가 모여 자기존중을 형성한 것이다.

자아존중감은 결혼생활이나 가족 간의 상호작용에도 영향을 미친다. 낮은 자존감을 가진 경우 결혼에 대한 만족감이 낮고, 배우자를 쉽게 용서하지 못한다. 이것은 자아정체감이 희박하고 자기존중수준이 낮아서 배우자를 있는 그대로 받아들이지 못하기 때문이다. 다른 사람에게 관심을 갖거나 수용할 만큼의 힘이 이들에게는 존재하지 않

---

75) Coopersmity, 1967; Harter, 1983.

는다. 과거 이들 부모로부터 받았던 무관심, 비난, 억압, 통제, 위협 등은 낮은 자존감과 결부되어 현재 가족과의 상호작용에 또다시 부정적 영향을 미치게 되는 악순환을 경험하게 된다. 부모는 이들이 행동함에 있어서 최초의 일차적 모델이자 평가자이므로 부모의 역할은 무엇보다 중요하다. 가족에 대한 존중감은 자신에 대한 존중감에도 영향을 미치므로 치료사는 원가족 부모로부터 전수된 이와 같은 악순환의 고리를 통찰하고 재인식시킴으로써 끊을 필요가 있다.

나. 자아존중의 네 가지 구성요소

우리는 진정으로 행복한가? 나는 나 자신을 마음 깊이 자랑스러워하는가? 사람이 행복하지 않은 데는 여러 가지 이유가 있을 것이다. 돈이 많이 없어서, 사랑하는 사람을 잃어서, 성공하지 못해서, 자신에 대한 실망 때문에 등등. 치료사는 내담자가 어떤 상태에 있고, 또 어떤 원인 때문에 현재의 문제행동과 예민한 감정을 보이고 있는지 잘 이해해야 한다. 아마도 이것은 치료 초기에 행해야 할 가장 중요한 일일 것이다. 그러나 대부분의 치료사와 상담자들은 문제의 근원에서 벗어난 채 곁가지만을 잡고 흔드는 경우가 적지 않다. 인간의 행동양상과 문제의 원인을 보는 보다 깊은 심리학적 패러다임이 필요하다.

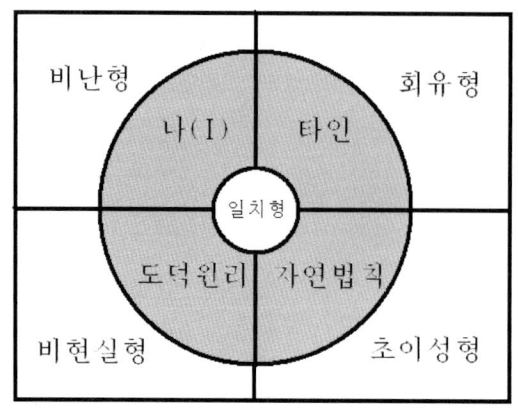

자아존중감의 4요소와 의사소통유형

인간이 행복을 느끼고 자신에 대한 강한 존중감을 갖기 위해서는 자기, 타인, 자연법칙, 도덕원리라는 필수적인 요소들이 충족되어야 한다. 즉 '자기'에 대한 존중, '타인'에 대한 존중, '자연법칙'과 '현실상황'에 대한 고려, '절대적 도덕원리(道德原理)'에 대한 순응이 그것이다. 이 중에서 한 가지 요소라도 무시될 때 자아존중감의 균형은 깨지게 되고 불안과 불만을 경험하게 된다. 반대로 모든 요소들이 고르게 존중되고 충족되면 안정과 만족을 느끼게 되어 결국에는 높은 자존감을 갖게 된다. 자아존중감 4대 요소는 내담자가 현재 보이는 수많은 감정과 행동 문제의 근원적인 원인을 진단하고 처방함은 물론, 내담자가 스트레스 상황에서 대응하는 반응양식을 정확하게 읽어 내는 핵심적인 철학이요 이론이다. 가족 중심 음악치료사는 자존감 구성요소를 통해 내담자를 심층적으로 이해하기도 하지만, 음악활동을 적용하는 데에도 철학적 기반을 제공해 주기 때문에 이에 대해 심도 깊게 이해할 필요가 있다.

자아존중에 있어서 가장 핵심적인 요소는 '자기(自己)'이다. 즉 만족감과 행복을 얻기 위해서는 자신이 먼저 행복해야 한다는 것이다. 인간은 자기 자신을 소외시킨 채 결코 행복할 수 없다. 다른 조건들이 모두 충족된다 해도 자기의 정체성이 존중되지 않은 상황에서는 만족감을 얻을 수 없다. 인간은 환경 속에서 끊임없이 자신의 존재감을 확인하면서 살아간다. 그러므로 '자기가 존중되고 충족되었다'는 말은 자신의 개별성과 독특성을 발휘하면서 자기 자신에게 순응하는 상태를 의미한다. 자유롭게 선택하고 자신의 의견을 과감하게 표출하며 자신이 원하는 능력과 소질을 개발하며 살아갈 때 비로소 자기가 존중된 삶이 된다. 궁극적인 자아존중을 이룬 사람이라면 무의식의 저층에 있는 욕구와 소망, 열망, 기대를 깊이 이해하고 성취하며 살아가는 삶, 진정한 그 사람 전체를 실현하는 삶, 즉 진정한 의미의 개성을 실현하고자 할 것이다. 하지만 자기 자신이 지나치게 강조되든지 소외되고 단절될 때 타인에 대한 의존이 생겨나 뜻하는 자립이나 자아존중감정을 얻기 힘들어지게 된다. 예를 들면 대화 중 말할 기회를 잡기 위해 100m 달리기를 하듯 경주하는 사람들이 있다. 이들은 자신이 대화의 주도권을 잡아야 존중받는다고 착각하는 사람들이다. 어떻게든 자신이 하는 말을 다른 사람들이 말없이 잠자코 듣기를 요구한다. 그런 뒤 자신의 대화내용이 끝나면 곧 서로간의 대화도 종료된 것으로 간주하는데, 이런 사람들의 지각 속에는 타인에 대한 공간은 없으며 오직 '자기'만이 존재할 뿐이다. 당연히 자기 스스로도 왠지 모를 허탈감을 느끼게 될 것이고 타인들 또한 소외감을 경험한다. 자아존중감은 자기 자신만 존중해서 얻어지는 것이 아니라 타인까지도 존중될 때 비로소 얻어진다는 사실을 깨닫게 된다.

'타인(他人)'을 인식하고 존중하는 것은 자아존중감을 향상시키는 중요한 요소가 된다. 인간은 다른 사람이 행복할 때 자신도 비로소 행복해진다. 언뜻 자기존중과 타인존중이 무슨 관련성이 있느냐고 여겨질 수 있지만 여기에는 밀접한 상관관계가 존재한다. 예쁜 옷을 입고 멋진 차를 사고 열심히 공부를 하는 것도 오로지 자기만족과 성취를 위한 것이라고 하기에는 부족함이 있다. 우리가 인식하지 못하는 순간에도 사람들 사이에는 수많은 영향을 주고받으며 생활하고 있다. 우리는 관계 속에서 배우고 성장하지만, 관계 속에서 상처받고 실패를 경험하게 된다. 특히 자신과 가까운 지인이면 지인일수록 이러한 관계 속에서 받게 되는 영향력은 더욱 커지기 마련이다. 사회에서 분리되어 초속적인 삶을 살아가는 이들에게도 결코 자유로울 수 없는 것이 관계의 문제이다. "나는 절대로 다른 사람의 눈치를 보지 않는다."고 말하는 사람들을 종종 본다. 그러나 절대 어떤 행동을 하지 않는다는 의식적 일방성에는 오히려 타인에 대한 강한 집착과 의식이 숨어 있는 경우가 많다. 타인을 일부로 거부하거나 무시하게 되면 자신도 행복할 수 없다. 인간은 다른 사람을 존중하고 그들을 위해 일할 때 행복과 만족을 느끼도록 조직되었기 때문이다.

자아존중감의 세 번째 구성요소는 '자연법칙(自然法則)'과 '상황(狀況)'이다. 현실과 상황에 순응할 때 행복과 만족을 얻을 수 있다는 것이다. 자연법칙, 현실원칙, 보편적인 원리, 규칙, 상황 등은 서로 혼용될 수 있는 용어들이다. '상황'이란 자신과 타인 사이의 관계 위에 기반을 둔 모든 삶의 원리들을 의미한다. 인간관계에서의 도리, 법도, 규칙, 계율, 신념, 이념, 철학 등이 그 예가 되지만, 부모, 가족, 성(性), 인종, 가정형편, 형제순위와 같은 주변 환경요소도 포함될 수 있다. 현실감각이나 상황에 대한 고려 없이 건전한 자아존중감을 가질 수 없다. 예컨대, 어려운 형편에도 불구하고 사치스런 생활을 하는 사람들이 있다. 상황은 무시한 채 자신의 욕망 채우기에만 급급한 것이다. 이들의 신념 속에는 자기 자신만이 있을 뿐 상황이나 현실원칙, 타인에 대한 존중은 존재하지 않는다. 이러한 생활을 지속하게 되면 형편은 더욱 어려워지게 되고 다른 가족들도 고통받게 될 것이며 결국에는 자신도 불행해지게 될 것이다. 또 다른 예로서, 대중식당에서 다른 손님들을 아랑곳하지 않고 괴성을 지르며 뛰어다니는 자녀들을 통제하지 않는 부모를 쉽게 본다. 이렇게 하는 이유는 자녀들의 기를 죽이지 않기 위해서인데 이 역시 상황에 대한 고려는 전혀 찾아보기 힘들다. 하지만 상황이나 현실원칙을 과도하게 고려하게 되면 원칙주의나 초이성주의로 흐르기 쉽다. 엄격한 계명생활을 하는 신자들에게서 상황이나 원칙에 대한 존중을 넘어선 과도한 집착을 본다. 또 사랑하는 자녀가 잘못하면 사전에 정해 둔 원칙에 따라 매를 드는 어머니에게서 예를 찾을 수 있다. 이 어머니는 매를 드는 것이 싫지만 아이의 교육을 위해 마음속으로 눈물을 머금고 매를 들게 된다. 여기서 때리고 싶지 않은 자신의 마음은 무시되었고, 아이가 매를 맞고 느끼는 고통도 무시되었다. 오로지 미리 정해 둔 원칙과 조건만이 존중되고 있는 것이다.

끝으로 자아존중감을 구성하는 마지막 요소는 '도덕원리(道德原理)'이다. 도덕원리란 시대나 장소에 따라 변화되는 상대적 진리가 아닌 절대적이고 불변하는 원리를 의미한다. 여기에는 내면으로부터의 양심(良心)과 종교적인 영감(靈感)까지도 포함된다. 따라서 절대적 도덕원리의 경계와 위치는 무의식 저층부에 존재하는 '자기'와 의식을 초월한 '초의식'에서 찾을 수 있다. 인간은 근본적으로 자아의 의식 경계를 넘어선 초의식의 세계를 지향한다. 이것은 종교적 영감의 근원이면서 영적인 세계와의 교감을 가능하게 하는 영역이다. 자아존중감은 양심의 소리나 절대적인 도덕원리에 순응할 때 완성된다. 어떤 사람에게는 종교적 영감과 영적인 소통, 신념일 수도 있다. 진정한 자신의 내면의 소리와 양심, 신념에 귀 기울이고 이에 순응하는 일은 결코 쉬운 일이 아니다. 평범하게 생활하는 현대인들에게는 다소 거리감이 있는 이야기일 것이다. 그러나 분명한 사실은 인간의 내면에는 영적 속성과 그 근원에 대한 진지하고도 역동적인 갈망이 존재한다는 것이다. 이것을 무시하고 거부한 채 생활하게 되면 진정한 마음의 평화나 행복감을 경험하기 어렵다.

다. 자아존중 요소 간의 관계성

이기주의, 이타주의, 원칙주의, 이상주의 등은 인간의 사상과 철학, 사조를 잘 나타내 준다. 자신만을 위해 사는 사람, 타인을 위해 사는 사람, 원칙과 법을 세워 놓고 그 안에 갇혀 사는 사람, 비현실적인 이상주의자 등 다양하다. 자신의 신념과 가치관을 어디에 놓느냐에 따라 이처럼 삶의 방식이 많이 달라진다. 인간은 자아존중의 네 가지 요소 – 자신, 타인, 상황, 도덕원리 중 전체 또는 일부를 자신의 가치관 또는 신념체계로서 받아들이고 행동한다. '자신'에 대한 존중을 가치관으로 삼는 사람은 '자기 의견이 분명하다', '신념이 있는 사람이다'라는 말을 듣기도 하지만, 자칫 지나치면 자아팽창[76]이나 이기주의로 변질할 수도 있다. '상황'을 중시하는 신념을 가진 사람들은 '사리분별이 있는 사람', '철저한 사람'으로 간주되기도 하지만, 과도하게 진행되면 피도 눈물도 없는 원칙주의자로 내몰리기도 한다.

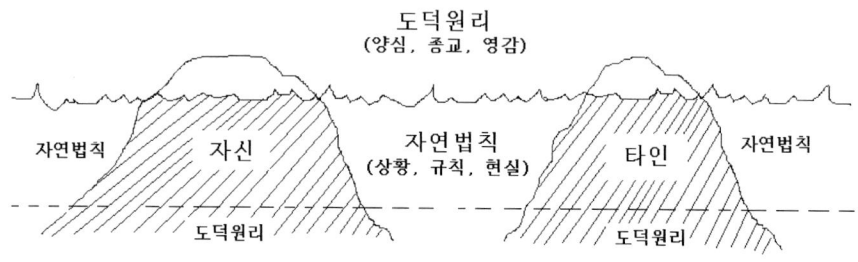

자존감 4요소 관계역학도

자존감의 모든 구성요소들이 고르게 존중될 때 인간은 자기에 대한 존중감정을 느끼며 내적 평화를 얻게 된다. 하지만 요소들 중 일부만 부각될 경우 내적 균형이 깨지게 되어 자아존중감정은 하락하게 된다. 이것은 마치 자동차의 네 바퀴가 모두 제기능을 할 때 온전하게 굴러가듯이 바퀴들 중 어느 하나의 크기가 다르거나 파손될 경우 자동차는 올바른 방향으로 가지 못하게 되는 이치이다.

따라서 자신에게 발생한 문제의 원인을 파악하고자 할 때에도 자아존중의 요소들 중 특히 강조되거나 제외된 요소들이 무엇인지 파악해 보면 된다. 그동안 자기 자신만 내세우고 타인은 무시하지는 않았는지, 원리와 원칙, 상황만 주장하지는 않았는지를 살피게 된다. 지나치게 집착하는 부분이 존재한다는 말은 지나치게 소외되는 부분이 존재한다는 반증이다. 자신을 내세우면 다른 요소들이 무시되며, 타인을 중심으로 두게 되면 자신이나 상황이 원시적이고 미분화된 상태로 변해 버린다. 자아존중감의 요소들 간에도 편향성과 대극의 개념이 그대로 적용된다. 저울의 양쪽이 모두 강조될

---

76) 자아팽창(自我膨脹)이란 나만이 할 수 있다는 신념이 과도하게 진행되어 자아의 의식성이 결여되고 무의식에 휘둘리는 상태를 의미한다. 자아팽창이 병적으로 발전하면 과대망상과 기분장애를 일으킬 수 있다.

수 없듯이 한쪽 편에 무게중심을 두게 되면 다른 쪽은 가벼워지게 마련이다.

현재 자신에게 일어나는 문제들이 누구 때문에 일어난 것인지도 자아존중감은 물론 자기실현과도 밀접하게 관련을 맺고 있다. 무작정 남의 탓으로만 돌리는 사람이 있는가 하면, 타고난 배경을 탓하는 사람들도 있다. 어떤 문제이든 자신의 잘못으로 귀인(歸因) – 책임을 전가하는 경우 또는 단지 '운'이 안 좋았다고 하는 사람들도 있다. 자신의 문제발생 원인을 누구의 탓으로 돌리고 있는가에 대한 것도 자아존중감의 구성요소들을 성찰해 가면서 추가적으로 얻을 수 있는 혜택이다. 문제발생원인을 정당한 원인으로 귀인하는 것은 합리적이며 성숙한 태도이다. 하지만 명백하고 정당한 이유가 있음에도 불구하고 하나의 원인에만 고착되어 책임을 떠넘기는 것은 비합리적일 뿐 아니라 성숙하지도 못하다. 여기서 중요한 사실은 자신의 자아존중감을 구성하고 있는 여러 요소들 가운데 특히 심약한 부분을 빗대어 책임전가를 한다는 사실이다. 말하자면 사람들은 자신의 정신기능 중 열등하고 원시적인 요소를 무의식적으로 외부세계에 투사 또는 전가하고 있는 것이다. "모두 내 탓이오."라고 말하는 사람은 자기에 대한 존중기능이 허약한 경우가 많다. 자기 또는 나를 강화시키고 존중하게 되면 문제를 자신에게 귀인하게 되는 성향이 변화되기 시작한다. 문제나 행동의 진정한 원인을 찾아 합리적이고 정당하게 책임전가를 하는 것이다. 이것을 '합리적 귀인(合理的 歸因)'이라고 한다. 또 "당신 때문에 이렇게 됐잖아."라고 하는 사람은 타인존중기능이 열등한 경우이다. 타인의 존재를 인식하고 그들과 자기 자신과의 차이점을 인정할 때 합리적 귀인이 가능해진다. 합리적이고 정당하게 자신의 문제 또는 행동을 귀인하는 일은 참다운 성숙과 자기실현에 있어 매우 중요한 부분이다.

의사소통 유형(Coping system: 대처방식)

너무 자기중심적인 사람, 너무 타인 중심적인 사람, 과도하게 이성적이고 원리를 중시하는 사람, 중요한 것은 사람과 사람 간의 소통, 사람과 원리와의 소통이 중요하다. 의사소통(意思疏通)이란 일반적으로 정의하는 사람의 의사나 감정을 소통한다는 의미를 포함하여 자신, 타인, 법칙, 도덕원리 간의 유기적인 상호작용을 의미한다. 의사소통은 그 사람의 심리적 내면 상태를 반영한다. 사람들의 의사소통방식을 관찰하다 보면 그 사람의 스트레스 상황에 대한 대처, 자아존중감의 수준, 감정처리방식, 불안수준 등을 알 수 있다. 의사소통이란 인간 상호작용의 최종적인 산물이기 때문이다. 수많은 긴장상황으로부터 자신을 지키기 위한 의식적 또는 무의식적 대처방식이기 때문에 한 개인의 통합적인 측면을 잘 조명해 준다.

어떤 사람의 의사소통방식이 일치적이고 합리적이란 말은 충분히 자신의 신념을 지키면서, 타인의 가치를 존중하고, 상황과 현실감각이 있으며, 양심과 도덕원리에 충실한 상태를 의미한다. 자아존중감을 형성하는 요소들이 고르게 강조되고 원활하게 연결되고 소통될 때 비로소 일치적 의사소통이 가능해진다. 반대로 불일치한 의사소통을 가지고 있다는 말은 자아존중의 4대 요소들 중 한 가지 이상의 요소들이 무시되거나 거부되어 일치적인 의사소통을 하기 어려워진 상태를 일컫는다. 일반적으로 이러한 종류의 사람들은 자아존중감이 낮으며 심리적인 불균형 상태를 보인다. 4대 요소 중 어떤 요소를 특히 무시하고 존중하는가에 따라 회유형, 비난형, 초이성형, 산만형, 비현실형으로 나눌 수 있다.

1) 비난형

비난형(非難型)은 타인을 무시하는 잔소리꾼 또는 독재자라고 할 수 있는데, 이 유형의 사람들은 자신을 보호하고 상황을 강조하지만 타인을 무시하려는 성향을 가진다. '자신을 보호한다'는 의미는 자신의 의견만을 내세우고 힘을 과시하며 자신이 강한 사람임을 인식시키려 노력하는 행위를 일컫는다. 또 '상황'을 강조한다는 것은 타인들에게 원리와 원칙을 강요하고 지나친 기대를 갖는 행위를 말한다. 이들은 "모두 다 너의 잘못이야.", "내 잘못은 없어.", "너만 아니었으면 괜찮았을 텐데."라고 말하며, 끊임없이 타인의 말이나 행동을 비난하고 통제하려고 든다. 그런 면에서 비난형 인간은 공격적이고 독재적이며 불만이 많고 때때로 폭력적이다. 외면적으로는 화내고 좌절하고 믿지 못하고 억눌려 있지만, 내면적으로는 외로움과 두려움을 경험한다. 이런 감정이 생기는 원인은 자아가치감이 결여되어 있기 때문이다. 이들은 비난함으로써 상대방이 자신에게 순응하게 되면 그것이 곧 자기존중으로 이어진다고 믿는다. 따라서 상대가 회유적이고 순응적이어서 별다른 대응 없이 이들에게 복종하게 되면 더욱 비난성향이 강화된다. 유형적으로는 타인을 강조하는 '회유형'과 정반대이다.

2) 회유형

회유형(懷柔型)은 타인과 상황을 존중하고 자신을 무시한다. 겉으로 보기에는 착하고 붙임성이 있는 사회적인 인간이지만, 긴장하거나 위협을 느낄 때는 자신의 생각과 감정은 무시한 채 타인의 의견에 쉽게 동조하고 기분을 맞추기 위해 노력한다. 이들의 태도는 '비굴한 아첨꾼' 또는 '의존적 순교자'[77]이다. 이들의 마음속에는 나 한 사람만 참으면 가족 모두가 편안할 것이라는 믿음이 숨어 있다. 자신을 타인과의 관계 향상을 위한 제물로 삼는 것이다. 이들은 대개 "모두 내 잘못이다.", "네 말이 항상 옳아.", "네가 없으면 난 아무것도 할 수 없어.", "난 괜찮아."라고 말한다. 다른 사람이나 상황을 존중하면서도 정작 자신의 내적 감정이나 생각은 존중하지 못한다. 이들의 다른 특징은 다른 사람과의 어색함과 불편함을 견디지 못하고 상대방의 어려움을

---

77) 한국버지니아사티어연구회 역, 『사티어모델』, 서울: 김영애 가족치료연구소 2000. p.56.

덜어 주기 위해 자신의 시간이나 돈 등을 기꺼이 희생한다는 점이다. 일이 잘못되었을 때는 모든 책임이 자신에게 있다고 생각하며 이러한 회유적인 반응으로 타인이 죄책감을 갖게 되면 이것이 곧 자신이 존중받고 있다는 증거로 삼는다. 지속적으로 자신의 내적 감정이나 생각, 욕구를 회유적인 성향 뒤에 숨기게 되면 자기가치감이 결핍되거나 자아존중감은 손상을 입게 된다. '비난형'과는 상극의 성향이다.

3) 초이성형(계산형)

초이성형(初理性型)은 자신과 타인을 무시한 채 상황만을 강조하는 유형이다. 다른 용어로 냉담한 '계산형' 또는 극단적인 '원칙주의자'이다. 종종 지적인 사람 또는 이성적인 사람으로 비쳐지지만 실제로는 과도하게 긴장되어 있고 강박적이다. 이들의 가장 큰 특징은 자신의 감정을 나타내지 않고 비인간적이며 극단적인 객관성을 나타낸다는 점이다. 외부적으로는 독재적이고 완고하며 냉담하고 경직되어 있지만, 내면적으로는 자신감의 결핍으로 쉽게 상처받고 소외감 또는 고립감을 느낀다. 또한 모든 일에 비판적이고 분석적이며 원칙을 지나치게 고수하며 실수하지 않으려고 노력한다. 초이성형 인간은 타인과 의사소통을 할 때 단조로운 말투를 사용하고 최대한 자세하고 길게 설명하며 실수 없이 말하려 노력한다. 이들은 '사람은 자고로 이러이러해야만 한다'는 등의 수많은 원칙을 신념으로 갖고 살아간다. 다른 유형의 사람들에 비해 감정이 취약하기 때문에 이것을 보상하기 위해 상황이나 원칙을 활용하는 것이다. 자기의 감정이나 생각이 상황이나 원리 뒤에 숨겨져 있기 때문에 자기가치감은 결핍되어 있는 상태이다. 따라서 신념으로 굳어진 원칙들을 균형 있게 조절하고 자신의 내면감정에 더 충실하며 타인을 존중하게 되면 자아존중감이 향상된다.

4) 산만형(혼란형)

산만형(散漫型)은 '초이성형'의 대극개념으로서 자신, 타인, 상황, 도덕진리 모두를 존중하지 않는다. 이들은 자신의 의견이나 감정도 표현하지 않고, 타인의 가치를 인정하거나 배려하지도 않는다. 상황이나 현실감각이 약하며 내면세계나 도덕진리와는 단절되어 있는 경우이다. 산만형은 행동이 매우 산만하고 안절부절못하며 계속 움직이는 특징이 있으며, 심리적으로는 혼란스럽고 충동을 자제하지 못하며 진정한 감정을 거의 보이지 않고 타인의 일에 잘 참견한다. 말에는 요점이 없고 주제를 자주 바꾸며 심각하고 예민한 주제는 회피하려고 한다. 이들은 긴장을 유발시키는 화제로부터 관심을 돌릴 때 안정감을 느끼기 때문에 농담이나 의미 없는 이야기로 주제에 대한 주변 관심을 분산시키고자 한다. 이것은 자아가치감의 결여로 인해 극단적인 불안과 심리적인 불균형 상태에서 기인한 것이다. 따라서 산만형 인간은 혼란스럽고 산만한 언어나 행동을 통해 내면의 진정한 감정과 신념, 욕구, 기대를 감추고 있다.

5) 비현실형

비현실형(非現實型)은 자기, 타인, 상황을 무시하고 도덕원리와 초자연적 소통을 중시한다. 다른 용어로는 '초자연적 환상주의자'라고 할 수 있다. 비현실형의 특징은 매사에 영감과 직관에 의존하고 지나치게 양심적이며 비현실적이라는 점이다. 이들은 현실 속에 살지만 초현실을 경험한다. 따라서 현실원칙과 상황에 집착하는 초이성형과는 차이가 있다. 비현실형의 또 다른 특징은 자신이 신봉하는 종교적 신념이나 초자연적 믿음이 자신의 내면감정과 의견보다 우선한다고 믿는다. 그러므로 가족을 포함한 타인의 가치와 존재, 가정형편, 상황, 도리, 법도 또한 모두 자아초월적 존재 혹은 영적 신념, 양심보다는 덜 중요하다고 여긴다. 비현실형은 쉽게 사회에 적응하지 못하며 초속적인 삶을 꿈꾼다. 세상을 등지고 산이나 수도원으로 자신의 진정한 신념과 사명을 위해 발길을 옮기지만 그렇다 하더라도 이들은 자신이 결코 소외당했다고 생각하지 않는다. 이들은 "내가 아니면 할 수 없어." "반드시 이루어질 거야." "영감에 의존해 보자." "나 혼자서라도 이 일을 해야만 해."라고 말한다. 현실감각을 기르고 자신의 진정한 소망을 초월적 사명과 분리시킬 때 비로소 자기가치감을 경험하게 된다.

6) 일치형

자아존중의 4대 요소를 모두 존중하는 상태를 건강한 상태 즉, 의사소통 유형이 일관적인 상태라고 말할 수 있다. 4요소를 모두 충족한 유형을 '일치형'이라고 한다.

<표 2> 가족음악치료(FMT)모델의 의사소통 유형별 특징

유형	자존감요소 중 불균형요소		유형별 특징 및 반응	
회유형	나 / 타인 / 도덕원리 / 자연법칙 (나 색칠)	자신의 내적 감정이나 생각을 무시하고 타인의 비위에 맞추려고 하는 성향을 말한다.	정서	비굴한 자세, 변명
			행동	의존적 순교자, 과도 친절
			심리	우울증, 자살경향
			언어	모두 내 잘못이야
비난형	나 / 타인 / 도덕원리 / 자연법칙 (타인, 자연법칙 색칠)	회유형과 반대의 유형으로서, 타인을 무시하는 성향을 보인다. 외면적으로는 공격적인 성향을 보이나 내면적으로는 자신이 외로운 실패자라고 느낀다.	정서	논쟁과 비난적 자세
			행동	약점 발견, 명령, 경직
			심리	편집증, 일탈행동
			언어	모든 것은 네 잘못이야
초이성형	나 / 타인 / 도덕원리 / 자연법칙 (나, 타인 색칠)	자신과 타인 모두를 무시하고 상황만을 중시하는 유형이다. 매우 완고하고 냉담한 자세를 취하고 독재적인 행동을 한다.	정서	고집이 세고 냉담함
			행동	권위적이고 강제적
			심리	반사회적, 강박적, 위축
			언어	사람은 ~해야만 한다.
산만형	나 / 타인 / 도덕원리 / 자연법칙 (전체 색칠)	초이성형과 반대의 유형으로서, 자신, 타인, 상황 모두를 무시하는 유형이다.	정서	산만하고 혼돈스러움
			행동	산만하고 부적절, 활동적
			심리	혼돈, 부적절, 정신질환
			언어	아무것도 상관없어
비현실형	나 / 타인 / 도덕원리 / 자연법칙 (나, 타인, 자연법칙 색칠)	비현실형의 특징은 매사에 영감과 직관에 의존하고 지나치게 양심적이며 비현실적이다.	정서	경직되고 비현실적
			행동	비현실적이고 몽환적
			심리	의존적이고 현실감 없음
			언어	모든 것은 신의 뜻이야
일치형	나 / 타인 / 도덕원리 / 자연법칙 (색칠 없음)	자아존중의 4대 요소를 모두 존중하는 상태를 건강한 상태를 말한다.	정서	말과 감정이 일치
			행동	창의적이고 개성적
			심리	균형 있고 조화로움
			언어	말과 감정, 행동이 일치

※ 위의 표에서 원 안에 색칠된 부분은 개인에 의해 무시되는 자아존중 요소를 뜻한다.

제6장
치료구조 및 목적설정

치료구조와 대상

가족음악치료는 기본적으로 '가족'을 대상으로 한다. 여기서 '가족을 대상으로 한다'는 의미는 대상자의 치료와 변화를 위해 가족을 둘러싼 전반적인 사항들을 치료의 핵심소재로 삼는다는 뜻이다. 이것은 가족의 영향력이 매우 강력하기 때문인데, 특히 부모의 태도는 치료대상자의 현재 말투, 표정, 생각, 감정 등에 결정적인 영향을 미친다. 현재 치료대상자의 문제행동과 핵심감정들도 '가족'을 면밀히 탐색함으로써 치료의 단서를 찾을 수 있다. 따라서 변화의 문을 여는 열쇠는 바로 '가족' 안에 있다. 즉 가족 간의 관계 패턴, 의사소통방식, 자아존중감, 가족 전체 구성원들의 성격 또는 개인적 소망, 가족의 자원, 가족규칙, 가족의 금기 등을 탐색하는 중재 작업이 중요하다.

치료대상과 구성체제

가족음악치료의 대상이 반드시 아버지, 어머니, 자녀라는 삼인구성체제만을 의미하지는 않는다. 경우에 따라서는 개별 치료 혹은 3명 이상의 가족구성원들과도 시행할 수 있다. 예를 들면, 불화가 있는 가족, 비행청소년, 정서행동장애아동, 자존감이 낮은 성인, 신경증 환자, 불일치한 의사소통 유형을 가진 모든 사람들이다. 중요한 것은 어떤 사람들을 대상으로 하더라도 탐색의 주요 소재는 바로 '가족'이라는 점이다. 가족에 대한 탐색이 치료의 커다란 지도와 해답을 제공해 준다. 처음에 음악치료실에 의뢰되어 올 때는 문제가 있다고 판단되는 대상자를 다른 가족구성원이 설득과 회유를 통해 혹은 강제적으로 데려오는 경우가 많다. 그러나 막상 치료중재가 진행되면 문제의 근원이 치료대상자에게만 있지 않다는 것을 곧 깨닫게 된다. 가족구성원 전체가 문제의 핵심에 서 있다. 자녀의 폭력성향과 인터넷 중독으로 인해 고통을 참다 못해 치료실을 찾았지만, 막상 그 뒤에는 자신의 남편으로부터 학대받은 자신이 있었다. 물론 남편 또한 아버지 없이 모진 세상 풍파를 어머니와 함께 견뎌 온 자수성가형 가장이었다.

가족음악치료에서는 문제를 가진 한 사람의 변화를 치료로 간주하지 않는다. 치료 대상자가 치료실에서 훌륭하고 적절한 치료로 변화되었다 하더라도 가정으로 돌아가서 다시 원래의 악순환을 반복하기 때문이다. 이러한 가족 패턴의 악순환 연결고리를 탐색하여 차단함으로써 가족의 순수한 기능을 통합적으로 회복시키는 작업을 곧 적절한 치료라고 할 수 있다.

세션 시간

세션 시간은 정해진 바가 없지만 한 시간 정도 내외가 적당하다. 물론 대상자의 연령이나 치료에의 집중도가 중요한 기준이 될 것이다. 경험이 부족한 치료사의 경우 내담자에 대한 배려가 지나쳐 너무 많은 분량의 치료서비스를 제공하려는 경향이 있다. 치료사에 따라 이런 배려가 이 시점에서 반드시 필요한 일이라고 생각될 수도 있지만 자제하는 것이 좋다. 왜냐하면 점진적으로 자신과 가족에 대한 이해를 진행해 가는 것이 대상자의 안정된 변화를 위해서 더 바람직하기 때문이다. 때때로 과도한 자기이해가 수용력을 지나치는 경우가 있다.

치료 장소

치료 장소는 세션마다 같은 장소에서 시행하는 것이 바람직하다. 여러 장소가 번갈아 가며 바뀌는 것은 안정된 분위기 조성에 해롭다. 다양한 문제로 인해 고통을 받고 있는 내담자들로서는 최소한의 환경변화가 요구된다. 다음 세션과의 간격은 주 1회에서 2회 정도가 적당한데 경우에 따라서 매일, 매주, 매월 또는 비정기적인 만남의 형태로 이루어질 수 있다. 이처럼 세션 간 일정한 시간이 필요한 이유는 변화를 위해서는 시간이 필요하기 때문이다. 아기가 밥이나 음식을 씹을 수 있을 때까지 기다려야 하는 이치이다. 어려움이 축적되어 온 시간의 길이만큼 치료와 변화를 위한 시간도 비례한다.

매회기별 치료과정

　수개월 동안 혹은 그 이상 이어지는 치료의 전체 과정과 비교할 때, 매회기별 치료 과정은 서로 닮아 있다. 부분 속에 전체가 숨어 있는 것이다. 자기인식, 긍정탐색, 자원변형, 목표각인, 변화유지라고 하는 이 모델의 전형적인 치료과정은 매회기별 과정에도 그대로 녹아 있다. 먼저, 치료사와 만나 노래를 통해 인사를 나눈 후(Hello song), 그동안의 목표달성 여부를 확인하고 자신의 현 상태를 인식하고(자기인식), 이전 세션부터 현재까지 변화와 성장을 위해 시도한 구체적인 노력을 확인하고(긍정탐색), 개인의 의사소통방식이나 비합리적인 신념 및 규칙을 변형시키고(자원변형), 이를 통해 얻게 된 해결방안을 치료사가 내담자에게 언어나 음악매체를 사용해서 마음속에 심어 준다(목표각인). 그런 다음 마지막 단계로서 세션 동안의 느낌을 나누고 치료대상자에게 격려와 조언을 전한 뒤 노래를 부르며 헤어진다(Good－bye song).

〈표 3〉 가족음악치료모델의 매회기별 치료과정

step	process		goal	specific contents	centered	time
통찰	Warm-up		동기유발 유대감 형성	· Hello song, 마음열기, 긴장이완	치료사	10′
	자기탐색	자기인식	자아상 탐색 핵심감정 수용 자기소망 인식	· 과제이행 점검(목표 도달도 확인) · 소망과 문제 탐색 · 치료목적 및 목표설정		
		긍정탐색	성공경험확인 해결유도	· 긍정적 변화경험 나누기 · 예외적 틀 및 가상적 틀 제공		
변형	자원변형		의사소통 재구성 내적 자원 변형 내적균형 유도	· 효과적인 대화법 지도 · 지각, 감정, 욕구, 신념의 변형 · 내적 전체성 유도	치료사 내담자	20′
분리	정리 및 휴식		휴식 해결책 정리	· 치료사의 해결책 정리시간, 휴지기 · 새로운 대안 발견 및 구체화	역할 없음	10′
각인	강화 설명 과제 각인		해결책의 명료화 문제각인 목표각인	· 칭찬하기 · 연결문 · 과제 제시 · 목표 및 과제 각인, Good-bye song	치료사 내담자	20′
나눔	변화유지 Sharing		생각표현 심리적 지지 변화유지, 확대	· 세션에 대한 생각과 느낌 발표 · 구성원에 대한 조언과 격려	내담자	10′

가. 1단계: 통찰(洞察, insight)

매회기별 세션의 첫 번째 단계는 '통찰'이다. 약 10분 정도 치료사가 중심이 되어 진행되며 치료대상자 자신의 소망과 그 소망을 가로막는 걸림돌을 정확히 인식함과 동시에 자신의 성공적인 경험과 의도적 변화 노력을 탐색하게 된다. 매회기 시작과 끝에서는 서로 노래를 부른다. 만나며 부르는 노래(Hello song)와 헤어지며 부르는 노래(Good-bye song)이다. 이렇게 회기 초에 부르는 노래는 동기유발과 유대감 형성을 위한 것이다. 즉 내담자에게 매회기가 시작될 때는 항상 같은 곡을 부른다는 것을 은연중에 상기시켜 줌으로써 음악 세션에 대해 좀 더 안정감과 친근감을 갖고 참여할 수 있도록 도움을 주게 된다.

또한 매회기 시작 부분에서 치료사가 해야 할 중요한 일은 "지난번 만났을 때에 비해서 어떤 점이 생활 속에서 달라졌는가?"를 질문하는 것이다. 또 "그동안 변화하기 위해 노력한 것이 있나요?", "생활하면서 내가 이런 면은 참 잘 했다고 생각되는 것이 있나요?"라고도 질문할 수 있다. 이와 같이 내담자의 긍정적인 변화경험과 성공 경험을 나누는 것은 자신의 삶에 대한 새로운 시각과 신념을 심어 준다. 새로운 패러 다임 또는 새로운 안경을 끼워 주는 것이다. 이는 '인간이 매순간 변화하는 존재'라는 성장모델(growth model)과 '긍정은 더 큰 긍정을 불러온다'는 긍정모델(positiveness model)이라는 기본전제에 근거하고 있다. 치료사는 끊임없이 내담자에게 자신의 변화 된 내용을 재인식시킴으로써 이들의 더 큰 변화와 성장을 유도하게 되는 것이다. 변 화의 인식이 곧 더 큰 변화 - '성장'을 의미한다.

나. 2단계: 변형(變形, transformation)

두 번째 단계인 '변형'은 내적 자원의 근본적인 변형을 의미한다. 여기서 '내적 자 원'이란 심리지층모델의 7차원 - 행동, 감정, 지각, 신념, 욕구, 자기를 의미한다. 개 인의 '행동'과 '감정'을 면밀히 파악하여 지나치게 반사적이고 민감하게 반응하는 측 면이 없는지 살피게 된다. 행동이나 감정이 민감하면 할수록 내적 자원이 미성숙하다 는 증거가 된다. 이때 특히 주의할 점은 내담자의 '의사소통방식'을 관찰하는 일이다. 의사소통은 내적 자원의 외부표출이라고 할 수 있는데, 특히 불안에 대한 무의식적인 대처방식을 잘 나타내 준다. 불안을 억지로 숨기는지, 자유롭게 표현하는지, 다른 대 체행동으로 표출시키는지를 살핀다. 평안하지 않은 상태를 총칭하는 용어인 '불안'은 내담자의 심리 상태에 대한 진단은 물론 핵심감정 변화를 위한 핵심적인 치료대상이 되기도 한다. 불안이나 스트레스를 처리하는 방법에 따라 회유형, 비난형, 초이성형, 비현실형, 일치형으로 나눌 수 있다.

이 단계에서는 의사소통의 방식과 효과적인 대화법을 직접 지도함으로써 구체적인 변화를 유도한다. 또 비합리적인 신념이 결과적으로 어떤 행동과 감정을 만들어 내는 지에 대한 구체적인 체계와 절차를 이해시킴으로써 자신 스스로 신념과 규칙의 궁극 적인 결과를 미리 예측할 수 있는 능력을 길러 주게 된다. 이렇게 개인 무의식 속의 여러 층에 존재하는 동기들을 깊게 탐색하고 통찰함으로써 근원적인 변화와 성장을 이루도록 돕는 단계가 바로 '변형'의 단계이다.

다. 3단계: 분리(分離, splitting)

  행동과 감정, 신념, 욕구에 대한 구체적인 변형작업이 끝나면 잠시 다른 방으로 옮겨 휴식을 취하는 '분리'시간을 갖게 된다. 이렇게 치료사와 내담자가 분리되어 새로운 대안을 갖고 다시 모이는 것은 가족음악치료모델의 매우 독특한 체제인데, 단순히 심각한 치료중재 이후에 안정을 취한다는 의미가 아닌 내담자를 위한 새로운 해결책과 대안을 정리하는 휴지기의 성격이 있다. 이 시간 동안 내담자는 치료실에 홀로 남겨지게 된다. 치료사는 치료실을 나와 다른 방으로 가서 내담자의 변화 노력, 문제점과 소망, 내적 자원에 대한 검토결과 등을 토대로 새로운 해결방안을 글로 문서화한다. 이 문서에는 내담자의 문제점, 내담자의 소망, 구체적인 변화노력, 새로운 해결책이 포함된다. 치료사와 내담자의 분리시간은 대략 10분 정도로 짧지만 내담자는 혼자 있으면서 치료사에게 했던 말들을 상기하고, 자신에 다시 한 번 성찰할 수 있는 기회를 갖게 된다.

라. 4단계: 각인(刻印, imprinting)

  네 번째 단계는 '각인'이다. 각인은 앞서 설명한 바와 같이, 새롭게 형성된 결심이나 규칙, 신념 등을 내담자의 마음속에 새겨 넣는 작업을 말한다. 치료사는 내담자와 분리되어 다른 방에서 새로운 대안과 해결책을 정리하고 나서 다시 내담자가 있던 방으로 돌아온다. 그런 다음 자신이 갖고 온 해결책을 내담자 앞에 내놓고 함께 토론하게 된다. 이 토론과정은 체계적 절차를 갖고 있다. 즉 1) 강화, 2) 설명, 3) 과제, 4) 각인이다.
  먼저, '강화(強化, reinforcement)'란 말 그대로 내담자의 변화와 적극적인 참여,

그동안의 변화노력에 대해 담담하게 칭찬하고 격려하는 것을 의미한다. '감사합니다', '적극적으로 치료에 임해 주셔서 감사합니다', '지금까지 당신의 노력은 훌륭했습니다', '지금까지 당신은 ~을 위해 열심히 노력해 왔습니다' 등이다.

두 번째로 '설명(說明, explanation)' 단계에서는 내담자의 핵심문제, 문제의 원인, 진정한 소망 등을 구체적으로 나열하게 된다. '당신은 ~문제를 갖고 있습니다', '당신은 ~을 소망하고 있습니다', '당신이 이런 행동을 하는 원인은 ~으로 생각됩니다' 등이다.

세 번째 단계는 '과제(課題, task)' 제시이다. 해결책과 새로운 대안을 솔직하고 간결하게 내담자에게 전달한다. 예컨대 '따라서 우리는 당신의 문제에 대해 토의한 결과 ~결론을 얻게 되었습니다', '다음과 같은 과제를 드리고자 합니다', '다음 회기까지 이 과제를 충실히 수행해 보시기 바랍니다' 등이다.

마지막 단계로서 '각인(刻印, imprinting)'은 내담자 자신의 소망, 문제점, 새로운 과제를 마음속에 새기는 과정이다. 대부분의 사람들은 치료과정에서 자신의 문제점이 무엇인지, 어떻게 해야 할지 깊이 느끼게 되지만 마음속에 그리 오래가지 못한다. 일상생활 속으로 돌아오게 되면 치료실에서의 결심과 결의가 금방 흐려지고 사라지게 된다. 좀 더 분명하게 마음에 새기는 과정이 바로 이 '각인'작업이다. 이 작업은 '치료사 중심 언어명료화', '암시적 감상활동', '내담자 중심 언어명료화'로 진행된다. 구체적인 의미와 절차 및 단계는 다음 절에서 설명하기로 한다.

마. 5단계: 나눔(sharing)

회기별 치료과정 마지막 단계는 '나눔'이다. 전체 세션에 대한 소감을 자유롭게 서로 나누는 시간이다. 물론 이때 치료사는 내담자의 소감에 대해 지지하고 수용하는 태도를 견지해야 할 것이다. 만약 집단으로 진행된 그룹치료의 경우라면, 서로에 대한 조언과 격려의 시간을 갖는다. 집단은 두 명 이상으로 이루어지는 치료그룹을 말하는데, 가족이 한 집단이 되거나 가족은 아니지만 동질의 어려움을 갖고 모인 집단도 있을 수 있다. 집단에 참여한 모두가 어떤 의미에서 주인공이지만, 그 시간에 좀 더 초점을 맞추는 인물을 암암리에 정하게 된다. 예를 들면, 가족음악치료그룹의 경우에는 주로 아동이 주인공이 된다. 나눔시간에 그룹의 구성원들은 주인공, 즉 치료대상자에게 자신의 경험이나 미래에 대한 확신을 솔직하게 전하게 된다. 나눔의 시간은 단순한 격려와 의견교환시간 이상의 의미를 지닌다. 매우 강한 상호 교감이 만들어지기 때문이다.

이 나눔 단계에서는 내담자의 변화를 지속적으로 유지하고 발전시키기 위해서 차후 일상생활 속에서 겪을 만한 여러 가지 경우를 미리 예측하고 대응해 보는 시간을 가질 수 있다. 이른바 미래직면(future face)이다. 치료 중기 혹은 후기로 들어가게 되면 이 단계에서 개인이나 가족의 목표와 다짐을 넣은 '자기선언서' 또는 '가족선언서'를 작성하기도 한다.

치료목적과 목표설정

본격적인 치료에 들어가기 전에 치료목적을 설정해야 한다. 치료개입 이전에 목적과 목표를 설정하는 이유는 그 치료기법의 효용성에 대한 평가와 더불어, 치료중재 이전과 이후 내담자의 변화 정도를 구체적으로 파악하기 위해서이다. 그러므로 목적과 목표는 치료효과에 대한 가늠자가 된다. 여기서 치료목적과 치료목표는 의미상 차이가 있는 용어들이다. 물론 혼용되어 쓰이는 경우가 많고 정확한 이해 없이 남용되기도 한다. 목표(目標, objective)란 목적에 귀속되는 용어로서, 어떤 목적을 이루려고 지향하는 실제적 대상 혹은 그에 대한 기술이라고 정의할 수 있을 것이다. 김종인은 『아동음악치료방법론』에서 두 용어의 차이를 다음과 같이 설명하였다.[78]

> 치료목적(goal)은 광범위하고 일반적인 용어로서 정의하지만, 치료목표는 관찰가능하고 측정가능한 분명한 용어로서 기술되어야 한다. 즉 우리가 서울에서 부산까지 자동차를 타고 갈 경우, 부산은 최종 치료목적이 되며, 부산까지 가는 과정에서 수많은 이정표들은 치료목표가 되는 것이다. 대개의 경우 치료목적은 명사형으로 기술하는 반면, 치료목표는 문장형태로 서술하는 것이 보통이다. 치료목표는 치료목적과는 달리 수치화할 수 있고 관찰가능한 행동의 변화를 주 대상으로 한다.

대상자의 욕구와 필요사항을 파악하면 치료목적이 분명해진다. 어떤 가족이 호소하는 주된 문제나 요구사항이 '우리 가족은 서로 말을 안 해요', '아빠는 항상 화내는 투로 말해요', '엄마는 참기만 해요', '우리는 엄마 아빠 앞에서 말실수를 할까 봐 겁나요'라면, 고려해 볼 수 있는 적절한 치료목적으로는 '효과적인 대화법 습득', '의사

---

78) 김종인, 『아동음악치료방법론』, 파주: 한국학술정보(주), 2008, p.120.

소통증진', '의사소통기술 향상' 등이 될 것이다. 만약 치료사가 '의사소통기술 향상'을 최종 치료목적으로 설정했다면, 이런 목적을 구체적인 '세부행동'으로 분류할 필요가 있다. '질문에 답하기', '음성적으로 표현하기', '다른 사람의 말을 모방하기', '눈을 마주치기', '언어적 자극에 반응하기' 등이다. 이와 같은 세부행동들은 목적행동을 구체화시킨 것이다.

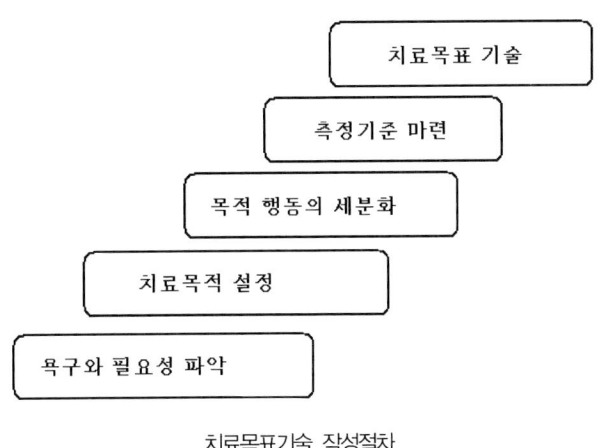

치료목표기술 작성절차

치료목적을 기술하기 위해서는 욕구와 필요성이 중요한 반면, 치료목표를 위해서는 행동의 세부적인 측면들이 필요하다. 예컨대 '의사소통이 잘 안 된다'라는 문장으로는 그 사람이 의사소통상에 어떤 문제가 있는지 구체적으로 파악하기란 쉽지 않지만, '말할 때 /ㄹ/ 발음이 좋지 않다'라는 문장은 목표문장으로 바꾸어 기술하기에 유용하다. 이렇게 구체적이고 세부적인 목표행동이 정의되면, 이 행동에 대한 '측정기준'이 마련되어야 한다. '애국가를 4절 중 3절 이상을 부르기', '질문에 5초 안에 대답하기', '노래 안의 /ㄹ/발음을 정확하게 발음하기' 등이다. 이와 같이 일련의 과정 – 대상자의 욕구와 필요사항 파악, 치료목적 설정, 목적행동의 세분화, 측정기준 마련, 치료목표 기술 – 을 통하여 세밀하고 구체적인 행동을 포함시켜 문장으로 기술할 수 있게 된다.

적절하고 훌륭한 치료목표가 되려면 전체 치료 세션의 윤곽이 그 안에 그대로 담겨 있어야 하며, 치료가 모두 완료되었을 때 대상자가 보여 주기를 원하는 구체적인 목표행동이 기술되어야 한다. 세션의 특성과 성격, 활동내용, 방법, 도구, 기준 등을 한눈에 파악할 수 있도록 목표를 기술해야 한다. 짧은 문장으로 기술되는 치료목표에 이 많은 것들을 어떻게 담을 것인가 하는 의아심이 생길 것이다. 그러나 목표는 이모든 것을 담고 있어야만 한다. 그렇기 때문에 치료목표는 구체적이고 명료해야만 한다. 치료목표가 담긴 문장 속에는 치료 후 성취하고자 하는 목표행동이 기술되어야하는데, 이때 목표행동의 특징은 눈으로 볼 수 있는 행동 및 수치화할 수 있는 행동을 주 내용으로 한다. 따라서 목표를 기술할 때 고려할 사항으로는 이 세션에서 어떤 활동을 할 것인지, 어떤 치료도구가 사용되는지, 치료사는 어떤 역할을 하는지, 내담자가 어느 정도 수준 이상을 성취해야만 하는지 등이다.

그러나 목적하는 행동이 구체적으로 세분화되어 기술될 수 있는 행동도 있지만 눈에보이지 않거나 측정이 어려운 행동도 있다. 가족음악치료모델에서는 전형적인 각 '단계별 치료과정'이 곧 '치료목적'이 된다. 즉 자기인식(自己認識), 긍정탐색(肯定探索), 자원변형(資源變形), 목표각인(目標刻印), 변화유지(變化維持)이다. 일련의 5단계 치료과정을 통해 내담자가 가진 부적응 행동문제를 해결함으로써 진정한 자아의 잠재성을 발견하고 극대화하여 참다운 자기(Self)의 실현을 달성하는 데 그 목적이 있다. 자신의 소망과 문제점을 정확히 인식하도록 돕는 '자기인식', 끊임없이 깨끗한 물을 붓는 것과 같이 대상자가 과거에 자신의 문제를 해결했던 성공적인 경험과 긍정적인 모델이나 대상을 함께 탐색하는 '긍정탐색', 개인의 심리지층모델상의 다양한 차원을 탐색하고 적극적으로 변화시키는 '자원변형', 대상자에게 가장 적절한 해결책을 발견하고 이를 무의식의 저층에 확고하게 새기는 작업인 '목표각인', 치료과정에서 맺은 약속이나 결심을 유지하고 확대하도록 도와서 현재와 미래의 일상생활에 잘 적응해 갈 수 있도록 하는 '변화유지' 과정은 그 자체로서 과정이요 목적이다. 따라서 가족음악치료모델의 치료목적은 다음과 같다.

> 가족음악치료모델의 근본적인 임상적 치료목적은 다음과 같다. 개인의 자아성찰과 가족에 대한 재인식 및 의사소통 유형의 근원적인 변화를 통하여 참다운 자기실현을 이루는 것이다. 즉 가족 간의 관계성과 내면심리의 추적과정을 통해 개인의 근원적인 성격 변형을 추구하고자 한다.

목적을 설정하기 위해서는 '무엇이 문제인가'를 먼저 밝혀야 한다. 가장 훌륭한 치료는 '적절한 목표설정'에서 오고, 이 적절한 목표란 정확한 진단에서 비롯되기 때문이다. 가족음악치료모델에서는 다양한 진단평가 유형을 사용하고 있다. 질문하기도 하고 세션을 통해 관찰하기도 하고 함께 음악을 만들어 보기도 한다. 설문지를 나눠 주고 체크하도록 할 수도 있다. 즉 음악활동을 통한 관찰일화기록법, 개별면접평가, 자가평가서, 정서반응평가서 등이다. 가족음악치료만의 독특한 진단평가에 대한 자세한 해설은 본서 '평가체계와 일반화전략' 장에서 다루기로 한다.

이렇게 진단을 통해 대상자의 전반적인 배경, 강점과 약점, 필요사항, 기능 등을 규명할 수 있다. 치료 초기에는 대상자의 강점과 긍정적인 배경을 소재로 하여 진행해 가지만, 내담자와 치료사 간에 어떤 의미에서의 동맹관계가 형성되기 시작하면 이들의 약점과 단점, 필요사항에 초점을 맞추는 것도 가능해진다.

목적을 설정하는 데는 치료사의 판단과 내담자의 소망이 동시에 고려되어야 한다. 내담자의 '소망' 속에는 욕구와 기대가 숨겨져 있다. 이것은 매우 근원적인 내적 동기로서 모든 행동의 근간이 된다. 자신의 표면적이고 의식적인 소망이 아닌 진정한 내적 소망을 탐색하고 그것을 깊이 인식하도록 하는 것만으로도 치료가 종결되는 경우가 많다. 내담자가 호소하는 상당수의 문제행동은 자신의 소망에 따라 삶을 살아가지 못함으로 인해 오는 좌절과 불만족에서 기인하는 경우이다. 부모의 소망과 기대가 자신의 소망인 양 착각하며 대리인생을 살아가며, 주위 환경이나 타인이 원하지 않던 삶을 살도록 강요한다. 이것을 자각하도록 돕고 부모의 기대와 자신을 분리시키며 진정한 소망에 따라 살아가도록 돕는 것이 치료사의 역할이다. 이와 같이 치료사는 초기치료에 내담자의 핵심적인 소망과 기대가 무엇인지, 이것을 가로막는 걸림돌에는 어떤 것이 있는지를 파악하는 것이 무엇보다 중요하다. 특히 치료대상자가 가장 시급하게 해결하고 싶은 문제가 무엇인지, 어떤 측면에서 변화가 일어나기를 원하는지를 구체적으로 질문하는 것이 필요하다. 치료사가 이를 간과하면 내담자는 시종일관 치료적 중재를 위한 치료사의 노력에 대해 무관심하게 되며 아무런 동기 부여도 받지 못한다. 이 외에도 근원적인 변화를 위한 심도 깊은 치료목적을 설정하기 위해서는 인간 정신의 극단적인 편향성, 무의식과 의식 간의 단절, 의사소통 패턴의 문제, 반사 감정이나 반사행동 등의 목표영역도 충분히 고려되어야 한다.

04

음악활동의 계획

　구체적인 목적과 목표를 설정한 뒤 본격적으로 음악치료활동을 계획한다. 노래를 활용할 것인지, 감상을 할 것인지, 악기를 연주할 것인지 음악적 경험을 정해야 한다. 특히 이 단계에서는 구체적인 음악치료기법도 결정해야 한다. 예컨대, 치료목적이 '가족의 신뢰회복'이라면, 가족이 함께하는 가족음악심리극이나 가족즉흥연주를 계획할 수 있고, 치료목적이 '사회적응력 향상'이라면 미래의 문제상황을 예측해 보는 미래직면기법이나 음악자유연상기법 등이 활용될 수 있다.

　이와 같이 구체적으로 음악치료활동을 계획하기에 앞서 대상자의 문제점과 필요사항, 선호도, 배경 등을 고려할 필요가 있다. 어떤 대상자의 경우는 노래를 무척 좋아해서 평소에는 우울하고 목소리도 작았지만 치료실에서 치료사와 함께 노래 부를 때의 표정은 무척 밝고 목소리도 커진다. 또 다른 경우는 대상자의 음악적 취향이 7, 80년대 유행하던 통기타로 반주된 가요들이어서 함께 듣고 부르며 가사의 내용을 토론하는 것이 유용한 적이 있다. 치료사의 시각에서 훌륭한 음악활동이 치료대상자의 시각과 항상 일치하지는 않는다. 그들의 음악적 배경과 취향, 선호도, 문제점 등을 포괄적으로 살펴야 한다. 기본적으로 음악을 좋아하고 거부감이 없어서 음악치료 상황에 쉽게 동화되는 대상자들을 '청각적 학습자(auditory learners)'라고 한다.

가. 치료계획 시 고려사항

어떤 경우에는 대상자의 음악적 배경이 치료에 방해가 되는 경우도 종종 있다. 치료사들은 대개 클래식 기타를 가지고 반주를 하는데 가족그룹치료에서 한 구성원이 클래식 기타에 특별한 조예가 있어 치료에 집중하기보다는 치료사의 기타주법 관찰에 더 심취해 있었다. 물론 피아노 전공자인 내담자의 경우에도 비슷하다. 그래서 음악치료사는 긴장이완이나 암시각인기법을 위해 감상곡을 선정할 때에도 불필요한 상상을 불러일으키는 잘 알려진 클래식 곡이나 가사가 있는 음악보다는 그렇지 않은 곡을 선별하게 된다. 내담자들의 음악에 대한 정보의 양은 어느 정도인지 또는 그 음악과 관련된 과거 경험이 있는지 등이 치료계획에 있어 신중히 고려되어야 할 부분이다.

활동계획에 있어 어떤 치료형태를 적용할 것인가는 치료성과와 밀접하게 관련을 맺고 있어 중요하다. 일반적으로 치료적용형태란 크게 '개별치료'와 '집단치료'로 나눌 수 있다. 개별치료는 개인의 비밀유지 요청에 의해 결정될 수도 있지만 치료사의 임의적 판단에 따를 수도 있다. 대상자가 다른 사람들과 함께 나누기에는 다소 부담스럽고 심각한 문제를 갖고 있을 경우라든지, 타인과 의사소통이 원활하지 못한 경우도 개별치료를 진행한다. 전통적인 정신분석가들은 개별치료가 집단치료에 비해 내담자의 자기실현과 근원적 변화를 위해 더 효과적이라고 판단하고 이를 고수하는 경향이 있지만, 집단치료 또한 그에 못지않은 훌륭한 역할을 한다. 집단치료의 특징은 '상호작용'에 있다. 즉 타인에게서 배울 수 있다는 점일 것이다. 서로 비슷한 문제 – 알코올 중독자, 성폭력 피해자 등 어려움을 공유하는 그룹의 경우에는 치료에 대한 몰입이나 공감이 매우 빠르다. 또한 자신의 문제를 타인에게서도 발견하면서 동질감을 느끼게 되며, 상대방의 문제해결태도와 의지를 보면서 자신의 문제를 해결하는 데 필요한 영감을 얻게 된다. 앞서 언급했듯이, 깊은 몰입과 공감, 동질감 등은 치료와 맞닿아 있다. 따라서 치료사와 내담자라고 하는 '2인 치료체제'가 아닌 치료사와 '다수의 내담자'라는 동질집단치료체계 및 가족단위의 집단구성은 치료적으로 의미가 있다.

가족음악치료모델에서는 전체 다섯 가지의 치료적용형태를 두고 있다. 즉 1) 개인음악치료, 2) 부부음악치료, 3) 부모자녀음악치료, 4) 가족중심음악치료, 5) 집단중심음악치료이다. 물론 이 모든 치료적용형태에 있어서 치료사가 대상자를 개인으로 만나건 집단으로 만나건 간에 치료의 초점은 '가족'에 두고서 중재하게 될 것이다. '가족'은 개인치료에서도 중요한 소재가 된다. 개인음악치료란 개별치료를 의미하며, 부부음악치료는 문제를 가진 남편과 아내를 대상으로 하는 치료형태를 말한다. 부모자녀음악치료는 말 그대로 부모와 자녀가 함께 치료의 대상이 되는 경우이며, 가족중심음악치료는 부모, 자녀 등 원가족과 더불어 그 이외의 형제자매, 친족 등을 모두 포함하는 개념이다. 여러 치료적용형태 중 특히 '집단중심음악치료'는 가족관계가 아닌 사람들을 하나의 치료집단으로 구성했다는 점에서 '가족중심음악치료'와 구별된다. 치료사는 대상자들의 요구와 치료목적에 따라 적용형태를 적절히 고려하여 구성해야 한다.

나. 음악활동 선정절차

치료를 계획함에 있어 치료사들이 갖게 되는 고민 중 하나는 아마도 문제행동에 맞는 적절한 음악활동을 선정하는 일일 것이다. 다음과 같은 질문들을 하게 된다. '음악활동이 문제행동을 변화시키는 데 과연 도움이 될 것인가?', '음악활동이 내담자의 취향이나 선호도에 맞는가?', '사용된 음악이 내담자의 현재 기능에 적절한가?', '음역이 적절한가?' 등이다. 기본적으로 음악활동은 목적에 의해 세분화된 구체적인 행동목표(objectives)에 준해서 정해진다.

만약 치료목적이 '자아존중감 향상'이고, 그에 따른 구체적인 행동목표가 '자신에 대해 긍정적으로 표현하기'라면, 치료사는 자신에 대한 긍정적 표현과 관련된 의미 있는 음악활동을 고려하게 된다. 노래를 활용할지, 녹음된 감상곡을 사용할지, 악기를 연주할지 등을 결정하게 되는 것이다. 행동목표가 '긍정적으로 자신을 표현하기'인 만큼, 감상 등의 수동적 음악활동보다는 노래나 악기 연주와 같은 능동적 음악활동을 선택해야 할 것이다. 그 다음은 음악활동의 내용 선정문제인데, 자기표현과 관련된 가사내용을 담고 있는 노래를 찾아 함께 부른 뒤 토의하거나, 악기를 나눠 주고 자유주제로 혹은 특정주제에 맞게 자신의 악기를 연주하도록 하는 것도 일례가 될 수 있다. 가사를 토의하는 활동은 노래심리치료의 일종으로서 여러 가지 장점을 가지고 있는 기법이다. 가사 속에는 수많은 심리학적 주제들이 포함되어 있어서 이를 소재로 대상자들의 내적인 문제들에 대한 투사를 불러일으킬 수 있다. 또한 치료사가 의도하는 치료주제를 담고 있는 노래를 선정하거나, 필요하다면 가사를 바꾸어 부름으로써 내담자의 민감한 내적 문제인 핵심감정과 소망, 기대, 가족관계 패턴 등을 토의한다.

동일한 음악활동을 계획한다고 하더라도 치료사가 갖고 있는 철학과 신념에 따라 그 기법은 달라진다. 치료사의 수만큼 치료기법이 존재하는 셈이다. 가족음악치료모델의 철학과 기본전제에 따라 여러 가지 독특한 기법들이 고안되어 왔다. 예컨대, 몰입 과정을 통해 '전환된 의식 상태'[79]를 만들어 자신에 대한 내적 통찰 - 내관(內觀, insight)을 갖도록 하는 '음악긴장이완기법', 내담자의 긍정적인 내적 자원과 과거의 성공경험을 구체적으로 탐색해 가는 '음악회상작업', 치료과정에서 새롭게 형성된 결심과 해결책을 내면에 깊이 새기는 '음악암시각인작업', 가족관계의 인식과 가족구조를 변화하고 조정하는 '가족음악심리극', 노래의 가사와 소리를 활용하여 투사된 내적 동기를 분석하고 변형시키는 '노래심리치료', 가족의 다양한 문제를 즉흥적인 소리와 악기 연주를 통해 표현하는 '가족즉흥연주' 등이다.

이상의 모든 기법들은 저마다 견고한 철학과 독특한 절차를 갖고 있어서 가족 내의 무수한 문제들을 근원적으로 변화시키는 데 기여하고 있다. 그렇다고 해서 전형적인 음악활동 - 가창, 감상, 연주, 창작이 경시되는 것은 물론 아니며 그렇게 되어서도 안 된다. 각각의 음악활동은 음악의 원형적 속성을 그대로 보유하고 있기 때문에 나름대로의 고유한 특성과 강력한 영향력을 지니고 있다. 치료사의 사려 깊고 신중한 판단 하에 내담자의 동의를 얻는다면 특별한 기법의 적용 없이 전형적인 음악활동만을 활용할 수 있다.

다. 활동순서와 방법

어떤 목표를 향해 갈 때에는 지도가 필요한 법이다. 음악활동을 진행함에 있어 순서와 방법 및 구체적인 절차를 미리 '활동계획서(lesson plan, activity plan)'라는 지

---

79) '전환된 의식 상태(altered state of consciousness)'란 감상을 통한 극도의 집중 상태에서 발생하는 의식의 새로운 세계를 의미한다. 이 상태에서 인간은 자신의 문제에 대한 통찰과 내관을 형성할 수 있고, 새로운 창조적 영감을 얻을 수 있다.

도에 기술해 놓는 것이 유용하다. 최대한 구체적으로 기술해야 한다. 활동 내용이나 방법, 순서를 세분화하면 할수록 그만큼 실수를 줄일 수 있고, 내담자의 기능과 수준에 맞는 활동을 진행할 수 있어서 다양한 응용이 가능해진다. 예컨대, 가족이 함께 '가장 행복했던 순간'을 여러 가지 리듬악기로 연주하고자 할 때, 치료사는 악기를 나눠 주고 특정주제에 맞게 연주하라고만 지시하기보다는 다음과 같이 좀 더 구체적이고 단계적인 활동을 제시하는 것이 효과적이다.

1) 치료사는 오늘 활동의 주제가 '가장 행복했던 순간을 연주하기'라고 설명한다.
2) 치료사는 내담자와 함께 '즐거운 나의 집'을 노래 부른다.
3) 치료사는 내담자에게 리듬악기를 나누어 주고 자유롭게 선택하도록 한다.
4) 치료사는 내담자들이 자유롭게 자신의 악기를 소리 내고 탐색해 보도록 한다.
5) 치료사는 가족구성원들이 한 사람씩 돌아가며 자신의 악기를 연주하도록 한다.
6) 치료사는 '즐거운 나의 집' 피아노 반주에 맞추어 내담자가 연주해 보도록 한다.
7) 치료사는 내담자더러 조용히 눈을 감게 하고 조용한 배경음악을 들려주며, 가족으로서 '행복했던 순간'을 떠올려 보도록 한다.
8) 치료사는 다시 눈을 뜨도록 하고 나서 '가장 행복했던 순간'이라는 주제로 즉흥연주를 하도록 격려한다.
9) 치료사는 내담자와 함께 즉흥연주를 하면서 들었던 생각과 느낌을 나눈다.

어떻게 생각하면 내담자에게 주제를 주고 그것을 악기로 연주하도록 하는 것이 단순하게 여겨지지만 사실 그렇지 않다. 이러한 활동은 상당히 어려운 활동에 속한다. 여러 가지 문제로 어려움을 겪고 있는 대상자들에게 이러한 과제는 대단히 힘든 목표일 수 있기 때문이다. 따라서 같은 활동이라도 그 활동을 세분화해서 제시하면 훨씬 수월하게 성취하는 것을 볼 수 있다. 이와 같이 하나의 단순한 활동 특성을 분석하여 세분화하고 단계적으로 나열하는 방식을 과제분석(課題分析, task analysis)이라고 한다. 즉 치료목표를 달성하기 위해 제시될 모든 활동과 기능 및 지식 등을 분석하여 세분화하는 작업이라고 할 수 있다.

과제분석은 평범한 활동을 의미 있게 만드는 핵심기술이며, 이 과제분석을 통해서 한 가지 주제의 활동을 더 복잡하게도 혹은 더 단순하게도 만들 수 있다. 이것은 목표하는 과제에 대한 정확하고 정교한 분석에 기인하는 것이다. 다음의 내용은 가족음악심리극의 기초단계에 속하는 타인을 바라본 후 투사된 감정과 생각을 언어적 진술과 즉흥연주를 통해 표현하도록 하는 치료개입활동을 치료적용계획서 형식으로 작성한 것이다.

가족음악심리극(Family Psychodrama)

♪ 활동 목적
1) 자기표현   2) 내관(insight) 형성   3) 관계 증진

♪ 활동 목표
치료사의 인도와 주어진 리듬악기를 가지고 아동은 네 명의 보조자아(친구)를 바라보면서 마음에 떠오르는 생각과 느낌을 악기로 연주하고 말로 표현하기를 각각 1번 시도에 1번 한다.

♪ 활동 순서
1) 반기는 노래(Hello Song)로 그룹에 있는 아동들을 맞이한다.
2) 교사는 아동들에게 긍정적으로건, 부정적으로건 자신에게 가장 영향을 많이 준 사람 네 명을 생각해 보도록 한다. 교사는 이때 아동에게 충분히 생각할 수 있는 시간을 준다. 예) 부모, 친구, 선생님, 친척, 선배, 목사 등
3) 교사는 그룹 구성원들 중에서 오늘 주인공(protagonist)이 되어 연기해 보고 싶은 사람을 자원 받는다. 자원자가 없을 경우 교사가 직접 선택할 수도 있다.
4) 교사는 주인공 아동으로 하여금, 참석한 친구들 가운데 네 명의 보조자아(auxiliary ego)를 선택하도록 한다. 이때 교사는 주인공이 친구들 가운데 마음에 끌리는 대로 어떤 특별한 기준 없이 선택하도록 격려한다.
5) 교사는 보조자아 네 명을 원 모양으로 의자에 둥글게 앉힌 다음, 그 가운데에 주인공 아동을 앉히도록 한다.
6) 교사는 주인공 아동에게 보조자아를 한 명씩 보면서 그들에게 갖게 된 감정을 가장 잘 표현해 줄 악기를 선택해 연주해 보도록 한다. 교사는 아동이 충분히 그 느낌을 표현할 수 있도록 격려하고, 안정된 분위기를 조성한다.
7) 교사는 아동에게 네 명의 보조자아를 한 명씩 바라보면서 언어적으로 진술하도록 시간을 준다. 이때 언어적 진술이란 친구들을 바라보며 떠오르는 생각이나 평소 이야기하고 싶었던 내용이면 어떠한 내용이라도 좋다고 격려해 준다. 예) "영진아, 솔직히 너한테 고백할 것이 있어. 사실은……."
8) 교사는 아동이 언어적으로 네 명의 아동에게 한 진술과 문제들을 다른 아동들과 함께 토론한다(더 나아가서 이 문제들을 토대로 하여 본격적인 사이코드라마를 구성할 수도 있다).
9) 헤어지며 부르는 노래(Good-bye Song)를 모두 함께 불러 보고 세션을 끝맺는다.

♪ 활동 도구: 리듬악기

♪ 응용/유의점
1) 교사(치료사)는 이 활동을 진행하면서 시종일관 진지하고 지지적인 태도를 유지하는 것이 무엇보다 중요하다. 즉 치료사는 따뜻하고 진중한 카리스마를 지녀야 한다는 의미이다. 내담자에 따라 악기로 표현하는 것을 몹시 어색하게 생각하는 사람들이 많기 때문에 이와 같은 경우에는 교사의 지원적 태도가 무엇보다 중요하다고 하겠다. 내담자가 진지하게 활동에 임하고 자신의 감정을 깊이 있게 느낄 수 있도록 도와준다.
2) 교사는 모든 활동이 끝난 뒤에 나눔(sharing) 단계로서, 주인공을 앞에 세우고 다른 친구들이 주인공 아동에게 해 주고 싶은 이야기나 격려·충고의 말을 따뜻하게 해 주는 시간을 가질 수 있다.

치료적 논거작성: 치료인자의 기능에 대한 분석 및 기록

음악치료를 시행함에 있어 치료사는 세션에서 활용되는 음악이나 음악활동이 내담자의 정신과 신체영역에 어떤 역할과 기능을 하는지 분명한 이해를 가지고 있어야 한다. 또 치료를 계획하는 단계에서는 왜 이 음악이나 음악활동을 선정하게 되었는지에 대한 치료적 논거가 분명히 세워져야 한다. 내담자의 행동과 감정, 정서, 신념, 열망 등이 변형되기 위해서는 다음 세 가지 작용이 필수적이다. 즉 음악 요소, 치료사 요소, 체계와 형식 요소이다.

음악 요소

음악의 여러 요소들은 인간의 변화에 강한 영향을 미치게 된다. 음악이 갖고 있는 리듬, 가락, 화성, 강도, 구조 등은 내담자들의 다양하고 깊은 내면의 문제들을 고루 건들게 된다. 리듬을 통해 인간의 무의식적 행동, 본능적 행동, 무질서한 행동, 불균형적 행동을 의식적이고 균형 있는 행동으로 바꿀 수 있다. 가락을 통해 자신의 감정을 표현하기도 하고 내면의 감정을 불러일으키기도 한다. 또 다양한 음악적 구조는 인간의 마음속에 질서와 형식을 만들어 주며 그 안에서 자연스럽게 자신을 표현하고 인식할 수 있도록 도와준다.

우리는 음악을 감상하면서 이완과 긴장을 번갈아 가면서 경험하고, 깊은 집중과 몰입 과정을 통해 새로운 의식세계를 만나게 된다. 이 감상활동은 과거의 특정 사건을 회상시키는 효과가 있으며, 불특정한 주제와 대상에 대해 자유로운 상상과 연상을 가능하게 해 준다. 그런가 하면, 악기를 연주하는 활동은 하나의 표출이고 발산(發散)

이라는 점에서 무의식 속의 여러 요소를 의식의 층 위로 끌어올리는 역할을 하게 된다. 마치 우물가에서 두레박으로 물을 퍼 올리는 것과 같은 이치이다.[80] 이처럼 음악은 무의식과 의식을 잇는 긴 밧줄과도 같다.

치료사는 활동 중 어떤 음악요소가 내담자의 변화를 이끌어 냈는지 설명할 수 있어야 한다. 또한 무슨 음악활동이 내담자에게 강력한 영향력을 미쳤는지를 분석하고 해석할 수 있어야 한다. 음악요소가 가지는 변화요인을 충분히 이해할 때 좀 더 훌륭한 치료가 가능하기 때문이다.

치료사 요소

치료의 질(質)은 치료사의 질을 넘을 수 없다. 아무리 훌륭한 철학과 기법을 갖고 있더라도 내담자와 치료사 간의 관계성 - 치료적 동맹관계보다 중요할 수는 없는 것이다. 치료사가 갖고 있는 치료에 대한 철학과 생각, 구체적인 적용기법, 음악에 대한 이해와 활용, 장애나 질환에 대한 이해, 성품과 태도, 음색 등이 모여서 포괄적으로 내담자에게 영향을 미치게 된다. 치료사 요소는 다른 요소에 비해 훨씬 강력한 치유의 힘을 갖고 있다. 따라서 치료사 두 명의 치료효과가 동일할 수 없다. 이들이 같은 철학으로 동일한 기법을 적용하고 있다 하더라도 말이다.

가족음악치료모델에서는 치료사가 내담자에 대해 훌륭한 어머니로서의 역할뿐만 아니라 직접적인 인도자요, 조언자가 되기를 기대한다. 훌륭한 어머니로서의 역할이란 내담자의 무리한 요구나 예민한 감정에도 불구하고 변함없이 공감하고 수용해 주는 사람을 뜻한다. 이때 내담자는 자신의 부모와 다른 반응을 경험하게 된다. 화내지도 않고 강압하지도 않는다. 자신의 행동에 대해 과거의 어떤 사람과도 다르게 반응하는 치료사를 보면서 관계변화의 실마리를 찾게 되는 것이다. 반면, 치료사는 적극적인 인도자요 문제의 해법을 제시하는 전능한 해결사의 역할을 수행할 필요가 있다. 많은 경우 내담자들은 타인으로부터 이해를 구하고 위로를 바란다. 어떤 경우에는 그저 마음 아픈 이야기를 들어 주는 것만으로도 의미 있는 작업이 될 수 있다. 그러나 치료사와 내담자가 많은 시간을 함께 있는다고 해서 변화가 일어나는 것은 아니다. 치료사의 보다 적극적인 개입이 필요하다. 때때로 치료사는 내담자의 문제점을 분명히 지

---

80) 우물의 비유이다. 여기서 우물은 의식의 경계를 의미하며, 우물에 담겨 있는 물은 무의식의 내용들을 뜻한다. 또한 두레박은 무의식과 의식을 연결하는 통로로서 작용한다. 따라서 무의식 속의 응어리진 감정들은 악기 연주 등의 음악이라는 두레박을 타고 의식의 우물 위로 끌어올려지는 것이다.

적해야 하고, 그 문제점을 극복하는 방법을 알려 주어야 한다. 그들과 유대감이 형성되고 의사소통의 채널이 형성되었다고 판단되면, 분명하면서도 엄숙한 태도로 그들의 핵심감정과 비합리적인 규칙과 신념들을 지적해 주어야 한다. 이것은 어떤 관점에서 보면 그들에게 충격을 줄 수도 있지만 부정적인 충격이라기보다는 변화와 치유를 위한 긍정적인 충격이라고 할 수 있다. 이러한 치료사의 직접적이고 적극적인 자세는 장기간의 치료에도 변화를 보이지 않는 내담자에게 새로운 돌파구를 마련해 준다.

이 점에서 치료사는 그 자체로서 치료의 철학이 되고, 치료적 접근기법이 된다. 치료사의 숫자만큼 치료기법과 철학이 존재하는 것은 이 때문이다. 치료사가 내담자를 대하는 태도와 방식은 수동적이든 능동적이든 간에 영향을 미치며 핵심적인 치료인자로서 작용하게 된다.

체계와 형식 요소

가족음악치료모델에서는 치료대상자를 비롯한 그의 가족구성원 전체를 대상으로 삼는다. 개인의 궁극적인 변화는 그를 둘러싼 가족과 가족사에 대한 이해가 전제될 때 오게 된다. 따라서 가족을 이해하고 분석하기 위한 다양한 체계와 접근형식이 적용되고 있다. 언어, 문장, 음성, 동작 등이 그 예가 된다.

그중에서도 언어는 이 모델에서 음악과 함께 매우 중요한 역할을 담당하고 있다. 언어를 통해 내담자에게 질문하고 답변을 듣는다. 또한 언어를 통해 내담자의 문제와 소망을 알아내고 명료화하며, 언어를 통해 내담자에게 영향을 미쳤던 과거의 경험과 가족사를 탐색할 수 있는 것이다. 언어를 통한 대표적인 진단형식 중 하나가 '원가족도표'와 '가족소망분석도', '인물―사건 영향권분석도'이다. 가족의 관계성이나 영향력, 성격, 생애사 등을 그림이나 표로 옮겨 적음으로써 매우 분명하게 가족 간의 관계양상을 파악할 수 있게 된다. 이러한 언어적 진단양식들은 음악 요소와 치료사 요소만큼이나 중요한 의미를 지니며 치료에도 강한 영향을 미친다.

치료적용계획서에 치료적 논거를 작성하고자 할 때, 위의 세 가지 요소 ― 음악 요소, 치료사 요소, 체계 및 형식 요소를 내담자의 행동이나 감정 변화와 연결하여 기술하는 것이 바람직하다. 치료사는 다음과 같은 사항을 충분히 이해하고 있어야 한다. 음악의 어떤 요소가 내담자의 어떤 행동의 변화에 영향을 미쳤는지, 치료사의 어떤 철학, 기법, 성향이 내담자의 변화에 영향을 주었는지, 또 그 외의 어떤 형식과 체계가 변화를 일으켰는지를 설명할 수 있어야 한다. 때때로 치료계획서에 이러한 치료적 논거들을 상세히 적어 넣기도 하는데, 구체적인 문장으로 인과관계가 잘 드러나게 기록하는 것이 중요하다.

전형적인 치료과정

가족음악치료모델은 실제 임상 세션과 개인적인 심리적 내면탐구, 심리학에 대한 전반적인 탐색을 통해 축적된 전형적인 치료과정을 갖고 있다. 이 모델의 각 단계는 매우 정교한 체계를 갖고 있으며 저마다 강력한 영향력을 지닌 여러 가지 기법과 절차들로 구성되어 있다. 각각의 단계별 과정들은 이 모델의 치료철학과 방향성, 기본전제를 그대로 담고 있는 동시에, 치료의 궁극적인 목적이 되기도 한다. 전형적인 치료과정은 다음 5단계로 구성되어 있는데, 이 장에서는 간략한 소개에 그치게 되며 다음 장부터 각 단계를 자세히 기술하려 한다.

> 1단계 자기인식: 문제원인탐색과 자기정화를 위한 초기 접근법
> 2단계 긍정탐색: 해결경험회상을 위한 초기 접근법
> 3단계 자원변형: 변화의 구체화를 위한 중기 접근법
> 4단계 목표각인: 해결방안의 구축을 위한 중기 접근법
> 5단계 변화유지: 해결방안의 일반화와 자기실현을 위한 말기 접근법

이상의 각 단계는 치료사에 의해서 일관된 계획을 가지고 1단계(자기인식)부터 5단계(변화유지)까지 순차적으로 진행되지만, 치료사의 판단과 내담자의 요구, 외부적 상황, 환경적 요인 등에 따라 순서가 바뀔 수도 있다. 또한 필요하다고 판단되는 경우 일부 단계를 선택하여 실행할 수 있는데, 비교적 가벼운 증세를 호소하는 경우라면 1단계를 충실히 적용시키는 것만으로도 치료는 종결될 수도 있다. 수많은 실패경험으로 인해 아무런 변화의지도 보이지 않는 내담자의 경우에는 2단계 긍정탐색의 여러 기법들이 도움

이 될 것이다. 또 자신에게 문제가 있다는 것은 알지만 결심과 결단력이 부족한 경우에는 4, 5단계를 적용할 수 있다. 이처럼 내담자의 특성이나 변화 정도에 따라 중재할 단계가 결정되며, 치료사는 내담자의 현재 변화 상태를 진단하고 그 위치 정도에 따라 적용해야 할 단계를 정치(定置)할 수 있다.

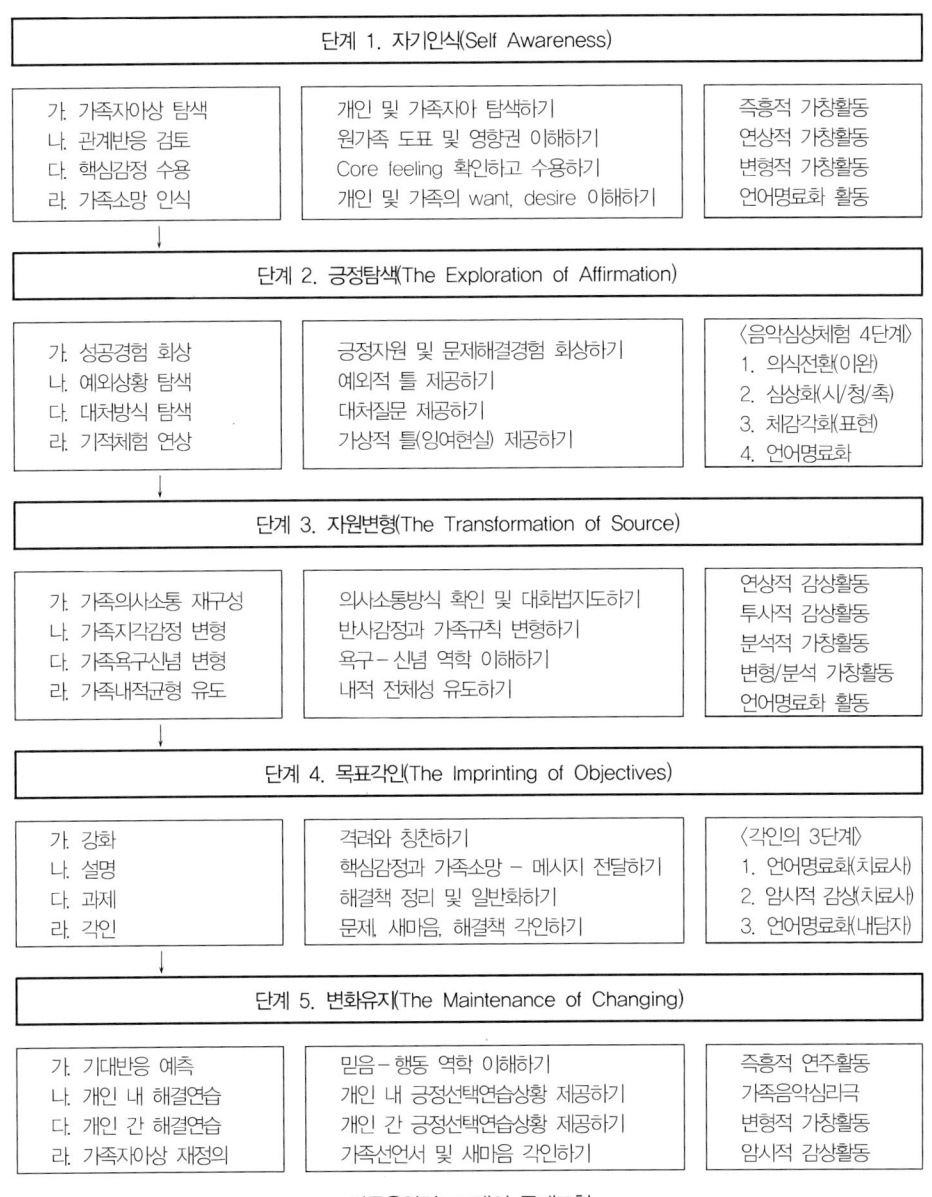

단계 1. 자기인식(Self Awareness)

가. 가족자아상 탐색 나. 관계반응 검토 다. 핵심감정 수용 라. 가족소망 인식	개인 및 가족자아 탐색하기 원가족 도표 및 영향권 이해하기 Core feeling 확인하고 수용하기 개인 및 가족의 want, desire 이해하기	즉흥적 가창활동 연상적 가창활동 변형적 가창활동 언어명료화 활동

단계 2. 긍정탐색(The Exploration of Affirmation)

가. 성공경험 회상 나. 예외상황 탐색 다. 대처방식 탐색 라. 기적체험 연상	긍정자원 및 문제해결경험 회상하기 예외적 틀 제공하기 대처질문 제공하기 가상적 틀(잉여현실) 제공하기	〈음악심상체험 4단계〉 1. 의식전환(이완) 2. 심상화(시/청/촉) 3. 체감각화(표현) 4. 언어명료화

단계 3. 자원변형(The Transformation of Source)

가. 가족의사소통 재구성 나. 가족지각감정 변형 다. 가족욕구신념 변형 라. 가족내적균형 유도	의사소통방식 확인 및 대화법지도하기 반사감정과 가족규칙 변형하기 욕구-신념 역학 이해하기 내적 전체성 유도하기	연상적 감상활동 투사적 감상활동 분석적 가창활동 변형/분석 가창활동 언어명료화 활동

단계 4. 목표각인(The Imprinting of Objectives)

가. 강화 나. 설명 다. 과제 라. 각인	격려와 칭찬하기 핵심감정과 가족소망-메시지 전달하기 해결책 정리 및 일반화하기 문제, 새마음, 해결책 각인하기	〈각인의 3단계〉 1. 언어명료화(치료사) 2. 암시적 감상(치료사) 3. 언어명료화(내담자)

단계 5. 변화유지(The Maintenance of Changing)

가. 기대반응 예측 나. 개인 내 해결연습 다. 개인 간 해결연습 라. 가족자아상 재정의	믿음-행동 역학 이해하기 개인 내 긍정선택연습상황 제공하기 개인 간 긍정선택연습상황 제공하기 가족선언서 및 새마음 각인하기	즉흥적 연주활동 가족음악심리극 변형적 가창활동 암시적 감상활동

가족음악치료모델의 중재모형

가. 1단계: 자기인식(Self Awareness)

'자기인식(自己認識)'이란 자신이 원하는 것과 그것을 방해하는 것이 무엇인지를 인식하는 과정이다. 즉 자신에 대한 인식, 깨달음, 통찰, 내관형성이라고 할 수 있다. 자신의 진정한 소망이 무엇이고 가장 심각한 문제들 – 핵심감정과 행동은 무엇이며 자기 자신이 가족사의 한 부분임을 인식하는 것을 의미한다. 대개의 경우는 '자기인식' 단계를 통해 자신의 문제행동을 인식하고 반사감정의 원인을 탐색하다 보면, 내면의 정화감(淨化感)을 느끼게 되는데 이러한 과정을 통해 증세가 호전되는 경우가 많다. 가벼운 신경증이나 정서장애의 경우는 이 '자기인식' 단계에서 치료가 종결되는 경우가 대부분이다. 반대로 심각한 정신질환자의 경우에는 좀 더 다른 방식의 장기적 접근이 필요하다. 상처받은 시간이나 깊이만큼 치료를 위한 시간과 깊이도 달라진다. '자기인식' 관련 기법들은 특정한 질환을 앓고 있지 않더라도 사용될 수 있는데, 특히 자신의 내면 성찰과정을 통해서 근본적인 자기변형을 이루고자 하는 사람들은 이후에 이어질 단계들을 치료사의 인도에 따라 충실하게 수행하면 큰 도움을 받을 수 있다.

1) **가족자아상 탐색:** 연상적 감상활동을 통해 자신과 가족 전체의 별칭, 별명을 비롯한 자아상(自我像)을 탐색하고 인지한다. 자아상 탐색을 위한 도구는 원가족 도표, 가족생애주기, 별칭 짓기, 강점과 약점 탐색 등이 있다.

2) **관계반응 검토:** 대상자와 가족구성원들 간의 의사소통 유형, 관계성, 핵심관계 영향권, 가족규칙 등을 탐색하고 분석한다.

3) **핵심감정(Core Feeling) 수용:** 대상자의 문제와 반사감정들 중에 가장 핵심적인 문제와 반사감정을 찾아내고 이를 수용하는 과정이다. 이를 위해 내담자의 감정척도를 측정하고, 핵심적인 반사감정을 고백하고 표현하며 수용하기, 내면문제와 열등감 인식하는 작업을 하게 된다.

4) **가족소망(Family Want) 인식:** 대상자와 가족들의 진정한 소망과 기대를 인식

하고, 상호간의 소망과 기대를 탐색한다. 척도질문이 포함된 표현적 가창활동을 통해 현재의 자기소망을 인식하는 기회를 갖는다.

5) 핵심적인 치료목적과 목표설정

자아상 탐색과 자기감정 및 소망 인식과정을 통해 생성된 핵심적인 치료목적과 목표를 언어를 통해 명료화한다.

나. 2단계: 긍정탐색(The Exploration of Affirmation)

가족음악치료모델의 핵심중재모형 제2단계는 '긍정탐색(肯定探索)'이다. 이 단계에서는 자신이 과거에 문제를 해결했던 성공경험을 탐색함으로써 자신만의 긍정적인 내적 자원을 구체적으로 인식하고 수용하게 된다. 내담자 자신에게 이로운 경험이나 자원을 되새기는 것이다. 이것은 마치 깨끗한 물을 끊임없이 붓는 작업과 같다. 즉 과거에 이미 문제를 해결했던 성공적인 경험이나 자신에게 힘이 되는 대상이나 모델, 철학, 신념을 끊임없이 회상하고 탐색하는 작업을 통해 긍정적 자원을 발견하고 자아성장의 기초와 토대를 마련하게 된다. 긍정자원 탐색을 위해 '음악심상체험작업'이나 '주제에 따른 음악회상' 등의 기법들을 사용한다. 이것은 일련 과정을 따르게 되는데, 즉 감상·긴장이완·몰입·의식전환·심상화·체감각화·언어명료화 과정을 거치게 된다. 구체적인 기법의 활용은 제10장 '긍정탐색'에서 다루기로 한다. 개략적 탐색 대상과 내용은 다음과 같다.

1) **성공경험 회상**: 과거 혹은 특정한 시점에서의 긍정적이고 성공적인 경험을 '음악회상(音樂回想)' 작업을 통해 회상 및 연상시킨다. 이렇게 회상되고 연상된 경험과 기억들을 암시적 가창활동을 통해 명료화한다. 문제해결 경험회상이라고도 할 수 있다.

2) **예외상황(예외적 틀) 탐색**: 과거에 문제가 일어나지 않았던 상황을 회상하고, 예외적 틀을 제공하는 단계이다. 대부분의 내담자들은 부정적인 기억과 경험만을 갖

고 있다고 굳게 믿는 경향이 있다. 자신은 성공적인 경험이 없다고 믿으며 실제로도 기억하지 못할 수도 있다. 이때 치료사는 문제가 일어나지 않았던 예외상황을 떠올리도록 함으로써 내담자가 이미 가지고 있는 최소한의 긍정경험을 이끌어 낸다.

3) **대처방식 탐색(대처질문):** 현재의 심각한 문제를 대처하기 위해 대상자 자신이 이미 사용하고 있는 방안이나 기술을 새롭게 깨닫도록 하기 위한 과정이다. 치료사는 내담자로 하여금 자신의 심각한 문제를 은연중에 이미 극복해 오고 있음을 알려 주고, 어떤 방법으로 이와 같은 어려움을 극복해 왔는지를 깨닫도록 돕는다. 이를 위해 '음악긴장이완' 또는 '음악회상작업'을 시행하는 과정이다.

4) **기적체험 연상:** 음악적 심상체험 속에서 치료사가 대상자에게 잉여현실 또는 가상현실을 제공하는 단계이다. 문제해결의 실마리가 전혀 보이지 않을 경우 사용된다. 즉 이미 문제가 해결되었다고 가정하는 이른바 '가상(假想)적 틀'을 제공하는 단계이다. 이 과정을 통해 내담자로 하여금 가상적 해결책을 도출한다.

다. 3단계: 자원변형(The Transformation of Source)

중재모형 제3단계인 '자원변형(資源變形)'에서는 대상자의 무의식 저층에 존재하는 '부정자원'들을 '긍정자원'으로 새롭게 변형시키게 된다. 우선, 치료사는 대상자 개인의 심성구조 여섯 가지 차원 – 자기, 욕구, 신념, 지각, 감정, 행동 차원들을 면밀히 검토한다. 그러면서 그들 내면에 존재하는 원시적이고 미분화된 정서흔적들을 찾아내어 변형시키고 정화시키는 작업이다. 즉 심성구조의 각 단계를 탐색하고 그 안에서 미해결된 문제점들을 수정하고 제거하는 것이다. 또 '자원변형' 과정 자체가 어떤 대상자에게는 하나의 궁극적인 치료목적이 될 수도 있다.

먼저, 제1차원인 행동 차원의 문제는 각종 스트레스에 대한 대응방식이 문제가 되므로 내담자의 의사소통방법과 대화법을 직접 지도함으로써 수정한다. 제2차원인 감정 차원에서 문제가 발견되면 문제가 되는 예민한 감정을 정확히 인식하고 긍정적 감정을 불러일으키는 경험을 상기하고 이를 정신과 신체로 깊이 있게 느끼도록 돕는다. 3, 4차원인 지각이나 신념 차원에서의 문제를 수정하기 위해서는 행동이나 감정이 어떤 신념이나 규칙으로 인해 생성되는지를 밝힘으로써 인지적 재구성을 시도하게 된다. 말하자면 생각의 틀 – 패러다임[81])을 바꾸는 작업인 것이다. 이 패러다임을 바꾸면 그것과 관련되어 만들어지는 행동이나 감정 등이 변형하게 된다. 무의식의 최저층에 자리 잡은 욕구나 자기(自己) 차원은 인식되거나 변형되기가 무척 힘이 든다. 특히 보편적 욕구나 자기 속의 여러 동기요소들은 생득적으로 갖고 태어나는 것이므로 더욱 그러하다. 이것은 인식되고 순응하는 차원이라고도 할 수 있다. 아무튼 보다 구체적인 각 단계별 변형기법과 접근법들은 이 부분을 다루는 독립된 장(章)에서 다루기로 하겠다.

1) **가족의사소통 재구성(reconstruction)**: 가족구성원들 간의 의사소통방식을 탐색하여 역기능적인 요소를 찾아내고 일치적 의사소통방식을 습득하도록 돕는 단계이다. 이 과정에서 가족 간에 유머의 사용, 나 메시지 방법설명, 대화법 지도 등의 실용적 기술들을 통해 자신의 의도를 정확히 표현하고 타인의 의도를 올바르게 파악하는 힘을 기르도록 돕는다.

2) **가족지각감정 변형(transformation)**: 마음의 구조 제2, 3차원인 '지각'과 '감정'의 층에서 변질되고 민감한 '반사반응(反射反應)' – 반사행동, 반사감정, 반사지각을 변형시키는 과정이다. 과격한 행동, 민감한 감정, 비합리적인 규칙들을 정확히 인식하고 그 결과를 예측하도록 함으로써 부정적인 지각과 감정을 정화시킨다.

3) **가족욕구신념 변형(transformation)**: 마음의 구조 제4, 5차원인 '신념'과 '욕구'를 근원적으로 변형시키는 단계이다. 문제발생의 근원이 되는 비합리적인 신념을 찾아내어 합리적이고 바람직한 신념으로 변형시키거나, 가족의 역기능적 우선순위를 합리적으로 조정하기도 한다. 이 과정에서 '음악암시각인작업'과 '음악긴장이완' 및 '미래직면기법' 등이 활용된다.

---

81) 패러다임(paradigm)은 사물이나 대상을 보는 사고(思考)의 틀 또는 지식의 집합체를 뜻한다.

4) **가족내적균형 유도(inducement)**: 가족구성원 개개인의 대극적 성향을 판별하고 조정하는 단계이다. 그들의 무의식과 의식, 내면규칙, 관심사 등에서 편향 정도를 탐색하여 원시적이고 미분화된 영역을 다양한 음악활동을 통해 보상함으로써 평형을 유지하도록 돕는다.

라. 4단계: 목표각인(The Imprinting of Objectives)

'목표각인(目標刻印)' 단계에서는 대상자에게 필요한 핵심적인 해결방안을 탐색하고 구축하여 무의식의 저층에 깊이 새기는 작업을 한다. 치료 세션을 거치면서 내담자가 자신의 문제점을 인식하고 새로운 결심이나 해결방안을 발견했다 하더라도 시간이 지나면 쉽게 잊히기 때문에 좀 더 분명히 할 필요가 있다. 마음속에 도장을 새기듯이 각인(刻印)하는 것을 말한다. 이전 단계에서 갖게 된 새로운 결심과 의지와 해결책들을 무의식의 심층부에 깊이 새기기 위해 치료사는 내담자에게 필요한 해결책을 목록화하여 문서로 제시하고, 이를 음악 감상을 기초로 한 일련의 치료적 개입 – 긴장이완, 심상화, 체감각화, 언어적 명료화 작업을 통해 내담자의 깊은 내면에 각인시키게 된다. 이때 새로운 결심이나 신념뿐만 아니라 내담자가 이루고자 하는 소망을 가로막는 걸림돌·문제점·단점·약점 등도 함께 목록으로 정리하여 각인하게 된다. 각인의 방법으로는 감상을 통해 변형된 의식 상태에서 목록을 낭송하거나, 문제점과 소망 목록을 가사로 만들어 함께 노래하는 것도 한 방법이 된다. 전형적인 각인기법의 네 가지 절차를 간략하게 소개하면 다음과 같다.

1) **강화**: 내담자의 어려움에 이해심을 보이며 칭찬하고 격려한다. 본격적인 각인절차에 들어가기 앞서 내담자와 치료사 간의 유대감을 극대화시키기 위해 활용된다.

2) **설명**: 내담자의 핵심문제나 그 문제의 원인, 진정한 소망 등을 구체적으로 그에게 설명하는 단계이다. 이에 앞서, 치료사는 내담자와 함께 자유로운 분위기에서 그의 문제점과 소망을 탐색하게 되는데, 감상을 비롯한 긴장이완, 음악회상, 음악자유연상

기법 등을 활용할 수 있다. 필요하다면 종이를 준비하여 내담자가 겪고 있는 핵심적인 문제점이나 간절히 바라는 소망을 기록한다. 이렇게 기록된 문제점 목록과 소망 목록을 내담자에게 읽어 주고 함께 검토하는 과정이다.

3) **과제**: 치료과정을 통해 얻게 된 치료사의 연구결과나 해결책을 내담자에게 전달하는 과정이다. '해결책 구축과정' 또는 '일반화' 단계라고 할 수 있다. 일상생활에 적용할 수 있는 과제를 주고 실행하도록 하여 해결을 위한 노력을 확대하는 역할을 한다.

4) **각인**: 내담자가 시행해야 할 목표나 과제에 대해 마음속에 기억하고 새기는 과정이다. 문제점 목록과 소망 목록을 암기하는 것도 하나의 기초적인 각인방법이 될 수 있을 것이다. 전형적인 각인의 절차는 세 단계를 거치게 된다. 이것은 '치료사 중심 언어명료화', '암시적 감상활동', '내담자 중심 언어명료화'이다.

마. 5단계: 변화유지(The Maintenance of Changing)

마지막 단계인 '변화유지(變化維持)'에서는 이전 단계를 통해서 변형된 개인의 내적 자원과 새로운 결심들을 견고하게 하고 일상생활에서 실행할 수 있도록 도움을 주게 된다. 따라서 적극적이고 실용적인 음악치료기법들이 많이 사용되며 필요하다면 심도 깊은 대화과정이 포함된다. 예로서 '미래직면기법'과 '가족음악심리극'을 통해 앞으로 닥치게 될 위협적인 상황을 미리 경험해 보기도 하고, 자신 또는 가족의 자아상을 재정립하기 위해 '자기선언서'와 '가족선언서'를 작성하기 한다. 치료과정에서 얻은 변화와 성장이 지속될 수 있도록 개인의 일상생활 관리기술의 습득에까지도 관여하게 된다. 이른바 '기적의 시간'이라고 불리는 개인의 내적 통찰 시간을 매일 별도로 갖도록 한다. 이 시간은 음악을 감상하고, 명상하고, 자신을 돌아보며, 결심을 새롭게 하는 시간으로 활용된다.

'변화유지' 단계는 크게 네 가지 절차로 이루어진다. 개인 내적 문제해결연습, 대인 간 문제해결연습, 미래직면 및 결과예측훈련, 가족자아상 재정의이다. 각각의 단계마다 전형적인 기법들과 절차들이 포함되어 있어서 이 모델의 근원적인 치료목적인 내적인 자유와 자기실현을 성취하도록 해 준다.

1) **개인 내 해결연습 제공(Intra - personal)**: 대상자의 내면세계에서 발생하는 수많은 혼란상황에 대처하고 그때마다 긍정적인 선택을 할 수 있도록 적극적으로 연습상황을 제공하는 단계이다. 특히 개인의 심리적 측면에서 어떻게 외부적 자극들을 합리적으로 처리할 수 있는지 구체적으로 기술과 방법, 원리를 지도하게 된다. 긍정적인 감정, 긍정적인 신념을 자의적으로 선택하도록 다양한 심리적 혼란을 야기할 수 있는 상황을 제시하여 연습하도록 한다. 이를 위해 '가족음악심리극'이 활용된다.

2) **대인 간 해결연습 제공(Inter - personal)**: 대상자와 주변인들 간의 상호작용 과정에서 긍정적인 감정과 행동을 선택하도록 연습상황을 임의적으로 제공하는 단계를 말한다. 이와 더불어 타인과의 관계에서 친밀감을 느낄 수 있도록 하는 방법과 기술들 – 마음열기, 관심 갖기, 편견 없이 수용, 의미부여 등이 활용된다.

3) **미래직면 및 결과예측훈련**: 대상자의 행동과 감정 변화로 인해 주변에 어떤 변화가 일어나게 될지를 미리 예측해 보도록 돕는 단계이다. 즉 자신의 신체, 인지, 타인, 가족, 미래와 관련하여 결과를 예측하도록 격려한다. 이를 위해 '음악명상'과 '음악자유연상기법', '미래직면기법' 등을 활용한다.

4) **가족자아상 재정의 및 확대**: 자신과 가족의 자아정체성을 새롭게 재정의[82]하고 확대[83]하는 단계이다. 이를 위해 명상, 회상, 연상의 과정을 통해 자신과 가족의 소망과 규칙, 신념, 가치관 등을 탐색하도록 하여 문장으로 작성하고 문서화한다. 이렇게 작성된 문서를 '자기선언서', '가족선언서'라고 하며, 음악명상과 음악자유연상기법 등이 기법으로 활용된다. 또한 음악적 배경 속에서 자신이 직접 낭송하거나 대독하게 함으로써 결심과 의지를 굳게 하기도 한다.

---

82) '재정의(再正義)'란 변형적 가창활동을 통하여 내담자 자신의 별명이나 타인에 대한 감정 등을 새롭게 정의해 보고 노래로 불러 보도록 하여 해결에 대한 결심을 확고히 하는 단계이다.
83) '확대(擴大)'는 '변화의 확대'를 의미하는데 특히 달라진 나, 새로운 출발, 미래예견, 상장제공 등을 통해 변화를 확대해 나가는 단계이다.

제7장
치료매체와 관계적 역학성

가족음악치료모델에서 사용되는 주된 매체는 크게 언어, 음악, 동작 세 가지로 나눌 수 있다. 먼저, 언어매체는 이 모델에서 원활한 대화와 심층 분석을 위한 도구로서 사용된다. 다음, 음악은 주 치료 수단 및 보조수단으로서 사용된다. 이때 음악이 갖는 역할은 1) 긴장이완, 2) 연상 유도, 3) 감정 방출, 4) 각인 강화 등이며, 그 예로서는 음악긴장이완, 노래 만들기, 음악 감상, 가사 토의, 음악과 연상, 음악암시기법 등이 포함된다. 마지막 치료매체는 각인 강화제로서 동작의 사용이다.

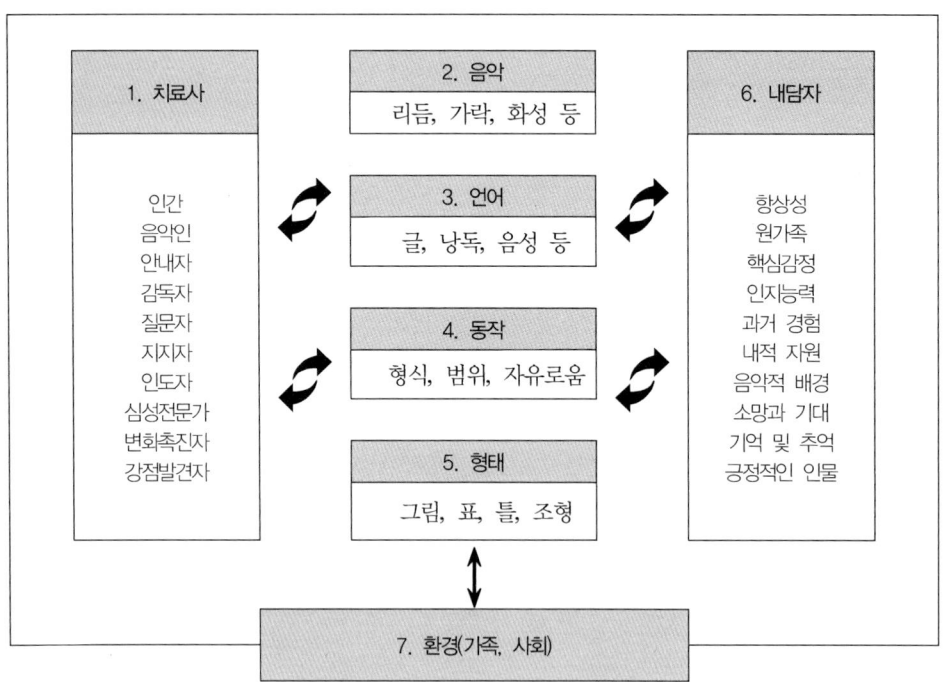

가족음악치료모델의 일곱 가지 치료매체

치료사의 역할과 기능

치료사는 지시(指示)적이면서도 반응(反應)적인 역할을 동시에 수행한다. 이들의 적극적인 역할과 소극적인 역할을 일컫는 말이다. 즉 치료사는 내담자의 장점을 강조하고 치료에 어떻게 활용하는가를 총괄하는 감독자(監督者) 역할과 치료과정에서 탐색된 긍정자원을 내담자의 마음속에 각인시키는 적극적인 변화촉진자(變化促進者) 역할을 하지만, 반대로 내담자 자신이 이미 알고 있는 해결방안과 긍정적 성공경험을 탐색하고 회상하도록 돕는 강점발견자(強點發見者)와 안내자(案內者) 역할을 수행하기도 한다.

치료사는 내담자의 특성 유형에 따라 자신의 역할을 달리한다. 즉 치료사는 문제를 해결하기 위하여 어떠한 것이든 시도하려는 동기가 있는 고객형(Customer Type) 내담자와 만날 경우 치료사는 안내자요 정보제공자의 역할로서 필요한 치료과정과 음악활동을 적극적으로 개입시킬 수 있다. 반면, 치료사는 일반적으로 자신의 의사와는 상관없이 법원, 직업훈련, 보호관찰관, 학교, 가족, 고용주 등의 명령, 즉 타의에 의해 치료사에게 온 방문형(Visiting Type) 내담자를 만날 수 있다. 이때 치료사는 내담자의 언어에 귀를 기울이고 무조건적으로 수용하며 칭찬하는 좋은 어머니의 역할을 담당하게 된다. 음악활동에서도 배경음악이나 노래, 악기의 선택에 있어 내담자의 의견을 우선적으로 고려해야 할 것이다. 이 경우 치료사는 알고자 하는 자세를 가진 질문자로서, 지지자, 강점발견자, 협동자의 역할을 담당하게 된다. 내담자와 치료사는 근본적으로 협동적인 관계에 있다. 치료사는 내담자를 진정으로 알고자 하는 자세로 내담자의 성공적인 경험, 자원 등을 발견하고 새로운 의미를 창출하는 데에 내담자와 함께 노력하게 된다.

훌륭한 치료적 개입을 위해 가족음악치료사에게는 여러 가지 특성과 능력이 요구된다. 한 사람의 인간으로서, 음악인으로서, 치료자로서, 상담가로서, 임상가로서, 교육가로서, 심성연구가로서 기능한다.

1) 인간으로서의 치료사

가족 중심 음악치료사는 치료사이기 이전에 한 인간으로서 깊이 행복해야 한다. 자신이 혼란에 싸여 있는 사람은 타인을 충분히 도울 수 없다. 따라서 그는 자신의 무의식을 겸허하게 다룰 수 있을 만큼의 겸허함이 필요하며 내면세계에 대해 끊임없이 살피고 분석하는 힘을 가지고 있어야 한다. 자신의 심성 안에 불균형적인 요소를 발견하고 이를 균형 있고 조화롭게 만들기 위해 노력하며, 타인의 문제점과 소망을 분석해 내듯 자신을 그렇게 할 수 있어야 한다. 그런 의미에서 그는 자기실현에 대한 심도 깊은 이해와 갈망을 가지고 있는 사람이다.

2) 음악인

가족 중심 음악치료사는 음악의 원형적 모습을 알고 느끼며 활용할 줄 알아야 한다. 또 그는 음악기술 및 작용에 대해 깊은 이해를 갖고 있어야 한다. 이런 측면에서 그는 '치료를 시행하는 음악인'이다. 치료사는 한 사람의 예술가로서 음악을 깊게 음미할 수 있어야 하며 쉬지 않고 음악적 활동을 전개해 나가야 한다. 이때 음악은 순수하게 치료사 자신만의 것이기 때문에 그 안에서 충분히 행복감을 느낀다. 반면 이들은 음악을 하는 치료자로서 임상에서 내담자와 함께 혹은 그들을 위해 노래를 하고, 반주를 하며, 음악을 들려주기도 하고, 작곡을 하기도 한다. 따라서 이들은 음악이 갖고 있는 생리적 작용과 심리학적 영향력을 잘 이해하고 있어야 하며, 음악이 어떻게 인간과 인간을 연결 짓고 소통하도록 만드는지 그 체계와 원리를 충분히 이해하고 있어야 한다. 훌륭한 음악치료사라면 음악의 어떤 측면이건 상관없이 자신만의 고유한 영역을 확보하고 있어서 이를 통해 내담자와 강력하게 소통하게 된다. 이와 같

은 치료사의 음악에 대한 독특한 이력과 개별적인 성향은 무수한 모델과 기법개발의
원천이 된다.

3) 심성연구가

가족 중심 음악치료사는 마음의 구조와 역학에 대한 충분한 이해를 갖추고 있어야
한다. 그는 인간의 심성구조를 자신이 갖고 있는 사고, 감각, 직관, 감정을 통해 경험
적으로 이해하고 분석해 내는 '심성연구가(心性研究家)'이다. 의식과 무의식의 의미
와 상관성, 신념과 욕구가 인간의 행동과 감정에 미치는 영향력, 인간심성의 극단적인
불균형요소, 무의식 저층에 존재하는 정서적 흔적과 상처들이 갖고 있는 기능을 탐구
하고자 노력한다. 그는 인간의 불안감정과 반사적 행동이 어디서 기인하는지를 심도
깊은 심성분석과정을 통해 타인의 도움 없이 스스로 깨달을 수 있는 힘을 갖추고 있
어야 한다. 이를 위해 치료사는 개인적인 명상이나 자기성찰과정을 통해 의식과 무의
식, 개인의 진정한 소망과 욕구, 신념을 통찰하고 자아의 경계를 넘어선 초월적 세계,
도덕적 진리, 영적 본질에 대한 깊은 이해를 갖추고 있어야 한다.

4) 임상전문가

가족 중심 음악치료사는 대상자의 변화를 기획하고 조정하는 임상기술에 대한 이해
를 갖추고 있어야 한다. 치료사는 치료대상자의 필요사항과 진단평가를 근거로 하여
그에게 가장 적절한 치료목적과 목표를 결정한다. 그런 다음 음악활동과 대상자의 행
동을 연결 지어 새로운 변화를 창조할 수 있도록 다양한 활동을 계획하고 치료적용계
획서의 형태로 작성한다. 치료적 논거를 갖고 실제로 음악활동을 적용하면서 그들의
변화 정도를 면밀히 관찰하며, 음악치료 세션에서 보여 준 대상자의 변화와 성장 면
면을 기록으로 남기며 이를 분석한다. 예컨대, 치료적 경향성을 만들어 낸 효과적인
음악활동은 무엇인지, 대상자의 흥미를 환기시킨 치료적 중재가 무엇인지, 변화를 촉
진시킬 수 있는 강화요인은 무엇인지, 변화의 최고점과 최저점에서 어떤 일이 일어났
는지를 상세히 기록으로 남기게 된다. 치료사는 임상 초기에 세운 치료목적과 현재

대상자가 보이는 결과 사이의 간격을 서로 비교하고 분석함으로써 치료중재의 효용성을 판단하게 된다.

5) 가족치료전문가

가족 중심 음악치료사는 가족 내의 역동성, 의사소통방식, 가족규칙, 가족금기를 효율적으로 이해하고 다룰 수 있어야 한다. 어떤 의미에서 그는 '음악을 이해하는 가족치료사'이다. 이들은 가족 내의 친밀감 정도, 경계구조, 서로에 대한 영향, 가족역사, 의사소통방식 등을 통해 그 가족구성원들의 자아존중감과 스트레스 대처능력 및 핵심적인 가족문제를 파악할 수 있다. 또한 가족구성원들이 갖고 있는 비합리적인 신념이나 규칙들, 불균형적인 내적 요소들을 정확히 파악해 내고 이를 수정할 수 있는 사람이며, 합리적이고 일치적인 의사소통방식에 대해 정교한 이해를 갖고 있는 전문가이어야 한다. 무엇보다 가족들이 갖고 있는 금기와 비밀을 효과적으로 안전하게 다루고 조절할 수 있는 평온함과 카리스마를 갖고 있다. 이렇게 되기 위해서는 치료사 자신이 '성공적인 가족의 일원'이어야 한다. 치료사가 자신의 가족 내에서 그 기능과 역할을 성공적으로 수행하지 못하면 가족의 일반적이고 보편적인 기능을 충분히 이해하지 못하고 있다고 할 수 있다.

음악요소

> 우리가 무의식중에 흥얼거리고 있는 멜로디가 의식적으로
> 감춰진 우리의 충동과 의도들을 표현하고 있다고 보았다.
>
> — 프로이트(Sigmund Freud) —

음악 속의 무수한 요소들은 인간의 내면세계를 자극한다. 머릿속에 저절로 떠오른 멜로디나 가사들은 무의식의 여러 차원을 반영하고 있다. 따라서 개인이 평소에 선호하는 음악이나 이유 없이 듣고 싶어지는 음악들을 통해 개인의 억압된 사고와 충동, 불균형적 요소들을 이해할 수 있다. 이와 같이 음악은 인간의 정서를 반영하기도 하는 반면, 표현을 위한 도구가 되기도 한다. 자신의 감정을 악기나 노래의 가사에 담아 표현하면서 무의식 속의 내적 충동을 외부로 표출시킨다. 이것은 '무의식의 의식화과정'으로 음악을 활용한 것이다. 음악을 통해 무의식을 의식 위로 끌어올리는 것, 즉 무의식의 내용들을 인식하는 일이다. 이렇게 되면 무의식의 어둡고 원시적으로 미분화되었던 부분들이 의식 위에서 햇빛을 받으면서 감소되고 제거되는 것이다. 음악은 안전하고 자연스런 환경과 구조를 갖고 있고 언어를 사용하지 않고도 의사소통을 할 수 있기 때문에 내담자들이 편안하게 자신의 내적 요소들을 표현하기에 알맞다. 즉흥연주(卽興演奏, improvisation)가 한 예가 될 수 있다. 특정한 형식 없이 서로 연주를 진행하다 보면 비록 언어적 교류는 없지만 강한 교감과 친밀성을 경험하게 된다. 우리가 연주회장이나 사물놀이공연 등을 관람하면서 느끼는 단합과 감동 등의 역동적 정서가 그 비슷한 경험일 것이다. 단순히 노래를 부르는 것도 자기표현이란 측

면에서 의미가 있다. 노래를 좋아하는 우울증 환자의 경우 다른 특별한 기법을 활용하기보다는 함께 노래 부르는 것만으로도 효과적일 때가 많다.

이 모델에서 음악은 주 치료수단 및 보조수단으로서 사용된다. 주 치료수단으로서의 음악은 적극적으로 치료과정에 개입하는 co－therapist로서의 역할을 하게 된다. 음악은 여러 가지 어려움으로 고통받고 있는 내담자에게 무의식 속의 콤플렉스를 위로하고 변환시키는 도구로서, 적극적으로 치료에 참여하도록 독려하는 활력과 에너지 제공자로서, 대화매체 및 표현매체로서 사용될 수 있다. 특히 음악은 과거의 성공경험을 연상하고 회상하도록 하는 유도매체로서, 그러한 의도적 변화노력을 비언어적으로 표현하는 표현매체로서, 새롭게 형성된 신념을 봉인(封印)하는, 즉 마음속에 새기는 작업을 돕는 매개체로서 역할을 하게 된다. 음악의 이와 같은 적극적 기능은 보조수단으로서의 음악기능과 상호 유기적인 관련성을 가지며 내담자를 돕게 된다.

보조치료수단으로서의 음악은 가족음악치료모델에서 음악의 중요한 기능인 의식과 무의식을 연결하는 매체로서 작용한다는 점이다. 치료사나 가족 및 동료그룹과의 원활한 상호작용을 위한 긴장이완의 도구로서, 문제 접근에 대한 안정감 제공요소로서 사용될 수 있다. 또한 내담자가 음악을 들으며 자유로운 연상 및 회상 과정에 돌입하도록 하는 사전자극매체로서 작용하거나, 치료사의 여러 가지 언어적 접근을 돕는 보조수단으로써 역할을 한다. 또한 음악은 무의식을 싸고 있는 여러 가지 가면(persona)이나 저항 등을 우회하여 무의식으로 접근하도록 하는 다리와 같은 것이다. 음악을 들으면서 자유로운 연상과정에 돌입하도록 하거나, 새롭게 형성된 신념을 봉인[84]하거나, 치료사의 여러 가지 언어적 접근을 돕는 보조수단으로서 작용한다.

음악이 가지는 심리치료적 기능을 정리하면, 자기표현 및 자기설득, 감정방출, 자기정화, 투사, 문제규명, 자기설득, 보편화, 긴장이완, 연상유도, 각인강화 등이다.

1) 자기표현 및 자기정화

음악은 '자기표현'의 도구이자 '자기정화'의 기능을 갖고 있다. 음악은 비언어적인 의사소통의 한 수단으로서 언어와 마찬가지로 구체적인 자기표현을 가능하게 한다.

---

84) 봉인(封印)은 각인 또는 인봉과도 동일한 용어로 쓰일 수 있는데, 가족음악치료모델에서는 마음속에 새긴다는 의미로 사용된다.

자기를 표현한다는 것은 곧 '자기정화'와도 맞닿아 있다. 마음에 응어리를 가지고 있으면 병이 되기 때문이다. '표현'한다는 것은 문자 그대로 내면에 잠재해 있던 무언가를 밖으로 표출시키는 것을 말한다. 따라서 무의식 속의 요소들을 안전한 음악적 환경 속에서 표현하도록 함으로써 배출에 의한 희열 - 정화감정을 느끼게 된다. 우리가 마음속의 비밀이나 불만을 믿을 만한 다른 사람과 수다를 떨며 토해 내면 속이 후련해지는 것과 같은 이치이다. 실제 임상에서는 치료사가 내담자의 내면문제를 가장 잘 표현하고 있는 노래를 하나 선곡한 뒤 함께 듣거나 불러 본 다음, 그 가사내용을 토의하고 분석해 볼 수 있다. 또 자신의 생각이나 느낌을 노래의 가사에 넣어 개사한 다음 불러 봄으로써 자신의 마음을 전달하고 외부로 표현해 볼 수도 있다. 악기나 목소리로 즉흥연주를 하는 것도 내면의 무의식을 외부로 분출시키는 도구가 되는데, 성공적으로 목적을 성취하기 위해 치료사의 진중한 인도와 내담자의 몰입 정도가 무엇보다 중요하다.

2) 투사

투사(投射)란 무의식 속에 있는 내용들을 외부의 대상에게 비추어 자신과는 다른 객체로서 느끼는 심리적인 작용을 의미한다. 우리는 종종 음악을 들으면서 이 노래가 바로 나에 대한 이야기를 하고 있다는 생각을 할 때가 있다. 바로 음악적 투사이다. '음악적 투사(音樂的 投射)'란 음악의 가사나 멜로디, 리듬 등을 자기 마음의 일부로서 인식하며, 욕망이나 기대, 소망 등의 무의식적 내용을 음악요소에 비추어 바라보는 심리현상을 말한다. 즉 자기의 현재 상황과 문제들을 노래나 음악 안에서 동일시하게 된다. 예컨대 어떤 음악을 듣고서 '저 노래 가사는 내 이야기를 하는 것 같네.'라고 느끼는 경우이다. 음악 안에서 정서적인 동화 및 감정적 이입현상을 경험하는 것이다. 치료사는 치료 세션 중 내담자가 원하는 음악이나 오늘 특히 불러 보고 싶은 노래가 있는지 물을 수 있다. 또 음악을 들려주고 생각나는 이미지나 감정, 기억이 있는지 질문할 수도 있다. 그런 의미에서 음악은 과거회상을 위한 도구로 사용될 수 있다.

1960년대 초에 발표된 '노란 샤스의 사나이'란 노래는 노인을 대상으로 한 세션에서 종종 활용되는데, 과거 자신의 배우자를 회상하기에 적절하다. 양희은이 부른 '사랑 그 쓸쓸함에 대하여'라는 노래의 가사에는 다음과 같은 구절이 나오는데, 사랑하는 사람과의 슬픈 이별이나 옛사랑과의 추억을 회상하기에 좋다. 사별, 이별, 이혼, 헤어짐 등은 개인의 생애사에 있어서 강한 역동을 일으키는 주제이다.

> 사랑 그 쓸쓸함에 대하여
>
> 다시 또 누군가를 만나서 사랑을 하게 될 수 있을까
> 그럴 수는 없을 것 같아
> 도무지 알 수 없는 한 가지, 사람을 사랑하게 되는 일
> 참 쓸쓸한 일인 것 같아
> 사랑이 끝나고 난 뒤에는 이 세상도 끝나고
> 날 위해 빛나던 모든 것도 그 빛을 잃어버려
> 누구나 사는 동안에 한번 잊지 못할 사람을 만나고
> 잊지 못할 이별도 하지
> 도무지 알 수 없는 한 가지, 사람을 사랑한다는 그일
> 참 쓸쓸한 일인 것 같아

3) 문제규명과 자기설득

음악은 자신의 문제를 분명히 인식하고 규명해 주는 역할을 한다. 대부분의 사람들은 자신의 문제가 무엇인지 알지 못한다. 자기 안에 문제가 있고 잘못된 신념이 존재한다는 것을 아닌 일이 곧 본격적인 치료를 여는 열쇠가 된다. 이른바 병식(病識)이다. 치료사는 노래 가사를 통해 내담자 자신의 내면문제와 핵심감정을 스스로 확인하도록 돕는다. 이런 과정을 통해 자기 자신을 설득하여 변화시킬 수 있는 힘을 얻게 된다. 이를 자기설득(自己說得)의 힘이라고 한다. 예컨대, '캔디' 노래를 부르면서 외롭고 슬플 때 내담자가 어떤 행동을 하고 있는지 고려해 볼 수 있다. '슬퍼도 난 절대로 울지 않아', '내 감정을 남에게 보여서는 안 돼', '참고 또 참아야 돼'라는 신념을 갖고 있는 사람이 있다. 이들과 노래 가사에 대해 서로의 생각과 의견을 나누는 과정에서 자신의 신념에 어떤 결함이 있는지와 문제에 대해 또 다른 해결책과 신념이 존재할 수 있다는 것을 인정하게 된다. '울고 싶으면 울 수도 있다', '화가 나면 참지 말고 화를 낸다', '감정은 정당한 방법으로 표출되어야 한다' 등의 새로운 신념이 형

성된다. 바로 자기를 설득한 것이다. 자기설득은 곧 문제의 인식인 동시에 변화의 시작이다.

음악 감상을 통해 정신과 신체가 이완되면 의식이 전환되는 상태에 이르게 된다. 이 상태에서 인간은 다른 의식적인 방해나 혼란 없이 자기 자신을 성찰하고 발견할 수 있고, 평소에는 미치지 못하는 자신의 무의식 세계 깊은 저층을 탐험할 수 있게 된다. 이렇게 되면 뜻하지 않고 생각하지도 못했던 자신만의 핵심적 문제들에 직면하게 되는데, 이를 통해 스스로에 대한 왜곡된 생각을 파악하도록 하고 새로운 해결방법을 발견한다.

4) 각인

각인(刻印)은 앞서 언급했듯이, 의도적으로 계획한 음악활동을 통해 새로운 감정과 신념을 생성시키는 것을 의미한다. 음악을 통한 마음의 조각이다. 치료사들은 노래의 일정 부분을 빈칸으로 만들어 그 속에 내담자 자신의 생각을 넣어 부르도록 활동을 계획한다. 이것은 치료사와의 치료중재과정에서 얻게 된 결론 – 새로운 해결책이나 다짐을 음악 속에 넣어 부름으로써 그러한 결심을 더욱 견고하게 하기 위해서이다. 시험공부를 하는 학생들이 외워야 할 방대한 양의 학습내용들을 노래의 멜로디에 넣어 외우면 쉽게 외워지는 것과 같은 이치이다. 음악은 평범한 내용을 더 쉽게 외울 수 있도록 하며, 더욱 개인적으로 의미 있게 만든다. 예컨대 칭찬하는 내용을 넣어 부를 수 있는 노래를 서로에게 불러 주게 되면 그 노래를 듣는 사람은 동료들이 부르는 가사 내용을 더 깊게, 의미 있게 느끼게 된다. 뿐만 아니라 그 노래 자체도 자신만을 위한 특별한 노래로서 인식하게 된다. 각인의 내용이 항상 긍정적인 것만은 아니다. 내담자의 문제점이나 반응감정을 마음에 암기하고 새기는 작업도 필수적이다. 문제점을 새기는 것이 무슨 치료중재인가고 생각할 수도 있지만 이것은 사실이다. 자신의 장점만큼이나 단점을 기억해야 한다. 즉 자신의 단점과 약점, 문제점을 정확히 파악하고 규명하며 기억해야만 진정한 자기이해가 가능해진다. 암시각인작업의 절차는 단점의 규명, 장점과 긍정자원의 규명, 해결책과 결심의 각인 순으로 진행되는 것이 통례이다. 이처럼 자신의 문제점, 긍정자원 및 앞으로의 다짐 등을 노래나 배경음악을 통해 마음에 새기는 일련의 작업은 이 모델의 전형적인 형태이다.

5) 긴장이완과 연상유도

음악 감상을 통해 긴장이완을 유도할 수 있다. 긴장이완이란 생리적으로는 신체의 피로나 긴장이 편안하게 이완된 상태를 의미하고, 심리적으로는 '의식적 경계심'을 풀어 주는 것을 의미한다. 이 모델에서도 음악을 통한 긴장이완기법을 많이 사용하지만 그것 자체가 목적이 되지는 않는다. 오히려 긴장이완은 다음 단계로 가는 다리 역할을 한다. 사람들은 좀처럼 자신만의 금기와 비밀을 말하지 않는다. 이러한 것들을 자신의 무의식 속에 억압시키고 숨겨 놓는다. 그러고서 거대한 콘크리트나 시멘트로 그 위를 덮어 버리는 것이다. 그러나 치료의 본질이 되는 핵심감정들을 따로 제쳐 놓고서 본격적인 치료를 시행할 수 없기 때문에 무의식층을 싸고 있는 의식의 층을 해결해야만 한다. 긴장이완은 무의식과 의식 사이에 존재하는 이러한 경계를 느슨하게 한다. 일단 의식 경계선이 이완되면 과거 기억에 대한 회상과 연상을 유도하는 것이 자유로워진다. 그들이 가지고 있지만 쉽게 재생해 내지 못했던 내적 자원들을 불러일으켜서 치료중재의 대상으로 삼을 수 있게 된다. 또한 긴장이완은 대상에 대한 '저항(抵抗)'을 완화한다고 할 수 있다. 따라서 어떤 힘이나 조건에 굽히지 않고 버티고 싶어지는 기분, 특히 치료중재나 치료사에 대한 내담자의 저항감정은 심리치료를 가로막는 결정적인 걸림돌이 된다. 긴장이완은 음악긴장이완기법이나 음악심상체험작업, 음악암시각인작업 등에 고루 적용되는 기초적 중재과정이다.

03 언어와 음성

가족음악치료모델에 있어서 언어매체는 이 모델의 각 단계마다 치료과정을 돕는 매우 중요한 도구로서 사용되며, 심지어는 '음악'과 동등한 1차적 치료수단으로 여긴다. 치료사는 언어를 사용하여 내담자의 핵심 감정과 무의식의 이면, 가족 관계의 역동성 등을 찾아낸다. 이를 위해 치료사는 내담자와의 충분한 유대감 형성과 그에 대한 이해 절차를 우선해야 하며, 그런 다음 진지한 치료과정으로 나아가야 한다. 언어는 치료사와 내담자에게 모두 동등한 중요성을 가지는데, 치료사의 경우 언어를 사용하여 내담자의 문제해결에 핵심이 되는 의사소통방식, 가족규칙, 가족소망, 반사감정과 긍정자원, 심성지층의 불균형요소, 생활적용과제 등을 찾아내고 명료화하며 제시할 뿐만 아니라, 음악작업과 협력하여 마음속에 그 내용을 봉인하고 각인시키게 된다. 내담자는 언어를 통해 치료사와 상호작용하며, 음악을 통해 탐색되고 연상되고 회상된 내용을 치료사에게 알리고 재정의하기 위한 커뮤니케이션의 통로역할을 한다. 이를 위해 치료사는 내담자와의 충분한 유대감 형성과 그에 대한 이해를 우선해야 하며, 그런 다음 본격적인 치료과정으로 나아가야 한다.

가. 전형적인 질문형식(質問形式)

치료사는 언어매체를 통해 내담자에게 질문(質問)을 하게 된다. 이 모델에서 독특한 질문형식 - 관계질문, 척도질문, 예외질문, 기적질문, 대처질문 등을 사용하여 내담자가 자신의 현재 상태를 수량화하여 인식하도록 돕고, 과거 성공적인 경험을 회상하도록 만들거나, 아직까지 일어나지 않은 가상의 현실을 상상하도록 만든다. 이 모델이 실용적이고 적극적이며 분석적일 수 있는 이유를 언어, 특히 전형적인 질문형식의 활용에서 찾을 수 있다.

1) 관계질문

내담자의 현재 상태를 타인이나 미래 등 외부적 상황에 결부시켜 질문하는 기법이다. 내담자의 문제행동이 가족에게 어떤 영향을 미치고 있는지, 가족들이 내담자의 어떤 면이 달라지기를 원하고 있는지, 문제행동이 바뀌면 가족들은 어떻게 느낄지, 자신이 변화하면 미래에 어떤 결과가 생길지 등을 질문할 수 있다. 가족음악치료모델의 전형적인 과정 중 5단계인 '변화유지' 단계에서 내담자의 행동변화가 어떤 결과와 반응을 가져올지 예측하는 과정에서 활용된다. 관계질문의 예는 다음과 같다.

① "당신이 어떤 행동을 하면 엄마가 행복해하실까요?"
② "이 행동을 지속한다면 어떻게 될까요?"
③ "당신이 술을 끊으면 부인은 뭐라고 말할까요?"
④ "당신이 이렇게 이야기한다면 아들은 어떤 반응을 보일까요?"

2) 척도질문

내담자의 내면 상태나 현실문제, 우선순위 등을 가시적 수치를 제시하여 그중에서 자신의 상태와 서열을 선택하도록 하는 질문법이다. 주로 내담자의 특정한 상태를 10단계로 제시하는 경우가 많아 '10단계 척도질문'이라고도 한다. 척도를 100으로 지정하여 행동과 감정 등을 수량화하기도 한다. 이 질문형식은 체계적 과정 1단계 '자기인식'과 2단계 '긍정탐색' 단계에서 활용된다. 척도질문의 예시는 다음과 같다.

① "치료를 시작할 때 상태를 1점이라고 하고, 치료가 끝나 원하는 대로 변화되었을 때를 10점이라

고 한다면 오늘은 몇 점 정도나 되지요?"
② "뭐든지 할 수 있을 것 같은 자신감이 충만할 때를 10점이라고 하고, 자신을 쓸모없는 존재라고 느낄 때를 1점이라고 할 때 현재는 몇 점을 주시겠어요?"
③ "지금 당장 해결해야 할 가장 급한 문제가 10점, 가장 덜 급한 문제가 1점이라면 음주문제는 몇 점인가요?"

3) 예외질문

과거에 문제가 일어나지 않았던 상황이나 행동을 회상하도록 하는 질문이다. 즉 내담자에게 예외적 상황을 탐색하도록 하는 것이다. 이 질문형식은 가족음악치료모델의 체계적 과정 중 '자기인식'과 '긍정탐색' 단계에서 활용된다.

① "아버지가 당신에게 잘 해 주었던 적은 언제였나요?"
② "술을 마시지 않았던 날은 언제였나요?"
③ "엄마는 당신이 어떤 일을 했을 때 칭찬했나요?"

4) 대처질문

내담자가 현재 자신의 문제들을 대처하기 위해 이미 사용하고 있는 방안이나 기술을 알아보기 위한 질문이다.

① "그런 어려움 속에서도 살아가도록 만든 것은 무엇이었나요?"
② "심각한 문제가 많다고 하셨는데 어떻게 견뎌 오셨나요?"
③ "많은 어려움 속에서도 직장을 다니고 있는 이유는 무엇입니까?"

5) 기적질문

긍정적인 경험을 회상하도록 만드는 여타 질문에도 불구하고 문제해결의 실마리가 보이지 않을 경우 기적질문을 활용한다. 즉 이미 문제가 해결되었다고 가정 하고 그런 다음 발생할 모습이나 현상을 상상하도록 하는 것이다.

① "아버지에게 기적이 일어난다면 어떤 행동을 보이실까요?"
② "이 가족에게 기적이 일어난다면 어떻게 변할까요?"
③ "밤사이에 기적이 일어나 당신의 우울감이 완전히 없어진다면 무엇을 보고 당신이 달라진 걸 알 수 있을까요?"

이와 같은 질문형식은 '해결 중심 단기가족치료'에서 활용되는 전형적인 질문들을 이 모델에 맞게 변형시킨 것으로서 내담자뿐만 아니라 가족구성원들이 갖고 있는 문제의 원인과 해결방법을 정확하고 빠르게 파악하는 데 유용하다. 본 모델의 초기치료 단계와 긍정탐색단계에서 내담자 치료의 기초적 토대를 마련하기 위해 활용된다. 모든 질문들은 서로 유기적으로 연결되어 있어서 순서에 상관없이 필요에 따라 활용되어야 한다. 이 질문형식들의 특징은 긍정지향이란 점에 있으며, 문제의 해답을 내담자 스스로가 찾도록 한다는 데 있다. 끊임없이 내담자의 삶 속에서 긍정적인 요소를 찾아내고자 한다. 만약 그가 그러한 요소들을 기억해 내지 못하거나 무의식 속에 긍정적인 기억이나 자원이 부재할 때는 작위적으로 잉여현실(剩餘現實), 즉 가상적 현실을 제시하여 비현실 속에서 성공경험을 간접적으로 체험하도록 한다. 가족 중심 음악치료사는 각각의 질문 패턴을 익숙하게 활용할 수 있어야만 한다. 언어는 이처럼 음악과 함께 치료를 위한 핵심적 수단이자 도구이다.

나. 음성(音聲)

가족음악치료모델에서는 한 개인의 '음성'을 치료의 대상이자 도구로서 사용한다. 노래를 부르거나, 음악을 배경으로 글을 낭송하거나, 독특한 소리를 내거나 하는 것이다. 그 사람의 목소리는 그 사람 자신을 의미하기 때문이다. 딱딱한 목소리, 항상 일정한 목소리, 역동적인 목소리, 지나치게 작은 목소리, 지나치게 큰 목소리, 부드러운 목소리, 거친 목소리 등은 그 사람에 대한 이미지와 감정, 분위기를 만들어 낸다. 목소리 자체는 심적 결과물이며, 일종의 외적 행동으로서 내면세계의 복잡한 상호작용의 최종적인 결정체인 것이다. 원래 인간은 생득적으로 자신만의 진정한 목소리를 갖고 태어난다. 본래의 목소리는 자유롭고 분명한 음성이었다. 하지만 외부에 대한 지나친 의식성, 충격적 사건과 사고, 질병과 장애 등으로 심리적 손상을 입게 되면서 자동적으로 본래의 음성 또한 잃게 되었다. 음성은 그 사람의 전체성을 대변한다.

그런 의미에서 '목소리'는 그 사람의 자아정체성(自我正體性)을 나타낸다. 침울하고 불분명한 목소리는 그 사람의 우울한 정서와 낮은 자긍심을 나타내며, 밝고 분명한 목소리는 행복하고 높은 자긍심을 나타낸다. '자신감 넘치는 목소리', '우수(憂愁)에 찬 음성'이라는 표현은 목소리 속에 개인의 정서를 포함시켜 나타낸 말들이다. 물론 의식의 일방성이 지나칠 경우 자신의 진정한 목소리를 숨기는 경우도 있다. 예컨대 국회의원을 비롯한 정치인들의 경우 외면과 내면의 괴리가 큰 경우를 본다. 이들이 어떤 생각을 하는지 어떤 감정을 갖고 있는지를 목소리나 외관으로는 가늠하기 힘들다. 내면의 상태가 외부로 자연스럽게 표출되는 사람을 우리는 자유로운 인간이라고 표현할 수 있을 것이다. 따라서 치료사는 정도의 차이는 있지만 내담자의 숨겨져 있는 목소리를 드러내도록 하여 그들만의 진정한 목소리를 찾도록 도와줄 필요가 있다.

이처럼 목소리는 한 사람의 정서와 자긍심에 대한 정보를 제공해 준다. 또 자신의 목소리를 어떻게 생각하는가는 자기 자신에 대해 얼마만큼의 자기가치감을 갖고 있는지 말해 준다. "난 내 목소리가 맘에 들어." "난 더 멋진 목소리를 갖고 싶어." "내 목소리가 정말 싫어."라는 말은 목소리를 통해 자긍심을 표현한 예이다. 이처럼 '음성(音聲)'의 패턴과 질은 자아정체성과 밀접한 관련이 있다. 따라서 이 모델에서는 목소리에 자유로움을 주기 위해 노력하며, 자신의 진정한 목소리를 찾는 작업을 자기 자신을 찾는 작업 – 자기실현작업의 일환으로서 중시한다. 이를 위해 즉흥적 소리내기에서 파생된 '토닝(toning)', '시조랩', '성악즉흥연주' 기법 등이 활용된다.

다. 문학 또는 글쓰기

치료상황에서 논의되고 결론 맺어진 다양한 언어적 내용들은 문장의 형태로 종이에 옮길 수 있다. 음악 감상을 포함한 다양한 음악활동 이후에 후속활동으로서 문학 또는 글쓰기를 한다. 또한 내담자의 소망이나 목표에 대한 짧은 글이나 시를 짓게 한 뒤 글에 알맞은 멜로디를 붙여 곡을 완성하거나 배경음악을 뒤로 하고 작성된 글을 낭송하기도 한다. 이러한 활동의 주요 목적은 내담자의 문제 행동을 요약하거나 장점 및 성공자원을 정리하고 마음에 각인시키기 위해서이다. 음악을 통한 치료적 글쓰기 작업의 순서와 절차는 다음과 같다. 먼저, 음악 감상과 같은 음악자극을 통해 내담자의 신체를 이완시킨다. 신체가 이완되면 필연적으로 정신의 이완을 가져온다. 신체와 정신의 긴장이완이 이루어지면 무의식과 의식 사이에 존재하는 두터운 경계선이 해체되고 이완되면서 무의식적 동기들이 의식의 수면 위로 떠오르게 된다. 이 과정을 '무의식의 의식화 작업'이라고 명명한 바 있다. 이 과정만으로도 일시적인 정화감정과 긴장해소를 경험할 수 있다. 그러나 의식화된 무의식 속의 내용들은 신중히 처리되지 못하거나 그대로 내버려 두면 다시 수면 아래로 가라앉아 버리며 문제행동이 다시 반복될 수 있다. 언어매체를 통해 무의식적 내용들을 명료화하는 작업이 필요하다. 언어적 명료화 작업은 의식 위로 떠올린 무의식적 내용들을 분명히 인식하고 통찰한 후 이를 언어적 대화과정을 통해 내제화하는 과정을 의미한다.

가족음악치료모델에서는 언어적 명료화를 통한 치료적 글쓰기의 일환으로 치료 종결을 앞두고 있는 개인 또는 가족의 신념과 규칙, 목표, 소망 등을 정리하여 '개인선언서(個人宣言書)' 또는 '가족선언서(家族宣言書)'를 작성하도록 한다. 이러한 문서를 통해 치료의 전 과정에서 논의되고 통찰된 그들의 결심을 유지하고 확고히 하게 된다. 이 외에도 매 회기별로 내담자와 다음 회기까지 달성해야 할 목표와 행동지침을 정하여 문서화하게 되는데 이를 '행동계약서(行動契約書)'라고 한다.

04 동작과 형태

가. 동작(動作)

인간의 모든 행동은 내면을 반영한다. 우리는 즐거우면 노래를 부르거나 춤을 추고, 슬프면 울거나 때때로 소리를 지르기도 한다. 슬플 때는 울라고 누군가가 시키지 않더라도 나오게 되는 자동적 신체반응이다. 충격적인 사고나 사건은 인간에게 정서적 상처도 주지만 이와 함께 동물적인 위축도 경험하게 만든다. 자신의 몸에 손만 대도 과도하고 예민한 반응을 보이거나 불안한 상황이 되면 어김없이 화장실을 가는 사람들을 본다. 심하게 폭력을 당한 사람의 경우 옆에 있던 다른 사람이 손만 올려도 자신의 몸을 움츠리게 된다. 이러한 반응은 충격적 사건과 위험한 상황이 그 사람의 근육과 신체에 입력되어 각인된 것이며, 비슷한 상황이 재현될 때마다 되살아나게 된다. 이를 '근육기억력(筋肉記憶力)'이라고 한다. 모든 근육들이 자체적으로 어떤 상황을 기억하고 있는 것이다. 어릴 때 자전거나 수영을 배우고 장시간 하지 않더라도 위급상황에 다시 그 기능이 재생되는 원리이다.

한 개인의 '동작'은 그 사람의 무의식 속의 여러 정보들을 담고 있어서 면밀히 검토하고 그 의미를 분석할 때 상담과 치료에 있어서 많은 도움이 된다. 예컨대 어떤 사람이 너무 산만하거나 혹은 너무 경직되어 있거나, 지나치게 수다스럽거나 아니면 너무 말이 없거나, 과도하게 친절하거나 혹은 타인의 눈도 마주치지 못하고 쑥스러워한다든지 하는 등의 다소 과잉된 행동들은 겉으로 드러나는 면 이외에 또 다른 내면

정보를 갖고 있으며 이러한 정보의 진정한 의미를 파악하는 것은 치료의 초기 단계에서는 핵심적인 부분이다. 부모에게 반항하는 아이를 예로 들어 보자. 어떤 부모는 아이의 반항을 단순히 자신에 대한 도전으로 받아들여 속상해하고, 어떤 부모는 아이가 '부모를 공경해야 한다'는 기본 도리와 원칙을 지키지 않는다고 생각해서 혼을 내기도 한다. 이 외에도 여러 가지 부모의 대응방식이 있을 것이다. 그렇지만 아이의 반항이라는 행동 이면에는 또 다른 근원적인 원인이 분명히 존재하며, 이러한 원인은 개인의 '욕구(慾求)'와 '소망(所望)'과 직접적으로 연결되어 있다. 반항한 아이는 얼마 전 태어난 여동생에게 부모의 관심이 쏠리는 것을 질투하게 되었고, 급기야는 동생을 학대하고 부모에게는 반항을 하기 시작한 것이다. 모든 행동의 이면에는 이처럼 의미가 있기 때문에 부모는 물론이고 치료사는 한 개인의 행동을 표면적으로 관찰하는 것이 아니라 그 행동을 만들어 낸 그 사람의 '욕구'와 '소망'을 살펴야 할 것이다.

신체 속에 이미 각인되고 입력되어 있는 부정적 요소들은 해소되지 않고 축적되면서 정신세계 또한 위축되고 혼란스럽게 만든다. 이런 신체위축이라는 노폐물들이 지속적으로 축적되면 결국 정신병리현상을 일으키기도 한다. 이것들은 외부로 노출되고 표현될 필요가 있다. 인간의 동작은 내면세계와 연결되어 있기 때문에 동작의 변화를 통해 내면세계를 조정하기도 한다. 동작의 반복과 변화를 통해 내면을 조정하는 것이다. 이것은 행동주의모델에서 주장하는 외부로부터의 변화 및 긍정적 행동의 훈련과 학습과도 맥을 같이한다. 동작을 일정 기간 반복하면 습관이 되고, 습관이 반복되면 장기적 습관화 및 성격으로 굳어지게 된다. 이 모델에서는 가족 간의 문제상황을 음악으로 표현하거나 가족음악조각기법 등을 통해 외부로 표출시킴으로써 자신들의 눈에 보이지 않는 문제들을 인식하고 직접 몸으로 체험해 보는 기회를 갖게 된다. 반대로 긍정적인 가족관계성을 음악극으로 표현하도록 할 수도 있다. '각인강화제로서의 동작'의 사용이라고 할 것이다. 치료과정을 통해 내담자가 갖게 된 새로운 인식과 사고, 행동, 정서, 통찰 등을 그의 마음속에 내면화하기 위해 동작을 음악과 함께 각인강화제로 사용하게 되는 것이다. 그 외에도 '가족음악심리극', 배경음악을 통한 '표현적 동작치료' 등이 사용된다.

나. 형태와 예술매체

가족음악치료에서는 치료를 돕는 수단으로서 다양한 '형태'와 '예술매체'를 활용한다. 여기서 '형태'란 의사소통, 상호작용, 생애사, 성격, 영향권 등을 눈으로 볼 수 있도록 시각화한 그림, 표, 분석의 틀, 미술매체 등을 포괄하는 개념이다. 가족 중심 음악치료사는 회기가 시작되면서 내담자와의 대화과정이나 음악중재에서 도출된 쟁점이나 핵심감정 등을 그림으로 그리도록 하거나, 고안된 분석표나 틀에 넣어 표현하도록 한다. 이 과정을 통해 내담자는 내적 요소들을 시각적 형태로서 인식하게 된다. 즉 가족 간의 관계성을 분명히 인식하고, 시각적으로 표현함으로써 마음속에 가족의 전체성을 관망하는 인지구조의 틀을 형성하게 된다. 이러한 마음속의 틀은 과거에는 내담자에게 존재하지 않았던 것으로서 자기인식과 문제해결과정에서 통찰과 영감을 준다. 예컨대, 가족의 의사소통형태와 성격특성을 이해하기 위한 '원가족 도표(原家族圖表)'를 비롯해, 가족 간에 형성된 서로의 영향력 정도 및 형태를 분석하는 '가족영향권 분석표', 전 생애에 걸쳐 개인과 가족에게 강력한 영향력을 주었던 사건, 사고 등을 표로 정리하는 '가족생애주기표',[85] 가족 상호 간의 소망과 기대를 시각적으로 형태화한 '가족소망분석도', 개인의 생애에 일어났던 과거, 현재, 미래의 핵심적 경험과 사건들을 긍정과 부정으로 구분하여 단계적으로 음악과 접목시켜 파악하는 '시간선 음악분석도' 등이 있다. 이 같은 기법들은 특성상 본 모델의 초기 단계인 1단계 '자기인식' 단계에서 주로 활용된다.

---

85) 가족생애주기(family life chronology)는 연대순으로 개인과 가족의 중요 사건, 사고를 기록하는 것으로 조부모의 출생부터 현재까지의 삼세대의 사건기록이다. '가족생활연대기' 또는 '생육사'라고도 부른다.

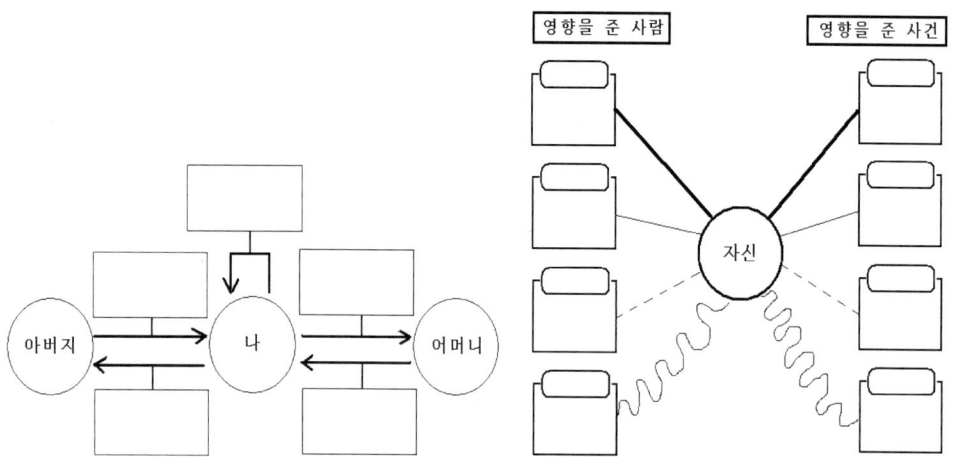

가족소망분석도

인물-사건 영향권 분석표

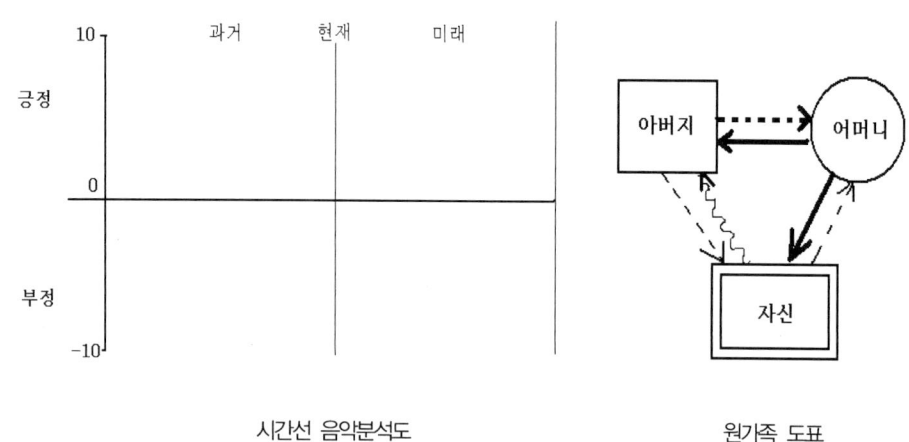

시간선 음악분석도

원가족 도표

매체 간 역학성

　음악, 언어, 동작, 형태, 예술매체 등은 내담자의 내적 평화, 변화, 성장, 자기실현, 진정한 개성화라는 하나의 목적을 위해 서로 유기적으로 관련성을 가진다. 예컨대 음악긴장이완기법을 시행할 때에도 치료사의 언어적 유도는 필수적이다. 언어를 통해 신체를 긴장시키고 이완하는 지시문들을 읽게 된다. "……이제 어깨에 집중해 보도록 합시다. 양쪽 어깨를 귀에 닿을 정도로 높이 올려 주세요. 높이, 더 높이, 더 세게. 네, 이제 다시 힘을 빼고 편안히 앉습니다. ……" 이 경우 언어는 신체적 긴장이완을 돕는 중재수단으로서 작용하고 있는 것이다. 이러한 언어적 유도과정을 통해서 신체이완이 이루어지면 정신적 이완이 뒤따라오게 된다. 의식 경계가 이완되면서 다양한 무의식 속의 자원과 동기들이 쏟아져 나오게 되는데, 이때 무의식적 동기는 대개 색깔로, 형상으로, 소리로, 촉감으로 나타난다. 이것을 무의식의 심상화(心象化, imagination)과정이라고 한다. 마치 우리가 꿈을 꾸며 목격하고 느끼는 것들이다. 심적 에너지는 시각적·청각적·촉각적 이미지로 형상화되는데, 치료사는 이것들을 자유롭게 탐색하고 허용하도록 독려한다. 음악과 긴장이완을 통해 무의식 저편으로부터 떠오른 심상들은 치료적 의미와 해결의 단서를 가지고 있다. 이것은 적극적으로 표출되고 의식되어야 한다. 이를 위해 치료사는 감상과 심상체험 이후에 떠오른 내용들을 적극적으로 표현하도록 한다. 즉 언어를 통해 보고하도록 하거나 종이 위에 그리도록 지시한다. 마음속의 미해결 쟁점과 핵심감정들을 외부세계로 그림이나 조형물 등의 시각적 형태를 빌려 표출시키는 것이다. 이런 과정을 일컬어 '심상의 시각화'라고 한다.

　또 가족음악심리극의 한 형태인 '가족음악조각'은 가족의 의사소통방식과 심리적 거리 및 영향권 등을 눈에 보이는 동작으로 나타낸다. 이때 서로 간의 심리적 거리에 따라 가족 간의 간격을 조정하여 서게 된다. 각 구성원들은 자신 고유의 의사소통방식을 정지동작으로 표현한다. 비난형은 오른손 검지로 사물을 비난하듯 지시하는 동작을 취한다. 회유형은 무릎을 꿇고 빌고 있는 형태를 취하고, 초이성형은 생각이나 규칙이 많은 인간적 특성대로 팔짱을 끼고 관망하는 자세를 한다. 비현실형은 다른 가족에게 무관심한 채로 하늘을 향해 두 손을 높이 치켜들고 서 있다. 산만형은 손과 얼굴, 발 등이 모두 제각기 방향을 취하는 형태이다. 이 상태에서 각 구성원들은 자신의 독특한 대처방식을 가장 효과적으로 표현할 수 있는 악기를 하나씩 고르게 된다. 동작과 음악, 언어의 통합적 중재인 것이다. 이렇게 일정한 거리를 두고 정지된 동작을 취하고 있는 가족들은 자신들의 동작과 음악을 보고 들으면서 심리적 가족관계를 물리적 관계로서 인지하게 된다. 무의식을 몸으로 느끼도록 하는 것이다. 이런 경험은 내담자들의 내적 통찰과 인식의 폭과 깊이를 극대화시키는 작용을 한다. 이렇게 동작이나 형태를 통해 무의식적 내용들을 표현하는 과정을 '심상의 촉각화' 또는 '체감각화(體感覺化)'라고 하며, 내담자 자신이 체험한 심상에 대해 언어적으로 보고하거나 문장으로 정리하도록 하는 것을 '언어명료화(言語明瞭化)'라고 한다.

또 심상을 연주나 음악심리극과 같이 청각적으로 표현하여 무의식의 의식화를 꾀하기도 하는데 이를 '심상의 청각화'라고 명명한다. 다만 이것은 무의식으로부터 불러일으켜진 심상(心象) - 심적 이미지, 마음의 상을 악기나 노래로 표현할 경우 사용되는 용어로서 치료사에 의해 주어진 주제에 따라 연주하는 것과는 관련이 적다.

제8장
치료기법 및 접근전략

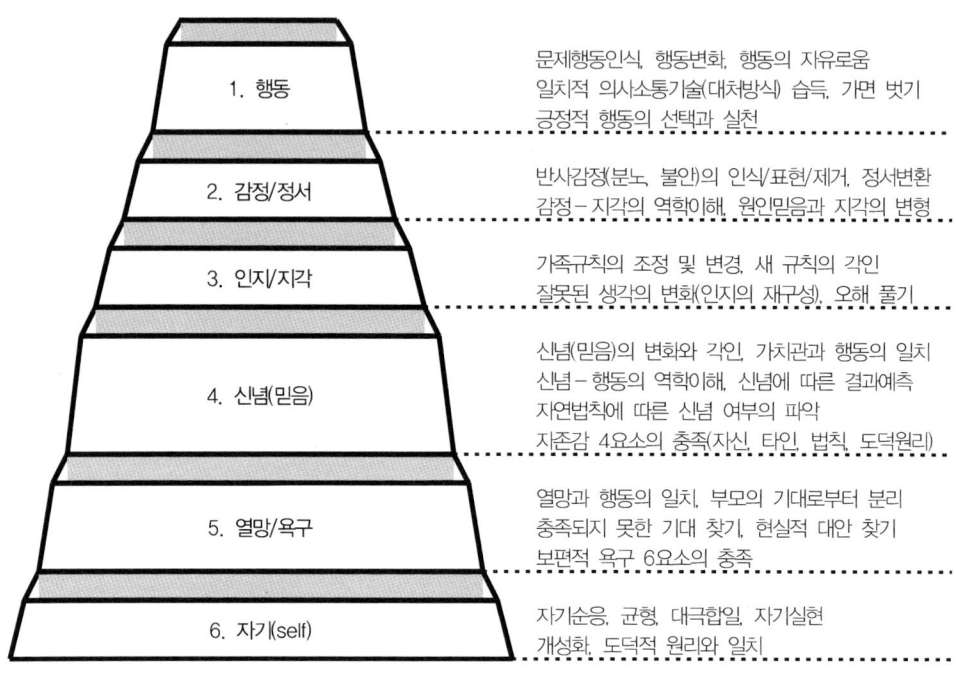

1. 행동	문제행동인식, 행동변화, 행동의 자유로움 일치적 의사소통기술(대처방식) 습득, 가면 벗기 긍정적 행동의 선택과 실천
2. 감정/정서	반사감정(분노, 불안)의 인식/표현/제거, 정서변환 감정–지각의 역학이해, 원인믿음과 지각의 변형
3. 인지/지각	가족규칙의 조정 및 변경, 새 규칙의 각인 잘못된 생각의 변화(인지의 재구성), 오해 풀기
4. 신념(믿음)	신념(믿음)의 변화와 각인, 가치관과 행동의 일치 신념–행동의 역학이해, 신념에 따른 결과예측 자연법칙에 따른 신념 여부의 파악 자존감 4요소의 충족(자신, 타인, 법칙, 도덕원리)
5. 열망/욕구	열망과 행동의 일치, 부모의 기대로부터 분리 충족되지 못한 기대 찾기, 현실적 대안 찾기 보편적 욕구 6요소의 충족
6. 자기(self)	자기순응, 균형, 대극합일, 자기실현 개성화, 도덕적 원리와 일치

마음의 구조에 따른 치유인자와 접근전략들

01 전형적 음악활동(典型的 音樂活動): 가창, 감상, 연주

많은 사람들은 복잡하고 정교한 기법들이 더 훌륭한 치료라고 믿는 경향이 있다. 가족음악치료에서는 가창, 감상, 연주 등의 기본적인 음악활동들이 개인이나 가족의 변화에 매우 효과적인 영향을 미친다는 사실을 강조한다. 실제적으로 가장 근본적인 기술들이 가장 큰 효과를 발휘하게 된다.

'가창'은 인간의 신체, 특히 목소리를 활용한다는 데에 특징이 있다. 이것은 그 자체가 자신을 표현하는 기회가 되며, 노래 속의 다양한 가사내용은 개인의 심층적 정서요소들을 투사하는 대상이 된다. 마음이 괴로울 때 노래를 불러 가슴이 후련해지는 감정을 느끼는 것은 노래의 가사와 자신의 정서가 일치하는 것을 의미한다. 가창능력을 발전시키는 것이 곧 자존감의 향상으로 이어지는 경우도 있다. 시각장애인 오페라 가수 안드레아 보첼리(Andrea Bocelli)의 경우, 12세 때 시력을 잃었지만 전설적인 테너 프랑코 코렐리에게서 사사하여 현재의 훌륭한 실력을 갖추게 되었다. 자신에 대한 확신은 물론 다른 시각장애인들에게 희망의 메시지를 전하며 감동을 주고 있다. 단순한 가창레슨이었지만 단순한 기능향상을 넘어선 정서의 변화와 자존감의 향상을 가져온 좋은 예이다.

'감상'은 정신과 신체의 이완을 가져온다. 이완된다는 것은 긴장이 풀린 상태를 의미하지만, 이를 통해 의식과 무의식의 경계가 허물어지게 된다. 대부분의 사람들은 의식과 무의식의 경계가 명확하여 서로 소통하지 않는다. 이것은 의식 또는 무의식의 일방성으로 흐르게 되어 긴장과 스트레스 상태를 지속적으로 갖고 살아간다. 감상을 통해 이러한 긴장 상태를 이완시킴으로써 의식과 무의식의 소통을 가능하도록 하고,

무의식에 잠재해 있던 많은 내용들이 의식의 수면 위로 떠오르게 된다. 평소에 의식하지 못하고 잠재되어 있던 무의식적 내용들을 이해하고 통찰하게 되면 '변형(變形)'이 일어난다. 즉 깨달음은 변화를 낳는다. 이렇게 감상활동은 느슨해진 '전환된 의식상태'에서 새로운 차원의 세계를 경험하고 자신을 심도 깊게 통찰하도록 도움을 준다. 감상의 목적은 물론 이뿐만이 아니다. 단순한 만족이나 정서순화를 목적으로 음악을 감상하기도 한다. 이어폰을 꽂고 음악을 들으며 거리를 활보하는 것이나 시간을 내어 연주회장을 찾는 것은 이런 이유 때문이다. 만족감의 근원에는 인간의 음악에 대한 향유본능인 '음악원형'이 잠재해 있다. 감상을 통해 음악의 원형적 작용을 충족시키게 되어 만족감과 행복을 느끼게 되는 것이다. 이 과정은 인간 내면의 깊은 층에서 일어나는 자동적 과정이다. 치료사는 음악 감상의 이러한 치유적 영향력을 체계적으로 활용하여 대상자에게 의식적으로 적용하게 된다. 그들이 어떤 음악을 좋아하는지, 어떤 음악적 배경을 가지고 있는지, 현재의 감정수준은 어떤지를 충분히 파악한 다음, 감상할 음악을 결정한다. 음악 감상활동의 유형은 치료 세션의 목적과 과정에 따라 분류될 수도 있다. 따라서 필자는 감상활동의 목적과 과정에 따르는 분류 방법을 크게 여섯 가지로 제시하고자 한다.

1) 생리적 음악감상기법(neurological listening)

정확한 명칭은 '신경생리적 음악감상기법'이다. 이 용어는 음악 감상을 신경생리적 변화를 일으키는 수단으로 활용하는 기법을 의미한다. 즉 우울한 정서의 내담자에게 조용하고 우울한 음악을 감상하도록 하여 내면세계를 통찰하고 외부세계의 자극을 받아들일 준비를 갖추도록 하는 것이다. 또는 경쾌하고 일정한 박의 음악을 감상하는 활동을 통해 신체가 자동적으로 반응하도록 유도하는 작용을 할 수도 있다. 신경학적 음악치료(Neurological Music Therapy)기법의 일종인 RAS(Rhythmic Auditory Stimulation: 리듬청각자극기법)나 TIMP(Therapeutic Instrumental Music Playing: 치료적 악기연주기법) 등이 예가 될 수 있겠다.

2) 연상적 음악감상기법(associative listening)

투사적 감상법의 일종으로서, 제시된 소리 자극에 대해 연상되는 이미지나 상상을 분석하여 내담자의 현재 정서 상태와 문제점, 잠재의식 등을 파악할 수 있다. 음악 감상을 하면서 연상되는 이미지를 만다라를 통해 그려 보도록 할 수도 있고, 글이나 이야기로 쓰도록 할 수도 있다. GIM 기법과 같이 음악 감상과정에서 연상되는 심상(image)을 소재로 무의식에 대한 의미 있는 탐구를 수행할 수도 있다. 이를 위해서 치료사는 깊이 있는 정신분석 및 심상 관련 지식을 가지고 있어야 한다. 또 치료사는 내담자에게 음악 감상 전에 특정한 주제(issue)를 미리 제공하여 그 주제와 관련되어 연상과 회상을 하도록 유도한다. 회상(回想)은 이미 경험했던 사물과 현상에 대한 상상을 의미하며, 연상(聯想)이란 실제로 경험하지 않은 사물과 현상을 마음속에 그려 보는 것을 의미한다.

3) 암시적 음악감상기법(suggestive listening)

음악을 감상하면서 치료사가 특정한 지시문을 낭독해 줄 수 있다. 일반적으로 명상기법에서 많이 활용되고 있는 방법이지만 치료사의 주도적인 역할을 강조하고 합목적적으로 접근해 간다는 데서 차이가 있다. 김종인은 이것을 좀 더 체계화·이론화하여 2000년 한국음악치료학회의 학술발표에서 암시적 음악치료 모델 또는 음악암시치료 모델(suggestive music therapy model)이라는 이름을 내놓았다. 즉 프로그램화된 배경음악을 통해 형성된 경계선적 무의식 상태에서 치료사의 암시를 통해 감상자의 특정한 신념이나 학습을 유도해 내는 적극적인 음악감상기법이다. 일반적인 명상기법과는 달리, 치료사의 주도적인 역할을 강조하고 합목적적으로 접근해 간다는 데에 그 특징이 있다. 이 기법의 적응증으로는 중독성이 있는 문제행동과 낮은 자존감, 불안, 공포장애 등을 들 수 있다.

4) 인지적 음악감상기법(cognitive listening)

　내담자의 인식 능력의 향상을 위해 사용되는 음악감상기법이다. 소리 수용 능력, 집중력, 지남력, 인지 개념들을 습득하기 위해 감상활동을 할 수 있는데 예를 들어, 음악을 감상하고 나서 그 음악의 노래 제목을 알아맞히는 활동이라든지, 안 보이는 장소에서 치료사가 소리 낸 악기를 여러 악기 중에서 찾아내는 소리 식별활동 등이 있다.

5) 표현적 음악감상기법(expressive listening)

　이 기법은 내담자의 심리표현을 목적으로 사용되는 음악감상기법이다. 감상활동은 감상자가 쓰고 있는 페르소나(persona), 즉 가면을 벗겨내고 본연의 자아를 내보이게 하는 데 도움을 준다. 또한 감상자의 표현활동을 지지하여 가속화시키는 작용을 하게 된다. 음악 감상을 하고 나서 그 음악을 동작으로 표현한다든지, 그림으로 그린다든지, 단어나 문장으로 표현한다든지, 그 음악에 대해 함께 토의할 수도 있다. 또 치료사가 미리 편집한 음악을 들려주고 음악의 느낌에 따라 이야기를 만들 수도 있다. 즉 내담자 한 사람이 한 곡을 듣고 나서 이야기를 만들고 그 다음 사람이 다음 곡을 듣고 나서 그 곡의 느낌을 이전 사람이 만든 이야기와 연결시켜 만들어 나가도록 하여 말하기를 유도할 수도 있다. 프리스틀리의 분석적 음악치료가 표현적 음악 감상의 한 유형이라 할 수 있다.

　'연주'는 가창과 함께 자신을 표현하는 강력한 수단이며, 정신과 신체영역에 있어서 무질서하거나 둔감한 상태를 질서 있고 민감한 상태로 변화시키는 기능을 갖고 있다. 연주의 형태가 즉흥적이든 기존 악보를 연주하든 간에 일정한 수준의 연주를 위해서는 어느 정도의 의식 조절과 몰입, 집중을 요구한다. 이러한 의식적 몰입을 통해 인간의 인지는 분화되고 예민해지게 된다. 예컨대 악보를 보면서 피아노로 베토벤의 '엘리제를 위하여'를 연주한다면 눈과 손이 서로 잘 협응한 결과이다. 지속적으로 피아노를 연주하게 되면 이러한 시각-촉각 간의 협응능력은 향상되게 되는 것이다.

음악과 긴장이완(緊張弛緩)

– 극도의 집중과 무념, 변형된 의식 상태의 경험 –

감상을 통한 치료기법들 가운데 가장 보편적인 형태가 음악긴장이완기법(music & relaxation)이다. 가족음악치료모델의 다른 전형적인 기법이나 모델들로 나아가는 관문 또는 초석의 역할을 한다. 음악을 통한 긴장이완작업을 기초로 하여 신체와 정신을 이완시켜 의식 경계선의 긴장감을 완화하고, 감정과 사건 등의 대상에 대한 극도의 집중을 유도하며, 문제가 되는 쟁점 또는 긍정자원을 탐색하도록 하며, 무의식의 내용들을 시각·청각·촉각으로 심상화하고 체감각화하게 된다. 물론 이러한 작용들을 긴장이완이 전적으로 담당하는 것은 아니다. 긴장이완 자체가 본 모델의 치료중재들 가운데 기본(基本)이라기보다는 기초(基礎)라고 하면 좋을 것이다. 이 기법의 궁극적인 목적은 극도의 집중(集中)과 무념무상(無念無想)을 통한 카타르시스적 정화에 있으며, 이후에 있을 본격적인 치료중재를 위한 사전준비과정으로서 기능한다.

최선의 치료중재는 다른 사람이 집중하도록 돕는 데 있다. 대부분의 문제들은 산만, 혼란, 무질서, 불균형, 무관심에서 초래된다. 집중하지 못하면 배울 수 없고 변화도 없다. 집중이란 질서이고 통찰이며 깨달음이다. 평소 사물에 대한 무관심과 냉소가 관심과 집중으로 바뀌기 시작할 때 비로소 변화와 성장이 진행되고 있다는 증거이다. 어떤 대상에 의미를 부여하는 순간인 것이다. 주어진 과제에 집중하고 타인의 눈을 맞추며, 자신의 내면에 소홀했던 사람이 성찰을 시작하거나, 가정을 등한시했던 가장(家長)이 사회와 가정 간의 균형을 맞추기 시작한다.

신체의 이완은 정신의 이완을 가져온다. 신체와 정신의 긴장 상태가 이완되었을 때 비로소 집중과 몰입이 가능해진다. 몰입과정을 통해 분산되어 있는 주의를 하나로 일치시키고, 자존감의 향상과 같은 내적인 동기부여를 경험하게 되며, 음악적 경험 자체에서 주어지는 만족과 보상감정을 얻을 수 있다.86) 예컨대 우울감정으로 만사가 귀찮고 무관심으로 일관된 삶을 살아가고 있는 사람이 주의 깊게 계획된 일련의 감상활동을 통해 자신의 문제로부터 주의를 돌려 현실에 집중할 수 있다. 그러나 치료를 위해서는 좀 더 집중된 의식 상태가 요구된다. 사람이 고도로 집중하게 되면 무념무상의 상태를 경험하게 되는데 온전한 의미에서의 몰입이 가능해지는 것이다. 따라서 '극도의 집중 상태'란 정신을 하나로 모으고 의식적 무의식적으로 몰입하는 과정을 의미한다. 이렇게 될 때 비로소 치료적 감상을 통한 최적의 상태인 '전환된 의식 상태 (altered state of consciousness)'가 만들어진다. 여기서 '무념무상'이란 자신의 의식적인 부분을 잊어버리고 무아(無我)의 상태에서 어떠한 생각이나 잡념도 없는 상태를 일컫는다. 인간은 끊임없이 걱정과 불안, 잡념에 사로잡혀 살아간다. 크고 작은 정신 병리현상 또한 과도한 생각의 범람과 연관성이 있으며, 사고를 간소화하고 극도의 몰입 상태를 경험함으로써 치료의 단서를 찾을 수 있다. 심도 있는 감상활동을 통해 무념무상의 상태를 경험할 수 있다. '무념무상'의 상태는 고도의 집중과 정신적 노력을 요한다. 세상적인 걱정이나 고뇌, 미움, 질투, 시기 등의 감정들을 마음속에서 밖으로 몰아내어 아무것도 없이 마음을 말끔히 청소하는 것이다. '심리적 노폐물'이 없는 상태이다. 이것은 불교에서 말하는 무아의 경지, 일체의 상념(想念)을 떠난 상태를 말하며, 글자 그대로 '공(公)'의 상태이다. 가족음악치료에서는 감상을 통해 대상자를 무념무상의 상태로 이끌어서 정화감과 만족감을 제공하고 새로운 심적 자원을 구축하기 위한 토대를 마련하게 된다.

---

86) "음악에 몰입되는 과정에서 겪게 되는 몸과 마음의 전체적인 경험이 결국 경험자의 자신감을 통한 존재 의식을 강화시켜 주며, 외부에서부터 특정한 보상이 없더라도 그 경험 자체를 유의미한 시간으로 느끼게 해 준다. 이러한 내재된 동기와 보상을 경험하는 시간을 몰입이라고 한다. …… 이러한 경험은 본인과의 완전한 몰입을 의미한다." Sloboda & Deliege, Music Beginnings. Oxford University Press, 1996; 정현주, 『음악치료학의 이해와 적용』, 서울: 이화여자대학교 출판부, 2005, pp.35~36. 재인용.

가. 기본절차

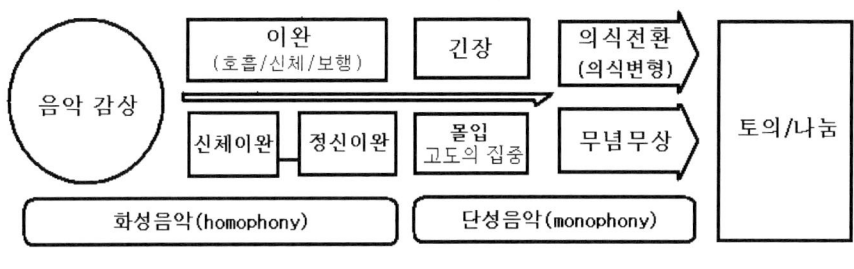

음악긴장이완 절차도[87]

1) 제1단계: 음악 감상(music listening)

치료사는 긴장이완작업의 첫 번째 단계로서 내담자에게 배경음악을 들려주게 된다. 이때 사용되는 음악은 화성이 있는 음악을 주로 사용한다. 긴장이완단계 초기부터 단성음악이나 다성음악을 사용하지는 않는다. 왜냐하면 '단성음악'은 집중과 몰입을 위해 중기단계부터 사용되고, '다성음악'은 자유로운 상상을 위해 활용되기 때문이다.

2) 제2단계: 신체이완(body relaxation)

치료사는 화성음악을 들려주면서 언어적인 지시를 통해 내담자의 신체를 이완시킨다. 정신의 이완이 신체이완에 우선하지 않는가고 주장하는 사람들이 있지만 모두 의미 없는 논쟁이다. 정신과 신체는 서로가 유기적으로 밀접하게 연결되어 있어서 하나의 변화는 다른 하나의 변화를 필연적으로 동반하게 되기 때문이다. 이 모델에서는 정신이완에 앞서 신체이완을 먼저 실시하는 것을 기본전략으로 삼고 있다. 치료사는

---

87) 앞으로 음악치료 관련 기법과 절차, 작용을 설명함에 있어서 그림의 형식을 통해 제시하게 될 것이다. 특히 ○, □, → 등을 활용하게 된다. 먼저, 원(○)은 모든 기법들의 시작단계 또는 준비단계를 의미하며 ○으로 표시한다. 이 표시는 아직까지 결정된 것이 없는 미완의 상태를 상징적으로 나타낸다. 대개의 경우 자유롭게 최근의 문제나 감정에 대해 토의하는 것도 이에 포함된다. 또 화살표(▶)는 여러 가지 절차와 과정 구체적인 내용들을 의미하며 →로 표시한다. 마지막으로 네모(□)는 최종적인 절차로서 각각의 절차의 맨 오른쪽에 위치한다. 의견이 모아지고 결론이 도출되는 의미를 내포하고 있으며, □로 표시한다.

내담자를 최대한 편안한 자세로 의자에 앉게 한다. 처음에는 자신의 호흡에 집중하거나 코에 집중하도록 지시한다. 그런 다음 발부터 종아리, 무릎, 허벅지, 엉덩이, 허리, 배, 어깨, 얼굴까지 긴장시키고 이완시키기를 반복한다.

3) 제3단계: 정신이완(mind relaxation)

기본적으로 신체이완은 정신적 이완을 가져온다. 어떤 의미에서 정신이완은 자동적 과정으로서 신체이완에 의해 불러일으켜지는 하나의 상태이다. 특히 의식과 무의식 사이에 존재하는 경계를 허무는 단계라고 할 수 있다. 우리들에게 문제를 발생시키는 무의식 속의 동기나 정서흔적들은 대개 비밀스럽게 감춰져 있거나 억압되어 있는 경우가 많다. 비밀폭로에 대한 두려움이 의식과 무의식의 단절을 가져오고 두꺼운 막을 형성하도록 만들었다. 정신이완은 이런 막이 느슨해지고 옅어진 상태를 의미한다. 이러한 상태는 본격적인 치료중재가 준비되었다는 것을 의미할 뿐, 그것 자체로서 정화감을 갖거나 병이 치료되었다고 보기는 힘들다.

4) 제4단계: 몰입(沒入, immersion)

몰입이란 고도의 집중을 의미하며, 의식전환 상태로 가는 통로이다. 신체와 정신의 이완과정은 내담자가 깊이 몰입할 수 있도록 환경을 조성해 준다. 몰입 상태를 표현하자면 긴장도 아니고 이완도 아닌 중간지점, 즉 극도의 균형 상태라고 할 수 있다. 이러한 균형감은 집중을 만들어 낸다. 이전까지 사용했던 화성음악을 단성음악으로 오버랩(overlap)시킨다. 단성음악은 단선율 음악으로서 무의식의 저층으로 여행할 수 있도록 도움을 준다. 융학파 분석가들은 정신분석을 위해 심상을 표면화시키는 단계에서 이 단선율 음악 또는 모노코드(monochord)라는 악기를 활용하기도 한다. 때에 따라서는 음악을 듣지 않고 한 음절이나 한 단어를 소리 내도록 할 수도 있다. 예를 들면, 한숨 소리를 계속 이어서 내거나, 허밍(humming)이나 토닝(toning)을 할 수도 있을 것이다.

5) 제5단계: 의식전환(意識轉換)

신체와 정신이 이완과정을 거쳐 극도의 몰입 상태로 들어가게 되면 의식전환, 즉 '변형된 의식 상태'를 경험하게 된다. 이 상태는 고도의 몰입과 집중과정을 통해 생기는데 잡념 등의 의식적 개입이 배제된 상태를 의미한다. 회상과 연상과 같은 심도 깊은 자기탐색과 자기인식 단계에 들어가기에 앞서 이 상태가 준비되어야만 한다. 이 긴장이완작업에서는 다음에 소개할 음악자유연상이나 음악회상기법에서처럼 내담자에게 특정한 주제를 주지도 않고 불필요한 상상을 불러일으킬 수 있는 소재를 제공하지도 않아야 한다. 이는 바로 무념무상의 상태를 경험해야 하기 때문이다.

6) 제6단계: 무념무상(無念無想, impassivity)

치료사의 언어적 유도과정을 통해 내담자가 전환된 의식 상태에 이르게 되면 비로소 무념무상의 상태를 경험하게 된다. 의식전환과 무념무상은 동시적 현상이다.

7) 제7단계: 토의 및 나눔

내담자가 새로운 인식의 차원 - 전환된 의식세계에서 무념 상태를 충분히 경험했다고 판단이 되면 치료사는 다시 일상의 현실로 돌아올 수 있도록 부드럽게 유도한다. 그런 다음, 치료사는 무념무상 상태에서 느낀 내담자의 감정변화를 주제로 함께 토의한다. 내담자가 치료상황 외에서도 일정한 시간과 장소를 정해 지속적으로 긴장이완을 스스로 시행할 수 있도록 격려한다.

나. 구체적인 치료전략

1) 감상음악의 사용

내담자의 신체와 정신의 긴장, 이완, 집중을 돕는 도구로서 음악을 감상한다. 정신 분석가들은 음악을 무의식과 의식을 연결하는 도구로서 여겼다. 긴장이완단계에서는 화성음악과 단성음악을 활용하여 몰입과 의식전환, 무념무상의 상태를 경험하도록 내담자를 독려하게 된다.

화성음악(和聲音樂, homophony): 긴장이완작업 초기에서부터 극도의 집중과정 바로 직전까지는 화성음악을 사용한다. 이 작업에서 사용되는 화성음악의 특성은 내담자의 다양한 문제들을 자극할 수 있을 만큼의 풍부한 화성과 소재들이 내포되어 있는 음악이 적당한데, 작업 초기이니만큼 거부감을 주지 않기 위해 주로 부드럽고 서정적인 클래식 기악음악이 활용된다.

단성음악(單聲音樂, monophony): '단성음악'이란 한 개의 선율로만 이루어진 단선율 음악을 말한다. 치료사는 내담자가 음악의 선율에 집중하도록 하여 고도의 몰입을 경험하도록 유도하되, 이 단계에서는 특정한 주제를 연상하도록 하지는 않으며 몰입과 무념무상을 위해서만 사용된다.

2) 목소리의 사용

정신을 집중시키기 위해 음악을 듣는 대신 일정한 음절이나 단어를 소리 내도록 하기도 한다.

한숨 쉬기: 편안한 마음으로 한숨을 쉬도록 하되, 길게 소리를 내고 계속 이어질 수 있도록 지시한다. 이러한 한숨 소리는 신체에 진동을 형성하면서 치료적 중재에 잘 반응할 수 있는 상태를 만들어 준다.

음절의 반복: 요가에서 '옴(om)'이란 음절을 지속적으로 소리 내도록 하는 것처럼, 허밍(humming)이나 특정한 음정을 소리 내어 부르도록 하는 토닝(toning)을 할 수도 있다.

단어의 반복: 짧은 단어를 반복해서 같은 음으로 소리 낼 수도 있다. 불교의 염불(念佛)이 한 예가 될 것이다.

언어적 유도: 치료사는 몰입과 집중과정에서 내담자가 음악의 선율과 리듬 등 특정한 음악적 소재들에 집중하도록 할 수 있다. 이때 심리적으로 저항하거나 거부하지 말고 자기 자신을 음악에 깊이 허

용할 것을 지시한다. "처음에는 어색할 수 있습니다." "최대한 음악을 거부하지 말고 받아들이도록 노력해 보세요." "음악의 선율에 집중해 보세요."라고 말할 수 있다.

3) 명상작업(冥想作業, meditation training)

'명상'은 고요히 눈을 감고 생각하는 것을 의미하지만, 음악긴장이완기법에서는 일정한 주제나 목적을 내담자에게 주지 않고 호흡, 신체부위, 걷기 등의 특정 대상에 대한 극도의 집중과정을 통해 잡념과 불안이 없는 상태 - 무념무상의 상태로 이끌게 된다. 명상작업은 크게 세 가지 - 호흡명상, 신체명상, 보행명상으로 나눈다.

호흡명상(呼吸冥想): 숨쉬기를 통한 극도의 몰입 상태 경험
신체명상(身體冥想): 신체 특정부위에 집중
보행명상(步行冥想): 걷기, 보행을 통한 명상과 집중, 통찰

음악자유연상기법(音樂自由聯想技法)

- 무의식과의 만남, 미해결과제의 의식화를 위해 -

어떤 음악을 듣고 과거에 헤어진 연인이 생각나거나 행복했던 지난 추억들이 떠오르는 등 특정한 대상이나 경험, 사건, 관념이 떠오르는 경우가 있다. 이것은 음악이 인간의 마음속 어딘가에 숨어 있는 동기를 자극하여 그에 대한 반응으로 연상된 것들이다. 음악이 인간 무의식을 자극한 것이다. 대부분의 경우 무의식 속의 동기들은 의식적인 억압에 의해 수면 아래 가라앉아 있는 것이 보통이지만, 음악이 가지는 정신의 이완작용으로 인해 이러한 가면을 벗어 버리게 되는 것이다. 정신이 이완되면 비로소 자유로운 연상 작용이 시작된다. 이렇게 음악을 들으면서 자유롭게 불러일으켜진 내용들을 통해서 인간 무의식 속에 잠재해 있던 핵심쟁점들을 발견할 수 있다. 이러한 과정을 체계화한 것이 음악자유연상기법(音樂自由聯想技法, music & free association)이다.

음악자유연상기법은 음악을 통해 자유연상을 유도하는 기법으로서 투사기법의 일종이다. 무의식의 기저에 있는 내용들을 탐색하기 위한 목적으로 사용된다. 프로이트는 정신분석을 위해 자유연상기법을 사용했다. 자유연상(自由聯想)은 원래 어떤 자극어에 대하여 자유롭게 마음에 떠오르는 생각을 연상해 가는 작업을 의미하지만, 음악자유연상기법에서는 '음악'을 자극대상으로 삼아 대상자의 마음에 떠오르는 생각과 심상들을 자유롭게 연상하도록 하여 이를 탐색해 가는 기법으로 정의한다.

음악자유연상기법을 위한 기초 작업은 신체와 정신을 위한 긴장이완작업이다. 긴장이완을 통해 변형된 의식 상태에 이르게 되면 무의식 속에 잠재해 있던 미해결된 과제들이 심상이라는 형태로 떠오르게 된다. 심상과 음악은 무의식과 의식을 연결하는 매개체이다. 이때 무의식으로부터 이끌려져 올라오는 심상들이 모두 과거의 것만은 아니다. '연상(聯想)'이란 용어 자체가 특정한 대상과 관련되어 다른 관념이 불러일으켜지는 정신작용을 의미하는 만큼, 어떤 자극을 투입하여 저절로 떠오르는 상(想)을 탐색하는 일로 이해하면 될 것이다. 자유연상에 있어서 음악의 역할은 무의식 차원의 내용들을 동요시키고 영향을 주며 의식 차원으로 떠오르도록 하는 것이다. 보통 가족 중심 음악치료사들은 음악 감상활동을 통해 자유연상작업을 하지만 노래심리치료나 즉흥연주에서도 가능하다. "오늘 함께 부르고 싶은 노래가 있습니까?", "오늘 듣고 싶은 음악이 있나요?", "노래의 가사를 보고 떠오르는 것이 있나요?", "이 노래를 듣고 어떤 사람이 떠오르나요?" 등의 질문을 할 수 있다.

가. 기본절차

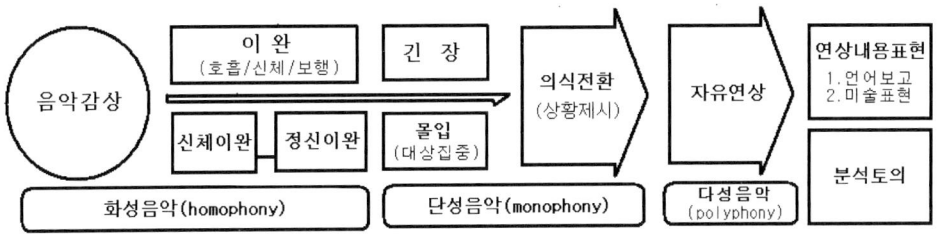

음악자유연상 절차도

1) 제1단계: 음악 감상

내담자의 긴장이완을 돕기 위해 치료사는 '화성음악(和聲音樂, homophony)'을 주로 사용한다. 화성음악은 '단성음악'이나 '다성음악'에 비해 내담자들에게는 비교적 덜 거부감을 준다. 또 풍부한 화성과 여러 악기로 구성되어 있는 음악은 내담자의 다양한 요구와 핵심쟁점들을 자극하며 주의를 환기시키는 역할을 하게 된다. 따라서 이완초기 단계에서는 너무 단순하거나 거친 음악보다는 적절한 정보량을 갖고 있는 서정적 음악이 효과적이다.

2) 제2단계: 신체 – 정신 이완

화성음악 감상과 치료사의 언어적 인도를 통해 내담자들은 신체이완을 경험하게 된다. 치료사는 내담자 스스로가 가장 편안하다고 생각하는 자세로 앉으라고 말한다. 대부분 의자에 앉아서 진행하고 신발을 벗을 수도 있다. 발부터 시작하여 눈까지 긴장이완을 실시한다. 이때 치료사는 다음과 같은 문장을 활용할 수 있다. "발에 집중해 봅시다. 있는 힘껏 오므려 보세요. 더 세게! 더 세게! 제가 하나, 둘, 셋을 세겠습니다. 하나, 둘, 셋. 됐습니다. 이젠 발에 힘을 빼셔도 좋습니다. 다시 음악에 집중해 보세요!" 치료사는 이완단계에서 다음 사항을 유의하면서 인도해야 한다.

> **몸이 아주 가볍다고 느끼도록 하라.** 치료사는 이완 상태가 몸에 완전히 힘을 뺀 무기력한 상태는 아니라는 것을 이해해야 하며, 내담자에게 이 내용을 주지시켜야 한다. 신체의 어떤 부위에도 긴장감이나 무게감이 느껴지지 않는 가벼운 상태를 유도해야 한다.
> **신체 근육의 균형 상태를 강조하라.** 내담자가 긴장과 이완의 중간 단계를 경험하도록 해야 한다. 즉 신체의 모든 근육들이 완전한 균형을 이루면서 가벼워진 상태가 바로 완전한 이완을 이룬 것이다.

3) 제3단계: 몰입

몰입단계는 '고도의 집중단계'라고도 한다. 이와 같은 집중된 상태는 신체와 정신이 이완된 이후에 오게 된다. 고도의 집중 자체가 정화감을 주는 원인이 되기도 하기 때문에 의미가 있다. 어떤 내담자는 이 단계에서 많은 통찰과 안정감을 경험한다. 이때 사용되는 음악은 '단성음악(單聲音樂, monophony)'이다. 하지만 반드시 그래야만 하는 것은 아니다. 내담자의 필요와 상황에 따라 '화성음악(homophony)'을 사용할 수도 있다.

치료사는 내담자가 더 잘 몰입할 수 있도록 특정한 사물을 제시하여 그 대상에 집중하도록 유도할 수 있다. 이것은 매우 효과적인 방법이다. 예컨대, 내담자로 하여금

'빨간 사과'를 제시하고 그 주변에는 아무것도 없다는 것을 연상하도록 한다. 이때 치료사는 내담자가 오직 사과에만 집중할 수 있도록 격려해 준다. 사과의 검붉은 색깔이나 둥근 모양, 새콤달콤한 맛, 향기로운 냄새 등에 초점을 맞추도록 한다. 긴장이완단계에서 사용했던 것처럼 한숨이나 단어, 음절을 반복해서 소리 내게 함으로써 몰입의 경험을 가져올 수도 있다. 이 또한 잡념을 없애고 고요한 평정을 찾도록 하는 데유익하다.

4) 제4단계: 의식전환

사물에 대한 몰입과정을 통해 내담자가 고도의 집중을 이루게 되면 의식전환을 위한 준비가 되었다고 생각할 수 있다. 의식이 전환되어 새로운 인식의 세계로 들어가기 위해서는 현재와는 다른 상황영역이 제시되어야만 한다. 소위 가상현실(假想現實)이 필요한 것이다. 치료사는 내담자에게 바다, 초원, 하늘, 강, 넓은 대지 등을 연상하도록 한 다음, 그 안에서 다양한 자유연상을 해 볼 수 있도록 가상적 현실을 제공한다. 이것은 새로운 차원의 의식세계에 도달할 수 있도록 돕는다. 헬렌 보니(Helen Bonny)는 그의 저서 『Music and Your Mind』에서 새로운 의식을 유도하는 방법에 대해 다음과 같이 기술하고 있다.

> 변화된 의식 상태는 새로운 차원의 인식과도 같다. 새로운 의식에 도달하려면, 의식의 중심이 일상적인 정신활동 영역에서 다른 곳으로 옮겨져야 한다. 이러한 의식의 전환이 이루어지려면 의식의 이동이 있어야 하는데, 대부분 사람들은 의식의 중심이 전환되는 것을 생각할 때 '올라가거나', '내려가는' 모습을 상상한다. 어떤 사람들은 의식의 전환을 보다 용이하게 하기 위해서 계단, 에스컬레이터 또는 엘리베이터를 상상하길 좋아한다.[88]

보니의 견해는 새로운 의식세계에 도달하고 감정적 심상을 유도하기 위해 구체적인 상황과 암시를 주고 있지만, 음악을 통해 자유연상을 시행하고자 하는 본 모델의 입장에서는 내담자가 별다른 방해 없이 충분히 자유롭게 연상하고 상상할 수 있도록 기본적인 토대만을 제시한다.

---

88) H. L. Bonny & L. M. Savary, *Music and Your Mind*, Gilsum, NH: Barcelona Publishers, 2005; 최미환 역 『음악과 마음』, 서울: 시그마플러스, 2006, p.15.

5) 제5단계: 자유연상작업

전환된 의식을 바탕으로 자유롭게 무의식을 탐색해 가는 단계이다. 이때 주로 사용되는 음악은 '다성음악(多聲音樂, polyphony)'이다. 따라서 자유연상의 전체 과정에서 사용되는 패턴화된 음악 감상 절차는 '화성음악'에서 시작하여 '단성음악'으로, 다시 '다성음악'으로 이어진다. 물론 상황과 요청에 따라 음악의 형식은 바뀔 수 있음을 강조한 바 있다. 전환된 의식 상태에서 내담자는 치료사의 인도에 따라 바다, 산, 강, 하늘, 초원 등의 상황을 연상하였다. 이러한 연상의 초대 위에서 내담자는 자유연상을 실시하게 된다. 자유연상을 통해 불러일으켜진 심적 이미지 - 심상(心象)들은 무의식의 파편들이다. 그것들은 종종 긍정적인 모습으로 나타나기도 하지만 때로는 부정적 이미지로 등장하기도 한다. 그 상들이 현실의 상들을 대변하는지 무의식적 동기들의 전환된 상인지는 분석과정을 통해 고찰해야 할 것이다. 자유연상과정에서 치료사의 역할은 보조자요 안내자로서 지극히 한정적이다. 치료사의 개입이라면 "어떤 생각이 드나요?" "무엇이 보입니까?" "무엇이 느껴집니까?" "무엇이 들립니까?" 등 단순한 대답을 한 다음 내담자로부터 불러일으켜진 내용을 종이에 글로 적는 일이다.

6) 제6단계: 보고 및 분석

연상작업이 끝나면 치료사는 내담자가 다시 안전하게 일상적인 정신활동영역으로 돌아올 수 있도록 인도해야 한다. 내담자는 연상된 내용을 언어적으로 또는 미술매체로 표현할 수 있다. 여기서 표현된 언어적·시각적 표현물은 무의식을 이해하는 소재가 된다.

04 주제에 따른 음악회상작업(音樂回想作業)

— 긍정과 부정에 대한 과거 기억의 회상 —

주제에 따른 음악회상작업(音樂回想作業, music & reminiscence)은 이미 소개한 음악자유연상기법과는 다르다. 음악회상작업은 주제와 목적을 가지고 있지만 자유연상작업은 그렇지 않다. 자유연상은 말 그대로 특정한 주제가 없이 음악이 이끄는 대로 자유롭게 연상해 가는 과정인 반면, 음악회상은 무엇인가를 회상하는 작업 — 인물, 사건, 신화적 모델을 회상하는 과정이다. 회상의 주제는 최대한 긍정적인 측면에 초점을 두지만, 근본적인 자기인식을 위해 부정적인 쟁점을 회상하도록 하기도 한다. 따라서 주제에 따른 음악회상작업이란 내담자에게 있어서 과거의 핵심적 사건과 쟁점들을 회상함으로써 자기인식과 통찰을 얻고, 긍정적인 사건과 인물, 신화적 모형과 격언들을 주제로 한 회상작업을 통해 극도의 행복경험 상태인 블리스풀(blissful) 상태를 재경험하도록 하는 통합적 접근방법이라고 할 수 있다. 블리스풀 상태란 하나의 경험적 현상으로서 극도의 성공감과 행복감, 성취감, 자존감을 느꼈던 감정 상태를 의미한다. 특히 가족음악치료모델의 체계적 모델 2단계 '긍정탐색'에서는 이 블리스풀 상태를 회상하고 그때의 감정을 유지하며, 자신이 원할 때마다 자유롭게 그 상태를 재생하고 복원해 낼 수 있도록 돕는 것을 목적으로 한다.

주제회상작업의 원리는 내담자의 과거자원에 치료초점을 둔다는 것이다. 내담자가 이미 갖고 있는 긍정적 자원들을 일깨우고, 자신 내부의 부정적 자원들 — 슬프고 충격적인 사건 및 사고들이 현재의 생활과 감정, 행동, 관계에 어떤 영향을 미치고 있느지를 정확히 인식할 수 있도록 돕는다. 이것은 이 모델의 궁극적인 기본전제 중 하나인 인간이 자신의 문제 해답을 이미 갖고 있다는 철학과 일치한다. 중요한 점은 이 작업이 개인 과거 경험과 기억에 기초하는 만큼, 최대한 그 기억들을 정확하고 분명하게 의식 위로 불러일으키는 것이 치료중재의 핵심이다. 이를 위해 고안된 구체적인 절차로서 음악 감상, 긴장이완, 전환된 의식 상태의 유도, 주제제시, 주제회상의 순서로 치료중재가 진행된다.

가. 기본절차

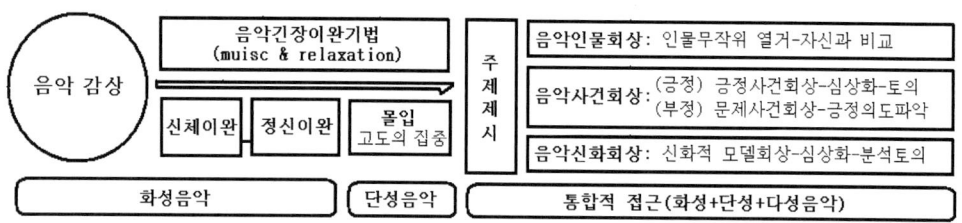

주제음악회상기법 절차도

1) 제1단계: 음악긴장이완(음악 감상~의식전환)

음악긴장이완단계는 음악 감상부터 시작해서 신체이완, 정신이완, 몰입, 의식전환까지의 과정을 일컫는 통칭이다. 이 과정은 앞의 절에서 소개했던 음악긴장이완이나 음악자유연상기법의 내용과 일치하므로 자세한 설명은 피하였다. 더 자세한 설명을 원하는 독자들은 이전의 절들을 참조하기 바란다.

음악 감상: 화성과 악기구성이 풍부한 '화성음악(和聲音樂, homophony)'으로 시작한다. 이것은 단성과 다성음악에 비해 화성음악이 내담자의 다양한 요구들을 자극하기에 유용하기 때문이다. 이후의 단계인 신체 및 정신이완을 위한 준비(warm-up)작업 또는 유도과정으로서 의미를 가진다.

신체-정신이완: 편안하고 서정적인 음악을 감상하면서 내담자들은 치료중재에 들어가기에 적합한 상태를 갖게 된다. 하지만 이것이 곧 정신의 이완을 의미하지는 않는다. 감상 작업은 치료사의 언어적 지시가 있을 때 완성된다. 이러한 지시에는 다음과 같은 사항들이 포함될 수 있다. 음악을 허용적으로 받아들이기, 편안한 자세를 유지하기, 신체의 특정부위 – 일반적으로 발부터 얼굴까지를 순서대로 긴장시켰다가 이완하기, 신체 모든 근육의 균형 상태 유지하기 등이다.

몰입: 몰입단계부터는 자연스럽게 이전의 '화성음악'에서 '단성음악'으로 옮겨 가게 된다. 이렇게 단성음악을 감상하는 이유는 고도의 집중을 이끌어 내는 데 한 개의 선율로 된 음악을 사용하는 것이 불필요한 상상이나 잡념을 떨쳐 버리는 데 도움이 되기 때문이다. 이 단계에서는 특정한 사물 하나를 연상하도록 하여 집중과정을 돕게 된다.

의식전환: 의식전환은 신체와 정신의 이완과정 이후에 오게 된다고 설명한 바 있다. 복잡한 잡념과 걱정, 고민 등 집중을 방해하는 요소가 산재하는 현재의 의식세계에서는 진정한 통찰과 자기인식을 경험하기가 어렵다. 따라서 다른 인식의 세계로 이동하고 전환할 필요가 있다. 이 상태는 이전 단계인 몰입과정에서 자동적으로 발생하기도 하지만 가상현실의 제공과 같은 특별한 도입절차를 필요로 하기도 한다.

2) 제2단계: 주제회상 및 언어적 인도

이 단계는 치료사가 내담자에게 과거를 회상하는 데 필요한 주제나 목적을 제시하는 단계이다. 즉 과거의 어느 시점, 어떤 인물, 특정 사건, 좌우명, 위인, 신화적 인물 등이 예가 될 수 있다. "자, 이제 과거의 어떤 시점으로 가 봅시다." "음악 속에서 자유롭게 여행을 떠나 봅시다." "편안한 마음으로 상상해 봅시다." 등의 말로 회상작업을 시작할 수 있다. 주제회상은 음악회상작업의 핵심적인 단계이다. 크게 세 가지로 나누어지는데, 인물회상, 사건회상, 신화회상기법이다. 이 기법들 중 어떤 것을 선택하여 중재할 것인지는 내담자와 치료사 간의 긴밀한 토의과정을 통해 결정된다. 그러나 이 세 가지 과정 자체가 하나의 강력한 치료적 중재 작업이 되기 때문에 모든 기법과 회상주제들을 내담자와 함께 면밀히 탐색해 보는 것도 의미가 있다.

과거와 현재의 핵심 주변인물을 회상한다. 과거 내담자에게 영향을 미쳤던 인물들을 회상하는 단계이다. 그 인물이 긍정적인 영향을 미쳤든지 아니든지 상관없다. 모두 의미가 있기 때문이다. 자동적으로 떠오른 인물들을 중심으로 탐색해 갈 수도 있고, 특정 인물을 회상해 보도록 할 수도 있다. 어머니나 가족이 예가 될 것이다. 또한 최근에 무척 신경 쓰이는 사람을 떠올려 보도록 해도 좋다.

쟁점이 되는 사건을 회상한다. 대상자에게 긍정적 혹은 부정적인 영향을 미쳤던 사건과 경험들을 회상하도록 한다. 인생에서 가장 행복했던 순간, 가족과 함께 행복했던 순간, 특히 어머니와 함께 있었던 경험 등 긍정적인 경험들을 회상할 수도 있지만, 가장 슬펐거나 괴로웠던 순간, 극도의 우울감정을 느꼈던 순간 등을 회상해 볼 수 있다. 최대한 그때의 순간을 경험하도록 하는 것이 중요하며, 이를 위해서 떠올린 경험과 심적인 상들을 시각·청각·촉각적 이미지를 통해 구체화시키는 심상화(心象化, imagination) 작업을 활용하게 된다.

내담자 자신의 신화적 영웅이나 모델을 회상한다. 내담자가 행동의 지침으로 삼고 있거나 삶의 방향을 설정해 주는 위인, 영웅적인 상, 신화적 인물, 좌우명, 격언, 속담, 경전구절 등을 회상해 보는 과정이다. 여기에는 존경하는 인물이나 종교적 지도자, 연예인, 스포츠 스타까지도 포함될 수 있다. 아무튼 내담자와 직접적인 관계를 맺고 있지는 않더라도 간접적으로 강한 영향력을 미쳤던 인물과 모델, 신념, 신화적 상을 회상하게 된다. 이를 통해 대상자들은 그동안 자신의 삶에서 어려움에 봉착할 때마다 문제해결의 실마리가 되었던 자신만의 자원을 발견하고 인식하게 된다.

3) 제4단계: 분석 및 토의

회상작업이 끝나면 치료사는 내담자와 함께 회상한 내용들을 하나씩 점검하고 탐색한다. 특정 인물이 연상된 이유와 그 인물과 관련된 사건은 어떤 것이 있었는지를 질문할 수 있다. 또 삶의 철학으로서 삼고 있는 좌우명이나 격언은 무엇이었고 왜 그것을 정하게 되었는지를 토의할 수도 있다. 분석 및 토의과정은 언어적 명료화 과정의 일환으로서 대상자 내면에 있던 모호하지만 분명히 존재했던 성공적인 자원들, 모델, 영웅상, 신념들을 언어적으로 정리하여 명확하게 인식하도록 한다는 데 치료적 의의가 있다. 이 단계는 자연스럽게 문장이나 연주, 미술매체와 연결될 수 있으며, 이 과정을 통해 내담자가 자신의 내면세계를 실체적으로 직면하도록 도울 수 있다.

나. 주제음악회상기법의 여러 가지 유형들

1) 제1유형: 음악인물회상기법

주제를 갖고 회상한 내용탐색: 치료사는 내담자에게 영향을 주었을 만한 인물을 정한다. 대부분 어머니나 아버지가 설정되는 경우가 많다. '어머니'로 주제인물이 정해지게 되면 치료사는 내담자가 어머니에 집중할 수 있도록 어머니의 구체적인 생김새나 표정, 머리스타일, 말투 등을 연상하도록 지시한다. 구체적인 어머니의 특성들에 집중하게 되면 더 깊은 몰입을 경험하게 되는데, 이때가 어머니와 관련된 경험이나 사건들을 탐색하기에 좋은 시점이다.

자유연상된 인물의 탐색: 특정 음악을 듣고 연상되거나 회상되는 인물을 무작위로 열거하도록 한 후 내담자 자신과 닮은 점, 차이점, 연상된 이유 등을 찾아보도록 한다. 최소 10명 이상의 인물을 아무런 주제나 목적 없이 자유롭게 연상해 보도록 한다. 중요한 점은 내담자 개인의 생각이나 판단이 개입되지 않은 상태에서 연상해야 한다는 것인데, 치료사는 무의식적이고 자동적으로 이 과정이 진행될 수 있도록 인도해야 한다. 전체 과정을 통해 내담자는 자신이 연상해 낸 인물에 투사된 자신을 직면하고 성찰할 수 있는 기회를 갖게 된다.

2) 제2유형: 부정적 음악사건회상기법

내담자의 전 인생에서 부정적인 영향을 주었던 경험을 회상하도록 하는 기법이다. 군이 긍정모델을 지향하는 가족음악치료모델에서 부정적인 경험을 일부러 회상하도록 하는 이유는 부정적 경험에 대한 '인지의 재구성' – 사고틀 또는 패러다임의 전환을 위해서이다. 부정적 경험은 그 정도가 심하면 심할수록 무의식 저층으로 더욱 가라앉기 때문에 의식화되기 힘들다. 적절하게 의식화되지 못한 무의식 속의 내용요소들은 의식 속에서 다양한 원시적 행동과 과격한 감정들을 드러내도록 만든다. 따라서 안전한 구조적 치료환경 속에서 자신의 문제를 인식하고 재발견하는 경험은 정화감정을 불러일으키는 동시에 문제에 대한 시각, 즉 패러다임을 변형시키게 된다.

부정적 주제회상기법의 절차: 먼저 음악 감상을 통해 이완과 집중과정을 거쳐 변형된 의식 상태에서 문제 사건들을 회상하도록 한다. 일단 핵심적 문제들이 밝혀지면 그 문제들을 일으키게 된 핵심동기, 즉 긍정적 의도 또는 욕구를 발견하도록 격려한다. 그런 다음 치료사와 함께 분석과 토의과정을 거친다.
기법예시: 어린 시절 아버지가 가정을 돌보지 않고 매일같이 술만 먹었던 부정적 경험을 가지고 있는 사람의 경우 아버지가 음주하는 진정한 동기와 의도를 파악해 볼 수 있다. 그 아버지는 17세 때 북한에서 인민군으로 넘어와 포로수용소에 잡혀 있다가 간신히 살아남은 또 다른 전쟁의 희생자였다. 아무런 연고가 없는 남한에서의 생활이 무척 외롭고 두려운 대상이었던 것이다. 이 사실을 뒤늦게 알게 된 대상자는 아버지에 대해 진정으로 용서하는 과정을 시작하게 되었다.

3) 제3유형: 긍정적 음악사건회상기법

과거에 경험한 극도의 행복 상태 – '블리스풀 상태'를 회상하도록 하는 기법이다. 결혼, 가족여행, 출산, 합격, 신앙의 발견 등 대상자의 삶에 긍정적으로 영향력을 미쳤던 핵심적인 경험과 사건을 회상하도록 하는 것이 중요하다. 가족음악치료모델에서는 최대한 많이 블리스풀한 상태를 회상하도록 한다. 문제가 있는 삶이란 대부분 이러한 행복한 경험이나 이미 갖고 있던 자신만의 자원을 인식하지 못하고 살아가는 삶일 것이다. 따라서 치료사는 내담자 과거의 블리스풀 상태를 현실로 가져와 최대한 실감나게 느낄 수 있도록 도와야 하며, 원할 때마다 동시적으로 이 상태를 꺼내 활용할 수 있도록 블리스풀 재생능력을 증대시킬 필요가 있다.

음악을 통한 긍정주제회상기법의 절차: 먼저, 음악긴장이완을 통해 내담자 개인에게 의미 있는 긍정적 사건들을 회상하도록 한다. 그런 다음 경험을 심적인 상상의 영역에서 이미지화시키는 심상화 작업을 진행하게 된다. 심상화란 개인이 경험한 특정 대상에 대해 심리적인 상으로 구체화하는 과정을 의미한다. 이 심상화 작업은 가족음악치료모델만의 독특하고 특징적인 기법 중의 하나인데, 시각, 청각, 촉각적 이미지를 상상 속에서 불러일으켜 긍정사건을 이미지로서 형상화하는 과정이다.

기법예시: 내담자가 회상한 긍정적 사건이 '행복했던 졸업식'이라면 졸업식 장면을 그대로 현재로 가져와 비교적 정확하게 복원할 수 있도록 당시에 느꼈던 시각·청각·촉각적 이미지를 활용하는 것이다. 졸업식장은 어떤 모습이었는지, 옆에는 누가 있었는지, 어떤 소리가 들렸는지, 졸업장을 받을 때의 촉감이나 느낌이 어땠는지, 친구들과 헤어짐의 포옹을 하면서 느꼈던 감촉은 어땠는지 등을 복원하도록 할 수 있다. 치료사의 언어적 인도가 구체적이면 구체적일수록 내담자가 경험하는 과거 회상에 대한 민감도는 더욱 극대화될 수 있다. 회상작업이 끝나면 서로 졸업식에 대한 느낌을 나누고 떠올린 이미지를 간직하고 필요할 때마다 그 행복했던 감각들을 복원해 보도록 격려한다.

4) 제4유형: 음악신화회상기법

신화(神話)란 용어표현은 그것의 절대성과 독특성 측면에서 특징을 가진다. 따라서 한 개인이 절대적으로 신봉하고 존중하는 인물, 신념, 모형을 통틀어 '개인의 신화'로 이 모델에서는 정의한다. 이 기법은 내담자로 하여금 자신의 행동이나 생각에 방향을 제시했던 결정적인 신념·좌우명·격언·위인·모델 등을 회상해 보는 단계이다.

신화적 영웅의 회상(위인): 용어 그대로 현실에는 존재하지 않더라도 과거나 신화 속에 살아 있는 대상 − 성인(聖人), 위인 군자, 영웅, 현자 등을 떠올리도록 해도 좋다. 중요한 것은 누구나 인정하는 위인이나 영웅이 아니라 내담자에게 있어서 절대적인 위인과 영웅을 찾는 것이 중요하다.

신화적 신념의 회상(격언): 어떤 의미에서는 부모님이나 존경하는 인물들의 가르침일 수도 있고, 가훈, 격언, 경전 속담, 멋진 영화나 명서 속에서의 감동적인 한마디 구절일 수도 있다. 이 신념들은 내담자의 행동과 정서, 일상에서의 선택에 지대한 영향을 미치는 것들이어야 한다.

현실적 모델의 회상(지인): 목사 등 종교적 지도자, 스포츠 선수, 연예인 등 자신에게 영향을 주었던 현존하는 마음의 스승(role model)과 영웅을 구체적으로 회상하는 것을 일컫는다. 이들은 닮고 싶은 대상이며 자신의 모델이 되는 사람이다. 모습, 말투, 생각, 외모까지도 따라 하고 싶은 대상이며, 이들을 상상하고 생각하는 것만으로도 힘이 되는 대상이다. 감상을 통한 변형된 의식 상태에서 자신이 되고 싶은 사람의 말투, 음색, 행동, 표정, 의지, 생각, 외모 등을 탐색해 본다.

05

음악을 통한 암시각인작업(暗示刻印作業)

- 치료사의 적극적이고 의도적인 개입 -

음악을 통한 암시각인작업(暗示刻印作業, music suggestive imprinting)은 치료사의 적극적이고 의도적인 개입을 그 특징으로 한다. 이 기법에서 치료사는 보조자요 안내자가 아니라, 인도자(引導者)요 지시자(指示者)이다. 원래 '암시'란 어떤 자극이나 작용에 대하여 이성에 호소함이 없이 수동적 및 무비판적으로 반응하는 과정이다. 그러나 이 기법에서 의미하는 암시란 무의식이나 최면 상태에서의 암시가 아닌 각성 상태, 즉 '변형된 의식 상태' 또는 '이완된 의식 상태'에서의 암시를 의미한다. 이 기법의 목적은 개인의 쟁점이 되는 문제를 탐색하여 정확히 인식하고, 기존의 신념체계와 지배가치를 변형시켜 마음속에 각인시키는 것이다. 즉 자신의 문제에 대한 인식과 미래의 바람직한 상태를 마음에 새기는 작업이다. 이 작업의 초점은 과거의 어느 시점에 있지 않고, 현재와 미래에 있다. 음악적 암시를 통해 마음의 여섯 가지 구조 ─ 행동, 정서, 지각, 신념, 욕구, 자기 속에 새마음을 의도적으로 형성하고 명료화하고 확장한다. 여기서 '새마음(new mind)'이란 치료사와의 토의과정을 통해 새롭게 도출된 해결방안과 결심, 신념, 사고틀, 진정한 소망 등을 포함하는 용어이다. 따라서 마음의 여섯 가지 구조 속에 각각의 특성에 맞는 새로운 감정 및 신념체계를 주입하게 되는 과정이다. 의도적이고 계획적인 음악의 사용과 치료사의 역동적인 인도, 내담자 자신의 변화의지는 무의식 속에 새로운 감정을 생성시키는 역할을 한다.

가. 기본절차

암시각인작업은 음악적 회상과정과 치료적 노래활동을 통해 자유 토의와 설득, 논쟁과정으로 새롭게 형성된 마음과 각오를 음악, 긴장이완, 암시, 인지행동치료적인 패러다임을 사용해서 확립시켜 나가는 심리치료의 일종이다. 즉 새롭게 형성된 마음을 지속적으로 보유할 수 있도록 마음속에 각인하는 작업이다. 이 기법에 사용되는 음악 형태는 '음악긴장이완', '가사토의(lyric analysis)', '가사변형기법(songwriting)', '암시적 감상' 등이다.

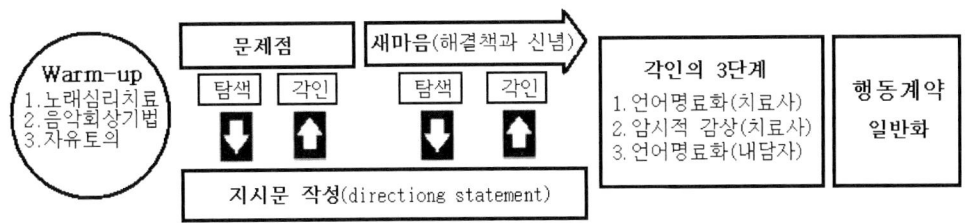

음악의 암시각인작업 절차도

1) 제1단계: 준비 및 자유토의(warm-up)

Hello song, Songwriting과 가사토의기법 등을 통해 내담자 자신이 갖고 있는 문제점을 비롯한 부정적인 내적 자원들을 토의하는 단계이다. 현재 내담자가 갖고 있는 주요한 문제나 응어리진 경험 등에 집중하도록 하고, 자유롭게 그 문제에 대해서 토의하는 시간을 갖는다.

2) 제2단계: 문제 확인 및 지시문 작성

내담자의 핵심 감정과 문제를 파악하고 규명하는 단계이다. 치료사는 내담자와의 토의과정을 통해 분명해진 문제점과 단점, 약점 등을 종이 위에 적는다. 그런 다음 가장 심각한 것부터 번호를 매긴다. 문제점을 정확히 인식하지 못하면 변화는 일어나지 않는다. 문제점을 어설프게 인지하더라도 그 사람의 변화와 성장은 제한적이 된다. 이것은 완전한 의미에서의 자기통찰이란 자신의 강점을 포함하여 약점까지도 정확히 아는 상태이기 때문이다.

3) 제3단계: 문제 각인

각인작업은 크게 세 가지 절차를 가지고 있다. '치료사 중심의 언어명료화'와 치료사 중심의 '암시적 감상' 그리고 '내담자 중심의 언어명료화'이다. 여기서 언어명료화란 내담자의 현재 문제점과 핵심감정을 언어나 문장으로 정리하고 암기하는 과정을 의미한다. 치료사 중심 또는 내담자 중심이란 용어는 그 중재행동의 주체가 누구인가를 보여 준다.

(1) **치료사 중심의 언어명료화:** 내담자로 하여금 자신의 문제점을 명확히 암기하도록 하는 단계이다. 이때 내담자는 눈을 감고 치료사의 암시문 낭독에 주의를 기울인다. 치료사는 미리 작성된 내담자의 문제점이 적힌 암시문을 천천히 낮은 목소리로 읽는다.

(2) **치료사 중심의 암시적 감상:** 음악을 감상하면서 긴장이완을 시킨 다음 내담자가 변형된 의식 상태에 이르렀을 때, 치료사가 이전 단계에서 이미 작성된 문제점 암시문을 내담자에게 낭독하는 단계이다. 이 단계는 반드시 음악 감상 및 호흡 훈련을 통해 긴장을 이완하는 과정을 포함하게 된다.

(3) **내담자 중심의 언어명료화:** 이전 단계의 치료중재 주체가 치료사였다면 이 단계 주체는 내담자 자신이다. 내담자는 자신의 문제점이 적힌 암시문을 눈을 감고 외워서 낭독한다.

4) 제4단계: 새마음 확인 및 지시문 작성

치료사와의 토의과정에서 새롭게 결심하거나 발견하게 된 내담자의 새마음을 규명하는 단계이다. 치료사는 내담자의 핵심적인 문제해결방안, 소망, 신념, 지각, 감정 등의 문제 해결에 필요한 결정적인 요소들을 종이에 적는다. 최소 다섯 가지 이상을 적도록 하고 순서를 매겨 보도록 한다. 종이에 적힌 새마음을 위한 각각의 자원들에 대해 토의하되, 새마음으로 그것들을 선택한 이유나 순서를 매긴 기준에 대해 내담자에게 질문할 수 있다. 때때로 대상자가 자신의 문제를 해결할 수 있는 새로운 해결책이나 신념체계를 결정하는 데 혼란스러워할 경우, 치료사가 적극적으로 개입하여 내담자의 문제상황에 맞는 새로운 사고의 틀이나 해결책을 제시해 주기도 한다.

5) 제5단계: 새마음 각인

음악적 배경 위에서 내담자의 새로운 마음과 신념 등을 각인시키기 위해서 적극적인 음악치료사의 암시가 주어지는 단계이다. 이 단계에서 적용되는 기법과 절차는 앞의 3단계 '문제 각인' 단계에서의 세 가지 절차와 동일하다. 치료사 중심의 언어명료화, 치료사 중심의 암시적 감상, 내담자 중심의 언어명료화가 그것이다. 본격적인 각인 작업 이전에 음악 감상 및 호흡 훈련을 통해 긴장을 이완하는 과정을 포함하게 된다.

6) 제6단계: 행동계약 및 일반화

이 단계는 인지행동치료 이론과도 맥을 같이한다. 내담자가 새로운 결심을 일상생활에서도 적용하고 유지할 수 있도록 일반화하는 단계로서, 행동계약을 맺게 된다. 이것은 말 그대로 계약서이다. 이 문서에는 치료사와 내담자의 사인도 적게 되고, 계약 일자, 목표행동 등을 기재하게 된다. 목표행동의 실행 여부에 따라 어떤 처분을 받을 것인지 또는 치료사가 필요하다고 판단되는 경우 내담자와 행동계약에 대한 상을 마련해도 좋다. 이 단계는 치료사의 직관적 판단에 따라 생략될 수도 있다.

06

음악심상체험(音樂心象體驗)

– 무의식과 의식의 연결을 위한 심적 이미지의 실제적 체험 –

심상(心象, imagery)은 마음속에 그려진 상(象, image)을 의미하며 무의식 또는 의식에 의해 발생한다. 꿈에 나타난 여러 가지 인물과 형상들이 한 예가 될 것이다. 그것들은 크고 작은 심리적 의미를 갖고 있으며 궁극적으로 자신의 무의식 세계를 반영하고 있다. 따라서 심상과의 만남은 곧 내면과의 만남을 의미한다. 바꿔 말하면, 심상작업을 통해 무의식과 의식을 연결할 수도 있다. 무의식 속의 잘 알려지지 않은 세계는 심상 형태로 의식의 수면 위로 떠오르며, 이를 음악, 미술, 동작으로 표현함으로써 우리는 무의식을 실제로 체험할 수 있다. 이를 '무의식의 예술적 의식화과정'이라고 한다.

심상은 의식이 지배하는 일상생활에서는 쉽게 떠오르지 않지만, 꿈과 같은 무의식 세계나 고요한 집중과정을 통해 의식될 수 있다. 명상과 수행, 기도, 선(仙), 긴장이완, 최면요법 등은 일상적인 의식세계에서 또 다른 의식세계로 변환될 수 있도록 발전해 온 것들이다. 이 과정은 음악을 통한 의식전환 및 심상유도과정과 상당히 흡사하다. 특히 감상과 치료사의 언어적 인도에 따라 적절하게 긴장이완이 되면 극도의 집중과정인 '몰입'을 하게 되는데, 이 과정 이후에 비로소 새로운 의식의 세계를 경험할 수 있다. 이 의식의 영역은 완전한 무의식은 아니지만 무의식적인 내용들이 상의 형태로 자유롭게 불러일으켜질 수 있는 환경을 제공해 준다. 이것은 마치 이륙한 비행기가 악천후를 뚫고 하늘 위로 날아올라 마침내 기상 상태와는 무관한 영역, 끝없는 고요와 태양이 있는 구름 위를 비행하는 것과 같다. 여기서 악천후는 잡념과 걱정,

불안을 의미하고, 끝없는 고요의 영역은 변형된 의식 상태를 말한다. 감상을 중심으로 음악자유연상을 통해 떠오른 다양한 심상들을 언어나 음악 등을 수단으로 즉각적으로 표현함으로써 과거의 미해결된 감정들을 밝혀내고 표면화시킨다. 이때 우리는 무의식의 내용들을 간접적으로 직면할 수 있게 된다.

음악심상체험작업은 내적 심리를 시각·청각·촉각으로 감각화－심상화(心象化)하여 의식 위로 표면화한 뒤, 이것을 실체적 표현수단인 음악·미술·동작매체를 활용하여 무의식의 내용을 실체적으로 경험하는 예술적 의식화 과정이다. 심상체험의 내용은 특정한 주제 없이 자유롭게 연상된 내용들일 수도 있지만, 치료중재의 핵심주제인 내담자의 진정한 소망과 그 소망을 방해하는 것들을 연상하도록 할 수도 있다. 소망 또는 욕구, 열망은 후천적 무의식의 최저층에 위치해 있으므로 드러내어 인식되기가 매우 힘들다. 그래서 우리는 자신의 진정한 소망을 무시한 채 뜻하지도 않는 삶을 오늘 이 시간에도 살고 있지 않은가! 소망에 대한 인식은 매우 심층적인 작업으로서 이 소망을 깨닫도록 하고 이를 명료화하며 이에 따라 살아갈 수 있는 방안을 함께 강구하는 일은 내담자의 진정한 무의식과 의식의 통합, 전체적인 인간의 형성이라는 점에서 중요하다.

가. 기본절차

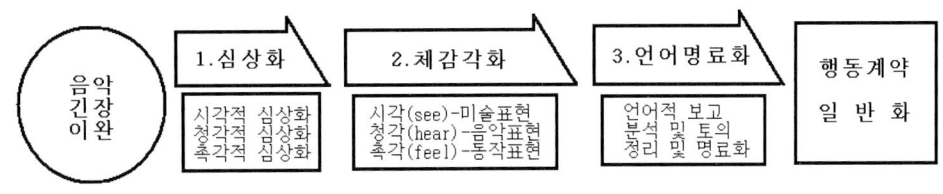

음악심상체험 작업 절차도

1) 제1단계: 긴장이완 및 의식전환

이 단계는 이전에 여타 기법들의 초기 단계에서 시행되는 음악긴장이완기법과 동일하다. 중요한 것은 내담자가 음악을 감상하면서 신체와 정신의 이완과 긴장을 경험하도록 해야 한다는 점과 이렇게 이완된 상태에서 깊은 정신적 몰입과 변형된 의식 상태를 경험하도록 해야 한다는 점이다. 이러한 의식전환의 경험은 다음 단계인 '과거 경험을 심상화'하는 과정이나 '예술표현을 통한 체감각화' 작업을 위해 필수적이다.

2) 제2단계: 심상화

감상을 통해 무의식적 내용을 마음에 상(象)으로써 그려 보도록 하는 단계이다. 즉 내담자가 경험했던 과거의 어느 시점을 시각적·청각적·촉각적 이미지로 재생하여 경험하는 것을 의미한다. 내담자에게 주제를 주고 이를 중심으로 심상체험을 하도록 하거나, 과거회상이나 자유연상과 관련지어 심상체험을 실시할 수도 있다. 그런 의미에서 음악심상체험은 음악을 통한 긴장이완, 음악자유연상, 주제에 따른 음악회상기법과도 맥을 같이한다. 심상화의 목적은 의식전환 상태에서 최대한 상상한 내용을 현실적으로 실감나게 느끼도록 돕는 것이다. 이를 통해 내담자는 희미한 기억, 어렴풋한 환상, 산재해 있는 심리적 규칙들, 정리되지 않은 소망, 불러일으켜진 상상 등을 보다 명료화하게 된다.

시각적 이미지 회상(시각적 심상화)
의식전환 상태에서 떠올린 심상 가운데 특히 시각적 이미지를 강조하여 마음속에서 체험해 보는 단계이다. 감상을 통해 불러일으켜진 마음속에 그려지는 상을 체험하도록 하는 것이다. 과거의 행복했던 경험을 마치 눈에 보이듯이 묘사해 보도록 격려한다. 보다 구체적으로 과거의 경험을 느끼도록 하고 그 시각적 정경을 마음의 상으로 떠올리도록 하는 것이 치료사의 중요한 역할이다. 치료사는 다음과 같이 질문할 수 있다. "무엇이 보입니까?", "가장 행복했을 때의 장면을 상상해 보세요."
음악을 감상하고 신체의 이완과 긴장을 반복하다 보면 정신적 이완 상태가 오게 된다. 이때 내담자는 깊은 집중과 몰입을 경험하게 되는데 이른바, 의식의 변형을 경험하게 된다. 예컨대, 음악과거회상작업을 통해 자신에게 긍정적인 영향을 준 인물과 사건들이 마음에 떠올랐다면 그 시각적 이미지를 강조하고 확장시켜 구체화하는 것이다. 치료사는 다음과 같이 질문할 수 있다. "당신이 사랑했던 어머니는 어떤 모습이었나요?" "당신에게 많은 영향을 주셨던 선생님은 어떻게 생겼나요?" "당신이 가족과 함께 갔던 여행지는 어디였나요?" "바다의 색깔은 어땠나요?"

청각적 이미지 회상(청각적 심상화)

감상을 통해 회상된 과거의 긍정자원을 청각적 이미지로 마음속에 형상화하는 단계이다. 내담자가 존경하거나 사랑했던 사람의 목소리를 연상해 본다든지, 행복했던 순간에 들렸던 주변의 소리를 연상하도록 한다든지 하는 것이다. 치료사는 "그 당시 어떤 소리가 들렸나요?"라고 질문할 수 있다. 이렇게 과거의 행복했던 순간을 청각적 이미지로서 마음속에서 회상하게 되면, 다시 그 순간을 재경험하게 된다. 이런 경험은 내담자로 하여금 현재의 문제를 대하는 새로운 힘과 시각을 갖도록 도움을 준다. 이 같은 청각적 심상화 작업을 하는 데 있어 중요한 점은 감상을 통해 내담자를 얼마만큼 깊이 있게 몰입하도록 하는가와 치료사가 내담자의 내적 경험을 어떻게 효과적으로 재생시킬 것인가 하는 문제이다. 다음과 같은 질문이 유용하다. "가족이 함께 바다에 서 있을 때 어떤 소리가 들렸나요?", "존경했던 선생님의 목소리는 어땠나요?", "행복했다고 말한 당신의 졸업식에서는 어떤 소리가 있었나요?" 등 질문을 통해 최대한 그때의 상황을 실감나게 느끼도록 유도한다.

촉각적 이미지 회상(촉각적 심상화)

음악을 통해 회상된 긍정적인 자원을 촉각적 이미지로 형상화하여 인식하는 단계이다. 과거에 내담자는 맛있는 것을 먹고, 사랑하는 사람의 손을 잡으며 행복해했을 것이다. 이러한 과거의 촉각적 경험을 현재에 다시 느낄 수 있도록 돕는 것이 촉각적 심상화의 목적이다. 과거의 아픈 기억이 현재의 행동이나 감정을 얽어매고 있듯이, 과거의 행복했던 기억이 현재를 긍정적으로 변화시킬 수 있다. 여기서 치료사는 내담자가 자신의 경험에 최대한 몰입하도록 돕고, 그때의 촉감과 몸의 느낌을 그대로 다시 경험하도록 해야 한다. 그러기 위해서 좀 더 구체적이고 직접적으로, 실감나게 질문하는 것이 중요하다. 다음 질문의 형식들이 한 예가 될 수 있다. "결혼식에서 배우자의 손을 잡았을 때 어떤 느낌이었나요?" "결혼 10년 만에 집을 장만해 가구나 물건을 들여올 때 어떤 느낌이었나요?" 등의 질문을 할 수 있다.

3) 제3단계: 체감각화(예술적 자기표현)

이전 단계인 심상화 작업을 통해 내면의 심리가 시각·청각·촉각적으로 감각화되면 이 내용들을 실제적으로 체험할 수 있도록 예술적 자기표현을 하게 된다. 이를 체감각화(體感覺化)라고 한다. 과거의 경험을 그림으로, 음악으로, 동작으로 직접 표현해 보는 것이다. 무의식 속의 요소들은 상의 형태로 의식의 수면 위로 떠오르며, 이를 연주, 소리, 그림, 조형, 동작으로 표현함으로써 우리는 무의식을 실제로 체험할 수 있다. 이렇게 무의식을 예술적으로 의식화하게 되면 무의식은 더 이상 무의식의 영역에 잠재해 있는 것이 아니라 모습을 드러내고 의식과 통합되기에 이른다.

음악표현: 이전 단계인 심상화 작업에서 구체화된 청각적 이미지를 음악으로 표현하는 단계이다. 의

식의 수면 위로 떠오른 청각적 심상을 연주나 가창 등을 통해 외부적으로 표현한다. 주제 없이 즉흥적으로 연주하거나 소리 내는 것이 도움이 된다.

미술표현: 심상화 작업에서 연상된 가상현실이나 과거의 회상에 대한 시각적 이미지를 그림이나 조형물로 표현하는 단계이다. 무의식에서 불러일으켜진 시각적 심상을 도구를 이용하여 그리거나 조형물로 만들어 봄으로써 보다 직접적으로 무의식을 체험하게 된다.

동작표현: 이전 단계에서 연상된 촉각적 이미지를 동작으로 표현하는 단계이다. 이전 단계인 촉각적 심상화가 외부적 표현으로 실현된 형태로서 '동작화(動作化)' 또는 '신체화(身體化)'라고도 한다. 반드시 춤을 추거나 격렬한 동작을 취할 필요는 없다. 단순히 심상화과정에서 떠올린 실체를 구체적인 정지동작으로서 표현하는 것이면 충분하다. 감상을 통해 발생한 촉각적인 심상과 내용들을 이처럼 역동적으로 혹은 정지된 동작으로 표현하면 그것을 신체와 마음에 강하게 각인하는 효과를 가질 수 있다.

4) 제4단계: 언어명료화

언어명료화란 이전까지의 과정 전체를 언어매체를 이용하여 명료화하고 토의하며 정리하는 작업이다. 즉 언어적 보고, 분석 및 토의, 정리 및 명료화가 이에 포함된다. 내담자가 연상된 이미지나 이를 표현한 다음 느낀 소감 등을 치료사에게 언어적으로 보고 하면, 치료사는 이를 문장이나 언어로 정리하고 분석한다.

5) 제5단계: 행동계약 및 일반화

이 단계는 인지행동치료이론과도 맥을 같이한다. 내담자가 새로운 결심을 일상생활에서도 적용하고 유지할 수 있도록 일반화하는 단계로서, 행동계약을 맺게 된다. 이것은 말 그대로 계약서이다. 이 문서에는 치료사와 내담자의 사인도 적게 되고, 계약일자, 목표행동 등을 기재하게 된다. 목표행동의 실행 여부에 따라 어떤 처분을 받을 것인지 또는 치료사가 필요하다고 판단되는 경우 내담자와 행동계약에 대한 상을 마련해도 좋다. 이 단계는 치료사의 직관적 판단에 따라 생략될 수도 있다.

가족음악심리극(家族音樂心理劇)

- 가족 간 심리적 거리에 대한 체감각화 -

가족음악심리극(家族音樂心理劇, family music psychodrama)은 가족치료적 관점에서 전통적인 사이코드라마의 기본 원리와 방법들에 음악적 환경을 접목시켜 새롭게 창안한 가족음악치료모델의 기법 가운데 하나이다. 역할을 정의하고 핵심적인 감정적 주제를 연주한다는 데 있어서 분석적 음악치료(Analytical Music Therapy)와 일맥상통하는 부분이 없지 않지만, 적용원리와 기법활용 측면에서 차이가 있다. 분석적 음악치료가 정신분석적 접근을 통해 인간의 무의식적인 측면에 주된 관심을 갖는 반면, 음악사이코드라마는 기존의 사이코드라마 고유의 기법들을 그대로 고수하되 음악적 요소를 적극적으로 도입한 심리치료기법으로서 다분히 '드라마적 요소'를 중시하고 있다.[89]

---

[89] 다음의 내용은 음악적 사이코드라마와 관련된 모레노(1999)의 경험과 설명을 담고 있다.

"나는 이탈리아의 한 정신병원에서 그곳 의료팀과 함께 이 기법을 사용하여 작업한 적이 있었다. 내가 세션을 진행하는 동안 주변을 왔다 갔다 하며 배회하던 한 40대 남성 환자가 있었는데, 이 환자는 자신에게 주의를 끌 목적으로 얼굴을 찌푸리거나 우스꽝스러운 행동들을 하고 있었다. 그날 오후 그는 이 '협주곡기법(저자 주: 주인공의 음악을 주변 사람들이 악기로 보조해 주는 기법)' 중간의 매우 예민한 순간에 음악 참가자 그룹에 다가왔다. 그는 자신의 즉흥 음악을 다른 그룹 사람들의 음악과 함께 주인공의 음악 표현에 완전한 조화를 이루며 지지하는 음악을 연주하여 다른 사람들을 놀라게 하였다. 그는 그때까지도 그에게 불가능했던 어떤 권위나 민감한 문제들을 음악을 통해 표현해 주었는데, 이 일은 어떻게 음악의 감수성이 없거나 감정이입이 잘 안 되는 사람들에게도 손상을 입지 않았던 상태로 되돌아갈 수 있도록 하는가에 대한 매우 좋은 예가 된다."

"나는 많은 사이코드라마 세션에서 주인공에게 비생산적인 대화를 중단하게 하고, 그 대신 악기를 선택하게 하여 말 없는 보조자를 향해서 음악적으로 표현하도록 했다. 그런 뒤 다시 대화를 하도록 격려했다. 이렇게 언어적 진술로 돌아가게 하는 음악적 진술 요청은 계속적으로 대화의 질을 긍정적으로 변화되도록 한다는 사실을 알게 되었다. 음악적 표현은 가끔 더 깊은 수준의 대화를 자극하며 더 깊은 연결들을 깨닫는 것을 돕는다. 또한 음악적 대화는 일반적으로 감정적인 외상의 결과로 혹은 잠시 특별한 상황 때문에 말로 표현한다는 것이 불가능한 비언어적인 주인공에 가족 패턴에 대한 음악을 활용한 심리극은 미래 혹은 과거로의 여행을 통해 내담자들에게 '잉여현실(剩餘現實)'을 제공해 준다는 장점을 갖고 있다. 잉여 현실이란 현재 존재하지 않는 가상의 현실을 의미한다. 암울한 현실이나 과거의 미해결 과제들은 내담자들을 지속적으로 괴롭히고 있기 때문에 그들에게 가상의 현실이기는 하지만 새로운 기회를 제공하여 감정을 분출하도록 하고 과거 감정을 재정립할 수 있도록 하는데 이 활동의 의의가 있다.

가. 기본절차

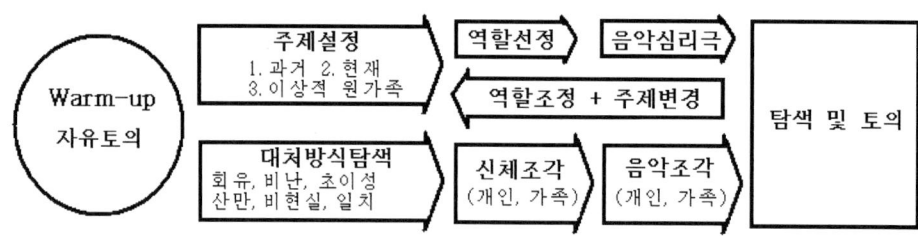

〈그림 32〉 가족음악심리극의 절차도

1) 제1단계: 준비 및 자유토의(warm-up)

준비단계에서 치료사는 자유로운 토의과정을 통해 음악심리극으로 진행할지 혹은 가족음악조각으로 진행할지를 결정해야 한다. 내담자 혹은 그들의 가족들을 준비(warm-up)시키기 위해 모두가 잘 아는 친숙한 노래를 부르는 것이 도움이 된다. 활동의 분위기를 부드럽게 하고 마음을 열도록 할 수 있다면 어떤 것도 시도해 볼 수 있다. 음악동작이나 감상, 연주도 고려해 볼 수 있다.

_____

게 매우 유용하다."

2) 제2단계: 주제설정 또는 대처방식탐색

심리극을 진행하기 위해 극의 주제를 설정하는 단계이다. 현재 쟁점이 되고 있는 가족문제나 과거 어느 시점의 경험, 가족이 바라는 이상적인 가족상 등 극으로 표현할 수 있고 절실한 동기가 담겨 있어야 한다. 긍정적인 주제든 부정적인 주제든 상관없지만, 초기 단계에서는 가족여행과 같이 긍정적이고 행복했던 가족 공동의 경험을 주제로 삼는 것이 좋다. 극으로 옮기기에 적절한 주제에는 가족여행, 졸업식, 출산, 외식, 사업성공 등 긍정적 주제와 폭력과 음주, 실연의 아픔, 말다툼, 편애와 같은 부정적 주제가 있다.

가족음악조각(family music sculpture)을 실행할 경우에는 가족구성원들의 대처방식 또는 의사소통 유형 - 회유, 비난, 초이성, 산만, 비현실 일치를 탐색한다. 음악심리극과 마찬가지로 음악조각 또한 동기를 불러일으킬 수 있는 주제를 설정하여 진행한다. 심리극과의 차이점은 제자리에서 움직임 없이 정지동작으로서 자신의 내면세계를 동작과 음악으로 표현한다는 점이다.

3) 제3단계: 역할선정

심리극의 주제가 결정되면 가족에게 역할을 지정해 준다. 역할의 종류와 특성은 전통적인 사이코드라마의 그것과 동일하다. 주인공, 보조자아, 이중자아가 극에 투입된다. 치료사는 '디렉터(director)'의 역할을 하며 극을 이끌어 가는 중요한 역할이다. 극에 참여한 사람들이 자발적이고 즉흥적으로 반응하도록 도움을 주게 된다. 가족음악조각기법을 시행할 경우에는 이중자아 없이 가족구성원들이 자신의 역할만을 악기나 소리로 표현하게 된다.

제1역할: 주인공(prota, protagonist)
치료 의뢰의 원인을 제공한 인물이 극의 주인공이 된다. 일반적으로 '프로타(prota)'라고 부른다. 이들은 극에 있어서 중심 역할을 하며, 다른 구성원들의 도움을 받아 자신의 문제를 실제로 연기해 가는 사람이다. 물론 전통적인 사이코드라마처럼 역할 바꾸기(position change)를 통해 다른 사람이 주인공의 역할을 하기도 하며, 그 장면 밖에서 또 다른 자신의 모습을 주시하기도 한다.

제2역할: 보조자아(auxiliary ego)

보조자아는 주로 주인공의 주변인물을 의미한다. 치료사는 필요할 때마다 보조자아를 극중에 투입시켜 상대역을 음악으로 표현하도록 할 수 있다. 보조자아는 극 중에서 주인공이 원하는 상대방의 역할을 맡아 주인공의 내면세계를 표현하면서 극적인 분위기를 이끌어 가는 인물이다. 이들은 주인공에게 중요한 타인의 역할을 맡아 주인공이 스스로 문제를 깨닫도록 도움을 준다. 때로 망상, 환청, 상징, 동물, 이상, 물건 등을 표현하기도 한다.[90]

제3역할: 이중자아(double)

주인공의 내면세계를 표현하는 또 다른 주인공이라고 할 수 있다. 이중자아는 주인공 뒤에 서서 그와 심리적 동일시를 이룬다. 주인공이 문제에 대해 주저하거나 혼란스러워할 때 이중자아는 주인공의 마음을 시기적절하게 표현해야 한다. 실제 음악심리극에서는 무서운 아버지의 커다란 북소리에 대항하여 이중자아가 망설이고 있는 주인공을 대신해서 연주하게 된다. 이 과정에서 실제 주인공은 대리만족을 경험한다. 이중자아는 긍정과 부정이라는 두 가지 측면을 모두 표현할 수 있도록 2명 이상이 투입되기도 한다.

4) 제4단계: 음악심리극 또는 음악조각

심리극의 주제와 역할이 정해지면 그 배역과 상황을 악기나 목소리로 표현할 수 있다. 악기로 극을 진행할 경우에 치료사는 내담자가 인물의 성격과 특성에 맞는 악기를 고를 수 있도록 도움을 주며, 그런 후 구성원들이 적절한 위치에 있도록 배치한다. 구성원들은 자신의 악기를 가지고 역할의 특성에 맞게 즉흥적인 연주를 진행한다. 예컨대, 가족 중 두려움과 위엄의 대상은 진동이 큰 베이스드럼을, 소극적이고 자신의 의견을 잘 표현하지 못하는 사람은 음량이 상대적으로 적은 악기를 가지고 연주하도록 할 수 있다.

조각하기: 음악조각(sculpture)이란 어느 시점을 선택하여 그 시점에서의 인간관계, 타인에 대한 느낌과 감정을 음악과 동작, 공간을 사용하여 표현하는 비언어적인 기법이다. 의미 있는 정지동작인 셈이다. 심리극 초기에 활용할 수도 있고 독립하여 사용할 수도 있다. 가족구성원들은 서로의 친밀성, 인간관계, 심리적 거리 등을 고려하여 배치된다. 특히 각자의 의사소통방식에 따라 꾸짖는 자세나 무릎 꿇고 비는 자세 등의 특정한 자세를 정지동작으로 만든 다음 그 자세를 취한 상태에서 악기나 소리를 이용해 주제로 정한 상황들을 표현하도록 할 수도 있다(음악조각).

동결하기: 주인공이 자신의 감정을 주체할 수 없거나 처리되기 어려운 문제가 표출되었다고 판단되면 극을 일시적으로 정지시킬 수도 있다. 모든 구성원들의 동작이나 연주가 정지된 상태에서 주인공

---

90) 김수동과 이우경, 『사이코드라마의 이론과 적용』, 서울: 학지사, 2004, p.167.

이 상황 밖으로 나와 조각을 관찰하도록 할 수 있다. 반면 극이 방향을 잃고 더 이상 깊이 있게 진행되기 어렵다고 판단될 때는 중단시킬 수도 있다.

과장 및 축소시키기: 치료사는 심리극이 진행되는 중에 특정한 역할을 맡은 사람의 연주를 과장시키거나 축소시킬 수도 있다.

5) 제5단계: 역할 및 주제의 조정

심리극 이후 분석과 토의과정을 거쳐서 역할이나 상황을 조정하기도 한다.

역할 바꾸기: 서로의 역할을 바꿈으로써 상대방의 입장에서 타인을 이해할 수 있도록 돕는 기법이다. 이 기법은 주인공이 방어적인 자세를 취할 때 사용하게 된다. 상처 입은 마음을 드러내고 싶지 않아서 표면적인 대화만 나누거나 지나치게 주지화현상(intellectualizastion)을 보이거나 공격적인 자세를 취하는 경우이다. 굳이 주인공이 방어적 자세를 취하지 않더라도 상대방의 상황과 입장을 이해할 수 있도록 역할을 바꾸어 연주를 시행한다.

주제 바꾸기: 심리극 도중이라도 치료의 방향성이 없고 주인공에게 적절한 도움이 되지 못한다고 판단하면 감하게 주제와 상황을 바꿀 수 있다. 주제는 최대한 주인공과 가족 전체에 절실한 상황일수록 동기와 환기를 불러일으킨다.

나. 가족음악심리극의 여러 유형들

1) 제1유형: 인물표현 음악심리극

이것은 가족이나 주변의 인물들을 음악과 언어를 통해 표현해 보도록 하는 기법이다. 여기에는 서로 마주 보기, 얼굴 보고 연주하기, 얼굴 보고 느낌 전하기가 포함된다. 우선, 치료사는 가족구성원들을 서로 동그랗게 둘러앉도록 한다. 주인공은 한 사람씩 10초에서 30초 정도 서로 마주 보도록 지시한다. 그런 다음 그 사람들을 보고 난 후 든 감정이나 정서를 한 사람씩 마주 보며 악기로 표현한다. 연주 후에 가족구성원 각자를 바라보면서 그들에 대한 감정과 생각을 편안하게 표현해 보도록 한다.

2) 제2유형: 주인공을 위한 집중연주 음악심리극

치료사는 주인공에게 다른 집단구성원들이 그를 위해 연주하게 될 것이라고 미리 활동주제를 언급해 준다. 집단을 동그랗게 원으로 구성하여 앉힌다. 커다란 원이 구성되면 그 안에 주인공을 앉힌다. 그런 다음 주인공을 보면서 원 안에 있는 집단구성원들이 연주를 해 준다. 연주 후에 주인공이 느낀 감정을 들어 보고 집단에 참여한 사람들의 의견이나 느낌도 함께 나눈다.

3) 제3유형: 도움연주 음악심리극

도움연주란 주인공의 연주를 다른 구성원들이 전적으로 도움을 주며 합주하도록 하는 것이다. 치료사는 보조자아들을 여럿 정하여 주인공 앞에 배치시킨다. 그러고서 특정한 주제나 상황을 제시하고 즉흥적으로 연주를 하도록 한다. 이때 주인공 주변에 있는 모든 구성원들은 자신만의 연주가 아닌 전적으로 주인공만을 위한 도움연주를 시작하게 된다. 주인공이 연주하는 멜로디나 리듬, 음의 강도를 똑같이 흉내 낼 수도 있지만, 근음이나 화성, 일정한 비트, 음량이 작게 연주하기 등을 통해 주인공의 연주를 지지할 수 있다. 연주에서의 지지는 심리적 지지로 이어지게 된다.

4) 제4유형: 음악적 독백

음악독백(音樂獨白)이란 음악을 배경으로 하여 치료과정 중에 명료화된 내용들을 낭송하거나 가상의 인물에게 독백하는 기법이다. 상대하기 어려운 대상에게 가상현실을 제공하여 못 다한 이야기를 하도록 할 수도 있고, 상상 속의 누군가에게 편지를 쓰거나 타인에게서 온 편지를 읽는 경우도 있다. 이를 위한 준비 작업으로서 부모의 얼굴을 그림으로 그리거나 이름을 적어 빈 의자 위에 놓고 진행할 수도 있다. 이와는 다른 측면에서 독백을 하기도 한다. 치료사가 미리 편집해 놓은 여러 음악을 들려주면서 각각의 음악에 따라 떠오르는 사람에게 이야기하도록 할 수 있다. 이때 음악은 투사반응을 불러일으키는 촉진제의 역할을 하며 대개 느리고 부드러운 곡에서 빠르고 강한 비트의 곡으로 옮겨 간다. 치료사는 "자, 지금 떠오르는 사람이 있습니까? 그렇다면 그 사람이 앞에 있다고 생각하고 한번 이야기해 보세요."라고 말할 수 있다. 이것은 전통적인 심리극의 한 영역으로서 펄스(Perls)가 발전시킨 '빈의자기법(empty chairs)'과 다소 흡사하다.

5) 제5유형: 가족음악조각기법

가족음악조각은 가족행동 패턴 음악심리극이라고 할 수 있다. 가족구성원들의 독특한 의사소통 및 행동 패턴을 음악이나 동작으로 형상화하여 조각하기 때문이다. 의사소통 패턴뿐만 아니라 내적으로 표현하기 힘든 감정이나 상황을 표현하기도 한다. 가장 일반적이고 기본이 되는 절차는 의사소통방식의 탐색, 신체적으로 정지동작 취하기(신체조각), 음악적으로 표현하기(음악조각), 분석 및 토의이다. 자신 또는 가족의 의사소통방식, 생존 유형, 스트레스대처방식 등을 눈과 귀, 몸으로 경험함으로써 과거 미해결된 사건 당시 가족들의 상황과 자신의 대처방식을 이해하게 된다. 또한 앞으로 변형시켜야 할 대처행동이 무엇인지 알 수 있다. 기법의 적용형태는 가족별로 한 집단이 되어 진행할 수도 있지만, 개인과 치료사가 한 조가 되거나 집단적으로 음악조각기법을 시행할 수도 있다.

제1단계: 준비(warm-up)
활동방법이나 순서, 의미, 효과성에 대해 설명하고 안내한다. 준비단계는 이후의 과정을 위한 마음 열기 의미가 있으므로 노래를 부르거나 부드러운 음악을 듣거나 악기를 연주하는 등의 다양한 활동을 고려할 수 있다.

제2단계: 대처방식탐색
가족들이 갖고 있는 의사소통 유형을 함께 토론하고 탐색한다. 회유, 초이성, 비난, 비현실, 산만, 일치형 중 어떤 형인지 논의한다.

제3단계: 신체조각
대처방식 유형이나 심리적 거리, 영향권에 따라 가족구성원들을 배치시킨다. 그런 다음 각 구성원들의 의사소통 유형대로 포즈를 취하게 한다. 비난형은 화나거나 지시하는 듯한 형태를 취하도록 하고, 회유형은 무릎 꿇고 빌고 있는 형상을 만들 수 있다. 이때 치료사가 가족들의 신체를 조형할 수도 있지만 가족 중 한 사람이 다른 가족들을 조형해 볼 수도 있다.

제4단계: 탐색 및 조정
신체조형작업이 끝나면 뒤로 물러서서 조각상들(가족들)을 보고 느낌이 어떤지 질문할 수 있다. 또 만들어 놓은 조형물들의 형태나 거리가 마음에 드는지, 변형시키고 싶은 부분이 있는지 등을 질문한다. 치료사는 내담자가 가족들을 자신이 원하는 형태로 동작이나 배치를 조정해 보도록 지시한다.

제5단계: 음악조각

가족성원들이 각자의 위치에서 자신의 대처 유형에 적합한 악기를 하나씩 선택하도록 한다. 그런 다음 자신의 성격과 의사소통 유형의 특징을 살려서 악기를 연주해 보도록 한다.

　① 산만형 음악조각 – 산만하게 연주(드럼)

　② 회유형 음악조각 – 작고 약한 음량으로 연주(탬버린)

　③ 초이성형 음악조각 – 일정한 리듬과 박자(작은북)

　④ 비난형 음악조각 – 음량이 강하고 다이내믹한 박(큰북, 라켓)

　⑤ 비현실형 음악조각 – 몽환적인 선율(윈드차임)

　⑥ 일치형 음악조각 – 이상적 상태의 가족 재조각(조화로운 합주)

제6단계: 토의

연주 후 각자가 느낀 감정이나 생각들을 함께 나눈다.

노래심리치료기법

- 문제의 객관화와 사고틀(인지구조)의 재구성 -

　노래심리치료(song psychotherapy)는 노래의 가사 또는 음악적 특징 - 멜로디, 화성, 리듬 등을 이용하여 내담자의 의식과 무의식, 내적 갈등을 노래 안에 자연스럽게 투사하도록 유도하면서 자신의 내면 문제들을 확인·해결해 가는 과정에서 효과적으로 쓰인다. 노래는 가사와 멜로디의 결합, 다시 말해 언어와 음악의 결합체이다. 언어는 인지적이고 구체적인 내용을 담고 있는 반면, 음악은 감정적이고 창조적인 특성을 가지고 있다. 따라서 노래는 인간의 감정과 정서, 인지영역에 고루 영향을 미치는 특별한 도구이다. 특히 노래는 인간의 목소리를 이용한다는 점에서 심리적·치료적으로 의미가 있는데, 그것은 목소리란 그 사람의 정체성(identity)을 상징하기 때문이다. 따라서 자신의 음성으로 직접 소리를 내거나 노래를 부르는 작업은 자기 정체성의 표현과도 같아서 치료사는 대상자들이 자신의 음색과 음역을 탐색하고 평가 없이 그 자체로서 받아들이게 하며 외부로 최대한 많이 표현할 수 있도록 격려할 필요가 있다.

　노래를 통한 심리치료가 유용한 이유는 가사 속에는 인간과 관련된 모든 측면, 기쁨과 슬픔, 분노, 불안, 사랑, 좌절 등의 감정이 담겨 있기 때문이다. 따라서 복잡하고 다양한 무의식 속의 동기와 요소들이 가사에 투사되어 자신의 내면적 문제를 간접적으로 직면할 수 있다. 또한 가사의 내용을 분석하고 토의하는 과정에서 자신의 문제를 또 다른 시각에서 바라볼 수 있는 사고의 틀이 형성된다. 특히 노래가 가지는 각인작용으로 인해 가사 속에 자신의 장점과 단점, 핵심문제, 결심, 해결책, 소망 등을 넣어 부름으로써 그 내용과 의미를 마음에 강하게 새겨 넣을 수 있다.

가. 기본절차

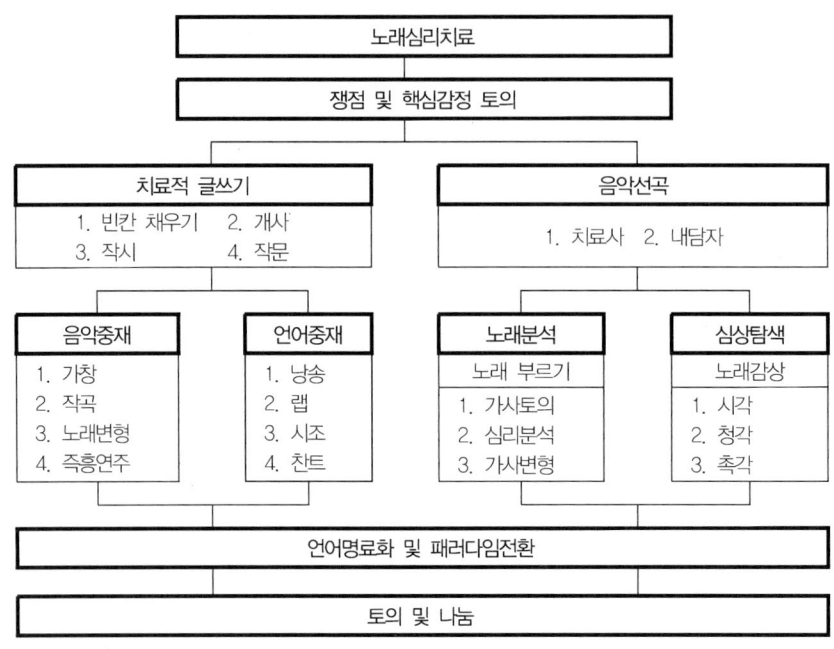

노래심리치료 절차도

1) 제1단계: 쟁점 및 핵심감정 토의

노래심리치료의 첫 번째 단계는 내담자와 함께 핵심쟁점을 토의하는 것이다. 현재 어떤 문제를 갖고 있는지, 진정으로 이루고 싶은 소망이 무엇인지, 자신의 소망에 따라 생활하고 있는지, 정서적으로 어떤 문제를 갖고 있는지, 마음을 불편하게 만드는 사람이 있는지 등을 질문할 수 있다.

2) 제2단계: 치료적 글쓰기 및 음악선곡

내담자의 핵심쟁점이 결정되면 이를 주제로 하여 크게 두 가지 형태로 치료중재를 하게 된다. 첫째는 치료적 글쓰기이며, 두 번째는 음악선곡 작업이다. 치료적 글쓰기란 대상자 개인의 정서와 심리적 쟁점들을 문장으로 만드는 작업을 의미한다. 노래의 특정 부분에 빈칸을 넣어 자신의 생각을 넣어 부르도록 하거나(빈칸 채우기), 노래의 원 가사내용을 한 줄 혹은 그 이상 바꾸어 보도록 하거나(개사), 자신의 감정과 생각을 시나 문장의 형태로 표현해 보도록 할 수 있다(작시 및 작문). 두 번째 형태인 음악선정 작업은 내담자가 부르고 싶은 곡이나 자신의 문제와 비슷한 내용을 담은 곡을 선택하도록 하여 여러 가지 심리적 문제에 접근해 갈 수 있도록 하는 과정이다. 이렇게 내담자의 정서수준과 동질의 음악을 듣거나 부름으로써 본격적인 중재의 기초를 마련하게 된다.

3) 제3단계: 음악적 중재

치료적 글쓰기 이후의 중재: 내담자의 핵심적인 쟁점이 담겨 있는 시나 문장에 멜로디를 붙여서 하나의 곡으로 완성할 수 있다(치료사의 곡 붙이기). 또 기존 곡의 멜로디나 구조, 리듬 패턴 악기편성 등을 재구성하여 새로운 느낌의 곡을 만들어 보는 것도 좋다(노래변형). 때때로 음악적 배경이 있거나 기능이 좋은 대상자의 경우에는 완성된 문장에다 자신이 직접 멜로디와 가사를 붙여 노래를 완성할 수도 있다(작곡). 이와 같은 음악적 중재 이외에도 배경음악을 틀어 놓고 미리 작성한 글을 낭송한다거나, 리듬 패턴에 넣어 찬트형식으로 불러 보거나, 랩이나 시조가락으로 만들어 표현하도록 할 수도 있다.

음악선곡 이후의 중재: 치료사는 내담자와 함께 핵심문제나 감정을 파악하여 음악을 선곡한 다음 그 가사내용을 면밀히 토의하고 분석하거나(노래분석), 감상을 통해 내담자의 쟁점과 관련된 심상을 마음속에 불러일으킬 수도 있다(심상탐색). 노래는 주로 대중가요를 많이 사용하는데, 그 이유는 공감할 수 있는 폭넓은 소재를 담고 있기 때문이다. 노래를 함께 부른 다음 노래의 가사 중 어떤 부분이 공감이 가는지, 어떤 부분이 자신의 생각과 다른지, 가사의 내용 중 바꾸고 싶은 부분은 없는지를 토의한다. 이 과정은 내담자가 자신의 문제를 객관화시키고, 문제에 대한 관점을 전환시키기 위한 것이다. 반면, 음악 감상활동을 통해 심상탐색을 하는 경우 주로 가사가 없고 화성과 악기편성이 풍부한 고전 기악음악을 주로 활용한다. 구체적인 절차와 치료사의 언어적 인도기법은 음악자유연상과정과 동일하다. 내담자가 긴장이완을 거쳐 고도의 집중 상태 - 몰입을 경험하게 되면 치료사는 내담자로 하여금 자유롭게 자신의 내면을 탐색해 보도록 지시한다. 일단 무의식으로부터 불러일으켜진 내용들은 시각·청각·촉각적 이미지로 구체화시켜 느끼도록 심상화시킨다.

4) 제4단계: 언어명료화 및 패러다임 전환

지금까지의 과정을 언어와 문장으로 정리하고 분석하는 과정이다. 이러한 과정을 통해 내담자 자신이 현재 갖고 있는 문제들과 이상감정에 대해 새롭게 인식하게 된다. 이를 인지의 재구성 또는 패러다임(paradigm, 사고의 틀)의 전환이라고 한다. 치료과정을 통해 밝혀진 내담자의 문제점과 소망, 장점 등을 문서에 명시하여 그에게 제공하면 해결책과 결심을 기억하는 데 도움이 된다.

5) 제5단계: 토의 및 나눔

치료사와 내담자는 서로의 느낌과 의견을 나눈다. 특히 이 단계에서 치료사는 노래심리치료 전 과정 속에서 갖게 된 문제에 대한 해결책을 내담자에게 제시할 수 있다. 마지막으로 내담자의 새로운 패러다임과 결심에 대해 칭찬하고 격려한다.

나. 노래심리치료의 여러 가지 유형들

1) 제1유형: 전통적 노래활동(Traditional singing)

개인 혹은 단체로 노래를 부르는 이른바 전통적인 노래 부르기 활동을 통하여 다양한 치료적 목적을 성취할 뿐만 아니라 여가생활의 방법을 제공해 주는 활동이다. '재창조 노래활동'이라고도 한다.

2) 제2유형: 변형적 노래활동(Transferent singing)

노래의 가사나 리듬, 멜로디, 형식 등을 변형하여 인지적 및 심리적 변화를 추구하는 활동이다. 'Songwriting' 기법이 대표적이다.

3) 제3유형: 즉흥적 노래활동(Improvisational singing)

내담자의 무의식을 덮고 있는 표층(가면, persona)을 의식 개입 이전의 즉흥적 작업을 통해 제거하고 감정적 주제를 외부세계로 분출해 내도록 돕는 활동이다. 목소리 즉흥연주, 노래 즉흥연주, 즉흥동작 등으로 구성된다.

4) 제4유형: 표현적 노래활동(Expressional singing)

미술, 문학, 악기 등 다양한 표현매체와 노래를 접목하여 더욱 풍부한 심리적 역동성을 이끌어 내도록 하는 활동이다.

5) 제5유형: 연상적 노래활동(Associative singing)

노래 부르기 이전과 이후에 연상되는 내용들을 통해 내면세계를 분석하고 이해하는 활동이다.

6) 제6유형: 분석적 노래활동(Analytical singing)

기존 노래 속의 가사내용을 근거로 하여 자기문제를 확인하고 수용하도록 도우며, 나아가서 문제해결방법의 단서를 찾고 실행하며 지속하도록 돕는 활동이다. '가사분석(Lyric Analysis)' 기법이 대표적이다.

09

가족즉흥연주
(家族卽興演奏, family improvisation)

– 가족 단위의 성악과 기악 중심 즉흥연주 –

가족즉흥연주(家族卽興演奏, family improvisation)는 기본적으로 가족의 전반적인 사항을 주제로 즉흥연주를 하는 것을 말한다. 형태는 대상자와 치료사가 함께 그의 가족의 이슈를 토의한 후 즉흥적으로 표현하는 '개별즉흥연주'가 있고, 대상자를 비롯한 그의 가족구성원 전체 혹은 일부가 함께 즉흥연주를 하는 '가족즉흥연주'가 있으며, 또 여러 가지 가족관련 문제를 갖고 있는 대상자들이 함께 집단을 형성하여 동일한 가족관련 주제를 놓고 토의하고 즉흥연주를 시행하는 '집단즉흥연주'가 있다.

즉흥연주가 가지는 가장 커다란 장점은 '의식을 벗어난 즉흥성'에 있다. 대부분의 사람들은 일상생활 속에서 지나치게 남을 의식하며 살아간다. 적절하게 균형을 맞춘 '의식'은 예의 있는 사람, 도리를 아는 사람으로 여겨지지만, 균형이 깨져 버린 '과도한 의식'은 눈치 보는 사람, 떳떳하지 못한 사람으로 인식될 수 있다. 문제는 외부에 드러나는 모습뿐만 아니라 그 개인의 심리영역에 노폐물이 쌓이게 된다는 점이다. 이러한 심리적 노폐물은 사람들로 하여금 신체적인 부자유를 형성하여 얼굴표정이 없게 만들고, 목소리에 변화가 없도록 붙들며, 자유롭지 못한 경직된 행동을 하도록 하고, 밝게 웃지 못하도록 동여맨다. 쉬운 예로 속을 알 수 없는 정치인들을 상상해 보아도 좋다. '즉흥적'이라는 말은 무의식성을 전제로 한 용어이다. 즉흥성 속에는 무의식적 내용의 표출을 함축하고 있다. 따라서 즉흥적인 음악을 연주한다는 것은 인간의 내면에 있는 심층적인 내용들을 의식적인 과정 없이 무의식적으로 배출해 낸다는 것을 의미한다. 이 과정에서 심리적·정서적 내용들은 음악적 요소와 결합하게 되고 새로운 정서적 에너지를 생성하여 외부로 이동한다. 이것을 '정서적 카타르시스작용'이라고 한다.

즉흥적인 표현을 통해 얻게 되는 현상인 카타르시스(catharsis)는 극도의 절정경험을 일컫는 용어로서, 과거의 미해결된 정서적 사건과 경험을 재경험하거나 반대로 성공적이고 행복했던 경험들을 다시 불러와 인식하는 것을 포함한다. 경험 많은 가족중심 음악치료사라면 대상자가 타인이나 환경에 대해 지나치게 의식하지 않고 깊이있게 자신의 내면세계를 즉흥적으로 표현하도록 도울 수 있다. 이때 치료사는 신중하고 진지한 태도를 견지해야 한다.

가. 기본절차

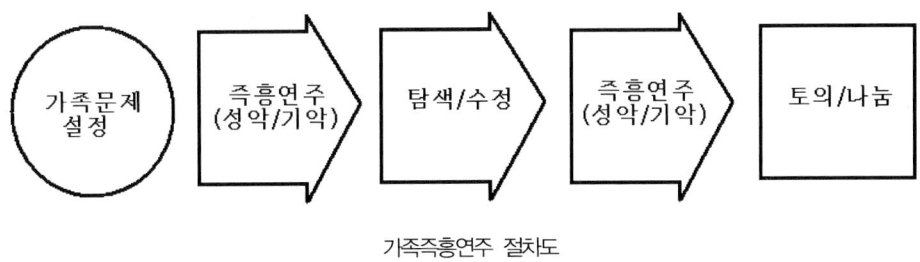

가족즉흥연주 절차도

1) 제1단계: 가족문제설정

현재 가족들이 경험하고 있는 핵심적인 문제가 무엇인지를 정한다. 때에 따라서는 가족들의 공통된 소망을 함께 토론해 보 는 것도 도움이 된다. 서로에게 원하는 것들이 무엇인지 또는 가족들 간 공유하고 있는 행복했던 긍정적 경험에는 무엇이 있는지 등을 논의한 후 주제를 정한다.

2) 제2단계: 즉흥연주

즉흥연주는 형식에 구애 없이 즉흥적으로 연주하거나 소리 내는 과정을 의미한다. 그러므로 이전 단계에서 설정된 가족의 핵심적 문제나 소망을 주제로 하여 즉흥적으로 연주를 시작한다. 기악과 성악 모두 즉흥연주에 사용될 수 있는데, 기악즉흥연주의 세 가지 유형을 소개하면 다음과 같다.

> **제1유형: 문제 중심 가족즉흥연주(problem-focused improvisation):** '문제의 재경험'에 초점을 맞춘 즉흥연주기법이다. 치료사는 가족구성원들이 핵심적인 문제상황을 주제로 하여 연주할 수 있도록 격려한다. 특히 연주를 하는 동안에도 주제나 상황을 최대한 정교하게 악기로 표현해 보도록 지시한다. '가족의 다툼'을 주제로 기악즉흥연주를 한다면, 다툼에 대한 각 구성원들의 기억과 감정 - 공포, 두려움, 불안, 떨림, 큰소리, 낙담, 포기 등을 느껴지는 대로 자유롭게 연주한다.
>
> **제2유형: 소망 중심 가족즉흥연주(problem-focused improvisation):** '긍정적 경험의 회상'을 목적으로 진행되는 즉흥연주의 한 유형이다. 치료사는 내담자와 그의 가족들이 서로 공유하고 있는 긍정적인 경험과 요소들을 더욱 확장시키기 위해서 연주를 하도록 지시한다. 가족 전체가 함께 소망하는 것이나 행복했던 경험들, 원하는 가족상 등을 주제로 악기를 통해 표현하게 된다.
>
> **제3유형: 가족자유즉흥연주(family free improvisation):** '자율성, 보상작용, 즉각성'이 특징인 즉흥연주 형태이다. 다른 유형과는 달리 특정한 주제나 목적, 상황에 대한 제시 없이 자유롭게 즉흥연주를 진행하는 것이 특징이다. 이것은 주제와 관련이 없다는 의미에서 '비관련적 즉흥연주' 또는 '자유즉흥연주'라고도 한다.

3) 제3단계: 탐색과 수정

가족구성원들은 치료사와 함께 치료 중에 느꼈던 역동성과 저항감정, 동일시, 감정이입 등을 함께 탐색하고 분석해 본다. 연주하는 도중에 어떤 사람이 신경이 더 쓰였는지, 어떤 사람의 연주가 흥미로웠는지, 누구를 따라 연주했는지, 누군가 자신의 연주를 따라했는지, 연주 자체가 창피하거나 어색하지는 않았는지 등을 이야기 나눈다. 치료사는 다시 한 번 연주를 하게 될 것이라고 설명한 후 위에서 언급한 다양한 소재의 상황들을 고려하면서 자유롭게 연주해 보도록 격려한다.

4) 제4단계: 수정된 즉흥연주

첫 번째 즉흥연주의 주제나 느낌, 형식, 상황 등을 수정해서 다시 한 번 즉흥연주를 시도해 보는 단계이다. 그 절차와 기법은 이전 단계와 동일하다. 필요할 경우, 목소리를 이용하여 즉흥연주를 할 수도 있다. 이를테면, 목소리나 동작을 옆 사람에게 전달하는 것과 같이 가볍고 흥미로운 활동부터 시작하여 모두 함께 허밍(humming)이나 특정 단어를 반복해서 소리 내도록 할 수 있다. 집단이 함께 음절이나 단어를 반복함으로써 하나의 코러스(chorus)를 형성한 후 한 사람씩 자신만의 독특한 소리를 10초 이상 표현해 보도록 한다. 소리든 연주든 즉흥적으로 연주하는 것은 모든 사람에게 어색한 일일 수 있다. 따라서 가요나 랩 등을 이용하여 소리 표현을 유도한 다음 활동을 진행하는 것이 좋다.

5) 제5단계: 토의 및 나눔

즉흥연주그룹의 구성원들은 서로 즉흥연주에 대한 느낌과 의견을 나눈다.

10 미래직면기법(未來直面技法)

– 행동결과의 미래직면과 예측 –

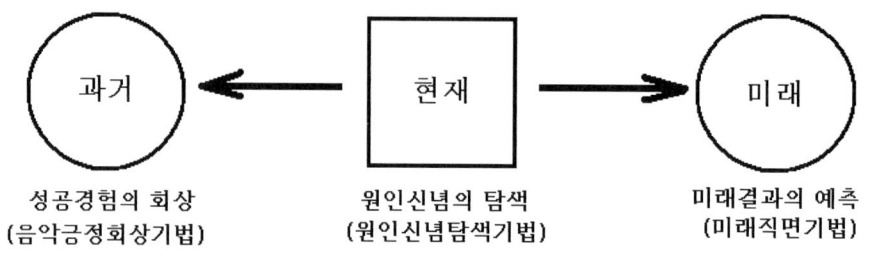

음악적 시간선치료(time-line) 개념도

　가족음악치료모델은 과거, 현재, 미래를 모두 똑같은 무게감을 가지고 다룬다. 과거는 과거로서, 미래는 미래로서 치료적·심리적 의미가 있기 때문이다. 과거는 성공경험의 회상이나 문제경험의 재인식을 위해 중요하며, 현재는 대처방식의 변형과 일치적 대화법의 습득, 원인신념을 탐색을 위해 의미가 있다. 시간과 시점을 넘나들면서 모든 시간을 '현재'로 가져와 경험해 볼 수 있다는 특징이 있다.

　미래직면기법은 미래의 상황을 의식 상태 혹은 변형된 의식 상태에서 현실로 경험하는 과정이다. 반드시 먼 미래일 필요는 없다. 한 시간 후, 1일 후에 일어날 수 있는 일 또는 미리 예정된 일을 '현재'로 가져와 의식적 상상이나 심상체험과정을 통해 경험할 수 있는 것이다. 의식적 상상은 의식 상태에서 대화를 통해 미래에 어떤 일들이 일어날지를 예측하고 연습해 보는 것이지만, 미래에 대한 심상체험은 필히 음악긴장이완을 통해 변형된 의식 상태에서 경험할 수 있다.

1) 제1유형: 의식적 미래예측기법

미래예측기법(未來豫測機法, future prediction)이란 의식적 상상을 통해 미래를 예측해 보는 기법이다. '의식적 상상'이란 의식 상태에서 지적인 능력을 활용하여 행동과 선택에 따라 미래에 일어날 결과를 예측해 보는 과정을 일컫는다. 즉 끊임없이 현재의 선택이 미래의 결과와 어떻게 연결이 되는지 반복적으로 경험하도록 도움으로써 현재와 미래와의 유기적 관계를 인지하도록 한다. 대개의 경우 감상활동 없이 언어적으로 진행된다. 의식적 상상을 돕는 보조수단으로서 노래심리치료기법이 주로 활용되며, 그중에서도 변형적 가창활동인 songwriting과 치료적 글쓰기 후 곡을 붙이는 과정이 활용될 수 있다. 다음과 같은 질문(관계질문)이 사용된다.

> **자신의 변화예측:** 친구들이 다시 화나게 한다면 당신은 어떻게 행동할까요? 만약 술을 끊는다면 당신의 건강은 어떻게 달라질까요? 쇼핑을 한다면 당신의 기분은 어떻게 변할까요?
> **가족의 변화예측:** 당신이 딸에게 용돈을 더 주겠다고 말한다면 어떤 반응을 보일까요? 당신이 일찍 집으로 귀가한다면 가족들은 어떨까요? 당신이 술을 끊는다면 가족들에게는 어떤 변화가 생길까요?
> **타인의 변화예측:** 당신이 친구들에게 자기 의견을 당당히 얘기한다면 그들의 반응은? 당신이 멋지게 차려입고 나타난다면 주변 사람들이 어떻게 반응할까요? 당신이 친절해진다면 직장 동료들은 어떻게 생각할까요?
> **미래의 결과예측:** 폭력을 행사했던 아버지를 다시 만난다면 당신은 어떻게 반응할 것 같아요? 아픔을 주었던 첫사랑을 다시 만난다면 어떨까요? 10년 후에 당신은 어떻게 변해 있을까요?

2) 제2유형: 심상체험을 통한 미래직면기법

미래직면기법(未來直面機法, future face)은 변형된 의식 상태에서 미래에 대해 좀 더 심도 깊은 직면을 경험하도록 하는 과정이다. '직면(face)'이란 미래와의 실제적인 접촉을 강조하기 위한 용어이다. 첫 번째 유형인 미래예측기법과 미래직면기법의 차이점은 전자가 의식 상태에서의 인지적 예측과정이라면, 후자는 변형된 의식 상태에서의 심상체험과정이라고 할 수 있다. 이 기법의 주된 목적은 미래의 특정한 상황을 준비하기 위해 행동 연습 기회를 제공하는 데 있다. 일단 심상체험을 통해 미래에 일어날 일들을 간접적으로 경험해 보았다면, 그 다음 단계로서 치료사나 가족구성원들끼리 간단한 역할극(role play)을 진행하게 된다. 심층적 심리를 다루는 가족음악심리극이 아닌 상황을 재연하거나 상상하여 연기하는 것으로서 말 그대로 연기이며 연습하는 것이다. 이 과정에서 치료사는 문제상황에서 대상자가 어떻게 행동하고 반응해야 할지를 알려 줄 수 있다.

3) 제3유형: 음악체계적 감감법

음악체계적 감감법(music systematic desensitization: MSD)은 행동수정기법에서 사용된 체계적 감감법을 이 모델에 도입한 것이다. 이것은 불안상황에 초점을 두고 만들어진 치료사 중심의 기법인데, 정확한 용어로는 불안에 집중된 단계적 미래직면감상이라고 할 수 있을 것이다. 연주불안이나 학교거절, 대인기피 등 불안관련 문제를 갖고 있는 사람의 경우, 불안수준을 단계화하여 목록으로 만든 다음, 음악과 긴장이완을 통해 순차적으로 가장 낮은 단계의 불안수준 상황부터 높은 단계로 직면시켜 나가게 된다.

(1) **준비 및 토의:** 내담자가 언제 가장 불안을 느끼는지를 서로 토의한 다음 구체적인 상황을 하나 설정한다. 예를 들면, 학교를 가기 싫어하는 상황이나 무서운 선생님을 만나 이야기하는 상황 등을 주제로 삼을 수 있겠다.

(2) **문제의 체계화:** 가장 불안이 느껴지는 상황부터 불안이 전혀 느껴지지 않는 편안한 상태에 이르기까지 단계화하여 순서를 정한다. 예컨대, 가장 불안이 느껴지는 상황으로는 무서운 선생님과 대면하며 이야기하는 상태이고, 가장 편안한 상태는 집에서 있는 상황으로 정할 수 있다. 중단단계로는 학교 앞에 서 있는 상황, 교실 문 앞에 서 있는 상황, 교실 안에서 선생님과 멀리 떨어져 등을 돌리고 서 있는 상황, 서로 마주 보고 서 있는 상황 등이다.

(3) **불안목록작성:** 불안위계목록을 정리하여 종이에 적는다.

(4) **감상과 긴장이완:** 감상을 통해 긴장이완을 시킨다. 신체이완과 몰입과정을 거치면서 무념 상태를 유지하도록 만든다.

(5) **단계적 미래직면:** 가장 불안이 느껴지지 않는 상태를 상상해 보도록 지시한다. 내담자가 편안하게 느낀다면 그것을 언어로 표현하도록 한다. 치료사는 바로 다음 단계의 불안상황을 제시한 후 최대한 현실감 있게 느낄 수 있도록 자세히 묘사한다. 이 단계 또한 편안하게 느낀다면 한 단계 높은 불

안상황을 제시하게 된다. 만약 이 단계에서 불안을 느낀다고 표현한다면 미래직면을 중단한 다음 긴장이완과정을 반복한다.

(6) 감상과 긴장이완: 내담자가 상상 속에서 불안을 느낀다면 치료사의 직면유도를 중단하고 감상을 통한 긴장이완과정을 다시 반복하게 된다. 이때 무념무상 상태를 다시 가질 수 있도록 도움을 준다.

(7) 단계적 미래직면: 긴장이완과정을 통해 편안한 상태를 유지하게 되면 다시 이전 단계에 시행했던 불안상황을 다시 제공한다. 이와 같이 불안상황을 체계적으로 난이도를 높여 가면서 제시함으로써 가상현실 속에서 최고의 불안까지 직면하고 견디어 냄으로써 실제의 삶 속에서도 성공적으로 적응해 갈 수 있도록 돕게 된다.

제9장
1단계: 자기인식

인간은 자신의 모습을 볼 수 없다. 비쳐진 상, 즉 거울 속에 비쳐진 모습 또는 타인에게 비쳐진 모습을 통해 자신을 볼 뿐이다. 시대와 장소를 초월하여 자신의 모습을 정확히 안다는 것은 매우 힘든 일이었던 모양이다. 델피의 아폴론 신전 입구 현판에는 다음과 같은 엄격한 영적 명령이 적혀 있었다고 한다 – "너 자신을 알라 (Gnothi seauton)."[91] 이 말은 '자신이 무지하다는 것을 깨우쳐라' 혹은 '건전한 마음과 정신을 갖기 위해 자신에 대한 이해가 반드시 필요하다'라는 뜻으로 해석된다. 그만큼 자신에 대한 이해가 모든 분야의 학문과 철학, 변화와 치료에 중요하다는 의미일 것이다. 자신이 무엇을 알고 있고 무엇을 모르고 있는가를 분명히 인식하게 되면 그 다음에 어떤 일을 해야 할지 해답을 얻게 된다. 이런 의미에서 정신분열환자는 자신의 병을 인식하지 못한다. 자신의 분열된 정신세계 속에서의 사실들을 실체로서 받아들이고 있을 뿐이다. 이들에게 필요한 것은 '병식(病識)' – 병을 병으로서 인식하는 일이다. 자신이 병을 갖고 있다는 것을 알 때 비로소 치료가 시작된다. 비단 이 설명이 정신분열환자에게만 국한된 문제일까. 자신을 분명하게 이해하지 못해 생기는 결과들은 주변에서 흔히 볼 수 있다. 예컨대, 자신만이 옳다고 주장하는 독선적인 사람들에게서 '자기의 몰이해(沒理解)'를 발견한다. 자신의 소망을 뒤로 하고 동생들을 돌보느라 평생을 바친 이타적인 사람들, 직장에서의 성공을 위해 많은 것을 희생한 사람들에게서도 이것을 볼 수 있다.

가족음악치료모델의 체계적인 과정 중 첫 번째는 '자기인식' 단계이다. '자기인식(自己認識, Self awareness)'이란 단순히 자신의 장점과 단점을 파악하는 것만을 의미하지는 않는다. '자기인식'이란 자신의 상태와 위치를 정확히 인식하는 것을 말하는데, 과거부터 현재까지 변화해 온 자신의 인지적·심리적·사회적·영적인 상태를 분명하게 파악하고 있는 것을 의미한다. 또한 자신이 진정으로 원하는 것과 그것을 가로막는 장애물이 무엇인지, 또한 자신의 무의식적 내용들 중에서 열등한 부분은 어

---

91) 김주일 『소크라테스는 악법도 법이라고 말하지 않았다』, 서울: 프로네시스, 2006.

떤 것인지를 정확히 인식하고 있는 상태를 말한다.

자기인식을 위해서는 자신의 '가족'을 먼저 이해해야 한다. 가족은 제2의 자기(自己), 즉 또 다른 자신의 모습이기 때문이다. 가족을 통해 자신을 발견하게 되며, 가족과 자신과의 관계를 통해 진정한 자기를 깨닫게 된다. 가족구성원들의 성격과 의사소통방식, 가족규칙, 가족일대기, 가족 금기사항 및 비밀 등이 자신과 어떻게 연결되어 있는지를 파악하는 것이다. 이러한 자기 가족에 대한 검토와 사정작업을 통해 현재 자신이 갖고 있는 '성격'이 어떻게 형성되었는지를 알 수 있다. 또한 자신의 의사소통 방식이 가족 중 누구로부터 학습되고 세습되었는지, 자신과 밀접한 관계를 맺고 있는 사람이 누구이며 반대로 자신과 감정적인 대립관계에 있는 사람이 누구인지 정확히 파악할 수 있게 된다. 문제행동 또한 자기 자신에게서 기인한 것 같지만, 가족들의 잘못된 대처방식이 원인인 경우가 많다. 따라서 치료사와 내담자는 함께 치료대상자의 가족을 탐색함으로써 그 자신을 분명하게 이해할 수 있게 되는 것이다. 궁극적으로는 자신이 가족사(家族史)의 한 부분임을 인식하고 자신의 위치를 정확히 하는 것은 변화와 성장을 위해 매우 중요하다.

자기인식을 위한 접근전략들 중 '가족탐색' 이외에도 대상자의 소망과 욕구를 탐색하는 것이 매우 유용하다. 대부분의 사람들은 자신의 진정한 소망과 욕구에 따라 살고 있지 못하며, 이 때문에 불만족과 문제행동이 발생한다. 현재 보이는 문제를 근원적으로 해결하기 위해서는 진정으로 원하는 소망과 욕구에 따라 살도록 하는 것이다. 모든 문제 속에는 그 문제를 일으킨 숨겨진 의도와 소망이 항상 존재한다. 이 가려진 핵심의도와 소망을 찾아내어 이를 만족시키는 다른 대체기제를 제공하는 것이 가족 중심 음악치료사의 핵심적인 역할일 것이다.

'자기인식' 단계에는 네 가지 치료접근전략, 즉 가족자아상 탐색, 다중관계반응 검토, 가족소망 인식, 핵심감정 수용이 있으며, 구체적으로 살펴보면 다음과 같다.

가족자아상(Family ego image)의 탐색

'자기인식'의 첫 번째 단계는 '가족자아상'의 탐색이다. '자기'를 정확하게 인식할 수 있는 가장 효과적인 방법은 자신의 '가족'을 살펴보는 것이다. 가족자아상(family ego image, 家族自我像)이란 가족구성원들이 느끼는 자신의 가족자아(家族自我)에 대한 관념이다. 마음속에 그려져 있는 '가족상(家族像)'이라고 할 수 있다. 구체적으로 표현하자면, 한 가족을 이루는 구성원들이 각자 나름대로 생각하는 자신들만의 가족에 대한 판단과 이미지, 생각, 느낌, 관념 등을 의미한다. 그 표현은 '우리 가족은 참 행복해', '우리 가족은 민주적이야', '난 우리 가족이 자랑스러워'라고 하는 반면, '난 가족들이 부끄러워', '다시 태어난다면 다른 가정에서 나고 싶어', '우리 가족은 구제불능이야' 등으로 표현한다.

'가족자아상'은 원가족구성원들 각자의 개별 자아상과도 밀접하게 연관성이 있다. 즉 가족에 대한 생각과 느낌, 자부심이 곧 자신에 대한 자부심과도 관련이 있다는 말이다. 예컨대 자신의 가족을 생각하면 암울해지고 한숨이 나온다든지, 부모님이 학교에 오시는 걸 꺼려한다든지, 아버지 이야기에 괜히 민감해진다든지, 장애를 가진 자녀를 외부에 노출하기를 싫어한다든지 하는 경우이다. 가족이 자신이고, 자신이 곧 가족인 셈이다. 그래서 가족들이 하는 충고는 감정적 연관성이 없는 다른 사람이 해 주는 충고보다 훨씬 강력하게 다가온다. 엄마가 해 주는 말을 때로는 사랑스러운 충고로, 때로는 귀 따가운 잔소리로 느끼는 이유가 여기 있다. 가족들이 하는 말은 타인의 말보다 더 쉽게 마음의 눈을 열기도 하지만, 반대로 더 강하게 마음의 문을 닫게 하기도 한다. 이것은 가족 간의 감정적 연관성이 그만큼 견고하게 형성되어 있다는 반증이다. 그렇기 때문에 가족자아상을 깊이 있게 탐색하고 인식하게 되면, 자신과 자신의 문제에 대한 통찰과 이해를 넓힐 수 있는 열쇠가 되기도 한다.

가족자아상은 개인자아상과 밀접한 관련이 있다. 서로 한 몸처럼 유기적으로 움직이게 된다. 즉 가족구성원들의 변화는 곧 가족 전체의 변화를 가져오게 되며, 가족 전체성의 변형은 그 속에 살아가는 구성원 개개인의 변화를 필연적으로 가져오게 되는 것이다. 가족중심음악치료는 개인의 독특성과 개성을 극대화시킴으로써 긍정적 가족자아상을 이끌어 내고, 가족의 전체성과 통합성을 극대화시킴으로써 바람직한 개인의 자아상을 도출한다. 가족자아상의 정확한 탐색과 분석은 이후의 치료과정인 개인자아상의 변형에 매우 중요한 선행과정이 된다. 가족자아상의 탐색과정과 절차는 원가족 개개인에 대한 자아상을 탐색하는 과정과 동일하다. 이를 위해 사용되는 기법과 전략으로는 원가족 도표, 가족생애주기, 별칭 및 별명, 강점 및 약점 탐색 등이 사용된다.

가. 원가족 도표

자기를 정확히 인식한다는 것은 자신의 강점과 약점을 잘 알고 있다는 의미인 동시에 자신의 진정한 소망과 그것을 막고 있는 장애물과 문제점을 인식하고 있다는 것을 말한다. 더불어 가족 간의 의사소통 유형이나 가족규칙, 세대 간의 유사성 등 가족 내의 역동성까지도 자기인식의 한 부분일 수 있다. 가족음악치료모델에서는 자기인식과 가족역동성 파악을 위한 효과적인 도구로서 원가족 도표를 사용한다. 이것은 질병이나 질환의 호전에 있어 매우 중요하다.

원가족 도표(Family of origin map)는 여러 가지 도형과 선을 이용하여 삼인군의 내적 특성과 상호 역동성을 파악하고 가족의 변화와 성장을 위한 단서를 찾기 위한 대표적인 기법이다. 따라서 이 도표를 주의 깊게 검토하는 일은 어떤 면에서 '사정작업'이자 '치료작업'이기도 하다. 즉 자기인식을 위한 '평가도구'임과 함께 질환과 증상의 호전을 동시에 성취할 수 있는 효과적인 '치료도구'인 것이다. 가족 중심 음악치료사는 원가족 도표의 중요성과 작성절차를 정확하게 이해하고 있어야만 한다. 원가족 도표의 가장 핵심적인 가치는 가족체계 안에서 자신의 위치를 발견하는 데 있으며, 한 개인이 여러 세대를 걸쳐 오면서 반복된 가족역사의 한 부분임을 인식하고 인정하며 긍정적으로 변형하도록 돕는 데 있다. 이러한 통찰은 문제행동의 좀 더 근원적인 변화는 물론 더 나아가서 내적 평화와 자기실현을 성취하는 기초가 된다.

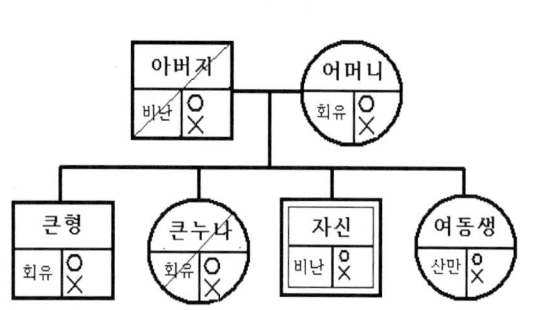

핵심기본정보가 기입된 원가족 도표 예시

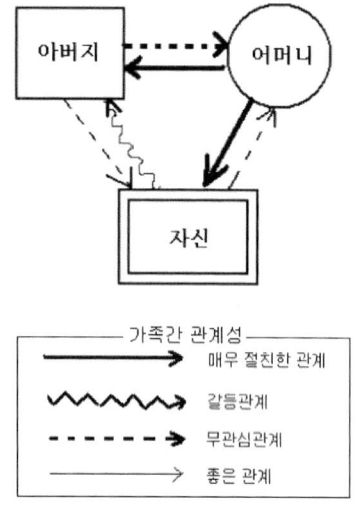

A. 원가족 도표 초안[92]

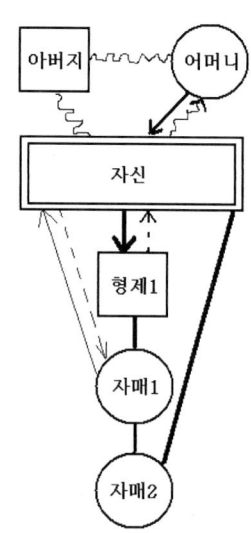

B. 원가족 도표 관계양상(예시)[93]

---

92) 위의 도표를 통해서 볼 수 있는 아동의 가족관계성은, 아빠는 사업실패로 인해 자포자기 상태가 되었고 매일 음주와 폭력을 일삼으며 엄마와 아동 모두에게 무관심한 태도를 일관하였다. 엄마는 아빠와는 달리 다른 가족들과 갈등관계에 놓여 있다. 성격은 완벽주의 성향을 갖고 있으므로 이동의 행동 하나하나에 간섭을 했으며 아동은 눈치를 보며 엄마와 아빠의 외면으로 인해 조용하고 말이 없는 성향으로 변해 가고 있으며 현재는 부모에게 무관심한 태도를 보이고 있다. 그러나 이 도표는 초안일 뿐 의사소통 유형을 비롯한 더 많은 내용들이 첨가되어야 온전한 도표가 된다는 것을 밝혀 둔다.

93) 좌측 – 부모와 자녀로 구성된 삼인군의 원가족 도표 관계양상을 나타낸 것이다. 이 그림에서 아버지는 어머니에게 무

도표의 주요 내용으로는 이름이나 나이 등의 가족에 대한 기본적인 정보를 기재한 뒤, 가족구성원의 성격특성, 의사소통 유형, 가족 상호간 관계양상 등 세부적인 정보를 보완한다. 이렇게 내담자 또는 가족들과 함께 기본적인 정보를 원가족 도표를 통해 얻게 되면, 치료사는 내담자 또는 가족들과 함께 작성한 도표의 내용을 보면서 심층적인 탐색작업에 들어가게 된다. 치료사는 원가족 도표에 익숙해야 하며 그 내용정보를 매우 능숙하게 활용할 수 있어야 한다. 치료사가 원가족 도표를 보다 능숙하게 작성하고 활용할 수 있다면, 여타 기법을 통해서 수집하는 정보의 양이나 깊이보다 훨씬 풍부하고 다양한 내용들을 빠른 시간 내에 얻을 수 있게 된다. 내담자에 대한 정확한 이해는 효율적인 치료와 직결되기 때문에 중요한 의미를 지닌다.

원가족 도표를 작성하는 순서와 절차는 기본적으로 다음 다섯 가지 단계로 나누어진다. 1) 기본정보 수집, 2) 의사소통 유형 탐색, 3) 성격특성 형용사 표현, 4) 관계양상 영향권 분석, 5) 가족관계 탐색이다.

1) 기본정보 수집

먼저 내담자의 원가족에 대한 기본적인 정보(情報)를 수집하는 것이 선행된다. 여기에는 내담자의 아버지와 어머니 이름을 각각 □와 ○에 나누어 적고, 나이, 출생일, 사망 여부 등 핵심적인 기본정보를 도형 안에 기재한다. 또 내담자 자신에 대한 정보도 부모의 아래쪽에 성별에 따라 도형을 그리고 그 안에 적는다. 도형의 바깥쪽 부분에는 각 구성원들의 직업, 학력, 취미, 종교, 출생지, 사망원인 등 인구학적 정보들을 순서대로 적어 넣는다.

관심하고 소홀한 편이고, 어머니는 아버지에게 애정을 갖고 있다. 아버지는 자녀인 내담자에 대해 무관심하며 그런 아버지에 대해 내담자는 미워하고 대립하는 갈등관계에 있다. 어머니는 내담자에게 강한 애착을 갖고 있지만 어머니에 대한 내담자의 반응은 무관심이다.
우측—부모와 4남매로 구성된 삼인군의 원가족 도표 관계양상을 나타낸 것이다. 내담자는 큰 아들로서 남동생 1명과 여동생 2명이 있다. 부모 상호간에는 서로 갈등관계에 있으며 부모에 대해 내담자는 갈등하고 대립하는 관계에 있다. 형제간에는 서로 갈등관계가 없으며, 내담자는 형제들 중 둘째 여동생과 가장 밀접한 관계를 유지하고 있다. 이 그림에서는 내담자와 부모와의 관계가 가장 시급하게 해결되어야 할 사항이라는 것을 알 수 있다.

2) 의사소통 유형 탐색

　두 번째 절차부터는 세부적인 내용을 기재하게 되는데, 가족구성원들의 의사소통 유형을 적어 넣는다. 일반적으로 가족구성원들이 스트레스나 위기상황이 발생했을 때 보이는 대응방식 또는 대처 유형, 즉 '의사소통 유형(communication type: 意思疏通類型)'을 인구학적 정보들 바로 아래에 적는다. 회유형, 비난형, 초이성형, 산만형, 비현실형, 일치형 등 여섯 가지 유형 중 하나 또는 그 이상을 적는다. 다음의 질문들이 유용할 수 있다 - "어머니는 스트레스를 받으면 어떻게 하시나요?" "아버지는 당신이 잘못을 저지르면 어떤 행동을 보이셨나요?" "아버지는 주로 꾸짖는 스타일이신가요 아니면 달래는 스타일이신가요?" 등이다. 한 사람의 의사소통 유형을 정확히 판별하기 위해 '의사소통유형검사지'를 활용할 수도 있지만 가족들의 진술과 판단은 대부분 정확하다. 일치형을 제외한 나머지 다섯 개 유형들은 '불일치한 대처 유형들'로서 서로에게 좋지 않은 영향을 미치게 되며, 이러한 유형에 대한 검토 작업은 그 유형의 소유자에게 결핍된 특정 요소들을 찾아내는 데 효과적으로 적용된다. 일반적으로 내담자의 성장기 전후를 비교하기 위해 만 18세가 되기 이전과 이후로 나누어 각 구성원들의 의사소통 유형을 비교하면 도움이 된다.

3) 성격특성 형용사 표현

　세 번째 절차는 원가족 개개인의 성격특성(性格特性)을 긍정적 특성과 부정적 특성으로 나누어 각각 세 가지씩 도표 안에 형용사 형태로 적어 넣는 것이다. 예컨대, "아버지 하면 떠오르는 단어가 뭔가요?" "어머니의 장점은 무엇인가요?" "아버지는 어떤 분이셨나요?" "아버지의 성격 중 좋은 점과 나쁜 점을 각각 세 개씩 말씀해 주시겠어요?" 등 질문이다.

4) 관계양상 영향권 분석

　네 번째 절차는 원가족 간의 상호 관계양상(關係樣相)을 직선이나 점선 등 기호로 표시하는 것으로서 실제 스트레스나 위기상황을 상상하도록 한 뒤 기재하면 보다 정확하게 가족 간 상호관계성을 검토할 수 있다.

굵은 선(━━)은 매우 절친하며 밀착된 관계를 의미하며, 꺾은 선(⌒⌒⌒)은 상호간 갈등관계를 나타내며 자주 부딪히고 적대적인 관계임을 뜻한다. 점선(-----)은 무관심하고 소원한 관계를 의미하며, 가는 선(───)은 일반적으로 좋은 관계를 유지하며, 수용적이며 갈등이 적은 관계를 말한다. 그 외에도 세 개의 굵은 선으로 서로 연결될 경우, 지나치게 밀착된 관계로서 자기의 영역이 없이 하나로 융해된 관계를 말한다. 이때 주의할 점은 두 사람이 서로 같은 감정이나 태도를 갖고 있으면 화살표 없이 한 줄로만 표시하지만, 그렇지 않을 때는 화살표 두 개를 이용하여 서로 다른 감정과 그 심리적 방향성을 나타낸다. 내담자와의 관계양상 탐색에 있어서 그들 관계의 저의, 진의를 파악하는 것이 어렵고 중요하다. 대개의 경우 '관계가 그저 그렇다', '그냥 좋은 편이다' 정도로 답변하는 경우가 많은데 치료사는 가족의 근저에 있는 본연의 관계양상을 직관과 다양한 보충질문을 통해 정확히 파악하는 것이 중요하다.

5) 가족관계 탐색

원가족 도표 작성의 마지막 단계는 지금까지 작성된 원가족 도표의 내용정보에 대한 심층적인 탐색이다. 이러한 과정은 원가족구성원들의 근본적인 치료와 가족관계양상의 변형과 발전에 중요하다. 다음과 같은 구체적인 탐색체계를 가지고 원가족 분석작업에 들어간다.[94]

  (1) 가족관계의 탐색: 구성원들 간의 관계, 문제해결방법, 변화된 인물 탐색
  (2) 아동기와 청소년기의 탐색: 스승이나 우상, 감사, 변화, 수정된 행동양식
  (3) 부모에 대한 생각의 탐색: 자녀에 대한 환상, 부모 마음의 구조 기술 및 재조명
  (4) 가족구성원 대처 유형의 탐색: 구성원의 성격특성, 위기 때의 의사소통 유형
  (5) 가족구성원 긍정자원의 탐색: 구성원들의 장점과 능력, 긍정자원의 영향력

---

94) 감정에 대한 반응탐색작업에서 치료사는 특정 감정을 선택하여 가족에게 제시하고 이 감정에 대해 어떤 반응을 각자 보였고 대처했는지 토론한다. 제시할 수 있는 감정의 예로는 분노, 상처받음, 두려움, 실망, 유머, 즐거움, 슬픔, 걱정, 친밀감, 행복 등이다. 또 세대 간 전수과정의 탐색작업에서는 원가족에게서 물려받은 것이 무엇인지 탐색하게 된다. 여기에는 질적 특성, 성격, 신념, 예의범절, 말투, 좋아하는 것과 싫어하는 것, 재능, 장점과 약점, 습관, 비밀 등이 포함된다. 정문자, 『사티어 경험적 가족치료』, 서울: 학지사, 2003, p.134.

(6) 성장과정에 대한 탐색: 영향을 미친 실망과 사건, 질병, 가족축하일 탐색

(7) 가족규칙의 탐색: 분명한 가족규칙, 은밀한 가족규칙, 규칙의 변형과 영향력

(8) 가치관과 자아존중감의 탐색: 성장기의 자아존중감 정도와 핵심가치관

(9) 감정에 대한 반응 탐색: 특정 감정에 대한 수용, 공유, 무시, 억제반응 탐색

(10) 가족기대의 탐색: 부모의 기대, 부모에 대한 기대, 성취되지 못한 기대 탐색

(11) 가족비밀의 탐색: 가족비밀에 대한 반응과 대처방식, 가족비밀의 변형

(12) 세대 간 전수과정의 탐색: 이전 세대로부터 물려받은 성격, 능력, 신념, 습관

(13) 과거에 미해결된 사건의 탐색: 현재의 행동에 영향 미치는 과거의 사건과 감정

나. 가족생애주기(Family life chronology): 가계도와 생육사

가족생애주기(Family life chronology)는 다른 용어로 가족생활연대기[95] 또는 생육사라고도 한다. 용어에서도 알 수 있듯이, 전 생애 동안 한 가족의 구성원 모두에게 강한 영향력을 주었던 사건과 사고, 지진과 전쟁 등의 불가항력적인 천재지변 등을 기록하는 연표 또는 연대표와 같이 기록하게 된다.

가족생애주기는 내담자가 갖고 있는 현재의 문제가 과거의 어떤 사건과 연관되어 있는지 혹은 그 과정을 통해 내담자로 하여금 자신의 문제에 대한 통찰력을 갖도록 도움을 준다. 즉 출생 후 현재까지 자신의 인생경험을 반추해 가며, 자신에게 영향을 미쳤던 사건들을 인식하고 재구성하는 과정을 통해 성장할 수 있는 기회를 제공하는 탐색기법이다. 이것은 가족에게 중대하고 의미 있는 경험과 사건들을 포함하는데 개인적 영역과 환경적 영역으로 나누어 볼 수 있다. 전자는 결혼, 사망, 이혼, 사업실패, 졸업, 이사, 질병, 사고 등 개인에게 의미 있는 사건과 경험들을 포함하고 있는 반면, 후자는 화재, 전쟁, 홍수, 가뭄, IMF 등의 환경적 요인으로 인해 영향받은 사건들을 포함한다. 다음은 가족생애주기표 예시이다.

---

95) "가족생활연대기는 Star(내담자)를 포함하여 삼세대의 생활연대기를 적은 것이다. 작성방법은 Star의 조부모 출생에서 시작하여 Star가 일정한 연령에 이를 때까지의 사건을 연대순으로 적는다."
정문자, 『사티어 경험적 가족치료』, 서울: 학지사, 2003, p.140.

출생(1995. 4. 3.) 경기도 포천에서 태어남

1세 기억 안 남

2세 4월 이동면으로 이사 감

3세 6월 자전거 타다가 다리 부러짐

3세 9월 첫째 동생이 태어남

4세 9월 첫째 동생 돌잔치

5세 2월 할아버지 돌아가심

6세 3월 농사짓던 아빠 사업 시작

6세 10월 아빠가 돈을 많이 가져오심

7세 3월 가족끼리 롯데월드 함께 감(10점)

7세 10월 가족여행 안면도 바다 구경(10점)

8세 3월 초등학교 입학(6점)

8세 5월 외할머니 돌아가심

8세 7월 학교에서 상장 받아 옴(10점)

8세 9월 아빠 사업 실패, 아빠 매일 술 마심(1점)

8세 10월 엄마 아빠 심하게 싸움(1점)

9세 2월 아빠가 엄마를 때림(1점)

9세 5월 엄마한테 공부 못해서 심하게 맞음

9세 8월 엄마한테 반항하고 집을 나감(1점)

9세 10월 남 눈치 본다고 아빠한테 심하게 세 차례 맞음(1점)

10세 3월 엄마와 치료실 방문

위의 생애주기표를 해석하면 다음과 같다. 대상자는 현재 만 10세 아동으로서 3세에 다리가 부러지는 신체적 외상을 입었고, 6세 때 가족 모두에게 중요한 전환점이되는 사건이 있었는데, 그동안 농사만 짓던 아빠가 사업을 시작하게 되었다. 아동에게는 7세에 해당하는 1년 동안의 기간이 가장 행복했던 기억(10점)으로 남아 있다. 8세에 초등학교에 들어가 적응기간을 가지면서 약간의 어려움을 겪었지만, 그해 7월에는커다란 상장을 여러 장 받아 오는 등 훌륭하게 적응해 가는 모습을 보였다. 그러나 8세 9월에 갑작스럽게 터진 부도로 인해 아빠의 사업이 실패로 돌아가게 되자 아동을포함한 가족들에게 충격을 주게 되었다. 그 이후로 10세가 될 때까지 아빠의 폭행,엄마의 매질과 잔소리, 아동의 가출 등이 이어졌다. 10세 3월에 치료실을 엄마와 함께 방문하여 현재에 이르고 있다.

다. 별칭 및 별명

　별칭과 별명96)은 또 다른 형태의 자기(自己)를 반영한다. 원래 별명(別名)이란 사람의 외모나 성격 등 특징을 바탕으로 하여 남들이 지어 부르는 이름을 의미한다. '황새 황선홍', '마린보이 박태환', '코리안 특급 박찬호', '네모공주 박경림' 등과 같이, 그 사람의 특징과 개성 – 이름, 외모, 직업, 몸매, 특기, 음색, 성격을 비교적 정확하게 파악하여 붙여진 것이 바로 '별명'이다. 어린 시절 부모님께 또는 친구들 간에 불린 별명은 종종 자신의 이름보다 더 많이 불렸다. 이름을 대신한 것이다. 그 사람의 이름이란 그 사람의 정체성을 나타낸다. 이름이나 별명을 부끄러워하거나 자랑스러워하는 것은 그것들을 자신과 동일시하기 때문이다. 시인 김춘수의 『꽃』은 이름 부르는 일을 시의 모티브로 삼았던 면에서 독창적이다. 이름을 짓고 부르는 일은 어떤 대상에 대해 일반적이지 않은 특별한 가치를 발견하는 일일 것이다. 시인은 '꽃'에게 이름을 불러 주기 전까지는 하나의 몸짓, 즉 아무것도 아닌 존재에 불과하다고 표현한다. 그러나 이름을 불러 주었을 때 비로소 '꽃'이 되었다고 한다. 미지의 대상에 '이름'이라는 의미를 심어 주는 것은 외부 세상과 소통하도록 하는 장치와도 같은 것이다.

　내담자의 별명이나 별칭을 탐색하는 것은 그 사람을 이해하는 중요한 단서가 된다. 반대로 별명을 바꾸거나 새로운 별명과 별칭을 얻는 것은 새로운 자아의 변화와 탄생과도 관련이 있다. 치료사는 이 모델의 1단계와 마지막 단계에서 내담자의 별명을 다룬다. 제1단계에서는 자기인식을 위한 도구로서 이름과 별칭을 검색하며, 마지막 단계에서는 내담자 자신이 진정으로 원하는 별명과 타인이 붙여 준 긍정적 별칭을 탐색한다. 자신의 현재 이름의 의미, 어린 시절 친구들이 붙여 준 별명, 부모님이 붙여 준 별칭 등을 회상해 보도록 한다. 또한 이 별명들에 대한 내담자의 감정과 느낌은 어떤지, 이 별명을 인정하는지, 자신의 어떤 면 때문에 이런 별명을 얻게 되었는지, 별명으로 인해 생긴 사건은 없는지를 추가로 질문한다. 치료사는 별명에 대한 느낌, 감정, 특성 등을 음악이나 동작으로 표현할 수 있는 기회를 줄 수 있다. 집단으로 진행되는

---

96) "명칭을 부여하는 것(labeling)은 하나의 경계를 만들어 주는 것으로 어떤 집단에 소속되거나 소속되지 않게 만든다. 이 명칭은 '나를 보는 데 영향을 주는 것'으로 명칭의 성격에 따라 자아개념을 높여 줄 수도, 낮출 수도 있다. 어릴 때에는 이런 별명에 대한 책임이 나에게 있는 것으로 생각하지만, 이는 실제를 반영한다기보다는 단지 상대의 지각에서 비롯된 것임을 유념할 필요가 있다." 정문자, 『사티어 경험적 가족치료』, 서울: 학지사, 2003, p.155.

음악치료에서 서로 둥글게 둘러선 다음, 한 사람씩 자신의 별명이나 이름을 표현하면 다른 사람들이 모두 그 사람의 동작이나 소리를 모방하여 따라 하는 것이다. 이때 치료사는 내담자가 별명의 특성을 충분히 살려서 소리, 동작, 동작과 소리, 악기 등으로 표현할 수 있도록 격려한다. 이러한 경험을 통해 내담자는 자신이 부끄러워하거나 거부하는 별명에 대해 안전한 음악의 구조 안에서 수용하고 있는 그대로 인정할 수 있게 된다. 문제를 문제로서, 한계를 한계로, 과거를 과거로서 받아들일 때 진정한 의미에서의 자기인식이 이루어지게 된다.

내담자 개인의 별명을 탐색하고 표현하는 작업이 종료되면 그 이후에는 가족을 주제로 하여 같은 과정을 시작하게 된다. 즉 가족 전체에 대한 별명 짓기, 가족구성원 개개인의 별명 짓기, 타인들이 생각하는 우리 가족의 별명 지어 보기 등이 예가 될 수 있다. 물론 과거에 가족 별명이 있을 때는 회상과정을 통해 이끌어 낼 수 있겠지만, 아무런 별명도 없을 때는 치료과정 중에 직접 내담자가 지어 보도록 한다. 이를 통해 가족 전체를 바라보는 내담자의 시각과 인지구조를 엿볼 수 있다.

라. 강점과 약점

치료사는 현재 내담자가 자신이 갖고 있는 강점(强點)과 약점(弱點)을 탐색하도록 돕는다. 중요한 점은 '현재' 내담자가 갖고 있는 것을 탐색한다는 점이다. 과거의 성공이나 미래의 소망이 아닌 현재 그가 갖고 있는 강점과 약점에 초점을 맞추게 된다. 따라서 치료사는 내담자가 자신이 갖고 있는 특징이나 자원을 무작위로 열거하도록 한다. 부정적이든 긍정적이든 상관하지 않고 머릿속에 떠오르는 단어들을 자유롭게 표현할 수 있도록 분위기를 조성하는 것이 무엇보다 중요하다. 그런 다음 열거된 자원들 중 가장 강력한 것부터 가장 약한 것까지 순위를 매겨 보도록 한다. 집안배경이 가장 강력한 자원이라면 1위, 노래를 못 부르는 것이 가장 약점이라면 후순위가 될 것이다. 이렇게 수집된 자료는 내담자의 내적 자원을 파악하고 그중 약한 요소들을 강화시키기 위한 중요한 단서를 제공해 준다. 인간은 자신의 강한 요소는 더욱 강화시키려 하고, 약한 요소에는 무관심한 성향을 가지고 있다. 이렇게 되면 강한 자원들은 더욱 강화되겠지만, 약한 요소들은 더욱 원시적인 형태로 미분화되어 버린다. 바로 '심리적 빈익빈 부익부' 현상이 발생하는 것인데, 문제는 이런 과정들은 무의식적이고 자동적으로 일어나고 있어서 전혀 인식되지 않는다는 점이다. 이것은 결국 심리적인 불균형을 초래하며 마음속에 불안과 불행을 낳게 된다. 가족 중심 치료사의 가장 중요한 역할 중 하나는 이러한 내담자의 심리적 불균형요소를 정확히 분석해 내어 충족시킴으로써 마음의 안정과 평화 감정을 가져올 수 있게 된다.

우선순위 분석(Priority analysis)

대상자명: _____   진단일자: _____
나이: (   )세   성별: 남(   ), 여(   )   치료사명: _____

<주의사항>

1. 진단내용을 읽고 자신의 생각과 일치하는 곳에 √ 표 하시오
   (4점 척도: 매우 반대, 반대, 찬성, 매우 찬성).
2. 진단내용을 읽고 우선순위를 숫자로 적어 보시오(예: 1위~10위).
3. 질문내용에 대해 최대한 솔직하게 답변해 주세요.

진단내용	우선순위	매우 반대	반대	찬성	매우 찬성
1. 난 내가 가장 중요하다고 느낀다.	_____	├────────┼────────┼────────┤			
2. 나보다 다른 사람을 위해 살아야 한다.	_____	├────────┼────────┼────────┤			
3. 반드시 규칙과 상황에 맞게 살아가야 한다.	_____	├────────┼────────┼────────┤			
4. 진정한 내면과의 영적 만남이 가장 중요하다.	_____	├────────┼────────┼────────┤			
5. 배우자가 나의 생활의 중심이다.	_____	├────────┼────────┼────────┤			
6. 가족의 행복이 나의 가장 최우선 목표이다.	_____	├────────┼────────┼────────┤			
7. 일과 직업에서 성공하는 것이 가장 중요하다.	_____	├────────┼────────┼────────┤			
8. 재미와 쾌락이 나의 생활의 핵심가치이다.	_____	├────────┼────────┼────────┤			
9. 친구관계가 다른 어떤 것보다 우선이다.	_____	├────────┼────────┼────────┤			
10. 경제적 안정과 물질적인 소유가 가장 중요하다.	_____	├────────┼────────┼────────┤			

<분석 및 의견>

우선순위 분석양식

마. 우선순위의 탐색

　치료사는 내담자의 우선순위(優先順位)를 분명하게 파악해야 한다. 이는 우선순위가 그 사람의 신념과 가치관에서 생겨나기 때문이다. 예컨대, 자아실현을 위해 결혼하여 아이가 있는 여자는 직장을 가져야 하는가 아니면 자녀양육을 위해 직장을 포기해야 하는가의 문제가 발생할 수 있다. '자아실현'과 '자녀양육' 간의 두 가지 가치가 서로 충돌하고 있는 것이다. 여기에는 참과 거짓이 존재할 수 없다. 두 가지 다 옳기 때문이다. 한 개인 고유의 우선순위가 작용하는 시점이다. 만약 이 사람이 자녀양육도 좋지만 진정한 자아실현이 더 중요하다고 판단한다면 직장생활을 선택하겠지만, 어떤 경우라도 자녀를 직접 양육하는 것이 가장 중요한 가치라고 생각한다면 직장을 포기하게 될 것이다. 이처럼 어떤 행동의 원인이 되고, 어떤 감정의 근원이 되기 때문에 신념과 가치관에 의해 생성되는 우선순위를 파악하는 일은 내담자의 행동과 감정변화에 직접적인 영향을 미친다. 평소에 사람들은 끊임없이 우선순위를 활용하여 선택에 선택을 거듭하고 있다. 바람직하지 못한 우선순위는 잘못된 선택을 낳게 되고, 잘못된 행동으로 이어진다. 따라서 우선순위를 바람직한 방향으로 변경하고 조정하는 일은 매우 중요한 작업이다. 치료사는 내담자에게 다음 목록을 제시하고 이들 간의 우선순위를 적어 넣도록 지시할 수 있다. 이 자료들을 통해 내담자가 갖고 있는 신념과 우선순위가 비합리적인 것이 아닌지 또한 양쪽의 가치를 선택한 이후에 어떤 결과가 각각 따라올 것인지 함께 예측해 볼 수 있다. 이 단계에서는 자기인식을 위한 도구로서 우선순위를 활용한다. 이후의 단계에서는 '미래직면기법'과 같이 적극적으로 내담자의 여러 가지 심적 자원들을 변형시키는 기법들이 많이 소개될 것이다.

02 다중관계반응(multi relation response) 검토

가. 의사소통유형 탐색 및 검토

 내담자와 그 가족들이 스트레스나 위기상황에서 어떻게 대응하는지를 평가하는 일은 원가족들의 불균형요소가 무엇이고 어떤 측면에서 도움이 필요한지에 대한 정확한 진단과 치료를 위해 매우 중요하다. 이러한 대처 유형,[97] 즉 의사소통 유형에는 앞서 언급한 바와 같이, 회유형, 산만형, 비난형, 초이성형, 비현실형, 일치형 총 여섯 가지 유형이 존재한다. 이를 위해 치료사는 일반적으로 가족에게 여러 가지 질문을 함으로써 유형을 파악하지만 정형화된 질문지, 예컨대 '의사소통유형검사지'를 활용하여 각 개인의 미분화된 측면과 과잉 강조된 측면을 확인할 수도 있다. '의사소통유형검사지'를 활용하여 내담자가 직접 검사지를 읽으며 자가평가하도록 할 수도 있고, 치료사가 각 검사문항을 읽어 주면 이에 답변하는 형식도 가능하다.

 '질문'을 통해 대처 유형의 종류를 확인하는 방법 외에 '관찰'을 통해 확인하는 방법도 있다. 이를 '유도된 즉흥연주(Guided Improvisation)탐색기법'이라고 부른다. 즉 자유롭게 진행되는 즉흥연주를 통해 원가족의 대처 유형을 탐색하고 확인하는 것이다. 이때 활용되는 악기는 주로 '북(drum)'이며, 치료와 교육을 위해 고안된 '오르프(Orff) 악기'가 사용될 수 있다. 대부분 치료실을 찾는 가족들은 여러 가지 사건, 사고를 겪으며 서로간의 불신이 커진 상태이므로 자유즉흥연주를 실행하기에 어려움이

---

97) 대처유형, 대응방식, 생존방식 등 용어는 의사소통유형과 동일어로 사용된다.

있다. 따라서 치료사는 가족들이 흥미를 갖고 따라 연주할 수 있도록 사전에 프로그램화된 즉흥연주 패턴[98]을 제시함으로써 초보적인 형태의 즉흥연주를 유도한다. 이렇게 즉흥연주가 진행되는 동안 가족 속에서는 다양한 역동성과 상호작용이 일어나게 되는데, 치료사는 집중적인 관찰을 통해 연주에서의 주도권을 누가 갖고 있는지, 소극적으로 반응하는 사람이 누군지, 자유롭게 자신을 표현하는 사람이 누구인지, 황홀경에 빠져 현실감이 없는 사람이 누군지, 어느 하나에도 집중하지 못하고 산만한 연주를 하는 사람이 누군지 등을 탐색한다. 이러한 유형탐색기법은 가족들의 협조와 의지 그리고 치료사의 사려 깊고 직관적인 인도가 필수적이다.

이렇게 검사를 통해 원가족구성원들의 일반적인 대처 유형이 파악되면 각 구성원들로 하여금 '가족음악조각기법'을 활용하여 자신의 유형을 구체적인 '동작'과 '음악'으로 표현하도록 한다. 예컨대, 어머니가 잔소리가 심하고 다른 사람을 인정하지 않는 비난형이라면 '큰북'이나 '심벌'을 크게 연주하도록 하고, 자녀가 소극적이고 목소리도 작고 다른 사람에 대해 지나치게 반응적인 회유형일 경우, '탬버린'이나 '핑거심벌(finger cymbal)'을 매우 작게 연주하도록 할 수 있다. 막연하게 머리로써 알고 있는 자신의 의사소통 유형은 몸이나 소리로 표현하면서 개인의 몸과 내면에 깊이 각인되게 되는데, 이를 '신체화되었다' 또는 '체화되었다'는 의미에서 '체감각화(體感覺化; somatization)'라고 한다. 이것은 정신증상의 신체화[99]라는 병리적인 개념과는 다른 의미임을 유의하기 바란다. 이 단계에서 활용할 수 있는 기법으로 가족음악조각기법이 있다.

---

98) '프로그램화된 즉흥연주 패턴'이란 초기 단계에서는 치료사의 시범연주를 모방하여 연주하거나 일정한 음악과제를 연주하는 전형적인 재창조연주를 하고, 중기에는 가족 모두에게 흥미 있는 공통된 주제를 가지고 초보적인 수준의 즉흥연주를 진행하고, 이것이 익숙해지고 자유로워지면 말기에는 특정한 주제 없이 자유롭게 즉흥연주하도록 한다.

99) 신체화(身體化, somatization)란 정신의학에 있어서 정신적 체험이나 정신적 상태를 신체적 증상으로 전환하는 것을 말한다. 보통 의학적 이상소견이나 진단 없이 신체적인 증상을 호소하는 경우를 의미한다.

■ 적용가능한 음악치료기법:

가족음악조각기법(family music sculpture)

정지 상태에서의 음악연주(음악심리극은 다이내믹한 연극적 요소를 포함, so 가족음악조각은 음악심리극의 일부분으로 활용될 수 있다. +가족의 의사소통 유형을 음악으로 형상화하여 조각함)

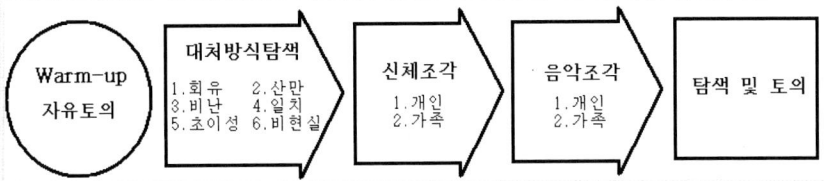

■ 치료적 의의: 자신 또는 가족의 의사소통방식, 생존 유형, 스트레스대처방식 등을 눈과 귀로 경험함으로써 과거의 미해결된 사건 당시 가족들의 상황과 자신의 대처방식을 이해하게 된다. 또한 변형시켜야 할 대처행동이 무엇인지 알 수 있고,
■ 기본절차: 준비(설명, 안내) - 의사소통유형탐색 - 신체조각(가족신체조각) - 음악조각(가족음악조각) - 탐색 및 토의

① 회유형 음악조각
② 산만형 음악조각
③ 비난형 음악조각
④ 일치형 음악조각
⑤ 초이성형 음악조각
⑥ 비현실형 음악조각

나. 인물-사건 영향권 분석: 가족의 상호 영향권 분석과 탐색

'인물-사건 영향권 분석기법'은 한 개인의 전 생애 동안 영향을 미친 인물이나 사건들을 그림으로 나타낸 심리구조도이다. 이 기법을 활용하여 인물들 간의 상호 영향력, 심리적 거리, 친밀도, 갈등구조, 성격특성 등을 파악할 수 있다. 또한 사건과 관련해서는 개인에게 긍정적인 사건(│)과 부정적인 사건(∤)들을 구분하고 그 영향력의 정도와 특성을 분석해 낼 수 있다. 대상자의 생애에 영향을 준 인물과 사건을 탐색하는 이유는 자신의 현재 행동과 감정에 영향을 미친 사건과 인물들에 대해 재인식하고 재정립할 수 있는 기회를 주기 위해서이다. 이러한 경험은 문제사건과 중요 타자에

대한 인식전환 및 인지의 재구성을 가져온다. 심도 깊은 탐색을 위해 음악긴장이완 또는 음악회상기법을 활용하는 것이 도움될 것이다.

　내담자의 성장과정에서 영향을 미친 인물과 사건들에 대한 구체적인 영향권 분석절차는 다음과 같다. 우선, 치료사는 '인물－사건 영향권 분석표'[100] 양식을 준비한다. 양식이 준비되지 못했을 때는 일반 종이를 준비하는 것으로도 충분하다. 내담자 자신을 그림의 한가운데 위치시킨다. 그런 다음 자신에게 영향을 준 사람을 자유롭게 상상해 보도록 한다. 이 단계에서 음악긴장이완기법을 비롯한 연상기법을 활용할 수 있다. 일단 자유연상을 통해 떠올리게 되면, 인물은 자신의 좌측에 배치하고 사건들은 우측에 배치시킨다. 그러고서 이들과의 친밀도나 영향력 정도를 세 가지 형태의 선을 이용하여 표시한다. 예컨대, 매우 친밀할 때는 ▬▬▬로 연결하고, 평범한 관계일 때는 ―――로, 서로 대립적이고 불편한 관계일 때는 ⌒⌒⌒로, 무관심한 상태일 때는 ------로 표시한다. 선의 두께와 모양에 따라 내담자에게 미친 영향력이나 친밀감 정도를 파악할 수 있다. 그 이후, 인물과 사건에 대한 특징, 감정, 영향을 묘사하는 말을 3∼4개 정도 적어 넣는다. 예를 들어, 영향을 준 사람으로서 '어머니'를 적었다면 이 사람을 묘사하는 형용사로서 '친절한', '잔소리가 많은', '사랑이 많은' 등을 적을 수 있다. 또 영향을 준 사건이 '결혼'이었다면, 결혼에 대한 묘사로서 '새로운 출발', '무한한 책임감', '두려움' 등이 있다. 이렇게 인물과 사건에 대한 형용사 묘사가 끝나면 각각의 형용사에 대해 긍정(＋)과 부정(－)을 나타내는 표시를 한다.

　이렇게 한 개인의 '인물－사건 영향권 분석도'가 완성되면 치료사는 내담자와 함께 그림을 보면서 면밀히 토의하고 분석하게 된다. 이 과정을 통해 내담자는 자신의 인생에서 지대한 영향을 미친 사건과 인물들에 대한 통찰과 재정립의 기회를 갖게 된다. 특히 자신이 인식하지 못했거나 무의식 속에 억압했던 영향력 있는 경험과 관계양상을 재정립하도록 함으로써 궁극적인 '자기인식'을 위한 하나의 시각적 자료를 제공하는 데 의의가 있다.

---

100) 이 모델에서 사용되는 평가 및 분석양식들은 같은 책 제15장 '평가체계와 일반화 전략'에서 설명하고 있다.

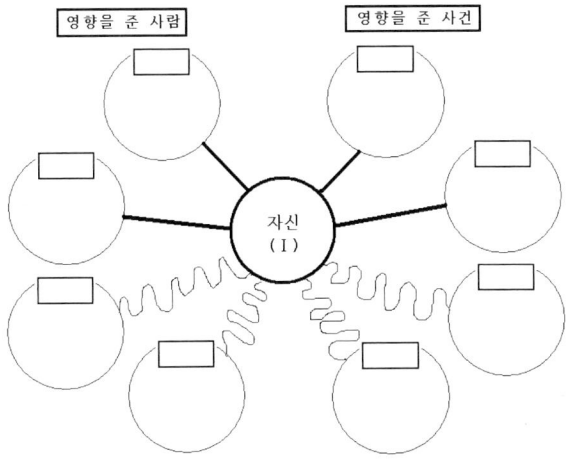

인물-사건 영향권 분석도(기본양식)

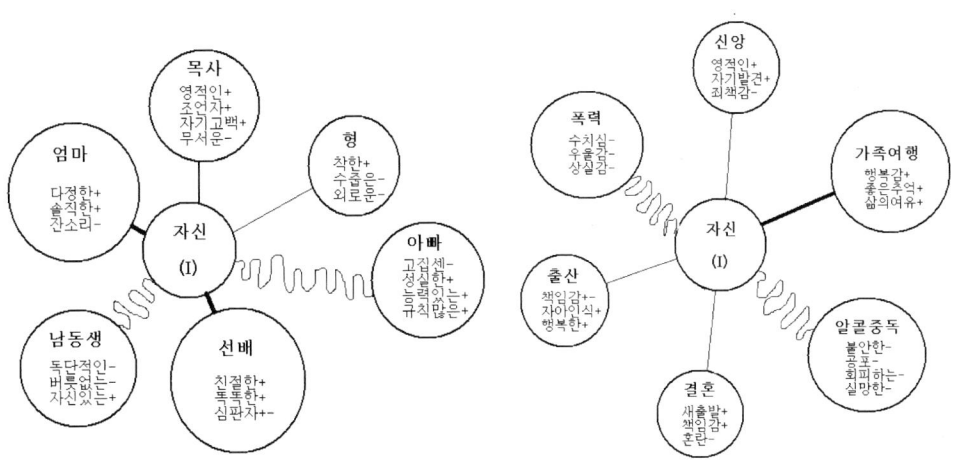

A. 인물 중심 영향권 분석도   B. 사건 중심 영향권 분석도

'인물-사건 영향권 분석도' 기본양식은 내담자에게 영향을 준 네 명의 인물과 네 개의 사건들을 적어 넣도록 구성되어 있다. 이미 구성된 틀을 제시하는 것이다. 네 명의 인물 중 절반은 긍정적 영향을 준 인물을, 나머지 반은 부정적 영향을 준 인물을 적도록 되어 있으며, 사건 또한 마찬가지 형태로 구성되어 있다. 이 기본 양식은 내담자의 회상범위를 제한할 가능성이 있기 때문에 주의가 필요하다. 어떤 대상자의 경우는 네 가지 이상의 사건과 인물관계를 회상해 낼 수도 있기 때문이다. 따라서 다음의 예시와 같이 일정한 형식이나 양식 없이 인물과 사건을 빈 종이 위에 자유롭게

작성하도록 하는 것이 유용할 때가 있다. 특히 인물 중심으로 영향권을 분석할 경우, 인물 간 친밀감과 갈등관계 등의 '심리적 거리'를 중앙에 있는 '자신(I)'으로부터의 가깝고 먼 정도로 표시하도록 한다. 또 인물들을 감싸고 있는 자아로서의 '원'의 크기를 달리하여 영향력의 정도를 분명히 할 수 있다.

다. 가족규칙 탐색

'가족규칙'은 원가족 삼인군 간의 상호작용을 통해 만들어져 내재화된 가족의 역할과 의무, 행동방식, 생활방식, 감정표현방식, 관계방식 등을 규정해 놓은 하나의 가족헌법이다. 가족규칙을 통해 구성원들은 어떤 일을 해야 할지 또는 하지 말아야 할지를 결정하게 된다. 가족행동의 지침인 셈이다. 가족규칙은 개인과 가족의 신념과 기대, 열망으로부터 만들어진다. 특히 자녀에 대한 부모의 기대는 자연스럽게 가족 간의 규칙을 만들어 낸다. 이 과정의 특징은 의식적일 수도 있지만 대부분 무의식적이라는 점이다. 가족규칙 속에는 수많은 충고, 훈계, 규칙, 교훈들로 가득 차 있다. 이들 중 한 개인과 가족구성원에게 가장 큰 영향력을 미치는 핵심적인 심리요인으로서의 규칙과 원칙들을 '가족내면규칙(家族內面規則, family internal rules)'이라고 명명한다.

가족규칙은 융통성 있게 변화될 수 있어야 한다. 취침시간이나 귀가시간, 용돈체계 등 규칙들은 자녀의 연령에 따라 적용을 달리해야 하기 때문이다. 그러나 상황과 환경이 달라졌음에도 불구하고 과거의 가족규칙을 그대로 고수하게 되면 자녀들은 욕구가 좌절되는 경험을 하게 된다. 이 같은 경험은 부모에게 지나치게 순종적이거나 아니면 지나치게 저항적이고 반항적인 태도를 만들어 낸다. 융통성이 없고 비합리적인 가족규칙은 개인의 자아존중감과 성장에 방해를 준다. 인생의 중요한 전환기에는 그동안 그 가족을 지배해 온 가족규칙을 융통성 있게 변화시켜야 한다. 대부분의 건강하고 기능적인 가족들은 변화하는 상황에 따라 융통성 있게 규칙을 변형시킬 수 있고, 반대의견이나 차이를 인정하며, 실천이 가능한 규칙을 세우게 된다. 치료사는 가족구성원들과 함께 가족규칙의 타당성을 검토하면서 부적절하거나, 불합리하고, 불공평한 측면들이 없는지 토의한다.

가족규칙을 탐색하기 위한 방법으로서 치료사는 감상활동을 통해 내담자를 긴장·이완시킨 다음, 가족 사이에 존재하는 수많은 가족규칙들을 회상해 보도록 할 수 있다. 그런 다음 감상 중에 떠올린 규칙들을 하나씩 열거하도록 한다. 유의할 점은 내담자 중에는 가족규칙에 대한 명확한 용어이해가 잘 안 되는 경우도 있다는 것이다. 이 경우 가족규칙을 열거하더라도 통상적이고 의미 없는 규칙들일 가능성이 많다. 가족구성원들의 성장과 발전에 영향을 준 진정한 가족내면규칙을 발견하기 위해서는 가족규칙에 대한 명확한 이해와 설득이 선행되어야 한다. 다음 질문들이 도움이 될 수 있다. "부모님들은 당신에게 어떤 것을 주로 강조하셨지요?", "성장기에 부모님께 귀에 못이 박히도록 들은 말은 뭔가요?", "부모님들은 자녀들이 어떤 행동을 할 때 가장 싫어하셨나요?", "가족 모두가 서로에게 조심하는 부분이 있다면 뭔가요?", "자랄 때 부모님의 잔소리 중 특별히 듣기 싫었던 말에는 어떤 것이 있나요?" 등이다. 치료사는 가족규칙 탐색작업을 통해 얻게 된 규칙들을 다음 기준에 의해 타당성을 검증할 수 있다.

(1) 가족규칙들은 상황이 변할 때마다 융통성 있게 바뀌었나?
(2) 가족규칙들은 비현실적이며 실행하기 불가능한 것인가?
(3) 가족규칙들은 가족구성원 모두의 동의하에 만들어진 것인가?
(4) 가족규칙들은 가족구성원들이 원하는 규칙인가 혹은 그렇지 않은가?
(5) 가족규칙들은 서로 공유되는가 혹은 금기시되고 있는가?
(6) 가족규칙들은 각각의 구성원 모두에게 차별이 없고 공평한가?

03

가족소망(Family Want)의 인식

가족소망(家族所望)은 개인이나 가족구성원들이 갖고 있는 상호간의 기대와 열망, 소망을 의미한다. '기대'란 소망의 구체화된 형태이다. 소망과 기대가 사라지면 삶에 대한 기본적인 원동력을 잃게 된다. 소망은 앞에서 언급한 대로 심성지층모형의 제5차원 일반적 욕구(慾求)의 층에 위치한다. 가족소망은 생득적으로 가지고 태어나는 보편적 욕구와는 달리, 원가족구성원들 간의 경험과 관계 속에서 후천적으로 획득된다. 심성의 저층에 위치하기 때문에 쉽게 인식되기 어렵고 그만큼 소망이 좌절될 때 받은 충격은 매우 크다. 숙련된 치료사에 의해 불러일으켜진 의식의 전환된 상태에서 이를 탐색하고 인식하는 것이 통례이다.

가족소망은 크게 세 가지로 나누어지는데, '내가 나에게 갖는 소망', '내가 가족에게 갖는 소망', '가족이 나에게 갖는 소망'이다. 세 가지 소망의 내용은 서로 다를 수 있다. 그렇기 때문에 필연적으로 소망과 소망, 기대와 기대 사이에 차이가 발생하게 된다. 이러한 차이가 크면 클수록 가족 간 불화의 원인이 될 뿐만 아니라 개인의 성장을 방해하는 요소가 될 수 있다. 자녀는 예술가가 되고 싶지만, 부모는 자녀가 의사가 되기를 원할 수 있기 때문이다. 자녀가 행복하기를 바라는 부모의 소망이 '의사'라고 하는 구체화된 기대를 낳게 된 것이다. 부모의 소망대로 자신이 원하지 않는 삶을 살든지 혹은 자신의 소망을, 의지를 가지고 고수할 수도 있다. 인간의 현재 삶은 소망과 기대의 결과물일 수 있다. 수많은 소망들이 충돌하면서 변형되거나 조정되거나 좌절된 경우이다.

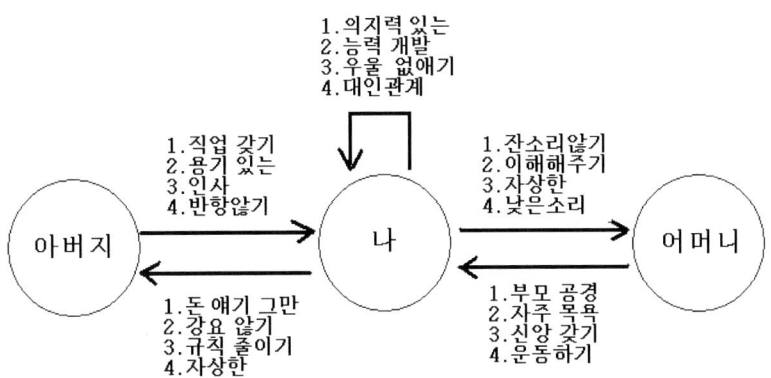

가족소망 분석도

■ 적용가능한 음악치료기법:

음악자유연상기법

음악자유연상기법의 목적은 무의식 기저에 있는 내용들을 탐색하고자 함이다. 즉 변형된 의식 상태에서 자유롭게 연상된 심상들을 탐색하는 것이다. 이때 음악은 무의식 차원의 내용들을 동요시키고 영향을 주며 의식 차원으로 떠오르도록 하는 역할을 한다.

■ 패턴화된 감상음악 절차: 단성음악⇒화성음악⇒다성음악⇒화성음악⇒단성음악

① 모노포니(monophony: 단성음악): 집중(치료사 언어적 집중)

② 호모포니(homophony: 화성음악): 몰입

③ 폴리포니(polyphony: 다성음악): 탐색(내담자의 자유로운 무의식 탐색)

■ 기본절차: 감상/노래 - 자유연상 - 생각느낌보고 - 음악표현 - 토의

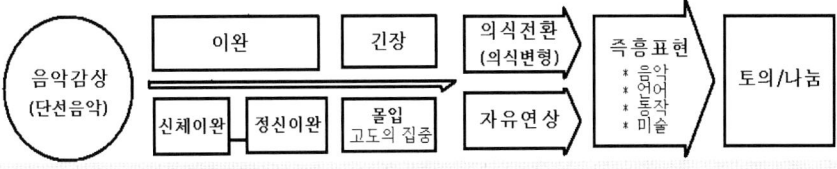

① 자유연상 - 음악표현 - 토의

② 감상/노래 - 자유연상 - 토의

기대로 인해 수많은 규칙과 인지 패턴들이 생겨나게 된다. 따라서 근원적인 소망과

기대를 합리적으로 변형시키게 되면 그와 연계된 무수한 규칙과 인지 패턴들까지도 자동적으로 변화시킬 수 있다. 치료사는 가족구성원들 간의 소망탐색을 위해 음악긴장이완기법과 음악자유연상작업, 가족소망분석도 등을 활용할 수 있다.

04

핵심감정(Core Feeling) 수용[101]

　인간의 근원적인 변화와 만족은 자신의 문제점을 정확히 인식하고 진정으로 갈망하는 삶을 살 때 이루어진다. 그런 의미에서 핵심감정문제를 치료사와 함께 탐구하는 작업은 한 개인에게는 증상호전의 시작이요 중요한 인생의 전환점이 될 수 있다. 많은 치료사들이 내담자의 변화를 위해 많은 시간을 보내지만 결국 핵심이 되는 문제조차도 파악하지 못한 채 치료를 종결하는 경우를 종종 보게 된다. 짧게는 2회기의 단기상담치료에서부터 길게는 몇 년간 진행되는 정신치료에 이르기까지 치료진행시간이 다양하지만 치료시간이 곧 증상의 호전이요 문제행동의 변화인지는 의문이다.

　인간은 불안, 분노, 미움, 시기, 공포 등 다양한 수준의 감정과 기억들로 인해 고통받고 있다. '나는 상사가 무서워서 직장에 나가기도 싫어요!' '친구들에게 따돌림당한 사실을 잊을 수가 없어요.', '이유 없이 짜증이 나고 분노가 치밀어 올라요.' '시댁의 '시' 자도 듣기 싫어요!' 등 기억들이다. 이러한 기억과 정서는 특정 사건이 발생할 때마다 인간의 무의식 기저에 작게 혹은 크게 응어리져 자리 잡게 된다. 마치 날카로운 도구로 인해 몸에 상처를 입을 경우 시간이 지나 흔적이 남는 것과 마찬가지의 이치이다. 깊은 상처일 경우에는 그만큼 깊고 넓은 흔적을 남긴다. 우리는 일상생활의 작은 대화에서도 종종 상처를 입게 되는데 이때 무의식의 어느 한 부분에 작은 흔적을 남기게 된다. 반대로 부모의 교통사고 현장을 목격하거나 유년시절 성폭행을 당하는 등 충격적인 사건을 경험하게 되면 그 경험의 충격 크기와 영향력만큼 무의식에

---

101) 핵심감정은 한 개인의 생각과 행동에 영향을 미치는 여러 정신적 외상과 경험들 중 가장 큰 영향력을 지닌 문제경험을 의미하므로 '핵심문제(core problem)'라고 불러도 무방하다.

새겨지는 상흔(傷痕) 또한 크다.

내담자의 무의식 여러 층에 산재해 있는 이와 같은 감정의 덩어리들은 행동과 정서에 광범위하게 관여하고 있다. 어떤 일에 다른 사람보다 지나치게 민감한 반응을 보인다든지, 이유 없이 우울한 감정들에 사로잡히거나, 걷잡을 수 없는 분노의 감정을 느낀다든지 하는 것은 무의식의 다양한 층에 산재한 조건들의 작용 때문이다. 이러한 감정의 흔적들 중에서 작은 부분들은 작은 노력으로도 쉽게 해결되지만, 현재 내담자의 일상생활 속에 침투하여 갖가지 어려움을 만들어 내고 있는 원인감정은 보다 크고 강력한 역동을 지닌 부정적 자원들이다. 따라서 이러한 핵심적인 감정들을 우선적으로 다루는 것은 근본적인 증상이해와 치료에 무엇보다도 필수적이다. 그러나 이 핵심 감정들은 원시적이고 미분화된 상태로 남아 있기 때문에 내담자가 의식적으로는 이것을 노출시키지 않고 철저히 은폐하고, 무의식적으로는 억압하는 경향을 보인다. 음악은 억압되고 은폐된 이와 같은 무의식 속의 감정들을 의식 밖으로 인도하는 데 매우 효과적인 중재도구이다. 치료사는 음악을 적절하고 효율적으로 활용하여 핵심감정들을 덮고 있는 두터운 '가면'을 벗겨 낼 뿐만 아니라 내담자에게 확인시키고 고백하며 수용하도록 함으로써 보다 효과적이고 근원적인 치료를 이루어야 한다.

가. 핵심감정 수용기법: 인식과 고백

핵심감정은 의식적·무의식적으로 억압되고 은폐되기 때문에 겉으로 잘 드러나지 않는 특징을 지니며 이러한 감정들이 드러나더라도 그것을 거부하고 부정하게 된다. 그러므로 핵심감정을 표현하는 것은 물론 마음 깊이 인정하고 수용하는 것은 전인적 변화의 핵심적인 요소이다. 즉 자신 내부에 자신을 조종하는 문제감정들이 있음을 인정하는 '병식(病識)', 즉 '병이 있음에 대한 알아차림'이 이루어질 때 진정한 변화가 일어나며, 본격적인 치료가 시작되는 때가 바로 이 시점이다. 대개 문제를 가진 가족 구성원들은 자신들에게 전혀 문제가 없다고 호소하는 경우가 많으며 왜 상담실을 찾아와야 했는지조차 이해하지 못한다.

"우리 가족은 아무 문제가 없어요!" "나는 정직하고 착하게 생활해 왔는데 왜 나에게 이런 증상이 생기지요?" "나의 양육태도에는 문제가 없는 것 같은데 아이들은 왜 나를 싫어하지요?" 등 질문을 하게 되는 것이다.

치료사는 내담자나 그의 가족들이 자신들이 갖고 있는 핵심감정을 인정하고 그 감정들을 고백하고 표현하도록 도울 필요가 있다. 자신의 문제감정이 언제 시작되었고 어떻게 발단이 되었는지를 기억하도록 독려한다. 때때로 인생 초기에 발생한 충격적 사건들에 대해서는 너무 어린 나이라서 기억을 못 하거나 무의식적인 과정을 통해 억압하는 경우가 많아서 의식화하는 데 어려움이 따른다. 또한 치료사나 사건에 대해 저항적 자세를 견지하여 부정하고 거부하는 경향도 보인다. 치료사와 내담자가 밀착된 신뢰관계가 형성되어 있을 때, 핵심감정의 고백이 가능하며 좀 더 깊이 있는 근원적 감정들이 밝혀지게 된다.

'고백'은 이러한 무의식 속에 미해결된 사건과 감정들을 의식의 수면 위로 끌어올려 밝은 햇빛을 쏘이는 작업이라고 할 수 있다. 때때로 이 고백과정에서 자기성찰과 정화감을 경험하고 치료가 종결되는 경우도 종종 있다. 이것은 일단 의식 위로 끌어올려진 무의식적 내용들이 치료사에 의해 잘 처리되고 중재될 때 축소되거나 소멸되기 때문이다. 마치 가톨릭의 '고해성사(告解聖事)'나 기독교의 '회개(悔改)과정으로서의 고백'을 통해 신자들이 느끼는 정화감정과 비견된다. 그러나 지표면 속의 마그마가 용암으로 분출되고 시간이 지나 굳어 버리는 것과 마찬가지로 무의식의 미해결된 과제들이 겉으로 밝혀졌다고 해서 모든 것이 해결된 것은 아니다. 오히려 의식의 지면 위로 모습을 드러낸 용암과 같이 무의식의 내용들을 잘못 관리한다면 내담자에게 더 큰 혼란과 혼돈을 가져올 수 있으며 과거에 고착되는 경우도 볼 수 있다. 따라서 치료사의 처리수용력을 능가하는 거대한 역동을 지닌 핵심감정문제가 발견되면 치료사는 조용히 그 문제를 덮을 필요가 있다.

나. 핵심감정 탐색기법: 문제의 확인

핵심감정 확인을 위해 주로 언어를 활용하는 '10단계 척도질문'과 '시간선 음악분석기법'과 노래심리치료의 일종인 '가사변형기법, 즉 songwriting'을 사용한다. 먼저 척도질문은 감정, 행복, 우울 등을 비롯한 눈에 보이지 않는 내면 상태를 눈에 보이는 가시적인 수치를 이용해 척도화하기 위해 사용되는데 주로 10단계를 제시하고 그 중에 자신의 상태를 선택하도록 하는 방식이다. 예컨대, '가장 행복했을 때가 10점이고, 가장 비참하고 불행했을 때가 1점이라면 지금은 몇 점인가요?', '자신의 감정점수가 만점인 10점이었던 때는 언제인가요?', '자신의 감정점수가 1점으로 최하였던 때는 언제였나요?' 등 질문이다.

'시간선 음악분석기법(time - line music analysis)'은 출생 후 현재까지 자신의 인생경험을 반추해 가며, 자신에게 영향을 미쳤던 사건들을 인식하고 재구성하는 과정을 통해 성장할 수 있는 기회를 제공하는 탐색기법으로서 척도질문을 통해 얻게 된 여러 정보들을 하나의 그림이나 표로 정리한 분석도의 일종이다. 이러한 정보에는 주로 내담자에게 의미 있었던 사건과 경험 등이 기재되는데 전 생애를 총망라하여 본인이 혹은 가족들의 도움을 받아 작성하게 된다. 이렇게 작성된 '시간선 분석도'를 탐색하고 확인하는 과정을 통해 내담자는 자신에 대한 통찰과 문제원인에 대한 깨달음을 얻을 수 있다. 음악치료 현장에서는 내담자의 의미 있는 인생의 장면 장면마다 그들이 좋아하고 그들에게 영향을 주었던 곡을 선택하게 하며 그 곡의 가사와 의미에 대한 감정을 서로 나누는 기회를 가질 수 있다. 다음 내용은 '시간선 음악분석'의 절차를 예를 들어 설명해 놓은 것이며, '시간선 분석도'는 30대 중반의 K 씨의 사례를 소개한 것이다.

(1) 현재 나이까지 주요 생활 사건을 기억한다.
(2) 그 사건들을 수평선 위에 연대별로 나열한다.
(3) 그 사건들이 나에게 영향을 미친 정도를 긍정적 또는 부정적 차원에서 점으로 표시한다.
(4) 그 점과 점 사이를 선으로 연결한다. 이때 철사(도구)를 이용하여 생의 중요사건을 구부려서 시각화할 수도 있다.
(5) 치료사는 내담자에게 각 생활 사건들을 회상하도록 한다.
(6) 각 생활사건 장면에서 의미 있었던 노래를 생각해 보도록 한다.
(7) 치료사와 함께 그 노래들을 불러 보고 노래의 가사를 토의해 본다.
(8) 토의과정에 대한 느낌을 나누고 종결한다.

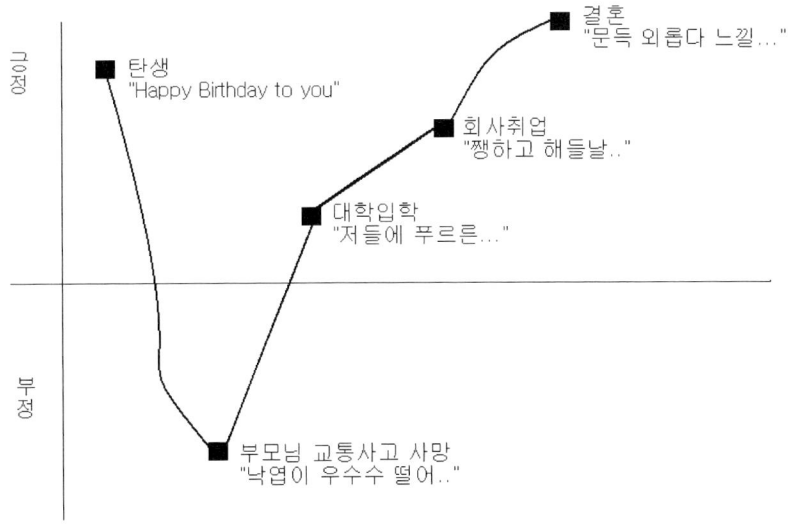

시간선 음악분석도

　'가사변형기법(songwriting)'은 노래 가사의 일부 혹은 전체에 내담자의 결심이나 의지, 핵심문제나 감정 등 의미 있는 단어나 문장을 넣어 부름으로써 내면의 변화와 성장을 이끌어 내는 노래심리치료기법의 한 분야이다. 치료사는 내담자에게 노래의 가사 속에 빈칸 등을 마련하여 구조적 환경을 제공함으로써 좀 더 정확하고 효과적으로 내담자의 핵심감정을 저항감 없이 표현하도록 돕는 기능을 한다. 또한 자신의 생각과 느낌을 가사로 만들어 노래 속의 빈칸에 넣어 불러 봄으로써 미완성의 완성, 부분에서의 통합, 전체로서의 만족감 등을 경험하게 된다. 또한 자신의 생각이 들어간 노래는 이제 단순한 노래가 아닌 '자신만의 노래(his/her own song)'로서 받아들이게 되어 특별한 의미를 지닌다. 이렇게 하여 분석도를 통한 시각화, 생활사건과 음악과의 연결을 통한 청각화를 통해 내담자 자신의 문제를 푸는 핵심적인 단서인 핵심감정을 인식하고 마음속에 각인하게 된다.102)

---

102) 핵심감정은 내담자의 문제와 증상을 해결하는 핵심적인 단서로서 내담자가 확고하게 인식하고 각인할 때 문제해결을 더욱 촉진시킬 수 있다. 문제를 인식하고 기억하는 일이 문제해결에 도움이 되겠는가 생각할 수 있지만 어렴풋이 인지하고 있는 문제는 오히려 해결에 방해물이 될 수 있다. 따라서 과거에 대한 문제이든 미래에 대한 결심이든 간에 확실하게 인지하고 각인할 때 변화와 성장을 가져올 수 있다.

다. 핵심감정분석기법: 척도질문과 해결탐구질문

　행동과 정서의 척도화를 위해 본 모델에서는 '척도질문'과 '해결탐구질문'을 활용한다. '척도질문(尺度質問)'이란 치료사가 내담자 자신의 현재 정서, 행복, 삶의 만족도, 자신에 대한 만족도 등을 10점 만점의 척도로 수량화하여 내담자의 내면 상태와 현재 상황을 다각적으로 파악할 수 있도록 고안한 질문기법이다. 이 질문기법은 '해결탐구질문'과 함께 사용될 때 완성될 수 있다. '해결탐구질문(解決探求質問)'이란 인간은 모든 문제의 해결책을 갖고 있다는 전제하에 내담자의 내면세계를 통찰하고 문제해결의 단서를 파악하고 탐구하는 중요한 심리질문기법이다. 내담자가 매긴 정서점수를 일정한 점수로 상향조정하기 위해 내담자의 주변상황이나 자신이 어떻게 변화되어야 할지를 질문하여 문제의 해결방안을 탐구하는 질문기법이다. 즉 치료사는 내담자의 정서 상태를 올바로 진단하기 위한 핵심기법으로서 '정서척도질문'을 사용할 수 있으며, '해결탐구질문'을 통해 내담자 자신도 미처 인식하지 못했던 문제에 대한 핵심적인 해결방법을 스스로 탐구해 나가도록 도울 수 있다.

척도질문구성도

　척도질문은 숫자의 마력을 이용하여 내담자에게 자신의 문제, 문제의 우선순위, 성공에 대한 태도, 정서적 친밀도, 자아존중감, 치료에 대한 확신, 변화를 위해 투자할 수 있는 노력, 진행에 관한 평가 등의 수준을 수치로 표현하도록 하는 방법이다. 이러한 척도질문을 통해서 치료사는 내담자의 문제해결에 대한 태도를 보다 정확하게 알아볼 수 있으며 내담자의 변화과정을 격려하고 강화해 줄 수 있는 구체적인 정보를 얻을 수도 있다. 첫 면담에서는 면담 전 변화 상태나 동기에 대한 파악을 한다.

라. 핵심감정 변환기법: 문제 속의 긍정적 의미 파악

앞서 가족음악치료모델의 기본전제에서도 살펴본 바와 같이, 인간에게 일어나는 모든 문제와 사건에는 '변화와 성장을 위한 의미 있는 메시지'가 담겨 있다. 즉 어떠한 사건 속에도 **긍정적인 의도**가 반드시 숨겨져 있으며, 문제행동 속에는 그 사람의 욕구와 소망이 숨어 있다. 예컨대, 50대 실직가장이 매일 술을 먹고 늦게 들어왔다. 그의 아내는 그가 들어올 때마다 온갖 저주와 폭언을 퍼부어 댔다. 그런 후 아내에 대한 폭행이 시작되었고 시간이 지나면서 점점 심해져 갔다. 이 사례에서 보면 가장은 술 주정뱅이에 폭행을 일삼는 나쁜 사람 같지만, 그러한 문제행동에서도 긍정적인 의도를 찾을 수 있다. 즉 늦게까지 술을 먹고 온 것은 직장을 잃은 데 대한 상실감에 대한 보상작용으로서 현실에서의 걱정과 고통을 '술 마시기'라는 대체행동을 통해 잊고자 하는 의도가 숨겨져 있다. 따라서 그의 아내가 이러한 남편의 행동 뒤에 숨겨진 긍정적 의도를 발견하도록 노력했다면 알코올 중독과 늦은 귀가, 폭언, 폭행이라는 악순환은 계속되지 않았을 것이다. 이처럼 행동의 표면적인 현상만으로 단순하게 판단하고 처리한다면 심각한 오류를 야기할 수 있다. 따라서 우리는 어떠한 형태의 문제행동에 직면했을 때, 그 이면에 숨겨져 있는 긍정적인 의도와 메시지를 따져 보아야 한다. '왜 그런 행동을 했을까?', '이 아이가 지금 원하는 게 정말 무엇일까?', '이런 문제가 우리에게 어떤 긍정적인 의미를 줄까?', '이러한 어려움이 나에게 어떤 도움을 줄까?' 등 질문이다. 치료사가 내담자에게 할 수 있는 최적의 질문은 다음과 같다.

"당신의 행동(문제행동)을 계속한다면 어떤 점이 좋은가요?"
"당신이 그 행동을 하면 무엇을 얻을 수 있나요?"

이런 질문을 통해 얻게 된 내담자의 답변들을 가능하면 많이 종이에 적어 놓는다. "술을 마시면 마음이 편해져요.", "술을 마시면 모든 걸 잊을 수 있어요." "술을 마셔야 살 것 같아요.", "술친구들을 만날 수 있어요 좋아요." 등이다.

일단 치료사가 내담자의 핵심감정, 즉 핵심문제의 이면에 숨겨진 긍정적인 의미와 메시지를 파악하게 되면, 다음 단계로서 내담자의 답변을 토대로 그 행동을 일으키게 만든 욕구(desire)와 소망(want)을 탐색해야 한다. 앞서 언급했던 알코올 중독 가장의 경우, '술을 마셔야 살 것 같다'는 대답에서는 '생명의 욕구'를 발견할 수 있으며, '술 친구들을 만날 수 있어요'라는 대답은 '사랑의 욕구'를 나타낸다. 또한 '술을 마시면 모든 걸 잊을 수 있어요'라는 대답은 '생명의 욕구'나 '안전에 대한 욕구'를 나타낸다. 이처럼 어떤 사람의 문제행동에 대한 그 사람 나름대로의 이유와 변명을 열거한 후 그에 대한 욕구와 소망을 어렵지 않게 찾아낼 수 있다. 구체적인 사례를 통해 살펴보면, 초등학교 5학년생인 오빠가 갓 태어난 여동생을 마구 때려 엄마에게 심하게 혼이 났다. 그러나 이 문제상황의 이면에는 사랑과 관심의 중심이 자신에게서 여동생으로 옮겨 간 것에 대한 '불만'과 '사랑에 대한 갈구'라는 메시지를 담고 있다. 치료사는 엄마로 하여금 아들의 문제행동 뒤에 숨겨진 진정한 욕구와 소망을 파악하도록 도왔고 아들의 마음은 평화를 되찾았으며 여동생에 대한 행동 또한 많은 변화를 가져왔다.

일단 핵심감정과 문제행동이 확인되면 그 이면의 긍정적인 의도를 리스트로 작성하게 된다. 그런 다음 리스트의 한 항목마다 연결된 욕구나 소망을 탐색한다. 이렇게 밝혀진 내담자의 진정한 바람과 욕구는 지금 현재 잘못된 행동으로 구현되고 있기 때문에 좀 더 바람직한 대체활동으로 전환될 수 있도록 도와야 하며, 욕구를 충족시킬 수 있는 수단을 마련해야 한다. 즉 알코올 중독 가장의 경우에는 술을 통해 마음의 안정과 사랑의 욕구를 충족시키는 대신 가정에서 가족들과 함께 의논하고 의미 있는 시간을 보내도록 도울 수 있다. 이것은 바람직한 대체활동을 제공하는 예가 될 수 있다. 또 다른 예에서 갓 태어난 여동생을 때린 초등학생 오빠의 경우, 부모로부터 관심을 끌고 사랑을 갈구하는 욕구를 충족시키기 위해 부모로 하여금 이 사실을 잘 이해시켜서 자칫 소외될 수 있는 오빠에게 보다 많은 관심을 갖도록 할 수 있다. 갑자기 찾아온 우울증과 같은 정신병리 현상에도 의미가 있으며 긍정적인 메시지를 담고 있다. 이러한 현상들은 충족되지 못한 욕구나 좌절된 소망으로 인해 발생하는 만큼 질환의 긍정적 의도와 충족되지 못한 욕구를 찾아내어 충족시켜 주거나 그럴 수 없을 때는 다른 대체방안을 찾는 것이 핵심중재라고 할 수 있다.

제10장
2단계: 긍정탐색

문제를 해결하기 위해서는 '문제해결'을 상상해야 한다. 이미 그 문제가 해결된 것처럼 말이다. 대부분의 부모들은 자신의 기준에 맞게 자녀들이 행동하지 않을 때 문제라고 여긴다. 자녀의 문제를 변화시키기 위해 그 문제를 지적하고 꾸짖게 된다. 하지만 문제를 문제로서 지적하게 되면 자녀들의 마음속에는 '새로운 결심'이 아닌 '패배의식'이 새겨지게 된다. '절대로 그렇게 하지 말아야지.' 하는 생각 대신 '그래! 나는 그런 사람이야.'라고 낙인찍게 되는 것이다. 인간은 그렇게 바라보는 대로 형성되어 간다. 인간의 마음은 기본적으로 '긍정(肯定)'을 추구하며, 긍정적인 것을 강조하면 할수록 더욱 긍정으로 나아가려는 근본적인 성향을 지니고 있다. 따라서 우리가 사람들의 긍정적 행동에 대해 관심을 갖고 주의를 기울여 주게 되면 그들은 자신의 행동을 계속 반복하게 된다. 긍정적인 격려와 관심만으로 타인의 긍정적 행동을 불러일으키게 되는 것이다. 인간에게 동기를 부여하는 수많은 요인들 중 가장 강력한 방법은 긍정의 발견인 것이다.

가족음악치료모델에서는 내담자들의 문제나 문제행동에만 집착하지 않는다. 다만 자기정화와 통찰을 위해 문제를 탐색할 뿐이다. 문제는 정당하게 인식될 때 해결될 수 있지만, 문제에만 집착하면 문제 속에 고착되거나 함몰되고 만다. 문제 속에서는 문제를 볼 수 없다. 문제를 넘어서 그들이 갖고 있는 긍정적인 측면에 도달해야 한다.

이 장 '긍정탐색(肯定探索, exploration of affirmation)' 단계에서는 전 단계인 '자기인식' 단계에서 확립된 정화감과 통찰을 바탕으로 끊임없이 대상자들의 긍정적인 면에 초점을 가지고 접근한다. 그들이 현재 갖고 있는 문제 자체보다는 그 문제가 갖고 있는 긍정적인 의도를 파악하고자 한다. 특히 과거에 이미 문제를 해결했던 경험을 탐색하도록 돕기 위해 감상을 통한 자유연상작업이나 심상체험활동을 활용한다. 일단 심상체험작업을 통해 떠올린 심상으로서의 긍정자원들은 일시적인 해방감이나 통찰을 줄 수는 있지만 구체적인 의식화과정을 거치지 않으면 다시 무의식 속으로 돌아가 같은 문제를 반복하게 된다. 따라서 연주나 가창, 그림, 동작 등 실제적인 자기표현활동을 통해 의식화 또는 체감각화할 필요가 있다. 하지만 대상자들 중에는 무의식으로부터 끌어올릴 만한 긍정적 경험이나 자원이 전혀 없거나 기억나지 않는 경우도 있을 수 있다. 이럴 경우에는 '가상적 틀', 즉 상상 혹은 가상현실 속에서 이미 문제가 해결되었다고 가정함으로써 실낱같은 긍정적 측면을 도출해 낸다. 아직까지 오지 않은 미래를 대상으로 탐색작업을 할 때는 주로 미래직면기법이나 음악자유연상기법 등을 활용한다. 이러한 과정은 지극히 긍정지향적인 이 모델의 철학을 보여 준다.

성공경험 회상: 문제해결경험 회상

— 극도의 행복한 기억, 블리스풀(blissful) 상태의 회상 —

가. 성공경험의 의미

긍정자원탐색 단계의 첫 번째 작업은 '성공경험 회상'이다. 내담자가 이미 성취한 문제해결 경험을 다시 떠올리고 이전부터 갖고 있는 긍정자원을 탐색하는 것을 의미한다. 긍정자원(positive resources, 肯定資源)이란 내담자 자신에게 긍정적인 영향력을 미쳤던 과거의 '개인경험', '내적 요소', '중요타자' 및 '신화적 모형'들을 포괄하는 의미이다.

'과거의 긍정적 개인경험'이란 현재의 문제행동에 대해 긍정적으로 반응했던 경험을 말하지만, 꼭 문제와 관련성이 없더라도 내담자 개인에게 있어서 성공적인 경험과 사건이라면 모두 포함된다. 예컨대 현재 가족 간에 대화가 단절된 경우에는 과거에 가족이 함께 즐겁고 평화롭게 대화를 나누던 때를 말한다. 우울증으로 인해 사회생활을 현재 못 하고 있다면, 명랑하고 행복한 마음으로 직장을 다녔던 때를 개인의 긍정적 경험이라고 할 수 있다. 교회를 다니며 느꼈던 영적 생활, 영화나 음악회를 통해 받은 커다란 감동 경험 등이 예가 될 수 있다.

'긍정적 개인 내적 요소'란 내담자의 성격, 능력, 지식, 환경 등 한 개인을 둘러싼 심리적·인지적·사회적·신체적·영적인 모든 자원 중 긍정적인 부분을 의미한다. 어떤 면에서는 자신의 특기나 소질이 될 수 있고, 강한 의지력이나 든든한 사회적 배경이 될 수도 있다.

긍정적 '중요타자(重要他者)'란 내담자의 전 생애 동안 긍정적인 영향을 미쳤던 인물을 의미한다. 따뜻한 시선과 격려, 칭찬을 보내 주었던 인물, 어려움이 있을 때마다 돌봐 주고 위로했던 인물, 혼란과 혼동의 시간에 길을 제시해 주고 의지가 되었던 인물들이다. 보통 인물에 대한 탐색은 그 인물과 관련된 사건 경험을 자동적으로 불러일으키게 되어 회상작용을 강화한다.

'신화적 모형(神話的 模型)'이란 대상자 행동과 생활방식에 영향을 준 좌우명, 격언, 신화 속 인물, 위인 등을 의미한다.

나. 성공경험 탐색기법

개인의 긍정적 자원은 과거의 것이므로 대부분 무의식 속에 가라앉아 있는 경우가 많다. 따라서 긍정적 경험을 했던 당시의 강렬한 인상과 감동은 많이 감소된 상태이다. 이런 극도의 행복한 감정과 상태를 유지하고 문제가 발생할 때마다 자의적으로 떠올릴 수 있다면 이상적인데, 가족음악치료모델에서는 이와 같은 극도의 행복 상태를 블리스풀(blissful)[103] 상태라고 명명하며, 대상자가 이러한 '블리스풀 상태'를 유지하도록 하고, 궁극적으로는 내담자 스스로 자유롭게 이 상태를 재생할 수 있도록 돕는다. 따라서 이 단계에서의 치료적 핵심은 '블리스풀 상태의 재생', 즉 극한의 긍정적 및 성공적 감동을 재경험하도록 만드는 일이다. 과거를 현실화(現實化)시켜야 한다. 치료사는 대상자가 과거의 긍정적인 경험, 인물, 내적 요소 등을 최대한 정확하고 실제적으로 느낄 수 있도록 도와야 한다. 그것들을 과거와 무의식으로부터 다시 현재로 가져와 직접 눈으로 보듯, 귀로 듣듯, 몸으로 느끼듯 만들어 주어야 한다. 이 단계에서의 대표적인 기법은 '주제에 따른 음악회상작업'이다. 긍정자원을 체계적인 감상활동을 통해 연상하고 회상하며, 치료적 가창활동을 통해 명료화하고 각인한다.

---

103) 'blissful'은 극도의 행복 상태, 지복(至福)의 상태, 더없이 행복한, 즐거운 상태를 의미한다.

이렇게 긍정자원을 탐색하고 회상하는 과정을 통해 내담자의 잠재적인 변화욕구는 점진적으로 확장된다. 회상(回想)이란 한 번 경험하고 난 사물을 나중에 다시 상기하는 일, 즉 과거를 탐색하고 떠올리는 것을 의미한다.

다. 기본절차

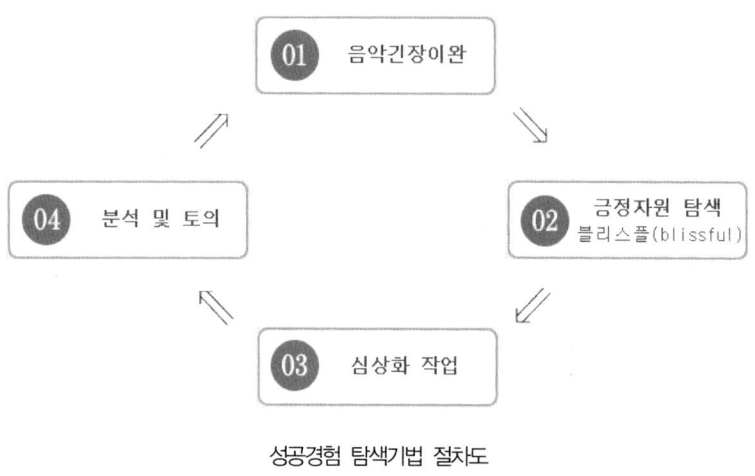

성공경험 탐색기법 절차도

1) 제1단계: 음악긴장이완(music & relaxation)

내담자의 신체와 정신을 감상활동을 통해 이완시키고 이를 통해 변형된 의식 상태에 이르게 하는 단계이다. 이것은 이후에 있을 본격적인 연상과 회상작업 준비단계의 성격을 갖고 있다. 음악긴장이완 대신 '치료적 가창(therapeutic singing)'활동으로 대체할 수도 있다. 치료사는 내담자와 함께 '행복했던 과거를 회상'하는 내용을 담고 있는 노래를 준비하여 함께 부른 후, 내담자가 자신의 가장 행복했던 기억을 떠올리도록 할 수 있다.

신체이완: 화성음악(homophony)을 들려주면서 언어적인 지시를 통해 신체를 이완시킨다. 치료사는 내담자를 최대한 편안한 자세로 앉게 한다.[104] 처음에는 자신의 호흡에 집중하거나 코에 집중하도록

지시한다. 그런 다음 발부터 종아리, 무릎, 허벅지, 엉덩이, 허리, 배, 어깨, 얼굴까지 긴장시키고 이완시키기를 반복한다.

정신이완: 기본적으로 신체이완은 정신적 이완을 가져온다. 치료사는 내담자가 음악의 선율과 리듬에 집중할 수 있도록 허용할 것을 지시한다. "최대한 음악을 거부하지 말고 받아들이도록 노력해 보세요."라고 할 수 있다.

의식전환: 신체와 정신이 이완되면 의식의 전환, 즉 '변형된 의식 상태'를 경험하게 된다. 이 상태는 고도의 몰입과 집중과정을 통해 생기는데 잡념 등의 의식적 개입이 배제된 상태를 의미한다. 회상과 연상과 같은 심도 깊은 자기탐색과 자기인식 단계에 들어가기에 앞서 이 상태가 준비되어야만 한다.

2) 제2단계: 긍정자원 탐색(exploring blissful experience)

극도의 행복한 경험을 의미하는 '블리스풀(blissful)' 상태를 경험하도록 하고, 과거의 의미 있는 경험과 인물을 회상하는 단계이다.

음악인물회상기법: 이 기법은 긴장이완을 통해 '변형된 의식 상태'에서 이루어져야 한다. 과거에 경험한 극도의 행복 상태를 회상하도록 한다. 특히 대상자에게 의미 있는 인물을 회상해 보도록 한다. "누구와 함께 있을 때 가장 행복했나요?" 등으로 질문할 수 있다.

음악긍정회상기법: 대상자에게 긍정적인 영향을 주었던 사건을 집중적으로 회상하도록 만든다. 이때 그의 장점과 능력, 재능, 특기 등을 떠올려 보도록 할 수도 있다. "인생에서 가장 행복했던 때를 떠올려 보세요.", "자신이 가장 잘하는 것이 뭐지요?", "자신의 성격 중에 마음에 드는 것이 있나요?", "특기가 뭡니까?"

긍정적 모델의 회상: 행동이나 생각의 지침이 된 좌우명이나 위인, 모델 등을 회상해 보는 단계이다. 현실에는 존재하지 않더라도 과거나 신화 속에 살아 있는 대상을 떠올리도록 해도 좋다. 자신이 되고 싶은 사람의 말투, 행동, 의지, 생각 등을 탐색해 본다. 음악신화회상기법이라고도 한다.

3) 제3단계: 심상화 작업(imagination)

긍정회상기법을 통해 무의식으로부터 떠올린 블리스풀한 경험, 인물, 사건을 시각, 청각, 촉각 이미지를 통해 의식화하는 작업이다. 이 과정은 의식적 과정일 뿐 심상을 실제로 악기로 표현하거나 그림으로 그리는 등 심상체험작업, 즉 '체감각화'와는 다른 개념이다.

---

104) 가족음악치료모델에서는 음악자유회상이나 심상체험작업을 위해 내담자를 편안하게 의자에 앉힌다. 정신분석이나 GIM, 최면 등과 같이 사람을 바닥에 눕히지 않음을 유의한다.

시각적 이미지 회상(시각적 심상화): 긍정회상작업을 통해 표출된 인물과 사건들을 시각적 이미지를 통해서 구체화하는 단계이다. 치료사는 다음과 같이 질문할 수 있다. "당신이 사랑했던 어머니는 어떤 모습이었나요?", "당신에게 많은 영향을 주셨던 선생님은 어떻게 생겼나요?", "당신이 가족과 함께 갔던 여행지는 어디였나요?", "바다의 색깔은 어땠나요?"

청각적 이미지 회상(청각적 심상화): 회상된 긍정자원을 청각적 이미지로 마음속에 형상화하는 단계이다. "가족이 함께 바다에 서 있을 때 어떤 소리가 들렸나요?", "존경했던 선생님의 목소리는 어땠나요?", "행복했다고 말한 당신의 졸업식에서는 어떤 소리가 있었나요?" 등 **질문을 통해 최대한 그때의 상황을 실감나게 느끼도록 유도한다.**

촉각적 이미지 회상(촉각적 심상화): 음악을 통해 회상한 긍정적인 자원을 촉각적 이미지로 형상화하여 인식하는 단계이다. "결혼식에서 배우자의 손을 잡았을 때 어떤 느낌이었나요?", "결혼 10년 만에 집을 장만해 가구나 물건을 들여올 때 어떤 느낌이었나요?" 등 질문을 할 수 있다.

4) 제4단계: 분석 및 토의

지금까지의 모든 과정을 정리한다. 회상작업 후에 기분이 어떤지, 또 생각나는 다른 인물이나 경험들은 없는지 등을 토의할 수 있다. 특히 내담자 자신에게 가장 영향력을 주었던 사건과 인물, 경험 등을 함께 언어적으로 명료화하고 왜 그것들이 떠올랐는지를 토의하는 것이 중요하다.

02 예외상황 탐색: 예외적 틀

가. 예외상황의 의미

이 단계는 과거에 문제가 일어나지 않았던 상황이나 행동을 회상할 수 있도록 내담자에게 예외상황(例外狀況) - '예외적 틀'을 제공하는 단계이다. 어떤 문제에도 예외는 존재한다. 아무리 천하의 망나니요 말썽꾸러기라 하더라도 한두 가지는 재주도 있고 칭찬할 만한 것이 있기 마련이다. 따라서 치료사는 내담자의 문제들 속에서 예외적인 상황과 행동을 끄집어내고 집중적인 관심을 보임으로써 그 예외상황이 더 자주 일어나도록 확대하게 된다. 내담자가 우연하게 성공했던 경험도 찾아내어 의도적으로 실천할 수 있도록 돕는다. 이 과정을 통해 내담자는 크게만 보이던 자신의 문제를 어느 정도 스스로 조정해 갈 수 있는 확신과 자신감을 가질 수 있다. 이렇게 예외상황을 찾고, 문제 속에서 긍정적 의도를 발견하여 그 상황을 증가시키려는 해결중심적 접근(解決中心的 接近)은 내담자에게 이미 문제를 해결할 수 있는 능력이 있다는 이 모델의 기본철학에 기반을 두고 있다. 내담자가 가지고 있는 자원을 찾아내고, 그가 행했던 우연한 성공을 활용하여 내담자 자신의 성장과 발전을 돕게 되는 것이다. 이때 치료사의 역할은 내담자가 스스로 예외상황을 발견하도록 돕고 해결책을 구축할 수 있도록 함께 작업해 나가는 것이라고 볼 수 있다.

나. 사용되는 질문형식

1) 척도질문

척도질문은 예외상황 탐색작업에 앞서 사용되며 내담자 자신의 감정 상태를 수량화하여 치료사에게 보고하도록 질문하는 방법을 말한다. 즉 내담자의 자존감 정도, 우선순위, 행복감, 우울, 불안 등을 눈으로 볼 수 있는 수치로 제시하여 그중에서 자신의 상태와 서열을 선택하도록 하는 질문법이다. 주로 내담자의 특정한 상태를 10단계로 제시하는 경우가 많아 '10단계 척도질문'이라고도 한다. 물론 대상과 특성에 따라 척도는 달라질 수 있을 것이다. 자신의 감정 상태 - 행복감, 우울감, 자존감, 자신감, 문제, 타인과의 관계 등을 파악함으로써 진정한 자기인식과 성찰을 돕는다. 자신이 어느 정도나 불행한지, 얼마나 행복한지, 다른 사람과 얼마나 가까운지, 자신의 문제가 어느 정도 심각한지 등에 대한 모호한 자기판단(自己判斷)을 분명한 숫자를 활용하여 수량화한다. 이것은 내담자에게 자기의 변화에 대한 책임감을 갖도록 하고 성장의 지를 키우는 데 도움을 준다. 또 내담자 주변 여러 문제들의 시급성에 따라 순위를 매기는 것도 가능하다. 다음과 같은 방법으로 척도질문을 사용하게 된다. "치료를 시작할 때 상태를 1점이라고 하고, 치료가 끝나 원하는 대로 변화되었을 때를 10점이라고 한다면 오늘은 몇 점 정도나 되지요?", "뭐든지 할 수 있을 것 같은 자신감이 충만할 때를 10점이라고 하고, 자신을 쓸모없는 존재라고 느낄 때를 1점이라고 할 때 현재는 몇 점을 주시겠어요?", "지금 당장 해결해야 할 가장 급한 문제가 10점, 가장 덜 급한 문제가 1점이라면 음주문제는 몇 점인가요?" 등이다.

2) 예외질문

일반적으로 척도질문을 통해 내담자의 감정 상태를 수치로 확인한 다음 예외상황 탐색에 들어가게 된다. 예외질문이란 과거에 문제가 일어나지 않았던 상황이나 행동을 회상하도록 하는 질문이다. 즉 내담자에게 예외적 상황을 탐색하도록 하는 것이다.

과거와 현재의 수많은 문제들 중에서 예외적으로 성공적이었던 기억을 생각해 내도록 함으로써 내담자의 내적 자원들을 강화시킨다. 내담자들 가운데 일부는 가족에 대한 불만과 증오가 너무 커서 이들에 대한 긍정적인 면을 전혀 찾을 수도 없고 기억나지도 않는다고 말한다. 이들은 실제로 기억이 나지 않을 뿐 아니라 그런 좋은 경험과 기억들이 매우 적은 것이 사실이다. 그러나 긍정적 기억들이 매우 희박하더라도 분명히 존재하기 때문에 이러한 예외적인 경우를 깊이 탐색하도록 해야 한다. "아버지가 당신에게 잘 해 주었던 적은 언제였나요?" "술을 마시지 않았던 날은 언제였나요?" "엄마는 당신이 어떤 일을 했을 때 칭찬했나요?"

■ 적용가능한 음악치료기법:

주제에 따른 음악회상작업

음악회상작업의 목적은 과거의 의미 있는 사건을 탐색하고 이를 심상화하기 위한 것이다. 기본적으로 내담자의 과거자원에 초점을 두고 개인경험과 기억에 기초해서 진행된다.

■ 기본절차: 감상 – 이완 – 집중 – 주제회상(인물/사건) – 이완 – 집중 – 토의

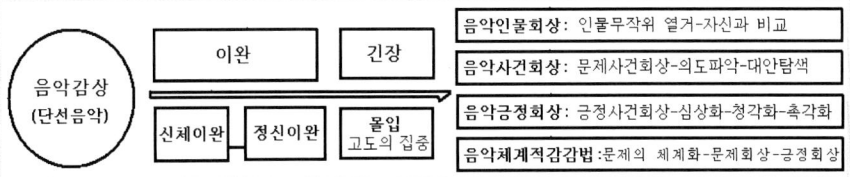

<대표기법들>

① 음악인물회상: 특정 음악을 듣고 연상되는 인물을 무작위로 열거하게 한 후 내담자 자신과 닮은 점을 찾아보도록 하는 기법이다. 자아성찰의 기회를 제공하는 데 도움을 준다.

② 음악사건회상: 음악을 감상하면서 슬프고 두려운 경험 등 부정적인 주제를 회상하는 기법이다. 좋지 않은 경험을 떠올리는 것에 그치지 않고 그 안에 숨어 있는 긍정적인 의도의 발견이 주된 목적이다.

③ 음악긍정회상: 과거의 긍정적이고 성공적인 경험을 회상하는 작업이다. 과거의 행복했던 마음과 신체 상태를 똑같이 재생시키는 데 그 목적이 있다.

④ 음악체계적 감감법(music systematic desensitization): 단계적으로 미래에 일어날 상황을 직면하는 감상기법이다. 연주 불안이나 학교 가기를 거절하는 경우 불안상황을 단계적으로 분류하여 하위수준부터 긴장·이완시키게 된다.

대처방식 탐색: 대처질문

대처방식(對處方式)이란 생활 속에서 일어나는 갖가지 스트레스 상황에 대응하는 개인 고유의 행동 및 생활방식을 의미하지만, 이 모델에서는 내담자가 현재 자신의 문제들을 대처하기 위해 이미 사용하고 있는 효과적인 방안이나 기술들을 포함하는 개념이다. 대개 경우 내담자들은 자기 자신을 문제의 노예라고 여기며 아무것도 변화시킬 수 없다고 단정한다. 스스로 포기한 경우가 많다. 그러나 인간이란 문제상황이 발생하면 긍정적이든 부정적이든 어떤 형식으로든 그 문제에 대처하고 적응하며 살고 있다. 내담자 내면에 대처방안을 이미 갖고 있는 것이다. 따라서 치료사는 대처질문을 활용하여 내담자 자신이 이미 갖고 있는 긍정적인 문제대처방안이나 기술을 새롭게 인식하도록 돕는다. 이렇게 되면 자신이 작지만 이미 문제해결을 위해 노력해 왔다는 사실을 깨닫게 된다. 또한 자기 자신 속에 문제의 해답이 있다는 것과 아직까지도 문제해결의 여지가 남아 있음을 깨닫게 된다. 바로 미래에 대한 희망을 갖게 되는 것이다. 자신의 상황에서 어렵게 대처해 온 이 방안들이 과거의 자신을 지켜 온 것이며 앞으로의 변화와 성장을 위한 디딤돌이 된다. 치료사는 다음과 같은 질문을 한다. "그런 어려움 속에서도 살아가도록 만든 것은 무엇이었나요?", "심각한 문제가 많다고 하셨는데 어떻게 견뎌 오셨나요?", "많은 어려움 속에서도 직장을 다니고 있는 이유는 무엇입니까?" 등이다.

이 단계에서 활용될 수 있는 음악중재에는 음악자유연상기법이나 주제에 따른 음악회상작업 등이 있는데, 치료사는 내담자에게 문제와 관련된 가사를 내포하고 있는 노래를 함께 부르거나 들려준 뒤, 이 과정에서 자유롭게 연상되는 내용들에 대해 함께 토의할 수 있다. 노래 가사를 토의하는 과정에서 내담자는 자신의 문제를 객관화하고 새로운 시각에서 바라볼 수 있도록 인도해 준다. 특히 자신의 부정적인 감정 상태와 유사한 주제를 가진 노래를 치료사와 토의하고 분석하면서 자신의 문제를 깊이 통찰하게 되고 그 문제를 대처하기 위해 사용해 왔던 행동 및 사고 패러다임을 새롭게 인식하는 기회를 갖게 된다.

■ 적용가능한 음악치료기법:

음악자유연상기법

음악자유연상기법의 목적은 무의식의 기저에 있는 내용들을 탐색하고자 함이다. 즉 변형된 의식 상태에서 자유롭게 연상된 심상들을 탐색하는 것이다. 이때 음악은 무의식 차원의 내용들을 동요시키고 영향을 주며 의식 차원으로 떠오르도록 하는 역할을 한다.

■ 패턴화된 감상음악 절차: 단성음악⇒화성음악⇒다성음악⇒화성음악⇒단성음악
① 모노포니(monophony: 단성음악): 집중(치료사 언어적 집중)
② 호모포니(homophony: 화성음악): 몰입
③ 폴리포니(polyphony: 다성음악): 탐색(내담자의 자유로운 무의식 탐색)

■ 기본절차: 감상/노래 – 자유연상 – 생각느낌보고 – 음악표현 – 토의

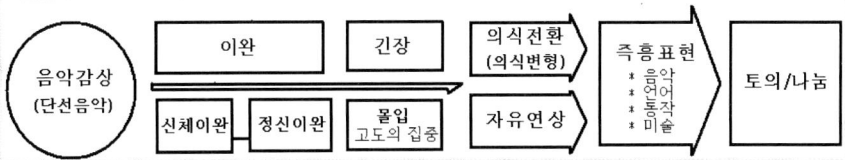

① 자유연상 – 음악표현 – 토의
② 감상/노래 – 자유연상 – 토의

04 기적체험 연상: 가상적 틀 제공

가. 기적체험의 의미

이 단계는 문제해결의 실마리가 보이지 않을 경우 이미 문제가 해결되었다고 가정하는 이른바, '가상적 틀'을 제공하는 단계이다. 이 모델의 핵심전제는 내담자로 하여금 끊임없이 자신의 긍정자원을 탐색하도록 하고 심리적 지지를 쏟아붓는 데에 있다. 그러나 과거를 탐색하고 회상하는 과정에서 어떠한 성공경험이나 예외적인 틀도 발견할 수 없을 때가 발생할 수 있다. 이때는 내담자에게 기적과도 같은 가상적 틀을 제공할 수 있는데 이를 '기적체험의 연상'[105]이라고 부른다. 주로 음악을 통한 자유연상기법을 활용한다. 여기서 연상(聯想)이란 실제로 경험하지 않은 사물과 현상을 마음속에 그려 보는 것을 의미하며, 창조적 상상(創造的 想像)이란 용어와 대체해서 사용해도 무방하다.

기적체험 연상단계에서의 특징은 과거의 어느 시점에 초점을 두었던 이전의 절차들 – 성공경험 회상, 예외상황 탐색, 대처방식 탐색과는 달리 미래에 초점을 맞추고 있다는 점이다. 연상대상은 내담자의 쟁점이 되는 문제가 이미 해결된 상태나 미래의 한 시점이 된다. 또 내담자 개인이 진정으로 원하는 소망이 실현된 미래 상태를 가상현실로서 경험하도록 하기도 한다. 내담자에게 가상현실로서의 미래 소망을 현재로 가져와 경험하게 하는 이유는 내담자 자신의 세상을 바라보는 패러다임을 전환하기

---

105) 기적체험(奇蹟體驗)이란 사이코드라마에서는 잉여현실(剩餘現實) 또는 가상현실(假想現實)이라고 부른다.

위해서이다. 대부분의 문제들은 세상에 대해 어두운 안경 – 패러다임에서 비롯되는 경우가 많다. 변화는 자신으로부터 시작한다. 바뀌기 힘든 현실이지만 이미 바뀌어 있다고 가정하고 대하게 되면, 이제 세상이 변화하기 시작한다. 내담자 자신만 행복하고 그치는 것이 아니라 그 변화된 시각으로 인해 실제로 세상도 변화하게 되는 것이다. 임상에서 어떤 어머니는 말썽꾸러기 아이가 현실적으로 전혀 변화된 것이 없지만 변화되었다고 가정하는 이 기적체험을 통해 아이에 대한 새로운 시각과 희망을 찾게 되었다. 이러한 어머니의 새로운 패러다임은 결국 자신의 아이를 변화시켰다. 대부분의 사람들은 타인이 바뀌기를 바라면서 자신의 무능함을 꾸짖으며 자괴감을 갖는다. 그러나 문제상황 이후의 변화된 상태로서 그들을 대하게 되면, 그 문제가 해결되는 것이다. 엄밀한 의미에서 보면, 문제가 변화된 것이 아니라 자신의 문제에 대한 시각이 변환된 것이다.

나. 기본절차

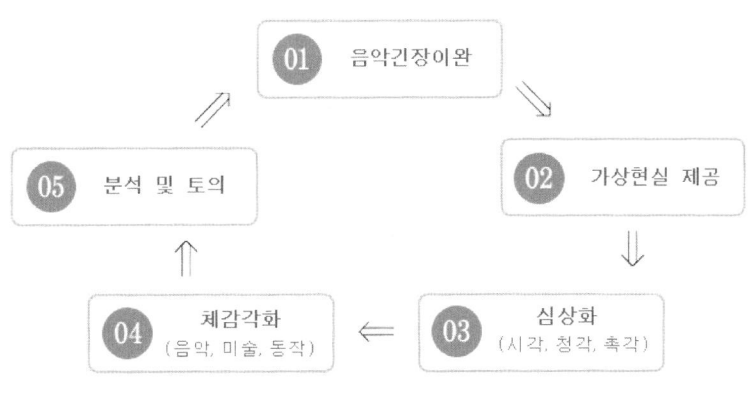

기적체험 연상기법 절차도

1) 제1단계: 음악긴장이완(music & relaxation)

내담자의 신체와 정신을 감상활동을 통해 이완시키고 이를 통해 변형된 의식 상태에 이르게 하는 단계이다. 이것은 이후에 있을 본격적인 연상과 회상작업의 준비단계의 성격을 갖고 있다. 음악긴장이완 대신 치료적 가창활동으로 대체할 수도 있다. 치료사는 내담자와 함께 '행복했던 과거를 회상'하는 내용을 담고 있는 노래를 준비하여 함께 부른 후, 내담자로 하여금 자신의 가장 행복했던 기억을 떠올리도록 할 수 있다.

> **신체이완:** 단선율 음악을 들려주면서 언어적인 지시를 통해 신체를 이완시킨다. 치료사는 내담자를 최대한 편안한 자세로 앉게 한다.106) 처음에는 자신의 호흡에 집중하거나 코에 집중하도록 지시한다. 그런 다음 발부터 종아리, 무릎, 허벅지, 엉덩이, 허리, 배, 어깨, 얼굴까지 긴장시키고 이완시키기를 반복한다.
> **정신이완:** 기본적으로 신체이완은 정신적 이완을 가져온다. 치료사는 내담자가 음악의 선율과 리듬에 집중할 수 있도록 허용할 것을 지시한다. "최대한 음악을 거부하지 말고 받아들이도록 노력해 보세요."라고 할 수 있다.
> **의식전환:** 신체와 정신이 이완되면 의식전환, 즉 '변형된 의식 상태'를 경험하게 된다. 이 상태는 고도의 몰입과 집중과정을 통해 생기는데 잡념 등의 의식적 개입이 배제된 상태를 의미한다. 회상과 연상과 같은 심도 깊은 자기탐색과 자기인식 단계에 들어가기에 앞서 이 상태가 준비되어야만 한다.

2) 제2단계: 가상현실 제공(As if approach)

개인이나 가족의 기적적으로 변화된 상태를 가상현실 속에서 상상하고 연상하도록 유도하는 단계이다. 즉 가상적 틀을 제공하게 된다. 감상과 언어적 유도과정을 통해 내담자가 '변형된 의식' 상태에 이르게 되면 치료사는 기적질문을 활용하여 그를 가상적 현실 – 잉여현실(剩餘現實)로 인도한다. 변형된 의식 상태에서 이 과정을 진행하는 이유는 치료에 대한 저항감이나 의식적 개입을 없애기 위해서이다. 이 질문을 통해 치료사는 내담자가 원하고 바꾸고 싶은 것들을 스스로 설명하게 하여 문제에 대한 집착으로부터 벗어나도록 돕는다.

> **기적의 발생:** 내담자에게 혹은 가족에게 기적이 일어났음을 알린다. 기적체험 – 가상적 틀을 내담자에게 제공하는 것이다. 이렇게 하는 이유는 절대 일어날 것 같지 않은 변화들을 가상세계지만 상상하도록 함으로써 변화와 성장에 대한 가능성을 발견하도록 하는 데 있다. "상상력을 발휘해 봅시다. 지

---

106) 가족음악치료모델에서는 음악자유회상이나 심상체험 작업을 위해 내담자를 편안하게 의자에 앉힌다. 정신분석이나 GIM, 최면 등과 같이 사람을 바닥에 눕히지 않음을 유의한다.

난밤 기적이 일어나 모든 문제가 해결되었습니다." "밤사이에 천사가 나타나 당신의 가족을 모두 당신이 원하는 대로 변화시켰어요!"

변화의 예측: 이미 문제가 해결되었다고 가정하고 그런 다음 발생할 모습이나 현상을 상상하도록 하는 것이다. "아버지에게 기적이 일어난다면 어떤 행동을 보이실까요?" "이 가족에게 기적이 일어난다면 어떻게 변할까요?" "밤사이에 기적이 일어나 당신의 우울감이 완전히 없어진다면 무엇을 보고 당신이 달라진 걸 알 수 있을까요?" 등이다. 이와 같은 기적질문의 특징은 문제 자체를 없애거나 감소시키지 않고 문제와 분리된 상태에서 가상의 해결책을 상상하게 하는 데 있다.

3) 제3단계: 심상화 작업(imagination)

기적질문을 통해 내담자의 문제가 모두 해결된 미래의 시점을 연상하도록 한 다음, 무의식으로부터 떠올린 가상현실의 상황을 시각, 청각, 촉각 이미지를 통해 의식화하는 작업이다.

시각적 이미지 회상(시각적 심상화): 치료사가 내담자에게 현실에서는 경험하지 못했던 가상적 현실을 제공함으로써 내담자는 특정한 시각적 영상을 떠올리게 된다. 이것은 '말 잘 듣는 아이', '친절한 엄마', '술을 끊은 아빠'의 모습으로 나타난다. 이러한 심상들을 시각적 이미지를 통해서 구체화하는 단계이다. 치료사는 다음과 같이 질문할 수 있다. "완전히 변화된 당신의 가족들은 어떤 모습인가요?" "술을 끊은 아버지의 모습은 어떤가요?"

청각적 이미지 회상(청각적 심상화): 연상을 통해 불러일으켜진 가상현실을 청각적 이미지로 마음속에 형상화하는 단계이다. 관련된 질문은 다음과 같다. "행복해진 당신의 가족들은 어떤 노래를 부르고 있나요?", "상냥해진 어머니는 당신에게 어떻게 말씀하시나요?", "말을 잘 듣게 된 당신의 아이는 어떤 말투를 쓰고 있나요?"

촉각적 이미지 회상(촉각적 심상화): 내담자가 연상한 가족들의 기적적인 변화상을 촉각적 이미지로 형상화하여 인식하는 단계이다.

4) 제4단계: 체감각화(자기표현)

음악표현: 이전 단계인 심상화 작업에서 구체화된 청각적 이미지를 음악으로 표현하는 단계이다.

미술표현: 심상화 작업에서 연상된 가상현실에 대한 시각적 이미지를 그림이나 조형물로 표현하는 단계이다.

동작표현: 이전 단계에서 연상된 가상현실에 대한 촉각적 이미지를 동작으로 표현하는 단계이다.

5) 제5단계: 분석 및 토의

치료사는 치료개입의 전 과정을 정리한다. 내담자가 연상해 낸 가상적 상황은 어떤 것들이 있었는지, 가상현실에 대한 내담자의 개인적 소감은 어떤지, 심상화 및 체감각화 과정에서 들게 된 생각과 느낌은 어떤지 등을 질문하고 토의한다.

제11장
3단계: 자원변형

인간심성의 변화: 자원변형

가. 자원변형의 의미

'자원변형(資源變形, transformation of source)'이란 글자 그대로 인간의 내면에 있는 여러 불합리하고 미분화된 부정자원들을 합리적이고 분화된 긍정자원으로 변화시키는 과정을 의미한다. 즉 심성지층모델을 상층부에서 하층부로 세밀하게 탐색하여 변형시켜 나가는 단계이다. 이 단계에는 인간의 계층적 심층심리구조의 각 요소들, 즉 행동, 감정, 지각, 신념, 욕구, 자기의 층에 존재하는 여러 요소 및 자원들을 탐색하고 변형하며 확대하는 일이 포함된다. 구체적으로 이것은 크게 세 가지 과정으로 세분화되는데, 첫째, 부정자원의 감소와 소멸, 둘째, 부정자원의 긍정자원화, 셋째, 긍정자원의 생성과 확대가 그것이다.

변형 이전   변형 이후

나. 자원변형의 형태

1) 부정자원의 감소와 소멸

먼저, '부정자원의 감소와 소멸'이란 한 개인 혹은 가족의 심층심리에 존재하는 미해결된 감정이나 충격적인 경험, 불합리한 내적 규칙과 가치관 등을 음악과 언어가 중심이 된 치료중재를 통해 감소시키거나 없애는 것을 의미한다. 이때 대표적으로 사용할 수 있는 원리가 '음악의 자기정화작용'[107]이다. 이를테면, 많은 사람들 앞에서 창피를 주었던 포악한 직장상사에 대한 긴장과 대립감정을 표현적 악기 연주를 통해 에너지 형태로 배출시킴으로써 카타르시스를 경험하도록 할 수 있다. 일단 유능한 치료사의 중재로 내담자가 본인의 심리적 문제에 대해 더 깊이 있게 몰입하면 할수록, 미해결감정은 보다 성공적으로 감소하거나 소멸될 수 있다. 그러나 감정에 비해 그 감정을 불러온 사건에 대한 기억은 좀 더 오래 지속되며 소멸되기도 한층 어렵다.

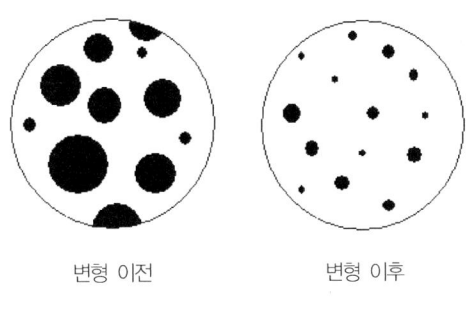

변형 이전　　　　　변형 이후

부정자원의 축소

2) 부정자원의 긍정자원화

'부정자원의 긍정자원화'란 불합리하고 잘못된 생각과 감정, 행동을 합리적이고 긍

---

107) 음악의 자기정화작용이란 감상과 가창, 연주 등 음악활동과 융합된 정서가 에너지 형태로 유기체 외부로 배출됨으로써 노폐물로서의 정서흔적들을 제거하게 되는 것을 말한다. 이때 사용되는 음악이 대상자의 핵심감정이나 경험과 얼마만큼 관련성을 가지느냐에 따라 정서흔적의 제거에 영향을 미치게 된다.

정적인 방향으로 변형시키는 것을 의미한다. 이를 위해서 치료사는 '음악의 자율적 대상기능'을 이용하여 인간 유기체의 심리적·정서적·영적인 불균형을 균형 있게 만들어 주거나, 언어적 논박과 적극적인 설득과정을 통해 자신의 문제에 대한 새로운 시각, 다시 말해 새로운 신념체계 확립을 돕게 된다. 따라서 치료사는 내담자로 하여금 자신의 문제행동은 하나의 '결과'이며, 그 결과를 있게 한 '원인믿음', 즉 원인이 되는 신념체계가 항상 존재함을 인식하도록 한다. 특히 그 행동결과와 신념체계 간 역학성을 확고히 인식하고 변화시킬 때 자동적으로 내담자의 행동과 감정이 변화된다는 사실을 인식시킨다. 음악은 내담자가 감추어 놓고 보이고 싶지 않은 심층심리의 여러 정서흔적들을 저항감 없이 내보일 수 있도록 도움을 주며, 정서흔적을 싸고 있는 가면을 뚫고 직접적으로 영향을 줄 수 있는 매우 강력한 도구이다. 언어적 상담치료를 통해 오랜 시간 동안 라포를 형성한 이후에 들을 수 있는 그들의 내면세계에 대한 정보를, 음악을 통해 효과적으로 얻게 되는 것이다. 이렇게 내담자의 핵심문제와 그 문제행동을 일으킨 원인믿음을 밝혀내고 깊이 인식하게 되면 새로운 믿음체계와 관련된 논의를 시작할 수 있게 된다.

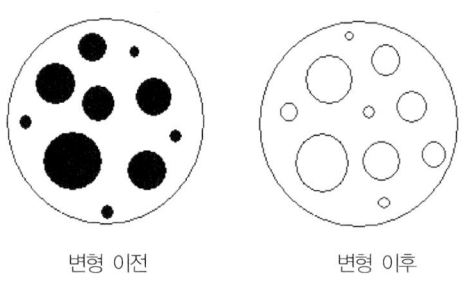

변형 이전   변형 이후

긍정자원으로의 변형

3) 긍정자원의 생성과 확대

'긍정자원의 생성과 확대'란 인간의 내면에 새로운 긍정자원이란 씨앗을 심고 물과 영양분을 공급하여 성장시키는 일련 과정을 의미한다. 이것은 지금까지는 존재하지 않았거나 미처 의식하지 못했던 긍정적 경험, 감정, 인물, 모델, 행동 또는 심리요소 등을 마음속에 생성 또는 재생시키는 것을 말한다. 치료상황에서는 내담자로 하여금 새로운 긍정적 경험을 하도록 독려하거나, 과거에 자신에게 영향을 주었던 인물을 회상하거나, '음악심상화(音樂心象化, music & imagery)'작업이라고 해서 감상을 통해 얻어진 내담자 자신에 대한 새로운 통찰을 마음에 기억하고 각인시키는 등을 예로 들 수 있다. 예컨대, 내담자가 치료사와의 상담치료과정을 통해 생각해 낸 자신의 문제점과 새로운 다짐을 여러 번 머릿속으로 되새기며 암기하거나 노래의 특정 부분에 넣어 함께 불러 봄으로써 확고하게 각인시킬 수 있다.

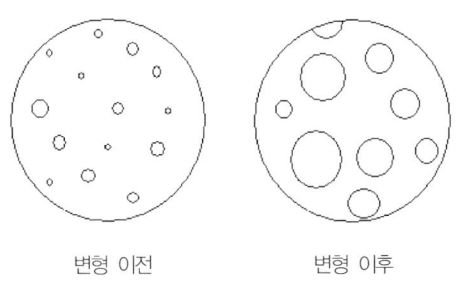

변형 이전   변형 이후

긍정자원의 확대

제1차원: 행동(behavior)의 변형

– 가족의사소통 패턴의 인식과 재구성(reconstruction) –

마음의 구조 제1차원은 행동(行動)의 영역이다. 이 영역에서 발생하는 문제들은 주로 심리적 차원보다는 행동적 차원으로 표출된다. 대개는 가면(persona)을 쓰는 행동으로 나타난다. '~인 척', '~체'하는 것이다. 이들은 슬플 때도 울지 못하고 기쁠 때도 웃지 못한다. 화내야 할 때 화낼 수 없으며 자신의 의견을 내세워야 할 때도 결코 말하지 않는다. 내면 상태와는 전혀 다른 의사소통[108]을 하고 있는 것이다. 자신이 느끼고 생각하는 것과는 다르게 행동하고 표현하면 할수록 그의 내면은 더 원시적으로 미분화되고 만다. 반면 자신의 내면 상태와 외부적 표현이 일치되면 마음의 평화와 안전감을 찾게 된다. 그러나 쉽지 않다. 자신의 내면을 보기가 쉽지 않은 것처럼 외면 또한 결코 인식하기 힘들다. 자신이 어떤 행동을 하고 있는지, 어떤 표정을 짓고 있는지, 어떤 말을 하고 있는지 인식하기란 쉽지 않다. 대상자 자신이 갖고 있는 문제행동과 역기능적인 의사소통방식이 무엇인지를 인식시키는 것이 이 단계에서의 최우선 과제이며, 그 문제가 되는 의사소통방식을 합리적이고 통합적으로 변형시키는 것이 차선 과제가 된다. 이를 통해 행동 차원을 덮고 있는 가면을 벗겨 낼 수

---

108) 의사소통(communication)이란 사람의 생각이나 감정이 서로 이해되고 전달되는 과정이라고 할 수 있다. 일반적으로 인간은 언어를 통해 의사소통을 하지만, 비언어적으로 의사소통을 하기도 한다. 신체언어를 비롯한 비언어적인 신호수단을 사용하여 자신의 생각과 감정을 나타내는 것인데, 의식적일 수도 있지만 무의식적일 수도 있다. 대표적인 것이 몸짓, 눈 마주침, 접촉, 거리 등이다. 손이나 발을 포함한 몸짓을 이용하거나 눈 마주침을 통해 관심이나 미움 등의 감정을 나타내 보이기도 한다. 신체적 또는 심리적 거리 및 접촉은 상대와 내가 어느 정도 거리에 있는 나를 통해 친밀감을 표출할 수도 있다.

있다. 이를 위해 치료사는 가족음악조각기법을 통해 내담자가 자신 또는 가족성원들의 의사소통 유형을 인식할 수 있도록 도우며, 구체적이고 합리적인 대화기술을 가르치게 된다. 대화기술 - 메시지 전달방법을 가르치는 작업은 상담영역에서는 다소 의외일 수 있으나, 내담자의 내면변화가 반드시 행동변화로 이어질 수는 없고 구체적인 행동이나 대화기술을 가르쳐 주지도 않는다. 다만 내면의 변화는 마음의 평화와 안정감만을 줄 뿐이며 '홀로 행복한 사람'만을 만들 수 있다. 예컨대, 왕따당한 아동은 음악치료중재를 통해 슬픔과 고통을 잊을 수는 있지만, 아무런 대응훈련 없이 교실로 되돌아가게 되면 똑같은 악순환이 되풀이되는 것이다. 다시 말해 컵 안에 있던 더러운 물을 모두 비워 냄으로써 내면을 정화한 후, 구체적인 대응기술습득이라는 새로운 물을 넣는 작업이라고 할 수 있다.

건강하지 못하고 문제가 있는 역기능적인 가족은 구성원들 간의 의사소통 패턴에 있어 원활하지 못한 특징을 갖는다. 술에 취한 아버지가 화낼 것이 무서워 불만이 있어도 말을 안 한다든지, 부정한 남편에 대한 불만을 자녀에게 비난과 잔소리, 탄식으로 풀어 버린다든지 하는 의사소통 패턴은 일상 속에서 비교적 쉽게 접하게 되는 것들이다. 할 말이 있어도 하지 않거나, 하지 말아야 될 말을 하며, 필요 없는 말을 너무 많이 하는 것은 불일치된 의사소통의 전형이다. 이러한 의사소통의 불일치성과 역기능성은 가족구성원 상호간에 이중, 삼중의 다중적인 상처를 남긴다. 따라서 각 원가족구성원들이 자신들의 잘못되고 역기능적인 의사소통 패턴을 인식하고 순기능적이고 일치된 의사소통 패턴을 새롭게 습득할 수 있도록 하는 것은 매우 중요하다. 이것은 가족음악치료모델이 실용지향적인 모델임을 잘 보여 주는 측면이다. 왜냐하면 잘 계획된 음악치료 세션을 통해 내담자의 상처받은 마음이 안정을 찾고 자존감이 향상되었다 하더라도 과거에 자신이 갖고 있던 비난, 회유, 초이성, 산만, 비현실이라는 비정상적인 대처방식을 그대로 고수하게 된다면 또다시 과거의 혼돈 상태로 회귀할 것이기 때문이다. 가족음악치료모델에서는 실제 생활 장면에서 대처하게 될 내담자의 의사소통기술 - 대응방식 또는 대화법까지 습득하도록 도움으로써 좀 더 온전한 의미에서의 변화와 성장을 모색하고 있다.

순기능적이며 일치된 의사소통 패턴이란 대화나 상황대처에 있어 자신과 타인을 존중하고, 보편적인 자연법칙, 즉 규칙, 도리, 원리 등에 부합하며, 도덕원리에 일치한다. 이들 요소 중 하나 이상의 요소들이 강조되거나 무시되면 불일치한 의사소통구조를 갖게 되는 것이다. 자신을 무시한 채 의사소통을 하는 회유형 의사소통 패턴의 경우, 타인이나 규칙, 도덕원리만이 강조되어 자존감의 저하를 가져오지만, 반대로 타인을 무시하고 자신이나 규칙만을 강조하게 되면 지나치게 남을 비난하고 꾸짖게 된다. 또 지나치게 규칙이나 원칙만을 강조하게 되면 자신이나 타인이 소외받게 되어 많은 오류를 낳게 된다. 영적·종교적·도덕적 진리만을 강조하는 비현실형 의사소통 패턴은 자신, 타인, 규칙까지도 무시하게 되는데, 이를테면 비정상적인 종교적인 신념 때문에 자신의 삶은 물론이고 가정이나 직장을 포기하는 경우이다. 즉 자신, 타인, 규칙, 도덕적 진리 간의 적절한 균형을 맞출 때 온전한 의미에서의 만족과 내적 평화를 얻을 수 있다. 의사소통 패턴은 인간의 전반적인 대처방식을 대변해 주며 삶을 위한 기술, 내면정보에 대한 외현적 표출이라는 점에서 의미가 있다. 표면과 내부는 서로 연결되어 있으며, 내적인 변화는 외적인 행동의 변화를 가져온다. 반대로 외적인 의사소통기술의 변화는 내면적인 평화와 안정감을 가져다준다.

■ 일치형 의사소통 패턴 대화지도 및 연습 Ⅰ
① 문장의 주어를 화자(話者) 자신으로 한다. (예: '나는-')
② 문제를 있는 그대로 설명한다. (예: 네가 동생을 때리니까, 네가 우울하니까 등)
③ 설명된 문제에 대한 화자의 감정을 덧붙인다. (예: 기쁘다, 행복하다, 화난다, 괴롭다 등)

인간이 행복과 만족을 경험하고 높은 자존감을 갖기 위해서는 앞서 언급한 바와 같이 자아존중감의 네 가지 요소, 즉 자신, 타인, 규칙, 도덕적 진리를 모두 존중해야 한다. 의사소통방식에 있어서나 특정 상황에 대한 대처방식에 있어서도 이 요소들은 모두 존중되어야 한다. 이러한 자아존중감의 네 가지 요소들을 모두 존중하면서 자신의 의견을 주장하고 느낌을 표현하고 듣는 것은 가족구성원 간의 원활한 관계형성에 있어 중요하다. 이러한 요소들을 모두 충족시키는 대화방법을 사용하면 가족구성원 모두가 만족감과 원활한 상호작용을 할 수 있다. 이러한 대화기술을 '일치형 대화법(一致型 對話法)'이라고 한다. 치료사는 가족성원들에게 이 대화법을 지도할 경우, 먼저 여러 가지 예를 들어 대화를 완성하는 시범을 보인다. 내담자가 청소년이면서 개별치료일 경우, 부모가 앞에 있다고 가정하고 아래 대화법으로 말해 보도록 한다.

1 일치형 대화법 1: 나(I)는 네(You)가 _____하니까(do), _____하다(feel).

2 일치형 대화법 2: 나(I)는 네(You)가 _____하면(If), _____할 텐데(feel).

일치적인 대화의 예는 "나는 네가 동생을 잘 돌봐 주어서 너무 고맙다.", "네가 컴퓨터만 하니까 아빠가 일을 할 수 없어서 너무 불편하다.", "당신이 일찍 들어와서 아이들과 놀아 주니까 내가 너무 행복해요.", "교수님, 이 부분에 대해서 더 자세히 설명해 주시면 감사하겠습니다." 등이다. 반면, 불일치적인 대화의 예로는 "넌 매일 컴퓨터만 하니?", "원하시면 그렇게 하세요!", "교수님, 이 부분에 대해서 자세히 설명해 주셔야죠!", "자꾸 그렇게 하면 어떻게 하니?", "여보, 일찍 들어와서 아이들과 좀 놀아주세요!" 등이다. 앞의 문장에서 알 수 있듯이, 일치적인 대화 패턴에서는 화자 자신의 생각과 감정을 전달하면서도 타인을 존중하고 있다는 것을 알 수 있지만, 불일치적이고 역기능적인 대화 패턴에서는 자신의 의견을 일방적으로 전달하거나 타인에 대한 지나친 존중만이 있을 뿐이다.

■ 일치형 의사소통 패턴 대화지도 및 연습 Ⅱ
① 문제(고민)가 생겼다고 알림
② 문제를 있는 그대로 설명함
③ 문제에 대한 감정을 설명함
④ 문제를 일으키는 행동을 계속하면 서로의 관계가 좋아질지, 나빠질지 질문함
⑤ 당신은 우리 관계가 좋아지길 원하는가, 나빠지길 원하는가?

앞의 일치형 대화 패턴을 부부 사이의 문제를 들어 설명하자면 이렇다. 만약 남편이 술을 먹고 늦게 귀가하는 것으로 힘들어하는 아내가 있다고 하자. 남편의 마음을 상하지 않게 하면서 이 문제에 대해 설명하는 것은 쉽지 않은 일이다. 그러나 이 대화 패턴을 활용하면 남편의 마음을 상하지 않게 하면서 아내의 생각과 감정을 전할 수 있다. 아내는 남편에게 다음과 같이 말할 수 있을 것이다.

① "여보, 나한테 심각한 고민거리가 생겼어!"
② "당신은 일주일에 두세 번은 술을 먹고 늦게 들어오고 있죠."
③ "그것 때문에 아이들도 힘들어하고 저 또한 너무 힘들어요."
④ "이렇게 계속해서 술을 먹고 늦게 들어오면 가족들 전체의 관계가 좋아질까요, 나빠질까요?"
⑤ "당신은 가족들 간의 관계가 나빠지길 원해요?"

이상의 예는 문제를 있는 그대로 남편에게 설명하고 그에 대한 아내의 감정을 담백하게 전달한다는 데에 핵심이 있다. 남편을 원망하거나 질책하는 것과는 거리가 멀다. 만약 아내가 "제발, 술 좀 먹지 마! 당신 때문에 애들 다 망치겠어."라고 했다면 남편은 그 다음 말은 전혀 들으려 하지 않았을 것이다. 문제를 원인 당사자에게 돌리느냐(you 전달법), 아니면 문제를 설명하고 그 문제에 대한 자신의 감정을 있는 그대로 말하느냐(I 전달법) 하는 것이 차이점이다. 전자는 상대를 향하지만, 후자는 자신을 향한다. 전자는 상대를 탓하지만, 후자는 자신의 감정만을 설명할 뿐이다. 치료사는 내담자로 하여금 후자의 대화법(자기감정전달법: I 전달법)을 충분히 인지하고 습득하도록 함으로써 가족 간의 문제를 그들 스스로 유연하게 조절하도록 도울 수 있다. 또한 다양한 문제상황을 제시하고 함께 이 대화법을 활용하는 연습을 하는 것도 도움이 된다.

가족구성원들의 다양한 상황을 '언어'가 아닌 '연주'나 '동작표현', '그림'으로 재현할 수도 있다. 때때로 치료가 합리적인 방법으로 다가갈 수 없을 때 비합리적인 방법으로 접근할 수 있다. 가족 간의 심각한 문제인 불일치적 의사소통 패턴은 구성원 모두가 인정하고 변화시키려고 함께 노력하는 경우도 있지만, 대부분은 문제가 어디서 시작했고 문제가 무엇인지조차 이해하지 못하는 경우가 대부분이다. 이럴 경우, 자신들의 역기능적인 의사소통 패턴을 신체의 오감(五感)을 통해서 직접 느낄 수 있도록 '가족음악조각' 기법을 활용할 수 있다. 이 치료기법은 가족음악심리극의 한 줄기로서 가족구성원의 대처방식을 자신들의 눈과 귀, 촉감을 통해 직접 경험할 수 있도록 함으로써 내면요소의 시각화, 청각화, 촉각화를 가능하게 해 준다. '조각'이라는 용어에서 알 수 있듯이, 정지된 측면이 강조된다. 즉 무형의 의사소통 유형, 대처방식, 심리적 거리, 상호간의 영향권을 눈으로 볼 수 있도록 정지된 인간 조형물을 배치하거나 가족 관계를 나타내는 심리적 그림을 그리고, 가족의 특정한 문제나 성격특성을 즉흥적인 음악으로 꾸미는 것이다.

예를 들어 가족 간의 심리적인 거리감을 실제로 사람 간의 간격을 지정하여 배치하는 것이다. 친한 관계는 가깝게 배치하고, 소원한 관계는 멀리 좌석을 배치한다. 또 비난형 가족의 경우에는 화내는 모습을 정지동작으로 표현하도록 할 수 있으며, 회유형의 경우에는 무릎을 꿇고 두 손으로 빌고 있는 동작을 하도록 지시하게 된다. 이러한 심리적 거리나 관계적 역동성을 그림이나 조형물 및 음악으로 표현할 수도 있다. 이것은 가족의 문제를 단순히 언어만으로 설명하는 것보다 훨씬 강력한 자기인식과 행동변형의 동기를 부여하게 된다.

■ 적용가능한 음악치료기법:

가족음악조각기법

가족음악조각은 가족음악심리극의 여러 기법 가운데 하나이다. 가족구성원들의 독특한 의사소통 및 행동 패턴을 음악이나 동작으로 형상화하여 조각한다. 가장 일반적이고 기본이 되는 절차는 의사소통방식의 탐색, 신체적으로 정지동작 취하기(신체조각), 음악적으로 표현하기(음악조각), 분석 및 토의이다.

■ 과거와 현재의 원가족을 음악조각하기

과거나 현재의 가족문제나 의사소통방식을 신체와 음악으로 조각한다. 치료사는 의사소통방식의 특징을 간단히 설명한 뒤 그에 따른 동작을 취해 보도록 한다. 그런 다음 동작에 맞는 악기를 취하여 연주하거나 상황에 맞는 노래를 부르도록 한다. 치료사는 주인공을 가족구성원들 정지동작 밖으로 불러내어 가족조각을 관찰하도록 한다. 다음과 같은 질문을 할 수 있다. "이 조각에 동의합니까?" "이 조각의 제목은 무엇입니까?" "어떤 사람의 동작이 어떻게 바뀌면 좋을까요?" "이 조각을 보면서 어떤 기대를 할 수 있을까요?"

① 산만형 음악조각 - 산만하게 연주(드럼)
② 회유형 음악조각 - 작고 약한 음량으로 연주(탬버린)
③ 초이성형 음악조각 - 일정한 리듬과 박자(작은북)
④ 비난형 음악조각 - 음량이 강하고 다이내믹한 박자(큰북, 라켓)
⑤ 비현실형 음악조각 - 몽환적인 선율(윈드차임)
⑥ 일치형 음악조각 - 이상적 상태의 가족 재조각(조화로운 합주)

■ 이상적인 원가족을 음악조각하기

과거와 현재 가족음악조각을 관찰하고 분석한 다음 주인공과 가족 전체가 바라는 이상적인 가족의 모습을 토의해 본다. 각각의 구성원들이 원하는 가족 모습을 동작이나 연주로 표현해 보도록 한다. 그런 다음 주인공이 원하는 이상적인 가족의 모습을 같은 방법으로 표현하도록 한다.

03

제2차원: 정서(emotion)의 변형

가. 반사감정과 정서변형

정서와 지각은 서로 상보(相補)관계에 있다. 어떤 감정을 느끼는 것은 그것과 연관된 생각과 관련이 있다는 것이다. 예컨대, 우울한 감정은 자신이 불행하고 외롭다는 생각에서 기인한다. 자기존중감정이 낮은 이유는 자신이 쓸모없고 능력이 없다는 생각 때문이다. 자신이 결코 불행하지 않고 힘이 되는 사람들이 많아 외롭지 않다고 확고하게 믿게 되면 더 이상 우울하지 않을 것이다. 또 자신에게도 특별한 재능과 능력이 있다는 것을 발견하고 깨닫게 되면 자존감정은 높아지게 될 것이다. 이처럼 문제감정이나 정서를 변형시키기 위해서는 원인이 되는 생각을 바꾸는 것이 우선이다. 한 개인의 삶에 다양한 형태의 문제를 일으키는 핵심적인 감정과 정서를 반사감정(反射感情)이라고 명명한 바 있다.

반사감정은 분노, 불안, 외로움, 슬픔, 공포, 좌절 등으로 표출된다. 이러한 감정과 정서를 일으키는 핵심적인 두 가지 원인은 바로 개인의 지각과 신념체계이다. 지각체계란 인간이 수많은 경험과 사건들을 겪으면서 자동적으로 생성된 규칙과 원리들이다. 신념이란 지각을 생성해 내는 좀 더 근원적인 동기로서 가치관 또는 근원적 믿음이라고 할 수 있다. 예민하고 반사적인 감정 상태를 안정되고 정돈된 감정 상태로 만들려면 우선적으로 지각과 신념을 변형시켜야 한다. 따라서 원인믿음과 원인지각을 찾아내어 합리적으로 변형시키면 문제가 되는 반사감정들을 제거할 수 있다. 이렇게 가족음악치료모델에서는 정서의 변형을 위한 근원적인 접근법으로서 개인이 갖고 있는 잘못된 규칙과 비합리적인 신념을 파악하여 조정하게 된다.

나. 기본절차

1) 제1단계: 반사감정탐색(인식: 자유회상)

대상자가 갖고 있는 문제들을 자유롭게 회상하고 탐색하는 단계이다. 최대한 허용적 분위기에서 대상자 내면에 있는 문제감정들을 모두 쏟아 내도록 하는 것이 좋다. 탐색 초기에는 다소 저항의식이 생길 수 있어서 표면적인 답변에 그칠 가능성이 있다. 이 때문에 의식적인 저항을 최소화시킬 수 있도록 감상활동을 통해 변형된 의식 상태에서 문제감정들을 떠올려 보거나 노래를 통한 심리적 접근법을 활용하여 경계심을 완화시킬 수 있다.

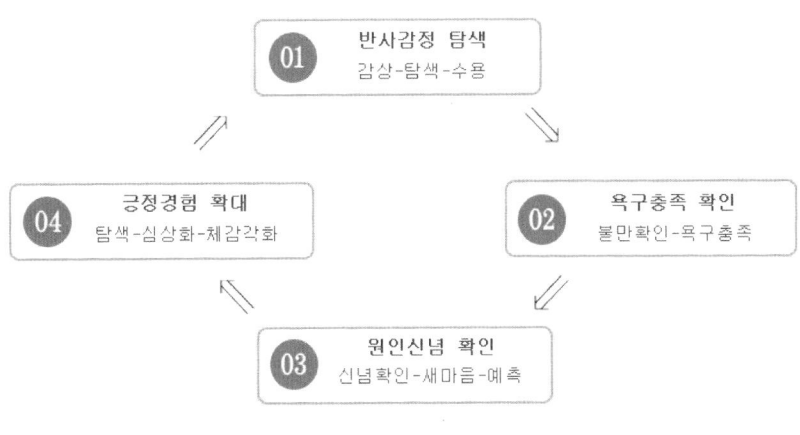

정서변형 절차도

감상을 통한 긴장이완: 내면 탐색과 긴장이완을 위해 음악 감상을 실시한다. 기본적으로 감상은 음악긴장이완기법과 동일한 절차를 밟게 된다. 먼저 감상을 통해 신체이완이 이루어지며, 정신이완과 고도의 집중 상태를 경험한 후 몰입으로 가게 된다. 이 과정 이후에 비로소 창조적 공간인 '변형된 의식 상태'에 들어갈 수 있다. 이곳은 의식적인 개입이나 저항이 없는 자유로운 심리여행의 공간인 것이다. 이 상태가 되면 다음 단계인 탐색단계로 이어지게 된다.

반사감정의 탐색: 변형된 의식세계에서 대상자의 지나치게 민감한 감정을 탐색하도록 지시한다. 자신에게 문제라고 생각되는 성격 부분이나 감정 상태가 무엇인지 떠올려 보라고 한다. 치료사는 내담자가 자유롭게 연상하는 내용들을 종이에 받아 적어 목록으로 만든다. 유용한 질문으로는 "최근에 다른 사람에게 민감하게 반응한 적이 있나요?", "언제 가장 분노하게 되나요?", "언제 가장 우울한가요?", "자신의 현재 감정을 점수로 매긴다면 10점 중 몇 점일까요?", "다른 사람의 어떤 모습에 가장 화가 나지요?" 등이다. 긴장이완을 통한 음악회상 외에도 노래 가사를 함께 토의하면서 대상자의 감정을 검토하는 것도 도움이 된다.

반사감정의 수용: 반사감정을 있는 그대로 인정하고 수용하는 단계이다. 예컨대, 내담자 자신에게 우울한 감정이 있다는 것, 타인을 만나면 불편해진다는 것, 타인에게 필요 이상으로 분노의 감정을 드러낸다는 것들을 인정하는 것이다. 그런 감정을 가지고 있음을 진지하게 인식하게 되면 자신에 대한 진정한 통찰과 자각을 할 수 있게 된다. 때때로 이 수용단계에서 치료가 종결될 수도 있다. 핵심적인 문제감정의 수용이 곧 가족과 연결된 수많은 감정의 고리를 풀 수 있기 때문이고 또 그 감정으로부터 자신을 분리시킴으로써 비로소 자유롭게 되기 때문이다. 아버지를 대하면서 불편한 감정을 호소했던 한 내담자는 자신의 감정이 아버지에 대한 오해에서 비롯되었다는 점과 자신이 겉으로는 아버지에게 둘도 없는 효자이지만 속으로는 미움과 복수심으로 가득 차 있었다는 사실을 인정하면서 평화로운 감정을 가지게 되었다.

2) 제2단계: 욕구충족 여부 확인

모든 문제에는 그 나름의 이유가 있다. 문제감정이 발생하는 것은 크든 작든 간에 개인이 간절히 원하는 무언가가 좌절되었을 때이다. 바로 욕구가 좌절되었을 때이다. 따라서 치료사는 대상자의 문제감정을 일으키는 불만족스러운 욕구가 무엇인지를 찾아 이를 채워 주게 된다. 이를 위해 인간이 생득적으로 갖고 태어나는 여섯 가지 보편적 욕구 ― 생명, 사랑, 존중, 개성화, 심미, 초월 ― 중에서 어떤 영역에서 결손이 있었는지를 밝혀낸다. 먹고사는 데 어려움 때문인지, 사랑의 결핍 때문인지, 성장기에 인정받지 못해서인지, 자신의 개별성을 발휘하며 살지 못해서인지, 미적 욕구의 결핍 및 내적 불균형 때문인지, 영성이나 참다운 자기와의 괴리감 때문인지를 살펴야 한다. 이 중 어떤 면이 소외되거나 제대로 충족되지 못하게 되면 한 개인은 불안감과 불만족을 경험하게 된다. 이러한 과정이 반복되고 확장되면 문제감정들 또한 보다 원시적으로 변화한다. 따라서 제2단계에서는 내담자가 느끼는 문제감정이 여섯 가지 욕구 중 어떤 욕구의 과잉 또는 결핍에서 기인했는지를 확인하고 이를 조절하기 위해 해야 할 일들을 결정한다.

욕구불만 확인: 짜증, 공포, 불안, 분노 등 반사감정의 원인이 되는 욕구불만이 어떤 것인지를 확인하는 단계이다. 이를 위해 치료사는 인간이 가지는 보편적인 욕구 여섯 가지를 바탕으로 내담자의 결핍된 욕구를 찾게 된다. 이것은 그들의 문제에 대한 근본적 원인발견과 변화를 위한 매우 핵심적인 작업이기 때문에 치료사의 직관과 경험, 지식이 통합적으로 활용된다. 이 과정은 언어적인 토의과정을 통해 이루어진다.

욕구충족: 욕구탐색작업을 통해 밝혀진 충족되지 못한 욕구들을 채우기 위한 단계이다. 만약 대상자가 어릴 때부터 형에게 밀려서 부모로부터 인정을 받지 못했다면 존중욕구의 결핍이라고 판단할 수 있는데, 이를 충족시키기 위해서는 부모의 인정이나 칭찬이 자신의 가치와는 무관한 것이라는 것을 인식시켜야 한다. 부모의 기대와 인정으로부터 자신을 분리시키는 작업만으로도 결정적인 치료중재가 되기도 한다. 그러나 보다 적극적인 치료중재로서 치료사는 대상자의 욕구충족을 위해 그들과 함께 다양한 충족방안을 모색해 볼 수 있다. 이처럼 문제감정을 유발시킨 미해결 욕구를 찾고 충족시키는 과정에서 만족감을 얻을 수 있다. 이 과정은 내담자가 생활 속에서 실천할 수 있도록 간단한 과제를 부과한 후 다음 단계로 갈 수 있다.

3) 제3단계: 원인신념(믿음)의 확인

욕구는 신념과 연결되어 있다. 인간은 자신의 욕구를 채우기 위해 다양한 생각을 하게 된다. 남에게 존중받기 위해 돈이 많아야 된다고 생각하는 사람, 사랑받기 위해 얼굴이 예뻐야 한다고 생각하는 여자, 먹고살기 위해 남을 조금 속이는 것은 괜찮다고 생각하는 사람 등이다. 욕구를 충족시키기 위해 생각이 발생한다. 생각은 반복을 통해 습관을 낳고, 결국 행동이라는 결과를 낳는다. 생각과 신념의 변형은 필연적으로 행동의 변형을 가져온다. 즉 비합리적인 잘못된 신념을 변화시켜 잘못된 행동과 감정을 변형시키는 것이다. 이것을 위해 대상자의 문제를 발생시킨 원인신념을 탐색하고 확인한 후 새로운 가치관 또는 신념체계를 토의과정을 통해서 검색하게 된다. 또한 새롭게 형성된 이러한 신념이 미래에 어떤 결과를 가져올지 예측하도록 돕는다. 이렇게 결과를 예측하게 되면 새로운 신념체계가 과연 타당한지, 효과가 있는지가 분명해진다.

원인신념의 확인: 반사감정의 원인이 되는 생각과 신념, 가치관을 탐색하는 단계이다. 주로 언어적 토의를 통해 이루어진다. 반사감정은 수많은 신념들과 거미줄처럼 얽혀 있다. 감정과 신념과의 상관성을 밝혀내는 일이 원인신념 탐색작업인 것이다. 예컨대, 불안감정이 자신의 어떤 생각과 연결되어

발생하고 있는지를 밝힌다. '모든 것은 잘 정리되어 있어야 한다.'는 신념을 가진 사람이라면 집 안이 잘 정리가 안 된 상태에서 손님이 오신다면 왠지 모를 불안과 짜증이 날 것이다. 또 자신에 대한 자존감이 낮은 어떤 여자는 '날씬해야 예쁘다'는 신념을 갖고 있어서 끊임없이 자신을 매스컴이나 화보의 모델과 비교한다. 자신의 불안이나 낮은 자존감이 어디서 기인하는지를 알게 되면 자신의 잘못된 신념을 바꿀 수 있게 된다.

새마음(신념체계)의 발견: 잘못된 신념과 가치관이 파악되면 이것을 대체할 수 있는 새로운 신념체계를 함께 탐색한다. '모든 것이 잘 정리되어 있어야 한다'는 신념을 '정리는 중요하지만 항상 정리 정돈이 될 수는 없다'는 새로운 신념체계로 조정할 수 있다. '날씬해야 예쁘다'는 신념을 '사람은 그 나름대로 아름다움을 가지고 있다'는 새로운 신념으로 변형시킬 수 있다.

결과예측(새미래행동): 언어를 주로 활용하는 의식적 미래예측기법을 통해 미래의 행동을 미리 예측해 보는 단계이다. 이전 단계에서 새롭게 형성된 신념체계가 앞으로 자신, 가족, 타인, 미래에 어떤 영향을 미치게 될지를 함께 토의한다. 과거에는 '술을 마셔야 다른 사람들과 어울릴 수 있다.'고 생각했던 사람이 '타인과 친해지기 위해 술 이외에 다른 방법도 있다.'는 새로운 신념체계를 갖게 된다면 자신을 포함한 주변 환경도 함께 변하게 될 것이다. 내담자에게 자신의 생각과 신념을 바꾸면 어떤 감정을 갖게 될지 상상해 보도록 한다.

4) 제4단계: 긍정적인 정서경험의 확대

대상자가 이미 갖고 있는 긍정적인 감정경험 – 블리스풀 상태를 구체적이고 세밀하게 되짚어 보는 단계이다. 여기서 주된 탐색대상은 내담자가 과거에 느끼고 경험했던 행복했던 감정이다. 그러나 세션 중에 대부분 내담자들은 감정에 대한 경험을 회상하는 것이 다소 모호하고 어려운 주제일 수 있다. 그러므로 치료사는 감정경험과 관련된 구체적인 사건과 대상을 회상하도록 함으로써 간접적으로 접근해 갈 수 있다. 이를 위해 음악심상체험작업을 활용하게 되는데, 전형적인 절차인 의식전환, 심상화, 체감각화 이외에도 신체화각인기법이 특별히 도입된다. 신체화각인이란 행복한 상태를 몸과 근육의 일부에 기억시켜 원하는 순간에 다시 재생시키는 기법이다.

긍정감정탐색: 음악긴장이완기법을 이용하여 몰입 및 전환된 의식 상태로 인도한다. 이러한 상태에서 내담자가 갖고 있는 긍정적이고 행복했던 경험 및 대상을 자유롭게 회상하도록 한다. 내담자의 가장 행복했던 블리스풀 상태는 언제였는지 함께 탐색해 간다. 내담자가 그러한 경험을 도저히 기억해 내지 못할 때도 있을 수 있다. 이럴 때는 치료사가 특정한 주제 – 출산, 결혼, 합격, 가족여행, 사업의 성공 등에 대해 직접적으로 질문하기도 한다. "처음 데이트했을 때를 떠올려 볼까요?" "아이를 키울 때의 행복한 기억에 대해 생각해 봅시다." 등이다. 때때로 좋아하는 음악이나 책, 영화, 인물 등을 제시할

수도 있다. 이 과정은 이후의 심상화 작업과 더불어 '긍정적 음악사건회상'이라고 명명한 바 있다.

심상화: 이전 단계에서 떠올린 블리스풀한 경험을 다시 현실로 가져와서 최대한 실감나게 느낄 수 있도록 돕는 단계이다. 이것은 심상적 체험을 통해 가능한데, 머릿속에서 이미지화시켜 상상하는 과정을 의미한다. 여기서는 특히 시각·청각·촉각적 이미지를 사용하게 된다. 초기에 떠올린 행복했던 경험들은 아직까지는 모호하고 투명하지 않은 기억으로서 존재한다. 치료사는 이러한 경험들을 확대시키기 위해 그러한 경험들을 보다 구체적으로 떠올리도록 도움을 주게 된다. 다음의 질문이 도움이 될 수 있다. "데이트 장소가 어디였지요?", "데이트 장소 주변에 있었던 사물들 중에 기억나는 것이 있나요?", "데이트할 때 상대방의 목소리나 음색을 떠올려 봅시다.", "처음으로 여자 친구의 손을 잡았을 때 어떤 느낌이었는지 상상해 봅시다." 등이다. 대상자가 깊이 있게 자신의 경험을 회상하고 감정이입하도록 하는 것이 이 단계에서는 무엇보다 중요하다.

체감각화: 체감각화는 과거의 긍정경험을 마음속의 이미지로서만 느끼는 것이 아니라 음악, 미술, 동작을 통해 체험하도록 하는 기법을 의미한다. 행복했던 블리스풀한 기억이나 감정들을 회화나 조형물로 표현할 수도 있고, 즉흥적으로 연주하거나 특정한 멜로디에 자신의 기억을 담은 가사를 붙여 함께 불러 볼 수도 있다. 동작을 통해 당시의 상황을 그대로 묘사해 보는 것도 그때의 기억이나 감정, 상황 등을 되살리는 데 도움이 된다. 이러한 예술적 자기표현은 긍정적인 경험을 보다 명료화하는 역할을 한다.

신체화각인: 신체화각인(身體化刻印, muscular planting)이란 앞서 행복한 상태를 몸과 근육의 일부에 기억시켜 원하는 순간에 다시 재생시키는 기법이라고 정의하였다. 인간의 기억은 뇌에만 저장되는 것이 아니라 신체, 특히 근육 속에도 축적된다. 근육기억력이란 인지적인 개입 없이 신체의 일부가 어떤 사물이나 현상을 체험적으로 보유하고 있는 것을 의미한다. 이것은 신경언어프로그래밍(NLP: Neurological Linguistic Programming)에서 앵커링(anchoring)기법으로 소개된 바 있다. 이 기법의 핵심은 개인의 기억이나 경험을 치료중재를 통해 신체의 일부인 근육 속에 각인한다는 데 있다. 치료사는 내담자와 30cm 거리에 앉아 자신의 가장 긍정적인 기억에 최대한 근접한 시점에서 신체 일부를 약간의 압력으로 눌러 줌으로써 그 기억을 장기화시키게 된다. 대개 팔목을 살짝 잡아주거나 무릎을 엄지 등으로 눌러 준다. 이렇게 되면 내담자가 어려움에 처해서 자신의 블리스풀한 상태를 회상하고자 할 때 억지로 기억하려 애쓰지 않더라도 자동적으로 기억이 재생되는 이점이 있다.

■ 적용가능한 음악치료기법:

음악심상체험(音樂心象體驗)

무의식 속의 잘 알려지지 않은 세계는 심상형태로 의식의 수면 위로 떠오르며, 이를 음악, 미술, 동작으로 표현함으로써 우리는 무의식을 실제로 체험할 수 있다. 이를 '무의식의 예술적 의식화 과정'이라고 한다. 음악심상체험작업은 내적 심리를 시각·청각·촉각으로 감각화-심상화(心象化)하여 의식 위로 표면화한 뒤, 이것을 실체적 표현수단인 음악, 미술, 동작매체를 활용하여 무의식의 내용을 실체적으로 경험하는 예술적 의식화 과정이다.

■ 기본절차

① 제1단계: 긴장이완 및 의식전환 - 이 단계는 이전에 여타 기법들의 초기 단계에서 시행되는 음악긴장이완기법과 동일하다.

② 제2단계: 심상화 - 감상을 통해 무의식적 내용을 마음에 그려 보도록 함
   ▶ 시각적 이미지 회상(시각적 심상화): 의식전환 상태에서 떠올린 심상 가운데 특히 시각적 이미지를 강조하여 마음속에서 체험해 보는 단계이다.
   ▶ 청각적 이미지 회상(청각적 심상화): 회상된 긍정자원을 청각적 이미지로 마음속에 형상화하는 단계이다.
   ▶ 촉각적 이미지 회상(촉각적 심상화): 마음속에 느껴지는 촉감, 감각을 회상하되, 감상을 통해 회상된 긍정적인 자원을 촉각적 이미지로 형상화하여 인식하는 단계이다.

③ 제3단계: 체감각화(예술적 자기표현) - 이전 단계인 심상화 작업을 통해 내면의 심리가 시각·청각·촉각적으로 감각화되면 이 내용들을 실제적으로 체험할 수 있도록 예술적 자기표현을 하게 된다. 이를 체감각화(體感覺化)라고 한다.
   ▶ 음악표현: 이전 단계인 심상화 작업에서 구체화된 청각적 이미지를 음악으로 표현하는 단계이다.
   ▶ 미술표현: 심상화 작업에서 연상된 가상현실이나 과거의 회상에 대한 시각적 이미지를 그림이나 조형물로 표현하는 단계이다.
   ▶ 동작표현: 이전 단계에서 연상된 촉각적 이미지를 동작으로 표현하는 단계이다.

④ 제4단계: 언어명료화 - 언어명료화란 이전까지의 과정 전체를 언어매체를 이용하여 명료화하고 토의하며 정리하는 작업이다. 즉 언어적 보고, 분석 및 토의, 정리 및 명료화가 이에 포함된다. 내담자가 연상된 이미지나 이를 표현한 다음 느낀 소감 등을 치료사에게 언어적으로 보고하면, 치료사는 이를 문장이나 언어적으로 정리하고 분석한다.

⑤ 제5단계: 행동계약 및 일반화 - 내담자가 새로운 결심을 일상생활에서도 적용하고 유지할 수 있도록 일반화하는 단계로서, 행동계약을 맺게 된다.

04

제3차원: 지각(perception)의 변형

가. 지각과 가족규칙의 변형

지각(知覺)은 하위차원인 '신념'에 의해 자동적으로 생성되는 무의식적 동기요소이다. 지각의 층에는 무의식적 과정인 지각이라는 동기요소 외에도, 의식적 과정인 인지(認知)요소도 존재하고 있다. 우리들 각자가 갖고 있는 수많은 마음속의 원칙과 규칙, 소신들이 이 지각의 층에 흩어져 존재한다. 어떤 규칙은 무의식적으로 가치관과 신념에 의해 생성되지만, 또 어떤 규칙들은 의식적인 개인의 노력을 통해 만들어지거나 변형되기도 한다. '귀가시간'에 대한 규칙이 좋은 예가 될 수 있다. 부모들은 자녀를 사랑하는 마음과 안전해야 된다는 신념으로 어린 시절에 저녁 7시까지는 반드시 귀가해야 하는 규칙을 정해 놓는다. 그러나 성인이 된 이후에도 똑같은 규칙을 강요할 수는 없다. 왜냐하면 상황이 바뀌었기 때문이다. 만약 상황의 변화와는 상관없이 과거의 규칙을 고수하게 되면 문제상황이 발생하게 된다. 중요한 것은 규칙은 언제든지 변화될 수 있다는 전제이며, 상황을 고려해야 한다는 점이다.

가족 간에 존재하는 규칙들은 구성원들을 긍정적으로 화합시키고 질서를 지키게도 하지만, 그 규칙이 불합리하고 불변하는 것이면 가족 간에 존재하는 균형을 깨뜨리게 된다. 특히 18세 이전 성장기에 준수했던 규칙은 인간의 전인적 성장에 미치는 영향력이 매우 크므로 가족 중심 음악치료사는 가족 가운데 존재하는 불합리한 규칙과 원칙들을 찾아내어 이를 변형시킴으로써 가족의 근원적 기능을 회복시켜 주어야 한다.

나. 기본절차

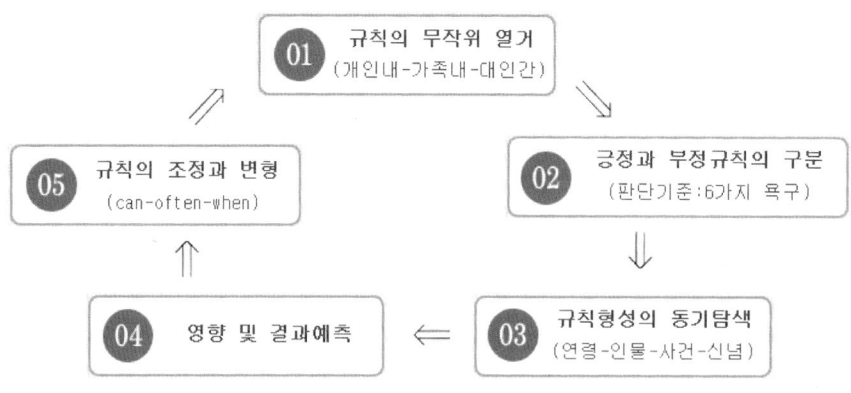

01 규칙의 무작위 열거
(개인내-가족내-대인간)

05 규칙의 조정과 변형
(can-often-when)

02 긍정과 부정규칙의 구분
(판단기준:6가지 욕구)

04 영향 및 결과예측

03 규칙형성의 동기탐색
(연령-인물-사건-신념)

가족규칙 및 지각구조 변형 절차도

1) 제1단계: 규칙의 무작위 열거

개인이나 가족들이 가지고 있는 규칙들을 무작위로 열거하여 목록으로 만드는 단계이다. 언어만 사용하여 토의할 수도 있고, 음악을 통해 자유연상을 시행할 수도 있다. 규칙의 특성이 긍정적이든 부정적이든 상관없다. 치료사는 내담자가 머릿속에 떠오르는 것이면 무엇이든 표현할 수 있도록 허용적인 분위기를 조성해야 한다. 이런 내용들을 기록하여 목록으로 만든다.

개인 내 규칙열거: 대상자 개인이 갖고 있는 감정적·지각적·행동적 측면에서의 규칙과 원칙들을 열거하는 단계이다. 감정에 대한 규칙에는 '남자는 절대 울어서는 안 된다', '쉽게 화내서는 안 된다', '착한 사람이 되어야 한다' 등의 내면적이면서 감정인 규칙들이 대부분인 반면, 지각적 측면에서의 규칙에는 '필요 없는 말은 하지 않는다', '절대 포기하지 않는다' 등 한 사람의 생각과 철학이 담겨 있다.

가족 내 규칙열거: 가족 간에 존재하는 다양한 규칙과 원칙들을 탐색해 보는 단계이다. 가족의 역할과 의무, 행동방식, 생활방식, 감정표현방식, 관계방식 등을 규정해 놓은 가족규칙은 합리적이고 상황에 맞게 조정될 때 인간의 전인적 성장이 가능해진다. 가족규칙은 가훈(家訓)이나 가족의 가치관 속에 잘 나타나 있으며, '절대 해서는 안 된다' 또는 '해야만 한다'는 극단적 용어로 서술된다. '부모말씀에 복종해야 한다', '오후 8시 이전에는 귀가해야 한다', '가족모임이 최우선이다', '부부는 일심동

체' 등이 그 예이다. 치료사는 내담자가 18세 이전에 집안에서 준수했던 성장과정에서의 규칙들을 중심으로 회상해 보도록 한다.

대인간 규칙열거: 대인간 규칙은 사회적 규칙(社會的 規則)이라고 말할 수 있다. 즉 사회생활을 하면서 타인과의 상호작용 속에서 지켜야 할 암묵적 행동원리와도 같은 것이다. 예로서, '남에게 피해를 주어서는 안 된다', '먼저 양보해야 한다', '지는 것이 이기는 것이다', '장유유서(長幼有序)' 등 그 사람의 생각을 지배하는 속담이나 격언, 사자성어로 굳어진 것들이 많다.

2) 제2단계: 긍정규칙과 부정규칙의 구분

마음속의 규칙은 행동이나 감정을 발생시키고 제어한다. 따라서 긍정적이고 옳은 규칙은 더욱 발전시켜야 하지만 그렇지 못한 규칙들은 철저하게 드러내어 의식화함으로써 변형시키거나 제거할 필요가 있다. 특정한 행동을 일으키는 내담자의 규칙이 옳은 것인지 아닌지를 판단하기 위해서는 판단기준이 필요하다. 그것이 바로 '보편적인 욕구'이다. 보편적 욕구는 생득적으로 갖고 태어나는 것으로서 총 여섯 가지 - 생명, 사랑, 존중, 개성화, 심미, 초월 욕구로 나누어진다. 이 욕구들은 단계화되고 연결되어 있지 않으며, 각자 중요한 의미를 가지고 있다. 어떤 규칙이 이 여섯 가지 욕구들 중 특정한 영역을 극단적으로 무시할 때 이 규칙은 부정적인 것이 된다. 예컨대, 흡연은 불안한 마음을 일시적으로 안정시켜 주기 때문에 자기존중욕구는 충족시키지만 건강을 해치기 때문에 생명욕구는 충족시키지 못한다. 직장에서 성공하는 것은 자신의 개성화와 독특성에 대한 욕구를 충족시키지만 일에 집착할 때 사랑과 생명욕구를 동시에 무시하게 된다. 욕구의 무시 또는 집착과 같은 불균형은 개인의 성장과 발전, 마음의 평화를 저해하게 된다.

치료사는 1단계에서 대상자의 규칙들을 개인, 가족, 대인과 관련하여 밝혀낸 후, 이 규칙들이 과연 성장에 긍정적인 영향을 미치는 것들인지 아닌지를 내담자와 함께 구분해 본다. 가족규칙변형표(family rules modification) 양식을 활용할 수 있다. 이 양식에 내담자의 다섯 가지 규칙을 적도록 한 다음, 그 규칙이 긍정적일 때는 '판단'란에 '+'를 부정적일 때는 '-'를 기입한다.

3) 제3단계: 규칙형성의 동기탐색

대상자가 여러 가지 문제를 일으키는 부정적 규칙들의 형성동기를 찾는 단계이다. 규칙은 과거의 어떤 동기에 의해 형성된 것이다. 이것이 외부적이고 강제적이건 혹은 내부적이고 암묵적이건 간에, 개인이 경험한 사건과 경험 및 가족 간 상호작용 등이 수없이 반복되면서 나타난 결정체가 가족규칙이다. 예컨대, 어떤 아이는 아빠가 아끼던 물건을 깨뜨려서 심하게 혼이 난 다음부터 아빠의 물건을 함부로 만지지 말아야 한다는 규칙이 생겼다. 또 10대의 한 소년은 중학교 첫 번째 시험성적을 어머니가 보신 후 실망하는 모습을 보고 어머니를 위해 공부를 해야 한다는 규칙이 생겼다. 이렇듯 규칙형성에는 그 나름의 동기와 원인이 되는 사건들이 있게 마련이다. 그 규칙이 형성된 연령, 관련된 인물, 충격적인 사건, 규칙 아래에 존재하는 무의식 저층의 원인 신념 – 믿음체계 및 가치관이 무엇인지를 탐색하고 밝혀냄으로써 자신이 그동안 갖고 있었던 규칙들이 자신의 삶을 지배해 왔다는 사실과 언제부터 시작되었는지에 대한 근원적인 이해와 통찰을 갖게 된다.

당시연령: 특정 규칙이 형성되었던 시기가 언제인지 회상하는 절차이다. 대개의 경우 가족과 함께 생활했던 성장기가 주를 이루게 된다. 특히 8세 이전의 생애초기경험은 인간의 이후 삶에 매우 강한 기억과 인상을 만들어 자존감과 대응방식에 영향을 미치게 된다. 이때 탐색하는 규칙은 주로 부정적인 규칙들이 대부분이지만 치료사의 판단에 따라 긍정적인 신념과 규칙들이 형성된 시기와 연령을 탐색해 보는 것도 도움이 될 것이다.

원인인물: 부정적 규칙을 형성하도록 한 원인인물을 탐색한다. 이들은 주로 부모나 형제 등 대상자의 주변인물들이다. 이러한 탐색과정을 통해 자신의 행동을 지배해 왔던 규칙들이 부모와 연결되어 있다는 자각을 하게 된다.

원인사건: 규칙은 언제나 사건과 연관되어 있다. 크고 작은 충격적 사건을 경험한 이후에 규칙과 신념들이 의식적 혹은 무의식적으로 생성된다. 규칙이나 신념들은 거의 대부분이 자동적인 과정에 의해 생성된다고 보는 것이 맞다. 왜냐하면 인간의 의식적인 지각과정이 개입하기에는 너무 많은 규칙과 원리, 신념들이 개인 내면에 존재하기 때문이다. 이러한 원인사건 속에는 타인들의 예민하고 불일치한 반응이 대부분을 차지하게 된다. 대상자의 특정 행동에 대해 돌아오는 회귀반응은 그 행동의 강화 혹은 감소에 지대한 영향을 미친다.

원인믿음: 부정적 규칙을 만들어 낼 수밖에 없었던 원인신념 또는 원인믿음이 무엇인지를 밝힌다. 아버지가 일찍 돌아가셔서 가세가 기울게 되고 가족들이 온갖 어려움을 겪는 모습을 본 장남은 '어떤 수단과 방법을 써서라도 우리 집안을 일으킨다'는 규칙을 갖게 되었다. 이러한 규칙의 근저에는 가족에 대한 깊은 사랑이 담겨 있다. 그러나 이러한 가족애를 충족시키기 위해 부정적 수단을 기꺼이 사

용하면서 문제가 시작된 것이다. 규칙을 만들어 낸 근원적인 원인믿음을 발견하게 되면 규칙이 왜 만들어졌는지를 알 수 있게 된다. 동시에 원인믿음을 충족시킬 다른 긍정적 대체규칙을 발견할 수 있는 터전을 마련할 수 있게 된다는 이점이 있다.

가족규칙 변형표(Family Rules Modification)

대상자명: _____ 치료일자: _____
나이:(   )세 성별: 남(   ), 여(   ) 치료사명: _____

	가족규칙	판단		형성동기		영향 및 결과		규칙변경절차	
		+	−	연령	인물				
1						행동		can	
						정서		often	
						지각		when	
		최종변경규칙			1. 2.				
2						행동		can	
						정서		often	
						지각		when	
		최종변경규칙			1. 2.				
3						행동		can	
						정서		often	
						지각		when	
		최종변경규칙			1. 2.				
4						행동		can	
						정서		often	
						지각		when	
		최종변경규칙			1. 2.				
5						행동		can	
						정서		often	
						지각		when	
		최종변경규칙			1. 2.				

※ 분석 및 의견

가족규칙 변형표

4) 제4단계: 영향 및 결과예측

문제규칙을 계속해서 바꾸지 않을 때 개인의 행동과 감정은 어떻게 변할 것이며 가족이나 타인에게는 어떤 영향을 미칠지를 예측해 보는 단계이다. 자신이 지금까지 옳다고 믿어 왔던 확고한 규칙과 신념들이 미래의 자신이나 가족들의 감정과 행동에 어떤 영향을 미칠 것인지 의식적으로 상상해 보도록 하는 것이다. 이것은 문제를 문제로서 인식하기 위한 조치이다. 즉 자신이 가지고 있는 규칙에 대한 부정적 결과와 악영향을 사전에 미리 파악함으로써 현재의 규칙을 변형시키려는 의지를 견고히 할 수 있기 때문이다. 예컨대 '잘난 체하지 말라'는 규칙은 그 자체로는 의미 있는 것이지만, 현대 사회에서 요구하는 도전적이면서 진취적인 인간상과는 다소 거리가 있다. 끊임없이 양보하고 겸손했을 때 얻게 되는 결과는 어떤 것인지 예측해 볼 수 있다. 모든 규칙들은 긍정적인 면과 부정적인 면을 동시에 갖고 있기 때문에 필연적으로 내적인 갈등을 겪게 된다. 이러한 갈등과 고민을 통해 현재의 규칙은 합당한 것인지, 변형시킬 필요는 없는지, 또 좀 더 나은 규칙은 없는지 등을 토의해 볼 수 있다. 이를 위해 미래직면기법의 일종인 의식적 미래예측기법을 활용한다. 노래 부르기나 가사토의, 치료적 글쓰기 등을 이용하여 규칙의 영향력과 결과 등을 예측한다.

5) 제5단계: 규칙의 합리적 조정 및 변형

문제규칙을 합리적인 규칙으로 수정하고 조절하는 단계이다. 앞서 언급한 바와 같이 가족규칙이든 개인규칙이든 합리적이고, 상황에 맞으며, 융통성이 있을 때 비로소 개인의 성장과 가족의 진정한 화합이 가능하다. 규칙을 따르는 대상자들의 상황과 연령 등을 고려해야 한다. 어릴 때 지켰던 규칙이 어른이 된 이후에도 강요된다면 반항이나 불만, 불화 등 역기능적 감정반응이 발생할 것이다. 연령에 맞게 규칙도 합리적으로 조정될 필요가 있다. 대개의 경우 가족 중심 음악치료사들은 규칙 조정 전과 후의 내용을 노래 가사에 넣어 질문하거나 불러 봄으로써 그 내용을 명료화하게 된다. 치료사는 내담자와 함께 과거의 규칙을 어떻게 조정할 수 있을지 돕기 위해 다음 세 가지 유형의 규칙을 활용할 수 있다.

> **제1유형: can 또는 could(할 수 있다)** - 대상자가 갖고 있는 문제규칙에 'can'이라는 하나의 용어를 넣어 문장을 만들어 본다. 만약 과거의 문제규칙이 '나는 어떤 경우라도 절대 울지 않는다'였다면, '나는 울 수도 있다'로 변경할 수 있다.

제2유형: sometimes(때때로) – 때때로(sometimes) 또는 가끔씩(often)이라는 용어를 대상자의 문제규칙 속에 넣어 하나의 문장으로 만든다. '나는 가끔씩 울 수도 있다'로 바꿀 수 있다. 이것은 규칙의 적용범위를 한정시키고 축소시켜 주는 기능을 한다.

제3유형: when(~할 때) – 문제규칙에 특정 상황을 설정하여 문장을 완성할 수도 있다. 문제가 되는 규칙들은 대개 전체 상황에 비추어 보면 문제이지만, 특정 상황에 대입시키면 전혀 문제가 되지 않는다. 따라서 다음과 같이 규칙을 변경할 수 있다. '외롭고 슬플 때는 울 수도 있다.'

제4차원: 신념(belief)의 변형

가. 신념변형의 의미와 그 영향

'신념'은 마음의 구조 네 번째 차원에 위치하는 심층심리적 요소 중 하나이다. 신념은 가치관, 믿음체계, 가치체계, 사고 패턴, 패러다임, 사고의 틀 등과도 맥을 같이하는 용어이다. 신념은 욕구를 충족시키기 위해 자동적으로 생성되며, 이 신념을 통해 수많은 규칙들이 만들어지고 정서와 행동이 결정된다. 규칙이란 신념의 구체화된 형태 또는 부산물이라고 할 수 있다. 또한 신념은 최종적으로 자아존중감과 연결된다. 자신의 신념이나 가치관에 따른 삶은 개인에게 행복과 만족을 주게 되며 이것이 지속적으로 충족되고 축적될 때 비로소 자아존중감이란 형태로 남게 된다.

따라서 제4차원에 존재하는 특정한 '신념' 한 가지를 변형시키게 되면 이와 연결된 지각과 규칙, 감정과 정서, 행동방식, 자아존중감의 포괄적 변화를 자동적으로 가져온다. 변형(transformation)이란 의식적인 개입을 포함하는 용어이다. 신념이나 지각, 정서, 행동은 가만히 내버려 두게 되면 무의식의 지배하에 놓이게 되어 의식을 무시하고 소외하게 된다. 인간의 행동과 감정들은 대부분 무의식적이고 자동적인 반응으로서 그 사람이 갖고 있는 신념에 따라 결정된다. 이 자동적 반응과정 속에 경험이 풍부한 치료사가 개입하여 개인의 신념과 규칙들을 의식적 노력을 통해 변형시키는 과정이 바로 이 단계에서의 핵심이다.

나. 기본절차

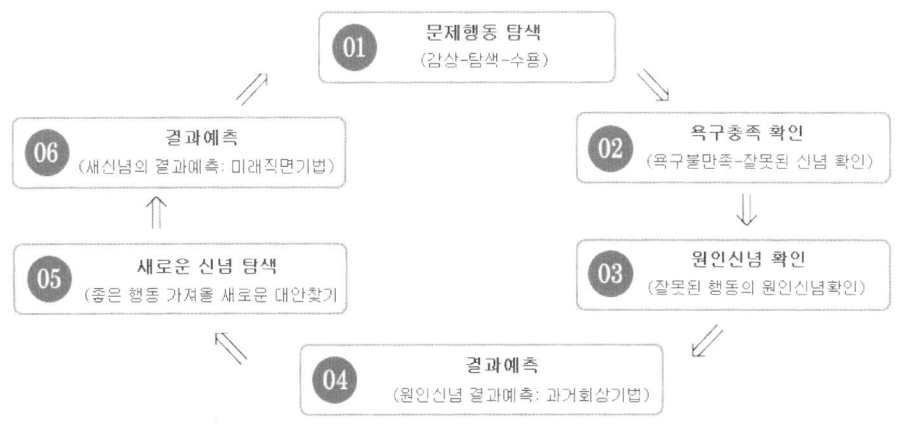

신념변형 절차도

가족음악치료모델에서는 신념의 변형을 위해 효과적이면서도 전형적인 치료절차를 갖고 있다.

1) 제1단계: 문제행동의 탐색

대상자가 갖고 있는 근원적인 문제를 탐색하고 확인하는 작업이다. 즉 바람직하지 못한 결과를 낳는 잘못된 행동방식을 확인하는 것이다. 이것은 그동안 억제하고 억압해 왔던 숨겨진 문제들을 의식이라는 수면 위로 떠오르게 하는 데 의의가 있다. 이와 같은 문제 의식화는 대상자에게 이전과는 다른 통찰과 정화감정을 줄 수 있다.

감상(이완 – 집중): 보다 깊이 있게 내면세계를 탐색하기 위해 긴장이완을 통한 음악 감상활동을 실시한다. 음악 속에서 치료사의 언어적 지시를 통해 신체이완을 유도한다. 신체이완은 필연적으로 정신적 이완을 가져오게 되며 의식과 무의식 간의 경계를 허무는 작용을 하게 된다. 구체적인 기법의 활용은 제8장에 설명해 놓은 음악긴장이완이나 음악자유연상기법을 참고하기 바란다.

탐색과 목록작성: 대상자가 가지고 있는 문제를 확인하기 위해서 반드시 감상을 통한 이완반응을 불러일으킬 필요는 없다. 노래심리치료를 활용하여 노래의 주제나 가사의 일부분에서 기억이나 사건 등

을 연상할 수도 있다. 자신이 생각하는 심각한 문제가 무엇이고 지나치게 민감해지는 경우는 언제인지 등을 탐색하고 열거하도록 한다. 여기서 연상된 내용들을 종이에 기록하여 목록으로 작성한다.

문제감정과 행동의 수용: 목록에 적힌 핵심감정과 문제가 되는 행동, 생각, 가치관들을 내담자에게 다시 읽어 준다. 이것을 언어명료화 과정이라고 명명한 바 있다. 언어화되지 않은 심상이나 감정은 무의식 속으로 다시 가라앉아 버리기 때문에 의식화되었을 때 언어적으로 목록화하고 내담자에게 읽어 줄 필요가 있다. 이렇게 하여 내담자는 이미 알고는 있었지만 정리되지 않았던 자신만의 문제감정과 신념들을 인식하고 자각할 수 있게 된다. 문제의 진솔한 고백과 명료화 과정을 통해 치료가 종결될 수도 있다.

2) 제2단계: 욕구충족 여부 확인

어떤 문제가 발생하는 데에는 특정한 욕구가 작용하기 마련이다. 신문지상의 수많은 폭력사건들은 사소한 말실수가 원인인 경우가 많은데, 상대방을 존중하지 않고 무시하였기 때문이다. 즉 존중받고자 하는 욕구가 충족되지 못했기 때문이다. 부부간의 수많은 문제들은 서로에 대한 존중욕구의 불충족이나 상대 집안에 대한 무시와 평가절하가 원인인 경우가 대부분이다. 치료사는 대상자가 갖고 있는 문제행동이나 감정, 잘못된 신념체계가 그들의 어떤 욕구가 충족되지 못해서 발생된 것인지를 탐색한다.

욕구불만 확인: 인간의 기본적이고 보편적인 여섯 가지 욕구 – 생명, 사랑, 존중, 개성화, 심미, 초월욕구 중 어떤 욕구가 충족되지 못했는지를 확인하는 절차이다. 앞에서 예를 든 것처럼, 부부간의 다툼은 존중욕구의 불충족이 원인이 된 경우이다. 부모를 구타하는 10대 고등학생이 있었다. 이 학생은 잔인하리만큼 자신의 부모에게 폭력을 휘두르고 있었는데, 원인은 다름 아닌 부모에게 사랑받고 싶은 욕구 때문이었다. 부모에 대한 지극한 사랑이 폭력이라는 욕구좌절의 결과물을 양산한 것이다.

불만욕구 충족: 대상자의 충족되지 못한 욕구를 채우는 단계이다. 자녀들만을 위해 희생해 온 어머니의 경우에는 개성화 욕구가 충족되지 못한 경우가 많다. 치료사는 이들이 자신만의 삶을 살 수 있도록 독려할 수 있다. 이 단계는 새로운 신념탐색단계, 즉 대안 찾기 단계에서 좀 더 구체적으로 적용하게 된다.

3) 제3단계: 원인신념(믿음) 확인

　문제행동의 원인이 되는 가치관이나 신념을 찾는 단계이다. 모든 행동에는 긍정적인 의도가 숨어 있다. 심지어는 문제행동에도 긍정적인 의도가 있기 마련이다. 사업을 하다 실패한 가장은 괴로운 나머지 날마다 과음을 일삼게 되었다. 과도하게 음주하는 일은 잘못된 것이지만, 실패한 가장의 입장에서는 자신의 괴로운 마음을 위로하고 보상하려는 긍정적 의도에서 술을 마시게 된 것이다. 따라서 이 사람의 음주에 대한 원인신념은 '술을 먹으면 모든 것을 잊을 수 있다' 혹은 '나는 모든 것을 잊어버리고 싶다'이다. 이렇게 치료사는 원인신념 탐색단계에서 내담자가 보이는 문제행동의 원인이 되는 의도 - 원인신념을 파악함으로써 내담자가 어떤 측면에서 무언의 도움을 요청하고 있는지를 정확히 알 수 있게 된다. 문제 이면의 긍정적 의도 파악은 효과적인 치료중재를 위해 가장 중요한 작업 중 하나라고 할 수 있다.

　이전 단계에서 보편적 욕구 중 충족시키지 못한 부분을 탐색하였다. 사업실패로 인한 허탈감과 괴로움으로부터 자신을 보호하기 위해 술을 먹는 것은 자기보호라는 생명욕구와 존중욕구의 충족을 위해 '술'이라는 잘못된 신념을 적용시킨 예이다. 따라서 어떤 문제행동이 욕구를 포괄적으로 충족시키지 못할 때 그 원인이 되는 신념까지도 잘못된 신념임을 간접적으로 알 수 있게 된다. 한 개인의 성장과 발전에 도움이 되는 신념인지 아닌지를 판단하는 근거는 그 신념을 통해 만들어진 행동과 결과들이 인간의 여섯 가지 보편적 욕구를 두루 만족시키는지를 살펴보면 된다.

4) 제4단계: 원인신념에 따른 결과예측

　내담자가 계속해서 자신의 잘못된 생각과 신념을 가지고 있을 경우 어떤 결과를 초래하게 될지 예측하도록 하는 단계이다. 미래직면기법의 일환으로서 자신과 가족, 타인, 미래 등 네 가지 차원에서 결과를 예측한다. 이러한 과정은 단순히 언어적 토의만으로 진행할 수도 있고 의식적인 감상활동을 통해 미래를 예측하도록 할 수도 있다.

　자신의 변화 예측: 문제규칙을 지속적으로 보유하고 있을 경우 자신의 내면에 어떤 변화가 생길지

예측해 보도록 한다. 어떤 내담자가 '어떤 상황에서도 절대 울지 않는다'는 신념을 버리지 않고 계속해서 갖고 있다면 내면의 해소되지 않은 감정들이 더욱 커져서 나중에는 폭발하게 될 것이라고 예측할 수 있을 것이다.

가족의 변화 예측: 잘못된 신념이나 규칙을 계속 내면에 보유하고 있을 경우 가족들에게는 어떤 영향을 미칠지 예측해 보도록 한다. '부모님이 최우선이다'는 신념을 계속 가지게 된다면 내담자 자신은 부모님이 원하는 인생을 살면서 결국은 자신을 잃어버린 삶으로 인해 괴로워하게 될 것이다.

타인의 변화 예측: 문제가 되는 생각을 바꾸지 않는다면 주변의 타인들에게는 어떤 영향을 미칠지 예측해 보도록 한다.

미래의 결과 예측: 문제규칙이나 신념을 지속적으로 보유하고 있을 경우 자신의 미래에는 어떤 변화가 생길지 예측해 보도록 한다. '나보다 다른 사람을 더 존중해야 한다'는 신념이 조정되지 않고 지속될 때 자신의 성공마저도 남에게 양보하게 될 수 있다.

5) 제5단계: 새마음(새로운 신념체계), 대안 찾기

과거의 비합리적인 신념을 버리고 새로운 신념체계를 찾는 과정이다. 새로운 신념체계란 새마음, 새로운 패러다임, 합리적인 신념을 일컫는 말이다. 합리적인 신념이란 현실과 상황에 맞고 상호 존중될 때 가능하다. 즉 신념이 보편적인 이치에 맞아야 한다는 것이다. 정시에 도착하는 것은 훌륭한 것이지만 과속을 하면서 시간약속을 맞추는 것은 이치에 어긋난다. 따라서 '사정이 있을 때는 약속을 지킬 수 없을 때도 있다'라고 기존의 신념을 수정할 수 있다. 또 여자들에게 일이 중요하지만 자녀를 양육하는 것도 중요한 가치이다. 이러한 신념들을 현실과 상황에 맞게 수정해 보면 '좋은 엄마는 반드시 집에 있어야 한다'가 아니라 '자녀들이 필요로 할 때 함께 있어 준다'가 더 적정하다. 만약 두 가지 합리적인 신념 중 반드시 하나만을 선택해야 한다면 보다 우선적인 신념을 선택하는 것이 보편적인 법칙이 될 수 있다. 이것이 우선순위의 원리이다. 일이 중요하지만, 가정에서의 성공이 더욱 중요하기 때문이다. 이를 위해 '어떠한 사회적 성공도 가정에서의 실패를 보상할 수 없다'라는 신념을 마음에 미리 새겨 둘 필요가 있다.

이와 같이 치료사는 내담자가 갖고 있는 잘못되고 비합리적인 신념체계를 조정하여 합리적이고 상황에 맞는 신념으로 변형할 수 있도록 돕게 된다. 이 절차는 신념변형의 전체 과정에서 가장 중요한 요소이다. '실패는 두려운 것이고 나쁜 것이다'라는 신념을 '실패는 성장의 일부분이다'로 바꿀 수 있다. 신념의 변형은 곧 사물을 보는 총체적인 패러다임의 전환을 가져와 그 대상에 대한 감정과 생각, 행동에 지대한 영향을 미친다. 치료사는 이 과정에서 고도의 집중력을 가지고 내담자에게 가장 적합한 신념체계를 형성하도록 직관적이고 인지적인 노력을 다해야 한다.

6) 제6단계: 새 신념체계에 따른 결과예측

새롭게 형성된 신념이 미래에 어떤 결과를 만들어 낼 것인지를 미리 예측해 보는 단계이다. 새 신념에 따른 결과를 사전에 상상해 봄으로써 신념에 대한 확고한 의지를 다질 수 있다. 또한 자기 자신에 대한 강한 설득작업으로서의 의미를 가진다. 미래직면기법의 일환으로서 자신과 가족, 타인, 미래 등 네 가지 차원에서 결과를 예측한다. 구체적인 적용은 앞의 4단계를 참조하기 바란다.

제5차원: 욕구(Desire)의 변형

가. 욕구변형의 궁극적인 목적

'기대'란 욕구 차원에서 생성되는데, 한 개인이나 전체가 진정으로 원하는 상을 지속적으로 갈망할 때 최종적으로 생겨나는 결과물이다. 어떤 사람이 가지는 기대에는 그 사람의 진정한 소망과 열망이 담겨 있다. 불행(不幸) 또는 불만족이란 진정한 소망에 따라 살아가지 못할 때 발생한다. 많은 사람들은 자신의 소망이 뭔지, 진정으로 하고 싶은 일이 뭔지 제대로 알지 못하기 때문에 그에 따라 살아가는 경우는 극히 드물다. 왠지 모르는 불만과 불편을 안고 살아가는 것이다. 따라서 진정한 기대나 소망을 발견하는 것만으로도 치료적 의미가 있으며, 더 나아가서 그 소망에 따라 생을 자의적으로 선택하고 이끌어 갈 때 진정한 마음의 평화와 전인적 성장을 할 수 있다.

욕구변형단계의 궁극적인 목적은 내담자로 하여금 가족의 기대와 소망이 자신의 현재 삶에 지대한 영향을 미치고 있다는 사실을 깨닫게 하는 것이다. 따라서 가족의 기대와 소망이 마치 자신의 것인 양 살아온 이들에게 자신이 원하는 소망과 열망을 일깨우고 그에 따라 살아가도록 하는 것이 이 모델이 지향하는 핵심중재라고 할 수 있다. 이를 위해서는 부모의 기대와 소망을 다시 그들만의 것으로 돌려주는 반납과정이 필수적이다. 이것은 타인의 소망과 자신의 소망을 분리시킴으로써 진정한 자기로서 다시 설 수 있도록 하기 위함이다.

나. 기본절차

1) 제1단계: 진정한 기대와 욕구 탐색

내담자 자신이 갖고 있는 진정한 소망을 탐색하는 기대의 표면화 및 의식화 과정이다. 욕구 차원에 산포되어 있는 수많은 소망과 열망들은 후천적으로 형성된 무의식 중 가장 저층에 위치한다. 따라서 쉽게 인식되지 않는다. 좀 더 근원적이고 정밀한 탐색작업이 필요하다. 이를 위해 음악자유연상기법을 활용한다. 감상활동을 통한 의식전환 상태에서 즉흥적으로 치료사에게 자신의 무의식적 내용들을 언어로서 보고하도록 할 수도 있지만, 이에 대해 거부와 저항을 갖고 있는 경우에는 음악 감상 없이 언어적 토의만으로 탐색할 수도 있다. 여기서 탐색해야 할 대상은 가족의 소망과 자기 자신의 소망이다.

> **가족의 소망 열거:** 가족이 내담자에게 가지고 있는 소망이나 기대가 뭔지 살펴보는 기회를 갖는다. 아버지와 어머니, 형제자매들이 내담자에게 갖고 있는 기대가 무엇인지 살펴보는 과정에서 그 소망이 자신의 행동과 감정을 지배하고 조종해 오고 있다는 사실을 통찰하게 된다. 가족소망분석도 양식을 활용할 수 있다.
>
> **가족에 대한 소망 열거:** 자신이 갖고 있는 가족들에 대한 기대와 소망을 살펴본다. 가족들에게 바라는 사항들을 솔직하게 토의하되 치료사는 이를 종이에 기록한다.
>
> **자기 자신에 대한 소망 열거:** 자신이 자기 자신에 대해 갖고 있는 기대와 소망을 살펴본다. 대개 초기탐색단계에서는 표면적인 답변만 나오는 경우가 많다. 성공이라든지 돈을 번다든지 하는 것이다. 이것들은 진정한 소망과는 거리가 먼 것들이다. 이들이 돈을 버는 이유가 뭔지, 성공하고 싶은 진정한 의도가 무엇인지를 탐색하는 것이 관건이다.
>
> **인식과 수용:** 가족과 자신에 대한 기대와 소망을 살펴보는 과정에서 내담자 또는 그의 가족들은 서로에 대한 진정한 이해와 연결을 경험하게 된다. 치료사는 종이에 적힌 소망과 기대를 하나씩 정리하면서 가족 혹은 개인에게 낭독해 준다.

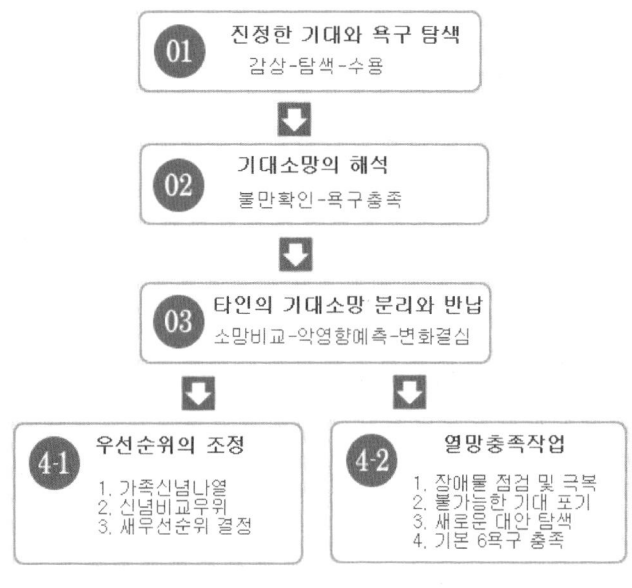

욕구변형 절차도

2) 제2단계: 기대소망 해석

기대소망 해석은 가족구성원들이 서로에게 갖고 있었던 기대와 소망, 욕구 등을 서로 비교하여 어느 정도의 차이가 있는지와 실현가능한 것인지를 분석하는 단계이다. 일단 내담자에게 가족이나 중요 타자들의 기대나 소망이 자신의 내적인 모든 측면에서 영향을 미쳐 왔다는 사실을 인식시킴으로써 변화를 결심하도록 격려한다.

소망의 비교 및 분석: 서로의 소망을 비교해 보고 과연 충족 가능한 기대와 소망인지를 분석하는 과정이다. 아버지의 소망은 자녀가 의사가 되는 것이지만, 자녀의 소망은 가수이다. 아버지의 소망은 너무도 확고해서 변화하기가 힘들다. 그러나 자녀가 아버지의 기대와 소망에 부응하기에는 성적도 의지도 모두 부족한 상태이다. 즉 타인의 기대와 소망이 실현가능한 것인지, 자신의 기대와의 간격과 차이는 어느 정도인지를 분석한다.

악영향 예측: 내담자 자신에 대한 타인의 기대와 소망이 자신의 심성구조 안의 여러 차원들 - 행동, 감정, 지각, 신념에 끼친 악영향을 탐색하는 단계이다. 부모의 과도한 기대가 자녀인 내담자의 행동에는 어떤 영향을 미쳤고, 감정이나 지각, 신념에 각각 어떤 영향을 미쳤는지를 탐색한다.

변화 결정: 부모가 갖고 있던 자녀에 대한 기대가 그 자녀의 전 인생에 걸쳐 막대한 영향력을 발휘하면서 그의 행동과 감정, 생각까지도 지배해 오고 있다는 사실을 분명히 인식하는 것이 중요하다. 이를 통해 내담자는 변화하기로 결심하게 된다.

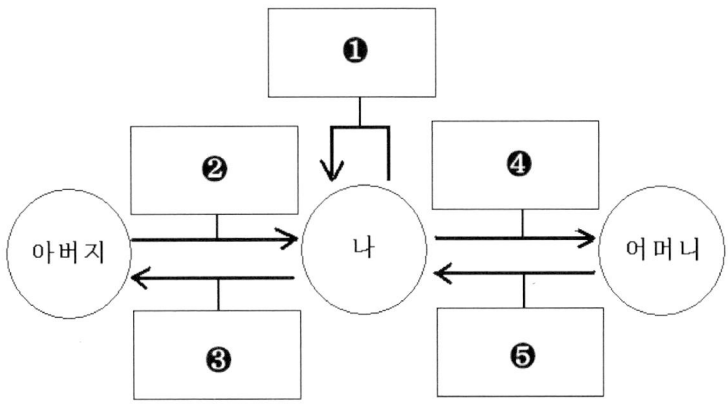

가족소망분석도 양식

3) 제3단계: 타인의 기대소망 분리와 반납

기대를 분리시킨다는 것은 나 자신의 기대와 타인의 기대가 다름을 인식하는 것이다. 또한 타인의 기대에 의해 조종된 삶을 자신이 이끄는 삶으로 전환한다는 것을 의미한다. 타인의 기대와 자신의 기대가 다름을 인식하고 명확히 분리하고 나면, 타인들이 갖고 있던 자신에 대한 기대를 그들에게 다시 돌려주게 된다. 여기서 타인이란 주로 부모를 의미하는 것이다.

기대의 분리: 내담자의 기대와 타인의 기대가 다르다는 사실을 인식시킨다. 즉 '나'와 '너'가 다름을 인식하는 것이다. 또한 타인의 인정이나 칭찬, 질책이 나의 가치를 전적으로 결정하지 않는다는 사실을 깨닫도록 돕고 특히 그것들로부터 감정적으로 분리될 수 있도록 한다.

기대의 반납: 타인의 기대를 그들 자신에게 반납하고 돌려주도록 한다. 내담자의 인생에서 끊임없이 내면의 잔소리꾼으로서 작용했던 기대와 규칙, 신조, 원리들을 잠재운다. 가족음악심리극의 한 유형인 음악독백(音樂獨白)기법을 사용한다. 배경음악을 들려준 후 앞에 있는 가상의 부모에게 독백을 한다. 이때 내담자는 기대나 규칙을 준 부모의 긍정적인 의도에 감사를 표하고 그것들을 다시 돌려준다고 발표한다. 또한 자신의 삶을 스스로 선택하며 살 것이라고 말한다. 음악독백에 대해 어색해하거나 저항감을 가질 경우에는 치료사가 중심이 되어 위의 내용을 문서로 작성하여 음악 속에서 낭송함으로써 암시하고 각인할 수 있다.

4) 제4-1단계: 우선순위 조정[가족소망변형(새가족소망첨가): 새로운 양식]

대상자들은 두 가지 신념과 소망들 가운데 어떤 것을 선택해야 할지 모르는 경우가 많다. 특히 두 신념이나 소망 모두 합리적이고 긍정적인 경우에는 더욱 그렇다. 그러나 우선순위를 미리 정해 놓으면 선택의 순간에 고민 없이 결정할 수 있게 된다. 이 단계에서는 개인이나 가족들의 기대와 소망, 신념에 대한 우선순위를 탐색하여 합리적으로 재조정하게 된다. 새롭게 형성된 우선순위는 세션이 끝나기 전에 음악을 통해 암시하고 각인하든지, 질문이나 답변을 활용하여 언어적으로 명료화할 수도 있다.

가족신념나열: 우선순위의 모태가 되는 개인의 가치관, 신념, 믿음을 무작위 나열하도록 한다. 치료사는 이를 종이에 적는다.
신념비교우위: 나열된 가치관들을 서로 비교하여 어떤 것이 더 중요하거나 덜 중요한지 나름대로 순위를 매겨 보도록 한다.
새로운 가족우선순위 선정: 기존의 우선순위를 보면서 합리적인지, 조정이 필요한지, 어떤 것이 새로 첨가될 수 있는지 등을 함께 토의한다. 이러한 토의과정을 통해 결정된 내용들에 새롭게 우선순위를 매긴다. 필요하다면 개인이나 가족의 새로운 기대나 신념을 우선순위에 첨가할 수도 있다.

5) 제4-2단계: 열망충족작업 실행

길에 장애물 있는 그림(소망의 성취가능성+불가능 정도-척도질문)

충족되지 못한 기대와 소망을 주제로 치료적 중재를 투입하는 단계이다. 어떤 사람이라도 자신의 소망을 모두 이루면서 살아갈 수는 없기 때문에 좌절된 소망이나 기대를 합리적으로 처리하는 방법을 나름대로 터득해야 한다. 예컨대 길 위에 거대한 바위가 가로막고 있는 경우를 상상할 수 있다. 이때 길 위의 장애물을 상대로 대처하는 방법은 여러 가지가 있을 것이다. 바위를 다른 곳으로 옮기려고 시도하거나, 그것이 안 되면 다른 길을 찾거나, 다른 길도 없다면 가는 것을 포기할 수 있다. 치료사는 내담자가 다양한 심리적·사회적·신체적 장애물들을 어떻게 처리하고 조절할 것인지에 대해 진지하게 통찰할 수 있도록 도와야 한다.

장애물 점검 및 극복: 내담자의 소망을 저버리게 하는 앞에 놓여 있는 장애물이 무엇인지를 탐색하는 단계이다. 이때 척도질문을 사용하여 현재 자신의 문제가 어느 정도로 심각한지 가늠해 보도록 한다. 만약 시간과 노력이 더 필요한 일이라면 현재의 노력을 계속 정진하도록 격려할 수 있다.

불가능한 기대의 포기: 불가능한 목표에 대해서는 포기하고 그 기대를 버리는 단계이다. 사티어는 이를 '기대 저버리기'라고 명명하였다. 치료사는 실현가능성이 없는 불가능한 기대나 소망을 계속 가지고 있음으로써 치러야 할 대가나 폐해를 파악하도록 도움을 준다. 예컨대, 배우자나 타인이 변화되기를 바라는 일은 긍정적이고 훌륭한 것이지만 바람으로 그들이 변화될 수는 없기 때문에 이러한 기대를 버리고, 자신에게서 해답을 찾도록 할 수 있다. 이렇게 개인, 가족, 타인, 사회에 대한 기대나 소망 중 성취가능성이 없는 부분을 파악하여 저버리도록 한다.

대안발견: 기대나 소망을 이루기 위한 방법에 문제가 있을 경우도 있기 때문에 다른 방향으로 선회하도록 도움을 준다. 길이 막혀 있으면 돌아가는 이치이다. 소망과 기대를 성취하기 위한 새로운 접근방법을 함께 찾아본다. '벽과 너무 가까이 있으면 벽 바로 옆의 문을 보지 못한다'는 말처럼 치료사는 근시안이 되어 있는 내담자에게 원시안적인 접근을 통해 도움을 줄 수 있다.

여섯 가지 기본욕구 충족시키기: 내담자의 진정한 욕구가 무엇인지를 밝혀 이를 충족시키는 단계이다. 가장 근원적인 접근이라고 할 수 있다. 보편적 욕구는 수없이 다른 형태로 기대와 소원, 바람을 만들어 내기 때문에 진정한 원래의 모습을 찾기란 쉽지 않다. 겉으로 드러난 기대와 목표, 소망들 가운데서 그 뿌리가 되는 근원적 욕구를 찾아 이를 충족시키는 작업이다. 똑똑한 언니로 인해 부모로부터 상대적 소외를 당해 왔던 내담자는 알 수 없는 우울함과 낮은 자존감으로 고통을 받아 왔다. 내담자의 진정한 욕구는 존중받고자 하는 욕구였던 것이다. 치료사는 부모로부터의 인정과 칭찬이 그 자신의 가치를 결정하지는 않음을 일깨워 주고, 부모 이외의 타인 혹은 다른 경험으로도 얼마든지 존중욕구가 충족될 수 있음을 강조하였다. 이처럼 치료사는 내담자의 진정한 욕구를 찾아내어 이를 충족시켜 줌으로써 그들이 만족과 균형감을 느끼도록 도와야 한다.

■ 적용가능한 음악치료기법:

가족즉흥연주

가족즉흥연주(家族卽興演奏, family improvisation)는 기본적으로 가족의 전반적인 사항을 주제로 즉흥연주를 하는 것을 말한다. '즉흥적'이라는 말은 무의식성을 전제로 한 용어이다. 즉흥성 속에는 무의식적 내용의 표출을 함축하고 있다. 따라서 즉흥적인 음악을 연주한다는 것은 인간의 내면에 있는 심층적인 내용들을 의식적인 과정 없이 무의식적으로 배출해 낸다는 것을 의미한다. 이 과정에서 심리적·정서적 내용들은 음악적 요소와 결합하게 되고 새로운 정서적 에너지를 생성하여 외부로 이동한다. 이것을 '정서적 카타르시스작용'이라고 한다.

■ 기본절차

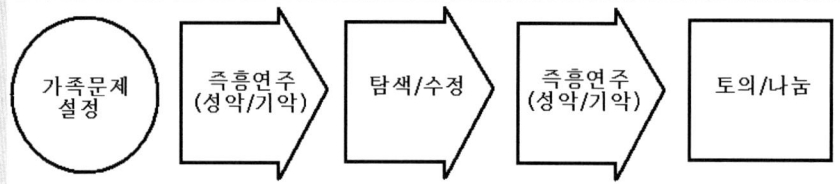

(1) 제1단계: 가족문제설정 - 현재 가족들이 경험하고 있는 핵심적인 문제가 무엇인지를 정한다.

(2) 제2단계: 즉흥연주 - 즉흥연주는 형식에 구애 없이 즉흥적으로 연주하거나 소리 내는 과정을 의미한다.

  ▶ 제1유형: 문제 중심 가족즉흥연주(problem-focused improvisation): '문제의 재경험'에 초점을 맞춘 즉흥연주기법이다.

  ▶ 제2유형: 소망 중심 가족즉흥연주(problem-focused improvisation): '긍정적 경험의 회상'을 목적으로 진행되는 즉흥연주의 한 유형이다.

  ▶ 제3유형: 가족자유즉흥연주(family free improvisation): '자율성, 보상작용, 즉각성'이 특징인 즉흥연주 형태이다. 다른 유형과는 달리 특정한 주제나 목적, 상황에 대한 제시 없이 자유롭게 즉흥연주를 진행하는 것이 특징이다.

(3) 제3단계: 탐색과 수정 - 가족구성원들은 치료사와 함께 치료 중에 느꼈던 역동성과 저항감정, 동일시, 감정이입 등을 함께 탐색하고 분석해 본다.

(4) 제4단계: 수정된 즉흥연주 - 첫 번째 즉흥연주의 주제나 느낌, 형식, 상황 등을 수정해서 다시 한 번 즉흥연주를 시도해 보는 단계이다.

(5) 제5단계: 토의 및 나눔 - 즉흥연주그룹의 구성원들은 서로 즉흥연주에 대한 느낌과 의견을 나눈다.

제6차원: 자기(Self)의 실현

– 가족 내적인 균형유도를 위한 기법 –

가. 자기실현과 균형유도

자기(自己, Self)를 실현한다는 것은 자신만의 독특성을 알고 행동으로 옮기는 과정을 말하며, 개성화(individuation)라고도 부른다. 이것은 진정한 자신이 되는 것이며 있는 그대로 자신을 수용하는 것을 의미한다. 이부영은 자신의 저서 『분석심리학』에서 자기실현에 대해 다음과 같이 기술하고 있다.

> 자기실현은 자아가 사회적 역할과 맹목적으로 동일시하는 것만으로는 결코 이루어질 수 없다. 자아성숙의 궁극적인 목표가 페르소나가 아니라는 자각으로 나의 사명과 집단정신을 구별하되 사회적 의무와 규범의 필요성을 자기의 전개성에 합치되는 범위에서 인정하며, 때로는 여기서 물러나 안의 세계에 자신을 맞추는 것이다.[109]

여기서 설명한 사회적 역할이란 페르소나(persona), 즉 가면, 사회적 위치, 직함을 의미하며, 자신이 소망하고 열망하는 사회적 위치나 직함을 얻기 위한 맹목적인 노력이나 자기를 잃은 채 집단이 개인에게 부여한 역할이나 직위, 직함에 동조된 삶을 살

---

109) 이부영, 『분석심리학』, 서울: 일조각, 1998, p.120.

게 되면 결코 자기실현을 이룰 수 없음을 설명하고 있다. 성직자, 교수, 의사, 국회의원, 배우 등은 특히 페르소나가 강조되는 직업군이다. 모르지만 아는 척한다든지, 성스러운 척한다든지, 안 그런 척한다든지 하는 행동은 집단이 요구하는 정신은 존중되었지만 정작 자신의 마음은 소홀히 하였다. 결과적으로 이런 가면을 쓴 의식적 편향성이 지속되게 되면 의식과 무의식은 단절되고 만다.

따라서 자기를 실현하기 위한 중요한 요소는 정신적 균형이다. 정신적·사회적·내면적으로 지나치게 치우침이 없는 상태를 유지하는 일이다. 지나치게 전체와 집단을 지향하지도 않지만 지나치게 개인의 사명과 신념만을 고집하지도 않는다. 또 지나치게 성공지향적이지도 지나치게 가정적이지도 않은 상태, 극단적으로 내향적이거나 외향적이지 않은 상태를 의미한다. 끊임없이 내적 또는 외적인 균형 상태를 검토하면서 이를 조정해 가는 것이 자기실현의 한 과정일 수 있다. 가족중심음악치료모델에서는 내담자의 단순한 문제행동 중단만이 아니라, 이들의 전인적인 성장과 마음의 평화, 진정한 자기실현을 이룰 수 있도록 돕는다. 이를 위해 마음속의 편식현상인 심리적 편향성을 지양하고 가족 간에 존재할 수 있는 불균형요소를 탐색하여 서로 조화를 이루도록 유도하게 된다. 아빠가 너무 성공지향적이지 않은지, 엄마가 자녀에게 과도한 관심과 기대를 갖고 있지는 않은지 등 가족 내의 관계나 영향력 측면에서 어떤 불균형적 요소가 존재하는지를 탐색한다. 그런 다음, 개인의 관심사나 내면세계에 있어 불균형요소가 없는지 탐색한다. 특히 성격 측면에서 편향된 측면을 찾고, 의식과 무의식 간의 역할을 균형적으로 조정하게 된다. 또한 사회적 측면에서 대인간 의사소통방식이나 사회생활에 있어서의 편향된 사고나 태도 등을 점검하게 된다.

나. 가족 간 불균형탐색 및 균형유도

가족 간에는 다양한 불균형적 요소가 존재하는데, 특히 그들의 관심사, 가족규칙, 가족경계, 의사소통방식 등에서 많이 나타난다. 어떤 가정의 경우 엄마가 자녀들만 위하고 남편은 차순위인 경우가 있다. 관심사가 자녀에게 치우쳐 있는 경우로 불균형의 전형적인 예이다. 이 경우 가족구성원 전체가 함께 존중받도록 유도하는 것이 치료사의 역할이다. 또 가족들 사이 영향력 측면에서도 불균형이 발생할 수 있다. 아버지가 가부장적 위치를 차지하고 있는 가정의 경우, 아버지의 말씀은 곧 법이 되고 다른 의견을 표할 수 없는 절대적 교시이다. 한 방향으로 편향된 가족 간 영향력의 불균형을 평형이 되도록 조절해야 한다. 아버지의 역할을 강조하되 좀 더 인간적이고 합리적인 방안을 강구할 수 있다.

가족들 간의 의사소통방식에 있어서도 불균형을 발견할 수 있다. 의사소통방식은 단순히 언어소통방식 이상의 의미를 지닌다는 것은 앞서 지적한 바 있다. 이것은 삶의 대처방식 및 생존수단인 것이다. 따라서 지나치게 남을 비난하는 의사소통방식을 가지고 있거나, 자신의 존재가치를 무시한 채 남의 비유만을 맞추려 하거나, 목적의식 없이 산만하거나, 현실감 없이 극단적으로 비현실적이거나, 지나치게 이성적이어서 가족들에게 규칙과 원리만을 강요하는 경우가 있다. 치료사는 각각의 의사소통 유형에 맞는 도움을 줄 수 있어야 한다.

예컨대, 비난적인 특성을 가진 가족구성원에게는 자기(I)요소를 감소시키고, 타인(You)요소를 증가시킨다. 회유형에게는 자기(I)요소를 증가시키고, 초이성형에게는 규칙과 상황이 그의 내면에 수없이 내재되어 있기 때문에 이를 줄이고 타인과 자신을 존중하도록 돕는다. 비현실형의 경우에는 자신, 타인, 상황이 모두 무시된 채 영적·종교적·초자연적 소통이 중시되기 때문에 현실감각과 주변인들을 존중하도록 돕는 것이 우선이다. 이 가족 간의 불균형 탐색단계에서는 가족이라는 전체성 속에서 각각의 구성원들이 자신만의 독특성과 개별성을 가질 수 있도록 균형을 유도하는 것이 중요하다.

다. 개인 내적 불균형탐색 및 균형유도

대상자 개인의 내면세계에 있어서 불균형적 요소들을 탐색하고 조정하는 단계이다. 이 탐색과정에는 성격, 능력, 의식과 무의식, 취미, 집착대상 등을 살펴보는 작업이 포함된다. 성격 측면에서는 내담자가 너무 외향적인지 혹은 내향적인지를 살피고 과도하게 향성(向性)이 기울어져 있을 때는 이를 조정한다. 향성이란 관심의 초점이 외부를 향하는가 아니면 내면세계를 향하는가에 의해 결정된다. 따라서 외향성과 내향성은 그 나름의 장점과 의미를 지니고 있어서 한쪽을 강조하는 일은 위험하다. 내향적 성향이 지나쳐 외부와의 접촉을 끊는다든지, 반대로 외향적 성향이 과도해서 자신을 완전히 무시한 채 가족이나 사회, 도리, 상황만을 중시할 수도 있기 때문이다.

능력개발과 취미생활 측면에서도 불균형요소를 적절히 조절해야 한다. 내담자가 자신의 능력 중 어떤 영역만을 집중적으로 개발시키고 또 어떤 부분을 철저히 소외시키는지를 밝혀낸다. 이것은 자신의 능력 중 어떤 것을 자랑스럽게 여기고 어떤 부분을 내보이기 꺼려하느냐를 통해 간접적으로 판단할 수 있다. 과도한 집착은 다른 측면을 볼 수 없게 만들 뿐 아니라, 과도한 능력의 불균형을 만들어 낸다. 공부는 잘하지만 친선경기에는 전혀 참여하지 않으려는 사람, 말은 유창하지만 글은 잘 못 쓰는 사람 등 능력에 대한 편중된 개발이 그 반대편에 있는 다른 능력을 미분화하고 원시적으로 만들어 버리는 것이다. 특히 어떤 대상에 집착하여 헤어 나오지 못하는 경우가 있는데 이것 또한 관심과 흥미의 과도한 집중현상에서 비롯된 경우이다. '~에 푹 빠지다', '~광(狂)', '~중독'이란 용어는 이러한 지나친 집착을 표현하는 용어들이다. 치료사는 대상자 개인의 관심과 흥미, 능력 면에서 편향과 집착 정도를 파악하여 이를 균형 있게 조절할 때 내담자의 전인적 성장과 만족을 도울 수 있다.

치료사는 내담자가 사회적 역할, 즉 페르소나에 지나치게 동일시하고 있지 않은지를 점검할 필요가 있다. 자신이 갖고 있는 사회적 역할과 지위, 직함에 맞는 행동을 하는 것은 지극히 온당한 일이지만 과도하게 사회적 역할과 동일시되면 자신의 내면세계와 단절될 수 있다. 여자들은 결혼하여 자신의 이름을 잊은 채 '누구의 엄마', '누구의 부인', '누구의 며느리'로서 불리고 역할을 다하게 된다. 문제는 그러한 호칭과 자신을 동일시한다는 데 있다. 이렇게 되면 자기 자신을 돌보지 않고 자신의 존재를 잊어버리게 된다. 아버지로서, 선배로서, 교수로서, 며느리로서, 남편으로서, 자식으로서 행동할 뿐 나 자신으로서 행동하지는 않는 것이다. 극단적인 페르소나와의 동일시 현상의 예는 자신의 학업을 포기한 채 동생들의 학비를 마련하기 위해 평생을 일해 온 누이에게서 찾을 수 있다. 이 누이에게 있어서 동생들의 성공은 곧 자신의 성공과 동일한 것이다. 반대로 그들의 실패는 자신의 실패이기 때문에 함께 고통을 공유한다. 여기에 '자기'는 없다.

라. 자기순응을 통한 자기실현

　　자기순응(自己順應)이란 수많은 다른 용어로 설명되어 왔다. 가장 근원적인 자기와의 만남, 대극의 합일, 개성화, 자기실현, 도덕적·종교적 신념의 실현 등이다. 우리는 앞서 인간 선천적 무의식의 최저층에 자기(Self)라는 근원적 가능성 또는 에너지가 존재한다는 사실을 살펴본 바 있다. 자기 안에는 창조적 속성과 파괴적 속성이 동시에 존재한다. 창조적 속성은 끊임없이 성장과 발전, 단합, 동기를 일깨우며 마음의 평화를 향해서 나아가도록 촉진한다. 반면, 그 반대편에는 파괴적 속성이 있어서 자신이 무가치하다고 여겨지고, 절망하도록 하며, 의기소침하도록 만든다. 똑같은 현상에 대해 긍정적으로 혹은 부정적으로 바라보는 이유가 여기 있다. 자기의 긍정적 속성과 내면세계의 신성한 측면의 속삭임에 따르는 것이 곧 자기순응[110]이다. 따라서 자기순응적 인간은 자신만의 독특함과 가능성을 추구하며, 영적인 본질 또는 완전한 도덕적 진리와 신념에 일치하는 삶을 살아가는 사람을 의미한다. 따라서 치료사는 내담자가 '진정한 자기'를 찾을 수 있도록 돕고, 자신의 신념을 정확히 인식하여 그에 일치하는 삶을 살 수 있도록 도와야 한다. 그것이 반드시 종교생활이나 수도생활을 의미하는 것은 아니다. 또 세속을 등지거나 기존 질서에 항상 반기를 들며 자신의 주장만을 내세우라는 뜻은 더욱 아니다. 참다운 개성화를 이룬 사람은 있는 그대로의 자기를 수용하고 실현하며 현실법칙을 존중하면서도 자신의 내면적 직관에 귀 기울일 수 있는 그런 사람이다. 평소에도 일정한 시간을 정하여 내면과 진실하게 대화하고, 모든 판단에 있어 생득적 가치판단기준인 양심(良心)에 따르는 삶을 살며, 자신이 갖고 있는 신념과 가치관을 현실과 상황에 일치하는지를 항상 살피는 사람은 우리 모두가 갈망하는 마음의 평화를 얻을 수 있다.

---

110) Henry D. Thoreau는 다음과 같이 자기순응에 대해 언급한 바 있다. "자기만족을 얻으려면 나 자신의 독특함에 순응해야 한다. 그리고 나 자신의 가치관의 북소리에 맞추어 행진해야 한다. 나의 행복과 성공은 나 자신을 찾는 것, 그리고 나만의 가능성에 따라 살아야만 가능하다."
　　H. W. Smith, *The 10 Natural Laws of Successful time and Life Management*, 1994, p.281.

제12장
4단계: 목표각인

가족음악치료모델의 전형적인 치료절차 중 4번째 단계는 '목표의 각인(The Imprinting of Objectives)'이다. 각인(刻印)의 의미는 배우고 깨달은 것을 마음에 새기는 작업이라고 할 수 있다. 이 용어는 동물학적으로 어린 동물들이 처음으로 시각적·청각적·촉각적 경험을 하게 된 대상에 관심을 집중시킨 다음 그것을 쫓아다니는 학습의 한 형태로서 imprinting의 의미를 갖지만, 미술공예의 입장에서는 작품의 표면에 금속의 순도나 작가의 서명을 표시하기 위해 사용되는 금속도장 혹은 이 도장을 새기는 작업으로서 stamping의 의미를 동시에 갖는다고 할 수 있다. 그러나 가족음악치료모델에서는 앞서 언급한 바 있지만, 치료과정에서 내담자가 통찰하고 인식하게 된 핵심적인 감정, 문제점, 소망, 목표, 가치관, 결심 등을 마음에 확고하게 기억할 수 있도록 하는 작업을 '각인'이라고 정의한다.

이 단계에서는 이전 단계에서 논의되고 도출된 다양한 해결방안과 핵심목표, 긍정자원들을 최종적으로 정리하고 수정하여 치료사가 내담자에게 메시지 형태로 전달하고, 변화를 유지하고 일반화시키기 위해 내담자에게 특별한 과제를 제공하며, 음악적 암시와 언어명료화과정을 통해 치료사와 합의된 목표와 과제를 내담자의 마음속에 각인하게 된다. 가족음악치료모델의 기본절차 중 3단계인 자원도출단계와 4단계인 목표각인단계 사이에는 일반적으로 5분~10분 정도의 휴식시간을 두며, 그 이후 치료사와 내담자는 다시 만나 1) 강화지지, 2) 설명 또는 메시지 전달, 3) 과제의 제시, 4) 목표의 각인이라는 일련의 과정을 거치게 된다. 이것은 해결중심상담기법의 전형적인 치료중재를 음악치료적 관점에서 새롭게 재해석하여 완성하는 독특한 치료절차이다. 이러한 휴식시간은 다음 단계의 중요성에 대한 인식을 배가시키고 해결방안에 대한 기대감을 갖도록 도움을 준다.

1. 강화: 내담자의 어려움에 이해심을 보이며 칭찬하고 격려한다.
2. 설명: 내담자의 핵심문제, 문제의 원인, 진정한 소망 등을 구체적으로 나열한다.
3. 과제: 치료과정을 통해 얻게 된 치료사의 연구결과나 해결책을 전달하는 과정이다. '해결책 구축 과정' 또는 '일반화' 단계라고 할 수 있다. 일상생활에 적용할 수 있는 과제를 주고 실행하도록 하여 해결을 위한 노력을 확대하는 역할을 한다.
4. 각인: 내담자가 시행해야 할 목표나 과제에 대해 마음속에 기억하고 새기는 과정이다. 이것은 '치료사 중심 언어명료화', '암시적 감상활동', '내담자 중심 언어명료화'라는 연결된 세 단계를 거친다.

강화: 칭찬 및 격려

목표를 마음에 새기기 위한 첫 번째 단계는 강화(reinforcement, 強化)이다. 즉 현재까지 내담자가 갖고 있었거나 혹은 치료과정에서 형성된 긍정자원[111]을 더 강하고 튼튼하게 만들기 위해 칭찬하고 격려하는 과정을 의미한다. 이를 위해 치료사는 내담자의 어려움을 수용하고 이해심을 보이며 격려해야 한다. 예컨대, 짧게 "오늘 정말 감사합니다." 또는 "처음보다 많이 편안해 보이십니다."라고 할 수도 있고, "오늘 잘 협조해 주셔서 정말 감사합니다.", "당신은 치료과정 중에 최선을 다해 오셨습니다.", "당신은 지금까지 변화를 위해 노력을 아끼지 않았습니다.", "치료과정 중에 보여 주신 협조에 감사드립니다." 등이다. 내담자가 보인 긍정적 행동에 대해 치료사는 보다 구체적이고 정확하게 지적하고 그에 대해 따뜻한 격려와 칭찬으로 반응을 보여야 한다. 내담자는 자신의 변화된 행동에 대해 치료사가 매우 구체적으로 언급할 때 자신의 행동변화에 대한 확신과 함께 치료사의 중재에 보다 적극적으로 협조할 수 있게 된다. 이렇게 할 때 이들의 행동 및 감정의 상태는 보다 견고하고 흔들림이 없게 되는 것이다.

강화의 목적은 다음 단계인 해결방안을 메시지의 형태로 전달하고 설명하기 위한 사전작업의 성격을 갖고 있다. 즉 그동안 내담자가 보인 노력과 변화를 다시 한 번 확인시켜 줌으로써 해결방안 구축의 기반을 마련하고자 하는 것이다.

---

111) 긍정자원이란 인간의 심층심리에 존재하는 긍정적인 기억, 감정, 욕구, 소망, 가치관 등을 의미한다. 때때로 내면의 역할모델이 되는 인물이나 상식, 자연법칙, 종교적 신념도 포함된다.

설명: 메시지 전달

4단계 목표각인단계의 두 번째 절차는 설명(說明), 즉 메시지 전달단계이다. 치료사는 이 단계에서 내담자가 갖고 있는 핵심문제, 문제의 원인, 진정한 소망을 구체적으로 나열한다. 이것은 치료사의 일방적인 통보과정이다. 통보(notification)란 이미 결정된 사항을 통지하고 보고하는 것을 의미한다. 여기에는 내담자의 의견을 듣거나 수정하는 절차가 배제된다. 그에 대한 가장 정확하고 공정한 정보를 가감 없이 전달하는 데 의미가 있다. 이 과정에서 내담자는 약간의 충격(shock)을 경험하게 된다. 이 충격은 변화를 위한 결정적인 자극이 되지만, 치료사와의 동맹적 협력관계가 사전에 형성되어 있지 않다면 문제를 야기할 가능성도 있다. 이것이 치료사가 내담자의 쟁점이 되는 역기능적인 유형을 신중한 태도로 전달해야 하는 이유이다.

치료사는 핵심적인 메시지를 전달할 때 단호하고 신중하며 품위 있게 행동해야 한다. 따라서 그동안 따뜻한 배려와 협조관계로서가 아닌 다소 엄중한 분위기에서 진행함으로써 내담자에게 매우 중요한 메시지를 전달받고 있다는 느낌과 함께 그 내용에 대해 진지하게 생각해 볼 수 있는 기회를 제공해 준다. 이러한 내용을 전달함에 있어서 치료하는 이가 기억해야 할 점은 과연 이것이 내담자의 진정한 핵심문제인가 하는 것이다. 만약 통보한 내용이 진정으로 내담자가 가지고 있는 핵심문제라면 그 증거로서 그는 미묘한 충격과 감동 같은 것을 느끼게 된다. 이것은 이전과는 다른 통찰과 인식에서 오는 변화를 위한 긍정적 충격과 감동이다. 때때로 자신의 문제에 대한 올바른 인식만으로도 증상은 호전될 수 있다. 설명단계의 두 가지 절차는 다음과 같다.

가. 제1단계: 내담자의 역기능적 유형 - 핵심적 문제 세 가지를 통보하고 설명한다

역기능적인 유형이란 대상자가 갖고 있는 부정적인 측면의 통칭이다. 대상자의 내면세계에 존재하는 미해결 과거 경험, 문제행동, 반사감정, 불합리한 신념, 비현실적인 소망, 불일치한 의사소통 유형들이다. 내담자의 문제행동을 유발시킨 가장 핵심적이고 근원적인 '원인믿음'도 여기에 포함될 수 있다. 이것은 치료 초기 단계에 언급해서는 안 될 매우 민감한 주제일 수 있다. 따라서 역기능적 유형을 통보하기 위해서는 이미 사전의 여러 치료과정들을 통해 치료사와 내담자 간에 신뢰와 치료적인 동질감 및 강한 동맹관계가 형성되어야 한다. 왜냐하면 치료사가 역기능적 유형을 통보하는 과정에서 내담자의 내면 반사감정을 다시 자극하는 경우도 있기 때문이다.

나. 제2단계: 핵심문제의 원인을 통보하고 설명한다

내담자에게 문제의 원인을 설명하는 단계로서, 분노나 폭력 등 이상행동 및 감정들을 일으키는 원인신념을 구체적으로 설명하는 단계이다. 원인신념(原因信念)이란 문제의 원인이 되는 비합리적인 생각과 관념, 가치관을 일컫는다. 하지만 문제를 일으키는 당사자인 내담자 자신에게 있어서는 지극히 합리적인 신념일 뿐이다. 그는 자신이 옳다고 여기는 행동을 의식적 혹은 무의식적으로 행하고 있는 것이다. 치료사는 이러한 과정에 적극적으로 개입하여 엄중한 경고의 형식으로 문제의 원인을 예리하게 꼬집게 되는 것이다. 이때 내담자는 자신의 문제가 어디서부터 비롯되었는가에 대한 통찰과 인식을 갖게 된다. 자신의 어떠한 신념이 행동으로까지 이어졌는지, 또 어떤 신념이 변화되면 자신의 행동과 감정 또한 변화될 수 있는지를 깨닫게 된다.

다. 제3단계: 내담자의 진정한 소망 세 가지를 통보하고 설명한다

　　내담자의 부정적 요소를 지적하는 일과 더불어 또 하나의 중요한 과정이 있다. 바로 그들이 내면 깊은 곳에서부터 진정으로 원하는 소망(所望)을 정리하고 언급하는 일이다. 이 역시 일방적인 통보일 뿐이다. 수많은 내담자와의 무의식에 대한 검토, 분석, 토론과정을 거치면서 얻은 결과를 기초로 파악된 내용을 정리해 주는 것이다. 이 과정에서 치료사의 직관과 판단력은 무엇보다 중요하다. 문제가 발생하도록 만든 내담자의 진정한 의도와 소망이 무엇인지를 볼 수 있어야 한다. 이것을 분명히 파악하기란 쉬운 일이 아니다. 왜냐하면 그들조차도 자신의 진정한 소망을 모르기 때문이다. 당연히 문제의 원인은 더더욱 모른다. 그러나 치료사는 그들의 문제를 통해 그들의 소망을 보고 그들의 의도를 읽어 낸다. 이를 위해서는 치료의 전 과정에서 내담자의 반응을 면밀히 지켜보아야만 한다. 소망이 좌절될 때 문제가 발생하므로 소망은 다른 의미에서 문제의 원인이 된다. 따라서 치료사가 내담자의 소망을 정확히 읽어 내야 하는 이유가 여기 있다. 내담자에게 지적해 주는 소망목록이 그 자신의 소망과 일치하면 할수록 충격과 감동이 더욱 커진다. 큰 충격과 감동은 필연적으로 더 큰 변화를 가져다준다.

과제제시(일반화)

목표각인을 위한 세 번째 단계는 과제제시(課題提示)이다. 치료과정을 통해 얻게 된 치료사의 연구결과나 해결책을 전달하는 것을 포함하여 내담자의 변화된 행동이 생활 장면에서도 일반화될 수 있도록 행동계약을 맺는 절차를 말한다. 치료사의 엄중한 해결방안 전달과 행동계약서 작성이 이 단계의 핵심목적이다. 내담자의 변화를 위한 의미 있는 해결책을 구두로 전달하는 작업은 하나의 해결방안 구축과정이라고도 할 수 있으며, 일상생활에 적용할 수 있는 과제를 주고 실행하도록 행동계약을 맺는 것은 해결책 구축과정을 견고히 하고 확대하는 역할을 한다.

가. 제1단계: 해결방안(解決方案)을 정리하고 통보한다

치료사는 치료과정에서 탐색된 내담자의 모든 긍정적인 자원을 포함하여 일치적인 의사소통방식, 합리적인 대화법과 신념체계, 미해결 욕구영역의 충족, 소망에 일치된 삶, 자기(Self)에의 순응 등 근본적인 해결방안을 언어로 명료화하여 전달한다. 이러한 과정도 앞의 과정들과 마찬가지로 치료사의 일방적인 통보의 성격을 갖고 있다. 결정된 사항을 고지하고 통보하는 것이다. 이때 내담자에게 전달되는 정보는 최대한 정확하고 공정해야 할 필요가 있으며, 반드시 문제의 원인에 기초하여 해결책이 결정되어야 한다. 내담자에게 있어서 해결방안이란 무수히 많을 수 있어서 과연 어떤 방안이 그의 문제해결에 핵심적인 영향을 미칠 것인가를 밝히는 것은 치료사의 정교한 판단력과 경험이 합해져야 가능한 일일 것이다. 예컨대, 알코올 중독으로 어려움을 겪고 있는 사람이라면 이것을 해결하기 위한 방안은 여러 가지이다. 실직의 고통으로 술을 마시게 되었다면 직업을 구하는 것이 근본적인 해결책이겠지만, 과거의 소망이나 욕구를 성취하지 못해 얻게 된 결과라면 그 소망과 욕구를 채워 줄 수 있는 술 이외의 긍정적 대안을 찾아야 할 것이다. 따라서 해결방안을 전달하고 통보하는 작업은 반드시 내담자의 소망, 문제의 근본원인, 충족되지 못한 욕구를 바탕으로 수행되어야 한다.

나. 제2단계: 일상에서 수행해야 할 생활과제(生活課題)를 부과한다

치료사는 내담자가 따라야 할 해결책과 대안을 설명한 뒤, 대상자가 일상생활 장면에서 적용할 수 있도록 구체적인 행동강령 또는 규칙을 제시하게 된다. 치료실에서의 변화를 일반화(一般化, generalization)시키는 작업인 것이다. 일반화란 어떤 특정한 자극에 대한 반응이 형성된 뒤에, 그 자극과 약간 다른 자극이 주어지더라도 동일한 반응이 나타나는 현상을 말한다. 즉 치료실 내에서의 반응과 변화가 치료실 외부에서도 똑같이 반응할 수 있다면 이것은 일반화되었다고 판단할 수 있다. 이러한 일반화 과정을 돕는 수단으로서 내담자에게 생활과제(live tasks)를 부과한다. 다음에 만날 때까지 처리하거나 해결해야 할 문제 또는 숙제를 제시하게 된다. 이 과제는 최대한 정교하고 구체적이어야 하며, 부정적이 아닌 긍정적으로 서술되어야 한다. 예들 들면, '아내에게 화내지 않기'라는 애매한 기술보다는 '다음 주까지 매일 두 번씩 아내에게 어떤 일에 대해 고맙다고 말하기'라고 구체적이고 긍정적으로 표현하는 것이 좋다.

생활과제를 제시하거나 그 이후의 과정을 위해 미래직면기법[112]을 활용하는 것이 도움이 된다. 내담자가 일상에서 치료사가 제시한 과제들을 수행할 때 생길 수 있는 어려움을 가상현실 속에서 상상하고 예측해 보도록 하는 과정이다. 미래직면기법의 여러 방향 중 내담자의 과제실행에 대한 결과를 예측한다는 데 특징이 있다. 먼저,

---

112) 미래직면기법(future face)은 '기적체험'과 혼돈될 수 있다. 현실에서는 존재하지 않는 가상의 현실을 내담자의 상상 속에서 체험하도록 한다는 데는 공통점이 있지만, 전자는 충분히 실현될 수 있는 미래 상황을 대상으로 한다면, 후자는 내담자가 자신의 과거 긍정적인 경험과 자원을 도저히 기억해 낼 수 없을 때 활용한다.

치료사는 내담자가 접하게 될 다양한 생활 장면을 목록으로 만들고 하나씩 그 목록을 넘기면서 가상현실을 직면하도록 한다. 이때 대상자가 불안을 느낀다면 그의 인생에서 가장 행복했던 블리스풀한 상태 - 지복(至福) 상태 세 가지를 떠올려 보도록 한다. 그가 안정감을 되찾으면 다시 가상현실을 직면시킨다. 이 과정에서 치료사는 대상자에게 필요하다고 판단되는 가상현실 장면을 일방적으로 제시하고 상상하도록 할 수도 있다. 중요한 점은 상상하는 장면들이 내담자가 반드시 맞닥뜨리게 될 구체적인 현실일수록 효과적이라는 사실이다. 이 과정에서 치료사는 현실처럼 생생하게 장면을 묘사할 필요가 있다. 그렇게 할 때 내담자는 실제로 미래를 현실로 가져와 체험하게 된다. 미래직면기법은 여러 가지 방법으로 진행할 수 있는데, 치료사와 내담자가 서로 마주 보며 이야기하듯 진행할 수도 있고, 내담자가 눈을 감고 할 수도 있으며, 음악 긴장이완이나 심상체험과 같이 심도 깊은 탐색 및 유도과정을 거칠 수도 있다. 이와 같은 미래직면이 갖는 핵심적인 효과는 미래에 겪게 될 상황이나 결과를 사전에 미리 예측해 보고 이를 통해 현재의 어색하고 미숙한 대응기술을 세련되고 정교하게 수정할 수 있다는 것이다. 또한 상황과 결과에 대한 막연한 공포와 불안도 감소시킬 수 있다. 미래직면기법은 어떤 측면에서 미래에 발생할 수 있는 병을 대처하는 예방주사와 같다. 치료사는 다음과 같은 말로 가상현실을 유도할 수 있다.

> "자, 미래로 가 봅시다. 지나친 음주로 인해 가족 중 아무도 당신에 대한 신뢰가 없는 상황입니다. 그러나 당신이 술을 먹지 않고 일찍 들어오기를 6일 정도 지났습니다. 그렇다면 일주일이 지나 현관문을 열고 들어왔을 때 가족들의 표정은 어떨까요? 그들은 어떤 말을 할까요? 그들은 어떻게 느낄까요?"

> "당신 앞에 청소년 아들이 있어요. 이전과 다름없이 아들이 반항하기 시작합니다. 예전 같으면 당신은 반항하는 아들에게 심한 폭언과 훈계를 퍼부었을 겁니다. 그러나 이전과는 다르게 아무 말도 하지 않고 듣고만 있다면 그는 어떤 반응을 보일까요?"

다. 제3단계: 행동계약서(行動契約書, behavior contract)를 함께 작성한다

이 과정은 대상자의 결심과 부과된 과제를 문서화하는 과정이다. 물론 이 작업의 목적은 대상자가 세운 계획들을 명료화하고, 결심을 굳건히 하며, 계획을 실행한 후 받게 될 보상에 대해 그의 마음에 새기는 것이다. 다시 말해 내담자가 치료실 밖에서도 부과된 과제를 잘 지키겠다는 계약서를 작성하는 단계이다. 이 단계는 치료사와 내담자 또는 내담자와 그의 가족 간의 앞으로의 다짐과 규칙, 과제 등을 문서에 명시함으로써 공식화하는 데 의의가 있다. 대부분의 내담자들은 비록 나이가 어릴지라도 이 단계를 진지하게 생각한다.

행 동 계 약 서

나 _____는 아래 기재된 사항을 최선을 다해 준수하기 위해 노력할 것을 계약합니다.

1.
2.
3.
4.
5.
6.

20 .   .

본 인:	(인)
가족명:	(인)
확인자:	(인)

행동계약서 양식

각인

내담자가 시행해야 할 목표나 과제를 그의 마음속에 기억하고 새기는 과정이다. 이런 과정을 각인(刻印, imprinting)이라고 한다. 원래 각인이란 용어는 동물학에서 파생된 것이다. 어린 동물들이 처음으로 시각적·청각적·촉각적 경험을 하게 된 대상에 관심을 집중시킨 다음 그것을 쫓아다니는 학습의 한 형태를 의미한다. 그러나 가족음악치료모델에서의 각인이란 목표로 하는 어떤 대상, 과제, 경험 등을 대상자의 신체와 의식, 무의식에 새겨 넣는 과정을 의미한다. 이것을 신체각인, 의식적 각인, 무의식적 각인(無意識的 刻印)이라고 명명한다.

신체각인(身體刻印)이란 특정한 상상과 감각을 신체의 일부분에 머무르게 하는 방법을 말하며, 앞서 기법을 설명한 장에서도 언급했던 '체감각화'의 일종으로서 신경언어프로그래밍(NLP)에서의 앵커링(anchoring)기법과도 흡사하다. 이것은 바다 밑에 닻을 내려 배를 일정한 위치에 머물게 하는 것처럼 자신의 행복한 상태의 감각을 신체의 일정한 부위에 머물게 하는 방법을 말한다.[113] 예컨대, 치료사가 부과한 과제나 행복했던 경험들을 머리나 가슴이 아니라 신체를 통해 느끼도록 하는 것이다. 어떤 싫어하는 대상을 보고 인상이 찌그러지거나, 사모하는 대상을 보고서 행복한 표정을 짓는 것은 자동적인 현상으로서 과거의 특징적 경험이 자신의 신체에 각인 및 체감각화된 것이다. 인간의 모든 자동적 반응들은 과거 경험과 관련하여 신체에 각인된 결과물들이다. 반대로 각인된 신체 부위를 자극하고 인식함으로써 관련된 경험과 사건

---

113) 심교준 역, 『NLP, 행복코드로 세팅하라』, 서울: 한언출판사, 2004. p.115.

들을 기억 속에서 불러일으키는 것이다. 따라서 치료사는 대상자에게 한 주일 동안 실행할 과제를 부과하면서 그의 신체 특정부위 – 손등, 어깨, 머리, 무릎 등을 누르거나 힘을 가함으로써 그 부위에 그 과제들을 각인시킨다. 그렇게 되면 과제를 기억 속에서 떠올리려고 할 때, 억지로 기억하려고 애쓰지 않더라도 그 과제와 관련된 신체 감각이 먼저 떠오르게 된다. 신체각인기법은 가족음악치료모델의 특수기법으로 강한 기억재생효과와 자동반응유도기능을 지니고 있으므로 적절한 훈련을 받은 가족 중심 음악치료사에 의해 실행되어야 한다.

각인작업은 신체각인 이외에도 의식수준과 무의식수준에서 진행할 수 있다. '의식수준에서의 각인'이란 내담자 자신의 소망, 문제점, 해결책, 과제 등을 의식적으로 상기하고 기억하는 것을 의미한다. 즉 암기하는 것이다. 반면 '무의식수준의 각인'이란 단순히 표면적 각성이나 행동 차원에서의 변화가 아닌 무의식 차원에서의 진정한 각성과 통찰을 포함한 자기를 정확히 알고 있는 상태라고 할 수 있다. 일반적인 각인작업의 세 단계는 치료사 중심의 언어명료화, 치료사 중심의 암시적 감상활동, 내담자 중심의 언어명료화이다.

가. 제1단계: 치료사 중심의 언어명료화

이 과정은 치료사가 중심이 되며 주로 언어를 통해 이루어진다. 일반적인 치료사는 내담자의 문제점, 앞으로의 소망과 목표, 치료사가 부과한 과제 등을 완전히 숙지할 수 있도록 천천히 읽어 준다. 이 단계에서의 각인작업 순서는 문제점 각인이 먼저이고, 그 다음이 소망 각인, 마지막이 과제와 해결책 각인이다. 각인의 효과성을 증대하기 위해서는 이 순서를 따라야 한다. 이때 내담자가 할 일은 집중해서 치료사의 낭독문을 듣는 것이다. 내담자의 역할이 매우 작고, 치료사의 역할이 크기 때문에 이를 치료사 중심의 언어명료화 과정이라고 하며, 의식수준에서 각인작업이 진행된다.

(1) **문제점 각인:** 내담자가 갖고 있는 단점과 문제점, 핵심감정, 반사적 행동 등을 명료화하는 단계이다.
(2) **새마음 각인:** 내담자가 갖고 있는 진정한 소망과 기대, 목표를 각인하는 것을 말한다.
(3) **해결책 각인:** 치료사에 의해 부과된 해결책 및 실행 과제를 각인하는 과정이다.

나. 제2단계: 치료사 중심의 암시적 감상활동

치료사는 음악 감상활동을 통해 내담자가 이완될 수 있도록 돕고 이를 통해 형성된 의식의 변형 상태에서 앞서 낭독했던 과제의 내용들을 다시 한 번 천천히 읽어 준다. 이때 내담자의 역할은 지극히 소극적이다. 의식수준 또는 무의식수준에서 각인작업이 진행된다. 제2단계에서는 암시적 감상활동 외에도 치료사의 직관과 판단에 따라 songwriting과 같은 노래심리치료기법을 이용할 수도 있다. 암시적 가창활동의 일환으로 활용되었다고 볼 수 있겠다. 특정한 가사 속에 내담자 자신의 소망과 목표, 과제를 넣어 불러 봄으로써 자신의 결심과 각오를 더욱 확고히 하고 분명히 기억할 수 있도록 도움을 준다. 이러한 접근법 역시 의식수준에서의 각인작업 일종이다.

다. 제3단계: 내담자 중심의 언어명료화

마지막 단계로서 내담자가 중심이 되어 자신이 들었던 내용들 - 자신의 문제점, 소망, 해결방안, 과제 목록들을 스스로 상기하여 암송해 본다. 자신의 기억 속에 담겨 있는 내용들을 끄집어내는 것이다. 이 작업을 통해 각인과정은 확고히 된다.

■ 적용가능한 음악치료기법:

음악암시각인작업(音樂暗示刻印作業)

가. 기본절차

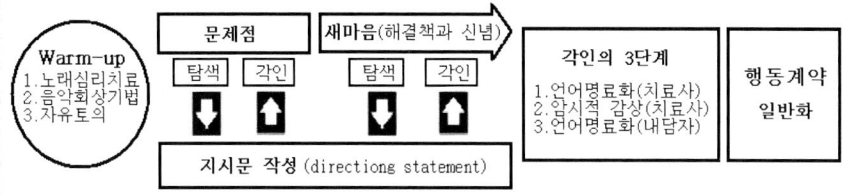

<음악의 암시각인작업 절차도>

암시각인작업은 음악적 회상과정과 치료적 노래활동을 통해 자유 토의와 설득, 논쟁의 과정으로 새롭게 형성된 마음과 각오를 음악, 긴장이완, 암시, 인지행동치료적인 패러다임을 사용해서 확립시켜 나가는 심리치료의 일종이다. 즉 새롭게 형성된 마음을 지속적으로 보유할 수 있도록 마음속에 각인하는 작업이다. 이 기법에 사용되는 음악형태는 '음악긴장이완', 가사토의(lyric analysis)', '가사변형기법(songwriting)', '암시적 감상' 등이다.

(1) 제1단계: 준비 및 자유토의(warm‒up)
Hello song, Songwriting과 가사토의기법 등을 통해 내담자 자신이 갖고 있는 문제점을 비롯한 부정적인 내적 자원들을 토의하는 단계이다.

(2) 제2단계: 문제 확인 및 지시문 작성
내담자의 핵심 감정과 문제를 파악하고 규명하는 단계이다.

(3) 제3단계: 문제 각인
각인작업은 크게 세 가지 절차를 가지고 있다. '치료사 중심의 언어명료화'와 '치료사 중심의 암시적 감상' 그리고 '내담자 중심의 언어명료화'이다.

(4) 제4단계: 새마음 확인 및 지시문 작성
치료사와의 토의과정에서 새롭게 결심하거나 발견하게 된 내담자의 새마음을 규명하는 단계이다.

(5) 제5단계: 새마음 각인
음악적 배경 위에서 내담자의 새로운 마음과 신념 등을 각인시키기 위해 적극적인 음악치료사의 암시가 주어지는 단계이다.

(6) 제6단계: 행동계약 및 일반화
이 단계는 인지행동치료 이론과도 맥을 같이한다. 내담자가 새로운 결심을 일상생활에서도 적용하고 유지할 수 있도록 일반화하는 단계로서, 행동계약을 맺게 된다. 이것은 말 그대로 계약서이다.

제13장
5단계: 변화유지

자신의 문제를 잘 인식하고 깨달았다고 해도 행동에 전혀 변화가 없거나 긍정적인 결과를 나타내지 못하는 사람들이 많이 있다. 이는 진정한 의미에서의 변화라고 볼 수 없을 것이다. 완전하고도 진정한 '변화(變化)'란 문제에 대한 통찰, 자기이해, 신념과 행동변화, 소망과 도덕적 원리에 따르는 삶까지를 포함한다. 이와 같이 사람이 어떤 원리나 이치를 깨달았는지 아닌지를 판단하는 기준은 그 사람이 현재 무엇을 선택하고 있는지를 보면 알 수 있다. 왜냐하면 현재의 선택은 그 사람의 생각과 가치관, 욕구, 감정을 반영하고 있기 때문이다. 가족음악치료모델의 마지막 단계로서 변화유지 단계는 이전 단계까지 형성되고 변화된 새마음과 결심, 소망, 신념체계 등 긍정자원을 선택하고 실행할 수 있도록 돕는 것뿐만 아니라 지속적으로 유지시키는 것을 목적으로 한다. 엄밀한 의미에서 '변화유지'라는 용어보다는 '변화의 유지와 확대'가 더 정확한 의미를 담고 있다고 할 수 있을 것이다.

'변화의 유지(維持)'란 변화된 상태의 전이(轉移) 또는 일반화(一般化)를 의미한다. 즉 새롭게 변화된 신념과 행동을 치료실 밖 일상생활에서도 지속적으로 유지하는 과정을 의미한다. 개인의 심리를 포함한 일상생활 속에서 타인과 사회적 관계를 맺을 때 발현되어야 진정으로 의미를 가지게 된다. 따라서 치료사는 내담자가 치료과정 중에 변화된 결심과 행동을 지속할 수 있도록 다양한 일상생활의 훈련예시를 제공함으로써 실제로 문제상황에 처했을 때 어떻게 생각하고 말하고 행동할지를 훈련한다.

'변화의 확대(擴大)'란 내담자 개인의 능동적인 노력을 포함하는 용어로서 치료실 밖에서 혹은 치료 종료 이후에도 자신의 문제를 발견하고, 부정자원을 줄이며, 긍정자원을 확대시키는 일련의 자기실현과정을 능동적으로 성취할 수 있도록 돕는 것이다. 이를 위해 '자기선언서(自己宣言書)'와 '가족선언서(家族宣言書)'를 작성하도록 하여 개인 및 가족자아상을 재정립하도록 도움을 주고, 이른바 '기적의 시간'이라고 하여 자신을 체계적으로 조직하는 시간을 따로 갖도록 한다. 즉 하루 중 일정시간을 할애하여 자신의 행복했던 상태 또는 가장 잘 기능하는 상태를 떠올리고 다짐하는 음악명상시간이나 하루의 일과를 체계적으로 관리하고 조직하는 방법을 익히는 시간관리기법교육 등 일상생활에서 치료사의 도움 없이 스스로 실행해 갈 수 있는 의미 있는 자기실현 작업능력을 갖추도록 독려한다.

개인 내적 문제의 해결훈련

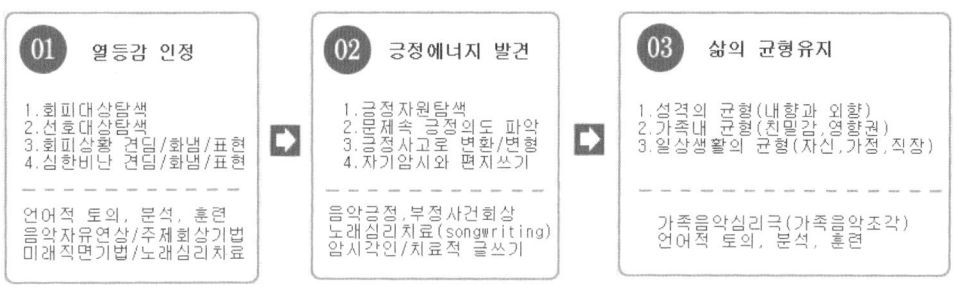

개인 내적 훈련 절차도

가. 제1단계 개인 내적 훈련: 열등감을 인정하고 억누르지 않기

열등감(劣等感)이란 감정적인 노폐물과도 같다. 집 앞의 쓰레기는 즉시 치워야 하고 그대로 두면 쌓이게 되는 것과 같이, 감정적 노폐물도 그러하다. 불안, 우울, 공포, 분노, 걱정 등 수많은 문제를 일으키는 반사감정이 바로 그것이다. 그러나 이런 반사감정들은 열등감과 비슷한 용어로 사용되는 경우가 많지만 엄격히 말하면 차이가 있다. 반사감정은 궁극적으로 열등감에서 생겨난다고 할 수 있다. 열등감이란 충격이나 감동 등에 의해 생겨난 하나의 감정 덩어리라고 할 수 있으며, 이러한 감정적 에너지와 외부세계가 서로 상호작용하면서 발생하는 결과물이 바로 반사감정인 것이다. 다른 사람을 만날 때 몹시 불안하거나, 평범한 이야기에도 심각해지거나 예민해지는 것은 감정 덩어리, 즉 열등감의 발로인 것이다. 열등감은 어떤 경우에는 숨기고 싶은 비밀일 수 있다. 남에게 절대로 보여 주고 싶지 않은 비밀이다. 비밀을 억누르려는 힘만큼 튀어 오르는 반발력 또한 강해진다. 감정억제와 분노표출은 서로 맞닿아 있다.

열등감을 들키지 않기 위해 사람들은 일부로 아닌 척 과장하고, 감정을 억누르며, 행동이 자연스럽지 못하거나, 극도의 예민한 감정을 표출한다. 이와 같은 억압, 과장, 부정, 회피는 마음의 병을 불러들인다. 마음의 노폐물들이 그때마다 처리되지 못한 열등감이 있는 사람들은 타인이 자신을 거절하는 것을 곧 자신에 대한 무시로 받아들인다. 따라서 자신에 대해 비판하거나 거절하는 것을 자신을 거부하는 것으로 생각한다. 이 모두가 열등감에서 비롯된다.

열등감이라는 노폐물을 청소하기 위한 방법은 자신의 감정을 있는 그대로 수용하는 것이다. '내가 왜 이러지?', '절대 이래서는 안 돼'라고 자기 자신을 비판해서는 안 된다. '내가 지금 힘든 상태구나', '난 지금 화가 나 있구나', '내가 지금 무척 외롭구나', '열등감을 가지고 있구나'라고 자신의 감정을 수용한다. 치료사는 내담자에게 다음과 같은 구체적인 열등감 해소훈련을 시행할 수 있다.

1) 너무 싫은 대상을 탐색하기

'난 ~이 정말 싫어'라고 하는 말에는 그 사람의 열등감이 숨어 있다. 과도하게 싫어하는 사람이나 짜증 나는 상황을 정확히 파악하게 되면 대상자 자신의 근원적인 취약점 – 열등감을 발견할 수 있다. 언어적 토의과정을 통해서 회피대상을 탐색할 수도 있지만, 음악자유연상이나 주제에 따른 음악회상기법을 통해 좀 더 깊이 있는 통찰과정을 유도할 수도 있다.

2) 너무 좋은 대상을 탐색하기

과도하게 집착하는 대상에도 열등감이 숨겨져 있다. 음악자유연상기법을 활용하여 내담자 자신이 가장 집착하고 선호하는 대상을 연상해 본다. 무엇을 할 때 가장 열정적이고 집착하는지를 무작위로 열거하도록 독려한다. 주의할 점은 선호와 집착은 구별되어야 한다는 것이다. 선호한다는 것은 평범하고 긍정적인 것이지만, 집착한다는 것은 비정상적이고 부정적이기 때문이다. 집착의 대상을 자유롭게 연상하면서 내담자의 열등감을 간접적으로 발견하게 된다.

3) 하기 싫은 상황을 견디기, 화내기, 표현하기

내담자가 싫어하는 상황을 제시하고 이를 견뎌내는 연습을 한다. 이 훈련에는 미래 직면기법이나 언어적 토의, 노래가사토의기법, 가족음악심리극 등이 활용된다. 우선 감상활동을 통해 대상자가 긴장이완 상태에 이르도록 한 다음, 치료사는 일부러 내담자가 결코 하기 싫은 상황을 제시한다. "부모님께 미안하다고 한다면 어떻게 될까요?", "자녀가 다시 반항을 한다면 어떨까요?", "배우자가 또 당신을 무시한다면 어떨까요?" 등이다. 내담자는 눈을 감고 치료사가 제시하는 상황을 들으면서 이를 듣고 수긍하거나, 과감하게 화를 내거나, 자신의 감정을 담담하게 표현할 수 있다. 이때 활용되는 대화기법은 '나 메시지 전달법'[114]이다. 가족음악심리극을 활용하여 극의 형태로 이와 같은 상황을 묘사해 보고, 음악적으로 표현해 볼 수도 있다. 이 과정은 어디까지나 연습과 훈련이다. 내담자가 싫어하는 상황을 미리 직면시키고 어떻게 대처할지 준비하도록 하며 어떤 결과가 생길지 예측해 보도록 하는 데 목적이 있다.

4) 듣기 싫은 비난을 견디기, 화내기, 표현하기

이 단계는 내담자에게 앞으로 일상에서 경험할 가능성이 있는 듣기 싫은 말을 하고 이를 견뎌 내도록 하여 타인과 자신의 감정 분리를 연습하는 과정이다. 치료사는 내담자에게 이러한 내용을 설명하고 어떤 충격이 주어질 텐데 놀라지 말고 대처하도록 미리 안내한다. 치료사는 내담자와 마주 앉아 내담자에게 있어서 예민한 주제의 내용

---

114) '나 메시지(I-message) 전달법'은 자신의 감정이나 의견을 1인칭인 자기 자신의 입장에서 표현하는 의사소통방법으로서, 주로 행동-느낌-영향 또는 행동-영향-느낌 순으로 표현하는 것이 상례이다. 예컨대 '네가 ~하니까 나는 ~하다' 또는 '나는 ~하는 것이 ~하다' 등으로 표현된다. "아빠가 운전하는데 네가 떠들면(행동) 짜증이 나(느낌), 왜냐하면 운전에 집중이 안 돼서 사고 날 수도 있거든(영향)."

들을 하나씩 말한다. 일부러 충격을 주는 것이다. 이때 내용은 주로 내담자가 치료실 밖에서 충분히 들을 가능성이 있는 부정적인 이야기들이어야 한다. "당신은 성격이 별로 안 좋군요.", "가족한테 소홀하군요.", "당신은 참 예민하네요." 등이 예가 될 수 있다. 내담자는 이에 대해서 담담하게 반응하거나 간단한 수긍과 반론으로 대처한다. "그래요, 그 말이 맞아요.", "그래, 난 예민해.", "그렇게 생각할 수도 있겠네요.", "제 생각은 좀 다른데요." 등이다. 이 모든 과정은 예방주사를 놓는 것과 같다. 직접 내담자에게 치료사가 충격적인 표현을 함으로써 실제 상황을 대비하도록 하기 위함이다. 다른 방법으로는, 자신의 단점이나 고치고 싶은 부분 등에 관한 내용을 담고 있는 노래를 골라 함께 부른 다음 이에 대해 토론할 수도 있다. 이렇게 자신의 단점을 직접 듣고 견디는 과정을 통해 일상생활에서 보다 잘 적응할 수 있으며, 자신의 열등감을 수용하든지 반대로 타인의 비난을 담담하게 뿌리치는 연습을 할 수 있다.

나. 제2단계 개인 내적 훈련: 내면의 긍정적인 에너지를 발견하기

모든 사물과 대상은 양면성을 가진다. 인간의 무의식적 동기들도 부정적인 요소만 있는 것이 아니라 긍정적인 요소 또한 함께 포함하고 있다. 무수한 사건과 사고, 충격적 경험, 감동 등이 긍정적 혹은 부정적인 무의식적 동기로서 인간의 내면 어딘가에 자리 잡게 된다. 이러한 내적 요소들은 행동과 감정에 지대한 영향을 미친다. 이 모든 과정은 아무런 개입 없이 그대로 놔두게 되면 무의식이 원하는 대로 흘러가게 된다. 우울한 감정은 더욱 큰 우울감정을 가져오고, 생각은 또 다른 생각을 불러와 눈덩이처럼 커져 버린다. 걱정이 꼬리를 물고 떠오르는 이유가 여기 있다. 의식적인 개입을 통해 이러한 자동적 과정에 변화를 줄 수 있다. 바로 적극적으로 긍정적 에너지를 탐색하고 문제행동에서도 긍정적인 의도를 발견하도록 노력하는 것이다. 뿐만 아니라 부정적 생각을 긍정적인 사고로 변형하고 끊임없이 자신에 대해 긍정적 암시를 준다. 구체적 과정은 다음과 같다.

1) 자신의 긍정적 에너지 탐색하기

음악긍정회상기법을 통해 내담자의 내면에 존재하는 긍정적인 에너지를 탐색하는 단계이다. 이전의 긍정자원탐색 단계와 동일한 과정이며, 반복을 통해 자신의 긍정자원을 다시 확인하고 이를 확장하는 데 목적이 있다. 여기서 긍정적인 에너지란 경험이나 영향을 주었던 인물, 자신의 장점, 능력, 특기 등을 의미한다. 치료사는 내담자가 자신의 긍정자원을 매일 정기적으로 회상할 수 있도록 돕는다.

2) 문제행동에서 긍정적 의도 발견하기

내담자 자신의 행동이나 감정에서 진정한 소망(want)을 발견하는 과정이다. 즉 본질적인 의도를 발견하도록 하는 연습을 한다. 많은 예시상황을 제공하여 그 안에서 긍정적 의도와 본질을 찾도록 지시한다. 억지로 극단적인 낙천주의자가 되는 것이 아니라 자연스럽게 삶의 긍정적인 측면을 찾아내는 것이 목적이다. 치료사는 내담자의 문제행동 하나를 예로 제시한 다음, 그 행동의 본질에는 어떤 바람과 소망이 숨어 있었는지를 찾는 연습을 진행한다. 이런 연습을 통해 내담자는 항상 자신의 잘못된 행동이나 감정 속에는 간절한 바람이 있다는 것과 어떤 경우라도 긍정적인 의도를 발견할 수 있는 통찰력을 얻게 된다. 구체적인 적용기법으로서 가족음악심리극이나 감상을 통한 문제사건회상기법을 활용하여 내담자 자신의 과거 문제행동을 멀리서 관망하도록 한 다음 그 행동 속에서 긍정적인 의도를 발견하도록 도울 수 있다. "저 멀리에 또 다른 자신이 있다고 상상해 봅시다. 제2의 자신은 너무 속상해하고 있군요. 무엇 때문에 속상해하고 있을까요?"라고 질문할 수 있다.

3) 긍정적 사고로 변형하기

내담자에게 여러 가지 잘못된 신념과 규칙의 예시를 제공하고 이를 긍정적으로 변형시키는 연습을 하는 단계이다. 이를 위해서 치료사는 사전에 내담자에게 자신의 잘못된 신념과 규칙을 종이에 적어 보도록 지시한다. 그런 다음 '~ 해야만 한다'는

must적 사고에서 '~할 수 있다'는 can적 사고로 변형시킨다. 예컨대, 치료사가 내담자에게 '나이 많은 사람에게 양보해야 한다'는 문장을 제시하면 그는 '나이 많은 사람에게 양보할 수도 있다'라고 바꾼다. 노래의 빈칸에 자신의 비합리적인 생각과 규칙을 넣어 부른 다음 그 반대의 생각과 규칙을 넣어 부르도록 할 수 있다.

4) 자기암시와 편지 쓰기

내담자 자신의 현재 감정을 내면의 자신에게 말해 주는 단계이다. 어떤 면에서는 자기설득(自己說得)과정이라고 할 수 있는데, 그 감정으로 인해 나 자신이 힘들어하고 있음을 자기 자신에게 인정시키는 것이다. '난 지금 너무 힘들어', '난 이런 문제가 있어', '내가 지금 무척 화나 났구나' 등이다. 이렇게 자신의 문제감정을 있는 그대로 읽고 자신에게 암시하게 되면 그 감정들이 감소되거나 사라지게 된다. 즉 열등감이라는 정신적 노폐물이 청소가 되는 것이다. 반면, 치료사는 내담자가 평소에 자기 자신을 위해 긍정적인 암시를 주도록 격려한다. 긍정적인 자기암시는 하나의 각인현상을 만들어 낸다. 즉 '그래, 힘내자', '난 잘 해낼 수 있어', '오늘은 좋은 일이 생길 거야' 등이다. 치료사가 중심이 되어 이 과정을 실시할 때는 음악암시각인작업을 활용하거나 배경음악 위에서 내담자의 현재 감정을 치료사가 천천히 열거함으로써 진행할 수 있다. 내담자가 중심이 되어 스스로 진행할 경우에는 조용한 배경음악 속에서 자신의 현재감정을 떠올리고 긍정적인 암시를 줄 수 있다. 또 자기 자신을 위한 응원의 메시지를 적어 보거나 문제가 되는 행동이나 감정들을 편지형태로 쓸 수도 있다.

다. 제3단계 개인 내적 훈련: 모든 면에서 삶의 균형을 유지하기

우선 치료사는 내담자의 성격 부분에서 균형을 유지하도록 돕는다. 감상을 통한 긴장이완 상태에서 내담자가 내향적인 면과 외향적인 면 중 어디에 더 편중되어 있는지를 살피도록 한다. "혼자 있을 때 편안합니까 아니면 다른 사람과 함께 있는 것이 더 편안합니까?"라고 질문할 수 있다. 그가 더 편안하게 생각하는 부분이 그의 본질적 속성일 수 있다. 성격 중 지나치게 예민한 부분을 탐색하도록 한다. 이렇게 성격 부분을 탐색한 다음 자신이 과도하게 편중된 일상의 부분을 연상해 보도록 한다. 직장과 가정 사이에 더 편중된 부분이 어디인지, 배우자와 자녀 사이에, 아들과 딸 사이에, 자신과 타인 사이에 과도하게 중요시하고 무시하는 부분이 있는지 검토해 보도록 한다. 조명을 받지 못하고 상대적으로 무시된 부분은 더욱 약화되고 미숙한 상태에 놓이게 된다. 이런 부분들을 외부로 표현하고 언어로 명료화하며 훈련을 통해 강화시켜야 한다. 아들만 위하는 가정에서는 딸자식을 존중해야 하고, 직장생활과 성공에만 집착하던 가장은 가정으로 시선을 돌리도록 도움을 주어야 한다. 적용기법으로서 가족음악심리극 중 가족음악조각기법을 활용할 수 있다. 즉 가정 내에서의 영향력이나 편애, 관심, 친밀감 정도를 가족 조형물로 완성해 보고 이를 객관화시켜 통찰하도록 한다.

또한 감상적 정서변환기법(Listening Affect Change: LAC)을 활용하기도 한다. 음악 감상을 통해 내담자의 불균형한 내면 상태를 수정하고 변형하는 기법으로서 토의 과정을 시작으로 동질성, 중립성, 이질성의 원리에 입각한 감상, 그 이후 언어명료화라는 일련의 과정을 가진다. 감상활동 시 '동질성의 원리(ISO principle)'를 고려해야 한다. 이 말은 마음속에 슬픈 감정을 가지고 있을 경우에는 슬픈 음악을 통하여 개인의 내면세계와 일치시켜 주어야 한다는 것이다. 이후 '동질성의 원리'는 서서히 '이질성의 원리(heterogeneity principle)'로 옮겨 가야 한다. 즉 감상자의 현재 감정 상태와 같거나 비슷한 분위기의 음악을 우선적으로 감상하되, 어느 정도 감정의 커뮤니케이션이 형성되면, 이번에는 정반대의 감정 상태를 대별하는 곡을 감상할 필요가 있다. 이때 주의할 것은 동질성과 이질성의 변환과정에서 감상자가 정서적 충격(shock)을 경험할 수 있기 때문에 중간 단계의 성격과 분위기를 지닌 음악을 감상할 필요성을 느끼게 된다. 이를 '중립성의 원리(neutralization principle)'라고 한다. 중립성의 원리는 감상자의 정서 상태에 대한 지지와 수정, 변환과정에서 경험하는 심리 정서적 충격을 최소화하기 위한 가교역할의 단계를 의미한다.[115]

---

115) 김종인 『아동음악치료방법론』, 파주: 한국학술정보(주), 2008, p.389.

감상적 정서변환기법 과정도

(1) 자유연상: 내담자가 선호하는 음악을 자유연상기법으로 나열하는 단계

(2) 정서토의: 내담자의 현재 정서 상태를 파악하기 위해 토의하는 단계

(3) 체계화: 내담자의 현재 정서 상태와 가장 일치하는 음악부터 정반대의 음악까지 나열하는 단계

(4) 동질성: 동질성의 원리에 따라, 내담자의 내면 정서와 가장 일치하는 음악을 2곡 정도 부르는 단계

(5) 중립성: 중립성의 원리에 입각하여 가치중립적이면서 내담자 정서 전환의 매개체 기능을 하는 음악을 두 곡 정도 부르는 단계

(6) 이질성: 이질성의 원리에 입각하여, 내담자의 내면 정서와 가장 상반되는 음악을 두 곡 정도 부르는 단계

(7) 나눔: 내담자를 지지하는 마음으로 치료사의 내면에서 우러나오는 충고와 격려를 전하는 단계

■ 적용가능한 음악치료기법:

가족음악심리극(家族音樂心理劇)

가족음악심리극(家族音樂心理劇, family music psychodrama)은 가족치료적 관점에서 전통적인 사이코드라마의 기본 원리와 방법들에 음악적 환경을 접목시켜 새롭게 창안한 가족음악치료모델의 기법 가운데 하나이다. 가족 패턴에 대한 음악을 활용한 심리극은 미래 혹은 과거로의 여행을 통해 내담자들에게 '잉여 현실'을 제공해 준다는 장점을 갖고 있다.

■ 기본절차

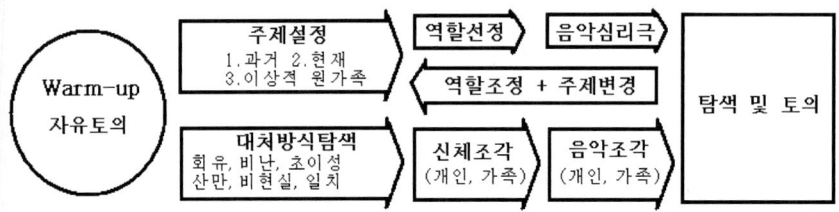

<가족음악심리극의 절차도>

① 제1단계: 준비 및 자유토의 – 준비단계에서 치료사는 자유로운 토의과정을 통해 음악심리극으로 진행할지 혹은 가족음악조각으로 진행할지를 결정해야 한다. 음악동작이나 감상, 연주도 고려해 볼 수 있다.

② 제2단계: 주제설정 또는 대처방식탐색 – 심리극을 진행하기 위해 극의 주제를 설정하는 단계이다. 극으로 옮기기에 적절한 주제에는 가족여행, 졸업식, 출산, 외식, 사업성공 등 긍정적 주제와 폭력과 음주, 실연의 아픔, 말다툼, 편애와 같은 부정적 주제가 있다.

③ 제3단계: 역할선정 – 심리극의 주제가 결정되면 가족에게 역할을 지정해 준다.

　제1역할: 주인공(prota, protagonist) – 치료 의뢰 원인을 제공한 인물이 극의 주인공이 된다. 일반적으로 '프로타(prota)'라고 부른다.

　제2역할: 보조자아(auxiliary ego) – 보조자아는 주로 주인공의 주변인물을 의미한다.

　제3역할: 이중자아(double) – 주인공의 내면세계를 표현하는 또 다른 주인공이라고 할 수 있다. 이중자아는 주인공 뒤에 서서 그와 심리적 동일시를 이룬다.

④ 제4단계: 음악심리극 – 심리극의 주제와 역할이 정해지면 그 배역과 상황을 악기나 목소리로 표현할 수 있다. 악기로 극을 진행할 경우에 치료사는 내담자가 인물의 성격과 특성에 맞는 악기를 고를 수 있도록 도움을 주며, 그런 후 구성원들이 적절한 위치에 있도록 배치한다.

⑤ 제5단계: 역할 및 주제의 조정 – 심리극 이후 분석과 토의과정을 거쳐서 역할이나 상황을 조정하기도 한다.

02 대인간 문제의 해결훈련

앞서 설명했던 개인 내적 문제해결훈련이 개인의 내면세계 변화에 초점을 맞춘 것이라면, 대인간 문제해결훈련은 개인과 개인 간의 관계성에 보다 관심을 가지고 적용된다. 즉 타인을 대할 때는 어떤 마음을 가져야 하며, 타인과의 관계를 어렵게 만드는 개인 속의 수많은 규칙들을 어떻게 처리해야 하는지, 궁극적으로 친밀감(intimacy)이라는 결실을 거두기 위한 선행조건은 무엇인지를 인식하고 깨닫는 작업이다. 그 선행조건이란 세상을 향해 마음 열기, 관심 갖기, 편견 없이 수용하기, 의미부여하기, 자기 보여 주기 등이다.

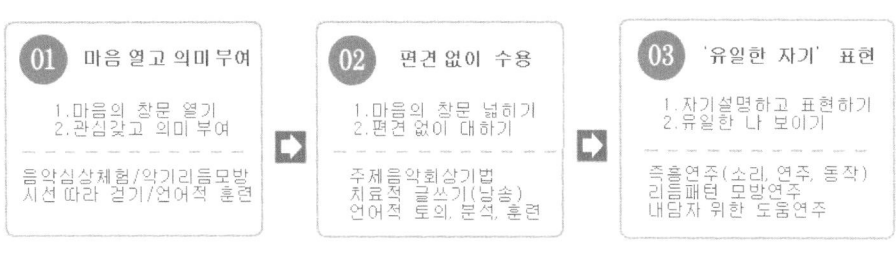

대인간 해결훈련 절차도

타인과의 관계, 특히 가족관계에서 어려움을 겪는 데는 여러 가지 이유가 있겠지만, 근본적으로는 서로 간의 영향권, 에너지의 교류에서 균형을 이루지 못하기 때문일 것이다. 서로에게 너무 관심이 없거나, 한쪽에서 일방적으로 지나치게 관심을 가지거나,

서로간의 에너지가 충돌하거나 하는 것이다. 또 한쪽이 다른 쪽보다 우월한 상황에서 가르치려 들거나, 무작정 고개를 숙여 배우고자 하는 것도 바람직한 균형적 관계를 파괴할 수 있다. 가장 이상적인 관계는 연령이나 성별, 개인적인 신념, 규칙, 문화적 배경과는 상관없이 서로의 존재를 있는 그대로 인정하는 관계이다. 곧 서로의 경계를 인정하는 것이다. 일부러 상대를 지배하려 들지도, 회유하며 자신을 희생자로 만들지도, 자기주장을 막무가내로 내세우지도 않는 그야말로 공명정대한 관계이다. 타인과의 관계성에서의 불균형을 조절하고 중립을 지향하는 대표적인 기법으로 전통적인 합창이나 합주, 가족즉흥연주와 노래심리치료, 음악심상체험작업을 사용할 수 있다. 즉흥연주는 자신의 무의식적 부분을 표현하도록 해 줄 뿐 아니라, 타인의 존재를 받아들이고 서로 동화될 수 있도록 도움을 준다. 성악과 기악, 동작 등을 활용한 즉흥적 표현과 노래 가사를 활용한 분석적 토의작업을 통해 마음의 문을 열고 타인에게 관심을 가지기, 그들을 편견 없이 수용하기, 그 안에서 의미를 찾기, 유일한 자기 보여 주기 등을 순차적으로 진행할 수 있다. 이렇게 형성된 마음의 결심과 상상 등을 심상체험 작업을 통해 보다 명료화할 수 있다.

가. 제1단계 대인간 훈련: 마음 열고 의미부여하기

인간은 누구나 마음의 창을 갖고 있다. 이 창문은 세상을 향하고 있으며, 그 크기와 넓이는 사람마다 다르다. 창문이 닫혀 있는 사람도 있고, 활짝 열려 있는 사람도 있다. 대부분의 심리적 문제를 호소하는 가족이나 개인은 세상을 향해 자신의 마음의 창문을 닫아 놓은 경우가 대부분이다. 이 창문을 열고 세상을 향해 관심을 갖도록 도울 수 있다. 음악심상체험을 통해 이러한 상상을 구체화할 수 있다.

1) 세상을 향해 마음의 창문 열기

음악심상체험을 통해 자신의 마음의 창문을 연상하도록 한 다음, 그것이 세상을 향한 창문임을 알려 준다. 그러고서 그 창문을 용기를 내어 열 것을 권유한다. 치료사는 심상체험작업의 일환인 시각적 심상화 과정을 통해 창문 밖의 세상을 매우 구체적으로 묘사하고 느낄 수 있도록 한다. 때때로 내담자 스스로 자신의 창밖에 보이는 풍경들을 표현해 보도록 하기도 한다. 대인관계활동의 초기 단계이기 때문에 부담감이 적은 활동을 계획하는 것이 좋다. 예컨대, 치료사의 행동이나 말 리듬, 악기리듬 패턴 등을 모방하도록 하여 자신이 아닌 외부세계에 눈을 돌리도록 유도할 수 있다. 또 다른 방법으로 배경음악을 통해 시선 접촉하며 걷기를 할 수 있다. 경쾌하고 일정한 비트의 음악을 배경으로 하여 치료집단이 둥글게 선 다음, 처음 작업을 시작하는 사람이 다른 사람의 눈을 보면서 그 사람의 자리로 움직이면 그 시선을 받은 사람이 다른 사람의 눈을 보면서 자리를 옮겨 간다. 노래의 박자에 맞춰 이러한 과정을 반복한다. 대부분의 경우 자존감이 낮은 사람일수록 타인의 시선을 접촉하지 못해 위의 진행과정이 중단되는 경우가 많다. 이런 기법은 상대방에 대한 관심을 저항감 없이 불러일으키는 데 장점이 있다.

2) 세상에 관심 갖고 의미부여하기

내담자 일상에서 주변의 사물, 사람, 일에 대해 보다 관심을 가지도록 격려한다. 심상체험을 통해 경험했던 시각적 영상들을 일상생활에서도 수시로 떠올려 보도록 하고, 그동안 관심 없이 스쳐 지나 버렸던 대상들에 마음의 창문을 열 듯 관심을 가져보도록 독려한다. 다른 활동적인 기법의 예로서 두 사람이 한 조가 되어 한 사람은 눈을 가리고 다른 한 사람이 악기나 소리를 인도하는 것도 서로에 대해 의미를 부여하는 데 도움이 된다. 또 내담자를 집단의 앞이나 원의 한가운데 세워 놓고 다른 집단구성원들이 노래를 불러 주거나 연주한다. 이처럼 대인간 신뢰와 친밀감 향상을 위해 조별 활동이나 축복연주와 같은 다양한 활동을 진행할 수 있다. 언어가 중심이 된 활동으로서 치료사는 내담자와 함께 그가 만나는 사람이나 주변에 있는 사물, 하고 있는 일에 대해 자세히 질문하고 답변할 수도 있고, 다음 한 주 동안 성취해야 할 구체적인 생활과제를 부과하여 수행하게 할 수 있다. 만나는 사람에게 인사를 한다든지, 집 안을 정리한다든지, 친구들에게 전화를 한다든지 하는 일이다.

나. 제2단계 대인간 훈련: 편견 없이 수용하기

편견은 사물이나 현상에 대해서 확실한 근거 없이 가지고 있는 고집스러운 의견을 말한다. 즉 자신의 잣대와 기준으로 타인과 현상을 재단하는 것이다. 편견이 많다는 것은 그만큼의 규칙과 원칙이 존재한다는 의미이다. 이 사람은 내 생각과 달라서 싫고, 저 사람은 내 취향이 아니라서 싫고, 이 사람은 종교가 달라서 싫다면서 고르고 고르다 보면 결국 주변에 남는 사람은 아무도 없을 것이다. 자신의 잣대나 기준을 낮추고, 세상을 향하여 마음의 창문을 넓혀야 한다. 이렇게 되면 편견 없이 사물이나 대상을 받아들이게 되는 것이다. 제2단계 대인간 훈련은 대상자에게 편견과 선입견을 만들어내는 심리적 규칙과 원칙들을 밝혀내고 조절하는 데 의의가 있다.

1) 마음의 창문을 넓히기

내담자의 심리적 규칙과 잣대를 자유롭게 조정하는 단계이다. 규칙이나 잣대는 개인이 갖고 있는 편견과 선입견과도 동일한 의미이다. 규칙의 숫자가 줄어들거나 합리적으로 조정되면 세상으로 향한 마음의 창문은 훨씬 더 넓어지게 된다. 치료적 글쓰기나 주제음악회상작업을 통해 내담자의 마음속에 존재하는 규칙과 원칙, 편견들을 생각해 보도록 한다. 이 내용들을 종이에 글로 적는다. 이 내용 중에 변경할 수 있는 규칙이 있는지, 어떻게 합리적으로 조정할 수 있는지 토의한다. 새로운 규칙과 원칙이 정해지면 이를 다시 종이에 작성하고 함께 검토해 본다. 이렇게 작성된 최종적인 새로운 규칙과 원칙들을 배경음악 위에서 낭송을 하거나 선율을 만들어 노래로 불러 볼 수 있다.

2) 규칙과 편견 없이 대하기

다른 사람과 생각이 다르다는 이유로 그들을 배척하거나 아무런 배울 점을 찾을 수 없다고 여긴다면 마음의 창문을 닫아 놓고 있다는 반증이다. 나와는 다른 사람들을 언제든지 인생에서 만날 수 있다는 생각은 타인을 편견 없이 대하도록 도움을 준다. 이들 안에는 어떤 사람과 생각은 나와 다르더라도 무엇이건 배울 점이 있다는 믿음을 갖고 있다. 내담자가 생활 속에서 다른 사람을 대할 때 미리 편견이나 과도한 기준을 갖고 대하지 않도록 격려한다. 즉 마음의 문을 열고 있는 그대로 그들을 수용하고 아무런 편견이나 자신의 고집스러운 잣대를 내세우지 않도록 하는 것이다.

다. 제3단계 대인간 훈련: 유일한 자기 보여 주기

이 단계는 다른 사람과의 비교를 통해 자신을 평가하지 않고, 있는 그대로의 자기, 유일한 자기를 발견하도록 하는 데 목적이 있다. '유일한 자기'란 타인과는 독립된 존재로서 행동하고 느끼는 사람을 의미한다. 이들은 타인의 말이나 행동에 지나치게 반응적이지 않으며 민감하지 않다. 타인의 기대나 소망을 존중하지만 자신과 분리시켜 생각할 수 있는 사람이다. 따라서 내담자가 유일한 자기로서 존재할 때 이들은 진정한 개성화, 자기실현, 의식과 무의식의 통합, 진정한 마음의 평화를 이룰 수 있는 준비가 되어 있다고 볼 수 있다. 구체적인 적용기법으로 치료적 글쓰기 작업을 통해 자신에 대한 글을 완성하고 이를 음악적으로 표현해 봄으로써 유일한 자기를 외부세계에 보여 줄 수 있고, 조용한 음악을 배경으로 해서 언어적인 토의 또는 자기표현의 기회를 제공하기도 한다. 자신의 독특한 모습, 있는 그대로의 자신, 가면 없는 모습을 표출시킬 수 있도록 성악과 기악, 동작이 중심이 된 가족즉흥연주가 활용된다.

1) 자신에 대해 설명하고 표현하기

내담자의 이름, 별명, 취미, 특기, 능력, 배경 등을 다른 사람 앞에서 언어적으로 설명하고 표현하는 단계이다. 또한 내담자의 강점과 약점, 장점과 단점, 이루고 싶은 간절한 기대와 소망 등을 설명할 수도 있다. 중요한 점은 자신에 대해 타인에게 설명한다는 점이다. 자신을 소개하는 과정에서 자기 자신에 대한 상(象)을 명료화할 수 있다. 자신이 무엇을 좋아하고 싫어하는지, 잘하는 것이 무엇이고 못하는 것은 무엇인지, 자신의 별명이 어떻게 변해 왔는지 등을 스스로 인식하게 된다. 자신을 자신으로서 받아들이고 수용하는 것은 물론, 치료사를 포함한 타인들이 내담자 자신을 있는 그대로 받아들이고 수용하는 경험은 그들에게 안정감과 친밀감을 주게 된다. 즉흥연주 상황에서 내담자가 악기로 표현하는 연주나 리듬 패턴을 다른 집단구성원들이 똑같이 모방해서 연주하거나 내담자에게 기본적인 반주리듬을 해 주는 활동을 할 수 있다. 이와 같은 도움연주나 모방연주는 내담자의 자기표현 기회뿐만 아니라 자존감 향상, 타인과의 유대감 형성에도 도움이 된다.

2) 유일한 나 보이기

가족즉흥연주를 통해 진정한 자기, 본연의 나를 보이는 작업이다. 이때의 나는 가면을 벗은 나이다. 가면이란 의식성을 대표하는 용어이며 무의식과 대극관계에 있다. 경험 많은 치료사에 의해서 신중하게 진행되는 즉흥연주를 통해 내담자들은 자신의 본래 모습을 비교적 자유롭게 표출하게 된다. 즉흥성 안에는 무의식의 모습이 숨어 있다. 즉흥적 소리, 즉흥연주, 즉흥동작 등을 통해 진정한 자신의 모습을 표현하게 된다. 여기서 소리와 연주, 동작은 내담자 자신을 의미하며, 의식적인 연주나 동작이 되지 않도록 주의한다. 내담자가 갖고 있는 거짓된 자기가 아닌 진정하고 유일한 자기를 소리나 동작이라는 중간매체를 통해서 표현하는 것이다. 치료사는 내담자의 연주나 소리, 동작이 무의식적이며 즉흥적으로 표현하면 할수록 다양한 방법들을 구상할 수 있다.

■ 적용가능한 음악치료기법:

가족즉흥연주(family improvisation)

가족즉흥연주(家族卽興演奏, family improvisation)는 기본적으로 가족의 전반적인 사항을 주제로 즉흥연주를 하는 것을 말한다. 즉흥적인 음악을 연주한다는 것은 인간의 내면에 있는 심층적인 내용들을 의식적인 과정 없이 무의식적으로 배출해 낸다는 것을 의미한다. 이 과정에서 심리적·정서적 내용들은 음악적 요소와 결합하게 되고 새로운 정서적 에너지를 생성하여 외부로 이동한다. 이것을 '정서적 카타르시스작용'이라고 한다.

■ 기본절차

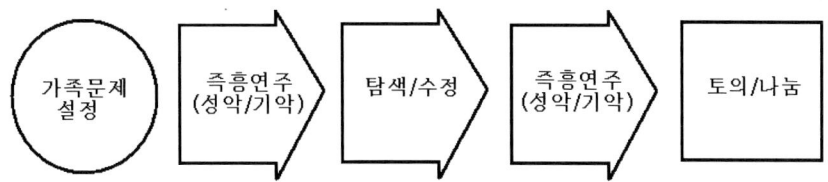

① 제1단계: 가족문제설정 – 현재 가족들이 경험하고 있는 핵심적인 문제가 무엇인지를 정한다. 때에 따라서는 가족들의 공통된 소망을 함께 토론해 보는 것도 도움이 된다.
② 제2단계: 즉흥연주 – 이전 단계에서 설정된 가족의 핵심적 문제나 소망을 주제로 하여 즉흥적으로 연주를 시작한다.
　　제1유형: 문제 중심 가족즉흥연주(problem – focused improvisation)
　　제2유형: 소망 중심 가족즉흥연주(problem – focused improvisation)
　　제3유형: 가족자유즉흥연주(family free improvisation)
③ 제3단계: 탐색과 수정 – 가족구성원들은 치료사와 함께 치료 중에 느꼈던 역동성과 저항감정, 동일시, 감정이입 등을 함께 탐색하고 분석해 본다.
④ 제4단계: 수정된 즉흥연주 – 첫 번째 즉흥연주의 주제나 느낌, 형식, 상황 등을 수정해서 다시 한 번 즉흥연주를 시도해 보는 단계이다.
⑤ 제5단계: 토의 및 나눔 – 즉흥연주그룹의 구성원들은 서로 즉흥연주에 대한 느낌과 의견을 나눈다.

미래직면 및 결과예측 훈련

- 욕구행동반응이론을 통한 인지 재구성(認知 再構成) 기회 제공 -

　이 작업의 목적은 이전 단계들에서 치료사의 도움을 받으며 했던 작업들을 대상자 스스로 할 수 있도록 돕는 데 있다. 중재의 초점은 내담자에게 수많은 연습상황을 제시하여 본인이 직접 그 문제를 해결해 보는 경험을 제공하는 것이다. 다시 말해, 대상자가 치료가 끝난 이후에도 지속적으로 자신의 생각과 행동을 조절할 수 있는 힘을 길러 주되, 자신이 갖고 있는 생각과 신념이 과연 합리적인지, 비합리적인 신념을 계속 갖고 있으면 어떤 결과가 나올지 등을 치료사의 도움 없이 스스로 탐색할 수 있도록 하는 것이다. 그런 의미에서 이 과정은 자기탐색을 위한 자생력을 길러 주는 단계라 할 수 있다. 이를 위해 치료사는 언어와 음악을 통한 심상화 작업 및 미래직면기법 등을 통해 개인이 갖고 있는 심층의 기대, 욕구, 소망에 따른 앞으로의 행동결과를 미리 예측할 수 있도록 연습기회를 제공한다. 이 과정은 치료사의 교육 및 훈련 중심으로 이루어지며, 매우 실용적이며 효과적인 치료과정이다. 이 과정에서 내담자는 다양한 상황을 치료사로부터 제시받게 되며 욕구행동반응이론을 활용하여 행동의 결과를 미리 예측하는 연습을 하게 된다. 상황에 따른 조작적 연습과정을 강조하는 의미에서 '훈련(訓練, training)'이란 용어를 사용한다. 이러한 훈련과정은 내담자로 하여금 현재 자신의 문제행동이나 스트레스 상황을 유발시킨 원인이 되는 내면의 믿음, 신념, 규칙들을 역으로 따져 보도록 내관을 형성할 수 있다.

가. 욕구행동반응이론과 인지훈련지침

　인간의 변화를 위해 어떤 노력을 할 수 있을까? 무엇부터 시작해야 하며, 어떤 것을 변화시켜야만 하는가? 이 복잡하고 어려운 질문에 심성지층모형이 해답이 될 수 있다. 이 모형은 인간의 총체적인 면을 조망하고 있기 때문이다. 심성지층모형 – 행동, 정서, 지각, 신념, 욕구, 자기 총 여섯 가지 마음의 층들로 구성되어 있는데, 신경처럼 연결되어 있어서 상호 영향을 주고받는다. 마음의 구조에 대한 이해 정도에 따라 내담자의 문제점이 어디서부터 시작되었는지, 현재의 문제가 어떤 마음의 층의 요소들과 연결되어 있는지를 비교적 소상히 파악해 낼 수 있다. 이러한 마음의 구조를 토대로 하여 '욕구행동반응절차'가 생성되었다.

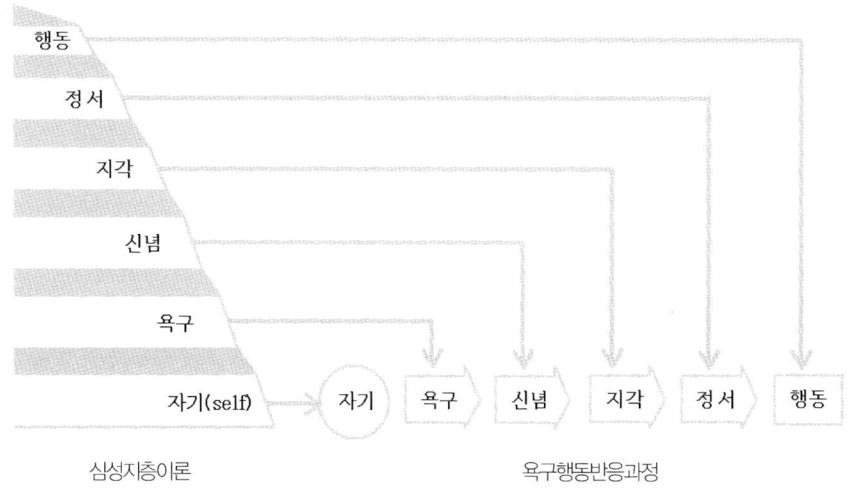

심성론과 욕구행동반응과의 관계도

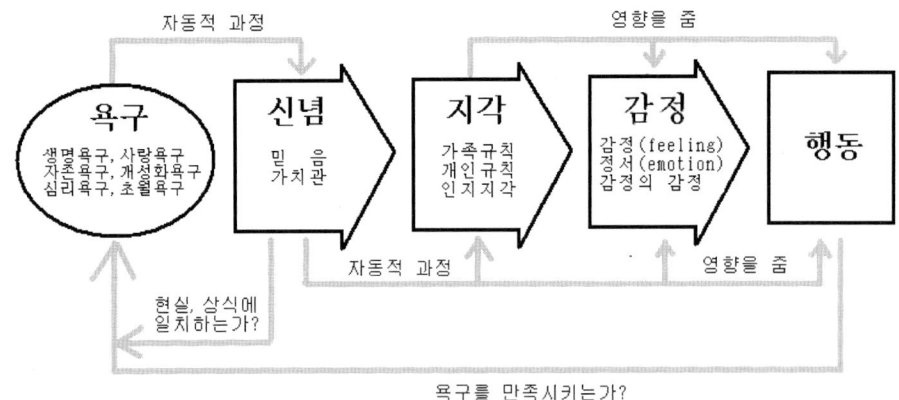

인간의 욕구행동반응(DBR) 절차도

욕구행동반응(Desire－Behavior Response: DBR)이론은 인간의 심성지층구조에 입각해서 완성된 것이다. 이 이론을 통해 자신의 신념이 합리적인지 아닌지를 판단할 수 있게 되고, 문제가 되는 행동이나 감정의 근본적인 원인을 파악할 수 있다. 특히 자신의 생각과 신념이 행동으로 전환되기 전에 미리 그 영향을 평가해 볼 수 있다는 데에 장점이 있다. 치료사는 내담자의 변화와 성장이 지속될 수 있도록 욕구행동반응의 절차를 그들에게 분명히 설명하고 이해시킬 필요가 있다. 내담자가 이 반응절차를 충분히 숙지하게 되면 그는 자신의 행동이나 감정의 원인이 되는 '신념'을 정확하게 찾을 수 있게 된다. 또 그 '행동의 결과'가 '보편적 욕구'를 충분히 만족시키지 못할 때는 신념이나 가치관을 수정할 수 있다. 반대로 이 욕구행동반응절차를 이용하여 자신의 갖고 있는 신념이나 규칙이 앞으로 어떤 결과를 가지고 올지 예측할 수 있다. 미래의 행동결과를 예측할 수 있게 되면 그 행동의 원인이 되는 믿음은 더욱 강화되거나 수정된다.

욕구행동반응(DBR) 절차도를 내담자에게 자세히 설명하고 마음속에 그리도록 한 다음, 생활 속에서 일어날 수 있는 몇 가지 문제상황과 반사행동을 연습의 소재로 제공할 수 있다. 예컨대, 부인과 자녀교육문제로 다투는 상황이나 친구들에게 소외되거나, 격심한 분노상황, 우울한 상황 등을 제시하고, DBR 절차에 입각해서 함께 토론하고 결론을 찾아본다. 이러한 절차를 'DBR 절차에 따른 인지훈련지침(認知訓練指針)'이라고 한다. 인지훈련지침은 총 여섯 가지 원형적 질문을 통해 이루어진 훈련매

뉴얼로서 기본적으로 'DBR 절차도'를 활용하여 내담자 자신의 내면세계를 해석하도록 한다. 여기서 '인지'라는 용어를 사용한 것은 치료사와 내담자가 서로간의 언어적 토의를 통한 해석과 분석, 인식, 적용, 예측, 평가의 과정을 포괄하기 때문이며, 아래의 여섯 가지 질문에 입각해서 자신의 내적 동기들 간의 역학성을 탐색하게 된다.

1) 행동의 결과가 나의 욕구를 충족시키는가?

내담자의 행동이 보편적 욕구 여섯 가지를 만족시키는지 탐색해 보는 단계이다. 부인과 자녀의 교육문제로 심하게 다투었다면 자기의 의견을 주장하는 등 자기존중욕구는 충족시키지만, 부인의 감정이 상하게 되고 서로 관계가 나빠질 수 있기 때문에 사랑과 타인존중욕구는 무시된 경우이다. 이 경우 자녀문제로 다투는 행동은 욕구들 중 일부를 충족시키지 못하므로 완전한 해결책이라고 할 수 없다. 자동적으로 이러한 행동을 발생시킨 원인신념도 잘못된 신념이라는 것을 알 수 있다. 이렇게 행동의 결과가 여섯 가지 욕구 중 일부를 무시하게 된다면 그 행동과 이를 발생시킨 원인신념은 제거하거나 수정해야 한다.

2) 현재의 문제행동 아래에 숨어 있는 감정은 무엇인가?

만약 반항하는 자녀를 혼내고 훈계했다면 이 행동은 자녀의 감정을 상하게 만들었으므로 타인존중욕구를 무시한 것이 된다. 따라서 자녀를 혼내고 훈계하는 대신 다른 행동으로 수정해야 할 것이다. 문제는 이러한 행동의 기저에 어떤 감정이 숨어 있는가이다. 행동은 감정과 관련되어 있다. 감정이 상하면 비정상적인 이상행동이 나오기 마련이다. 반항하는 자녀를 혼내는 행동의 기저에는 자신이 자녀에게 무시당하고 있다는 감정이 숨어 있었던 것이다. 즉 자녀의 무시로부터 자기를 보호하고 존중하기 위해 자녀를 혼냄으로써 이를 충족시키고자 한 것이다. 치료사는 내담자에게 그 자신의 행동이 특정한 감정으로부터 나온 것임을 인식시킴으로써 행동변화에 대한 통찰을 유도할 수 있다.

3) 행동이나 감정을 지배하고 있는 원인규칙(지각)에는 어떤 것이 있는가?

행동이나 감정은 수많은 '내적인 규칙'에 의해 조종되고 있다. 이것은 거의 자동적인 과정이다. 어떠한 행동과 감정도 그것을 만들어 낸 규칙이 존재한다. 예컨대, 얼굴 표정이 전혀 없는 사람들이 있는데, 이 사람들의 마음속에는 '자신의 감정을 내보여서는 안 된다'는 규칙이 숨어 있다. 이 외에도 매사에 남에게 양보해야 한다, 절대로 울어서는 안 된다, 매일 독서를 해야 한다, 항상 미소 지어야 한다, 절대 가족들과 싸우거나 소리쳐서는 안 된다 등 셀 수 없는 규칙들이 우리의 행동과 감정을 이 시간에도 조종하고 있다. 따라서 치료사는 내담자가 자신의 잘못된 행동 속에서 이러한 습관적 규칙을 찾아내어 합리적으로 수정하도록 돕는다. 무의식 속에서의 자동적이고 습관적인 규칙적용과정에 이렇게 의식적으로 개입하여 그 규칙들을 수정하게 되면 그들의 행동과 감정도 함께 변화된다.

4) 행동이나 감정을 지배하고 있는 원인신념은 무엇인가?

행동을 조종하는 이런 규칙들은 근본적으로는 '신념'으로부터 나온 것이다. 신념을 변환시키는 것은 보다 근원적인 처방이 된다. 매사에 남에게 양보만 하고 자신의 몫을 챙기지 못하는 사람은 그 무의식의 저층에 '다른 사람을 존중하고 배려하는 것은 훌륭한 일이다'라는 근원적 신념이 자리하고 있다. 물론 이러한 신념들은 바람직하지만 부분적으로 그러하다. 신념은 무의식의 깊은 층에 대부분 산재해 있기 때문에 인식되거나 변화시키기가 쉽지 않다. 자기에 대한 설득이 중요하다. 아무튼 다른 사람에 대한 배려가 중요하지만 자신에 대한 존중도 중요하기 때문에 이 모두를 충족시키기 위해서는 새로운 신념을 세울 필요가 있다. 예를 들면, '자신과 타인은 똑같이 존중되어야 한다'로 바꿀 수 있다. 이와 같이 치료사는 내담자가 자신의 문제행동이나 반사감정들의 근본 원인이 되는 신념체계를 찾도록 다양한 상황을 제시한다. 함께 가상현실에서 신념을 찾고 새로운 신념으로 변형해 보는 연습을 통해 치료종료 이후에도 대상자 혼자 행동을 조절할 수 있는 기초를 마련한다.

5) 나의 신념은 어떤 욕구에서 비롯되었는가?

신념은 욕구에서 비롯되며, 욕구를 충족시키기 위해 신념이 생겨난다. 기본적으로 신념은 욕구와 관련하여 해석될 수 있다. '좋은 엄마가 되어야 한다'는 신념은 자기존중과 사랑욕구와 관련이 있고, '어떤 수단을 써서라도 성공해야 한다'는 신념은 개성화욕구와 관련이 있다. '낙태는 살인과 같다'는 신념에는 생명욕구가 결부되어 있다. '신앙보다 우선하는 것은 없다'는 신념에는 초월적 욕구가 작용하고 있다. 이러한 신념들은 옳을 수도 있고 그를 수도 있다. 이것의 판단기준은 욕구충족 여부에 있다. 이 신념들이 보편적 욕구 – 생명, 사랑, 존중, 개성화, 심미, 초월적 욕구 중 일부를 소외시키는지 충족시키는지에 따라 합리적인 신념인지 아닌지를 판단할 수 있다. 수단을 가리지 않고 성공하는 것은 자신의 독특성과 개성화 욕구는 충족시키지만, 타인에 대한 존중욕구는 무시되기 때문에 조정이 필요한 신념이라는 것을 알 수 있다. 신앙이 최우선이라는 신념은 영적이고 초월적인 욕구는 충족시키지만 자신이나 타인을 무시하고 상황을 무시할 수 있기 때문에 바람직하지 않다.

치료사는 물론이고 내담자 또한 자신의 신념이 어떤 욕구에서 비롯되었는지를 검색하는 일에 능숙해야 한다. 특히 치료사는 자신의 행동과 감정을 끊임없이 성찰하면서 욕구에 따른 행동, 감정, 규칙, 신념의 변화를 일상 속에서 발견해 가야 한다. 자신의 내면 성찰에 게으른 치료사는 남의 내면세계에 관여하거나 충실히 도울 수 없기 때문이다.

6) 나의 신념은 현실과 상황에 일치하는가?

신념은 현실과 상황에 일치할 때 비로소 욕구를 충족시킬 수 있게 된다. 어떤 사람의 신념이나 가치관이 현실성이 없거나 보편적인 상황에 맞지 않으면 욕구를 충족시킬 수 없게 되는 것이다. 여기서 말하는 현실과 상황이란 '상식(常識, common sense)'을 의미한다. 사람들이 보편적으로 알고 있고 알아야 하는 지식을 의미한다. '항상 행복한 모습을 보여야 한다', '약속은 반드시 지켜야 한다', '나약한 모습은 절대 보여서는 안 된다' 등의 신념은 현실과 상식에 비추어 불가능할 수 있다. '절대로', '반드시', '결코', '항상'이라는 용어는 대극적 표현으로서 비합리적인 신념을 찾는 핵심단어가 된다. 치료사는 내담자의 신념이 보편적인 상식과 일치하도록 함으로써 궁극적으로 그의 욕구를 충족시키도록 돕는다. 더 나아가서 내담자는 스스로 이 모든 과정을 수행할 수 있을 만큼 훈련될 필요가 있다.

나. 미래직면을 위한 자기 주도적 훈련

어떤 사람이나 행동에 대한 결과를 미리 볼 수 있다면 아무도 실수하지 않을 것이다. 이 말은 불가능한 것 같지만 연습과 훈련을 통해 가능할 수 있다. 앞서 언급했던 'DBR 인지훈련지침'이 언어적 토의를 중심으로 무의식적 동기들 간의 역학성을 탐색하는 과정이라면, 이와는 별도로 긴장이완과 심상체험을 기반으로 하는 '미래직면기법'을 활용하여 내담자가 자신의 미래를 예측해 보고 직면해 볼 수 있도록 기회를 준다. 이전의 치료단계들에서도 미래를 직면하고 예측해 보는 기회가 많이 있었지만 자기 스스로 연습해 보지는 않았다. 여기서의 핵심은 '훈련'에 있다. 내담자를 훈련시켜 자신이 원하는 순간에 언제라도 현재의 행동에 대한 미래의 결과를 예측할 수 있는 힘을 길러 주는 것이 미래직면훈련의 핵심목적이다.

내담자가 미래로부터 현재로 불러와서 직면해야 할 대상은 주로 그 자신을 둘러싼 것들이다. 즉 자신, 가족, 타인, 미래 등 네 가지 차원의 대상들이다. 자신이 이제까지 갖고 있었던 잘못된 신념을 바꾸면 자기 자신은 어떻게 변화할 것이며, 가족이나 타인들은 어떻게 생각할지 예측해 보는 것이다. 그 외에 미래상황의 변화를 예측해 보도록 한다. 이러한 과정은 단순한 언어적 토의 또는 의식적인 감상활동을 통해 진행될 수 있다.

1) 치료사의 인도에 따른 미래직면훈련

초기 단계에서는 치료사가 중심이 되어 내담자를 인도하는 것이 더 안전하다. 우선 화성음악(homophony)을 통해 신체와 정신을 이완시킨다. 이번에는 단성음악(monophony)

을 들려주면서 꽃, 나무 등과 같은 특정한 사물에 집중시킴으로써 몰입과 고도의 집중 상태를 이끌어 낸다. 이때 사용되는 단성음악은 의식과 무의식을 연결하는 다리의 역할을 하게 된다. 그런 다음 내담자가 전환된 의식 상태에 이르게 되면 본격적인 미래직면에 들어가게 된다. 이때 사용되는 음악은 다성음악(polyphony)이다. 물론 내담자가 혼자 실습할 때는 이 모든 음악을 순서대로 들을 필요가 없다. 더욱 효과적인 치료중재를 돕는 수단으로서 미리 구성된 음악을 감상하는 것뿐이다. 아무튼 현재 내담자 자신이 갖고 있는 핵심적인 문제행동을 연상하도록 한 뒤 자신이나 가족에게 미칠 영향을 상상하도록 한다. 그러고서 자신의 문제가 타인이나 주변 환경에 어떠한 영향을 미칠지를 연상하도록 격려한다. 일련의 과정은 이전 치료과정에서 실시했던 진행과 동일하다.

2) 자기 주도적 미래직면실습

'자기 주도적'이란 용어는 타의(他意)가 아닌 자의적이고 능동적인 실천을 전제로 한 개념이다. 이 단계에서 내담자는 타인의 도움 없이 미래직면기법을 스스로 실습해 보게 된다. 진행순서는 치료사가 인도할 때와 동일하며 혼자서 모든 과정을 실습해 본다는 데 차이가 있을 뿐이다. 긴장이완을 위해 앞서 소개했던 화성음악, 단성음악, 다성음악이라는 일련의 감상순서를 반드시 따를 필요는 없다. 자신이 선호하는 편안한 기악곡이면 충분하다. 우선 제일 먼저 할 일은 내담자 자신의 잘못된 신념과 새로운 신념 한 가지씩을 종이에 기록한다. 부드럽고 편안한 분위기의 배경음악을 들으면서 신체와 정신을 이완한다. 발부터 시작하여 얼굴까지 차례대로 수축과 이완을 반복한다. 이때 중요한 점은 극도의 균형감각을 유지하는 것인데, 신체적으로나 정신적으로나 긴장과 이완의 평형 상태를 이루어야 한다는 것이다. 몸 전체가 불필요한 긴장감이 전혀 없는 가벼운 상태이다. 신체이완은 정신이완을 가져온다.

그런 다음 하나의 사물을 선정해서 그 사물의 색깔과 냄새 등 특징적인 측면에 집중하도록 노력한다. 이것을 지속적으로 노력하면 깊은 몰입을 경험하게 된다. 이 모든 작업들은 이른바 전환된 의식 상태로 이끌기 위한 사전준비 작업들이다. 전환된 의식 상태란 최면이나 무의식 상태가 아니라 명상(冥想), 통찰(洞察), 창조(創造)를 위한 활성화된 의식 상태를 의미한다. 분명한 의식 상태인 것이다. 이 상태에 이르게 되면 무의식의 여러 가지 차원들을 자유롭게 여행할 수 있으며, 자신을 객체적 입장에서 관망할 수 있게 된다. 잡념 없이 있는 그대로의 자신을 바로 보고 일상에서 볼 수 없었던 사물의 본질과 실체를 경험할 수 있다. 이러한 상태가 준비되면 실습 초기에 종이에 적어 놓았던 서로 다른 신념 두 가지를 하나씩 떠올리며 그 신념의 의미와 영향을 탐색해 본다. 미래의 자신에게 어떤 영향을 줄 것이며, 가족과 타인에게는 어떠한 변화를 불러올지 상상해 본다. 이완, 몰입, 전환의식, 미래예측이라는 일련의 절차를 충실히 따랐다면 내담자는 매우 깊이 있고 자기초월적 경험을 할 수 있게 된다. 그것은 내부가 아닌 외부로부터 전해지는 것으로 느낄 수 있다. 미래예측을 홀로 실습함으로써 대상자는 치료가 종결된 이후에도 이 기법을 삶에 적용할 수 있게 된다.

다. 미래직면을 위한 질문: 관계질문

내담자의 현재 상태를 타인이나 미래 등 외부적 상황에 결부시켜 질문하는 기법이다. 내담자의 문제행동이 가족에게 어떤 영향을 미치고 있는지, 가족들이 내담자의 어떤 면이 달라지기를 원하고 있는지, 문제행동이 바뀌면 가족들은 어떻게 느낄지, 자신이 변화하면 미래에 어떤 결과가 생길지 등을 질문할 수 있다. 말하자면, 문제행동을 가족의 감정 또는 미래의 결과와 연관시킴으로써 자신의 현재 행동이 어떤 결과를 가져올지 깨닫도록 하고 가족들의 감정과 생각이 자신의 행동과 연동하고 있다는 사실을 인식하게 된다. 연동(聯動)은 원래 기계나 장치의 한 부분이 움직이면 다른 부분이 따라서 움직이는 현상을 일컫는다. 이 모델에서는 내담자의 문제행동과 변화가 그자신의 미래, 감정, 성공, 가족과 어떻게 연결되어 함께 움직이고 있는지를 의미한다. 이를 응용한 것이 '시간선 음악분석기법'과 '미래직면기법' 등이다. 관계질문의 예는 다음과 같다. "당신이 어떤 행동을 하면 엄마가 행복해하실까요?", "이 행동을 지속한다면 어떻게 될까요?", "당신이 술을 끊으면 부인은 뭐라고 말할까요?", "당신이 이렇게 이야기한다면 아들은 어떤 반응을 보일까요?" 등이다.

04 가족자아상 재정의

어린 시절 자신을 속상하게 만들었던 '별명'은 성인이 되어서도 줄곧 영향력을 미치면서 한 개인을 괴롭힌다. 이렇게 어린 시절에 친구들에 의해 붙여진 별명은 자신이 인식하든 인식하지 못하든 간에 자신에 대한 이미지(image), 즉 자아상(Self image)으로 굳어진다. 이것은 상품에 상표가 붙어서 그 상품만의 고유하고 독특한 이미지를 형성하는 것처럼, 한 개인에게 있어서 꼬리표가 되어 낙인찍히는 역할을 하게 된다. 자신은 물론 타인에게도 좀처럼 사라지지 않는 이미지로 자리하게 된다.

가. 자기선언서(自己宣言書, Self proclamation)

자기선언서[116]란 한 개인을 위한 행동강령과 가치관의 집약체, 즉 경전 또는 헌법과 같은 것이다. 즉 자기자아상과 가치관, 독특성, 사명, 새롭게 정한 규칙, 확고한 결심들을 문서의 형태로 정리한 것이다. 이것들은 만들어 낸다기보다는 발견하는 것이라고 할 수 있다. 말하자면, 자신의 내면에 존재하는 소망, 열망, 개성, 욕구, 가치관, 기대, 믿음, 사명의식 또는 생의 목표 등을 음악을 통한 심층적 통찰을 통해 발견하고 인식해 가는 과정이라고 할 수 있다. '나는 진정으로 어떤 사람이 되고자 하는가?', '내가 정말 원하

---

116) 자기선언서는 많은 사람들로부터 여러 가지 용어로 불리는데, Stephen R. Covey는 이 개념을 자기사명선언서라고 부르고 다음과 같이 정의하였다. "자기사명선언서란 주위의 여건과 사람들의 감정에 좌우되기 쉬운 상황에서 인생의 중대한 결정을 내릴 때 그리고 일상의 결정을 내릴 때 기준이 되는 자기 헌법"을 의미한다.

는 삶은 어떤 것인가?', '내 인생의 궁극적인 목표는 무엇인가?', '내가 나 자신의 행복을 위해 할 수 있는 일은?', '나의 가족을 위해 내가 할 수 있는 일은 무엇인가?', '여러 가지 중요한 일들 가운데 가장 소중한 것은 무엇인가?' 등이다. 이 질문들에 대한 대답은 각자 다를 것이다. 물론 정해진 완벽한 답은 있을 수 없다. 하지만 이것들에 대한 자신만의 독특한 정답을 하나씩 떠올리고 문장의 형태로 정리해 가다 보면 자신뿐만 아니라 자신을 둘러싼 일상이 질서 있게 조직되는 것을 경험할 수 있다.

자기선언서 작성의 가장 큰 혜택은 행동과 감정에 있어서의 자유로움이다. 여러 가지 자신만의 독특한 규칙과 우선순위를 정리하는 일은 얼핏 보면 생활을 제약하거나 또 다른 구속을 낳는 일이라고 생각하기 쉽지만 실제로는 그렇지 않다. 우리가 일상생활의 여러 장면과 선택 속에서 망설이고 방황하는 이유는 자기소망과 가치관에 대한 인식 부족에서 기인되는 경우가 많다. 특히 자신이 간절히 원하는 소망이나 가치관에 입각해서 세워진 행동강령을 마음속에 지니게 되면 이젠 더 이상 흔들림 없이 확고한 신념을 가지고 선택할 수 있게 된다. 즉 긴 시간을 망설이지 않더라도 중요한 결정들을 확신을 갖고 선택할 수 있게 되어 내면의 자유, 평화를 느끼게 되는 것이다.

1) 변화와 관련된 노래 부르기

변화와 관련된 노래는 내담자로 하여금 자신에 대해 깊이 통찰할 수 있도록 분위기를 조성하는 데 많이 사용된다. 노래 자체가 가지는 긴장이완 효과는 내담자가 긴장이나 저항 없이 자기 자신에 대해 탐색할 수 있도록 해 준다. 노래 이외에 감상활동을 통해 자기탐색작업을 준비할 수도 있다.

2) 가치관 탐색하고 목록 작성하기

내담자 자신의 가치관과 소망, 신념, 기대 등을 탐색하고 목록으로 작성하는 단계이다. 중요한 점은 내담자로 하여금 자유롭게 자신의 신념과 규칙, 원칙, 기대, 소망 등을 연상하도록 해야 한다는 점이다. 감상을 통한 자유연상기법을 활용하거나 노래의 가사를 이용하여 질문하고 답변할 수도 있다. 이렇게 해서 가치관 목록이 작성되면 각각의 가치관들에 대한 타당성을 함께 검토해 본다.

3) 가치관 목록을 정리하고 변경하기

이전 단계에서 작성된 가치관 목록은 아직 완성된 것이 아니기 때문에 필요한 것과 그렇지 않은 것을 구분해야 한다. 그러기 위해서 가치관들 간의 우선순위를 함께 정해 본다. 검토 후 필요 없다고 판단되는 신념이나 가치관은 삭제하고, 중복되는 내용들은 하나로 통합할 수 있다. 가치관의 동일한 종류의 하위 영역은 상위 영역 아래로 위치를 변경시킬 수 있다.

4) 자기선언서 작성하기

이전 단계에서 정리되고 삭제되고 변경된 내용들을 토대로 하여 최종적인 선언서를 완성하는 단계이다. 자기선언서는 내담자 개인에게 있어서는 개인적인 삶의 지침서요 경전과도 같은 역할을 하게 된다. 또한 미래에 발생할 혼란스러운 문제와 상황에 미리 대처할 수 있도록 해 준다. 대부분의 개인 내적인 갈등과 혼란은 주로 무의식 속의 두 가지 신념들이 서로 부딪힐 때 발생한다. 따라서 자기선언서와 같이 여러 신념들 간에 미리 우선순위를 정해 놓음으로써 신념들 간의 충돌이 발생할 경우 망설임 없이 결정할 수 있게 된다. 치료사는 내담자가 자기선언서를 매일 읽고 상기하도록 독려한다.

5) 배경음악 위에서 낭송하기

최종적으로 작성된 자기선언서를 조용한 음악을 배경으로 하여 낭송하는 단계이다. 이러한 활동의 목적은 선언서의 가치관 내용들을 명료화하고 보다 분명하게 마음에 새기기 위함이다. 이것은 일종의 암시각인기법이라고도 할 수 있을 것이다.

나. 가족선언서(家族宣言書, family proclamation)

'가족선언서'란 개인에게 자기선언서가 있는 것처럼, 가족을 위한 행동강령 또는 규범, 경전과 같은 역할을 한다. 여기에는 가족구성원들이 바라는 가족상, 새로운 가족규칙들, 새로운 가족들의 결심 등이 포함될 수 있다. 가족선언서는 짧고 간결한 문장의 형태로 기술되며 각 문장에는 가족들이 함께 합의한 그 문장에 대한 나름대로의 정의와 설명이 덧붙여진다. 이 과정에서 치료사의 역할은 가족으로 하여금 진정한 가족에 대한 자아상과 소망을 억압이나 저항 없이 표출할 수 있도록 돕고 여러 가족구성원들의 소망과 가치관, 의견 차이를 조율하는 것이다. 따라서 치료사는 가족 간의 자유로운 토론을 유도하여 그들이 지금까지 갖고 있던 비합리적인 가족규칙들을 발견하고 수정하며 보완하도록 돕는다. 또한 가족의 구성원 각자가 원하는 진정한 가족의 행복한 모습을 떠올리도록 하여 이것을 문장 형태로 작성한다. 치료사는 가족구성원들이 제시하는 각각의 가족상을 적절하게 조정하여 합의된 문장을 도출해 낸다.

1) 가족과 관련된 노래 부르기

활동을 위한 준비 작업으로서 가족이나 변화를 상기시킬 수 있는 노래를 함께 부른다. 노래는 앞서 설명한 바와 같이 원활한 활동을 위한 분위기를 조성해 줄 뿐만 아니라 긴장을 풀어 저항감을 축소시키는 효과가 있다. 가창활동과 더불어 감상을 통한 활동인 음악긴장이완기법과 자유연상기법을 통해 가족의 가치관과 신념을 탐색할 수도 있다. 그러나 그룹이 함께하는 만큼 사전준비 단계에서 활용하되, 긴장이완 상태에서 질문하고 답변하는 형식은 취하지 않는다.

2) 가족가치관 탐색하고 목록 작성하기

준비 단계를 통해 조성된 편안한 분위기와 긴장이완 상태에서 떠올린 가족들의 소망과 신념, 가치관을 무작위 열거하도록 한다. 노래나 자유연상을 통해 탐색된 가족

공통의 가치관들을 목록으로 작성한 다음 가족구성원 각자에게 목록의 내용들에 대한 타당성과 짧은 설명과 느낌을 표현해 보도록 한다.

3) 가족가치관 목록 정리하고 변경하기

가치관 탐색작업을 통해 밝혀진 목록들을 놓고 영역을 조정하거나 필요 없는 항목을 삭제하거나 우선순위를 정해 중요한 순서부터 덜 중요한 순서로 나열한다. 이때 필요한 내용을 첨가할 수도 있는데, 이 가족에게 필요한 신념과 가치관을 치료사가 제안할 수도 있고 그렇지 않은 내용에 대해서는 적극적으로 조정이나 삭제를 권유할 수도 있다. 예컨대, '매일 4시간 이상 공부하기'나 '저녁 8시까지는 귀가하기'와 같은 부모의 기대와 소망이 깊이 담겨 있는 가족규칙의 경우에는 너무 구체적이면서 일방적이고 비현실적이라는 것을 알 수 있다. 이 경우에는 자녀의 의견을 들어 보고 부모와 조율하여 새로운 규칙을 만들도록 치료사가 중간에서 조정해야 한다.

4) 가족선언서 작성하기

가족가치관 목록을 기초로 하여 정리된 내용을 최종적인 가족선언서로 채택한다. 여기에는 가족구성원들이 서로에 대해 기대하는 내용과 동의하는 내용들이 수록되어야 하며, 서로에게 기대하는 사항들이 정기적으로 가족회의에서 조율을 통해 수정될 수 있다. 가족선언서의 내용에는 가훈 등 가족의 핵심가치, 감정적인 규칙, 행동적인 규칙, 의사소통 규칙, 사회생활 규칙, 가족경계와 관련된 규칙 등이 포함될 수 있다. '서로 다툴 때는 정정당당하게 하기', '일주일에 월요일 저녁에는 가족회의 개최하기', '1개월에 한 번은 가족활동을 한다', '가족 간의 문제가 발생하면 회의를 통해 조정한다' 등이다.

5) 배경음악 위에서 낭송하기

　최종적으로 작성된 가족선언서는 가족구성원 모두가 나눠 갖는다. 조용한 음악을 배경으로 하여 가족 중 자원자가 낭송한다.

다. 음악명상연습: 기적의 시간

　음악명상연습이란 치료실 밖 일상에서나 치료가 종료된 이후에 대상자 스스로 명상 활동을 할 수 있도록 훈련하고 연습하는 과정을 의미한다. 내담자가 종결 단계에 들어가게 되면, 치료사는 그에게 개인적으로 일정한 시간을 정해서 자신을 통찰할 수 있는 공간과 시간을 마련할 것을 권유한다. 이러한 개인통찰과 내면여행의 시간을 기적의 시간(time for miracles)이라고 부른다. 사람이나 일로부터 방해받지 않는 자신만이 존재하는 시간, 자신을 통찰하고 자신을 반추하는 변화의 시간이다.

> 명상은 자존감을 고양시키고 더 이상 우리에게 필요 없는 것에 집착하기보다는 우리에게 맞는 것을 추구할 수 있도록 에너지를 집중시켜 준다. 그리고 개인의 독자성을 감사히 생각하게 하고 활용하도록 하면서도 타인과의 차이점을 수용하게 함으로써, 타인과 진실로 연결될 수 있는 성장의 기회를 제공해 준다.[117]

　이 기적의 시간에는 명상을 위한 기본적인 준비로서 감상활동을 통해 호흡연습, 긴장이완, 고도의 집중, 몰입, 전환된 의식 상태를 유지해야 한다. 이때 사용되는 음악이 반드시 치료중재에서 사용했던 화성음악, 단성음악, 다성음악일 필요는 없다. 내담자 자신이 좋아하는 조용하고 안정적인 분위기의 음악이면 상관없다. 집중과 몰입과정을 돕는 수단으로서 특정한 사물을 정해 연상하는 것이 도움이 된다고 서술한 바 있다. 다음은 음악을 통한 명상시간에 경험하게 되는 주제와 활동들이다.

---

117) Schwab, J. *A resource handbook for Satir's concepts*. Palo Alto, CA: Science & Behavior Books, Inc. 1990.

1) 블리스풀 상태를 재경험하는 연습하기

내담자 자신의 과거 행복했던 블리스풀 상태를 하나 선택하여 재경험하는 단계이다. 가족과 함께 했던 경험도 좋고 개인적으로 의미 있는 경험도 좋다. 매일 음악적 명상시간 처음 단계와 마지막 단계에서 사용한다. 떠올린 영상들을 최대한 실감나게 느끼도록 노력해야 한다. 그러기 위해서는 심상 - 마음의 상을 시각화·청각화·촉각화하여 느낄 필요가 있다. 예컨대, 자신의 블리스풀한 경험이 '가족들과의 행복한 저녁식사'라면 그때의 시간과 장면, 상황, 인물, 주변사물, 소리, 음식의 종류, 맛 등을 실제 과거로 돌아가 체험하듯 떠올려 본다. 내담자가 어린 초등학교 시절 저녁시간에 부모님, 동생과 나란히 앉아 찌개를 먹는 상상을 한다. 그때 나눴던 이야기와 찌개의 맛, 가족들의 얼굴표정, 방 안에 있었던 사물 등 구체적으로 블리스풀 상태를 사진을 찍듯 회상한다.

2) 명상예시문을 각인하기

치료사는 내담자에게 명상을 위한 글을 제공할 수 있다. 이른바 명상지시문 또는 명상예시문인 셈이다. 다른 가족들의 도움을 받거나 자신의 목소리를 녹음하여 명상예시문을 조용한 음악을 배경으로 들을 수 있다. 또는 자신의 핵심적인 문제점이나 소망, 새로운 결심 및 규칙 등을 문서로 만들고 이를 가사로 하여 노래를 만들어 불러 보거나 음악을 배경으로 낭독하도록 하는 것이 포함된다.

3) 반사감정과 문제행동을 조절하고 변형하는 연습하기

전환된 의식 상태에서 자신의 문제행동과 반사감정, 반사행동 등을 탐색하고 통찰하는 단계이다. 특정한 개인이나 상황에 과도하고 민감하게 반응하는 면을 찾는다. 자동적으로 발생하는 민감하고 예민한 감정과 행동은 대부분 무의식으로부터 발생한다. 무의식이 문제상황에 대해 과도한 에너지를 사용하고 있는 것이다. 따라서 어떤 사람에 대해 유독 집착하거나 치를 떨게 싫어할 때는 심리적 에너지를 한도 이상으로 쏟아붓고 있는 것이 된다. 이러한 반사감정과 문제행동의 긍정적 의도와 그 감정과 행동을 일으키게 만든 근원적인 욕구가 무엇인지를 통찰하는 과정이다.

4) 새 신념과 새 규칙이 적힌 암시문을 각인하기

자유로운 명상과 통찰의 과정을 통해 떠올린 생각과 가치관, 규칙, 소망, 기대, 목표, 원칙, 결심 등을 정리하여 목록화하는 단계이다. 이렇게 정리된 목록을 눈을 뜬 채로 천천히 읽어 본 후, 음악을 배경으로 하여 눈을 감고 천천히 암송해 본다. 가족이나 치료사를 포함한 안내자가 있다면 내담자 주변에 앉아 조용한 목소리로 그 목록을 읽어 주는 것도 도움이 된다. 또한 새롭게 형성된 결심이나 해결책이 미래에 미칠 영향을 상상해 보는 것도 새 신념과 새 규칙을 확고히 하는 데 도움이 된다.

라. 일반화 전략의 요약

1) 가족선언문과 자기선언문을 수정하고 정기적으로 읽기

치료실 내에서의 변화를 일상생활에서도 유지하기 위해 가족선언서와 자기선언서를 정기적으로 읽고 필요할 때마다 상황과 요구에 맞게 수정하는 것이 무엇보다 필요하다. 선언서를 읽는 것은 가치관과 신념을 재확인하고 결심을 다지는 데 도움이 된다. 가족선언서는 가족구성원들이 모두 함께한 자리에서 토의를 통해 결정되는데 전체적인 합의에 의해 결정되는 것이 무엇보다 중요하다. 치료과정에서 작성된 가족선언서를 수시로 읽고 수정하도록 내담자와 그의 가족들을 격려한다. 자기선언서는 자신의 수첩이나 계획표 등에 기록한 다음 수시로, 가능하다면 매일 아침 읽어 보는 것이 도움이 된다. 여기에는 자신의 소망, 기대, 신념, 가치관, 구체적인 달성계획 등이 포함될 수 있다. 형식은 각자의 개성에 따라 달라질 수 있지만 가장 중요한 신념과 규칙이 제일 먼저 배치되는 것이 보통이며, 때때로 긴 문장으로 이루어진 산문(散文)이나 시적 언어로 서술한 운문(韻文)의 형태로 작성해도 좋다.

2) 의사소통기술 또는 대처 유형의 탐색과 조정

내담자 자신의 내면 문제를 모두 해결하고 마음의 평화와 안정을 찾았다고 할지라도 일상생활에서 사물과 환경을 대하는 그 자신의 대처 유형이 변하지 않았다면 또다시 문제를 반복하는 악순환이 계속될 것이다. 자신의 감정을 정확하게 전달하는 대화법을 몸에 익히고 자신의 의사소통 유형을 수시로 파악해 보는 노력이 필요하다. 앞서 살펴보았던 것처럼 의사소통 유형은 자아요소의 강조 또는 무시 정도에 따라 여섯가지 유형으로 나누어진다. 회유형, 비난형, 초이성형, 산만형, 비현실형, 일치형이다. 이 유형들 가운데 자신이 어디에 속하는지를 살펴서 지나치게 강조되고 있는 요소는 줄이고, 무시된 요소는 확장시키는 노력이 필요하다. 예컨대, 자신의 의사소통 유형이 회유형이라면 자신을 무시한 채 타인과 원칙만을 중시하고 있는 것이다. 따라서 무시된 요소인 '자신'이라는 요소를 강화시켜야 한다. 자신을 우선으로 하고, 생각을 표현하고, 자신만을 위한 시간을 가지고, 능력을 발전시켜야 한다. 이처럼 평소에 치료사의 도움 없이도 자신의 의사소통 유형과 무시되고 미분화된 자아요소들이 무엇인지를 살펴 이를 강화하도록 해야 한다.

3) 일정한 시간을 정해 음악명상기법을 실천하기

아무에게도 방해받지 않는 자신만의 시간을 마련한다. 주로 이른 아침이나 밤 시간이 될 것이다. 이 시간은 어떤 사람에게서도 전화가 걸려 오지 않고, 가족들도 모두 잠들어 있는 시간이다. 이 기적의 시간을 활용하여 자기 자신을 통찰하고 명상한다. 주로 10분에서 30분 정도가 적당하다. 명상의 주요 소재로는 자신의 행복했던 상태를 회상하고, 문제행동과 반사감정을 검토하고 수정한다. 정문자는 그의 저서 『사티어의 경험적 가족치료』에서 명상을 감정과 직관력을 담당하는 뇌의 우반구를 사용할 수 있게 하고 지금-여기(now & here)에 존재하도록 한다고 설명하였다. 또한 자신의 내적 또는 외적 자원을 감사히 생각하고 충분히 활용할 수 있게 하며, 새로운 에너지

를 갖고 새로운 선택과 가능성을 추구할 수 있도록 함으로써 변화와 성장이 일어나게 한다고 하였다.[118]

4) 개인 내적 문제해결연습

감정적인 노폐물을 수시로 점검하고 이를 해결해 나가는 연습이다. 앞서 자세히 설명한 바와 같이, 자신의 열등감을 있는 그대로 인정하고 긍정적인 에너지를 유지할 수 있도록 노력한다. 문제상황에서 숨겨진 긍정적인 의도를 발견해 내고 끊임없이 자기 자신에게 현재의 감정을 이야기해 주면서 긍정적 에너지를 불어넣는다.

'나는 지금 많이 화가 나 있구나, 난 참 힘들어.'

'지금 나는 무척 불안해하는구나, 그렇지만 괜찮아! 잘될 거야!'

'난 할 수 있어, 지금 나는 어떻게 행동해야 할까?' 등의 내면적 대화 또는 자기암시를 하는 것이다. 다른 방법으로 자신이나 가족에게 정기적으로 편지를 써 보는 것도 도움이 된다. 어떤 의미에서는 일기가 이것을 대체할 수 있다.

5) 대인간 문제해결연습

내담자가 일상에서 마음의 창문을 활짝 열고 모든 사물에 대해 관심을 가지며 의미를 부여하도록 격려하는 과정이다. 마음의 문을 열지 못하는 이유는 편견과 선입견이 있기 때문이다. 자신만의 잣대로 사물과 상황을 재단하다 보면 주변에는 아무도 남지 않게 된다. 자신의 내면에 존재하는 규칙과 원칙들이 합리적이고 타당한지를 항상 검토하는 자세가 무엇보다 필요하다. 내면의 규칙이 합리적인지 아닌지를 판단하는 기준은 인간의 보편적 여섯 가지 욕구 - 생명, 사랑, 존중, 개성화, 심미, 초월욕구의 충족 여부에 달려 있다. 어떤 규칙이 이러한 욕구들 중 일부를 무시하고 있다면 일상생활에서 문제를 일으킬 가능성이 매우 커진다. 현재 문제가 없을지라도 조금씩 커져서 눈처럼 커지기 마련이다. 만약 비합리적이고 인간적이지 못한 규칙과 신념들을 발견한다면 무시된 욕구를 충족시킬 수 있도록 규칙이나 신념을 수정할 필요가 있다.

---

118) 정문자, 『사티어 경험적 가족치료』, 서울: 학지사, 2003, p.181.

이렇게 비합리적인 규칙과 원칙을 합리적으로 조정하는 작업은 마음의 창문을 넓히는 효과를 가져와 세상에 대해 보다 관대해질 수 있도록 해 준다.

6) 정기적인 가족활동과 가족회의 개최

내담자와 그의 가족들이 정기적으로 '가족활동'과 '가족회의'를 개최할 수 있도록 격려한다. 이것은 주로 치료가 종결되는 단계에서 시행된다. 가족활동에는 가족여행이나 영화관람, 가족나들이, 산책 등이 포함될 수 있다. 최소한 1년에 2회 이상은 가족이 함께 잠을 자는 여행을 하도록 권유한다. 남녀노소를 불문하고 치료과정에서 살펴본 대부분의 사람들은 자신의 가장 행복했던 기억을 가족여행으로 꼽고 있다. 가족회의는 일주일에 하루를 정해 그날 저녁시간에 갖도록 한다. 가족회의의 내용은 주로 가족의 문제를 토의하고, 가족규칙을 합리적으로 조정하며, 여행 등 가족활동을 계획하고, 예산을 함께 검토하게 된다. 가족회의 중 포함되어야 할 중요한 요소는 활동(activity)이다. 함께 음식을 만들어 먹거나, 게임을 하고, 집안 청소를 하고, 영화를 관람하는 등 다양한 활동을 계획할 수 있다. 가족회의의 전체적인 시간은 2시간을 넘지 않도록 하는 것이 좋다. 가족활동이나 가족회의는 개인적인 다른 일보다 우선에 두도록 하고 꾸준히 수행할 수 있도록 격려한다.

7) 시간관리방법 습득: 계획수립기술

치료사는 필요하다면 내담자와 함께 그의 일상 전반에 걸쳐 함께 검토한 뒤 시간관리계획을 수립할 수 있다. 내담자가 해야 할 일이 무엇인지, 어떻게 이룰 수 있는지 등을 장기적인 목표와 단기적인 목표, 일일계획으로 세분화하여 계획한다. 개인적인 계획표를 마련하고 목표와 계획을 기록한다. 먼저 개인적인 소망과 기대를 적는 것이 우선이다. 그런 다음 자기선언서의 내용을 그 표에 기록한 후 이 내용들을 달성하기 위해 해야 할 일들을 장기, 단기, 일일 단위로 나누어 기록한다.[119] 이때 반드시 포함

---

119) 장기계획(長期計劃, a long-range plan)은 약 여섯 개월 이상의 기간을 염두에 두고 작성하는 것이 보통이며, 단기계획(短期計劃, a short-range plan)은 약 1주~1개월 정도 기간을 말한다.

되어야 할 요소는 개인적인 기적의 시간 - 명상과 자기탐구의 시간과 가족회의시간을 언제 가질 것인가이다. 또한 자신의 전체성과 개성화를 이루기 위해 어떤 부분을 충족시켜야 하는지 구체적으로 계획한다. 그것은 인간관계기술이 될 수도 있고, 학업능력이 될 수도 있을 것이다. 어떤 것이든 자신의 내적 요소 중 무시되고 미분화된 부분을 발견해서 이를 발전시켜야 한다.

제14장
평가체계와 도구

가족음악치료의 평가체계

가. 평가의 의미

평가(評價)란 치료 초기, 중기, 말기 단계에서 내담자의 기능 정도를 측정하고 그 값에 가치를 부여하고 수치화하여 그것의 양적 또는 질적 개념을 적절하게 분석하고 치료목표 달성 여부를 판단하는 전반적인 작업을 말한다. 평가는 크게 네 가지 용어와 개념으로 사용될 수 있다. 1) 측정, 2) 평가, 3) 검사, 4) 사정이다. 일반적으로 '측정(測定, measurement)'이라는 용어는 대상자의 기능 정도에 대한 수량적 표현을 의미한다. 반면 '평가(評價, evaluation)'란 수량으로 표현된 측정값에 가치를 부여한 개념으로서, "사물의 가치나 수준 따위를 평함 또는 그 가치나 수준"120)으로 정의할 수 있다. '검사(檢査, testing)'란 표준화된 심리검사도구를 통해 평가 대상의 양적 특성을 진술하는 것이라고 할 수 있다. 마지막으로 '사정(査定, assessment)'이란 표준화된 심리검사도구를 통해 대상의 질적인 특성을 진술하는 것으로서 검사한 내용을 상황에 맞게 해석한다는 의미를 담고 있다.121)

가족음악치료모델에서는 이들 평가 개념들 중 assessment의 특성을 강조하는데, 우리말로 번역할 때 단순히 '사정'이란 용어 대신 '진단평가(眞檀評價)'122)라는 용어를

---

120) 국립국어원, 『표준국어대사전』, http://stdweb2.korean.go.kr/main.jsp, 2006.

121) 김종인, 『아동음악치료방법론』, 파주: 한국학술정보(주), 2008.

122) '진단평가'란 본격적인 치료시행 이전에 이루어지며, 이와 관련된 정부를 수집하는 단계이다. 또한 효과적인 음악치료 전략을 계획하기 위해 대상자의 개인적 강점과 약점, 특정한 문제와 필요 영역 등을 결정하는 첫 번째 단계이다.

사용한다. 이 용어는 신조어로서 사전에는 없는 말이며 '진단'[123]과 '평가'의 합성어이다. 대상자는 본격적인 음악치료 서비스를 받기 전에 음악치료사로부터 진단평가를 받게 되는데, 진단평가라는 용어 속에는 '대상자의 필요사항 규명', '치료 초기 단계', '치료목적과 목표설정의 기초자료' 등 개념을 포함하고 있다. 치료 초기 단계의 정확한 진단이 효과적인 치료의 핵심이 되므로 치료대상자의 심리 상태나 가족구성원들의 의사소통방식이나 가족규칙 등의 규명은 이 모델의 평가체계에 있어 매우 중요한 요소이다. 따라서 음악치료 상황에서의 진단평가란 구체적인 치료 계획을 세우기 위한 준비 단계로서 내담자의 강점과 약점을 관찰, 사정, 평가하기 위한 체계적인 접근 방법이라고 정의할 수 있다.[124] 치료사는 이러한 진단평가 자료를 근거로 하여 최종평가(evaluation) 시 치료목표의 성취와 치료종결 여부 등을 판단하게 된다.

나. 평가의 목적

치료 초기에 진단평가를 실시하는 일반적인 목적에는 다음과 같은 내용들이 포함된다. 첫째, 진단평가는 내담자 개인의 발달 정도와 기능 정도, 강점과 약점, 필요사항, 가족들과의 의사소통방식과 생애사, 영향권 등을 규명한다. 가족음악치료모델에서는 면접이나 관찰을 통해 내담자와 그의 가족구성원에 대한 정보를 수집하게 된다. 보통 음악활동 속에서 보이는 내담자의 행동을 관찰함으로써 정보를 얻게 되지만, 원가족 도표나 가족생애주기표, 가족영향권분석표 등의 설문양식을 이용한 면접법을 통해 내담자와 그를 둘러싼 중요 타자들의 구체적인 정보를 수집하기도 한다.

둘째, 진단평가는 본격적인 치료중재 이전의 기초선 자료(base-line data)를 제공한다. 기초선 자료란 치료 이전의 내담자 상태를 나타내는 용어이다. 즉 내담자가 아무런 치료도 없는 상태에서 어느 정도의 기능과 감정 상태를 보이는지 평가하게 된다.

셋째, 진단평가는 치료목적과 방향설정의 근거를 제시해 준다. 특히 진단평가에서

Peters, J. S. *Music Therapy: An Introduction(2nd ed.)*. Springfield, IL: Charles C Thomas-Publisher, LTD, 2000.
123) '진단(diagnosis)'이란 "의사가 환자의 병 상태를 판단하는 일"을 의미한다. 국립국어원, 앞의 사이트.
124) 김종인, 『행복을 주는 음악치료』, 서울: 지식산업사, 2003.

얻은 자료를 근거로 하여 앞으로 적용해야 할 치료기법을 결정하고 구체적인 목적과 목표를 설정하는 데 도움이 된다. 내담자의 음악적 선호도나 취향 등도 중요한 고려 사항이 될 수 있다. 이처럼 후속 치료를 위한 정보와 기준을 제공해 준다는 데 의의가 있다.

넷째, 진단평가는 치료사의 치료기법과 중재과정의 효율성을 평가하는 기준이 된다. 내담자에게 적용되는 치료기법과 중재가 과연 효과를 나타내고 유의미한지를 판단하는 기준이 된다. 진단평가에서 수집된 내용에 비추어 향상되었는지 반대로 악화되었는지 비교할 수 있다.

다섯째, 진단평가는 치료종결을 결정하는 데 기준이 된다. 내담자의 배경이나 취향에 대한 정보를 설문과 면접, 관찰을 통해 알아보는 것은 초기 단계에서 일회 평가만으로도 충분하겠지만, 특정 영역에 대한 내담자의 감정 및 행동의 변화는 진단평가에서뿐만 아니라 지속적으로 동일한 진단이 적용되어야 할 것이다. 본격적인 음악치료 중재가 투입된 이후 나타나는 변화를 측정하게 되는데, 때로는 하향곡선을 때로는 상향곡선을 그리게 될 것이다. 최초의 진단평가자료 - 기초선 자료와 비교하여 지속적인 유의미한 변화와 성장을 보인다면 치료의 종결을 고려해야 한다.

다. 평가의 내용과 영역

내담자에 대한 치료사의 일차적 진단평가 내용은 환자의 발달, 개인적·사회적인 배경, 병력에 대한 검토, 환자에게 필요한 영역에 대한 다른 치료 팀 멤버들과의 의견 교환, 음악활동을 통해 나타나는 환자의 발달, 사회성, 운동력, 청력, 커뮤니케이션 기술수준 등으로 구성된다.[125] 즉 내담자의 과거와 현재에 대한 검토와 더불어 과거에 그를 담당했던 다른 치료사들의 의견수렴과정 등이 진단평가의 핵심 내용이라고 할 수 있다. 그러나 가족음악치료모델에서는 위와 같은 내용들과 더불어 내담자의 가족을 둘러싼 전반적인 사항들을 폭넓게 검토하게 된다. 즉 가족의 의사소통 유형과 스트레스 대처방식, 자아존중감, 향성검사, 가족규칙, 소망과 정서흔적, 가계도, 생애

---

125) 최병철 『음악치료학』, 서울: 학지사, 1998.

주기 등을 파악하게 된다. 구체적인 가족음악치료모델에서의 일반적인 평가내용은 다음과 같다.

1) 행동영역: 개인 혹은 가족구성원들의 불일치한 의사소통 유형, 대인관계, 대화법, 가면(외적 인격) 등
2) 정서영역: 핵심문제와 반사행동의 규명(주변감정이 아닌 핵심감정을 밝혀냄), 반사행동(반사감정, 반사지각 등)
3) 지각영역: 가족 내의 전수 패턴과 가족규칙의 탐색, 자신과 타인에 대한 인식, 문제해결기술, 갈등해결기술 등
4) 신념영역: 잘못된 신념과 가치관의 탐색과 변형, 자아존중감 요소의 충족 등
5) 욕구영역: 개인과 가족의 소망과 기대의 규명, 보편적 욕구의 충족 정도 등
6) 자기영역: 편향된 불균형적 내적 과정의 규명, 정신구조 파악, 개성화 정도, 미분화된 자아요소 발견 등

라. 일반적인 평가의 유형과 방법

진단평가 방법은 여러 가지 형태를 갖는데, 타당성과 신뢰성이 검증된 표준화 검사 방법과 치료사의 필요에 따라 간단하게 사용할 수 있는 비표준화 검사 방법이 있다. 유능한 음악치료사들과 연구가들이 검사 방법의 표준화를 위한 다각적인 노력을 계속하고 있지만, 아직까지는 여러 가지 한계가 있는 것이 사실이다. 이 책에서는 일반적으로 음악치료 현장에서 주로 사용되고 있는 진단평가기법의 종류와 내용을 포괄적으로 살펴보고자 한다. 그 내용을 정리하면 다음과 같다.[126]

---

126) 김종인 『아동음악치료방법론』, 파주: 한국학술정보(주), 2008, pp.107~108.

1) 구두질문 또는 면접법

일반적으로 치료사는 구두질문과 면담을 통해 가족사정을 하게 된다. 대상자의 과거와 현재 상태, 장점, 단점 등을 파악하기 위해 대상자 자신이나 부모와의 인터뷰를 통한 구두질문법(oral question) 또는 면접법(interview)을 사용한다. 질문하고 답을 얻는다는 측면에서 질문지법과도 흡사하지만 면접법은 특정한 질문용지 없이 주로 구두질문으로만 진행된다는 점에서 차이가 있다. 물론 내담자가 진술한 내용을 종이에 기록할 수는 있다.

2) 질문지법(questionnaire method)

질문용지를 나눠 주어 내담자 스스로 자가평가(self test)를 하도록 하거나 치료사가 내담자에게 질문을 해서 대답을 받아 내는 질문지법을 사용할 수 있다. 가족음악치료 모델에는 전형적인 설문양식으로서 원가족 도표 검사지, 가족소망분석표, 시간선 분석표, 가족생애주기표, 가족영향권 검사지 등이 있다. 각각의 설문양식은 독특한 체계를 갖고 있으며 그림과 표를 이용하여 내담자의 반응을 기록할 수 있도록 고안되었다.

(1) **원가족 도표 검사지:** 가족구성원들의 성격과 의사소통 유형, 관계양상 등을 도표로 작성하는 평가방법이다. 이 검사지를 통해 부모나 형제자매들이 내담자 자신에게 미친 영향과 가족 내의 역동성, 세대 간의 유사성 등을 파악할 수 있다.

(2) **가족소망분석표:** 가족구성원들 간의 서로에 대한 소망과 기대를 알아보기 위한 평가양식이다. 내가 나 자신에게 갖고 있는 진정한 소망, 가족들이 나에게 갖고 있는 소망과 기대, 내가 가족들에게 갖고 있는 소망과 기대 등을 표에 기록한다. 행동과 감정에 영향을 미치는 근원적인 소망과 기대를 집약해서 조망할 수 있다는 데에 의의가 있다.

(3) **시간선 분석표:** 출생 후 현재까지 자신에게 영향을 미쳤던 사건들을 인식하고 재구성하는 평가양식이다. 과거의 영향력 있는 사건들을 회상하도록 한 다음 이 사건들을 10점 척도를 이용해서 점수를 매겨 보도록 한다. 최고의 긍정적인 영향을 미친 사건을 회상하여 +10점에 표시하고, 반대로 최악의 부정적 사건을 -10점에 표시한다. 인생 전반에 걸쳐 내담자 자신에게 영향을 미쳤던 사건들을 긍정적 측면과 부정적 측면에서 정확하게 인식하도록 돕는다.

(4) **가족생애주기표:** 자신 또는 가족들의 전 생애 동안 일어난 사건 - 출생, 이사, 입학, 졸업, 이혼, 전쟁, 사고, 천재지변, 질병, 죽음 등을 연대순으로 기록하는 연표를 의미한다.

(5) **가족영향권 검사지:** 자신에게 영향을 준 사람과 사건을 세 가지 기준, 즉 친밀한 관계, 갈등관

계, 소원한 관계로 나누어 검토하고 그 내용을 기록하는 검사양식이다. 이것은 '인물－사건 영향권 분석도'라고도 한다.

3) 일화기록법(anecdotal record)

치료사는 내담자와 함께 실제로 음악치료 세션을 진행하면서 내담자의 행동과 정서 변화를 관찰하여 형식에 구애 없이 기술하기도 하는데 이런 방법을 일화기록법이라고 한다. 보통 세션진보기록(progress note)양식에 짧은 문장으로 그날 내담자의 음악적 변화, 특이사항, 언어적 진술 등을 자유롭게 기록한다.

4) 체크리스트법(checklist)

관찰 내용을 다양한 평가 항목이 포함되어 있는 체크리스트를 이용하여 각 항목에 대해 체크할 수 있는데 이것을 체크리스트법이라고 한다. 일화기록법과 체크리스트법은 관찰법의 일종이다. 예로서, 개인 및 가족 음악치료 진단평가서 양식이 있다. 이것은 음악치료 세션 중에 네 가지 음악영역 － 노래, 연주, 감상, 동작활동에서 내담자가 보이는 행동과 감정, 언어 등을 관찰하고 해당영역에 표시하는 평가양식이다. 엄밀하게는 체크리스트법과 평정척도법이 혼합된 양식이라고 할 수 있다.

5) 평정척도법(rating scale method)

치료사 또는 관찰자가 평정받는 객체, 즉 내담자를 숫자의 연속성 위에 분류하는 것이다. 다시 말해 평정척도법은 측정하려는 내담자의 반응을 3~9단계 등으로 분류하여 해당되는 단계에 체크하는 방법이다. 가족음악치료모델에서 평정척도법을 이용한 것은 가족규칙검사지, 욕구충족도검사지, 자아존중감 척도지, 의사소통 유형 검사지이다.

(1) **가족규칙검사지**: 가족 전체의 가치관과 신념이 함축되어 있는 여러 가지 가족규칙의 예시문항을

보면서 각 항목에 대한 자신의 의견을 기록하는 평가양식이다. 매우 동의함(5점)부터 매우 반대함(1점)까지 5단계 평정척도로 구성되어 있다.

(2) 욕구충족도검사지: 보편적인 욕구들 중에서 내담자 개인이 중요시하거나 덜 중요시하는 욕구들을 확인하는 척도검사지이다. 5점 척도로 구성되어 있어서 질문내용에 대해 매우 동의함(5점)부터 매우 반대함(1점)까지 표시하도록 되어 있다.

(3) 자아존중감 척도지: 10가지 자아존중감 척도문항에 대한 개인적 의견을 4점 척도를 이용하여 평정하는 검사지이다. 정말 그렇다(4점)부터 정말 아니다(1점)까지 구분하여 표시한다.

(4) 의사소통 유형 검사지: 내담자의 의사소통 유형 또는 대처 유형을 검사하는 평정양식으로서 '아버지와 자녀 간 의사소통 유형 검사지'와 '어머니와 자녀 간 의사소통 유형 검사지' 두 가지 형태로 나누어진다. 매우 동의(5점)에서 매우 반대(1점)까지 5단계 평정척도양식이다.

6) 기존 진단평가 검토

다른 영역의 치료사나 의사, 특수교사 등이 작성한 진단평가서나 병상기록 등을 참고하여 내담자의 강점과 약점, 현재 상태를 파악할 수 있다.

<표 4> 가족음악치료모델에서의 평가매체와 그 내용

차원	평가분류		평가내용	방법
음악	가창	sing along	청각인지, 기억력, 발성, 호흡강도, 조음	관찰법
		노래 질의응답	표현언어, 수용언어, 청각인지, 조음	
		가사토의	인지능력, 분석력, 평가능력, 자기표현력	
	연주	재창조 연주	집중력, 인식능력, 운동범위, 대소근육 운동기술	
		즉흥연주	연주자의 정신구조, 정서 상태, 사회성 정도	
	감상	음악감상활동	청각변별력, 주의력, 청각민감성	
		음악요소변별	학습능력(크기비교, 높낮이비교, 장단비교, 위치파악 등)	
		소리모방활동	청각민감성, 청각인지, 기억력, 주의력, 발성	
		음악투사기법	심상분석을 통한 감상자의 정신구조이해	
	창작	작곡	노래변형 및 작곡활동 통해 자기표현력	
		작사 및 작시	작문과 작시 통해 감정표출, 문제감정 파악	
		songwriting	인지구조, 자존감 정도, 문장조직력	
언어		척도질문	감정을 수치화하여 인식, 평가력, 분석력	언어적 보고
		예외질문	문제가 없던 예외상황과 긍정자원 탐색, 기억력	
		기적질문	연상력, 기억력, 기적체험 연상, 해결책 발견	
		대처질문	대처방식 탐색, 문제 해결책 발견능력	
		치료적 글쓰기	자기표현력, 문장구성력, 문제와 해결책 명료화	
		언어적 명료화	무의식의 의식화, 문제와 해결책의 명료화	
형태		원가족도표	가족구성원의 자존감, 성격, 대처유형 파악력	질문지법
		의사소통유형	대처유형 파악, 불균형 내면 요소 파악력	
		가족영향권 검사	대립관계 파악, 친밀감 정도 파악력	
		가계도, 생애주기	생애에서의 중대 사건, 사고 파악력	
		가족규칙 검사	가족규칙의 합리적 및 타당성 탐색	
기타 (동작/그림)	동작	음악과 동작	시각추적, 청각-운동 협응능력, 청각민감성	동작관찰법
		동작모방	청각운동반응, 시각인지, 기억력, 인식능력	
		걷기, 뛰기, 박수	대소근육 운동기술, 학습능력, 수용언어	
		가족음악조각	가족 간의 관계성 파악력, 심리적 거리 인지력	
		음악심리극	가족구성원의 통합적인 관계성 파악	
	그림	음악과 미술	내담자에게 의미 있는 심상 탐색 및 표현력	관찰 및 분석
		동적 가족화	가족 간의 관계성 파악, 심리적 거리 파악	
		만다라	무의식의 정신구조 이해, 내면세계 통찰	

02 음악활동을 통한 평가: 관찰법

이제 소개하고자 하는 평가양식은 음악활동을 통한 치료사 중심 관찰평가법의 일례이다. 세션 중에 보이는 내담자의 행동과 반응을 치료사가 관찰하여 이를 진단하고 평가하는 것이다. 2007년 필자에 의해 고안된 본 평가척도는 노래 부르기, 악기 연주, 음악 감상, 음악과 동작 총 네 가지 영역으로 구성되어 있으며 각각 20개 문항으로 편성되었다. 각 영역의 문항들은 인간의 인지, 정서, 사회, 신체, 의사소통 측면들을 평가하기 위해 개발되었다. 한 문항당 1점에서 5점까지 점수로 구분하여 채점하도록 했는데, 1점은 그 문항에 대해 '전혀 그렇게 생각하지 않는다'는 의미로서 강한 부정을 나타내며, 5점은 '매우 그렇게 생각한다'는 강한 동의의 의미를 내포하고 있다. 따라서 각 영역당 척도범위는 최저 20점에서 최고 100점까지이다. 신뢰성을 높이기 위해 치료사 1인의 단일평가보다는 제3의 관찰자가 똑같은 양식으로 평가할 수 있다. 또한 본 검사척도를 활용하여 본격적인 치료시행 전과 후 혹은 과정 중에 여러 번에 걸쳐 반복 측정해 봄으로써 치료기법의 유용성이나 내담자의 변화 정도를 비교, 측정할 수도 있겠다.

개인 및 가족 음악치료 진단평가(Music Therapy Assessment) - Ⅰ

대상자명: _____　　　　　　진단일자: _____

나이:(　　)세　성별: 남(　), 여(　)　　　치료사명: _____

※ 진단평가방법
1. 노래 부르기와 관련된 다음 진단내용에 대한 자신의 의견을 숫자로 기록하시오.
2. 각 문항은 인지, 정서, 사회, 신체, 의사소통 영역으로 나뉘어 있고 5점 척도로 표시하시오(예: 문항에 대해 '**매우 그렇다**'는 5점, '**전혀 아니다**'는 1점으로 표시).

A. 노래 부르기(singing)

진단내용	인지	정서	사회	신체	의사	합계
1. 노래 가사를 읽음						
2. 노래를 부를 수 있음						
3. 노래 속의 단어를 기억함						
4. 노래 속의 가사에 대한 자신만의 의견을 말함						
5. 자신의 감정을 표현한 노래를 선택함						
6. 노래를 듣고 떠오르는 감정을 말로 표현함						
7. 목소리나 노래를 즉흥적으로 변형시킴						
8. 자신의 현재 감정을 음정이나 노래로 표현함						
9. 악보와 시선접촉을 지속함						
10. 치료사와 시선접촉을 유지함						
11. 치료사나 동료의 소리를 모방함						
12. 가족이나 치료사와 함께 노래 부름						
13. 노래 속의 내용을 동작으로 표현함						
14. 노래를 듣고 연상된 내용을 그림이나 조형으로 표현함						
15. 노래를 듣고 연상된 내용을 악기 연주로 표현함						
16. 노래에 맞춰 손뼉이나 손유희 활동을 함						
17. 발음이 정확함						
18. 허밍이나 단어를 말함						
19. 단어나 문장으로 가사를 구성함						
20. 노래로 질문하고 답을 함						
합계(total)						

※ 배점(5점 Likert척도)

전혀 아니다		보통		매우 그렇다
1	2	3	4	5

개인 및 가족 음악치료 진단평가(Music Therapy Assessment) - Ⅱ

대상자명: _____   진단일자: _____
나이:(   )세   성별: 남(   ), 여(   )   치료사명: _____

※ 진단평가방법
1. 악기 연주와 관련된 다음 진단내용에 대한 자신의 의견을 숫자로 기록하시오.
2. 각 문항은 인지, 정서, 사회, 신체, 의사소통 영역으로 나뉘어 있고 5점 척도로 표시하시오(예: 문항에 대해 **'매우 그렇다'**는 5점, **'전혀 아니다'**는 1점으로 표시).

B. 악기 연주(playing)

진단내용	인지	정서	사회	신체	의사	합계
1. 여러 종류의 악보를 보고 연주함(예: 색깔악보, 숫자악보, 모양악보)						
2. 악기의 이름을 알고 있음						
3. 음색을 듣고 악기를 선택함						
4. 악기와 채를 서로 연결시킴						
5. 자신이 원하는 악기를 선택함						
6. 자신의 현재 느낌과 감정을 악기로 표현함						
7. 악기의 리듬 패턴을 즉흥적으로 변형시킴						
8. 연주 이후 자신의 느낌을 언어로 표현함						
9. 다른 사람과 함께 기존 곡을 악기로 합주함						
10. 치료사를 모방하여 연주함						
11. 다른 사람과 함께 즉흥적으로 연주함						
12. 자신만의 리듬 패턴을 서로 주고받으며 연주함						
13. 입으로 부는 악기를 소리 냄						
14. 기타(guitar) 줄을 퉁길 수 있음						
15. 북 종류 악기를 채(stick) 없이 양손으로 연주함						
16. 여러 가지 채를 잡고 악기를 연주함						
17. 악기의 리듬 패턴에 따라 움직임						
18. 치료사가 제시하는 연주 횟수대로 악기를 연주함						
19. 치료사의 지시에 따라 소리의 크기를 달리하여 연주함						
20. 치료사의 중복지시에 따라 연주함(예: 대한민국 외친 후 악기 5번 치기)						
합계(total)						

※ 배점(5점 Likert척도)

전혀
아니다   보통   매우
                              그렇다
1   2   3   4   5

개인 및 가족 음악치료 진단평가(Music Therapy Assessment) - Ⅲ

대상자명: _____   진단일자: _____
나이:(   )세   성별: 남(   ), 여(   )   치료사명: _____

※ 진단평가방법
1. 음악 감상과 관련된 다음 진단내용에 대한 자신의 의견을 숫자로 기록하시오.
2. 각 문항은 인지, 정서, 사회, 신체, 의사소통 영역으로 나뉘어 있고 5점 척도로 표시하시오(예: 문항에 대해 '**매우 그렇다**'는 5점, '**전혀 아니다**'는 1점으로 표시).

C. 음악 감상(listening)

진단내용	인지	정서	사회	신체	의사	합계
1. 음악 속에 사용된 악기를 말함						
2. 음악에 지속적으로 집중함						
3. 음악을 감상한 후 제목을 붙임						
4. 음악을 듣고 소리 나는 위치를 맞힘						
5. 자신의 감정을 표현한 음악을 선택함						
6. 감상을 통해 충분히 긴장이 이완됨						
7. 감상을 통해 특정한 반사감정과 문제행동을 떠올림						
8. 감상을 통해 심상(imagery)을 떠올림						
9. 편안한 태도로 음악을 감상함						
10. 음악을 배경으로 하여 타인의 행동을 모방함						
11. 음악을 배경으로 하여 타인의 리듬 패턴을 악기로 모방함						
12. 음악을 배경으로 하여 타인의 몸을 조형함(예: 음악조각, 인간조형)						
13. 음악의 리듬에 맞춰 움직임 또는 댄스						
14. 음악을 감상한 후 연상된 내용을 동작으로 표현함						
15. 음악을 감상한 후 연상된 내용을 그림이나 조형으로 표현함						
16. 음악을 감상한 후 연상된 내용을 악기 연주로 표현함						
17. 음악 감상 후 질문에 대답함						
18. 음악을 감상한 후 자신의 추억과 기억을 말로 표현함						
19. 음악을 듣고 떠오르는 감정과 정서를 말로 표현함						
20. 음악에 대한 생각과 의견을 말로 표현함						
합 계(total)						

※ 배점(5점 Likert 척도)

```
전혀
아니다            보통              매우
                                  그렇다
|------|------|------|------|
1      2      3      4      5
```

개인 및 가족 음악치료 진단평가(Music Therapy Assessment) - Ⅳ

대상자명: _____   진단일자: _____
나이:(   )세   성별: 남(   ), 여(   )   치료사명: _____

※ 진단평가방법
1. 음악과 동작과 관련된 다음 진단내용에 대한 자신의 의견을 숫자로 기록하시오.
2. 각 문항은 인지, 정서, 사회, 신체, 의사소통 영역으로 나뉘어 있고 5점 척도로 표시하시오(예: 문항에 대해 '매우 그렇다'는 5점, '전혀 아니다'는 1점으로 표시).

D. 음악과 동작(music & movement)

진단내용	인지	정서	사회	신체	의사	합계
1. 음악의 속도에 따라 몸을 움직임						
2. 음악의 속도에 따라 악기를 연주함						
3. 가사의 지시대로 신체의 일부를 가리킴						
4. 가사가 지시하는 방향으로 움직임						
5. 주저함 없이 자유롭게 동작을 취함						
6. 노래의 느낌을 몸으로 표현함						
7. 음악을 배경으로 하여 자신의 이름을 동작으로 표현함						
8. 적절한 감정을 유지하며 활동에 참여함						
9. 치료사의 동작을 모방함						
10. 타인이 모방할 수 있도록 자신만의 동작을 표현함						
11. 경쾌한 음악을 배경으로 춤을 춤						
12. 주어진 주제를 동료들과 협동하여 동작으로 구성함						
13. 건반악기를 손가락으로 연주함						
14. 음악을 배경으로 하여 직선을 따라 움직임						
15. 음악을 배경으로 하여 한쪽 발을 들고 움직임						
16. 음악을 배경으로 하여 눈 마주치며 움직임						
17. 가사가 지시하는 대로 움직이고 멈춤						
18. 치료사가 제시하는 주제를 동작으로 표현함						
19. 치료사와 함께 즉흥연주를 함						
20. 인사할 때 적절한 표정과 동작을 취함						
합 계(total)						

※ 배점(5점 Likert 척도)

전혀 아니다		보통		매우 그렇다
1	2	3	4	5

03 개인 및 가족관련 평가도구: 질문지법

가. 보편적 욕구 충족도 검사지

보편적 욕구는 인간 무의식의 최저층에 위치한 영역으로서, 총 여섯 가지 영역으로 구성되어 있는 생득적 욕구들 – 생명욕구, 사랑욕구, 존중욕구, 개성화욕구, 심미적 욕구, 초월욕구를 의미한다. 이 욕구들은 Maslow의 욕구이론을 근간으로 하지만 각 욕구들 간의 독립성을 강조하고, 영역을 새롭게 구분하며 각 욕구들의 의미를 재해석한 점, 인간의 근원적이고 핵심적인 욕구인 심미욕구와 초월욕구를 추가함으로써 가족음악치료모델만의 독특한 이론을 성립하였다. 이런 이론에 입각하여 1998년 이명신의 논문[127]에서 밝힌 10문항에 새로운 4개 영역 – 개성, 흥미, 양심, 종교 등 문항을 첨가하여 총 14개 문항으로 확장시켰다. 이러한 여섯 가지 욕구들은 행복한 삶의 조건이 되며, 이것들 중 일부가 충족되지 못할 때 불행과 불안, 불만족을 경험하게 된다. 본 검사지를 활용하여 내담자 또는 그의 가족구성원들이 행복한 삶을 위해 중요하다고 인식하는 욕구가 무엇인지를 측정할 수 있다.

---

127) 이명신 「근로자의 주관적 삶의 질과 그 영향 요인」, 연세대학교 박사학위 논문, 1998.

보편적 욕구 충족도 검사지
(행복한 삶의 조건)

대상자명: _____ 진단일자: _____
나이:(   )세   성별: 남(   ), 여(   ) 치료사명: _____

가. 행복한 삶을 사는 데 있어서 아래 조건들이 당신에게 얼마나 중요합니까?
　　각 문항을 읽고 자신의 생각과 의견을 잘 나타내 주는 번호에 ○ 또는 √ 표 하시오.

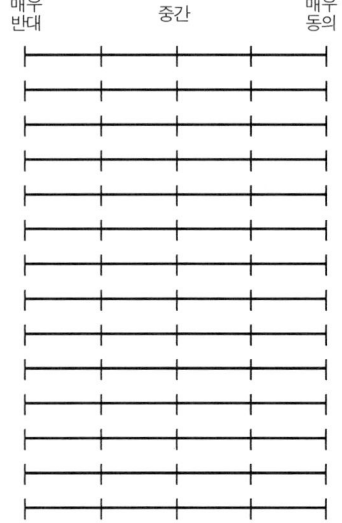

진단내용	매우반대		중간		매우동의
1. 환경오염이 없는 곳에서 사는 것					
2. 경제적으로 여유 있게 사는 것					
3. 범죄가 없어서 안심하고 살 수 있는 것					
4. 좋은 직장을 갖는 것					
5. 행복한 가정생활					
6. 돈독한 우정					
7. 전문지식과 기술을 습득하는 것					
8. 남으로부터 존경을 받는 것					
9. 일에서 보람을 느끼는 것					
10. 삶에서 보람을 느끼는 것					
11. 나만의 개성과 독특성을 살리는 것					
12. 취미와 흥미 등 원하는 일을 하는 것					
13. 양심이나 자연원리에 따라 사는 것					
14. 종교적 신념을 지키고 신과의 밀접한 관계를 유지하는 것					

나. 당신은 현재 아래의 조건들을 어느 정도나 달성(충족) 하였습니까?
　　각 문항을 읽고 자신의 생각과 의견을 잘 나타내 주는 번호에 ○ 또는 √ 표 하시오.

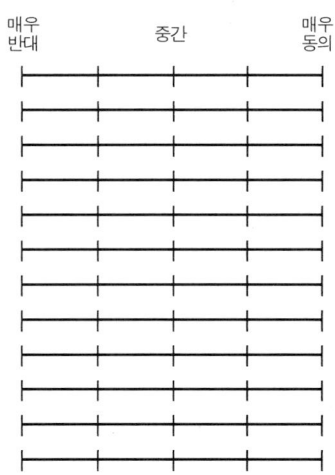

진단내용	매우반대		중간		매우동의
1. 환경오염이 없는 곳에서 사는 것					
2. 경제적으로 여유 있게 사는 것					
3. 범죄가 없어서 안심하고 살 수 있는 것					
4. 좋은 직장을 갖는 것					
5. 행복한 가정생활					
6. 돈독한 우정					
7. 전문지식과 기술을 습득하는 것					
8. 남으로부터 존경을 받는 것					
9. 일에서 보람을 느끼는 것					
10. 삶에서 보람을 느끼는 것					
11. 나만의 개성과 독특성을 살리는 것					
12. 취미와 흥미 등 원하는 일을 하는 것					

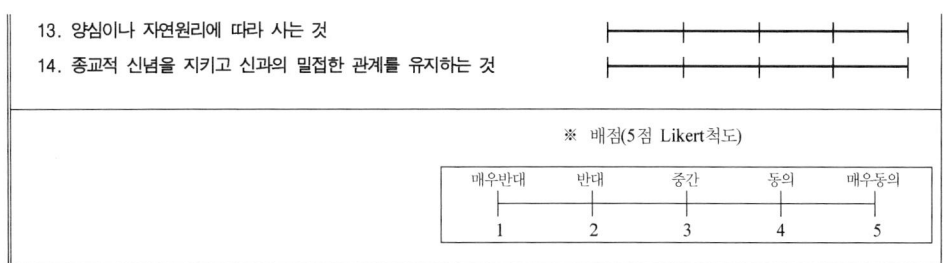

| 13. 양심이나 자연원리에 따라 사는 것 | ├─────┼─────┼─────┼─────┤ |
| 14. 종교적 신념을 지키고 신과의 밀접한 관계를 유지하는 것 | ├─────┼─────┼─────┼─────┤ |

※ 배점(5점 Likert척도)

매우반대	반대	중간	동의	매우동의
1	2	3	4	5

나. 의사소통유형 검사지

　대상자의 의사소통유형을 탐색하고 검사하는 일은 그것이 스트레스 상황을 대처하기 위한 생존방식이라는 점에서 중요한 의미를 가진다. 사람은 자신의 불안과 불만을 여러 가지 유형의 의사소통방식을 통해 표출하게 되는데, 이를 파악함으로써 대상자 내면세계에 존재하는 불균형적 요소가 무엇인지 알아낼 수 있게 된다. 의사소통유형 검사지는 1999년에 유희정이 사티어 이론을 바탕으로 제작한 것을 가족음악치료모델의 확장된 의사소통유형에 적합하게 재구성한 것이다. 원래는 41개 문항으로 구성되어 있던 것을 비현실형 4개 문항을 추가하여 총 45개 문항으로 확장한 것이다. 전체 문항의 구성은 회유형(13문항: 문항번호 2, 4, 6, 10, 13, 16, 19, 23, 26, 28, 34, 36, 38번), 비난형(11문항: 문항번호 7, 8, 11, 21, 25, 27, 29, 30, 35, 37, 39번), 초이성형(7문항: 문항번호 3, 9, 14, 17, 31, 33, 40번), 산만형(10문항: 문항번호 1, 5, 12, 15, 18, 20, 22, 24, 32, 41번), 비현실형(4문항: 42~45번)이다.

나-1. 대상자 자신

의사소통유형 검사지 - Ⅰ
(자신에 대해 지각하는 의사소통 유형)

대상자명: _____   진단일자: _____
나이:(   )세   성별: 남(   ), 여(   )   치료사명: _____

※ 질문지 작성방법
1. 다음 문항들은 일상생활에서 스트레스를 받았을 때 대화하는 태도에 관한 질문입니다.
2. 문항을 읽고 해당된다고 생각하는 곳에 ○ 또는 √ 표 하시오.

  예: 문항에 대해 '매우 동의'할 경우, ├───┼───┼───⊕ 와 같이 표시한다.

진단내용	전혀 아니다 ~ 보통 ~ 매우 그렇다
1. 나는 누구에게도 관심이 없고, 남들도 나를 걱정하지 않는다.	├───┼───┼───┼───┤
2. 나는 나와 대화하는 사람의 기분에 맞추려고 하는 편이다.	├───┼───┼───┼───┤
3. 나는 무뚝뚝하다(차갑다)는 말을 듣는 편이다.	├───┼───┼───┼───┤
4. 나는 남의 의견이 내 생각과 달라도 맞장구를 쳐 주는 편이다.	├───┼───┼───┼───┤
5. 남들은 내가 질문에 제대로 대답하지 않고 피한다고 말한다.	├───┼───┼───┼───┤
6. 나는 반대의견을 잘 말하지 않는 편이다.	├───┼───┼───┼───┤
7. 나는 대화할 때 상대의 실수나 결점을 잘 들추어내는 편이다.	├───┼───┼───┼───┤
8. 나는 학교나 가정에서 타인에게 명령하고 지시하는 편이다.	├───┼───┼───┼───┤
9. 나는 내 감정을 잘 드러내지 않고 말하며 행동하는 편이다.	├───┼───┼───┼───┤
10. 나는 지나치게 겸손한 경향이 있다.	├───┼───┼───┼───┤
11. 나는 힘이 있고 강한 사람으로 인정받고 싶다.	├───┼───┼───┼───┤
12. 나는 다른 사람의 말이나 행동과 관계없는 행동을 자주 한다.	├───┼───┼───┼───┤
13. 나는 화를 잘 안 내며, 기분이 나빠도 안 나쁜 척한다.	├───┼───┼───┼───┤
14. 나는 부탁을 쉽게 거절할 수 있고, 상대의 반응에 신경 안 쓴다.	├───┼───┼───┼───┤
15. 나는 생각이 자주 바뀌는 편이고, 대화할 때 집중하기 힘들다.	├───┼───┼───┼───┤
16. 나는 타인에게 항상 친절하고 화나게 하고 싶지 않다.	├───┼───┼───┼───┤
17. 나는 나의 말을 타인이 이해하지 못해도 신경 쓰지 않는다.	├───┼───┼───┼───┤
18. 남들은 내가 일관성 없고, 상황에 안 맞는 말을 한다고 한다.	├───┼───┼───┼───┤
19. 나는 무슨 일이든지 무조건 사과하는 편이다.	├───┼───┼───┼───┤
20. 나는 상황을 모면하기 위해 거짓말을 하고 무책임할 때가 있다.	├───┼───┼───┼───┤
21. 나는 불평불만이 많은 편이다.	├───┼───┼───┼───┤
22. 나는 미리 생각해 보지 않고 즉흥적으로 말하는 편이다.	├───┼───┼───┼───┤
23. 나는 남에게 욕하거나 비난을 하지 못한다.	├───┼───┼───┼───┤
24. 나는 내가 때로 가치 없게 느껴지고 쓸모없는 존재 같다.	├───┼───┼───┼───┤
25. 다른 사람들은 나를 무서워(두려워)하는 편이다.	├───┼───┼───┼───┤
26. 나는 어떤 일이 잘못되어 가고 있으면, 내 책임으로 돌린다.	├───┼───┼───┼───┤
27. 나는 현명하고 침착해 보이고 싶고, 모든 걸 아는 척 행동한다.	├───┼───┼───┼───┤
28. 나는 거절을 잘 못 하는 편이다.	├───┼───┼───┼───┤
29. 나는 윗사람이 꾸중을 하면 화가 나서 일일이 말대꾸를 한다.	├───┼───┼───┼───┤

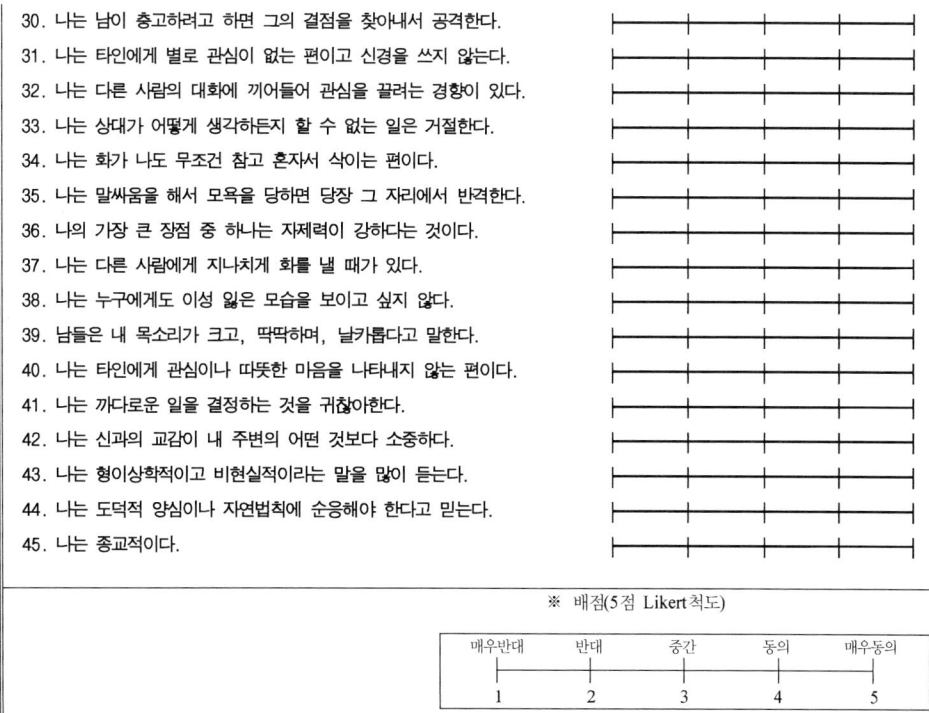

30. 나는 남이 충고하려고 하면 그의 결점을 찾아내서 공격한다.

31. 나는 타인에게 별로 관심이 없는 편이고 신경을 쓰지 않는다.

32. 나는 다른 사람의 대화에 끼어들어 관심을 끌려는 경향이 있다.

33. 나는 상대가 어떻게 생각하든지 할 수 없는 일은 거절한다.

34. 나는 화가 나도 무조건 참고 혼자서 삭이는 편이다.

35. 나는 말싸움을 해서 모욕을 당하면 당장 그 자리에서 반격한다.

36. 나의 가장 큰 장점 중 하나는 자제력이 강하다는 것이다.

37. 나는 다른 사람에게 지나치게 화를 낼 때가 있다.

38. 나는 누구에게도 이성 잃은 모습을 보이고 싶지 않다.

39. 남들은 내 목소리가 크고, 딱딱하며, 날카롭다고 말한다.

40. 나는 타인에게 관심이나 따뜻한 마음을 나타내지 않는 편이다.

41. 나는 까다로운 일을 결정하는 것을 귀찮아한다.

42. 나는 신과의 교감이 내 주변의 어떤 것보다 소중하다.

43. 나는 형이상학적이고 비현실적이라는 말을 많이 듣는다.

44. 나는 도덕적 양심이나 자연법칙에 순응해야 한다고 믿는다.

45. 나는 종교적이다.

※ 배점(5점 Likert 척도)

매우반대	반대	중간	동의	매우동의
1	2	3	4	5

나-2. 대상자가 지각하는 부모의 의사소통 유형

의사소통유형 검사지 - Ⅱ
(부모에 대해 지각하는 의사소통 유형)

대상자명: _____ 진단일자: _____

나이: (   )세   성별: 남(   ), 여(   ) 치료사명: _____

※ 질문지 작성방법
1. 다음 문항들은 일상생활에서 스트레스를 받았을 때 대화하는 태도에 관한 질문입니다.
2. 문항을 읽고 해당된다고 생각하는 곳에 ○ 또는 √ 표 하시오.

   예: 문항에 대해 '매우 동의'할 경우, ├───┼───┼───┼───◯ 와 같이 표시한다.

진단내용		전혀 아니다		보통		매우 그렇다
1. 누구에게도 관심이 없고, 남들도 나를 걱정하지 않는다.	엄마					
	아빠					
2. 대화하는 사람의 기분에 맞추려고 하는 편이다.	엄마					
	아빠					
3. 무뚝뚝하다(차갑다)는 말을 듣는 편이다.	엄마					
	아빠					

4. 남의 의견이 자신의 생각과 달라도 맞장구를 쳐 주는 편이다.	엄마 아빠	
5. 질문에 제대로 대답하지 않고 정확하게 답하는 것을 피한다.	엄마 아빠	
6. 반대의견을 잘 말하지 않는 편이다.	엄마 아빠	
7. 대화할 때 상대의 실수나 결점을 잘 들추어내는 편이다.	엄마 아빠	
8. 가정에서 타인을 지배하려 하고, 명령하고 지시하는 편이다.	엄마 아빠	
9. 감정을 잘 드러내지 않고 말하며 행동하는 편이다.	엄마 아빠	
10. 지나치게 겸손한 경향이 있다.	엄마 아빠	
11. 힘이 있고 강한 사람으로 인정받고 싶다.	엄마 아빠	
12. 다른 사람의 말이나 행동과 관계없는 행동을 자주 한다.	엄마 아빠	
13. 화를 잘 안 내며, 기분이 나빠도 안 나쁜 척하는 편이다.	엄마 아빠	
14. 부탁을 쉽게 거절할 수 있고, 상대의 반응에 신경 안 쓴다.	엄마 아빠	
15. 생각이 자주 바뀌는 편이고, 대화할 때 집중하기 힘들다.	엄마 아빠	
16. 타인에게 항상 친절하고 화나게 하고 싶지 않다.	엄마 아빠	
17. 자신의 말을 타인들이 이해하지 못해도 신경 쓰지 않는다.	엄마 아빠	
18. 일관성 없고, 상황에 맞지 않는 말을 하는 경향이 있다.	엄마 아빠	
19. 무슨 일이든지 무조건 사과하는 편이다.	엄마 아빠	
20. 상황을 모면하기 위해 거짓말을 하고 무책임할 때가 있다.	엄마 아빠	
21. 불평불만이 많은 편이다.	엄마 아빠	
22. 미리 생각해 보지 않고 즉흥적으로 말하는 편이다.	엄마 아빠	
23. 남에게 욕하거나 비난을 하지 못한다.	엄마 아빠	
24. 때로 자신이 가치 없게 느껴지고 쓸모없는 존재로 느끼는 같다.	엄마 아빠	
25. 다른 사람들은 무서워(두려워)하는 편이다.	엄마 아빠	
26. 일이 잘못되어 가고 있으면, 자신의 책임으로 돌린다.	엄마 아빠	
27. 현명하고 침착해 보이고 싶어 하고, 모든 걸 아는 척 행동한다.	엄마 아빠	

문항	엄마	아빠
28. 거절을 잘 못 하는 편이다.	├──┼──┼──┼──┤	├──┼──┼──┼──┤
29. 윗사람이 꾸중을 하면 화가 나서 일일이 말대꾸를 한다.	├──┼──┼──┼──┤	├──┼──┼──┼──┤
30. 남이 충고하려고 하면 그의 결점을 찾아내서 공격한다.	├──┼──┼──┼──┤	├──┼──┼──┼──┤
31. 타인에게 별로 관심이 없는 편이고 신경을 쓰지 않는다.	├──┼──┼──┼──┤	├──┼──┼──┼──┤
32. 다른 사람의 대화에 끼어들어 관심을 끌려는 경향이 있다.	├──┼──┼──┼──┤	├──┼──┼──┼──┤
33. 상대가 어떻게 생각하든지 할 수 없는 일은 거절한다.	├──┼──┼──┼──┤	├──┼──┼──┼──┤
34. 화가 나도 무조건 참고 혼자서 삭이는 편이다.	├──┼──┼──┼──┤	├──┼──┼──┼──┤
35. 말싸움을 해서 모욕을 당하면 당장 그 자리에서 반격한다.	├──┼──┼──┼──┤	├──┼──┼──┼──┤
36. 최대 장점 중 하나는 자제력이 강하다는 것이다.	├──┼──┼──┼──┤	├──┼──┼──┼──┤
37. 다른 사람에게 지나치게 화를 낼 때가 있다.	├──┼──┼──┼──┤	├──┼──┼──┼──┤
38. 누구에게도 이성 잃은 모습을 보이고 싶어 하지 않는다.	├──┼──┼──┼──┤	├──┼──┼──┼──┤
39. 목소리가 딱딱하고 경직돼 있으며, 날카롭고 큰 편이다.	├──┼──┼──┼──┤	├──┼──┼──┼──┤
40. 타인에게 관심이나 따뜻한 마음을 나타내지 않는 편이다.	├──┼──┼──┼──┤	├──┼──┼──┼──┤
41. 까다로운 일을 결정하는 것을 귀찮아한다.	├──┼──┼──┼──┤	├──┼──┼──┼──┤
42. 나는 신과의 교감이 내 주변의 어떤 것보다 소중하다.	├──┼──┼──┼──┤	├──┼──┼──┼──┤
43. 나는 형이상학적이고 비현실적이라는 말을 많이 듣는다.	├──┼──┼──┼──┤	├──┼──┼──┼──┤
44. 나는 도덕적 양심이나 자연법칙에 순응해야 한다고 믿는다.	├──┼──┼──┼──┤	├──┼──┼──┼──┤
45. 나는 종교적이다.	├──┼──┼──┼──┤	├──┼──┼──┼──┤

※ 배점(5점 Likert척도)

매우반대	반대	중간	동의	매우동의
1	2	3	4	5

다. 부모-자녀 간 의사소통 질문지

본 척도는 부모와 자녀 간 의사소통의 질과 세대 간의 의사소통에 대한 지각을 평가하기 위한 도구이다. 1982년 Barnes와 Olson[128]이 개발하였으며, 민혜영[129]이 1990년에 이것을 번안하였다. 이것은 부모용, 청소년용 두 종류로 개발되었지만 본서에서는 '아버지-자녀 질문지'와 '어머니-자녀 질문지'로 나누어 제시하고자 한다. 척도의 내용영역은 크게 개방형 의사소통 유형(10문항: 문항번호 홀수번)과 문제형 의사소통 유형(10문항: 문항번호 짝수번)으로 구성되어 있는데, 전자는 부모-자녀 간의 긍정적이고 개방적인 상호작용을 측정하고자 했으며, 후자는 세대 간의 의사소통에 어느 정도의 어려움과 장애가 있는지를 측정하고자 했다. 전체 문항에 대한 신뢰도는 Cronbach α 계수가 .86(개방형: .82, 문제형: .72)을 나타냈다.

다-1. 의사소통관계 질문지: 아버지와 자녀

부모-자녀 간 의사소통 질문지
(아버지와 자녀 간 의사소통)

대상자명: _____   진단일자: _____
나이:( )세 성별: 남( ), 여( )   치료사명: _____

※ 질문지 작성방법
1. 다음 질문들은 아버지와 자녀 간의 의사소통에 관한 질문입니다.
2. 아버지와 여러분의 대화에 대해 잘 나타내 주는 번호에 ○ 또는 √ 표 하시오.

   예: 문항에 대해 '매우 동의'할 경우, ├──┼──┼──┼──④ 와 같이 표시한다.

진단내용	매우 반대　　중간　　매우 동의
1. 나는 거리낌 없이 아빠에게 내 소신을 이야기한다.	├──┼──┼──┼──┤
2. 나는 종종 아빠가 하시는 말씀을 믿지 못할 때가 있다.	├──┼──┼──┼──┤
3. 아빠는 항상 나의 말에 귀 기울여 주신다.	├──┼──┼──┼──┤
4. 나는 때때로 내가 원하는 것을 아빠에게 요구하기 힘들다.	├──┼──┼──┼──┤
5. 아빠는 내게 말씀하지 않아도 될 것을 말하는 경향이 있다.	├──┼──┼──┼──┤

---

128) Barns, H. & Olson, D. H. Parent-adolescent communication, family inventories. Family social scence. University of Minnesota, 1982.

129) 민혜영, 「Circumplex Model과 부모-자녀간의 의사소통: 청소년 자녀를 중심으로」, 연세대학교 석사학위논문, 1990.

6. 아빠는 나에게 묻지 않고도 내 느낌이 어떤지 아신다.

7. 나는 아빠와 대화하는 방식에 매우 만족한다.

8. 나에게 문제가 생긴다면 나는 아빠에게 말씀드릴 수 있다.

9. 나는 아빠에게 숨김없이 애정을 표시한다.

10. 아빠와 문제가 생기면 종종 아빠한테 말을 하지 않는다.

11. 아빠에게 이야기하는 것이 조심스럽다.

12. 아빠와 대화할 때 나는 필요 없는 말을 하는 경향이 있다.

13. 나의 질문에 대해 아빠는 정직하게 대답해 주신다.

14. 아빠는 나의 입장을 이해하려고 노력하신다.

15. 아빠와 함께 이야기하기 꺼려지는 화제가 있다.

16. 아빠와 함께 문제를 의논하기가 쉽다.

17. 아빠에게 나의 모든 진실한 걱정을 표현하기가 쉽다.

18. 아빠는 나한테 성가시도록 잔소리를 하신다.

19. 아빠는 나에게 화가 날 때 나를 욕하거나 경멸한다.

20. 어떤 것에 대한 진실한 느낌을 아빠한테 말하기 쉽지 않다.

※ 배점(5점 Likert 척도)

매우반대	반대	중간	동의	매우동의
1	2	3	4	5

다-2. 의사소통관계 질문지: 어머니와 자녀

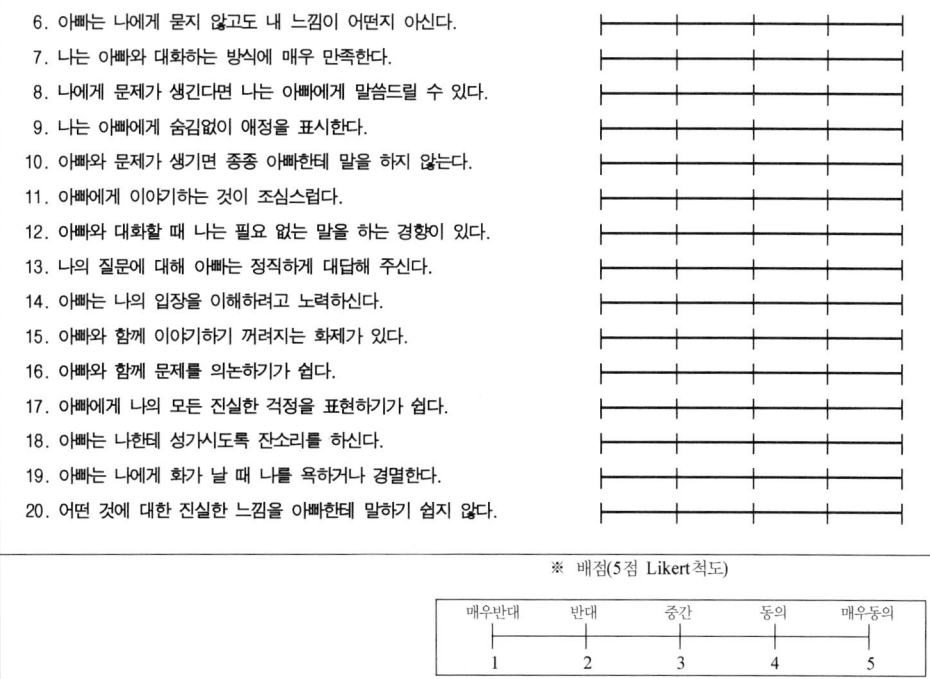

부모-자녀 간 의사소통 질문지
(어머니와 자녀 간 의사소통)

대상자명: _____ 진단일자: _____

나이:(   )세   성별: 남(   ), 여(   )   치료사명: _____

※ 질문지 작성방법
1. 다음 질문들은 어머니와 자녀 간의 의사소통에 관한 질문입니다.
2. 어머니와 여러분의 대화에 대해 잘 나타내 주는 번호에 ○ 또는 √ 표 하시오.

   예: 문항에 대해 '매우 동의'할 경우, ├──┼──┼──┼──ⓞ 와 같이 표시한다.

진단내용	매우반대	중간	매우동의
1. 나는 주저함 없이 엄마에게 내 주장을 이야기한다.			
2. 나는 때때로 엄마가 하시는 말씀을 믿지 못할 때가 있다.			
3. 엄마는 항상 나의 말에 귀 기울여 주신다.			
4. 나는 때때로 내가 원하는 것을 엄마에게 요구하기 힘들다.			
5. 엄마는 내게 말씀하지 않아도 될 것을 말하는 경향이 있다.			
6. 엄마는 나에게 묻지 않고도 내 느낌이 어떤지 아신다.			
7. 나는 엄마와 대화하는 방식에 매우 만족한다.			

8. 나에게 문제가 생긴다면 나는 엄마에게 말씀드릴 수 있다.

9. 나는 엄마에게 숨김없이 애정을 표시한다.

10. 엄마와 문제가 생기면 종종 엄마한테 말을 하지 않는다.

11. 엄마에게 이야기하는 것이 조심스럽다.

12. 엄마와 대화할 때 나는 필요 없는 말을 하는 경향이 있다.

13. 나의 질문에 대해 엄마는 정직하게 대답해 주신다.

14. 엄마는 나의 입장을 이해하려고 노력하신다.

15. 엄마와 함께 이야기하기 꺼려지는 화제가 있다.

16. 엄마와 함께 문제를 의논하기가 쉽다.

17. 엄마에게 나의 모든 진실한 걱정을 표현하기가 쉽다.

18. 엄마는 나한테 성가시도록 잔소리를 하신다.

19. 엄마는 나에게 화가 날 때 나를 욕하거나 경멸한다.

20. 어떤 것에 대한 진실한 느낌을 엄마한테 말하기 쉽지 않다.

※ 배점(5점 Likert 척도)

매우반대	반대	중간	동의	매우동의
1	2	3	4	5

라. 원가족 도표 검사지

원가족 도표 검사지(Family of Origin Map)

대상자명: _____   진단일자: _____
나이:(　　)세　성별: 남(　), 여(　) 치료사명: _____

1. 가족에 대한 일반사항과 의사소통 유형, 성격특성(장점과 단점)을 기재하시오.
2. 다음 네 가지 기호를 활용하여 가족관계를 표시한다.

  ———————▶ 매우 절친한 관계 ┃ ╌╌╌╌╌▶ 무관심 관계
  〰〰〰〰▶ 갈등관계   ————————▶ 좋은 관계

<아버지>

이름:	(관계:　　)
1.연령:	4.출생:
2.직업:	5.특징:
3.학력:	6.비고:

의사소통유형	성격특성
비난형 ( ) 회유형 ( ) 산만형 ( ) 초이성 ( ) 비현실 ( )	○ 1. 2. 3. × 1. 2. 3.

<어머니>

이름:	(관계:　　)
1.연령:	4.출생:
2.직업:	5.특징:
3.학력:	6.비고:

의사소통유형	성격특성
비난형 ( ) 회유형 ( ) 산만형 ( ) 초이성 ( ) 비현실 ( )	○ 1. 2. 3. × 1. 2. 3.

<자신>

이름:	(관계:　　)
1.연령:	4.출생:
2.직업:	5.특징:
3.학력:	6.비고:

의사소통유형	성격특성
비난형 ( ) 회유형 ( ) 산만형 ( ) 초이성 ( ) 비현실 ( )	○ 1. 2. 3. × 1. 2. 3.

분석 및 의견

마. 가족기능 척도 질문지

가족기능 척도 질문지

대상자명:_____아버지( ), 어머니( ), 자녀( )　　진단일자: _____

나이:( )세　성별: 남( ), 여( )　　　　　　　　치료사명: _____

※ 질문지 작성방법

1. 다음 질문들은 가족의 기능을 알아보기 위한 것입니다.
2. 다음의 각 진술문을 읽고 해당 번호에 ○ 또는 √ 표 하시오.

예: 문항에 대해 '매우 동의'할 경우, ├──┼──┼──┼──①와 같이 표시한다.

진단내용	매우반대　　중간　　매우동의
1. 우리 가족은 어려울 때 서로 도와준다.	├──┼──┼──┼──┤
2. 우리 가족은 문제를 해결할 때 자녀의 제안을 잘 따른다.	├──┼──┼──┼──┤
3. 우리 가족은 각자의 친구들을 잘 알고 그들을 인정해 준다.	├──┼──┼──┼──┤
4. 우리 집에서는 자녀들도 벌칙에 관한 의견을 제시할 수 있다.	├──┼──┼──┼──┤
5. 우리는 무슨 일이든 가족끼리만 처리하려고 한다.	├──┼──┼──┼──┤
6. 우리 집은 일의 특성에 따라 이끄는 사람(지도자)이 바뀐다.	├──┼──┼──┼──┤
7. 우리는 어느 누구보다도 우리 가족끼리 제일 가깝다.	├──┼──┼──┼──┤
8. 우리 집의 일처리방법은 형편에 따라 달라진다.	├──┼──┼──┼──┤
9. 우리 가족은 가능한 한 여가시간을 함께 보내려고 노력한다.	├──┼──┼──┼──┤
10. 우리 집의 벌칙은 부모와 자녀가 함께 의논해서 결정한다.	├──┼──┼──┼──┤
11. 우리 가족들은 서로 매우 친근감을 느낀다.	├──┼──┼──┼──┤
12. 우리 집에서는 자녀들도 여러 가지 일의 결정에 참여한다.	├──┼──┼──┼──┤
13. 가족이 함께해야 할 일에는 가족 전체가 참여한다(명절 등).	├──┼──┼──┼──┤
14. 우리 집의 규칙은 일단 정해지더라도 변경이 가능하다.	├──┼──┼──┼──┤
15. 우리는 가족이 함께 할 수 있는 일들을 잘 생각해 낸다(취미).	├──┼──┼──┼──┤
16. 우리 가족은 집안일에 대한 책임을 서로 돌아가며 맡는다.	├──┼──┼──┼──┤
17. 우리 가족은 결정을 내려야 할 일이 있으면 가족과 상의한다.	├──┼──┼──┼──┤
18. 우리 집에서는 누가 지도자인지 분간하기가 어렵다.	├──┼──┼──┼──┤
19. 우리 집에서는 가족의 일치와 단결을 중요시한다.	├──┼──┼──┼──┤
20. 우리 집의 집안일은 꼭 누가 한다고 정해져 있지 않다(청소).	├──┼──┼──┼──┤

※ 배점(5점 Likert척도)

매우반대	반대	중간	동의	매우동의
1	2	3	4	5

바. 가족규칙검사지

　가족규칙이란 부모들이 성장기의 자녀들에게 사회에 적응해 가도록 돕기 위해 가르치고, 권유하고, 때때로 강요했던 지침과 원칙들이다. 어떤 의미에서는 부모로부터 전수된 가치관 또는 타의에 의해 주입되고 형성된 삶의 원리라고 할 수 있을 것이다. 이 검사척도는 2002년 이종원의 논문「부부갈등과 관련된 원가족 변인 연구」[130]에서 소개된 것으로서, 생활규칙, 성과 성역할에 관한 규칙, 위계에 관한 규칙, 감정규칙 4개 영역의 전체 23문항으로 구성되어 있다. 전체 문항에 대한 내적합치도 Cronbach α 가 .90이었던 반면, 하위 영역에서는 생활규칙이 .82, 성과 성역할 규칙은 .76, 위계규칙은 .83, 감정규칙은 .82로 나타났다. 물론 가족규칙이 아래의 23개 문항만으로 모두 정의될 수는 없을 것이다. 이 검사지는 치료개진을 위한 참고자료일 뿐이며, 치료사와 내담자 간의 자유연상과정과 과거회상을 통해 현재의 자기를 통제하거나 조종하는 진정한 가족규칙들을 탐색해 가야 할 것이다.

가족규칙 검사지

대상자명:＿＿＿＿＿＿＿＿＿　　　　진단일자: ＿＿＿＿＿＿＿＿＿

나이:(　　)세　성별: 남(　), 여(　)　　치료사명: ＿＿＿＿＿＿＿＿＿

※ 질문지 작성방법
1. 다음 문항들은 가족 내에서 지키고 있는 규칙들입니다.
2. 다음의 각 진술문을 읽고 해당 번호에 ○ 또는 √표 하시오.

　　예: 문항에 대해 '매우 동의'할 경우, ├──┼──┼──┼──① 와 같이 표시한다.

진단내용	매우 반대	중간	매우 동의
1. 가족행사에 빠져서는 안 된다.			
2. 약속을 꼭 지켜야 한다.			
3. 항상 성실해야 한다.			
4. 돈을 최대한 아껴 쓰고 저축해야 한다.			
5. 사치하지 말고 검소해야 한다.			
6. 여자는 성관계를 요구해서는 안 된다.			

---

130) 이종원,「부부갈등과 관련된 원가족 변인 연구」, 연세대학교 대학원 석사학위논문, 2002.

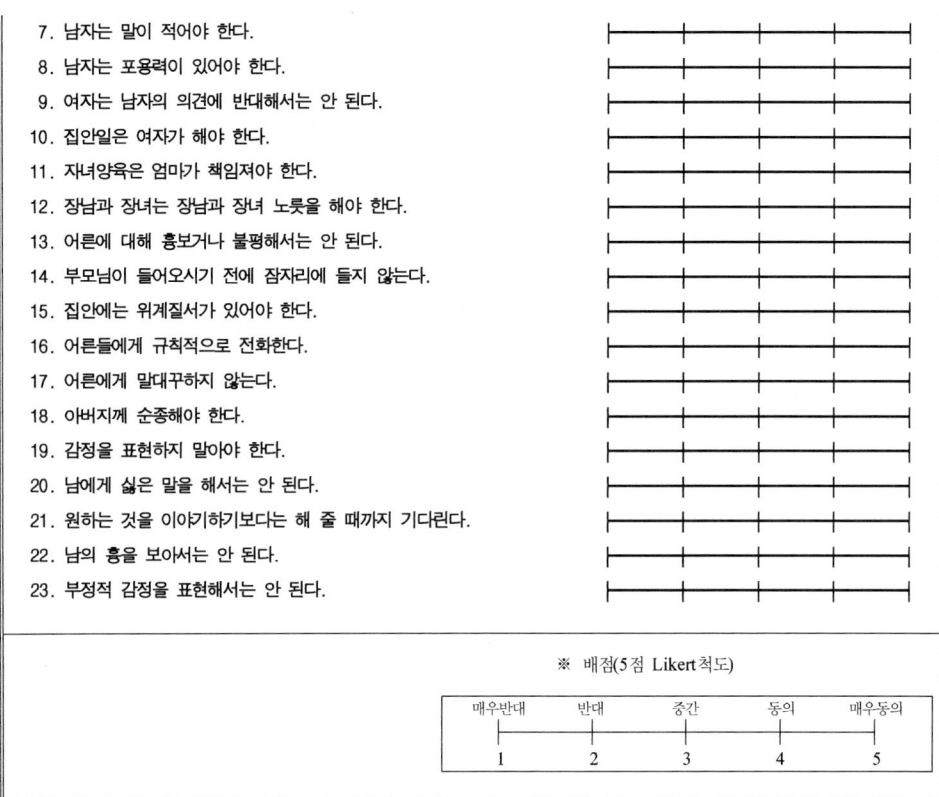

7. 남자는 말이 적어야 한다.

8. 남자는 포용력이 있어야 한다.

9. 여자는 남자의 의견에 반대해서는 안 된다.

10. 집안일은 여자가 해야 한다.

11. 자녀양육은 엄마가 책임져야 한다.

12. 장남과 장녀는 장남과 장녀 노릇을 해야 한다.

13. 어른에 대해 흉보거나 불평해서는 안 된다.

14. 부모님이 들어오시기 전에 잠자리에 들지 않는다.

15. 집안에는 위계질서가 있어야 한다.

16. 어른들에게 규칙적으로 전화한다.

17. 어른에게 말대꾸하지 않는다.

18. 아버지께 순종해야 한다.

19. 감정을 표현하지 말아야 한다.

20. 남에게 싫은 말을 해서는 안 된다.

21. 원하는 것을 이야기하기보다는 해 줄 때까지 기다린다.

22. 남의 흉을 보아서는 안 된다.

23. 부정적 감정을 표현해서는 안 된다.

※ 배점(5점 Likert척도)

매우반대	반대	중간	동의	매우동의
1	2	3	4	5

사. 자아존중감 척도

자아존중감(Self-esteem)이란 자신을 가치 있는 존재로 여기는 마음이라고 할 수 있다. 즉 내가 나를 가치 있고, 사랑스럽고, 소중하며, 능력이 있고, 용서할 수 있고, 수용할 수 있는 존재로 느끼는 마음이다. 이 감정은 타인과 자신에게 지속적이고 반복적으로 인정받고 존중받을 때 형성된다. 자아존중감 척도(Self-esteem scale)는 자기 자신을 존중하는 정도와 자아승인양상을 측정하는 검사로서, Rosenberg[131]가 1965년에 개발한 것을 1974년에 전병제[132]가 번안하여 사용하고 있다. 긍정적 자아존중감 5문항과 부정적 자아존중감 5문항 등 총 10문항으로 구성되어 있다. 각 문항

131) Rosenberg, M. Society and adloescent self-image. Princeton. NJ: Princeton University Press. 1965.

132) 전병제, 「자아개념 측정 가능성에 관한 연구」, 『연세논총』 11, 1974.

은 다시 최저 1점부터 최고 4점까지 응답할 수 있어서 점수범위는 10점에서 40점까지이다. 신뢰도 계수는 Cronbach α .79이며, 1차 시기 내적합치도는 .80, 2차 시기에는 .83을 나타냈다.

자아존중감 척도(Self-Esteem Scale)

대상자명: _____   진단일자: _____
나이: (   )세   성별: 남(   ), 여(   )   치료사명: _____

※ 질문지 작성방법
1. 다음 질문들은 평소 자신에 대해 어떻게 생각을 하고 있는지를 알아보기 위한 것입니다.
2. 다음의 각 진술문을 읽고 해당 번호에 ○ 또는 √ 표 하시오.

　　예: 문항에 대해 '정말 그렇게 생각'할 경우, ├──┼──┼──⊕ 와 같이 표시한다.

진단내용	정말 아니다	아닌 편이다	그런 편이다	정말 그렇다
1. 나는 내가 다른 사람들만큼 가치 있는 사람이라고 생각한다.				
2. 나는 내가 장점이 많다고 생각한다.				
3. 나는 대체로 내가 실패한 사람이라고 생각하는 경향이 있다.				
4. 나는 남들이 하는 만큼 일을 잘할 수 있다.				
5. 나는 나에게 자랑할 만한 것들이 별로 없다고 느낀다.				
6. 나는 나 자신에 대하여 긍정적인 태도를 가지고 있다.				
7. 나는 나 자신에 대하여 대체로 만족한다.				
8. 나는 나 자신을 좀 더 존중할 수 있으면 좋겠다.				
9. 나는 가끔 나 자신이 쓸모없는 사람이라는 느낌이 든다.				
10. 나는 때때로 내가 전혀 유능하지 않다고 생각한다.				

분석 및 의견

※ 배점(4점 Likert척도)

매우반대	반대	중간	동의
1	2	3	4

아. 가족영향권검사

인물 – 사건 영향권분석도

대상자명: _____   진단일자: _____
나이: (   )세   성별: 남(   ), 여(   )   치료사명: _____

※ 질문지 작성방법
1. 다음 질문들은 평소 자신에 대해 어떻게 생각을 하고 있는지를 알아보기 위한 것입니다.
2. 다음의 각 진술문을 읽고 해당 번호에 ○ 또는 √ 표 하시오.

   예: 문항에 대해 '정말 그렇게 생각'할 경우, ├───┼───┼───① 와 같이 표시한다.

영향을 준 사람	영향을 준 사건

자신

분석 및 의견

자. 가족소망분석도

가족소망분석도

대상자명:_____   진단일자:_____
나이:(   )세   성별: 남(   ), 여(   )   치료사명:_____

※ 질문지 작성방법
1. 다음 질문들은 평소 자신에 대해 어떻게 생각을 하고 있는지를 알아보기 위한 것입니다.
2. 다음의 각 진술문을 읽고 해당 번호에 ○ 또는 √ 표 하시오.

예: 문항에 대해 '정말 그렇게 생각'할 경우, ├───┼───┼───⑦와 같이 표시한다.

분석 및 의견

1	나→나	
2	나→아버지	
3	나→어머니	
4	어머니→나	
5	아버지→나	
6	형제→나	
7	나→형제	

차. 시간선 분석도

<table>
<tr><td colspan="2" align="center">**시간선 음악분석도**</td></tr>
<tr><td>대상자명: _____
나이: ( )세 성별: 남( ), 여( )</td><td>진단일자: _____
치료사명: _____</td></tr>
</table>

※ 질문지 작성방법
1. 다음 질문들은 평소 자신에 대해 어떻게 생각을 하고 있는지를 알아보기 위한 것입니다.
2. 다음의 각 진술문을 읽고 해당 번호에 ○ 또는 √ 표 하시오.

    예: 문항에 대해 '정말 그렇게 생각'할 경우, ├──┼──┼──⊖와 같이 표시한다.

		과거	현재	미래
긍정	10			
	0			
부정				
	−10			

분석 및 의견

1	과거	
2	현재	
3	미래	

카. 일치성 검사지

    일치성(congruence)이란 자신과 타인, 자연법칙, 영적 측면이 모두 존중되고 연결되어 있는 상태를 의미한다. 즉 가족이라는 전체성을 충분히 강조하되 개인이라는 개별성이 존중되는 관계이다. 이와 더불어 현실과 상식에 입각한 감정과 행동을 지향하며, 자기를 초월한 영적인 교감까지도 포함한다. 본 척도는 2002년에 Bonnie Lee가 사티어 모델에 근거하여 제작한 것이다. 총 75개 문항으로 구성되어 있으며, 구체적인 척도내용영역으로는 네 가지 차원 – 심리 내적, 대인간 차원(12문항), 대인간 차원(12문항), 영적 차원(10문항), 창의성 차원(3문항), 공동체 차원(3문항)으로 나누어진다.

    개인 내 차원 문항: 1, 9, 10, 11, 12, 15, 16, 17, 19, 20, 24, 36, 37, 44, 45, 53, 58, 59, 61, 63, 67, 68, 69, 70, 73, 75

    대인간 차원 문항: 2, 3, 4, 6, 8, 13, 14, 18, 22, 23, 25, 26, 30, 31, 32, 34, 38, 39, 40, 42, 51, 52, 64, 65, 66, 71

    우주적 – 영적 차원 문항: 5, 7, 21, 27, 28, 29, 33, 35, 41, 43, 46, 47, 48, 49, 50, 54, 55, 56, 57, 60, 62, 72, 74

일치성 척도(Congruence Scale)

대상자명: _____ 진단일자: _____

나이:(   )세　성별: 남(   ), 여(   )　　치료사명: _____

※ 질문지 작성방법

1. 다음 문항들을 지난 한 주 동안의 경험에 근거해서 답변해 주시오.
2. 다음의 각 진술문을 읽고 어느 정도 동의하는지를 해당 번호에 ○ 또는 √ 표 하시오.

   예: 문항에 대해 '정말 그렇게 생각'할 경우, ├──┼──┼──┼──┼──Ⓞ 와 같이 표시한다.

진단내용	매우 반대	중간	매우 동의
1. 나는 스트레스를 받는 상황에서도 사고를 분명히 한다.			
2. 나는 내 욕구보다 타인의 욕구를 더 중요시한다.			
3. 나는 종종 타인들에 대해 실망할 때가 있다.			
4. 나는 갈등상황에서 지나치게 민감하게 반응한다.			
5. 나는 타인들과 인간적으로 연결되어 있다고 느낀다.			
6. 나는 타인에게 감사함을 표현한다.			
7. 나의 영혼은 우주와 신의 영혼과 연결되어 있다.			

8. 나는 스스로 할 수 없는 일이 있을 때 도움을 요청한다.
9. 나는 고통스러울 때 확신의 메시지를 나 자신에게 보낸다.
10. 나는 쉽게 죄책감을 느낀다.
11. 나는 스트레스를 받을 때 나의 감정을 자각하고 수용한다.
12. 나는 나 자신에 대해 실망스럽다.
13. 나는 다른 사람과 일하는 것이 어렵다.
14. 나는 내 생각과 다른 것이 있을 때 '아니오'라고 말한다.
15. 나는 분노, 불안 등 특정감정에 따라 자신을 평가한다.
16. 나는 인생의 문제해결에 필요한 능력과 자원을 갖고 있다.
17. 나는 나의 과거를 있는 그대로 거부하지 않고 받아들인다.
18. 나는 화가 나는 상황에서 중심을 잡는 방법을 안다.
19. 나는 새로운 것을 시도하기보다, 익숙한 것을 고수한다.
20. 나는 나의 건강에 관심이 많은 편이다.
21. 나는 이해할 수 없는 차원이지만 인생의 신비를 느낀다.
22. 나는 나에게 상처를 준 사람에 대해 유감이 있다.
23. 나는 타인과의 갈등을 만족스럽게 해결한다.
24. 나는 일이 잘되지 않을 때 나 자신을 비난하는 편이다.
25. 나는 타인이 나에 대해 갖고 있는 기대에 맞추려 노력한다.
26. 나는 타인의 장점을 잘 찾는 편이다.
27. 나는 신과의 관계를 맺고 있다.
28. 미지의 것과 불확실한 현실이 나를 힘들게 한다.
29. 나는 예측 불가능한 운명의 희생자일지도 모른다.
30. 나는 타인의 말이 나를 자극하면 그 의도를 점검해 본다.
31. 나는 갈등을 일으킬 수 있는 말을 하는 것을 피한다.
32. 나는 갈등상황에서 타인이 어떻게 느끼는지 알지 못한다.
33. 나는 '나'이기 때문에 사랑스럽다.
34. 나는 순간순간 일어나고 있는 일에 대해 자각하고 있다.
35. 나는 생명의 신비와 영혼이나 신에게 감사한다.
36. 나는 나 자신에게 한계가 있다는 사실을 받아들인다.
37. 나는 나 자신에게 감사의 메시지를 보낸다.
38. 타인이 내가 기대한 대로 일하지 않을 때 나는 화가 난다.
39. 나는 나의 존재를 깨닫도록 해.주는 사람이 없다.
40. 나는 나의 부모님에게 감사한다.
41. 나는 나보다 큰 존재로서, 생명의 신비와 신에게 감사한다.
42. 나는 나와 타인 모두가 갈등을 말하는 것에 대해 인정한다.
43. 나는 신에 대해서 긍정적인 이미지를 가지고 있다.
44. 나는 어린 시절에 배운 금지명령을 따르고 있다.
45. 나는 실수를 하면 나 자신을 학대하고 힘들게 한다.
46. 나는 나의 직관과 창의적인 생각 때문에 놀란다.
47. 나는 나 자신 그대로 받아들여지고 있다고 생각한다.
48. 나는 사회와 세상 문제에 대해 관심이 많다.
49. 신, 영혼, 궁극에 대한 의문은 나에게 중요하지 않다.

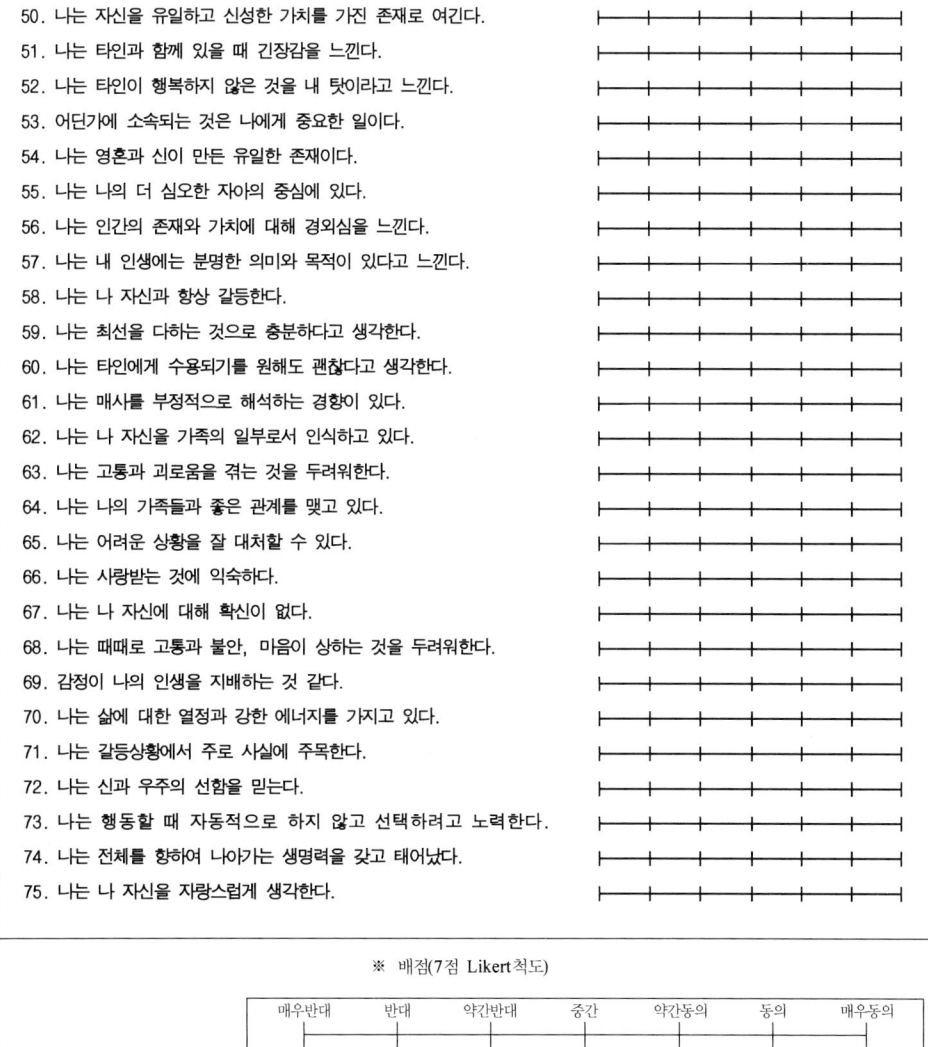

50. 나는 자신을 유일하고 신성한 가치를 가진 존재로 여긴다.

51. 나는 타인과 함께 있을 때 긴장감을 느낀다.

52. 나는 타인이 행복하지 않은 것을 내 탓이라고 느낀다.

53. 어딘가에 소속되는 것은 나에게 중요한 일이다.

54. 나는 영혼과 신이 만든 유일한 존재이다.

55. 나는 나의 더 심오한 자아의 중심에 있다.

56. 나는 인간의 존재와 가치에 대해 경외심을 느낀다.

57. 나는 내 인생에는 분명한 의미와 목적이 있다고 느낀다.

58. 나는 나 자신과 항상 갈등한다.

59. 나는 최선을 다하는 것으로 충분하다고 생각한다.

60. 나는 타인에게 수용되기를 원해도 괜찮다고 생각한다.

61. 나는 매사를 부정적으로 해석하는 경향이 있다.

62. 나는 나 자신을 가족의 일부로서 인식하고 있다.

63. 나는 고통과 괴로움을 겪는 것을 두려워한다.

64. 나는 나의 가족들과 좋은 관계를 맺고 있다.

65. 나는 어려운 상황을 잘 대처할 수 있다.

66. 나는 사랑받는 것에 익숙하다.

67. 나는 나 자신에 대해 확신이 없다.

68. 나는 때때로 고통과 불안, 마음이 상하는 것을 두려워한다.

69. 감정이 나의 인생을 지배하는 것 같다.

70. 나는 삶에 대한 열정과 강한 에너지를 가지고 있다.

71. 나는 갈등상황에서 주로 사실에 주목한다.

72. 나는 신과 우주의 선함을 믿는다.

73. 나는 행동할 때 자동적으로 하지 않고 선택하려고 노력한다.

74. 나는 전체를 향하여 나아가는 생명력을 갖고 태어났다.

75. 나는 나 자신을 자랑스럽게 생각한다.

※ 배점(7점 Likert척도)

매우반대	반대	약간반대	중간	약간동의	동의	매우동의
1	2	3	4	5	6	7

색 인

(ㅎ)

■ 약력

춘천교육대학교 음악교육과 졸업
강원대학교 교육대학원 음악교육학 석사
숙명여자대학교 음악치료대학원 음악치료학 석사
원광대학교 보건학과 예술치료학 박사

前) 부천음악치료연구소 소장, 한국음악치료학회 총무 역임
　숙명여자대학교 음악치료대학원, 성균관대학교, 원광대학교 등 출강
現) 원광대학교 예술치료학 박사과정 출강
　부천음악치료연구소 음악치료사
　한국사이버대학교(KCU) 상담학부 겸임교수

■ 주요 논저

『행복을 주는 음악치료』(2003)
『핸서 박사의 음악치료지도서』(김종인 역, 2003)
『7가지만 알면 나도 가수왕』(2004)
『음악치료악기론』(2005)
『아동음악치료방법론』(한국학술정보(주), 2005)
「해결중심 음악치료가 저소득층 청소년의 학교적응유연성에 미치는 영향」(원광대학교, 2007)
「음악활동이 인체 면역글로블린(IgM)의 변화에 미치는 영향」(숙명여자대학교, 2001)
「한국과 미국의 음악치료 석사과정 Curriculum 비교분석」(치유예술연구, 2006)

음이 일원을 통한 개인과 가족의 심성변화

가족음악치료학

지은이 | 김종인
펴낸이 | 채종준
기 획 | 이주은
편 집 | 박재규
마케팅 | 김봉환
아트디렉터 | 양은정
표지디자인 | 이효정

초판인쇄 | 2010년 7월 30일
초판발행 | 2010년 7월 30일

펴낸곳 | 한국학술정보㈜
주 소 | 경기도 파주시 교하읍 문발리 파주출판문화정보산업단지 513-5
전 화 | 031) 908-3181(대표)
팩 스 | 031) 908-3189
홈페이지 | http://ebook.kstudy.com
E-mail | 출판사업부 publish@kstudy.com
등 록 | 제일산-115호(2000. 6. 19)

ISBN   978-89-268-1172-6 93180 (Paper Book)
       978-89-268-1173-3 98180 (e-Book)

이담 Books 는 한국학술정보(주)의 지식실용서 브랜드입니다.